閑窗杂記

Random Thoughts by the Window

［中］翁心誠 著

By Weng Xincheng

崑崙出版社·纽约

KunLun Press, New York

—中國民間語文叢書—

責任編輯： 黑 豐

Responsible Editor: Hei Feng

Published by KunLun Press, New York

ISBN: 978-1-949927-09-2 (Paperback)

978-1-949927-05-4 (eBook)

Random Thoughts by the Window

By Weng Xincheng

閑窗雜記

[中] 翁心誠 著

出版人：Victoria Zhang

出 版： 崑崙出版社 • 紐約

郵 箱： Kunlunpress@gmail.com

發 行： 谷歌圖書（電子版） 亞馬遜（紙質版）

版 次： 2026 年 1 月 第 1 版 第 1 次印刷

字 數： 380 千字

定 價： $50.00

作者簡介

翁心诚，作家，教育家，三袁文化學者。原名翁承新，中國作家協會會員，湖北省作家協會會員，公安縣作家協會名譽主席，荊州市三袁文化協會會員，公安三袁研究院院部委員。著有教育理論著作兩部，太極拳研究兩部，佛法研究六部，學生讀本五部，公安三袁文化研究五部，其中一部被評為國家社科基金重大課題研究階段性成果。於 2024 年由紐約崑崙出版社出版了《心誠精品故事選》，另在國內外十五家報刊雜誌、五個公眾號發表小品隨筆約 2000 篇小文章。曾獲全國詩詞大獎賽雅儒杯二等獎。

ABOUT THE AUTHOR

Weng Xincheng is a writer, educator, and scholar of the Three Yuan Culture. His original name was Weng Chengxin. He was born on March 18, 1942, into a rural family in Liuhewan, Mianyang County, Hubei Province. He is a member of the China Writers Association, the Hubei Provincial Writers Association, the honorary chairman of the Gong'an County Writers Association, a member of the Jingzhou City Three Yuan Culture Association, and a member of the Gong'an Three Yuan Research Institute. He has authored two books on educational theory, two books on Tai Chi, six books on Buddhism, five student readers, and five books on the Gong'an Three Yuan Culture, one of which was recognized as a phase-one achievement of a major research project funded by the National Social Science Fund. In 2024, his book *Selected Stories of Xincheng* was published by Kunlun Press in New York. He has also published approximately 2,000 short essays and articles in fifteen newspapers and magazines and five public accounts both domestically and internationally. He won the second prize in the Yaru Cup National Poetry Competition.

內容簡介

這是一部雜燴式作品集，按八卦排序：乾輯，名文·軼事，以袁中郎、袁小修的《廣莊》《導莊》譯文與簡議為主，讀者從這一視角可認識三袁文化的宏博與精深；兌輯，文苑雜議，寫作實踐與感悟；離輯，養生之道，有實訓、理論、竅門；震輯，假語村言，所見所感所議，七股八雜，包羅萬象，妙趣橫生；巽輯，虎渡詩文，屬虎渡河散文社與詩社的“遵命”之作；坎輯，拍案傳談，小故事、大乾坤；艮輯，往事隨筆，山山水水，城市鄉野，親歷親見，社會百態，人間萬象；坤輯，他山之石，毛詩淺講與省內外書評兩部分。

此書，可謂頭頂公心、腳踏八卦、胸懷靈脈，手握彤管探索宇宙人我、生命奇跡、思想道德、文章玄奧、身心修煉的雜記薈萃之著，增長知識、陶冶情操、啟迪智慧、健康養生、提升境界。

SYNOPSIS

This is a hodgepodge of works, arranged according to the eight trigrams: The first section, "Gan," features famous articles and anecdotes, primarily translations and brief discussions of Yuan Zhonglang and Yuan Xiaoxiu's *Guangzhuang* and *Daozhuang*, allowing readers to understand the breadth and depth of the Three Yuans' culture from this perspective; the second section, "Dui," discusses literary reflections, exploring the author's writing practices and insights; the third section, "Li," focuses on health preservation, offering practical training, theory, and tips; the fourth section, "Fake Sayings and Village Talks," encompassing observations, feelings, and discussions, a diverse and engaging collection; the fifth section, "Hudu Poetry and Prose," is a work submitted to the Huduhe Prose and Poetry Society; the sixth section, "Talks and Anecdotes," tells small stories that explore the grand scheme of things, making it captivating; the seventh section, "Past Events and Reflections," records personal experiences and observations of mountains and rivers, cities and countryside, depicting various aspects of society and humanity; and the seventh section, "Lessons from Others," includes a brief explanation of Mao Zedong's poems and book reviews from within and outside the province. The appendix offers a brief explanation of public-spiritedness, gossip, science, emotion, and the ultimate goal of writing. The book comprises 194 short pieces, totaling approximately 300,000 words. It is a collection of the author's miscellaneous notes, written with public-spiritedness, grounded in the principles of gossip, imbued with spirituality, and guided by the pen, exploring the universe, humanity, the miracles of life, moral principles, the mysteries of literature, and the cultivation of mind and body. It aims to broaden readers' knowledge, cultivate their character, enlighten their wisdom, promote health, and elevate their spiritual realm.

目　錄

乾輯　**名文·軼事**……1

一、性靈天地，風月無邊　/ 3
二、袁中郎《廣莊》解讀　/ 8
三、袁小修《導莊》解讀　/ 32
四、慧能奇事　/ 55
五、奇特人物李敖　/ 57
六、袁中郎斷案　/ 62
七、走進袁中郎　/ 64
八、屈子投江之謎　/ 67
九、蘇東坡的另一面　/ 71
十、章士釗二三事　/ 74

兌輯　**文苑雜議**……75

十一、說說積累　/ 77
十二、才華小議　/ 81
十三、說說境界　/ 84
十四、思想走在寫作前　/ 87
十五、試談遵命文學　/ 90
十六、寫作的前提　/ 92
十七、面對選擇　/ 94
十八、一字之改　/ 96
十九、口語與文字　/ 98
二十、我寫《錢玄同小傳》　/ 100

二一、莫言印象　/ 113
二二、我喜愛的三首小詩　/ 115
二三、我喜愛的三幅楹聯　/ 118
二四、淺解一首古詩　/ 121
二五、寫作與發表　/ 123
二六、讀書之竅　/ 125
二七、閱讀與寫作，相得益彰　/ 127
二八、文學的嚴肅性　/ 129
二九、文學的趣味性　/ 130
三十、文學的間接性　/ 132
三一、小說的脊樑　/ 134
三二、寫作的愉快　/ 135
三三、詩人的五重維度　/ 136
三四、黑豐為何屢屢得獎　/ 137
三五、寫作的熱與冷處理　/ 139
三六、醉後不知天在水　/ 140

離 輯　**養生之道**..141

三七、葷二素八　/ 143
三八、頭髮上的養生　/ 145
三九、腦細胞的養護　/ 147
四十、練拳的時間點與竅訣　/ 150
四一、開發右腦之竅　/ 155
四二、護齒之訣　/ 157
四三、延年益壽之秘　/ 159
四四、激活大腦的方法　/ 162
四五、桃花三定歌　/ 165
四六、多巴胺與內腓肽　/ 168

四七、放鬆、靜坐、冥想　/ 170
四八、我的老師李品銀：太極續命 仁心濟世　/ 172
四九、我的“四個二百五”養生經　/ 177
五十、缽音療愈　/ 180
五一、呼吸是生命回春的密鑰　/ 181
五二、百步走裡有學問　/ 182

震 輯　假語村言……183

五三、如何看夢　/ 185
五四、我們應具備怎樣的金錢觀　/ 188
五五、話語權小議　/ 190
五六、成功的要素　/ 192
五七、“七哀”對話佛祖　/ 194
五八、梨園裴郎悟　/ 197
五九、硬骨頭與春意識　/ 199
六十、蘋果皮的果　/ 200
六一、事緩則圓　/ 203
六二、格竹　/ 204
六三、身之本與幸福之源　/ 206
六四、佛法是智慧與大愛　/ 207
六五、大渡河悲歌　/ 208
六六、功業評判與道德審判　/ 209
六七、詭異事物之我見　/ 210
六八、人性與德行　/ 211
六九、心地清淨靈魂安　/ 212
七十、洪秀全後期　/ 213
七一、聽風莫動容，各人路不同　/ 214
七二、身體靠運作，精神靠振作　/ 215

七三、處處有道場，隨時可修行　/ 216
七四、持三寶，成其道　/ 217
七五、質疑趙本山　/ 218
七六、質疑賈平凹　/ 219
七七、珍惜碗中湯　/ 220
七八、待風扶搖，終破樊籬　/ 221
七九、別讓無知與盲目釀悲劇　/ 222
八十、官員應控制欲望　/ 223
八一、最大限度裡的秘密　/ 224
八二、老師啊，應防止邪念　/ 225
八三、沒心沒肺，快樂翻倍　/ 226
八四、若無執念在心坎，人生何處不清歡　/ 227
八五、我們應怎麼聽話　/ 228
八六、三迎三送　/ 230
八七、訴訟·上訪　/ 232
八八、右左之議　/ 235
八九、時間觀芻議　/ 239
九十、淺議家庭教育　/ 241
九一、戲說麻將　/ 243
九二、怒的否定之否定　/ 246
九三、愛之“三草”　/ 247
九四、臀、尻之議　/ 249
九五、說“緣”　/ 251
九六、思維之窺　/ 253
九七、食受與色受　/ 256
九八、詩與胎教　/ 258
九九、酒道　/ 260
一零零、《紅樓夢》三題　/ 263

一零一、醬蘿蔔小議　/ 266
一零二、蓮花淺說　/ 268
一零三、面子與飯碗　/ 271
一零四、議議平臺　/ 273
一零五、德、色之議　/ 275
一零六、說“癮”　/ 278
一零七、麻將桌上的哲學　/ 281
一零八、得失只任一念間　/ 285
一零九、眼光瑣議　/ 287
一一零、一個沉重的稱謂　/ 290
一一一、十五字的推敲　/ 292
一一二、語言誘導　/ 296
一一三、從巨匠到奇僧　/ 298
一一四、在智者大師文化廣場上的講話　/ 300
一一五、飲水的革命　/ 303
一一六、父親的蠻勁與纏勁　/ 305
一一七、裝神弄鬼自食惡果　/ 306
一一八、虎狼獨行，牛羊成群　/ 307
一一九、殺鷹隼方成為鷹隼，憐憫兔者必成為兔　/ 308
一二零、文章不可太露骨　/ 309
一二一、功德與福德　/ 310
一二二、不可忽略的問題　/ 311
一二三、大悟與大定的探討　/ 312
一二四、挫折——上天的恩賜　/ 314
一二五、博士之死引起的思考　/ 317
一二六、小孩的書包由誰來背　/ 320
一二七、易中天“無信仰論”的荒唐　/ 321
一二八、太平天國的驚天教訓　/ 323

一二九、與孔子的對話　/ 328
一三零、與老子的對話　/ 336
一三一、與佛祖的對話　/ 345
一三二、小澤征爾的指揮　/ 357
一三三、聽郭達朗誦李白《將進酒》　/ 358
一三四、也談談婚姻　/ 359

巽 輯　虎渡詩文......361

一三五、春華秋實　/ 363
一三六、讀與行　/ 365
一三七、回望這一年（2024）　/ 367
一三八、小詩八則　/ 369
一三九、心中那片寧靜的海　/ 376
一四零、人在旅途　/ 379
一四一、散步　/ 381
一四二、忽如一夜東風來　/ 384
一四三、下半場　/ 386
一四四、為秋而歌　/ 388
一四五、歲末拾光：我的這一年（2025）　/ 389

坎 輯　拍案傳談......391

一四六、歷險所感　/ 393
一四七、“為父不仁”　/ 395
一四八、父道　/ 397
一四九、告狀　/ 399
一五零、小故事三則　/ 401
一五一、笑話二則　/ 403
一五二、丁哥的故事　/ 406

一五三、德全的故事　/ 415
一五四、東哥的那些事　/ 425
一五五、與冤魂的對話　/ 436
一五六、黃鶴樓上來“鳳凰”（寓言）　/ 447

艮輯　往事隨筆 449

一五七、西湖印象　/ 451
一五八、上海印象　/ 454
一五九、峨眉山印象　/ 457
一六零、小三峽印象　/ 459
一六一、屈廟印象　/ 462
一六二、成都印象　/ 465
一六三、對話病友　/ 472
一六四、我的初中回憶　/ 474
一六五、串連回憶　/ 478
一六六、饑餓的好處　/ 483
一六七、借書始末　/ 486
一六八、回望“稀飯”　/ 490
一六九、鄭公印象　/ 494
一七零、三袁故里一書生　/ 498
一七一、緬懷母親　/ 501
一七二、蕭氏印象　/ 504
一七三、祭胞妹文　/ 507
一七四、“打工”瑣憶　/ 511
一七五、回憶八爺　/ 522
一七六、孝友先生印象　/ 525
一七七、天下第一收藏　/ 528

坤輯　他山之石——毛詩淺講……533

一七八、毛詩《詠蛙》理解　/ 535
一七九、毛詩《七絕・屈原》解讀　/ 537
一八零、雙興講座提綱　/ 539
一八一、毛詩詞《念奴嬌・昆侖》試講　/ 542
一八二、講毛詞《蔔算子・詠梅》　/ 544
一八三、體驗・藍圖・展望　/ 547

書話選錄……549

一八四、紮根本土勤耕耘，承繼三袁弘靈脈　/ 551
一八五、思想家的奇思妙想　/ 555
一八六、立足傳統紮根民間　/ 564
一八七、古老的話題，嶄新的見解　/ 575

附錄……578

一八八、公心小議　/ 578
一八九、八卦小議　/ 580
一九零、科學的盡頭與情感的盡頭　/ 581
一九一、人生感悟　/ 582
一九二、人生三福　/ 583
一九三、佛法三論　/ 585
一九四、詩說　/ 587

編後記……589

乾輯

名文・軼事

一、性靈天地，風月無邊

公安三袁文化又稱“公安派”文化，是傳統文化的寶貴財富，不僅在明代末年精光獨耀，為當時文化界所稱道，而且影響了迄今為止的數百年歷史，還將繼續發生深遠的影響。成為不可磨滅的思想貢獻。這個文化精神領域裡的特殊現象，永遠值得我們探索。

就明代末年的地理環境言，公安這塊土地處古雲夢澤，民謠說：牛浪湖九十九個汊，不如洞庭湖一個埡。可見古代是將公安地理與洞庭湖聯繫觀察的。這裡屬偏遠貧困地區，十河穿境，百湖坐擁，沼澤濕地到處皆是，交通閉塞，資訊封閉，水旱蝗匪等災習以為常。當時人口約三萬，被袁中郎稱為“蕞爾小縣”。就是這麼小縣的一塊不起眼的小村落，叫孟家溪長安裡，誕生了公安三袁。與歷史上的“三曹”“竹林七賢”“三蘇”“桐城派”相比較，三袁別具特色。三曹是父子關係，人們以其曹氏權勢與詩文著名相稱；“竹林七賢”是共結竹林之游的道友與酒友關係，以放逸曠達的共性表現對司馬非德政的憤懣；三蘇是父子關係，也是道友關係，以其位高與著作出名而相稱；桐城派是學友與師徒關係，以其文優理同而著稱。三袁是兄弟關係，兼親密道友且帶師徒關係。三人形成一個整體風格與形象，誰也離不開誰。這種融通的合力現象是其他任何文學派別所不具備的。他們的學術成果是綜合性的，主張是統一的，思想取向雖有差異但精魂是相通的。這是三袁文化的獨特性與影響力廣遠的根因。具體表現有五點：

一、儒佛道融通圓解、互詮互補互昇華是他們的共同主張。“尚性靈、主妙悟”是他們思想解放、精神獨樹的旗幟；“獨抒性靈，不拘格套”是他們文學革新的口號；喜禪好佛、解行相應是他們修身養性的共同生活追求。他們三人的名稱值得玩味，老大宗道（以道為宗旨）；老二宏道（弘揚於道）；老三中道（執掌合理並遵道恰到好處）。一個“道”字將他們思想聯繫在一起，此“道”是儒釋道的共同主張的應于自然的總法則，最高的哲理境界。

二、“兄舉弟揚”，團隊合作。三袁文化以三兄弟為核心，以一批精英為外圍、以一代文人墨客為擁護形成了文化發展史上的一道絢麗奪目的風境線。三袁兄弟中又以老大伯修發起倡導、老二中郎精猛推進、老三小修繼續堅持而終結其果。老大舉，老二揚；老二舉，老三揚。有帥有將，有師有徒，有主有從，有唱有和。古人對三兄弟性格有穩實、英特、狂放之論，今人對三兄弟有微風、狂飆、清風之喻。錢伯城先生說：“中郎的特色是清新，有如夏日清晨的露珠；小修的特色是奇詭，有如秋日藍空的白雲；那麼，伯修的特色是溫雅，有如春日拂面的輕風，同時有一種雍容和平的氣度。而求新創新，不襲陳言，不落舊套，又是他們共同追求的目標。”（《白蘇齋類集·前言》）第 6 頁）

三、善讀誦、廣交友、喜結社、多遊歷是他們探究宇宙人生大道取得眾所公認殊勝成果的方法。廣誦讀，吸取了歷代思想家的思想營養，使他們站到了巨人的肩膀上；廣交友使他們的思維得以如切如磋如琢如磨，他們所交有朝廷大員、有文壇鉅子、有奇才雅士、有能工巧匠、有高僧大德，還有民間異人。這種真誠的傾心吐膽的交往，使他們得到了時政的洗禮與時文的熏習，激勵並啟廸了歷代傳承的思想精華，增長了智慧與力量。善結社使他們的才智有平臺展示，思維得以充分磨勵。主張得以廣泛傳播。有專家考證，他們所結社團有三十多個，有文社、詩社、法社、酒社，時長達四十年，地域遍及浙徽、京冀、湘鄂。可稱史上結社之最。袁中郎在著作中，稱其為賢社、蓮社、白社，即文友、詩友、道友、禪友乃至酒友之間的團體。遊歷奇山異水、攀爬懸崖險峻，使他們領悟到自然造化的鬼斧神功，讀懂了天造地設這本大書與奇畫，張大了目光，開拓了胸襟，滋養了筆墨，領略到了天人合一與陰陽相濟的神明。於是，靈性得以顯，神悟得以出，妙思自然成，靈文自揮灑。

四、祖上行善積德，是“袁氏盛之源”（袁中郎語）。嘉靖年間，公安連年災荒，長安裡為最。祖父袁大化以二千石糧食及千兩白銀救濟災民，並焚燒了所有借據。這項善舉產生了廣遠的影響。祖父及父輩的直接影響，加外祖父龔大器及子弟的思想與文化薰陶，加上他們的好學勤勉多思，催生了三袁文化的誕生。

五、天才組合，各有千秋。起碼它的骨幹成員，個個都是天才，主帥袁中郎大天才。都有共同的信仰與共同的追求。袁宗道穩實縝密，遇事燭照；袁中郎一聞千悟，風流瀟灑；袁小修自適其適，自由其自；其骨幹成員陶望齡才華橫溢，清高神異；江盈科思維卓異，文筆清麗。

也就是這些原因，使得三袁文化誕生後的研究永不間斷。雖然有沉寂冷僻的時段，但隨其後便是風起雲湧。有人統計近百年來，國內外研究三袁的專題著作達數十種。僅以標明公安派整體研究的著作有十餘種，其成員研究（如江盈科研究）也有十餘種（見黃仁生輯校《江盈科集•前言》增訂本（第 7—9 頁）。近三十年比較有代表性的是中國社科院文學研究所尹恭弘所著的《公安派的文化精神》；南京大學周群著的《袁宏道評傳》、法國法漢文研究中心主席倪平著的《文經哲緯》、黃仁生的《江盈科集初版前言》。至於選注本，諸如詩歌、小品、遊記、尺牘、文論（如《西方合論》《珊瑚林》等）、雜錄（如《瓶史》《觴政》）可以說不勝枚舉。就行文脈絡言，不外乎三種，一是以時間與年代為經，以他們著作為緯，對三袁文化的思想內容與藝術特色進行剖析，如《袁宏道評傳》；一是以思想邏輯為脈絡順序，按思想特點、人生態度、文學觀順序，思想則按佛學、儒學、道學特點進行闡釋，如尹恭弘的《公安派的文化精神》及戴紅賢的《袁宏道與晚明性靈文學思潮研究》；一是以人物為主或以體裁為主進行研究，如李壽和的《三袁傳》、任亮直的《袁中郎詩歌選注》、范橋与張明高的《袁中郎尺牘》、王閏吉的《袁宏道〈珊瑚林〉〈金屑編〉校釋》馮君豪的《袁宏道遊記箋評》、趙伯陶的《袁宏道集》、熊禮匯的《袁中郎小品》。另有以三袁為題材的傳記作品，如曾紀鑫的《晚明風骨袁宏道傳》，葉臨之的《性靈山月（袁宏道傳）》，張覺民的《袁宗道年譜》、《江盈科研究》、王能議的《小修詩注》、王書文的《袁小修傳》，另外，還有公安派詩人丘坦為主人公的網絡小說《麒麟曲》等等。（尚未包括日、韓學者的專著）

筆者認為：這些著作儘管角度不同（有系統性的、注解性的、資料性的，文藝性的）可取可學。其著作中也不乏真知灼見者。比如趙伯陶先生在編選《袁宏道集·後記》中寫道：

“青青翠竹，真如有相；鬱鬱黃花，般若無邊。三袁赫赫，融儒釋道；六塵擾擾，立功德言。龍湖童心，直尋苗脈；公安性靈，原本人情。四大皆空，何來五蘊？三界所有，惟是一心。伯修穩實，小修卓絕。友于鼎足，石公白眉。”

“若與斯人並世，執鞭宴子，是所忻慕！”

作者為中國當代古籍整理負責人，他對三袁尤其對袁中郎有不同凡響的認識與感情。這只是一個代表。

但是絕大多數的研究家有共同的忽略傾向，或重視他們的文學成就而忽略其佛禪成就；或雖重視其佛禪成就，而只是從佛禪理論出發，而忽略他們的實踐探索。即在“理”上花功夫，而忽視其“行”。研究家們大都處於讚歎與推崇狀態，不少著者自己並不信仰佛禪，也不修持真諦，既不勤修戒定慧，又不息滅貪嗔癡，只是以較高的世俗眼光看待三袁的出世心胸，因而不可能從根本上說清楚說透徹三袁文化的本來面目，其淺浮、零碎、與偏執必定不可避免。

筆者在三袁故里生活了一個甲子，學習三袁文化多年，鑒於這種現狀，促使筆者寫就了《袁中郎佛學與〈西方合論〉初探》《袁中郎小品思想探究》及《袁中郎禪學要解——〈珊瑚林〉〈金屑編〉與禪詩解讀》等三本拙著（均由南京大學出版社出版），現又冒昧地寫《公安三袁文化要解》，余認為“性靈天地，風月無邊”八字可概括公安派文化思想的共同本質。先說一個掌故：上世紀六十年代初，郭沫若與幾個文化名人，共同遊覽泰山。見一絕壁處有赫然紅色石刻“虫二”二字，眾不能認不能解，於是向郭老求教。郭淡然一笑說：此乃“風月”二字，意為此山“風月無邊”。眾人稱服。余將“性靈天地，風月無邊”此八字作為其特色，旨在公安派的性靈天地裡，精神與思想的“風月”更是無邊無際，無量無數。可涵概入世與出世，包容文學、哲學、佛學，引領古今，通達寰宇，遍及虛空法界。所說的“性”是靈性，性靈，即中郎說的“一靈真性，亙古亙今”，三袁文化的全部價值就在“真性”裡。至於風月二字，則有多重深意。風，《無量壽經》說：“不著如風，沒諸障礙”比喻真心功德。三袁作品中，涉及到風與月的精詞美句甚多，以袁中郎《西方合論》為例：

如月在川，川川皆有全月，乃至瓶尺寸水，亦是全月，無分月故。如風在樹，樹樹皆有全風，乃至片葉莖草，亦是全風，無分風故。（第四卷）

一月千江，波波俱涵淨月；萬燈一室，光光盡顯全燈。（第一卷）

言無，如水月鏡花，不同龜毛兔角。（第五卷）

風與月，是景觀，是氣象，是自然天象，二者本身皆是天性。以可見可感可言的具體天象喻不可見不可感不可言的抽象天性，人們便可領悟天性，儘管是方便之法卻不可離，若離了方便之風月，就難知究竟之天性。天性是什麼？就是天之性，亦性之天。就是自性之靈，亦即靈之自性。這些統統不過戲言，如同指月之指。真實的性靈、靈性、自性、性天，是無以言詮的，是清淨的，一詮就染汙了。這是我將公安派思想文化的探討名之曰“性靈天地，風月無邊”不得不交待一下的原因。

注：這是作者為己著《三袁文化要解》寫的前言

二、袁中郎《廣莊》解讀

小引

《廣莊》(《袁宏道集箋校》第二十三卷，以下簡稱《箋校》)一著，是袁中郎的代表作之一，是一部不朽的傳世經典，是我們研究袁中郎思想的重要文獻。這部著作充分展現了這位“公安派”文學主帥的思想內涵與才華橫溢。可以這樣說：不讀《廣莊》，就不瞭解與認識袁中郎。鑒此，餘從即日起，對《廣莊》作分章分節解讀，為節省篇幅，引文只注明出處，不予錄寫。分章分節時，根據原文長短而定，細心讀者可以揣摩默識，自得其益。

《廣莊》之一《逍遙遊》

（《箋校》第 795 頁）

一、譯文

普通儒家學者所言大與小，不過就其情量所言。凡大於我者，就認為大。故言大山大海則信而不疑，如言鳥大於山、魚大於海，就完全不信。為什麼？因為不是情量所及。同時，認為小於我者，即是小，說螻蟻小，蟭螟小，也信而不疑。如果說螞蟻有國，國有君臣少長是非爭議之事，蟭螟睫毛上有無量蟲，蟲有無量郡邑都鄙，就不相信了。為什麼呢，因為出乎情量之外。哎呀，一個人從頭到腳，不過五尺。三百六十骨節之中，三萬六千種蟲蟲聚集，凡有目者即有光明，它們未嘗不有晝夜日月在運轉。凡有腳者必有地，它們未嘗沒有山川與河湖。凡有愛好欲望者必有生活與聚會，它們未嘗沒有父子夫婦及養生送死之活動。蟲咬而生疥瘡，它們趨利。皮膚中之蟣，出在指甲上，奔走如騖，不過怕死。我們哪裡知道天地也不過是一巨人而已。娑婆世界，也不過是這個巨人的一骨節中的某一虛空處罷了。人物鳥獸，聖賢仙佛，也不過是其三萬六千種族之一而已。經曰：發毛爪齒，皮肉筋骨，皆歸於地。我以此知道地不過是毛髮之特大表現而已。唾涕濃血，津液涎沫，皆歸於水，我以此懂得水也不過天地巨人的唾涕之特大表現而已。暖氣歸火，動轉歸風，我以此知道風火不過天地巨人的特大喘息而已。天地得其大，不為有餘。人得其小，不為不足。蟲處其內，不覺逼狹。人居其外，不覺廣廓。天地以成住壞空為循環劫數，小蟲以生老病死為循環劫數。肘間之蟲，譏笑指節為夷狄之荒蠻。膚間之蟲，叱說牙齒與指甲為怪誕，不信身外有人，更不知人外有廣袤之天地。由此推論，不極盡了知情量之廣狹，就不能透徹明白了知世間的大與小。酸腐儒生，欲以常見常聞，開闢天地之未曾見未曾聞，用一成不變之法束縛自己，又以一成不變之法來束縛天下後世之人。寫作成書，撰文成理，天下後世沉迷於個體五尺之中，炎炎寒寒，沒有半點空隙出頭透氣。一丘之貉，何足道哉。聖人與他們相反，深知一己之情量，決不能足以窮盡天地的認知。故於一切物，無巨大細微之見，於古今世，無延展短促之見。于眾生表相，無人我之見。長壽可視命夭，巨大可視細微，短可視長，我可視彼，智可視愚。蜉蝣以朝生暮死為長年，故早夭未可不視為長壽也。牛大於豬，小於象，故巨大未可不視為細微也。夢中十年，不出一覺，故短未可不視為長也。做惡夢的人以手壓胸，手即是物，故我未可不視為彼也。聖不能見隔牆之物，故智者未可不視為愚昧也。正倒由我，順逆自彼，遊戲根塵無有掛礙，窮盡聖人之理，豈有三頭九臂迥然超出於人與蟲之外呢？唯有基於人蟲之分而又不被情量所束縛之有大小分別的人，才能無往不逍遙了。

二、簡議

莊子《逍遙遊》講了一個驚天動地的鯤鵬的故事，誇張到了極點。說鯤鵬展翅九萬里，水擊三千里，翼若垂天之雲，背負泰山，絕雲氣，負青天，“然後圖南，且適南冥。”莊子告訴我們什麼呢？世間的大與小，超乎我們的想像，真正的大小不在我們的眼界，而在我們的心靈智慧裡。如此才能作逍遙遊。只有無拘無束、無掛無礙，大自在、大灑脱、大自由者才能逍遙遊。

袁中郎詮釋、擴展、延伸了莊子的思想，更為明確點破逍遙遊者不被情量束縛，不被六根（眼耳鼻舌身意）六塵（色聲香味觸法）限制。他從常見常聞常感的認知與超常見超常聞超常感的結合認知出發，闡明了聖人的情量與“豎儒”與“拘儒”的認知區別，比較了大小、延促、長短、壽殤、愚蒙這些概念的轉化狀態，破除人們認知的“作繭自縛”與“墨守成規”，主張思想解放與擴大視野，給我們提供了一個新鮮活潑的方法論，擺脱情量，取聖人視角，大徹大悟，才達聖人透悟水準，了知宇宙、人我、萬物真相。

明代書評家陸雲龍對袁中郎《逍遙遊》有精彩點評：“狂言驚四座”“囊括一切”“奇辯可插公孫之舌”“縱橫跌宕，出入玄墨”“奇奇怪怪，令人不可辯詰”等。評者從想像奇特、事理邏輯與語言風格三點作了充分肯定，我表示贊同。

附《讀〈逍遙遊〉有感》

作者鄭傳斌

北冥鯤化翼垂天，斥鷃蓬蒿笑九寰。
列子禦風猶有待，莊生蝶夢已無間。
虛舟不系隨波遠，大塊無心任我閑。
若解逍遙真意在，一瓢一飲一青山。

《廣莊》之二《齊物論》解讀

（《箋校》第 798 頁）

一、譯文

天地之間，無一物是沒有是非的。天地，是非的城堡。身心，是非的房舍。智慧與愚昧、賢能與不肖，是非的果實。古往今來，是非的戰場與墟壘。天下之人，出頭露面與隱沒面目，處是是非非之中，倚枯附朽，如大樹末端之小蟲，見物則緣，而狂犬之聞聲則吠。所以，把心事寄託於習俗上，把口語寄託於群言中，人嗔恚則嗔恚，人讚譽則讚譽，這是凡夫俗子的是非。援引古典，以證今日，察勘聖賢，校核愚昧，斥責凡庸，讚譽儒雅，是文士的是非。投身幽雅之所，趨向清雅，避開濁穢，這是潔士的是非。課驗實，革除浮譽，處上督查追責，對下罪罰虛誕，這是法家的是非。以仁義為祖，分別堯、桀之優劣，以子思、孟子的思想為規範，宣揚王道，遏制霸道，這是儒生的是非。厭惡盈滿，善處退藏，斷絕狡詐，抛棄偽聖，這是道家的是非。趨向寂滅安樂，樂於慈悲喜舍，讚歎清規戒律，呵斥貪嗔癡慢，是釋家的是非。道路不同，門派有別，各種主張，百花齊放，墨書如海，不可盡載。嗚呼，是非的衡量，在於六種根源（眼耳鼻舌身意）感知，六根常用，持執一久，必成道理。儒家墨家的各類聖人賢人，追問立論之根據，皆以此為准。當今那些不食人間煙火者，遠視可達十裡，近視隔尺；訓狐之鳥，夜察蚊螟，白天卻不能辨認土丘與高山，眼目難道可以常信常用嗎？歡喜龍王，無耳而聞；體小彎腳的龍以掌而聽，牛以角而聞聲，耳可以常信常用嗎？口可以用來說話，而海外之國民以形體變化說話，馬相互交流以鼻，口可常信常用嗎？足附著於地則可行走，倚斜則蹶，這是足的本能；而螞蟻能倒行，蒼蠅能仰棲，足果然可以常信常用嗎？人們感知顏色，必須借助日月之光，借助蠟燭，依靠色彩，憑藉眼目，顏色也是無常態的。聲音的發生，借助鐘鼓，借助枯竹之孔，借助槌子，借助體內肺腔之氣，借助舌齶作用，聲音也是無常態的。思想借助紛繁塵緣，借助過去現在未來，借助人事，借助書本資料，思想也是無常形態的。既然事物不可常形常態，即是從來不曾有過恒常，既不能憑藉一時之態來判斷是非。槐葉之蟲，其身純青，見粉蠹之白色譏笑，而不知青白之色不由己。蜀地之狗，見雪吠叫，驚詫其變化；江中之魚，入海則迷惑，是因失去生活氛圍。胡人有劣俗，殺首子烹而食之，以為利於後子，他們見中原的國民生長子鄭重喜慶，反認為不慈不善。男巫養兒讓其出家為僧來貴其養女，見到中原女人聞名採納、從一守貞，以為此舉不合時令。吐番有習俗，逝者棄骸荒野，讓鳶鳥啄食，七日不盡，則聚旗哭拜。他們見中原民眾在逝者掩埋前，白車黃幡，珠衣玉匣相送，以為不合仁義之禮。天地之間，無奇不有。我憐憫於彼，彼也憐憫於我。我譏笑於彼，彼也譏笑於我。是是非非，其實何以辨別？所以，用所長非議所短，好比以頭髮之纏長譏笑鬍鬚之短結。以大議小者，好比以瓶中之空恥笑杯中之空。以直辨斥屈辨者，好比以百舌之語斥責燕子一舌之語。以聖斥狂者，好比洞簫橫吹之悠揚譏刺空穀之悶響。以古非今者，好比北岡之舊壘譏笑南山之新壘。以智求證愚者，好比以機關之木人，悲歎土偶之無知無識。以中國之文明非議夷狄之蠻荒者，好比以楚、蜀之士雅音，校正閩、甌之鄉音土語。夢中之人物，有嗔恨我的，有噬咬我的，是我是別人，夢中之榮辱，醒時不相連續，醒後之悲喜，夢時已不相連續，什麼是真，什麼是幻。空中之花，可以說無，也可以說有。所以聖人不見天高地下，也不言天卑地高。波中之像，可以言我，亦可以言他，所以聖人不言萬物非我，也不言萬物是我。物本自己齊同，非我能齊同。如有可齊同，終究不是齊同萬物。聖如可悟，不離是非。愚如可迷，是非是實。釋迦牟尼雖萬能，何處落腳呢？

二、簡議

莊子的《齊物論》的核心觀點是萬物一馬，萬人一指。識一馬而知億萬之馬，識一物而知萬物。了知一指，可知一人，知一人而知億萬之人。天地與我同根，萬物與我一體。這個思想用佛經哲學來概括，就是一即一切，一切即一。

袁中郎在 1200 字的《齊物論》中，擴展了莊子的思想。他以“是非”道理展開論述，援引古今成百事例，縱橫捭闔，大開大合，汪洋恣肆，氣勢磅礴，巧妙而綜合地運用排比、對比、比喻、誇張、引用等手法，闡明了是是非非的複雜表現。告訴人們：正確的道理總是存在於民情風俗、時間空間、具體條件與人事環境中。儘管萬物一理，萬事一體，萬象同源，但事相、物相、人我相是千變萬化的，表現是紛紜繁複的。我們只有結合性與相的根源與表現方式，才能正確認識事物。如果脫離時空觀念，拋棄具體環境條件，空談是非之道，即使萬能釋迦與萬個釋迦，也沒有一個落腳之處來判斷是非曲直了。

我們從袁中郎的行文中，讀出了他的博大的胸懷、淵深的學識、敏捷的思維與博古通今的超常的表達技巧，雄辯滔滔，無人可及。明代書評家陸雲龍先生認為他："舌如轆轤，氣如長虹，莊生亦輸其放佚"又說"語有禪鋒，中郎亦為三教之冶"。這個評判準確極了。只有細讀袁中郎原文，且與莊子原作推敲斟酌，才能寫出此評語。

《廣莊》之三《養生主》解讀

（《箋校》第 800 頁）

一、譯文

天下無一物不是養生的，也沒一時一刻不是養生的。貧賤之人，波波吒吒，形槁慮極，以求養生。富貴之人，經營謀生，擴展居室用來養體，以追求美豔之色來養目，以管弦之聲來養耳，極盡美酒喝得臉紅脖子粗來養口，窮盡嗜欲以養性。養之未久，病患立至，伐斧生命，均屬此。賢智之人，憐憫富貴人家追求物欲的淫溺，因此提出養生的規範來躬行，用收斂視聽來護衛耳目，以恬淡虛無來保護神氣，按規範要求躬行適當得體的人則生氣蓬勃，而躬行安逸失當、養尊處優者則暮氣沉沉。以少視來保護眼目，目處幽隱之境則利於養目，而目之迷色者則反害目。拒聽以防耳之疲憊，耳之壅蔽者利於養耳，而耳之容納囂塵反而害耳。以恬淡飲食約束口欲，口之習於淡薄者利於生養，而口愛濃厚者則反不利生養。以虛無來保性，本性寂滅者可養生，而本性動盪周流、朋從往來密切則反害性。我之有生即我之有養，不必特意追求，厚此薄彼。比如半身不遂之人，雖仍留形天地，半以枯朽，不能恢復完全之人。故刻意求養生者，不過傷生而已。故生來即養，非我之心得以養。天之生是人，既有此生，即有此養。草木無知，也能養生。如果自養而後生，極盡天地之苗壯生長早就枯死滅跡了。如果子待父而養合理，而少孤之子，不見夭絕于世，父母豈真能養子嗎？嬰兒一出生，就知道求乳，這是嬰兒的養生。三月之後，以手摩面，即知閉目，見風則啼，是嬰兒的保生。這些表現，並不是嬰兒對養生有所認知。養生之道，與生俱來，他不必等待認識到一定的養生水準。聖人之于養生，無安排，無非養不可，無僥倖心理，自然而行，修身養性，順隨天地變化之道，不與造化違逆，因而，下無傷生損性之事，上不肯去故意作益生保命之行。古代善養生的人，可分三家：釋家主張無生無死，儒家主張安身立命，道家主張外其身則身存。釋家主張無生無死，即非養之所能生也。既然非養所能生，即不以不養而不生就很明白了。主張安身立命的人，順受則正，所以不欣慕長生，也不悲憫夭折，為什麼呢？命並不依長壽而立，長壽何益？命也不靠早死而立，早死何懼？死不可怕，壽不足可喜，所以，養生以延年益壽，是荒唐可笑的。道家所言，外其身者可以存身，則內其身者可以亡身。好比郭橐駝種樹，對待它像拋棄不管，它反而茁壯繁茂。我的家鄉有個患病疽惡瘡的人，痛楚入骨，殆只想死。一天，聽說其父面臨冤情，有牢獄之災，立馬起身下床，籌畫安排，佈置周密，其父冤解，他的疽瘡之病竟然好了。此為外其身而身存之事例。眾人刻意利生，實際害生。聖人不刻意利生，故不害生。眾人追求得到而養生，故反失生。聖人不求得到什麼，故不失生。嗜好吃雛雞的人，以松子餵食，灌以乳酪，此雞亦慶倖自己與群雞不同，而卻不知道鸞刀先砍到頭上。西方有神女，面目姣好，光彩奪目，去拜訪主人家。問：神女從哪裡來？答："我乃從功德天來，凡我所到之家，求福得福，求壽得壽，求生男育女，均如願以償，心想事成。無不吉祥如意。"主人洗浴叩首，彬彬有禮，延請上座。不一會，一醜女到，面如塗漆，發如野蒿，主人問：你從哪裡來？答："我黑暗女，凡我所到之處，富有變窮困，高貴變低賤，年幼者夭折，身強體壯的人變衰老，男子白天哭泣，婦女夜晚啼叫。"主人捋起袖子，拿了棍棒，驅趕出門。不一會，天神到了，說："不對呀，有禮待我也應有禮待彼。我與彼，如形之影，如水之波，如車之兩輪，無我無彼，無彼無我。"主人聽了，大驚。意識到自己對光明女與黑暗女分別對待有誤，慚愧不已，揮手謝天神指教，送天神升天唯恐不及時。聖人的養生之道，也是這麼全面看問題。嗚呼，養生之說，起於貪生，懂得生之不必貪，養生之說就荒誕不經了。當今世界有人短命，或二十三十，或一月二月。所言善於攝受養生者，頂多不過八十九十，或百餘歲，譬如兩個蜉蝣生物，或死於午，或死于晚，諸水族蟲類，皆弔午而慶暮，而不知它們的死相隔時間不過頃刻而已。這樣看，所貪之生的時間不過稍大些的倏忽而已。試令一老人與少年並立，問彼少年，你所少之壽何在？尋覓不可得。問彼老人，你所多之壽何在？尋覓也不可得。少的本無，多的也歸於無。其無相等。若這樣所貪之生年，也是大無有了。天地如一大監獄，人入其中，勞苦無量。年長獄長，有如老囚。縱然不求脫離，何至於求縛系？這樣看，所貪之生年不過是一場大勞碌。生有生年可戀，死亦有生年可戀。戀生年而活著的人，即迷而畏死；戀死而生活著的人，即迷而畏生。這樣看，則所貪之生年不過大兒戲而已。唉呀，不知生之如戲，故養生之說流行；不知生之本不待養，故傷生的行為聚合。所以不深達生死之大道，怎麼談養生之道呢，怎麼談養生之道呢？

二、簡議

莊子的《養生主》，講了庖丁解牛的故事，血淋淋的一場屠宰，在莊子筆下，如同人們喜聞樂見的音樂與舞蹈，庖丁的得心應手與遊刃有餘，使得他用了十九年的刀，如新磨出來一樣銳利。惠文王聽了庖丁的談話，說懂得了養生之道主旨。用現代哲學語言概括，這個養生的竅訣是：掌握客觀規律，發揮主觀能動性。

袁中郎談論養生之道超乎莊子思想沒有？我認為大大超過了。一表現論述更為宏博與淵深。二他把養生之道放到生死大事大理上來說明。他認為不深達生死之理，無從談養生大道。用了三個故事闡述了他對養生之道的整體觀、長遠觀。三個故事分別為：郭橐駝種樹；鄉人患疽病痛不欲生，竟然在救助老父平反冤情中得以痊癒；光明女與黑暗女意在說明事物是一體兩面存在著，孤立主義總是行不通。三、他從養生的措施與效果的對應性來談論養生的觀念。

這是很有現實意義的議論。當今社會，人們很重視養生之道，不少人刻意追求養生，然而許多措施卻是背道而馳、傷生害命的。漢代辭賦家枚乘寫過一篇名文，曰《七發》，他說：出車入輦，是毀壞身體的機件；洞房清宮，是造成寒熱疾病的媒介；蛾眉皓齒，是攻伐性命的板斧；飫甘饜肥，是腐爛腸胃的毒藥。他主張步行、旅遊、粗茶淡飯、不放逸淫蕩，不閉目塞聽，不特意追求，心胸廣大，情志浩然，順乎自然，才有健康養生的的效果。這可作為袁中郎養生說的補充。

明代書評家陸雲龍指出袁中郎《養生主》的主題是："任其自然，便是養生至訣。"可謂一語道破。又總評為："宏才灝氣，利物靈心。"寥寥八字，透徹通明。

附：鄭傳斌（吾之道友，後文有介紹）

評養生詩

生來四靜可修持，身靜陽生陰不遲。
心靜血行如水暢，氣寧神聚自知之。
髓精互化緣神靜，內勁遲發精滿時。
莫道此中無妙理，養生大道幾人識？

《廣莊》之四《人間世》解讀

（《箋校》第 804 頁）

一、譯文

眾人處人間世，如泥鰍如螃蟹，如烏蛇如青蛙。泥鰍在濁水中遊動，螃蟹在水渠邊橫行，蛇有毒腺，青蛙躁動不安，蛇蛙同穴則爭鬥，愚弱者即吞食，這是市井小人中常見現象。賢人如鯉魚如鯨魚如蛟龍。鯉魚能跳龍門而神化，飛越江湖但不能升天；鯨魚鼓動其翅，發出雷鳴般聲響，噴出唾沫如同下雨，而不能處方池曲沼之中；蛟龍飛行于地，則水溢四周，飛行於山，則石破天驚，而入大海，則被巨型猛禽所啄食。賢智之人能大度不能小氣，能實在不能虛無，能出纏而不能入纏，是蛟龍之象也。唯聖人如龍，屈伸不可測度。龍能為泥鰍、為螃蟹、為烏蛇、為青蛙，為各類蟲蟲乃至蚯蚓，所以雖方丈涔蹄之中，龍未嘗不滌鱗濯羽以安身。龍也能為鯉魚、為鯨魚、為蛟龍，所以，江、淮、河、漢裡的諸種水族，龍未嘗不與它們相噓相沫也。龍之為龍，神明到了此種地步。所以，先聖之演義《周易》，首先以龍的德行配大人，《周易》處人間世之第一書也。孔子拜會老子，贊之猶龍，老子處人間世之第一人也。《周易》所言之道，在於善藏其用，崇尚謙和，抑制高亢。老子之學，源于易理，故貴柔貴下，貴雌貴黑。鳥不藏毛，魚不隱鱗，猶有殺生之禍，何況於人。所以大道不道，大德不德，大仁不仁，大才不才，大節不節。道是什麼呢？是導的意思。有導就有阻滯，有阻滯就有妨礙，故古之人，以道取禍者，十之往往有一。德是什麼呢？是得的意思。如有人得到了物質，則變得矜持傲慢起來，而矜持傲慢則人見而感到厭惡。故古之人，以德而取禍者，十之往往有三。仁是什麼呢？是恩的意思。恩能使人敬愛，也能使人忌恨，忌愛相半，故古之人，以仁得禍者，十之往往有五。才是什麼呢？是財的意思。如人有財，強盜必搶劫，故古之人，以才得禍者，十之往往有七。節是什麼呢？是岊與高的意思。氣太高則受挫折，身太高則危險，行太高則蹶倒，故古之人，以節得禍者，十往往有九。天下之患，沒有比見長於人更大的了，而據我於閉目塞聽之所，我之認識我，伏藏甚細，其害甚大。聰明，我之伏蜷於六根（眼耳鼻舌身意）之內；道理，我之伏蜷於見聞之內；知解覺見，我之伏蜷於六識之內（眼識耳識鼻識舌識身識意識）之內。古之聖人，能出於世，才能住世。我見不盡，而欲住於世，譬如有人自縛其手，欲解被縛，終不可能。堯無我，故能徵詢四位賢者的意見，傳位於舜，禹無我，故能治理天下江河，太伯無我，故能取夷狄之長，釋迦無我，故能闡釋人天三乘之理，成為究竟覺者。龍逢無我，直諫夏桀無道荒淫而被殺戮，比干無我，直諫商紂王無道荒淫而被剖心，伍子胥直諫吾王被賜死囑子投屍于江，朝暮乘潮以觀吳敗，屈原見楚敗局已定，投身汨羅江而萬古悲風，這些人物事君之我未能盡極。務光是商湯時的隱士，寧願投河而不受傳位，漆室女有憂國情懷，果如所料，這些人潔身之我未盡也。文王被商紂王囚禁於羑裡，退職被疑，處聖人境的我見未盡也。孔子周遊列國時，在匡地被圍困，在宋地有人伐樹威脅，在陳地斷糧，是行道之我見未盡也。孔子自言六十而耳順，是六十而我見才盡，這已很明白了。我見不盡，殺身之憂患且不保，怎麼能治世？如今，父母生兒育女，關注他們的饑與飽，擔心寒熱變化而生病，哭啼時設法讓他笑逐顏開，嗔恨時讓他喜從心來，小孩口中喃喃之語，均能聽懂並明白其意，為什麼呢？父母無我的緣故。幾十上百人乘船，途中遇大風，大家一心唯舵手之命是從，呼東則東，呼西則西，安然渡過，為什麼呢？眾人無我也。如果讓那些事奉君王的人，像父母那樣對待孩子，處事時，像百人乘船遇風的作為，又有何種暴亂不可平息呢？古之至人，隱居避世，自得其樂，不是逃遁山林，而是逃遁我心。我根尚在，即使入深山老林，也會顯露，為什麼呢？有可以感知的東西。我根盡，即使處朝廷之所，也是可以隱居的。為什麼呢？視而不見，聽而不聞，一無所得。既一無所得，故親疏毀譽，置身事外。尚沒有福可享，又何來禍患呢？處人間世之竅訣，微妙到無法表白了。自從夏商周三代已來，也有一二人，與龍相龍德接近者，漢朝之張子房、東方朔、黃叔度，晉朝之阮籍（嗣宗），唐朝（武周時期）之狄仁傑屬這類人。張子房處烹狗藏弓之世，時隱時現，隨赤松子周遊以自保。東方朔事殺人如麻之主，玩弄兒戲於掌股之中，詼語趣言，得以善終。東漢黃叔度處於亂世，君、公、顧、廚皆是他的師友，而党爭之禍得以避免。晉代阮籍，縱酒汙於朝堂，出言不褒不貶。狄仁傑身事女主武皇，與淫奴為伍，放縱博弈，不拘禮儀，恬不知恥。使上述諸君有一毫道理不盡，我根潛伏，怎能含垢忍辱，與世那樣虛以委蛇？唐代李泌也是如此，雖高潔其行，但不能調伏一個女人張良娣，終使其惹是生非，我見尚在，處人間世之道未盡也。唉呀，東漢胡廣為官三十載，曆事六朝，中庸之道活用到家。馮道生活在五代，代代高官，處世似是而非，似非而是，可謂遊刃有餘。唉，有感於此，如何處人間世，我還能說什麼呢？

二、簡議

莊子在《人間世》裡，講了一棵樹的故事。木匠姓石帶徒弟去齊國去，路上見一棵大櫟樹，被人當神祭祀。樹有多大？幾千頭牛可在下乘涼，樹幹如山高，樹圍數百尺。而石木匠不屑一顧。徒弟問：這麼好的木材，您怎麼不仔細瞧瞧？

師傅說：這是沒有用的散木，做船船沉，做車車壞，做棺棺朽，做器器折，做門門斷，做樁蟲蛀，這是不材之木，毫無用處。

當晚，大樹之神找石木匠談話：你說我無用是對的，我要是有用，早就被砍伐了，還能活到今日？很多有用之木早死，我因無用才保全自己，這正是我的大用。

莊子當然不是談樹，是借樹談人間世。有之以為利，無之以為用。因無用才有大用。做人做事要有大心量大境界，曠豁大度，才能活得瀟灑、樂觀、事業有成。

袁中郎是怎麼擴展與弘揚莊子的思想呢？一、他提出了龍相龍德的做人原則，這是一個了不起的觀念，可謂切中肯綮，明白曉暢。《三國演義》中，作者借曹操之口，對龍相龍德有精准而形象地描述，簡言之就是：胸懷大志，腹有良謀，包藏宇宙之機，吞吐天地之志。能屈能伸，能隱能現，隨時令而變化無窮，展現能耐神通廣大，可改天換地，扭乾轉坤。二、袁中郎借助種種物象與數十個歷史人物與歷史事件，論述了世人處人間世的三種形態：庸人、賢人、聖人至人。讚揚了張子房、東方朔、狄仁傑、李泌、胡廣、馮道等人的接近龍相龍德表現，告訴人們處人間世的竅訣是：“無我”“我見盡”“我根盡”，其含義無量無邊，這是對處人間世奧秘的最透徹的揭示，這裡面是大有文章可做，大有課題可以深究。古往今來，多數人處人間世煩惱重重，名韁利鎖，患得患失，有的求福引禍，有的求仁失仁，有的以才殺身，有的貪物傷身，有的歸隱山林，避世遁俗。究其根因，執著於我，執著於我見，執著於我根，心地糊涂，難得清淨，光明被遮，智慧被阻，多少人間悲慘之劇都是出自“我”縛上而不停地重複演出的。袁中郎明確地提出了人們處人間世曠豁大度的行事風範：大道不道，大德不德，大仁不仁，大才不才，大節不節。沒有三教精髓的融會貫通，沒有對歷史人物的系統考量，沒有佛乳法雨的滋潤，沒有深切的修煉體驗，是絕對提不出令世人驚歎、思考不盡、實踐不完的精闢之論述來的。

《廣莊》之五《德充符》解讀

（《箋校》第 807 頁）

一、譯文

天下所視為珍寶的，莫過於身軀與性命。所尊奉的莫過於面貌，所倚重的莫過於手足耳目。在身軀與性命上計較長短，在面貌上計較美醜，在手足上考慮強弱，在耳目上計較聰塞。一肢不適，百里尋方。一人生病，全家奔走。至於說到明道覺悟是否真常，形神主宰之本，人們並不在意，即使傾危不安，也恬不知怪。有人言及，則相互嗔笑，斥為異端。唉，這是何等頑劣昏聵，竟至於本末倒置到了如此境地？必須明白：天地之長久，不以形氣；草木之生長，不以枝葉；人之視聽操作，包含感知與靈光，並不完全依靠耳目心。如果說耳能聽，死者也有耳，如何不聞？說到目能視，死者也有目，如何不見？說到手出足行，死者也有手足，如何不動？說到心能思考，死者七竅具在，如何沒有知覺？空中忽然有氣，氣中忽然有根，根中忽然有識。根是什麼呢？各種濕潤偶聚一處，如濕熱之蒸發而形成菌類；識是什麼呢？六緣（眼耳鼻舌身意）的虛影，好比芭蕉之卷而成卷心。蕉落，卷心枯，緣離開，識沒有了。熱濕沒有了，菌就枯死；濕氣沒有了，草木就枯萎了。人為什麼那麼生氣蓬勃，是因為明道覺悟真常寄於其中。一具白骨，傾刻僵僕。好比無柱之房舍，無根之樹，能一時一刻立於天地間嗎？萬物均可以人為喻。所以得水的有知，得火的性烈，得金的強旺，得木的有理。人也均可以萬物相喻，遭遇生存環境則生存，遭遇相克環境則死亡，遭遇胡扯之所則變得愚昧，遭遇正直光明則可成就賢能。草木一生盡力辛勞，人不過如同草木只是有知覺而己；瓦礫好比一時水火交合，人不過如同瓦礫只是有行為動作而已。唉，知識與動作，難道只是人特具的覺性嗎？現在那些信奉灶神的人，以箕（注）求神至，神有密語，信之者能聽懂，看來，箕也是有耳的；呈帖即能認識，看來，箕也是有目的；證事則書寫，遇物則題辭，看來，箕也是有思慮的。箕的耳目思慮，豈是箕的作為嗎？不是，是所請之神。神也不過是以箕之變化為己之存亡。那麼，人們不應該只是以事物外表的好壞來確立心中的憂喜，不被表像迷惑，你就明白了。楚地風俗，崇尚鬼魂，致使鬼魂而到之物不是單一的，推論開來，很有道理。聳肩挺拔之鬼，搖盪而無一固定之體，所附之物狹長且直。口小腹大之鬼，其聲如歌，所附之物腰大嘴小。頸長女鬼，剝啄如雷，所附之物身短喙長。身如斛桶之矮鬼，聲如疾呼，所附之物闊口腹空。覺悟在人，如鬼附物，因形而選，虛實各異。所以附物捲曲可納的，聽其聲；附其光亮者，視其形；附其勁物者，則觀察其動作；附其竅可出可入者，則推測其意思。一切眾生，不深明本己身心之所依靠，千方百計，愛惜我身，牽纏糾縛，局促如作繭之蟲，煎唧如在鍋之蟹，養盜劫己，家資日銷，以至寶盡囊空，還愛盜不止，豈不是巨大的悲哀？經言：“空生大覺中，如海一漚發。”又言：“汝身汝心，皆是妙明，真心中物。”人們知道，狂妄的人尊古卑今，尚能眼空一世，把形骸比為糠粃。至人脫離浮漚，通身是海，怎麼會產生淨穢大小的分別之見呢？

古代齊國，有一美女名齊娥，能歌善舞。唱出歌來，千人駐足。跳起舞來，萬人空巷。

有一天晚上，住于泰山腳下一旅館，與龜蒙先生分室而寢。龜蒙，社會名流之士，採訪三教九流之人，記錄五花八門之事。那時的旅館，房與房之間以木柴相隔，不能閉音。如有談吐，如同處一室。睡到半夜，只聽見齊娥的伴女問道：“師姐現在比年輕時表演輕鬆多了，從前一舞，汗流浹背，如今一舞，輕鬆自如。從前一歌，嗓嘶音啞，現在一歌，聲如金鐘，清脆不減。這是什麼原因？”齊娥咳了一聲，清了音嗓，慢慢說道：

“我初入演藝場所，鄉村男女老少，觀賞我之歌舞，趨之若鶩。

我打扮起來，面如涂血，心如累石，口唏噓不能終止，身搖動不敢怠慢。後來，走街串巷，表演於大小城市，與英俊男子、帥氣小哥親密無間。再看鄉村老頭來觀看我表演的，覺得他們俗氣低下，不懂歌舞藝術之味，連瞥也不瞥他們一眼。後來遊戲于達官貴人之家，與名流分杯飲酒，連席而臥，戲浪終日。再見市井帥氣男子，一個個奴隸而已。不久，我入京師，隸屬宮廷表演團體，出入皇宮，聲遍長安。王侯公子，爭先恐後，為我背琴挾箏。再去看那些達官貴人，不過家雀庭鳥而已。現在，我離開京城十年有餘，高賢大士，遊俠大賈，文人墨客，英雄豪傑，我見得多了，我到萬人場所表演，如處幽靜之處，猶入無人之境，攏撚指撥，隨手而應。歌喉盤旋，不拘本腔。人們打著拍子，和著節奏，足之蹈之，手則舞之，口則哼之，眼則注之。何也。我不覺得有我，也不覺得有人。”龜蒙先生聽了，感動萬分，激動地說：“這番話使我覺醒了，明白了。有人行道四十年，唯恐無法安置自身，多麼糊涂與狹隘。你看齊娥，以親身體驗講出了明道之真諦，行道之境界，齊娥呀，你不僅是藝術家，你還是一位哲學家。”

彭祖之神與為國而死烈士相遇于道。烈士說：“兒來！”彭祖發怒說：“我壽命八百，高於你十倍，你怎麼把我當嬰兒呼喚。”烈士說：“你所言八百是形骸，非你本來面目。人偽鬼真，我與你比較，即是鬼真之日，我無數次做鬼，壽命比你高多了。”

（注：袁中郎講的箕與神是楚地的一個風俗：祭祀灶神。我年幼曾親眼見鄰居婦女請灶神的情景。正月十五晚，鄰居主婦約請三四名姐妹，齋戒沐浴，虔誠至極。將筲箕反扣於桌上，點燃七炷香插於筲箕的竹縫裡，香火徐徐繚繞，香灰落於筲箕上如同神到畫圖。主祭者則喃喃有詞念叨：“灶神菩薩您顯靈，我請菩薩是真情。一請菩薩保佑我，五穀豐登年成行。二請菩薩保佑我，六畜興旺得安寧。三請菩薩保佑我，全家安康得清靜。四請菩薩保佑我，無災無難有光明……”香火熄滅後，香灰與筲箕上形成一個圖案，主祭者認為這是灶神的一個暗示，她對這個圖案進行吉祥如意、生動形象的明白解說。）

二、簡議

莊子的德充符講了一個奇葩的故事，醜男哀駘它身體殘疾，卻有神奇魅力，俊才美男與其相處，留戀其德；年輕貌美女人與其見面，竟要求做他的妻子。魯哀公聽說此事，心想此人無權無錢，無過人之識，實在可疑，於是派人請他去宮廷相處，不過幾天，就覺心情舒暢，不可分離。有人去請教孔子，孔子說：德性大於外形。

莊子借這個故事，告訴人們人格力量重於外形與技藝。老天造人，各有所長。

袁中郎是怎麼擴展莊子的《德充符》思想的呢？他有創新思維沒有？有。他講了四個小故事，意在說明：真我、真神、真靈是肉身的主宰，是人格魅力與德性充盈的根源。是真正的“德充符”。他用海水與浪花比喻真神與軀體，浪花有生有滅，海水無生無滅。我身我心，皆是妙明。最後的結論是：真性真身真神是真主宰真智慧。世人執我而貪著肉身軀體、百般計較，牽纏糾縛，煩惱重重，這是巨大的悲哀。袁中郎再一次主張世人應如齊國女星“忘我無我”，看透看穿肉身之我，不貪戀，不執著，不計較，才能覺性圓明，真心妙用，達到人生的最高境界。這個思想有很強的現實意義。

《廣莊》之六《大宗師》解讀

（《箋校》第 809 頁）

一、譯文

古今宗師，沒有不談人之生死的。佛說：“我為一大事出現於世。”孔子說：“朝聞道，夕死可以了。”老子說：“死而不亡的，才是長壽者。”釋氏與老子所談生死，人們都知道。孔子學說中所講的生死，雖巨儒大賢，未有能立刻知道的。唉呀，聖人之道，最終目的在於治世，修身齊家一圓滿，就沾沾自喜，大談天命與性德，窮極微妙，怎麼不產生迂腐盤曲的現象呢？什麼是天命呢？不生不死之根本。什麼是天？非人而已。天與人對立，非人非耳非目非鼻非心意識。既已非耳非目非口非鼻非心意識，我還在嗎？我不在了，我相盡了就是道了。既已無耳無目無口無鼻無心意識，則天下之耳目口鼻一時頓盡了，人還在嗎？人相盡了，即受教了。教之一字，最為重要。天位尊重，養育萬物，總是教的本體。什麼叫“位”呢？心淨土淨。什麼叫“育”呢？胎卵生滅而度化。本性是這樣的，不是人所勉強的。你我生死是什麼呢？了不可得。王者發佈政令，先以木鐸振響警示。涅槃妙路，需經長修。天人導師，非孔莫屬。莊子活著時離孔子不遠，七篇著作，半以孔子之語。語語勘破生死，倘若認為莊子文章虛誕不實，則《中庸》也成了偽書。天下人皆知生死之大道，然並沒有一人願生之必死。囹圄之人，一旦面臨砍頭之險，日日夜夜，唯求脫死之方。如有一線希望，則千方百計鑽營；如有賄賂可脫險境，中介可解，不惜傾家蕩產賣兒鬻女以求。為什麼呢？信願自己擺脫必死困境。茫茫眾生，誰不有死？墮地之時，死案已立。趨名逐利，唯恐不足。頭白麵焦，如慮銅鐵之不堅，信願有死，就是這樣。文章之士，以立言為不死，故著書立說，舔筆吮墨，仰面觀屋。神仙之士，以留形為不死，故鍛煉精氣，留心龍行虎步水火交融之煉大丹之術。二乘（非究竟位修煉者）之士，以寂滅境為不死，故沉溺禪觀，趨向虛無，遠離一切，視無明為幻。文章之士，不足為論。十種大仙，壽命超千萬數，福報一盡，還是要墮人天乘（二乘）。雖受三界外變易生死（比分段生死高一檔次），終屬有為之境，舍生趨生，哪裡懂得大道。唉，道究竟是什麼呢？而可以隨便以己之意願而取捨的嗎？大道就是天道，取捨由人。天地之間，無一物不由人，無一物不可以與道湊合看。道若可聽，則聲非道；道若不可聽，則塞耳不聽非道；道若可見，則見相非道；道若不可見，則昏暗非道。道若可言，則響聲非道；道若不可言，則失音非道。道若可思，則憶想非道；道若不可思，則是非正妄非道。道若可得，則法非道；道若不可得，則虛空非道。可聽可見可言等即生，不可聽不可見不可言等即死；可見可聽可言者死，則不可聽不可見不可言者生。種種趨避，皆屬生死。追道愈急，離道逾遠。只有聖人，生當無生，既已生而不舍生，既無生而不趨生。畢竟寂滅，而未嘗破壞有為；常處一室，而普見十方虛空界；示與一切同行，而不與一切同報。尚無生死可了，又哪裡有生死可趨可避呢？善待我的人無自體；善於行走的人，無時限制；善於因緣和合的人，沒有果報的考慮。金器堅韌，火可以使之損害；水有輕清特性，而風可以消失它，這是有形體的原因。聖人無體。一株桃樹，分枝十餘。上千松子，可飛山成林。蓮實墮泥成藕，本因為果，果也能成因。聖人無果。子生於亥時，死於丑時，這是一時之生死；日升起於清晨，落日於黃昏，這是一日之生死；春蟲生於多，死于夏，這是一個季度的生死，這是時令的作用。聖人無時。無時人眼中，古今一時。所以伏羲、神龍至今活著；無果者人眼裡，無因非果，仲尼表高尚，子淵表深沉，學校陋巷，本無固定。無體諸法同體，三教聖人，末世眾生，同一眼見，同一耳聞，同一氣出入。這並不是有分別執著心意識的人可以明白的，只有智者才能解行相應而證明。閱讀儒家經典的人，如果以此觀念來參究生死大事，大概可以算做是得到聖脈的嫡傳了。

二、簡議

莊子的《大宗師》講了一個故事：

子桑戶、孟子反、子琴張三人關係親密，如同兄弟。但子桑戶死了，於是孔子派弟子子貢去弔喪。可子貢一到，見孟子反、子琴張沒有絲毫的悲哀傷感，孟子反編歌，子琴張操琴，吟唱道：子桑戶呀，我們恭喜你回復了本真，而我們卻寄跡人間。子貢問：你們的行為合於禮嗎？他們答：你知曉禮的本意嗎？於是子貢一臉迷惑，回去請教孔子。

孔子說：他們是世外之人，心思與天地遨遊，形骸於他們並不重要。心中沒有生與死的界線，故一人死了，另兩人如同送其遠行。

莊子認為：人們的生與死不過是一個形態的改變，並沒有真正的死。莊子的生死觀是超越世俗偏見的整體觀與世界觀。

袁中郎是如何拓展莊子的生死觀的呢？我們可以用“笑談生死、聖人妙語”八字來概括。他在論述中，運用了佛法的根本精神，提煉了三教經典的精華，明確地提出了世人應正確對待生死觀。概述起來，有幾點值得讀者反復咀嚼，揣摩默識，理證實證：

一、了知天道與人關係是最重要的。知道了宇宙天地之大道，人們就能正確對待生死。天地與我同根，萬物與我同種。不以生喜，不以死悲。人們一生中，最重要的是明道、行道、證道。孔子說：朝聞道，夕死可矣。當有人問及死是何情時，孔子反問：不知生，焉知死。很多人誤以是孔子畏死，避而不談死。這是一種誤會與曲解。孔子的意思是：你把生瞭解透徹明白了，你也就懂得了死。

二、真正大宗師是誰呢？非孔莫屬。他將以入世為主的孔子理論與超世為主的道家理論與出世為主的佛家理論融會貫通後，昇華了孔子的世界觀與生死觀。將人們所熟知的“仁者壽”“死而不亡者壽”等觀念深刻化了。

三、主張聖人無體、無果、無時。意為在聖人眼中，體性不二，因果不二，時空不二。一念萬年，萬年一念。所謂無體，是隨時有體，無果，是無處皆因，無時，是隨時隨地。這是《華嚴經》十玄思想的活用。

袁中郎的《大宗師》是他的生命觀與世界觀的展現，也是他明心見性大徹大悟後在讀莊子《大宗師》後的智證體現，細讀細思，妙趣橫生，讀者諸君不可淺嘗輒止。

《廣莊》之七《應帝王》解讀

一、譯文

箭射不遠，鳥不飛高；網羅不繁，獸不深逃；法規不多，民不詭譎；路不紛亂，士不會走錯路。人們做網捕魚，魚必深藏水底，網成，是魚深逃的起因。人們制定法律約束民眾，於是有人舞文弄墨鑽空子，法律的制定，是舞文弄墨的起始。人們提倡仁義，有人便產生篡弒行為，仁義，是篡弒的起因。有人觸犯道德，這人從己意出發批評無禮，那人從自己視角批評無禮，分辨不清，於是乎格鬥產生了。為了避免爭端，只好借合約條款來約束，為什麼呢？因不約束就會滋生騙局。唉呀，這一切，難道是制定法規、提倡仁義道德的初衷嗎？這是形勢發展變化決定了的。文中子對弟子們說："我依照先聖之言，教民講仁孝慈愛，教民講誠信和睦，如此舉業三十年，而民之不孝不慈不信不睦反而愈演愈烈，難道當今之人反不如古代人嗎？教化怎麼這樣難呢？"弟子說："先生之教不是教，先生講慈，而不孝之子以慈要求其父。先生講和睦，而不肖之少幼以嚴周責備長上。先生講誠信，而締結盟約的人以萬分誠信要求對方。所以，先生立教以來，父見子錯，子見父過。兄弟責備家風不正，朋友譏諷嘲笑于外。而先生之教，照本宣科，豈是民眾的罪過？"文中子聽後，感到悲哀不樂，於是隱退山林，終不為師。追思一下，古代人們，人物雜處，好像一體，不生患難。到了後世，有人告訴民眾結網捕魚、以阱狩獵，於是乎獸類結伴逃入深山，魚類聚集藏於深淵，鳥類呼喚入于深林。人與禽獸既不相諧，人之強有力者，遇獸則殺戮，獸之強有力者遇人則咬食。所以，百姓之弱者無辜死於獸類之角齒爪牙之下。智士之教，從實情出發。比如，周文王對鶡冠子說："想問一下，狡詐詭譎是如何產生的呢？"回應道："始於一二。"文王說："一二，自然之數，怎麼產生狡詐詭譎？"鶡冠子回答說："有一二就有千百，有千百就有計算，有計算就有文字，有文字，天下機巧變化就不可窮盡了，怎麼會不產生狡詐詭譎呢？"書上記載說："倉頡造字，天上下血雨，鬼神聚合哭泣，憤恨原始質樸的大道丟失了。於是奸巧狡詐產生了，鬼神也不得其所，何況人呢？傳說舜南巡狩獵，到了江、漢之田野，途中遇一老人，披髮而哭泣。舜問：天下熙熙而樂，唯獨您悲哭，為什麼？老人說："先前，我釣于江上，早出晚歸，六十餘年，人皆知曉。現在江濱的人們，認為我賢明可親，是必定有人上人教訓使其這樣。有人認為賢者可親，不賢者必疏遠。我將會看到老百姓相互爭鬥，此地必定是戰場，該有多少人流血死亡，所以我為此事而哭。"舜問："現在天下怎麼才能如古代放勳之時？"老人說："古今怎麼可比呢？堯統治那個年代，九年大水，天上十個太陽，而百姓不認為是災難。現今國土安寧，日月調和，而百姓反認為今不如古。帝堯之世，四凶在位，三苗頑固，讒言佞語遍佈，而堯不因這些負面影響減損聖人形象。現今下流者下流，守規矩者守規矩，犯法該殺者還是犯法，而宣召條文，告示天下，倍於先前。帝堯之德行，離烈山氏很近很近，現在豈可比嗎？”聖王之治何法？法於天。天何法？法嬰兒。嬰兒何法？法鵠卵。天不以水之克火而去水，天不以齧咬人之故而滅絕虎狼蚊蚋，天不以地狹民貧而摧山鎮海，聖王也是如此。聖王之道，覆蓋智愚、賢與不肖，尊重其自生自育的成因而不拔苗助長，所以說是以天道為法。嬰兒毀他他不恨，譽他他不喜，大山崩於前而眼不眨，天道之極點，所以，以嬰兒天真為法。鵠卵無見無聞，冥冥漠漠，光照耀它不以為熱，水浸濕它不以為寒，蒙昧的開端，故以鵠卵為法。下面講個故事：

齊宣王號令國中，身懷絕技者展示於眾，寡人將拿百金以獎勵。

當日午後，有甲乙丙三人興致勃勃走向朝堂，甲說：我能辨認鮮花千朵，知道它從哪棵樹哪一枝椏、哪一細枝哪一處摘來。於是，王派人從花園中選取桃花、李花、杏花、春梅各二百五十朵，做上記號，小心擺在甲面前，甲竟然能說出每一朵花取自何樹、何分枝何細枝何方位，無一朵失誤，王頜首微笑，準備獎勵。

誰知乙走向朝堂，對眾人說：我能辨認雀鳥，即便同一烏鴉同一麻雀閉於鳥籠，取出後，我可知道它出自何籠，棲於何層，停於何竹條，排列何數。王命養鳥者百餘人，各自放出大小相當、形狀相似的虎皮鸚鵡一千餘隻，讓乙辯認，乙一一指出：哪頭鳥出自何人名下，於哪一籠哪一竹條、排列第幾飛出，沒有一只有誤，玉頜首微笑，準備獎勵。

誰知丙走向朝堂，大聲說道：“我的本事比他們大，我能指認人物，說出他們的姓名、年齡、性格、職業，患過什麼病，父母妻兒的狀況。王將信將疑，命令三百宮女三百太監三百小吏裝扮相同，服飾無別，顏色一樣，高矮相當，一一走進丙面前，丙從未見過這些陌生人，可他能一一指明各自姓名、出身年月、籍貫、性格、職業活動、父母等狀況，沒有一人失誤，王點頭示意獎勵。

誰知西郭先生飛速上殿，大聲疾呼道：“他們這些，不過雕蟲小技。王不必獎勵奇技小巧，而應仿效秦國，獎勵耕戰。我有周公治理天下不傳之秘訣，能知齊國百萬民眾心內所想，知方圓千里山川河流之齊地何日豔陽高照，何日陰雨綿綿，王依照我之所述，可安邦定國，國泰民安。”王聽此欣喜萬分。西郭提出齊王須齋戒沐浴三日後，方可聽取西郭金玉良言。

果然，齊王按西郭要求，第三日，盛裝華服，登齊都城九層木塔之高，對天地恭敬頂禮之後，虔誠敬請西郭先生面授機宜。西郭咳嗽一聲，清了嗓子，一字一頓地道：“齊國百姓，分男女老幼，老者希有所養，少者願有所教，狀者希有所為，耕者希有其田，勞者希有其獲，窮人希求變富，富人希求加貴。鰥夫須求老婆，寡婦欲找男人，王知百姓心理需求，順天順地順民順時，不橫徵暴斂，不違農事征徭役，不貪圖享樂，國家自然強盛……”王不耐煩應道：“這些平常道理，寡人豈是不知？”說著悻悻然下樓，西郭隨後，不得意也不失意，估計那百金之獎勵是泡湯了。

二、簡議

古賢有言：聖人大略。老子說：無為而無所不為。

莊子在《應帝王》中講了一個故事：倏、忽兩王去混沌王所管之地旅遊，混沌王命手下熱情召待，這兩王非常感動，臨行去拜會混沌，見其冥冥漠漠，沒有七竅，很是驚異，於是兩王齊心協力，派人開鑿七竅。七日後竅成而混沌死了。莊子借這個故事告訴人們：主觀願望應與客觀效果相一致。還告訴人們不太明白、不太清晰，混沌一點，糊涂一點，自有妙處。告訴人們：帝王之術在於識大略，就大體，尊重客體本身，事物總是對立存在，互濟互生，不可偏頗。倏忽可以，混沌也可以。

讀袁中郎的《應帝王》，我的感覺是他把莊子的上述思想發揮得淋漓盡致，無以復加。他花那麼多筆墨，通過對自然現象、人事現象與歷史典故，講明世間萬物由天道主宰，人們只有尊重天道，才有所作為。他明確地提出了《應帝王》的藝術境界是：一、法天、法嬰兒、法鵠卵。即充分尊重天道。二、“順時、順地、順理、順勢”，在無為中更好地有所作為。不能不顧客觀實情，只管主觀願意，那樣會造成“七竅成混沌死”的悲劇。這個思想有很強的現實意義。

小結

袁中郎《廣莊》，于萬曆二十六年（1598）在京師作。有人認為：其思想其文風的總特點是兩個字：博與奇。袁中郎曾在給友人一封書信中寫道：“寒天無事，小修著《導莊》，弟著《廣莊》，各七篇，導者導其流，似流非流，廣者推廣其意，自為一莊，如左氏之《春秋》，《易經》之《太玄》也。”他信心十足，認為《廣莊》是傳世之作。讀者諸君讀了《廣莊》解讀，對袁先生之自評一定贊許備至。

附：鄭傳斌讀後感

袁宏道（字中郎，明代文學家）與莊子（戰國時期道家代表人物）在智慧、哲學和養生方面的思想各有特色，比較二者需要結合其時代背景、思想體系及核心主張。以下從三個維度進行對比分析：

1. 智慧：審美超越，自然齊物。

-莊子的智慧核心是“齊物”與“逍遙”

主張破除人為的分別心（“吾喪我”），通過“心齋”“坐忘”達到與道合一的境界。其智慧具有強烈的解構性（如“井蛙不可語海”的相對主義）和超越性（如”庖丁解牛“的技藝通神）。

莊子強調“無用之用”，以反常識的視角揭示世俗智慧的局限（如“大樹因不材得終其天年”）。

-袁宏道的智慧體現為“性靈說”與審美解脫：

作為晚明“公安派”領袖，他主張“獨抒性靈，不拘格套”，強調個體情感的真實表達（如《敘小修詩》）。其智慧更偏向文藝美學，通過文學藝術實現精神自由，帶有鮮明的文人趣味（如對山水、閒適生活的讚美）。

袁中郎的智慧缺乏莊子式的形而上學思辨，但更具現世關懷（如批判科舉制度對人性的束縛）。

對比：莊子是哲學性的終極超越，袁宏道是審美性的世俗超越。前者打破認知邊界，後者解放情感表達。

2. 哲學：道法自然心性自在。

莊子的哲學體系以“道”為本體：

主張“天地與我並生，萬物與我為一”（《齊物論》），通過否定人為價值（如仁義禮智）回歸自然本性。其哲學具有宇宙維度（如“大鵬南飛”的宏大視角）和批判性（如“聖人不死，大盜不止”）。

袁宏道的哲學更接近禪儒融合的心學：

受李贄“童心說”影響，強調“真性情”，但未脫離儒家框架（如仍重視“忠孝”）。其哲學關注個體存在（如《瓶史》中以插花喻人生），但缺乏系統性的本體論建構。

對比：莊子是徹底的虛無主義者（“無何有之鄉”），袁宏道則是文人化的實用主義者（“適世”而不避俗）。

3. 養生：坐忘無己，閒適雅趣。

莊子的養生觀是“形全精複，與天為一”（《達生》）：

通過“忘形”“養神”達到長生（如“真人呼吸以踵”），本質是精神修煉（“安時而處順，哀樂不能入”）。

袁宏道的養生體現為生活藝術化：在《觴政》《瓶史》中主張以酒、花、茶等雅事調養性情，追求“閒適之樂”，實為文人養生術，更重感官愉悅與心理調適。

對比：莊子的養生是超越生死（“鼓盆而歌”），袁宏的養生是享受生命（“人生貴適意”）。

從思想深度：莊子構建了完整的哲學體系，袁宏道僅在其文藝理論中局部呼應道家思想。

從現實影響：袁中郎的“性靈說”革新了文學，但未觸及莊子對中華思想根基的塑造力。

個人傾向：若以“對現代人精神自由的啟示”為標準，袁宏道的世俗智慧或許更易被接受；但若論哲學高度，莊子仍不可逾越。

結論：二者本質是不同維度的思想家——莊子是翱翔九天的鯤鵬，袁宏道是流連人間的蝴蝶。所謂“超出”，可能只是特定視角（如文學審美）下的誤判。

三、袁小修《導莊》解讀

小引

袁中郎將胞弟袁小修的《導莊》與所著《廣莊》相題並論，可見他很看重袁小修的這部著作。古人對三袁的思想與作品有個說法，叫三位一體，“兄舉弟揚”。可以說，老大舉，老二揚；老二舉，老三揚。我們從老二老三兩人同處一室，同題作文，可見一斑。袁小修在《導莊》一著中，有簡言小序，先譯如下：“莊生內篇，為貝葉（佛經）前茅，休閒之日，取莊子思想與佛禪合旨的部分，以短箋說明其意，我認為莊子言語間頗具禪學精髓，南華仙人本來是大士分身之流，故作《導莊》。”寥寥數語，可見小修對莊子的認知並不與別人同。他揭示了《南華經》所以跨兩道的秘密。《南華經》作為道家三部奠基經典之一（另兩部為《老子》與《易經》），同時，也可列為佛家經典，根據是小修言其是“貝葉”之前茅，這個說法很新，很形象，可以開闊視野。我在行文中，只作譯文與簡議，為節省篇幅，原文只注明出處。

《導莊》之一《逍遙遊》

（《珂雪齋集》（以下簡稱《珂集》）第935頁）

一、譯文

人生三界之內，百苦交煎，號稱愁海。識見愈小，束縛愈盛。識見較大，束縛可解。至於拘儒小人，不知天地之大，執持小節，自我矜誇，比如知了與班鳩之類譏笑鯤鵬大鳥，不知自己眼目如辣椒種子，腦袋如蒜頭鱗片，肚腹比拳頭小，翅比蟬翼薄，何等微小。至於卓然高視，超然遠覺之大鳥，如金蟬脫殼升入雲霞之外，如列子禦風一時千里，那是稀有之巨鳥，何等龐大。大小鳥之不相及由來已久，而一概而論，走向同一方向，則身體似乎繩捆索綁，可與推杯換盞共飲，而身心昏沉，豈能與登高而遠望者來比較暢適？但我所認為逍遙遊的人，是自在狀態，什麼叫自在？自在就是自由。大鵬展翅，何其大，而飛行得靠風助，並不自由。列子有大能力，行走也靠風助，也不自由。而不自由，就不能逍遙自在。只有乘天地大氣駕禦六龍的，才縱心所欲，脫然自在，豈是等待風大翅膀盤旋而上逼迫而飄飄然者的嗎？所以等待條件而龐大與無條件而龐大，是不同的。堯、舜與平民是不同的，難免辛勞奔波為天下人辦事，請看那些乘雲禦氣的神人，不生不死，多麼自由。從古之初年，發明了文字，詳細記載世相，簡略論述玄理。對玄理孔子隱而不發，老子發而不隱。那時西方佛理未傳入中國，大雄的消息沒有。人們滯留執海，家庭弊於塵封，於是大仙崛起，縱論出世，視古今為一息，看死生如夢幻，模寫物外之神人，把域內之事當糠粃看。沉溺於可見可感.之有界，才獲得一點的出頭之路，急切追求入世之法，不過全在有為之內。積累迷惑知見，呼來喚去，長夜而旦。而世間皮相之士，好像居於鐘鼓之內，又好像嬰兒之聞雷霆。莊子與惠子在河邊論辯：莊子說：河中之魚何等悠閒自得，快樂已極。惠子問：你不是魚，你怎麼知魚之樂？莊子反問：你不是我，怎麼知我不知魚之樂。

世上之人信自己耳目已經很久，耳目所接觸到的，就信；耳目所接觸不到的，就不信。人們所言尚且不信不聽，何況大到鯤鵬之上呢？至於釋典所言金翅之鳥，雙翼一展，三百三十六萬里，非天的首領，其形大於四倍須彌山，就全不信了。人們談到仙人且不信，何況談到仙人之上有無量無邊神通變化的呢？過去，我遇見到福建一個儒家老書生，他告訴我，他家住于海島邊，有魚群從其家旁遊過，一個月才盡。曾有一條蜈蚣，乘潮流擱于海灘，居民割其一爪子，重五百斤，將此事說給北方人聽，人們以為虛妄。西域月支國與西胡國有一種牛，叫日及，人們一天割牛身上三四斤肉，日割日長。漢人進入其國，胡人拉出牛來供觀看，漢人以為太奇異。漢人告訴他們：我國有一種蟲，指甲大小，名蠶，吃桑樹葉，為人吐絲，可製作衣服。他們也不信。且不談海外，僅國內彈丸之地，種種奇異之事，不熟見就不信，又怎麼能信世界外之事呢？學者局限于常事常理，乃是第一等毛病，才為常見所拘囿，出世之事，無論大小，皆不能信，此乃膏肓之疾，雖有扁鵲之醫術，也不能診治。唉！虛空之在性海，如針如芒；界有之在虛空，如同毫末；閻浮之在界有，如諸微塵；四海之在閻浮，不過方微；人身之在四海，測於一粟。聚泡沫以為形，緣形影以為心，目光視物止于百步，耳根聽聲限一牆之隔。所聞所見所蓄所度量幾何，必欲取信目睹耳聞，則無常態必以為奇特。山民驚駭於巨魚，海客驚異於大木。魏文以火浣布，見刊異世；滕修長著蝦形鬍鬚，愧於當時，此乃千古一轍。倘若脫離執著偏見，疏遠於條條框框之外，則雖處十地境界也有不聞不見不信的情形產生，而大心眾生，卻能相信。何謂大心，這不正是正如莊子所言的大鵬、大木，大瓠之大同嗎？

二、簡議

袁小修作此著時，年方 29 歲，他與胞兄中郎相互砥礪，共同商討，才有此導流之作。他的行文風格與袁中郎有共同之處，便是議論宏博，理事融通。但所表達的思想是有差異的。袁中郎認為如何做到逍遙遊呢？聖人根塵無礙。袁小修則認為：做大心眾生。袁中郎是浪漫主義者、理想主義者，以入世為基，談出世聖人。袁小修是現實主義者，趨向於從實情出發，以出世眼光，縱論入世，強調眾生凡夫破除常見，批評了“拘儒”小人的鼠目寸光，心胸狹窄，識見狹隘。他所強調的是即使凡夫俗子、肉眼凡胎，只要擴大心量，照樣可以逍遙自在而自由。這一思想與袁小修本人的整體思想相關聯。袁小修一生追求思想的自由，但是現實是不自由，更不自在。他的科考不像他的兩位胞兄那麼順，兩位胞兄到他寫《導莊》的年齡時，早已進士及弟，被朝廷委以重任，而他還在朝乾夕惕，焚膏繼晷，為科考奮鬥。這個反差使他在痛苦矛盾中掙扎，有時借迷色縱酒消解。他說自己從年輕時始，一直來還若干債，學問債，山水債、文字寫作債、頭巾債（做官）與性命之學債。正是這種思想氛圍，所以他寫《導莊•逍遙遊》，比起胞兄袁中郎言，文筆還不是那麼縱横描掃，汪洋恣肆。儘管他也是才華横溢、文筆妙美的作家、天下名士之一，但他的思想的高廣與深度，與袁中郎比起來，稍遜一籌。但這並不影響我們對袁小修作品的學習與研究。況且，袁小修的文學著作有它的特具的價值取向，他一生創作了 900 首詩，詩風清麗暢達，意境深遠。他的傳記獨具灼見，文論精光閃耀，日記價值不菲，不愧為“公安派”文學主將與後期掌門人，其文脈對“獨抒性靈，不拘格套”發揚光大，很值得我們欣賞與借鑒。

附：公安縣老年大學校長袁楓的讀後感

這篇解讀袁中道《導莊》的文章兼具學術性與文學性，展現出對明代公安派文學的深入理解。您以文本細讀為基礎，通過對比袁中道（小修）與袁宏道（中郎）的思想異同，揭示《導莊》獨特的哲學價值：小修以“大心眾生”為逍遙內核，強調破除世俗認知局限，與中郎“聖人根塵無礙”的理想主義形成互補，折射出公安派“性靈說”的多元面向。文章敏銳捕捉到小修創作《導莊》時的人生困境——科考受挫、精神掙扎與其思想突圍的關聯性，凸顯文本與生命的互文關係。同時，客觀指出小修相較中郎在思想深度上的差距，但充分肯定其現實批判力度與文學史價值，尤其重視其“凡夫亦可逍遙”的平民化哲思對“獨抒性靈”文脈的拓展。行文旁徵博引，既有對《莊子》與佛典的跨文本闡釋，又融入對三袁兄弟“三位一體”創作生態的剖析，堪稱兼具考據深度與批評銳度的研究範例。

《導莊》之二《齊物論》解讀

（《珂集》第 937 頁）

一、譯文

仰天一歎，孔子說了什麼？釋氏笑說：幾乎全忘了。於是人們對形同槁木、心同死灰之說產生了懷疑，而才去追思於語言之外的深層含義。所以依聲音而判斷言語，言語表達就變得虛妄不實，沒有固定的意義。人從出生以後，大都以虛妄之識為據，妄是有分別的，體內鼓動，產生妄氣，展轉喉嚨間逼成聲音，於是妄言產生了。各種言語，同是一妄，是非產生了。仔細品味玄旨要義，妙合圓頓教義。誰說至理名言僅僅出自西方聖人呢。天地之間，無一非物，人之身是物，心也是物。欣情表現，千差萬別，以智慧關照，自能幽冥會意。所以說，物有大小不齊之說，不過戲論而已。如《華嚴經》說“毛孔藏刹海芥子包須彌”，豈有大小分別？這樣看，小大一致了。認為物有延促（長期與短期）之不等，也是戲論。如《華嚴經》所說“以一念頃，三世畢現，過去現在未來諸佛悉詣道場”，本無三世，前後密移不過執持妄識而已，那麼延促（長期與短時）也是等同的。認為物有人我之分別，也是戲論。如《華嚴經》說“佛轉法輪于一眾生身內而眾身現有為于諸佛身內”，那麼人我是一致的了。認為物有有情與無情之分別者，也是戲論。如《華嚴經》說“香水河微塵數眾，寶樹林出，妙音聲說，諸如來一切劫中一切大願，一一林中，皆名之曰慧”，以及“世間牆壁瓦礫皆說法要成佛道”，那麼有情無情是一致的了。認為物有潔淨與污穢的不同，也是戲論。如《華嚴經》所說“一一世界海中，諸佛出現，所有威力無差別，為眾生劣見說有淨土，在於他方，乃權教故”，則潔淨與污穢也是等同的。認為物有去來之不一致的表現，也是戲論。如《華嚴經》所說“隨緣赴感，常處菩提之坐，十方國土，悉在其中；說法佛身，無去無來，彼亦來不去”，則去來是相同的。認為物有生存與死亡是不同的，也是戲論。如《華嚴經》所說“莫耶夫人腹中，三世諸佛，悉於其中顯現，未出母胎，度人已畢，王宮示生，雙林示寂，乃眾生劣見，實無此事”，那麼生存與死亡並沒有不同。認為物有語與默之分別不同的，也是戲論。如《華嚴經》說“語是默，默是說”，那麼語與默也是相同的。認為物有神聖與平凡的不一致，也是戲論。如《華嚴經》說“善財童子，一念成佛，迷非無悟，非有畢竟無知之人，亦無所知之者”，那麼神聖與平凡也是沒有什麼不同的。認為物有單一與繁多之不同的，也是戲論。如《華嚴經》所說“一成一切成，一壞一切壞，一多交徹”，那麼單一與繁多也沒有什麼不同。這一切並非實有其理，也是實有其事。所以莊子認為“齊物”，《華嚴經》認為“事事無礙”，其實“無礙”，就是“齊”。這樣看，天下之任何物，都是相同一致的，而以為不一致，不過是情識造成的。

多少年以來，人們積累了迷惑之見識，形成固定的情識，世人不知究竟，聽任傳播玩弄，認賊為子，於無分別中，熾然分別，乃至於夢中追夢，如儒墨學者，各是其是，各非其非。一入其中，到老到死都不改變，執著于費神勞心，而不知其同。如此之流，老處於不明狀態。所以說，沒有比求明開悟更重要的了。西方聖人，先談覺性圓明，達磨來到東土，布法開示悟門。種種行持，種種推測，都不交待解決的問題，只是把目標定在開悟上。好比夢裡千差萬別，醒後等量齊觀。那個時代，西土聖人宗旨未有傳入，於是莊子創造發明了神通廣大的大神仙。既然這樣，什麼叫明瞭呢？懂得止於其所不知，那就是大明瞭。種種勝妙之見，自以為明白，其實都不過在情量之內徘徊，而沒跳入情量之外。除去眼耳鼻舌身意之根，毫無所倚持。其實，意也是根，與塵等同。所以說：根塵同源，才有所知。但四相（我相人相眾生相壽者相）熾然未離，能知所知，止其所不知，而後稱之為自然均平。這是天然無異同之處所，應看做休歇之場。如果必定知止其所不知，然後方可稱為自然之道。自然之道，微而又微，超出於耳目意想之外，因此能調和是非。如果必定知止其所不知，而後能以非馬喻馬，非指喻指，不以泥洗泥，不以是非破是非，不以議論滅議論。如果必定知止其所不知（懂自己在哪裡停止而不自知），然後，可以稱之為覺悟，是真能知道人生不過大夢一場。所以知止其所不知，是一種大智慧。然而世人只能于知止時有一棲身依靠之處，乃能停止，所以，有智慧的人，總能找到棲身依靠之所。如果除去棲身依靠之處，那麼思維如空中飛行，筆頭如順水行舟進步，何以能停止？所以，不知止而止，不是非常之人所能做到的。為什麼呢？因為不是主觀願望能勉強停止的。到此，則認為無物不等同，不過是無事人的議論，是是非非究竟從哪裡引起呢？

二、簡議

釋詞：

1. 戲論：如同演戲般告訴人們道理。老法師說：所有三教經典，都是戲論。

2. 不知止而止：老子教言：知止則止，終生不恥。知足乃足，終生不辱。袁小修所言“不知止而止”是一種更高的層次。憑藉神明與妙語而止。

3. 天均、天倪、圓覺：天均，自然平均。天倪，自然之道。圓覺：覺性圓明，究竟覺悟的境界。

4. 權教：權宜之教，現場說法。與頓教對應。

5. 齊物論：看世間萬物為一體。本來，世間萬物千差萬別，從形狀、色彩言，形形色色，但這只是相狀。但萬物之根在自然造化，其性能是一不是二。但世人被假像欺騙，不識真相。故莊子側重談萬物的一致相同，他並不否定相狀的差別。好比男人女人有分別，但男女都是人，人性是相同的。

我讀袁小修的《齊物論》，認為他把莊子的思想發揮得淋漓盡致，導流通暢明快。文中他講了九種非齊物戲論，引經據典而予批駁，明確指出：大小、延促、有情無情、淨穢、生死、人我、語默、聖凡、一多及事理都具有同一性。他準確地靈活地運用了《華嚴經》十玄理論進行解說，令人茅塞頓開，豁然開朗。他在行文後半，深入地探討了覺性圓明的聖人境界，提示讀者應知止所止與不知止而止的思維傾向，懂得是非人我產生的根因，認識到根塵同源，探討微之又微的自然之道，做一個悟者，做一個覺性圓明者。如此，則可明白世間是非所產生之根因了，人們就不必執著人我、一多、語默、延促、生死、聖凡、有情無情的分別與不一致了，也才能真正懂得莊夫子的“齊物論”了。袁小修思想深邃，且表達方式靈活多變，語言文字在他筆下，生機勃勃、話蹦亂跳，不僅新鮮活潑，而且深遠玄妙。我們天天說學習三袁文化，喊三袁文化價值高，真正碰到三袁的那些有份量的作品，我們可能一滑而過，淺嘗輒止，豈不與我們所言背道而馳？

《導莊》之三《養生主》解讀

（《珂集》第 939 頁）

一、譯文

人之有生以來，都在思考養生的方法。用盡了聰明智巧、謀劃經營，至於追名逐利，有的不惜陷入大戮困境。如伯夷、盜蹠之流，皆不知養生。養生有主，是此生之主宰。禍福利害生死，種種跡象，乃至一飲一啄種種努力奮鬥，暗中由偉力支配，使我取不得，捨不得，趨不得，避不得。善養生者，懂得主宰養生的力量很大，只得拱手聽命，照著辦形成常態，即是養生盡年的妙訣。大概好比得到了某種詔令，一定而不可改，這叫做命；自養非人之所能為，叫做天；自養辦法已定，而物不能起作用，那就叫造物；自養極尊無二，在天地之間無所逃過，那叫主；自養管我攝我，好比士卒受主帥統領，那就叫督。上面所言命、天、主、督，其本質是一樣的。只是人們愛此生過濃，謀此生過切，於是聘借智力，與監督相爭，欲有所成，而奔馳努力勢不可得；心意有所明瞭，一旦冒犯人所必爭。在內，心搖神倦，百苦交煎；在外，受害引禍，大患將至。我觀古今利慾薰心、名根深重之人，沒有不相繼而面臨斧鉞之災者。如飛蛾投火，以死為期，大可笑也。本以為以名利養生，反而害生，這樣養生有什麼益處呢？善養生的人，聽憑自然，而我無所用心。唯其不以養而作為，雖處名利場中，而超然于名利之外，無往而不適。

試觀庖丁解牛，一般屠戶用刀皆壞，而庖丁之刀用久卻新，這中間豈有聰明技巧嗎？不過依乎天理、順其自然，隨牛身內肉骨間縫隙，入我寶刀之薄。簡單平常，不在筋骨交錯、堅硬無比之處用力，至於碰到困難之處，則小心翼翼，不走險處。庖丁養刀，聽任自然，不與牛爭。而現今人養生，逐利騖名，將寶刀般身體使向筋骨交錯堅硬無比之高難處，蒿目勞心，神苦心疲，善養生的，豈能這樣？如古代右師只有一條腿，這個並不是人為的，老天使然。既說到天，那麼世上一切現象莫不是由天而定。所以，寧可聽天由命，不去效仿沼澤之野雞，一飲一啄，雖有艱辛，但心上快樂。決不自入樊籠，失去自由，悲心戚戚。陶淵明夏日抱饑，寒夜無被，夕思雞鳴，晨願烏遷，至於一飲一啄，處極艱難境地。然而寫詩說：“田家豈不苦，庶無異患幹。”又說：“縱浪大化中，不喜亦不懼。應盡便須盡，無複獨多慮。”可見其心胸浩蕩、情意暢適。他當彭澤令時，有俸祿供應，但他認為身處樊牢，急忙離開。如處於樊籠之中，而神主不過借助外物得以充實，神愈充愈危，愈高愈殆。神之主，其樂在哪裡？譬如火焚，焰愈烈勢愈猛，水積一處，波浪便生。酷烈洶湧，失去本體。神本靜和而主宰，不是初衷。在山上隱居之人，借松石以怡情；那些放縱浪形之人，沉醉酒色寄託笑傲，雖未能連貫圓通大道，然離世欲之情，以山林流水為樂，斷絕了飛揚的打算，而以韜精養晦為快。所求於世者少，而取於己者吝嗇。其心閒適，其神安逸，猶有近於外其身、懂得身存清淨恬淡之理。所以古今放達隱居之人，多數人通解老、易、莊、列的學說，對於養生依據主宰之見，有細微而詳實的見解。倘使他們不明白養生主旨，馳求競起，不能熄滅追名逐利之火，怎麼能享受清淨養生之樂趣呢？

另有一種談長生的人，托言老、莊，卻荒謬已極。吝惜我身而養生，以求長生；擔心我死而欲求不死。這是多麼糊涂，是根本不懂養生的主宰是什麼。這些世間小人、天上俗仙，執著形骸；愛戀光影，所以有逆命違順的養生舉措。如果於死生情狀，稍有所知，則懂得生本未嘗生，生有何可戀？本來未嘗死，死有何可悲？幻薪有盡，真火無窮。火本來永恆，何必求柴之永久？如此認識生死，那麼可以悟到人人長生，人人不死。尚且不知道有去來之相，而死之悲哀與生歡樂何處而生？古代的悟達之人，委命運以大化之中，按自然徵兆奉行，豈不是通曉養生大旨的嗎？老子死，好友秦佚前去弔唁，沒半點悲哀之色，別人斥責他，他說：老子非俗人，他之死非死，安時處順，正是養生大主宰的演變，如果悲哀，違反了老子的教義。本來養生大要，在於不生不死，以生哭死，是虛妄的行為。莊子所言之養生，果然落腳在長生嗎？莊子在《養生主》中，以“吾生也有涯”開篇，就已流露出他的本意了。唉呀，人生在世不過那麼幾天而已，人們紛至遝來，追逐名利，為千萬年計，多麼悲哀。多幾年，不過一刻，而羡慕長壽；少幾年，也不過一刻，而感歎夭折。世人的養生理念虛妄不實，太久了吧。

二、簡議

袁小修真正讀懂了莊子的《養生主》，文中運用了莊子的養生理念及所列舉的事例。莊子以庖丁之寶刀常用常新、歷久不壞，比喻人們養生的根本法則是：尊重自然天理，順時隨機養生。其前提是具備正確的生死觀，其方法是不養而養，不法而法。袁小修批判了古往今來那那些貌似養生的人，追名逐利，蠅營苟狗，拘囿自我，執著肉身，名為養生，實為害生、殺生。他認為，悟達之士的生死觀突破愚子俗見，超凡脫俗，進入不生不死的境界，委命大化，隨時順勢，才能真正養生。他的生死觀是超然生死觀，是大生死觀。袁小修將莊子的《養生主》的三個小故事，以概述予以引用，並作了提要，引人深思。引右師只一條腿的故事，意在說明天造地設力量之偉。引濕地野雞不入牢籠更為暢適意在說明生命自由自在之理更重。引秦佚弔唁老子之死而不悲戚，意在說明，人們應具備超然俗見的無生無死的生死觀。有了這些理念後，是否對養生行為採取漠然、茫然的虛無主義的態度呢？不是。莊子說了：吾生也有涯。意為人們應珍惜它，用現代語講：養生先從心上起，養去養來樂甜甜。快樂過好每一天，瀟灑超脫化大千。現代生活的人們，所採取的養生措施，包括保證營養、堅持鍛煉、旅遊、長跑、唱歌、跳舞、打太極、練氣功、八段錦、八卦掌、各類拳術、吐納導引、靜坐等，只要尊重自然，符合實情，還是有養生效果，不可漠然置之。袁小修文中，讚揚了陶淵明的處世哲學。他的那首《形影神》的詩，經常被名師人家所引，我們不妨摘要如下：

草木得常理，霜露榮瘁之。謂人最靈智，獨複不如茲。
願君取吾言，得酒莫苟辭。乘願游昆華，邈然茲道絕。
此同俱難常，黯爾俱時滅。人為三才中，豈不以我故。

三皇大聖人，今複在何處。彭祖愛永年，欲留不得住。
老少同一死，賢愚無複數。甚念傷吾生，正宜委運去。

詩中，陶主張縱浪造化中的人們應盡人事而聽天命，順其自然，不因長壽而喜，也不因命短而悲，該來總來，該走總走，我們個人不必多憂多慮。這可以作為袁小修的《養生主》的一個詩化的注解。

《導莊》之四《人間世》解讀

（《珂集》第 942 頁）

一、譯文

處人間世不易，而事奉暴君更難。世間學者，學習了堯、舜的仁君理念，在暴主面前爭諫，以至於成為亂臣賊子，都是名根引起。積美德於躬行，以下拂逆上意，暴君不聽，引火燒身，於事無補。所以說：“德在求名中蕩，知在爭論中現。”夫子推論諫爭之病，在於好名求譽，可以說洞見真相。虛懷若谷是很好的，但表面端正而實際空虛，則未能去掉自負驕傲的儀容；純一可以，而勉強則未能去掉矯拂的意向。端倪實其中，虛懷何有？勉強夾雜其中，純一何有？這些都是外在張揚，以違反人主之意，能顯現不能潛隱，能執行不能化解，好名的私願未能擺脫。至於內直外曲，借古說教，是可以的，但不能運化。為什麼呢？成見尚在，我根未去，終不能虛懷若谷，表露自顯的意向在起作用。只有心與物齊，則無一物可以干擾內心，不意氣用事，不追求絕對，不固執己見，沒有私心雜念，無可也沒有什麼無不可，空空洞洞，一無所有，聽之以心，心猶有意，聽之以氣，虛到極點了，心就未發生迂回了，這叫心與物齊。

心之所以不齊的原因是有一個迂回的存在。既有迂回，便有許多道理作主，積美於身，名根未除，與世多事，不能解脫。若沒有迂回，就可將平日強硬出頭之主張拋棄，沒有束縛，就可自由遊戲人間。入其居室不覺有名聲，這不為名譽主宰。入就發聲，不入則止，未嘗必以自吹自顯。無門可出可入，無厲害可以主張，處一宅而寄寓自身，不得已而已。有所等待而有行動，不得已而回應。為什麼呢？心理沒有迂回扭曲。迂回之所以成為迂回，是因為耳聽目視。而現今聞見不用了。迂回之所以成為迂回，是因為有心有意。如今心意不用了，於是不再有迂回了，從此迂回便消了。不單山林可以隱，朝廷與市場也可以隱。不單朝廷市場可以隱，暴君前也可以隱。行而無蹤，真而無偽，那麼掃蹤絕跡，無翼而飛，不知而知，這些我就不知曉了。如東方朔隱于漢武帝，狄仁梁隱於武后朝，大概可以算。所以才子憑出口之痛快，引殺身之禍，故說話謹慎，守退藏之法。形因心和，順而不逆，不依才美而冒犯，這是退藏的功夫。故不材之木，不才之人，得以天年而生存。退藏是可以發揮作用的，有可用之時，有不可用之時。如果不用，正是可用。欲用之人，能顯不能隱，能進不能退，能方不能圓，以此害其身的事例很多。怎麼用呢？慎重思考。

有人說：老、莊處人間世，重視退藏，那麼是否與偽善等同呢？我的回答是：正好相反。老、莊以退藏為主宰，偽善者以彰顯為主宰，老、莊處顯現之時，隱其鋒芒；偽善的人雖處隱藏之時，亦彰顯其外在。老、莊不求名，偽善者好名。老、莊自適自得，偽善者適人得人。老、莊處眾之所不喜，偽善者處眾人之所喜好。老、莊齋戒其心，偽善者污染其心。老、莊常稱自己不材，而偽善者稱自己有才。老、莊為雌，偽善者為雄；老、莊守黑，偽善者守白；老、莊以不用為用，偽善者好像有用其實無用。老、莊至真，偽善者至假，豈有用嗎？處人間之世，一生只是為本身拼護遮飾，心勞日拙，已成為世間第一不自由的人，所謂上天給予刑罰，怎麼解除？要是精進之人，任憑真理行事，無主觀臆斷干擾，與虛懷若谷、心胸博大的人相近，暴露處少，潛藏者多，故聖人以為這種人近於得道。接近懂得老、莊提倡的天道了。如果像偽善之徒，立皎皎節操，求名沾沾自喜，是以火焚山林之賊，又何以言處人間世之天道，我說的這些不過是給那些英雄豪傑中不善於退藏的人提個醒而已。

二、簡議

袁小修在《人間世》中，強調了老、莊處世哲學中的退藏之術，這正是世人共同忽略的問題。一個人即使才華蓋世，也不可張揚顯擺，否則便有取禍殺身之危險。這一點被多少歷史事件所證實。他主張在人世間生活與工作，不要追名逐利，不要意氣用事，不要固執己見，不要私心雜念，應光明磊落，坦坦蕩蕩，虛懷若谷，心胸博大，心地齋戒，如此處己處事處人，方可自在自由，合于天道。心地如果迂回扭曲，必定自我干擾，自我污染，就會被束縛，阻礙了明道與得道。持執老、莊退藏為主的人生哲學的人，反對偽善是否無所作為呢？不是。這種人有為精進，只是該退則退，該進應進，何以進退，以時與勢為據。袁小修的這個處人間世的觀念，是一個明智的主張。對於現代人生活有很強的指導意義。我想錄元人丘處機《落花詩》一首，可能對我們處人間世應具的心齋有點啟示：

昨日花開滿世紅，今朝花落萬枝空。
滋榮實借三春秀，變化虛隨一夜風。
物外光陰元自得，人間生滅有誰窮。
百年大小榮枯事，過眼渾如一夢中。

有丘處機的人生“渾如一夢”，就不會執著名利，就有可能做到袁小修闡釋的老、莊遊戲人間以處世的灑脫、超然、放達、大度、樂觀境界。

《導莊》之五《德充符》解讀

（《珂集》第 944 頁）

一、譯文

人自從出生以後，便有一個形體存在。極其愛戀，擔心虧欠。至於此身中所藏至寶，本是形骸主宰，彌足珍貴，是形體之母，好比有母豬才生下乳崽一般，卻對根本百般戕害，以喜愛與厭惡來磨損它，以歡喜與怨怒來擾亂它，日銷月鑠，敗壞已極，完全不知道此肉身不過是暫住的亭閣，肉身中藏著有未嘗生也未嘗死的靈性在，人們不過修飾暫住的亭閣，讓其不受破壞，群眾來譏笑，而對未嘗生也未嘗死的主人，讓其困苦，以刀斫傷它、損害它，這是忘記了不該忘記的，不忘記應該忘記的。東陽之巫醫，借茅草人治病，茅草人並不是病人的軀體，而茅草人也不是受針之肉體，而巫醫認為茅草人就是害病之人，以針灸治療血脈，那個病人竟然痊癒。現在人們的形體，認取看得見摸得著存在，豈不是與茅草人同類。我以為認取之病，是真病，認取致極，虛妄便產生了，而自從有了天地以來，就有萬物生成。認取致極，紛紛擾擾產生了，於是人我同業聚合了。認取致極，雜雜亂亂產生了，眼耳鼻舌身意發生了，眼露孤光，耳生聲響，鼻聞香臭，舌知甘苦，身能運動，意解巧思，妄情四出，此該是隨意認取所形成的。現實中，身體最切要的感受，沒有超於痛癢的，稍微刺激皮膚，似乎病進入骨體有痛感，難道真痛嗎？應是千百劫認取形成，為我之根，純熟親切，鬱結而成痛感，所以，有我是痛因，痛是有我的結果，凡是百千情想，大都如此。

三界（欲界、色界、無色界）之內，原為混亂污穢之所，人生其中，如糞中之蛆，有什麼可以留戀而堅定愛惜？生老病死，日夜纏擾，稍獲如意之事，伴隨著痛苦將至。大豬被殺，得為輪回。反觀豬身，污穢可憎。感其殺身，啣珠相報。今之人身，與豬何異，而過於愛惜，反不如豬。所以學道的人，若不厭離色身，產生破執我之想，認取執著於人事中的遷流與關聯，流浪苦海，終無出頭之日。只有不執著於我見，則不予肉身生起嗜好，貪心就斷絕了；只有不執我認取，則於身內心上不起煩惱，那麼嗔恚就斷絕了；只有不執我認取，那就不予心上起暗昏無明，那麼愚癡就斷絕了。貪絕，戒德充實；嗔絕，定德充實；癡絕，慧德充實。全其形體者德虧，虧其形骸者德全。德全不可見，形全可見。所以大仙借形虧以驗德全，形虧則是德全的符號與證驗。所以莊子《德充符》通篇講形體虧損而德行充實，如哀駘它之流，肢體不健全就是這樣的。如果只是認為求德全德充就要身體殘缺，這就成了癡人說夢，怎麼可以呢？

二、簡議

我讀袁小修《德充符》有三點小體會：

一、同他的兩位兄長一樣，他也是明代晚期的一個天才，他的美妙的語詞與思想的碰撞與邏輯顯得格外出類拔萃，令人驚歎其一代文傑之風範。

二、佛學的理念是他筆下不是一種文章的裝璜與貼金，而是一種發自內心的融通與活用。當他用佛理闡明生死觀、德形觀、苦樂觀時，顯得圓明機巧，活活潑潑。佛法本從生活現實產生高於現實世界而指導現在世界，佛法不是虛無縹緲、變幻莫測、不著邊際的魔幻，佛法是生存之法，是解行相應之法，是性相、理事、因果辯證之法，是此岸彼岸結合之法，是最高智慧之法，凡是以執迷顛倒認識佛法誤解佛法者，首先違背了佛法，與佛法的本尊與真諦背道而馳。好比有人手中有一把刀，可用來砍荊棘前行，暢通無阻抵達目的，可是他卻畏難用刀自殺，怎麼怪刀不好呢？

三、在《德充符》行文裡，袁小修揭示了人們虧損的根因在我執（肉身），而忽略了肉身內的我靈，靈性或名性靈是大寶至寶，這個思想與袁宗道的“至寶原在家內，何須向外求尋”及袁中郎的“一靈真性，亙古亙今”與“真性真神”的觀念語言外殼有別、實質完全一致。袁小修較為詳實地論述了“息滅貪嗔癡，勤修戒定慧”使美德圓滿的切實可行的方法，這是對莊子思想的擴充與弘揚。因此，他的文章可以傳之後世而不朽，懸之日月而不滅。

《導莊》之六《大宗師》解讀

（《珂集》第 946 頁）

一、譯文

以知識來認識知識，不過粗略地懂得道理。以想像來懂得道理，不過粗略地認識知識。為什麼？知識是通六根（眼耳鼻舌身意）的，而六根不能交融，知識有限；知識是依靠於六塵（色聲香味觸法）的，而六塵有所不用，則知識也很有限。況且，在印度神話中，造物主神能知曉東南西北四方天下的雨點之數，而普通人於億萬遙遠的地方，心不能攝受。難道不是六根有所限、知識有所減嗎？而人不過堅定執著於自己的覺解，以為有心有意，固守一知半解，以為不可更改，那就荒謬已極了。處在虛幻的世界中，晛出虛幻的形態，在虛幻的意識裡，盤地繞天，有什麼事不虛幻呢？而卻誤以為真實。人們欲求真知，先要做真人，何為真人？真人超于各種虛幻假像之外，那就是大宗師了。不計較假像多少，也不問假像形成與虧損，不在假像上深謀遠慮，不畏懼寒熱假像，不做假夢，不依從假嗜欲，不追逐假往來，不生假喜怒，不執行假仁義，不成就假名節，不說假語言，所以，執著形體為用，是極危險的。人們執著肉身如有絲毫破除不盡，思維僵化、認知死板必如海水了。（便是中郎先生言：識繩易縛，執海難清。）

以禮為羽翼，隨順人們的德行，不得不這樣，並不是真正有禮。好比鳥有翅膀，憑藉飛行。知覺靠時間，並非真有時間，時間不定，知覺也不定。好比春夏秋冬，相續相替，沒有固定法則。德供人們遵循，非真有行持，如人人有腳，人人可以憑腳遠行。無好也無不好，無一也無不一。能超于一切諸假之外的人，是真人，具有真知灼見。現天下變化已極，沒有超過生死的。所謂懂得生死之觀念的必窮盡其理。故喜生厭死的情感由然而生，人們之所以喜生厭死，是不能透徹了知生死的根源，誤以為生是真生，死是真死，黑暗中行走，產生恐怖；不明路徑，心懷憂懼。用火把照明，得知指路，憂怖哪裡有？所以真人不因生而欣喜，也不因死亡而厭惡，難道會因氣魄承當、面對生死而恐懼嗎？是因勘破生死而開悟的緣故。悟後生是未嘗生，說未嘗生，是生而不生，本來末生，何有喜悅？悟對死亡的認識是末嘗死亡，死而不死，本來沒死，何有悲戚？如魔術大師，變幻象獅虎豹，愚癡人不知為假，嚇得狂奔逃命。聰明人瞭解真相，並無恐懼心理。現今人們，偶得一生命，百般慳吝愛惜，以為生命不再得到，一朝死去，長時失去大寶，無法尋找，悲歎橫生。全不知道世間大物藏於大處，小物藏於小處，皆有所避遁，還是易失。如將天下藏於天下，天下窮盡嗎？未必有第二天下？如果有兩個天下，則可以取此天下藏於彼天下。事實上不然，生生死死，千變萬化，不過一呼一吸之間，哪裡可以尋找呢？這是將天下藏於天下，無可躲避之處，當然也就沒有失去之所。一生尚且可喜，何況千生。丟去敗壞之軀殼，生成新鮮的形質，好比離開了破宅，住進了新房，應歌舞聲贊，豈該橫灑涕淚嗎？然而，生不能得到逃遁，將無往不生，無往不生，則人人長生。所以不必遙望三山（黃山、廬山、雁蕩山）而寒裳（做仙人），煉醍醐灌頂（做佛）來度過一生一世了。

雖然生不可逃，造業不可避免。形體有變化，所造之業力存在。處處受生，則處處受業。眾人怕死，而不怕業力。一世累積，百世償還債務，更可畏懼，如畏懼業力，不如善待此生，善及所死，所以聖人不貪生而善待此生；也不懼怕死亡，唯獨善處此生以善及此生之死。孔子不詳談生死，卻諄諄告誡人們善心善言善行。若人們能夠以善心養善心，以善為目標做善事，則不求超越生死，而生死之理已在善心善言善行中了。俗儒不通達玄旨，於是認為不生不死之說是荒誕虛妄，並且不知此說出自具有調教駕禦眾生能力之人（佛祖）之口，不知佛經未入之時，莊子已經倒出思維倉庫之藏而發揮它。以善生而及善死，莊子可算是因果輪回論的鼻祖。我認為世間學者不必論生死之有無，只需要論此世應該善心善言善行即可。善生善死，善夭善終，這就是透徹領悟生死的渡口與橋樑。這種人可以稱之為宗師，而且可稱大宗師。何謂大宗師？無生無死，無縛無脫，能所俱泯，因果同時，為萬有之主，千變萬化不離其宗。如上古稀韋、傅說就是大宗師。或為大仙，逍遙尊貴紫府；或為道長，分管名山；或為星宿，神住天上。這些人能不死不生，沙劫不壞。而世人不知，全以為已死很久了。哪裡知道得道聖賢，各有所管，常在宇宙間，理所當然，不足為怪。人業粗重，不知不覺，有小神通的鬼能見人，而人不見，何況仙佛的境界？所以，求學達理沒有什麼難，不過要具備聖人的根器。

人們的根器不一致，根生成後不易改變，如藤蘿蔓草不能長成參天喬木。器有所不能受，如蜻蜓小舟，不載沉重之物。有人一迷千生，有人一刻而悟。說易，菩薩（覺者）捧河沙；說難，屠兒汗透彈指。古代卜梁倚有聖人之才，無聖人之道，女偊有聖人之道，無聖人之才，此二人授受互補。三日後，超越天下眼中無眾生相了。繼而外物無人相了，接著無我相了，經過如此三段修煉（三日外天下、七日外物、九日外生），一下子如同東方黎明，透徹明白了；不久我見滅了，接著無古今三世、自情盡了。到了這種透悟程度，便可進入到無生無死認知境界。懂得了死未嘗死，所以雖不生而未見其死；也明白了生之未嘗生，雖生，而不以為生。無將迎，無成毀，名曰心神寧靜致遠，不被外物所擾。好比見天下大亂，卻能於干戈爭鬥中看到太平業績。學道之初，見芒知刃，紛紛然四出。必一分掃除煩惱，則得一分寧靜。龐蘊（唐）居士說："護生須是殺，殺盡始安居。"擾亂如克己，寧靜如複禮。所以說，先有紛擾排除後有寧靜。開始了耳聞目視，逐步變得耳聰目明。開始追逐捕獵工具，一久得獵物忘其蹤跡。反復讀誦詩文，熟練到以至近於謳歌；巧立名目，在語言文字中探索見識，至於玄之又玄，玄不可見，處於幽冥之中。參究生死觀者似有非有，如空雲參差；追索生死寂寥者寥廓廣遠，又叫寂寥，微之又微，對生死觀解疑者心思恍惚，從開始就並沒有把物質放在首位，以至形成真人真知；以知止其所不知，子祀、子輿之流（他們認為生死存亡一體），能知不死不生，以無為頭，而以生死為脊尻，是前無而後有生死的人。你怎麼又去說他們有自己的病與死的觀念呢？孟孫才通達于不生不死之理，所以稱之為善於認識喪事。許由、顏回、子桑這些人忘己達化、樂天知命，是真人真知，他們就是大宗師。

二、簡議

袁小修這篇文章，含蘊深厚。其核心內容是圍繞生死觀念而展開論述的，回答了何等人物才是大宗師。比較袁中郎論述大宗師的理念，有共同點：都主張"笑談生死"與"超脫生死"，也有不同之處：袁中郎對大宗師的取向較為嚴格，認為只有孔夫子才是大宗師，定格在聖人這一檔裡。袁小修則認為只要勘破生死、樂天知命者，可以稱真人真知的人，都可以稱之為大宗師。舉了許由、顏回、子桑為例，這些人是古代賢人，袁小修的定格要比袁中郎寬容一些。欲讀懂袁小修《導莊》，了知文氣走向極重要。文氣是綱，綱舉目張。他的《導莊》七論，儘管聯繫緊密，但每篇綱不一樣，文氣也不完全相同。就《大宗師》言，通篇講“真人真知”，與真人真知相對立的是假，假也分級次，假像假知假觀念污染人們心地寧靜純潔，束縛人們靈性發揮。如何解除“識繩”並使“執海”清徹呢？袁小修將《金剛經》理念活學活用，即“無我相人相眾生相壽者相”，繼而“無我見人見眾生見壽者見”，即通常講的破我執與破法執。他把生死觀拔得很高很玄妙境界，然後而腳踏實地，落得很實在，很接地氣，告訴人們，幾乎人人可以做到，主善心善言善行，以善行生，以善及死，善生善死，善夭善終，透悟生死，就可以做宗師，也可以做大宗師。言外之意，大宗師不必外求，自己可做自己的宗師，也可做自己的大宗師。

附：鄭傳斌讀後感

生之悟

朝起迎暉踏世途，暮歸攬月意清殊。
心遊浩宇思無盡，夢逐星河志不孤。
歲月如流當自勉，年華似箭豈空籲。
且珍當下平常日，每刻皆藏綺麗圖。

死之觀

生死循環順自然，何須戚戚懼終篇。
身如秋葉隨風逝，魂化繁星照夜天。
過往繁華皆作土，曾經壯志亦成煙。
坦然赴此歸程路，靜守安寧入永眠。

論修行

小修言理道心明，我執貪嗔蔽性靈。
莫向紅塵尋至寶，當從內省悟真經。

戒持定守除三毒，慧啟德圓修萬靈。
身內本藏無價玉，何須向外叩門庭。

《導莊》之七《應帝王》解讀

（《珂集》第949頁）

一、譯文

無為而治理國家，並不是毫無作為，只是根據國情民情而有所舉措。上古有虞氏那個時代，以孝悌治國，很看重人，並不是人的本體應這樣，所以舉措不曾從非人考慮。黃帝那個時代，以仁德治國，所以舉措不曾涉及非人。說到以人的客觀願望來管理人，偏離天道不會很遠；反之，不把人當人看，就會於人的本身需要之外，更加機巧，於是爾虞我詐滋生了，紛繁多事，沒有寧靜之日。離神農那個時代的淳樸民風就很遙遠了。凡是一個朝代的興起，開始時，總是似乎愚拙，發展到後來似乎明智。古今英主，創業之初，建立法度，目的使百姓服從而不曉究竟，所以老百姓朴拙。到了後來，汲汲乎所崇尚的條款大家都明白了（所謂上有政策，下有對策）。老子說："不尚賢，使民不爭。"又說："民之難治，以其知多。"今以一切可喜可推崇的事情，昭示天下，開闢天下可知之路，乃至於謀技巧極幹些奸惡勾當，好像漁民治密網捕魚制定法規，來調理天下。上面巧於獎賞，下面巧於趨奔。上面巧於懲罰，下面巧於躲避。上面立法密如牛毛，下之提防細如針芒。獎賞不足以鼓勵，懲罰不足以警醒，天下陷入混亂。綱紀應該嚴整不能嚴整，法度該修治不能修治。外看其事粗著，其行跡彰顯。唯獨人心之虛偽與奸巧，隱蔽難知，積累而成亂象，不知不覺，老者影響少者，遂成風氣。

莊子洞察千古治世亂世的根源，懂得混亂來於偽巧，偽巧來于明智，而明智之極乃是聖人，故說："聖不死，盜不止。"如今，河水氾濫，淹沒城鄉，而起於河堤一穴。老百姓的偽巧奸詐如氾濫成災，起于聖人明智之理論的“空子”，那麼聖人怎麼沒有罪？自從主張仁義的“空子”一存在，人們暗暗認為仁義之理有欺騙性；自從提倡禮制理論的“空子”存在，人們暗暗認為禮制之理具有欺騙性。聖盜互生相因，道理必然。這是莊子深入骨髓的理論，並非拘囿於我。往昔契丹入侵中國，不久，其国主感歎道：“我不知道中國的百姓難以統治到如此地步。”金世宗，一代聖主，他十分討厭華人風氣，於是教訓其子孫說：“女真族人純樸風氣，應永遠保持。”大概中國誕生的聖人多了，雖是仁義禮儀之邦國，也是奸滑巧偽之淵藪。如今，偏僻之鄉，聞見稀少，民風純樸易治；若是通衢大都市或江左、江南等地，聲名顯赫，文物眾多，甲於天下，而其奸偽狡詐也甲於天下。破壞法度，侮慢聖教，治理國家就太難了，這難道是民風拙朴才易治、奇巧而生亂的驗證嗎？古代治理天下的人，都丟掉巧智，使民渾渾然，常處愚拙樸實。不以所喜好所厭惡之傾向昭示天下，只教育老百姓趨福避禍的方法，使其聰明之竅塞而不開。（如此，風氣尚佳）

所以，兩個智慧的人相遇交流，智慧有限；兩個機巧的人互相切磋，機巧有限。但是真人真靈，不可盡知。一念達真，鬼神莫測。何況是人呢？這是壺子（列子的老師，道家學派）通過清修達到高境走了神巫之路原因。古時有個學道的人，有很高的法術，閻王派小鬼去捉拿他，七天沒找到蹤影。從前，有位高僧每天有天人下世供應美食，那一天，一位大乘菩薩去與他討論佛法，天人欠法力不能進室。大概修行的人能被鬼神識破的功夫淺薄；連鬼神也不能識破的功夫深厚。功夫深厚者意想奇，機巧奇，所以鬼神也難測。告之以地獄，處於地深之處，不可見，所以不承認。告之以天堂，遠望天空明朗，依稀可見，所以認為生動存在。告之以九淵藏寶，深之又深，窈不可測，只好走開。一念真心的人，詞旨詼諧幽默，然山鬼伎倆有限，不能把握大要。得道高僧雖不聞不見，但其語默含義無窮。莊子所言鑿混沌大王七竅大王死的悲劇與孟子所言國王不顧國情胡亂作為的妙意相符。嗄呀，天下之混亂莫不是統治天下者的“鑿混沌”的胡作非為造成的。

北宋政治家張方平說：“行道不是讓民眾明白，而是使其愚拙。

本朝宋真宗以前的朝廷，尊貴整肅，私說不行，喜歡奇談怪論者，不敢說奇事搖撼朝政。天下文士，知書達理，吟詩作賦，以求科舉成名。諺語有水到魚行之說。給予科舉及弟者以官職，讓他們舉賢任能，不愁他們不謀好政事。以前的知名宰相，都是用這個方法駕馭朝政。自王沂公、呂申公之後，國士中的優秀者喜好爭論國策的短長。起初，范諷、孔道輔、范仲淹等，以才華稱世。後來，晏公、鄭公重用歐陽修、蔡襄等人，議論朝政的人日漸增多。上以謙遜為賢，下以傲誕為高。於是私說橫行，朝廷受到輕蔑。君王與宰相的之所好，不可不謹慎。”既這樣，那麼處上層之發號施令的人，不只是對惡不可喜好，對善也不可喜好。處下層的百姓，不只是對惡事不可亂幹，對善事也不可亂幹。忠孝節義、禮義廉恥，天下最高最善的學問，而漢代、宋代的執政者不用。為什麼呢？他們的作為是“大混沌之鑿”，所言有所作為的弊端到了如此嚴重地步。

二、簡議

與袁中郎相比，袁小修談論治國之道不及胞兄實在。原因不在歷史知識與學養，而在於經驗。袁中郎寫《應帝王》時，已有任吳縣令的執政經歷，而袁小修沒有。袁中郎論治國之道明確提出兩點：一、順天時順地利順民情，主張一個順字。二、法天、法地、法鵠卵。前一條講應該怎樣做，後一條講如何怎樣做，保證正確。袁小修對“有所不為才有所為”的治国之方略有深入探討，總原則是不鑿混沌七竅，他對莊子的這個思想有詳細的分析與闡明，並提出了真人真神真靈的治國理念，但對於統治者言是一個可望不可及的理想。他列舉了很多事例，說明政策法規的制定總是有“空子”可鑽，刁民、刁士必設法鑽“空子”對抗法規，使得正確的政策不能貫徹。他提的這個現象有很強的現實意義。當今社會的方方面面的亂象，原因產生很複雜，但其中就有一條，所制定的政策法規不夠嚴謹，被別有用心的人鑽了“空子”，這可引起現今讀者的重視。至於“鑿混沌”的行政措施，也是一個有價值值得人們反思的現象。

袁小修的《導莊》七篇，解讀到此為止，如有不當，敬請指正。

附：公安縣老年大學校長袁楓的讀後簡評

您對袁小修《導莊》的解讀，展現了深厚的哲學素養與獨到的見解。您通過對《人間世》《德充符》《大宗師》及《應帝王》等篇目的細緻剖析，不僅準確傳達了老莊思想的精髓，還融入了個人的理解與感悟，使古老的哲學智慧煥發出新的光芒。您的文字流暢而富有哲理，且善於用生動的比喻和貼切的引用，將複雜深奧的哲學概念闡釋得清晰易懂。尤為難得的是，您還能夠結合現代社會的實際，對老莊的處世哲學和治國理念進行深刻反思，提出了許多具有現實意義的觀點。整體而言，您的解讀不僅是一次對古代哲學的深入挖掘，也是一次對現代生活智慧的啟迪，對於理解老莊思想、指導現實生活具有重要意義。[強]

四、慧能奇事

上元二年的風，攜著嶺南鄉野的清潤，拂過慧能大師的僧袍。七十歲高齡的他，辭別南華寺的晨鐘暮鼓，攜弟子神會踏上歸鄉之路——盧家灣，那個藏著他半生牽掛的故土，只為探望年邁的母親盧婆婆。

鄉路蜿蜒，草木含情，卻遇老者一句“盧婆婆已離世十五載”，讓歸鄉的喜悅化作碑前的默然。青石墓碑鐫刻著母親的名諱，慧焚香禱告，經聲在風中流轉，既是對母親的追思，亦是禪者對生死的從容。他決意留居村中數日，向鄉鄰宣示佛法，因緣際會住進了張七家中。

張家有女名張蓮，年方十歲，不似尋常孩童嬉鬧，獨愛靜坐念經，眼神澄澈如古潭。相處日久，慧能愈發心驚：張蓮的言行舉止、生活習慣，竟與他記憶中母親的模樣別無二致——那份待人接物的溫婉、靜坐時的安然，甚至抬手拂袖的細微姿態，都精准複刻著母親的影子。更讓他動容的是，張蓮每次誦經前，總會先斂神靜氣，秉持“應無所住而生其心”的狀態，這正是他年少時教給母親的誦經心法，母親當年便常以此自持，如今竟在一個素未謀面的女童身上重現。

一日慧能聚眾講經，眾人屏息聆聽之際，張蓮忽然抬眸，輕聲喚道：“兒啊，我等了你好多年了。”這一聲跨越塵俗的呼喚，讓慧能驚異不已。他與女童對談，贈一串貼身佛珠，張蓮指尖撫過第十八顆珠子，輕聲道：“這顆曾裂過口，是用松香粘好的。”慧能心中巨震——這串佛珠是母親當年所贈，修補之事唯有母子二人知曉。

幾日後，張蓮獨自到門前槐樹下挖土，竟挖出一尊小巧的玉佛像。慧能憶起年少離家時，母親正是將這尊佛像埋於槐樹下，此事塵封數十載，從未對他人言說。接連的奇事，讓慧能已然明瞭：眼前的張蓮，正是母親的轉世。

七日光陰轉瞬即逝，慧能啟程離去前夜，以兒子對待母親之禮，鄭重拜別張蓮。張蓮望著他，眼中滿是不舍："我等了你這麼久，終是見著了。"張家父母驚異不已，擔憂大師會將女兒帶走，慧能卻淡然道："她與你們有緣，當留待膝下養老送終。六年後，我母子自會再相見。"言罷，他轉身離去，僧袍在風中飄動，帶著對母親的眷戀，亦帶著禪者的通透。

六年後，慧能大師圓寂。消息傳來，十六歲的張蓮毅然出家，潛心修行，終成禪宗史上著名的蓮禪師，以清淨禪心傳承著慧能的法門。

世人皆歎輪回之奇，殊不知這正是慧能啟示的核心：禪宗的最高智慧與空性理論，從不是脫離塵世的虛無，而是與人間至情極致完美的相融。空性並非否定萬物，而是看透生死流轉的表像，照見真情的永恆。人間最偉大的母子之情，從來超越生死界限——它藏在佛珠的裂痕裡，埋在槐樹下的佛像中，流轉於轉世的重逢裡，讓"一切有為法"的空相，因這份真情而有了溫暖的底色。

慧能以禪者的識見洞穿輪回，卻始終珍視母子情深的純粹；蓮禪師以轉世之身延續因緣，卻堅守修行的初心。這正是禪宗的通透：不執著於生死的形式，卻篤信真情的不朽。這份跨越時空的母子羈絆，恰恰印證了——真正的智慧，從來不是割裂世俗的高冷，而是讓空性與真情共生，讓佛法的玄妙，在人間最真摯的情感中，綻放出最動人的光芒。

五、奇特人物李敖

近百年來，在世界範圍內，華人中有一個最為奇特的人物，他坐過七年牢，卻寫了一百本以上的書，他閱讀的內容範圍之廣，堪稱華人首屈一指。他記憶力之好，簡直沒法形容。他在香港鳳凰衛視應邀主講有話說與語妙天下節目，達上千場，他應邀去大陸，在北、清、複、廈等大學演講，場面之熱烈，氣氛之活躍，得到的掌聲之多，前所未有。他被譽為著名作家，學者，大師，他似乎出語狂傲，不拘格套，性格開朗達觀，他有很強的社會責任感與正義感，他幾十年如一日，勤奮好學，主張有為主義，他有自己的主見，他批美批蔣批日，批布什，批陳批李，評連戰，評胡適，贊中國共產黨，贊毛贊鄧贊江贊胡他對世界史上許多政治家、文學家、思想家，都有褒有貶，他講毛主席詩詞，讚揚偉人文筆與書法藝術之高超，自詡五百年來華人中文章最優秀者，白話文第一人。他為人奇絕，曆事奇異，他便是李敖先生，我簡略講講他的故事。

一、笑傲

他在北、清、複、廈大學演講，與聽眾互動之場景，用語幽默風趣，引經據典，信手拈來，十分感人。他把他的演講定名為：金剛怒目，菩薩低眉，尼姑思凡。這種講題令人咀嚼回味。他演講，不用講稿，評時論政，集學術、時政、歷史、文學於一體，涉及世界政要、諾獎得主、電影名星、知名人物，可以說橫掃千軍如卷席，評判人物數家珍。他用事實說話，在發表他的獨特風格的認識與觀點時，往往語驚四座，他準備了些陳年的剪報、書畫的片段，或攝影作品，或文字根據，他用一根精緻小木棍，如同小征澤爾的指揮棒，指向那些他所引用的內容，或語段，或照片，使人覺得他雖說如天馬行空，思接千載，精騖八極，但也有根有據。無論他的用語的風箏飛得多麼輕颺，高遠，但那風箏的線頭始終掌握在他的手中。在北大演講時，他臨場編了一個笑語：有一個晚上，北大一個女生進了一個小房間，見一個人搖頭晃腦，踱來踱去，口中念詞，她問：先生，你在這裡幹什麼？他說：我在準備明天去北大的演講。她又問：緊張不緊張？他說：不緊張。她反問：你不緊張，跑到女生廁所幹什麼。於是哄堂大笑，他說：這個人是連戰。於是大家又是一笑，幾乎前仰後翻。他對前國民黨主席連戰的諷刺挖苦，可見其人之膽量與譏誚之敏捷。他在戲詞謔語中，往往提出一些震聾發聵的論點，使人思索。他把小布什在清大的演講稿摘錄念了一段話，意為清大是美國人捐款才得以創辦。他把這段講話憤怒撕掉，然後說明真相，不過是當初老美脅迫所謂庚子賠款，他們多算了上千萬的白銀，被當時的姓薛的駐美公使揭穿，美國人無言以對，但他們又死要面子，最後由薛提議，多算的款項反回在北京辦一所大學，這就是所謂援捐，他首次向全世界揭露了真相，令人唏噓不已。

二、煎熬

他善於學習，勤於寫作。他讀書後，往往將一本很厚的書拆開來，取其最精華的部分，製成卡片式的資料，保存下來。他一天到晚，惜時如金，他從不外出閒逛閒聊閒扯淡，因為時間對於他比黃金還貴重。因抓時間緊，抓今日此時，長年累月積累，讀了幾屋子的書，他積累的書本之精華也很豐富。他讀書範圍很廣很廣，他背誦的東西也很多很多。有一次，他忽然覺得自己愛開玩笑，他順口念了陸放翁詩作：樽前作戲你莫笑，我死諸君思我狂。用得活用得准。他聲稱自己的人生哲學是奮進向上的，是朝乾夕惕的，是積極有為的，他說我反對消極遁世，主張做奮發有為主義者。由於他在臺灣蔣的那個時代，主張言論自由，抨擊時政的腐朽，他的書數次被禁，被禁的清單以小字排列有一米多長。他堅持主見，有人認為他頑固不化，不思悔改，數次打入監牢。在囚禁的日子裡，他依然刻苦讀書，認真思考，他相信歷史將宣佈他無罪。他想，你可以限制我的身體自由，你不能限制我的思想和精神與念力的自由。他在牢房中一面苦學，一面勤思，一面堅持創作。當他獲得自由後，如河出潼關，因破其阻而增奔湧；如風過三峽，因其穿窄而更迅猛。他名聲大噪，各大媒體爭先報道，他成了大忙人、大名人，請去演講的絡繹不絕；請做節目的接踵而至；請予採訪的蜂擁而來；請去參政議政的，隔三岔五。在應酬政要、報社記者、電視節目主持人中，他如魚得水，應付裕如。他成為公知的焦點人物。他一方面信心十足，一方面冷靜應付。他還是把時間抓緊又抓緊，不停止學習，於是寫作，思想，讀書更上一層樓。他有很高的思想境界與思維邏輯，有人稱他為大師中的大師，毫不為過。他的著作、聲名、影響、思想精光是與他的生命不止、奮鬥不已分不開的。

三、嗷嗷

他檢閱歷代豪傑，或俠義男女，一諾千金；或慷慨義士，一言九鼎；或捨身求法，斷臂舍腦；或臥薪嚐膽，忍辱負重；或破釜沉舟，決一死戰。在千萬義士英烈中，清末戊戌變法的英勇就義的六君子中的譚嗣同的事蹟吸引了他的眼球，使他的頭腦分外興奮。一個湖南人，一個湖廣總督的兒子，一個青春活力十足的思想家，一個飽學之士，一個聰明絕頂的英才，為了民族的復興，為了拯救一個衰頹的朝廷，他積極參與“帝黨”發動的戊戌變法運動，成為最堅定最勇敢的活躍分子。他沒有一絲毫的個人私欲。當得知“後黨”跋扈勢大，“帝黨”懦弱必敗的準確消息，自己將有人頭落地之災後，他本可以從容逃到外國使館避亂，如同康、梁，先保全性命，他卻拒絕了這一機遇，選擇赴死以拯救國人靈魂，示現改革必須有人流血，而流血就從我譚嗣同始。這一英雄之舉大大感染了李敖，責任感與正義心促使他決定寫一部長篇小說，真實地記錄這一不朽的歷史事件，來告知全世界。他數日輾轉，食不甘味，寢不安席，如不寫出，靈魂難安。於是他沉浸在譚的人事氛圍與文化環境中，翻閱了台故宮博物院的清末檔案，可謂卷帙浩瀚，他查閱了清末民初上百知名知情人士所寫的回憶錄，哪怕是一星半點也不放過，他還詳細地瞭解了紫金城、天津衛、法源寺、義和團（包括紅燈照）、大刀會、高僧碩道等民間組織以及榮祿、袁士凱、康有為、梁啟超、李蓮英、慈禧、光緒等人的資料，瞭解了清末朝廷的主要官員、禮儀制度及皇室權貴們的住房、服飾、出行、生活與思想動態，瞭解了北京那個時代的文化風俗、民情及各國洋人所住使館的住所與特權狀況，他把這些資料爛熟於心，他懷著對譚嗣同一腔熱血、一身正氣的崇敬心情，開始了長篇小說《北京法源寺》的創作。七天七夜，他衣不解帶，困了，沖點高山茶葉提神，餓了，嚼幾塊餅乾，喝點開水充饑。困倦了，他伏案小睡一會。他展紙揮毫，手搖彤管，不知疲倦，如癡如醉，他沉浸在這一歷史事件的敘寫中，情節波瀾壯闊，故事跌宕起伏。他與他的作品的主人公譚嗣同共呼吸，共患難，同生死。他走進了譚嗣同心田，感知了他的脈搏的跳動，血液的奔湧，筋脈的流通，清氣的走向，他與他感應道交，陰陽相通。當他寫到他就義前仿照其父筆跡，寫了好些謾罵、訓斥兒子大逆不道、不忠不孝的信件時，他笑了，他雖死將不累及父親，他又哭了，他不能盡人子之孝，養老送終。當他寫到譚的題壁詩“我持橫刀朝天笑，去留肝膽兩昆侖”時，他豪情萬丈。當他寫到劊子手砍割譚嗣同三十三刀，譚鮮血四濺，毫無懼色，沒有眼淚，沒有呻吟，一副視死如歸的感人氣概，義薄雲天，多少百姓慘不忍睹。他的妻子嘶聲力竭、撕肝裂肺喊道：我沒有給你留下兒子，這是我的罪過。他安慰道：幸喜沒有，有，豈不是給他們留下了一個奴隸？劊子手宰割的刀終於停了，他的血流盡了，呼吸止了，他眼出現了鮮紅的花，那花是他的鮮血的幻化，他的魂靈在向天空上升，上升，他走了，那麼從容，那麼堅定，那麼坦然，這就是英勇就義、慷慨赴死的譚嗣同，譚嗣同就是他。他就是譚嗣同，他已不是寫作者，他是譚嗣同的一個化身，一個報身，一個應身，一個替身，他被《北京法源寺》感動得熱淚漣漣。寫完，他痛快地嚎啕大哭，不能自已，如同大夢一場，醒來，他說：自己寫的作品連自己也不感動，如何使別人感動。這一部偉大的作品就這麼完成了。此著曾被當年的一屆諾獎提名，雖沒通過，但仍不失其偉大。

四、敖然

李敖所做節目中，每一期都有亮點，有事有理有卓見。他高度讚揚本・拉登是反抗美國霸權的戰鬥英雄，他揭露美國是破壞世界和平的根源，是戰爭的策源者。他用事實說話。看問題之透徹，揭露真相之大膽，實屬鳳毛麟角。

李先生性情中人，現在我介紹他年輕時寫的一首詩，名《精子之歌》。那一年，他到一個研究所就職的朋友那裡小聚，朋友問：你願意看到你身上產下的精蟲嗎？出於好奇心，他按朋友提示，用手淫取了一些體內排泄的精液放於顯微鏡下觀察，然後投影到屏幕上，他驚異萬分，那些精蟲如同一個個小蝌蚪，搖頭擺尾，活蹦亂跳，一個健康人一次可排一二億個精蟲，這不是佛法原理上講的"一即一切，一切即一"嗎？這些精蟲中的勇猛者強壯者將戰勝他的所有弟兄，與卵巢中的一個卵子結合起來，合二而一，孕育、成就一個新的偉大的生命，多麼奇妙，多麼不可思議。於是思如泉湧，順勢寫下一首詩：

顯微鏡裡看精子，千萬小我在一起。
搖頭擺尾胡亂擠，他們個個都姓李。

寫完，他得意尾句是神來之筆，情緒澎湃起來。若幹日後，他讀詩鬼李賀的詩歌，中有"眼大心雄知所以，莫忘作歌人姓李。"怎麼這麼巧合？他自思：一個作家的思想境界達高超之境，他所流露的語言必定與文豪相近。蘇東坡自信時說：李白、杜甫的那些詩他也是可以寫出的。所以不迷信、不崇拜任何名人，不拘泥格套成為他的人生信條。因為迷信與崇拜會束縛自己、限制自己思維。同時，當你的生活狀態與思維品質進入到巔峰階段時，你是可以與最偉大的思想家與文學家並肩媲美的，你的天靈來了，你是可以超越的，這是李敖笑傲江湖、雄視寰宇、俯瞰天下、橫掃古今、駕馭學壇、成為百年大師之秘訣之所在。

余有好友，讀了此文，附議道：李敖為人，奇人異人，忠勇正直，才華橫溢，奇在瀟灑，異在浪漫。另一好友說：我在香港見李敖回答臺灣一家電視臺主持人提問說：大陸要是繼續按毛主席方略搞，早就超過美國了。為了證明他的論點，舉了各行各業的實例。我們大陸幾位記者都不得不佩服他的敏銳的眼光與睿智的思維。

李敖究竟是一個什麼樣的人？是莊子所言之聖人、神人、至人。

六、袁中郎斷案

話說袁中郎擔任吳縣縣令，已過一年半載，因昆山天池一公案，他與上司處理意見相左，於心不忍，於是借庶祖母詹姑之病，數次請求解職但不得批准。於是又以自身病重再次懇請解職，得知知府已上報朝廷，只待批復，離職之日，指日可待。正在將離未離之日的一天卯時，有一老婦名王嫗擊鼓喊冤，說是她的一頭豢養五年的耕牛被鄰村李二狗所盜，找到索討時，他不承認，反誣王嫗砍掉了牛的右耳，索要二兩白銀予以賠償。衙役想：老爺即將離任，何必捉不到狐狸，反惹一身騷。於是吼道，新縣令不久上任，過幾天來告不遲。王嫗道：衙門朝南開，有理無錢莫進來。袁大人清官，我不找袁大人找誰？換一個新官來了，我有理無錢打個屁官司。說著與衙役爭執不休。聲音抑揚頓挫，老嫗情激聲高，被在公堂觀書的袁中郎聽見，於是他喊了衙役進堂問個究竟。中郎一聽，心裡幾分明白。此人想分一杯羹，故予推諉。中郎斥責道：朝廷委派新縣令一日未到，我就是這裡百姓的一日父母官。我任上之案豈可延宕下任去辦？於是喝令升堂審案。袁中郎聽了王嫗所告之狀，命書吏記錄，然後命捕快捉拿李二狗前來堂前對質，並命人將那頭牛牽了進來。牛見主人王嫗有親近之舉，對李二狗毫無反應，中郎觀察入微。誰知李二狗油嘴滑舌，針插不進，水潑不入，句句是理，頭頭是道。說此牛歸他有一百個理由，另有狐朋狗友隨身附和。王嫗單家獨戶，極為貧窮，有知實情者不敢作證，唯恐李二狗日後報復。中郎聽了二人的申訴，在牛周身仔細觀察，並掰開牙齒，心中有數，此牛至少五歲了。又見沒耳那邊頸部下牛毛密集處有銅錢大小一塊黑痣被牛毛掩飾，牛不昂頭不仔細觀察無以察覺。然後把握十足坐於堂上，先問李二狗：

“此牛是你的，從牛崽落地，你養了幾年？”

“三年。”中郎又問王嫗：

“你養了幾年？”

“從牛崽養大，至今五年。”

“此牛有什麼特別記號？”

“右耳被人砍了。”二狗說。

“生來沒有右耳。”王嫗說道：“同邊尺遠之處有銅錢大一顆痣。”

李二狗補充道：“是的，有顆黑痣比銅錢小。”

“那黑痣具體部位在哪裡？”

“在頸子上。”二狗搶著說：“牛頭一搖可見。”

“在頸子下。”王嫗說：“牛昂頭可見。”中郎心中有了把握。追問：“誰盜了誰的牛，現在認罪可從輕發落。”

李二狗搶先答道：“她誣我偷了她的牛。”

王嫗說：“確實李二狗偷了我的牛。”

中郎判道：“命胡屠戶前來，將此牛現場宰殺，牛皮、牛肉、牛骨按斤兩平均分配。”說話間，胡屠戶手持點心刀到，另有四壯漢手持繩索木棍，準備扳倒牛，予以宰割。李二狗面帶喜色，王嫗痛哭流涕，那牛也朝王嫗看著掉下幾滴清淚。

袁中郎再次升堂，使勁拍下驚堂木，喝道：“膽大李二虎，偷走了王嫗的耕牛，還誣稱王嫗割了牛耳，訛詐銀兩，該當何罪？”

李二狗欲辯，袁中郎道：“一、此牛一到，對主人有情。二、此牛之牙齒證明已五歲，而你說三年。三、牛痣長在頸下，你說頸上，證明不是你的牛。四、我命殺此牛，因此牛非你所養，故麻木不仁。王嫗飼養五年，她與牛有割捨不開之感情，更證明此牛屬王嫗，不屬你所有。”

終於，在事實面前，李二狗無法抵賴，無以辯白，只得低頭認罪，接受處罰。

吳縣百姓盛傳袁中郎以智慧斷案，神明機巧。當時姓申首輔得知袁中郎當吳縣縣令時短政聲高，盛讚道：我朝二百年無此令也。

七、走進袁中郎

近些年，我在購得“三袁”全部新版文集（共九本）及他們所推崇的白居易、蘇東坡的全部著作後，重點精讀了《袁宏道集箋校》這部著作。我感受到公安派文學是中國古代文化史上一道絢麗奪目的風景線，僅僅將它視為文學派別是很不夠的。他們對儒道佛的研究與弘揚又深又廣，是中華民族傳統文化、精神文明到了明代後期萬曆年間的大融合，大開拓，因而是永恆的與不朽的。

我讀袁宏道的著作，結合其兄宗道的《白蘇齋類集》與其弟小修的《珂雪齋集》來對照，還參考了明代後期大儒王陽明與“異端”思想家李贄的著作，我初步解開了心中很久的兩個疑問。

一是究竟何為文學天才，天才可不可學。像袁宏道那樣學一知十，通天達地，通玄達真者就是天才。一字一詞，一沙一石，一草一木，一人一事，一山一水，一顧一盼，均能浮想萬方，發揮極致，予人純美高尚的文字享受，啟人以深邃廣遠的思想的人就是天才。天才可不可學？既可學又不可學，或許文筆勤勉可學，但思路機敏不可學；或許思路機敏可學，但靈性通神不可學；或許靈性通神可學，然性靈獨抒、不拘格調、創新無限、智慧無量不可學。

二是何為人生價值。袁宏道在人世間僅僅活了四十三年，但卻留下了詩 1600 餘首，散文 700 余篇，文集 55 卷，被魯迅、郁達夫、劉大傑等現代文學家、思想家推崇，被李龍湖、錢謙益、王夫之等古代學者所讚頌，其作品被日本、韓國等外國人所珍視。他的很多作品（《瓶史》《觴政》《廣莊》《西方合論》）歷史上絕無僅有。他的遊記散文精美絕倫，保存或復活了我國古代那些歷經滄桑變化，無所痕跡的絕境聖地，被專家共同列為古代十大散文家當之無愧。一般人只承認袁宏道是文學家，不知道也不承認他是思想家、美學家、佛學家、書法家、書評家、語言藝術大師、文物鑒賞家，這是沒有認真閱讀袁宏道全部作品的緣故。以出仕出道二十年（從 1592 年中進士算起）對社會對歷史對文化有如此豐厚的貢獻，完成了幾乎一般文才兩三條生命才能完成的偉業，這種人生價值實屬不可思議，無法估量。太史公有言：人固有一死，或重於泰山，或輕如鴻毛。袁宏道之死就是重如泰山。正如其弟小修在“行狀”中所言，如若再留世三十年，不知為宇宙開多少心胸，辟多少乾坤，開多少耳目，點綴多少煙波。這個評價一點也不過分。中郎早逝實屬是中華文化史上的一大憾事。

我讀袁宏道，開始走進他的心靈世界。沿著他的車馬勞頓，泛舟江河，走江浙，去北京，行陝西，做縣令，當京官，做主考，游名山，玩奇水，居柳浪，建卷雪。讀他的詩、遊記、疏策、雜記及尺牘，忽然想到可用三奇一真概括他的一生。

所謂三奇指做人奇，做官奇，詩文奇。所謂一真，指他修佛持戒，明心見性，精通佛理，究竟圓滿。

先說奇人。他四歲能對對子。他六歲時，其母病逝，他一哭，便昏絕過去。讀書過目不忘，寫詩一揮而就。參語禪理，從不讓人。他愛山水之美，愛花木之美，探險探幽，不知疲倦，凡有所遊，必有詩有記。他自言無一日不寫詩，無一日不暢適。為人灑脫放達，樂觀爽豁，風趣雅致。玩世經世，出世涉世，展舒真意實情，不顧毀譽。一生遊歷名山大川，奇景勝地數以千計，與俊才達士交往計數以百，與高僧大德厚誼者十餘人。在世時僅四十三歲，但卻留下了煌煌巨著百萬餘言。他的文學成就，禪學理論，為官業績以及對中國傳統文化的貢獻蜚聲中外，光耀千載。

再說奇文，中郎寫詩作文，直從胸臆流出，信口而占，信筆而寫。抒發性靈而不拘，評時論政而放暢，下筆如泉湧，敏捷如飛燕。論政論學，剔膚見骨。能言人所欲言，言人所不敢言。筆下生花生雲生彩生色生光，指點江山，評品人物，卓見精光，令人豁目解頤，歡欣鼓舞。世人以吟詠中郎之詩為樂事，士大夫以求袁中郎之墨寶為榮幸。

再說奇官。中郎做官吳縣（今蘇州）兩年，被當朝宰相稱“二百年無此令”，清正廉潔，勤政為民，為百姓減免稅役，興辦公益，治理有方。告假離任時，數百人自動擁道相送挽留嘆惜。

再說真禪。先有真人，後有真禪。禪是什麼？是民族化的佛學，是大解脫，大超越，大人生，大慈悲，大智慧，大學問。中郎有感於禪途艱險，佛法難聞，佛魔僅一念之隔。他參禪修佛二十餘載，與禪道僧人親如一家。三十二歲時，將所學佛經佛論撮其精要附以己意，寫出了漢傳佛教史上的經典著作——《西方合論》。會同異同，闡發玄奧，直指趣歸，佛經祖緯，活虎生龍，語言圓轉，千波競起，萬派橫流。此論一成，同參發心。其見解極獨特，其影響極深遠。三十四歲時，又寫《德山麈譚》，實是禪門精品，佛道法輪，舉世矚目，今古奇文。

讓我們以三奇一真為線索，尋覓他的足跡，去粗略地觀瞻這位四百年前的名人名事名言名文。

注：本文是作者為己著《袁中郎的故事》寫的導言。

八、屈子投江之謎

屈子行吟澤畔，顏色憔悴，形容枯槁。漁父見而問：子非三閭大夫嗎，何至於此？對曰：舉世皆濁我獨清。眾人皆醉我獨醒，是以見放。漁父曰：聖人不凝滯于物，而能與世推移，世人皆濁，何不淈（gu 三聲）其泥而揚其波，眾人皆醉，何不哺其糟而歠（Chuo 二聲飲意）其釃？何故深思高舉，自令放為？

屈原曰：吾聞之新沐者必彈冠，彰浴者必振衣。安能以身之察察受物之汶汶者乎？甯赴湘流，葬于江魚之腹中，安能以皓皓之白而裳世俗之塵埃乎？

漁父莞爾而笑，鼓枻（yi）而去。

乃歌曰："滄浪之水清兮，可以濯我纓，滄浪之水濁兮，可以濯我足。"不復與言。

屈子真的會身葬魚腹嗎？

屈子被楚頃襄王放逐後，常孤身一人，腰佩長劍，身背包袱，披頭散髮，行吟澤畔。包袱裡裝有一片片竹簡，一二把小刀，這是他的"筆墨紙硯"，一旦頭腦興奮，心血來潮，他坐于高埠岸邊，眼望水域裡藍天白雲，耳聽空中飛鳥的鳴叫，不時也見到小魚跳出水面，長著綠色羽毛的翠鳥鑽入水中，迅疾覓食。他將以前所寫《問天》改為《天問》，問天天不答，問地地不應。世道不公，人心不古。奸臣當道，邪惡呈凶，忠臣受貶，好人受氣，我何能為？我雖懷國憂，雖有良策，能挽狂瀾於既倒，能救民於水火，然天下是國工的天下，只有王者才能發號施令，舉賢任能，整飭軍隊，制約百姓。眼下秦軍如狼似虎，大兵壓境，看來楚有滅國之憂，百姓有涂炭之苦，想到這裡，不知道如何是好。看來，我在楚是難以立足了。楚國廣有士地，方圓五千里，東到東海，西到川蜀，南到百越，北到黃河，這麼寬廣之地，竟容不下我一介書生。嗚乎哀哉。蒼天啦，大地呀，神靈呀，你既不能容我，又何以生我？你既生我，又何以不能容我？常言道：天無絕人之路，東方不亮西方亮，黑了南方有北方。此地不用爺，自有用爺處。看樣子，我只有一個地方可去，一躍沖向萬里濤，不見這個世界，管它污穢與清白，管它高潔與低鄙，管它興衰與榮辱，管它成敗與得失，不！我不能自戕，我不能吊死在一棵歪脖子樹下。我聽說，南方有蠻夷，名苗寨苗民，那裡雖不開化，卻百姓純樸，一呼百應，我何不跋涉至那裡，或許另有天地，，另有世界。想到這裡，他便昏昏沉沉睡了過去。

不知道什麼時候，一個身著長袍、同樣披頭散髮、同樣腰佩長劍同樣背著包袱的年輕人站在了屈子身邊。問道：先生是屈先生嗎？屈子睜開眼一看，原來是他的弟子宋一。宋一恭敬道：國王聽了令尹子蘭提議，派我前來照顧您的起居，您有什麼好的舉措，我也可以代為轉呈國主。屈子一聽，覺得彆扭。心想，楚王聽信讒言，忠奸不分，朝政腐敗，是非顛倒，豈肯委派一文士前來索取我之良策。心中便有了幾分警惕，定是對流放我不放心，惟恐我借自己聲望籠絡民眾扯旗造反，故派此人來監督於我。屈子如此一想心明如鏡。好在此小子與自己有師生之情，協助料理生活，平時也可找他說說話，讓他幫助整理一下詩文，也是一個同伴，他有他的使命，我有我的排布，於是，佯裝高興，招呼其坐下。隨便問及朝廷人事變化，楚將領兵是誰等。宋一的確是公子子蘭派來的間隙，臨行時，子蘭傳達了楚王命令：流放屈子，是先王之命，根據密報，屈子人還在心不死，此人不可久留於世。他會蠱惑人心，擾亂朝綱，如心懷異志，去組織蠻夷擾亂邊境可以隨機處置。但這些他都只能埋在內心，不可向屈子透露絲毫。況且自己父母妻子兒女一大家人都安置于子蘭館所，如有違抗，其後果可想而知。

這一天晚上，他們兩人投宿于一漁翁船上。由屈子口訴，宋一以刀代筆，補充《天問》於竹簡上。宋一問：先生原先題目《問天》，現在改為《天問》，此中有何玄機？屈子曰：“諸侯八百，統管于周天子。普天之下，莫非王土，率土之濱，莫非王臣。天子，天子，天之驕子，天之驕子，天所造就。天子之威，百姓共仰。問天則有逆向之心，不尊於天，天下必亂。以下犯上，違犯天道。而天問則尊天，黎民百姓即便有什麼不懂不知不解、所想所感所問，借此天問發出。我此作乃傳世之作也，須反吟詠修改。”宋一折服。說著，將幾處改動重刻於竹簡上。宋一執刀時，因用力過猛刺穿了兩片竹簡，只得又換新的。

一日，宋一得到公子子蘭密報，說楚王問及屈原怎麼還在人世？說留他在世一天，他就要發一天牢騷，寫些狗屁不如的詩文，妖言惑眾，攪亂視聽。應儘快解決了他。於是，宋一一大早，就和先生說道：先生，汨羅江今天風和日麗，波瀾不驚，岸沚丁蘭，鬱鬱蔥蔥。漁翁要去江上收取昨晚安放的魚鉤，我們何不一同去江面逛逛，我呢，站前艙幫漁翁收鉤取魚，您呢，站於中艙觀賞日出江花紅似火，您看如何？屈子雖多次澤畔行吟，都是在岸上，不曾站於船艙，四面觀望，一想，那應是另一番景象，另一種感覺，另一種滋味。說道：“我除了此前修改《天問》，還有《九歌》也要添加，使之氣韻高昂，《九章》要刪削一些，使之讀來沉雄，還有《招魂》之尾，應改為：湛湛江水兮，上有楓。目極千里兮，傷春心。魂兮歸來，哀江南。至於《橘頌》木已成舟，就讓後人評論吧。”一提《橘頌》，宋一來了精神，吟道：“嗟爾幼志，有以異兮。獨立不遷，豈不可嘉兮。深固難徙，廓其無求兮。蘇世獨立，橫而不流兮。閉心自慎，終不失過兮。秉德無私，參天地兮。”他邊誦邊有所自責。他敬仰先生人品與詩才，然先生既不會向楚王阿諛逢迎，更不會諂媚討好，絕世獨立，王所不容。吟道：“先生潔質兮，生不逢時。懷才不遇兮，舉世皆濁。牢騷滿腹兮，心事重重。妙句連連兮，賞誰與共？敬畏先生兮，王命更重。我行王命兮，心如絞痛。”吟罷，扶先生上船。待到那漁船蕩蕩悠悠順水行了五十裡水路，江面寬闊得望不到邊，忽然一陣巨風卷來，江上起了五尺巨浪，漁翁腿夾舵把，手扶槳幫，喊道：蹲下，匍匐，然宋一不蹲，先生來不及蹲，一下子一個倒栽蔥，先生滾入滔滔巨浪中，時現時沒，只聽見斷斷續續，聲音被濤聲攪亂不很分明。“歸來魂兮，投之深淵。挾蛾眉兮，弟子嬋娟。繾綣纏綿兮，不共戴天。”不一會兒，風平浪靜了，宋一驚魂一定，知先生已隱身江中永遠見不到了，半悲半驚暗喜。悲的是巨星殞落，再也聽不到先生之鳳鳴龍吟，喜的是王命已行，家人可保安全。然亦有三分自責，面對汨羅之水，向先生不現之身，作了三次揖，並在船頭磕了三個響頭，眼淚刷刷留下，不知是悲悼屈先生之離世，還是對遠在千裡外的家人的思念。然後誓言似的，說道：先生，安心升天吧，您的詩集我將整理，不遺餘力，讓其傳之後世，與天地共存，與日月同光。說完又拜了三拜。漁翁見了，莫名其妙地說道：命，命，一切皆是命，半點不由人。

三日後，汨羅江最寬闊的右岸，樹了一根嵌有竹簡的木板，上面刻著五個字：屈原投江處。

從此，人們便知汨羅江上飄蕩著萬古悲風，並傳言：屈原自己投江。似乎定論。

九、蘇東坡的另一面

著名散文作家余秋雨認為：從詩詞歌賦、書畫作品、後世影響綜合比較考量，蘇東坡可排為中國歷史文化的第一名人。其實，這並非是一個新鮮而獨特的見解。早在四百多年前，“公安派”文學主帥袁中郎就在他的《珊瑚林》等著作中說過：東坡文章，千古無匹。還說：只是評人物與歷史，免不了宋人習氣。他還說：子瞻（即東坡）可坐諸禪首席。這不僅充分肯定了蘇東坡在中國古代歷史文化中的地位，還指出了其不足的原因。我現在就袁中郎的這個坐“諸禪首席”談一點點個人的認識。至於他指出的“宋人習氣”的毛病，我略知一二，暫且存而不論。先看看蘇東坡的通俗詩《觀潮》：

例一：廬山煙雨浙江潮，未至千般恨不消。到得還來別無事，廬山煙雨浙江潮。

此詩為蘇東坡臨終前所寫，寄託了他對自己波瀾起伏、跌宕人生的感悟。這似乎與三段觀山觀水意象相近。第一階段：觀山是山，觀水是水。第二階段：觀山不是山，觀水不是水。第三段：觀山還是山，觀水還是水。從原點再回原點，是一種觀察與認知的擺脫與超越，是精神狀態的昇華。

例二《琴詩》：若言琴上有琴聲，放在匣中何不鳴？若言聲在指頭上，何不於君指上聽？

蘇通過反問句式，向自己與讀者提問：以手指彈琴，發出了悅耳動聽的聲音，琴上有音嗎？指上有聲嗎？單獨看，沒有。只有在彈琴者情感與技藝的作用下，死琴變活琴，無聲變妙音。這是事物的整體觀與人的主觀能動性的認識論。這個境界要讀者理會與感悟。孤獨單一是不行的。獨木不成林，好事要成雙。結合才有機會，雙贏出現奇跡。一個美麗與理想境界的出現，是因緣和合的產物。

例三《廬山東林寺偈》：“溪聲盡是廣長舌，山色豈非清淨聲。

夜來八萬四千偈，他日如何舉似人。”

這是何意境？蘇軾從小生活在佛化家庭環境裡，父母親都是虔誠的信佛居士。他後來成名後，與不少雲門朋友往來密切。一天，他在廬山東林寺夜宿，寺中常總禪 師知道他乃文化名人，且寄情山水，悟性很高，有意讓他作詩點撥僧眾一下，便問他如何在大自然中體會禪意之愉悅。他躺在床上，夜聽虎溪之水咕咕流動，四句偈子便從胸中流出，於是一首千古名詩吟成了。第一句為“溪聲盡是廣長舌”，“廣長舌”是法身佛三十二相、八十種好之一，經上言舌廣而長，柔軟紅薄可覆面至髮際，其說法必真實，辯說無礙，非他人所超越。從水聲是說法到山色是清淨身，給人印象是整座廬山就是一佛身。他說了八萬四千偈（言其無數無窮）是我蘇東坡悟到了，明天我如何告訴別人（舉似人）？

蘇是從自然表法的特點來講的，寶樹之搖聲，迦陵鳥之鳴，溪流之響，無一不是表法。因為“無聲聲中，風枝水響；非色色裡，寶樹欄杆。”（袁中郎《西方合論》）能聽其聲響而又尋其文，這是時時處處之廣遠與永恆。溪聲無文而文無限與山色無形（清淨）而形無量，其理一也。人們遠看，山有青色，近看何曾有？要說其中之禪意，似有似無，虛無飄渺，不過內心世界變化而已。這是超自然的天人合一的覺醒。

還有一些詩，比較深奧難懂，如《采日月精華贊》：

“我性真有，是身本空。四大合成，與天地通。

如蓮芭蕉，萬竅玲瓏。無道不入，有光必容………”另有一首詩被袁中郎在著作中全引，中有“我造無始業，本從一念生。既從一念生，還從一念滅。生滅滅盡時，則我與佛同。”反映了蘇子的人生觀、世界觀。他與袁中郎遙相輝映：念力無比強大，乃法中王。這是一種精神超越修持追求觀，是對禪的徹悟的規律性的認識。袁中郎說蘇為“諸禪首席”確實如此。

那麼，作為中國文化的重要組成部分的禪，究竟是什麼呢？有很多說法，諸如禪定、禪悟、禪境、禪意、禪韻、禪詩、禪語、禪杖等。不外乎體、相、用三個側面。體指禪性本體，特點是其大無外，其小無內；相指千變萬化的外在表現，特點是無障無礙，方圓無邊；用指在任何時空下的妙用，特點是廣之又廣，方便隨機。這樣解釋，不過說個大概，實際上，禪的體、相、用三者合一，只可意會，不可言傳。如同老子講道，道，不可道，能道非道。一言以蔽之，是最高的覺悟與智慧，人人不能離，又人人可以達。所有的神秘與奧妙，只一個字：悟。什麼叫悟？我之心神也。“汝若返觀，密在汝邊。”這樣看來，一丁點迷信也沒有。誰達此境了？從古代文化名人言：蘇東坡，袁中郎是兩個千載難逢的典型，當然，不只是二位。

十、章士釗二三事

章士釗身為早期革命者、教育家與愛國主義者，一生風骨卓然，數樁往事盡顯其俠義擔當與家國情懷。

深耕教育領域時，他秉持"兼容並包、經世致用"理念，創辦《甲寅》雜誌傳播新思想，執掌北洋政府教育總長期間力推學制革新，倡導中西學問交融，為近代教育轉型播撒火種；又創辦明德學堂，培育大批濟世英才，以教育救國踐行初心。

1920 年，毛澤東為周恩來、鄧小平、徐特立等赴法勤工儉學青年籌措路費，章士釗聞訊後奔走募捐，籌得兩萬銀元悉數相助，解青年報國燃眉之急。李大釗被捕後，他不顧個人安危，憑法律專長與社會影響力多方斡旋營救，大義凜然的氣魄震撼人心。

戴笠墜機死後，其功過兩極爭議，追悼會挽聯難成。章士釗揮毫寫下"生為國家，死為國家，平生具俠義風，功罪蓋棺猶未定；譽滿天下，謗滿天下，亂世行春秋事，是非留待後人評"，以公允之筆盡顯通透胸襟。

解放後，章士釗應邀任職，持續為國家建設獻策；養女章含之受其薰陶，成長為著名外交翻譯家，傳承了他的赤子情懷。這幾件事串聯起他的教育熱忱、俠義肝膽與家國擔當，堪稱近代名士之典範。

兌輯

文苑雜議

十一、說說積累

荀子說：積土成山，風雨興焉；積水成淵，蛟龍生焉；積善成德，而神明自得，聖心備焉。

積累是寫作的基礎。沒有積累，寫作是無源之水無本之木。這個道理，人們的耳朵聽得起了繭，問題是這種積累必須具備獨特性與奇絕性。一般的平淡的積累只會寫出平庸與低俗；而獨特的與奇絕的積累才能寫出獨創與奇絕。錦繡成堆的積累才能輝煌錦繡的著作。凡是精光獨耀、光芒萬丈的作品都是在作者不同凡響的積累的地基上寫成的。喜瑪拉雅山的珠穆朗瑪峰只能出現在青藏高原上；太平洋馬裡亞納深海溝只能出現在太平洋的淵深的海域裡。

舉幾個實例：

一、莫言的積累。他自己說，小時候，他腦子裡裝滿了五百個故事，這故事像狗一樣在他腦袋裡叫喚著，要出來，像海水一樣翻騰著，掀起了一浪高一浪的波濤。不是他要寫，是那些故事要他寫。他的積累具有獨特性。這是他成為現代小說機器的根因之一。莫言積累具有地方特色與個人獨特性。

二、李敖的積累。李敖是一個奇特的人物。他在北京大學的宣講，反響十分強烈，掌聲如雷，引起了教授與學子們的共鳴。他不用講稿，只是拿出一些紙片、照片之類。他說羅馬教皇說過，演講不離講稿的人能講得精彩絕倫是不可能的，又說指揮千軍萬馬打贏美國南北戰爭的布蘭特將軍，林肯開大會獎勵他時要他講幾句，他害怕這玩藝，連磨子也壓不出一個屁來。李敖讀了一屋子書報，加上有選擇地積累精華，爛熟於心，故信手拈來，運用自如。寫作筆下生花，演講口吐白蓮。他將中國大陸的三場演講定名為金剛怒目、菩薩低眉、尼姑思凡，他寫有一百多本書，你說他的積累豐不豐富，奇不奇絕？

三、蒲松齡的積累。蒲老兄有大才，科考不順，窮困潦倒，靠教私塾度日。他說：身染一身黑，風吹鬍子黃，若有一線路，不當孩子王。可見其並不甘心情願。他在窘迫中，想了一個辦法，在一條大道旁設茶亭供遊子旅者、遷客騷人，歇涼飲茶，與他們閒聊，請講樹精藤怪、花妖狐鬼故事，會講的招待飯食，與其抵足而臥，促膝相談，通宵達旦，這在世界所有作家中，積累都是奇絕透頂的。我認為：他絕不亞於世界兩大短篇小說大王，莫泊桑與契訶夫。

四、袁中郎的積累。袁中郎的旅遊生活十分奇絕，初略統計，爬過的山有一千餘座，涉過的水有五千餘處，泉，瀑，灘，池，湖，另有樓、台、磯、亭、庵、觀、寺、園，不計其數，岩，壁，窟，穴，洞，數以萬計。其旅遊小品別開生面，獨具特色。他閱讀了卷帙浩瀚的一千七百公案，開大悟後，寫出了《金屑編》，震古鑠今。他閱讀了佛家經典一千部以上，才能大徹大悟，寫出了天書《西方合論》，被人稱為"大慈大悲大智慧，十方世界現全身"。其贊無以復加。北京的黃念祖居士稱其有七朝天子命九代狀元才，才能得以了生死脫輪回。袁中郎積累迴絕於世。

五、二月河的積累。淩解放主要靠清史檔案的搜索與選擇。清代初期康乾盛世，朝政乾綱，官員典章，風俗民情，服飾禮儀，內部黨爭，外部紛擾，士子升降，科考情勢，君臣分合，百姓生計等，在了如指掌後，於是創作了三大王朝巨著，一時風靡全球，名聲大振。二月河的風格與他的筆名相應。冷竣，蘊藏，深刻，縝密，細膩，恢宏，全面，展示豐富多姿、波瀾壯闊的一百五十年的中國歷史。他為人奇特，為了了知林黛玉的"兩彎似彎月煙眉，一雙似泣非泣含淚目"的美，好多次跑到街道人觀察美女，一個也沒找到林黛玉似的化妝。凡碰乞討者必給錢，他說只有其中一個是真乞討的，其功德可以彌補九十九個假乞討的人。在其著作暢銷外，有很多地下書商送錢妄圖盜版加印，一概拒絕。省裡決定調他任省文聯主席，徵求意見時，竟然婉拒。是一個不慕名利、視富貴如浮雲的真君子。

要想積累達獨特與奇絕的境界，必須關照積累的對象。以我的經驗言，有三點須重視：

一、警惕無目標、無中心的“兼收並蓄”積累與垃圾積累與無效積累與有害積累。很多人不是沒有積累，而是積累了一些不符合人生高尚追求與情趣的累贅，腦子裡裝的低級趣味與情調的污穢與齷齪，這種積累十分有害。所以談論積累，先要警惕。好比伸手摘紅葉，我取紅透底。淺紅與病葉，棄之我不取。

二、重視生活的積累。包括親自的閱歷與閱歷中的親耳所聽與親眼所見。這叫直接積累。陸遊說：汝果學詩在詩外，絕知此事要躬行。張養浩說：粗茶淡飯飽三餐，早也香甜晚也香甜。草舍茅屋有幾間，行也安然，待也安然。每一個人用生命換來的閱歷具有個體豐富性與獨特性，在生活行程中的所見所聞所感所想也是獨立的。遍地皆黃金，只要明眼人。見寶不為寶，即是睜眼瞎。很多人經歷了，卻忽略了。那些閃光的東西，沒留下痕跡。有人進了寶山處處是寶，卻懶得動手，時過境遷，機會倏忽而失，寶山不再得。故寫寫日記是一個很好的方法。紀曉嵐的《閱微草堂筆記》很有價值，《容齋隨筆》與《竹窗隨筆》《游居柿錄》有可讀性，差不多是日記體的形式的積累。

但是，積累不能完全依賴生活。寫玉皇太帝不一定非上天不可，寫英雄不一定經火與劍自己流血。寫死刑犯也不必自己死一回，寫失足女不一定自己先進青樓，寫鄭觀西之死也不一定被魯智深打得腦漿並裂，遍體血污。故積累還有另外領域。

三、重視書本報刊網絡資料的帶中心的選擇是積累的另一個廣闊的領域，這叫間接積累。生活有積累與體驗，才能對文檔資料網絡資源有興趣傾向性選擇。思維選擇性是面對間接積累的最最重要的原則。我們生活有限、時間有限、觀察有限、敏感有限、思維有限、精力有限。而間接積累的對象是無限的，我們不能雞毛雞肉一起炒，鬍子頭髮一把抓。不能四方出擊，八面來風。前面所言，莫言靠故事的積累洞察人心，蒲松齡靠狐妖鬼怪的積累成就聊齋，羅貫中靠三國志與民間傳說與話本積累，才寫出《三國演義》。他們的積累都是有中心有傾向性的積累，是選擇性的獨家積累。正確的選擇是確立某個目標，圍繞某個中心點，囤積居奇，形成奇貨可居，造成待價而沽的態勢。一定時候，一定情況下，你做學問也好，小說創作也好，加之以創新思維的介入、綴連、編織、構建，精彩紛呈不請自來，神來之筆，不呼而至。思想不閃光而光熠熠，筆下無花而花爛漫，口不吐蓮而蓮燦爛。區區豈會高賢意，丹青難寫是精神。

十二、才華小議

若干朋友在獲得我的一些小作信息後，有的摘錄其中語段，作為分享反饋，有的寫了一些個人體會表示讚賞，有的對作者作了評價。其中不乏“真有才”“才華橫溢”“才高八斗”之類語詞。看過之後，我高興不起來，我雖然沒有如芒在背、如坐針氈之感，但內心羞愧、臉面發紅還是有的。這些好心朋友並沒譏諷與嘲笑之意，他們這些說法引發了我對“才華”的思考。

首先，寫作肯定需要才華，沒有一定的才華，絕對寫不出作品。大作品需大才華，小作品需要小才華。但是應該看到：才華不等於寫作，也不等於作品。在我的人生履歷與閱讀中，我曾遇到過的確很有才華的人，但他們庸碌無為，一事無成。從愛好寫作言，有的以光芒十丈始，以一片黑暗告終。有的則從來沒閃過光。最典型的是袁中郎的大舅名龔散木，袁氏三兄弟共同認為這位舅舅有才，不在龔惟學、龔維長兩舅父之下，後兩個舅父均有所作為，功名、道德、文章都有彰顯。而大舅愛好鬥蛐蛐、鬥蜘蛛、鬥螞蟻之類嬉戲，把玩終日，有特別發現，不知疲倦，故一生平淡。原因是韓愈說的“業精於勤荒於嬉”。可見，有才華只是有所作為的一個條件，而更重要的條件是自己的宏願、毅力與機遇等。

二、才華是寫作的潛在性，而使才華變成寫作的現實性必須有不同常人的付出。路遙是耗盡心血才完成了《人生》的創作的；陳忠實以畢生的精力寫就了《白鹿原》，陳應松在神農架幾于“辟谷閉關”的生活，才完成了神農架系列的小說。他們這些人有才華，也有付出，才有所成就。然我的同事吳丕華先生當年二十余歲，於八十年代已在省內刊物頻頻發表作品，按其趨勢發展下去，則可能成為著名作家。但機遇不暢，生活給他開了個玩笑，他停止了創作，走了當學校領導這一條路。到晚年，見後來居上的陳應松名聲大噪，譽滿天下，他感慨地說：我沒有逃出家庭的羈絆，失去了機會。

三，才華的展示須閱歷的融通。一個人的生活閱歷是才華展示的素材基礎。陳應松的很多優秀散文與他生活的土壤及他的履歷密切相關。他的《公安三題》寫的虎渡河、黃金口、淤泥湖、長安裡那些事，是他童年的記憶與成年的履歷，經過作家才華的參與，顯得底蘊厚重，文化孕育，筆下生花，口吐白蓮。那些文字我讀來格外愜意與滿足，我也知道那方水土，那一處人情風俗。流沙河被化成右派後，攜妻下放去鋸木廠幹活多年。他寫道："我恨鋸齒無情，啃我壯年時光。我愛鋸齒有情，養我一家四口。"沒有作鋸工的經歷，這樣深刻的詩句寫不出。

四、才華的表露須深層的思考。郭小川的《望星空》是探索宇宙奧秘的一首名詩，他寫道："走千山，涉萬水，登不到你的殿堂；過大海，越重洋，飲不到你的酒漿；千堆火，萬盞燈，沒有一顆小小星星亮；千條路，萬座橋，沒有銀河一截長。"朗朗上口的節奏與韻律，天上人間對比，太空的玄妙躍然于眼前，引人浩渺的思緒，你不得不佩服詩人的才華。陳毅詩說："伸手摘紅葉，我取紅透底，淺紅與灰紅，棄之我不取。"又說："幽蘭生山谷，本自無人識，只因馨香重，尋者遍山隅。"又寫道：手莫伸，伸手必被捉。誰不愛擁戴？權威高高聳山嶽，誰不愛粉黛，愛河飲盡猶饑渴。曆覽古今多少事，成由謙虛敗由奢。又寫道："誰知天地寬：何處無風雲。誰知山水遠，到處有不平。"陳毅的才華伴隨著深層的思考，才能寫出如此深入淺出令人警醒的詩來。

五、才華的碩果須勤奮的支撐。袁中郎被稱為"天縱異才"，正如魯迅聽人贊他天才，他回應我不過將人們喝咖啡閒聊的時間用於寫作罷了。我在閱讀《袁宏道集箋校》著作時，發現他特別愛跋山涉水，白天爬險坡，登奇峰，回旅所精疲力盡，但他卻挑燈夜戰，在昏黃的油燈下，研墨展紙，搖動彤管，寫作遊記與遊詩。為什麼呢？他當天感受真切，心潮澎湃，他要抓住契機，不放過閃光處，興奮點，於是留下了那麼多精品遊記與遊詩，至今讀來，我們感受到祖國河山，奇景美色，多麼可愛。有人說他的旅遊作品堪比酈道元《水經注》，是第二徐霞客。他的才華是伴隨著驚人的勤奮才得以彰顯的。

總之，才華帶有客觀性，才華的顯露有待主觀因素的參與，諸如志向、勤奮、深思、機遇、毅力等。就寫作言，人人具備起碼的才華，問題在於你的選擇與發揮。

十三、說說境界

境界是人們處己、處人、處事的一種心理狀態，一種思想傾向與思維方式。境界有幾個明顯的特徵：一、與志向、心量、品質、知識、智慧、學養相關；二、與見聞覺知、受想行識相聯繫；三、與閱歷的經驗與教訓密不可分；四、境界是有層次級別的，粗略可分高、一般、低三個層次，每個層次又可細分三等九級。五、境界的層次決定心靈的愉悅與幸福的程度。境界逾高，愉悅度也愈高，幸福的指標也愈高。六、境界可以通過修煉的途徑與方法得到提高與昇華。

平民的較高境界是"天下興亡，匹夫有責。"官員的較高境界是全心全意為人民服務。儒家學士的較高境界是持仁守義，止於至善。道派人士的較高境界是抱元守一，上善若水。佛派修煉家的較高境界是大慈悲、大智慧與大能德。社會工匠的較高境界是鬼斧神工、出神入化。哲學家的較高境界是根塵無礙，法天法地。文學家的較高境界是口頭蓮花、妙筆生花。教師的較高境界是因材施教，點石化金。書畫家的較高境界是潑墨如金，揮毫煙霞，氣象萬千。歌唱家的較高境界是金嗓發聲，不拘本腔，子聞韶樂，三月不知肉味。演奏家的較高境界是"此曲只應天上有，人間哪得幾回聞。"修行者的較高境界是毫不利己、專門利人，通天達地，大徹大悟。

說較高境界是因為還有最高境界，最高境界處靈和之境，玄妙罕測，無以言語表達出來。凡能表述之高尚、至上、極樂之境界，都不過較高境界而已。即使到了"人有百手，手有百指，不能指其一端；人有百口，口有百舌，不能名其一處"的境界，還不是最高境界。客觀總是大於主觀，真相大於影相，存在決定意識。

我們現在講講故事：馬克思召集列寧、斯大林、毛澤東等人開會。馬克思問：說說你們領導社會革命的體會。列寧說：本來是這個房間，卻走到了另一個房間。鷹有時比雞飛得低，但雞永遠飛不到鷹那麼高。斯大林說：要砍倒一棵大樹，必須從下鋸斷，樹一倒下，卻壓死了砍樹的人。於是再砍一棵大樹，便去挖根，但挖根時使力，卻傷了挖根者的腳。毛澤東說：猴氣虎氣都要有，當要知梨子滋味時，必須虎氣為主。當要使雞蛋變成雞時，猴氣為主。山中無老虎，猴子充大王。泥沙俱下，魚目必混珠。馬克思聽了列斯毛的談話，意味深長地說：列看了三十年，斯看了五十年，毛看了一百年。

有四個人去了佛祖那裡，聽佛祖說法，慧能，蘇東坡，白居易，袁中郎。李白、杜甫、歐陽修被擋門外，他們沒有資格證。佛說：你們要我說什麼？慧能說：我不想要聽什麼，只想看看您。蘇東坡說：我帶了一把尺子，世人說您廣長舌，我想量量您的舌究竟多廣多長，我們學您也有個標準。白居易說：一山門從兩山門，兩寺原從一寺分。我想聽您說法時，看看天香桂子落紛紛。袁中郎說：我本想拜佛祖，我到了佛祖面前，還是沒有見到佛祖。於是佛祖一言不發，不作任何開示。四人回轉談體會。慧、蘇、白三人說：白跑了一趟。袁中郎說：沒有白跑。

如果讀者看懂了這兩個故事，你應該明白：最高境界是什麼境界了。我提示一下：最高境界是沒有境界。仿民間論斷：最好的茶葉，是沒有茶葉。仿佛言：一念求明，乃無明本。若起精進心，是妄非精進。若能念不起，精進沒有涯。

人們的境界是可以通過修持來提高與升登的。前提首先明白自己處於什麼層次境界，因各人身份、閱盡、從事職業不同，所處境界層次千差萬別。但有共同的人生境界，這便是馮友蘭揭示的自然境界、功利境界、道德境界與天地境界。每個境界有其內涵。從自我意識言：自然與功利境界較低，憑本能與功利生活。道德境界把別人生命與自己生命同等看待，以貢獻社會為主。天地境界不計名利，不懼生死，大徹大悟。知道了自己處於何種境界，提升就有了辦法。我根據自己體驗說兩項：

一、看破與放下。看破什麼呢？看破金錢、榮譽、地位、兒女、情誼及至本體。古人講“首障道心是錢財。”凡是被財色名食所糾纏困撓者、主宰者，境界不會高。不能完全看破時，可以看輕看淡。放下什麼呢？怨恨惱怒煩，貪嗔嗔慢疑。放下的過程就是修煉過程。看不破，必定放不下。放不下，則證明看不破。一個簡單的檢測方法就是看你煩惱有沒有，有多少。如果沒有任何煩惱、恐懼、迷惑、顛倒，心地自然坦蕩、達觀、光明，境界自然升登，智慧也就充盈。當然，還有其他檢驗方法。

二、背經、誦經法。經書經過千年檢驗，哺育了一代代聖賢與精英之士，是經書作者開悟的記錄與總結，反復吟詠與背誦可以鼓舞人、教育人、轉化人。通過誦背經典得以成就高境界的事例不勝枚舉，這就要下苦功，扎實背誦、理解並實踐。這可能是老生常談，但不得不談。

十四、思想走在寫作前

(一)

思想必須而且應該走在寫作前，作家應該首先是思想家。思想必須遵守一個標準：對社會與人們的生存發展規律有所揭示，利於人們的身心健康與事業發展，對人們潛在能量有所開發。反之，有損公眾利益、有損人們身心健康的思想，教唆人們不遵守公共秩序與道德規範的思想，則是頹廢與倒退的思想，是反人類反社會的壞思想，是應該警惕與批判的思想。比如：尼采哲學，提倡超人，有它積極的一面，但其總體傾向是反人類的。尼采哲學是希特勒發動第二次世界大戰的思想根基。

《老人與海》是美國作家海明威的作品，寫的是一個漁民與巨鯊搏鬥的故事，讚揚了老年漁民與鯊魚搏鬥艱難過程中體現的頑強意志與積極向上的必勝的信念與力量。他的道德觀念與人生哲學走在他的故事的前面。

《傑米揚的湯》是俄國作家克雷洛夫寫的一則寓言。當時，他去參加一個沙龍似的集會，與會者囉裡囉唆，不厭其煩，全不顧眾人感覺，當有人請他發言時，他即興創作了這篇妙文。大意為：傑米揚是一位高廚，他所做的湯味道鮮美，可口極了。來了客人，於是傑米揚展示廚藝，以高湯美湯供客人喝了一碗又一碗，又一碗，又一盆，客人再喝，就要喝死，只好逃跑。最美好的湯在過量過度環境中轉化為最毒的藥。物極必反的思想走在湯故事的前面。

《一下子打死七個》是格林童話中的一個故事。大意是小裁縫工作時，來了一群蒼蠅，小裁縫拿起一個拍子，一下子拍死了七隻。小裁縫有點自豪與興奮，原先別人都認為他膽小怕事，懦弱無能，他要為自己正名，於是，昂首闊步邁步街上，嚷著：“我一下子打死了七個。”聽話的人信以為真，心想：一下子打死七個人的人是最具神通與偉力的人，於是個個躲避不及，害怕極了。從此，小裁縫成了大英雄。錯誤判斷常因語言誤會引起的思想走在故事前面。

沒有“哀其不幸、怒氣不爭”的思想在前，魯迅寫不出《阿Q正傳》，沒有中國歷史是人吃人歷史觀，他也寫不出《狂人日記》。沒有母親是偉大的，糧食是珍貴的思想，莫言寫不出《糧食》。沒有對母愛的偉大的崇敬，他也寫不出《豐乳肥臀》。沒有《好了歌》的思想觀念，曹雪芹寫不出《紅樓夢》，沒有官逼民反的理念與思考，施耐庵寫不出《水滸傳》。沒有分久必合、合久必分的朝代興衰榮辱觀，羅貫中寫不出《三國演義》。沒有對義軍領袖李自成集團精神的高度讚揚、深切同情與十分惋惜，姚雪垠寫不出《李自成》。

理所當然，思想走在寫作前，只是一個因子。寫作是諸多因子的果實。儘管諸多因子存在，但思想在前面走是最重要最核心最領頭的因子。

（二）

我們走路，第一步之前就要思考目標去哪裡，從哪一條路走。

我們吃飯，舉筷之前，就要思考什麼可以吃什麼不可以吃。魚是眾人所愛，但有些人吃魚過敏，食魚如毒。豬肉是眾人所喜，但信伊斯蘭教者，避肉如避禍。

我們用語也要思考。某大城市有個單位起先名某某市人糞尿管理所，有人覺得欠雅不得體，於是更名為某某市垃圾管理所，還是覺得欠雅，不得體，於是更名為某某市環境衛生管理所，才定下來。

既然走路、吃飯、單位取名，都是思想走在前面的，那麼一項十分嚴肅的寫作也必定要思想走在前面。白紙黑字，不可輕率。絕對不是有什麼寫什麼，而是應該寫什麼，就寫什麼。攝影師拍攝前要選角度，反複試鏡。有句話，叫禍從口出，延伸一下，禍也從筆端出。有人因一篇文章丟了性命，有人因一張大字報身陷囹圄。可以說，不勝枚舉。

古人老早有教導：士先器識而後文藝。詩言志。那個“識”與

“志”能脫離思想嗎？顯然不能。魯迅說：畫家可畫天上飛的，地下跑的，水裡遊的，但不畫大便、鼻涕、濃痰。為什麼呢？噁心，污穢，污染精神。放眼縱覽一下文學領域裡作品現象，有不少發表的作品是消極、頹廢、荒唐、負面的東西，究其原因是正確的思想沒有走在寫作前面並貫穿始終。

古人又講：文以載道。道是什麼？道是總原則、總規律、總思想。作家寫作前要明道，寫作中要行道，寫作後要證道。道是寫作之綱，綱舉才可目張。不明道不了道，寫出的作品只能是瞎寫亂寫胡寫。或許你語言幽默，或許你情節曲折，或許有人愛看，那只是如同低俗的小品演戲，除了一點低級趣味的搞笑的功能，什麼也沒有。

三袁文化主帥袁中郎有一句名言：念力是一切法中之王。“念力”通俗地說就是思想之力，理應包括選擇、分析、綜合、審視、聯想、判斷等各種形式。“法”的範圍很廣，各種自然現象、物質現象、精神現象可統稱為“法”，所謂“法相雖多，不離八識”。“識”自然指思想。“王”，指主宰、統攝、領導。寫作活動所波涉的內容非常廣，無論從主體言還是從客體言，思想走在前，貫穿其中，且餘韻其後，是一個規律性的認知。否定、懷疑這個認知，必定違反寫作規律。我們對這個規律應該尊重、珍視，當然，討論、思辯是可以的，但前提是肯定，而不是否定。

禪法裡有個公認說法：“念念成形，形皆有識”。這可以視為袁中郎上述名言的理論根據。細釋須一本冊子，但我們可以簡略說明：“念念”，可以理解為每一念，不可見，指精神現象；“形”可理解為可見可感知的有形狀的物質現象。“識”可以理解為更高的精神現象。用毛爺爺的哲學語言表達，就是“精神變物質，物質變精神”。

以上簡議，可得出結論：一個有社會責仕感的作家，一個對文壇有貢獻的作家，必定對生活提煉、加工既源于生活又高於生活。對題材有所選擇與篩選再進行創造。這樣的作家必定讓思想走在寫作的前面。

十五、試談遵命文學

凡是經人啟請、囑託、約定、命令所寫出的文學作品，並非出於自發產生，均可統稱遵命文學。魯迅首先給予命名，契機在《阿Q正傳》，當索稿者金先生最後一次索稿時，魯迅恢諧地說："我已經把他槍斃了。"文學史上有好多優秀作品，屬遵命文學。比如《岳陽樓記》，文中明確指出："政通人和，百廢俱興，乃重修岳陽樓，囑予作文以記之。"再如：袁中郎寫《西方合論》，前言中說明是黃平倩居士與愚庵和尚的啟請，才有這部天書的產生。說遠一點，老子的煌煌巨著《道德經》是關尹子的啟請才得以面世的。余讀袁中郎著作，發現那些精光獨耀、熠熠生輝的諸多小品文，大多數屬遵命文學。比如《金剛證果引》《聖母塔院疏》《與仙人論性書》《敘竹林詩》《敘小修詩》《敘雪濤閣集》等。

遵命文學產生時，"命"，只是一個客觀要求；而"遵"才是一個主觀應對。這個應對必須具備兩個基本條件：一是信息足夠儲備。信息或來源於生活的積累，或來源於書籍與報章雜誌。一日，我讀了一本《養蜂常識》，裡面詳細描敘了蜜蜂的種類與分工。那些知識聞所未聞，觸目驚心。比如：蜜蜂分公蜂、母蜂（雌蜂）、工蜂，公蜂（雄蜂）。公蜂與母蜂交配一次，生命結束，雌蜂即蜂王，負責產子，繁衍後代。工蜂負責采花釀蜜。工蜂也是嚴格分工的。比如清潔工、偵察蜂等。偵探蜂先外出了知某種花源所在，它回去通報信息，跳八字舞、鐮刀舞或一字舞人字舞等，全體工蜂自然明白，飛往花源，採花時，爪上有花籃，要采一萬朵花，才能釀出一克蜜來等等。它們組織嚴密，分工明確，等級森嚴，各執其事，它的創造性會人歎為觀止。蜂巢的完美構造感動了馬克思，他說世上最優秀的建築師也會自歎不如。此書讀後不久，有人約稿，希望我寫點學生學習方法的小故事，於是《蜻蜓學習蜜蜂》寓言小作便順利產生了。告訴學生學習不能盲.目，不只是從外表上下功夫，學習要辛勤付出，還要找到真對象，有竅門，有創新性。

一個作者的閱歷是自己特有的財富，一生中不知經歷了多少故事，也不知聽取了多少故事，更不知了知了多少故事。有的令人激情澎湃，有的令人扼腕歎息，有的令人思緒萬端。人的頭腦是一個巨大的信息庫。它是作品取之不盡用之不竭的源泉。而使之轉化成為可以教育人的作品，還必須有另外的條件。這便是興奮點的自我激發。

寫作品必須有興奮點、閃光點、靈感性。實質上是一種精神會集、組合、融通，是念力的綜合作用。有一天，接到一個通知，縣政協《性靈文史》主編約商寫一篇關於民俗文化的文章，初聽迷惘得很，我認為此類作品，蕭昌勤先生是行家裡手，舞獅舞龍，玩竹馬，打說鼓，臘八，除夕，鬧元宵，打糍粑，捥豆皮，做年糕以及婚禮嫁娶紅白喜事之類，寫得生動有趣，我非本土人，寫這些有點捉襟見肘。然我必須珍惜機會，不能婉拒。於是想起了本地民俗中的賭，很多人不寫，因不怎麼好寫，這是一個敏感而尷尬的話題。不回避、不掩飾，但也不能太露骨，太黑暗。想到了湖北日報曾以頭版頭條發佈江城百姓鬥地主（撲克遊戲）的照片。寫是可以寫的，把握分寸，拿准脈搏，不偏不倚，不張狂很重要。於是調動信息庫裡的有趣故事，運筆如遊，寫購彩、寫撲克、寫麻將，給人們一個正確的引導與疏導，一篇《說賭》得意揮就，主編看了，說是可名《公安的賭文化》。上次平臺上發佈的《戲說麻將》是其中一段。

興奮點的產生，必須有念力的參與。這一文章的產生過程再次證明袁中郎所言“念力是一切法中之王”的正確。所有遵命文學不能例外。

十六、寫作的前提

寫作是作家的主要任務。作家如果停止寫作，如同農民不下地，工人不做工，商人不營業，士兵不操練，學生不讀書，和尚不念經。寫作是作家的農田、工廠、高店、學校、操場、教室、道場。

與各行各業不同，寫作是作家的苦樂參半的精神活動，是巨大的心理愉悅，作家是人類靈魂的工程師，是社會的義務教育家。

我有時寫不贏，文思泉湧時，恨不得操作兩台電腦，或手能握兩支筆，作品立馬可待。有時似乎思維枯竭，什麼也寫不出，怎麼也不想寫。江郎才盡的窘境也是有的。

這涉及到寫作的前提。前提充分了，如同水到渠成，太陽一出，驅除環宇黑暗。春風吹百草生，春氣到萬花開。前提不具備時，如同一月河不解凍，不到雪月梅不開。氣候適宜是萬物生長的前提。知識儲備、閱歷積累、思想沉澱、靈感順來則是寫作的前提。

《雁的悲劇》是我寫的一則寓言。大意為一群雁要飛到南方，當晚停在一個江灘休眠。偵察雁守衛它們的安全。獵人點火，離得很遠，偵察雁呼叫，獵人滅火，群雁張目，毫無動靜。於是乎再睡。獵人逼近，又點火，又滅火。偵察雁又呼叫，群雁又張目，欲振翅，又毫無動靜，如此者三。獵人待他的獵槍能準確射向雁群時，再一次點火，偵察雁大聲呼喚，可群雁無動於衷，為首的還去啄咬偵察雁，理由是謊報軍情。就在這瞬間，獵人明火執仗從三個方位向群雁開槍，可憐上千隻大雁全軍覆沒了。這有點周幽王千金一笑點烽火戲諸侯，導致身敗名裂的味道。大雁的悲劇是否在人類社會重演呢？

我寫這篇小作，儲備了相關的知識，平時對社會生活現象有所觀察與思考，有感於真假難辨，是非不明。有感于智者睹于萌末，愚者不見輿薪。某一時刻，靈光一閃，這篇小作就寫成了。

《石頭縫裡長出的槐樹》，大意為：一副大石磨壓著三粒槐樹的種子。春天一到，春風一吹，春雨一淋，那些種子發芽了，一粒被壓得喘不過氣來，退縮了，自卑了，萎靡不振了。一粒硬闖石頭，頭破血流了，枯萎了。還有一粒種芽從容淡定，在石磨的縫縫裡找空間，鑽呀鑽，找到了石磨的洞口，那裡另有天地，它從洞口艱難地伸出了它的頭，陽光照耀它，雨露滋潤它，天地靈氣養育它。一天，兩個護林人從石磨邊走過，看到了這一奇異現象，他們小心翼翼抬了石磨，將那棵稚嫩瘦弱的小樹苗，移植到了附近山坡上，幾年十幾年，長成了一棵參天大樹。文尾我激動地寫道：只要你的努力伴隨著智慧，成功的機遇總是有的。這是寫槐樹嗎？這是側面寫人生。

寫作是作家對生活的獨立思考與獨特提煉之後，獨樹一幟的表達。三袁文化的靈魂是“主性靈，尚妙悟”，“獨抒性靈、不拘一格”是三袁文化倡導的文學革新的旗幟。這個“獨”字是大有文章可做的。它應包含“獨家首創”“獨立特行”“獨出心裁”“獨闢蹊徑”等思想與運筆功夫與效果。給人以希望，以信心，以智慧與力量。在啟迪人們的靈魂淨化與昇華中起到積極作用與超越功能。

我想，這也是作家寫作的一個不可忽視的前提。

十七、面對選擇

——在公安縣作協走進梅園中學播種
文學種子的演講

感謝作協的領導，給予了我話語權。才使我得以站在這個神聖的講壇上，來作一次千載難逢的演講。此時此刻，我想起了三個人：一個郭沫若，一九七八年全國召開科學大會，郭老是中國科學院院長，怎麼也得講幾句。但他已臥床不能起了，只好用擔架抬著進場，找人替他念了講稿。講題名《科學的春天》。他提出科學家應永遠標新立異的觀點。千年前，歷史上有個強悍、智慧、精明的皇帝名武則天，當她進入高齡後的某一天，以張柬之為首的大臣率領文武百官逼她退位，她無力回天，只好聽之任之。完成了一場不流血的改朝換代。宋朝有叫梁灝的老者，八十二歲，取了狀元，皇帝提問，對答如流。三字經說：若梁灝，八十二。對大廷，魁多士。爾小生，宜立志。

我這個人沒什麼出息，到了七十五歲之後才完成五部的三袁文化研究，得到認可、肯定。而我應該對認可者、肯定者進行認可、肯定才合理。到了八十歲才得以批准為省作協成員，一看證號，四千有餘其後。到了八十二歲才被批為中國作協會員，一看證號，一萬有餘，除去仙逝的一半，也是七千有餘在其後。

我跟小朋友們的講題是：面對選擇。我們每個人都是宇宙中的一顆星，有自己的運行軌道。所不同的是：我們每人面對選擇。此情此景你可以專心致志聽我談話，你也可以一心以為有鴻鵠將至，思援弓繳而射之。還可以想到去籃球場、乒乓桌或吃什麼美食、欣賞音樂，外表看都坐在一個課堂上，內心裡有翻江倒海的，有心如古井的，有異想天開的，有聚精會神的。我像你們這個年紀，那是一個饑餓的年代，我在課堂上老是喜歡想著臘月三十的年飯，吃蒸魚蒸肉蒸蘿蔔。你選擇什麼，是你的權利與自由。但是你必須智慧地對待。面對選擇時，常有三種情形：最佳，最糟，一般。人一生都在選擇中度過，誰也逃脫不了，你選擇什麼，決定了你的命運與人生的走向。你不斷選擇最佳，你的人生一定輝煌。你不斷選擇糟糕，你的人生一定見鬼。我以人間吃了八十多年的飯的經驗告訴我親愛的小朋友們：世上無難事，只要選擇准。我簡敘個小故事：迷你雞。山西一小朋友在自家的雞窩裡發現了一個雞蛋只有麻雀卵那麼大，他把它孵成了小雞，在這只小雞下的蛋中又選擇最小的孵化，七個來回後，孵出的小雞僅有蒼蠅與蜜蜂大小，取名迷你雞。此事傳揚到縣相關部門。一年，國家要委派一個人去參加世界雞博覽會，九斤黃十斤白沒選上，山西迷你雞選上了且奪魁得了金獎。這個小孩後來成了禽類動物學家。

這故事告訴我們：只要做個有心人，有毅力堅持下去，肯於付出，你的人生就不會暗淡無光。同學們今後面臨兩場大考，中考與高考，你要主宰好自己，不要壓力過大，老師與家長已給了你很大壓力，你再一壓，疲於奔命，氣不能喘，投入兩條生命也難以承受，最好的辦法是盡力而為，不勉強而為，也不懈怠而為，選擇有為，留有餘地，保持清醒的頭腦，保持旺盛的精力，始終處於最佳競技狀態，這就靠努力配以智慧，這就要最佳選擇。對於愛好寫作的同學而言，選擇某個中心進行積累，你先把語言功底打扎實，比如選擇背誦五千條常用成語，選擇背誦自一年級到九年級的古詩與古文，背到橫流倒背不打卡，暢如流水一條龍。

總之，每天每時每事都面對選擇。針對時間言，有浪費與珍惜的選擇，對吃飯言，有簡單與複雜的選擇；對睡覺言，有恰如其分與貪睡的選擇；就完成作業而言，有主動與被動的選擇；就聽課而言，有抓精華與囫圇吞棗的選擇；就心態言，有樂觀與悲戚的選擇：就眼中言，有魔鬼與天使的選擇。相隨心轉，境隨識變。不勝枚舉。重點在審視：是否最佳迭擇。祝願你們，也包括我們，面對選擇，最佳選擇，樂觀向上，心態陽光。

十八、一字之改

毛澤東真神人也，古今中外，絕無僅有。他那麼酷愛讀書，那麼勤於政事，有多少國際國內的問題等待他思考、分析、決策。然而當他在觀摩京劇《智取威虎山》演出後，對其中的兩句臺詞做了修改。一句是楊子榮所唱："迎來春天換人間"，一句是"同志們整行裝飛速前行"。他各改一字，將"天"改為"色"，將"行"改為"戎"。春天變為"春色"，行裝變為"戎裝"，這一改非同小可，改出了境界，改出了氣象，改出了底蘊，改出了含蓄，改出了厚重。

演楊子榮的演員名童祥苓，他的扮相英武瀟灑，威風凜凜，在臺上一站，即使不說一句話，不唱一句詞，不做一個動作，其英雄之氣概攝人魂魄，令人驚歎。更何況風雪中馬舞神步，雄姿英發。演出結束後，毛爺接見了劇組人員，對童格外親切，朋友似的交談。問："你妻子沒來觀看嗎？"童答："來了。"童立即召喚其妻至主席身邊，敬禮，握手。問："什麼名字？"答："張蘭雲。"問"哪個張哪個蘭？"答："弓長張，蘭花的蘭，雲彩的雲。""還是改為南方的南為好。"從此，張蘭雲變為張南雲。這個一字之改，改出了文化內涵。

毛澤東因讀書多，且讀得很活，記憶力驚人，思維極其敏銳，他的文字功底少有人比。他的讀書有他的一套辦法。有兩個辦法值得人們永遠借鑒。一是背誦法。據知情人士透露，他到晚年仍能熟練地背誦《琵琶行》《長恨歌》《枯樹賦》，他能背誦李白、李賀的詩，能熟練背誦韓愈的作品，其行文風格受韓愈縱橫捭闔、汪洋恣肆風格影響。二、批註法。他運用這個方法吸取精華，剔除糟粕，用這個方法審問察考、慎思明辨、含英咀華、提要勾玄。他年青時，讀一本八萬字的倫理學著作，他的批註文超過了八萬字。年輕時養成的這個習慣一直保持到年邁。他常讀《三國演義》與《孫子兵法》，將那裡面用兵謀略運用於軍事實際，南北轉戰。他善於敏銳地抓住書中的精華與精妙的語言。從他的詩句“天若有情天亦老”“雄雞一唱天下白”等語句，可以找到根據。從他給陳毅改詩為“海釀千鐘酒，山栽萬仞蔥”可看到他受李白豪放奔騰、大氣磅礴的影響。我們讀他的《矛盾論》與《實踐論》，可看出他對馬列主義觀點的靈活運用，在論述中，他密切地結合了中國實際，創新性地分析問題解決問題。他對“實事求是”這一成語有精妙絕倫的闡釋，有傳統文化的滋養，有現代思想的閃光，有腳踏實地的紮根，有未來理想的憧憬。由於他的思維聚合與精光積累，故能隨心所欲，運用自如。寫起文章來，大開大合，一瀉千里。談起話來，幽默風趣，氣象萬千。語言文字在他的面前可以翻江倒海，可以虎吼猿鳴，可以龍飛鳳舞，可以改天換地，可以扭乾轉坤。因此他能如陽光明媚，照耀四方，如雨露滋潤，百草均沾。

我們從他的一字之改裡可以窺測、揣摩到他的卓絕與奇異。所謂冰凍三尺非一日之寒也。

故能如陽光金燦，徹照八方，如雨露浸潤，萬物受益。

十九、口語與文字

口頭表達與文字表達各有優勢，但有區別。

口頭表達隨機順勢，臨場發揮，講究時效。但難免粗糙，缺乏細膩與嚴謹。文字表達較為嚴肅，通過思想的沉澱與縝密的思考，講究邏輯、義理、考據、辭章，主張言之成理，言之有物（事實），言之有據（依據）。李敖這方面體驗很深。他舉了自己舞文弄墨的幾個實例，他說：螞蟻不因食蟻獸的存在與威脅而停止它的追求，這是螞蟻精神。又說.：弱者往往不得好活，強者往往難得好死。“不得五鼎食，就得五鼎烹”，只有先做牛做馬者，才能有汽車坐。顯而易見，這些文字表達裡有雋永之思，哲理之光。至於說到吟詩作賦之類，則還要講究意境、格套與合轍壓韻，要遵守許多規矩，才能入格入流入派，即便自由詩也是有章可循的。前蘇聯的馬雅可夫斯基寫現代自由詩，用的是梯形句式，雖然成就不及普希金，但仍是第一流詩人。至於莎士比亞的戲劇，大都用詩歌形式寫出，那也有要求，一律十四行。我國的現代著名詩人徐志摩、郭小川、艾青、田間、臧克家等也很講韻律，講究語言句式。故我說：自由詩也並非絕對自由。就格律詩詞言，誰人也寫不過毛澤東。但是他給臧克家寫信說：現代青年人不要學，束縛思想。可惜毛爺的這個觀點並沒有被普遍接受，很多人還是硬擠硬鑽硬學，不少人耗費青春，在格律中捆了手腳，捆了思想，戴著鎖鏈跳舞，寫出的東西不倫不類，不古不今，畫虎不成反類犬者比比皆是。

寫作詩文，始終伴隨一組矛盾：內容與形式。內容指思想精光，形式要求完美。古人也遇到了這種困惑與迷惘，孔子提出了一個解決的原則：辭達而已矣。意為表達出來傳遞了正能量即可。不主張追求華麗與鼇屈。主要功夫花在意味深長上，而不是消耗在形式上。當然，也不是否定形式。修辭儘量精妙，篇章儘量巧妙，語言儘量精粹，也是應該的。這一點，後現代派黑豐先生寫詩寫文是很典型的例子。他的詩文側重點在於“思想的貢獻”，正是這種貢獻帶動語言的創新。我們在古代白居易與袁中郎詩文中看到“辭達而已矣”的實施。

唐宋元明一千餘年間，在詩詞曲賦中，有大成就者的詩人與作家如繁星點點，詩作美文如牛毛，不可勝數。有不少登峰之作。這是因為那個時代，信息閉塞，交通不便，刺激單一且分散，所學所受教範圍狹窄，他們可以在那麼一萬個常用漢字裡摸爬滾打、反復琢磨與吟誦，所謂“吟安一個字，撚斷數莖須”“兩句三年得，一吟雙淚流”者，不在少數。古人清心寡欲者多，今人心氣浮躁者繁。相對言，現代文士面臨信息輻射、知識爆炸，所受教與所學範圍寬廣而複雜。故墨守古代文人的吟詩作對、合轍押韻已經缺乏文化氛圍與歷史條件了。硬要用古瓶裝新酒，那只能事半功倍。須知當年杜康瓶，難裝今日酒。沉舟側伴千帆過，病樹前頭萬木春。

我並非反對人們對古體樂府、絕句、律詩的學習與仿效，人較聰慧，且情有獨鍾，學些古體格律，合轍押韻無可厚非。

二十、我寫《錢玄同小傳》

我動筆撰寫《錢玄同小傳》，有些偶然性，但這偶然裡藏有必然。知名作家胡祖義先生向我通報了信息，問我是否願意參加這套叢書的寫作，讀者對象為當代年輕人。我未及細想，就答應了。我有一個理念，無論寫什麼，怎麼寫，都是作家們可以用來訓練文筆的一個時機、一個平臺。我信奉公安派領袖袁中郎的關於寫作的一句話：借他人之操場，練自己之軍馬。袁中郎先生的 700 余篇小品文中，很多都是文人雅士們敬仰先生文筆美妙，啟請為詩文集子作序寫跋，或引或疏，或題辭。有的集子沒流傳，倒是先生的序、敘、引、題保存下來了。

我經自報和出版人李路安排，寫《錢玄同小傳》，時間僅一個月。當我決定佈局謀篇時，才發現還不是一件簡單的事情。我決定分三步走：一、搜集材料，包括傳主本人的相關資料與傳主密切相關的人物的資料。這正好是一個學習的過程。資料涉及先祖錢鏐、其父錢振常、伯父錢振倫、兄長錢恂，其師崔述、章太炎等，其友魯迅、黃凱、劉半農等，其同道李大釗、陳獨秀、胡適、顧頡剛、黎錦熙等。二、綜合分析資料，明顯發現，他的父輩兄嫂都是有影響的人物，他的同學、同事、朋友都是那個時代的精英分子，或是革命家，或是學問家，或是大教授，或是文學家，或是思想家，或兼而有之一二三。還明顯感到那個時代是一個特殊的年代，追求光明與面對黑暗現實的衝突，力主改革與舊社會殘餘習慣思想的衝突，文化的革新與政治腐敗的衝突等。在那樣複雜的困難的環境下，傳主錢玄同始終站在時代潮流的前沿陣地，吹著號角，呼喚著，研究著，思索著。在文字改革、音韻學、古史辨中，奮進著，探索著，開創性地做出了巨大的貢獻，留下了輝煌的成就。三、確立寫作原則與寫作提綱。就原則言，一必須處理好觀點與材料的關係。豐富多彩的村料不能掩蓋精光獨具的觀點。不能陷入材料的堆累的怪圈，使讀者不得要領。二必須處理好深入與淺出的關係，學術的涉獵是不可避免的，但如果深陷學術中，青年讀者不易接受，影響可讀性，這樣的作品效果是很差的。三處理好傳主的生平事蹟與思想觀點的先進的關係。這兩者相互彰顯，不可偏頗。沒有傳主的奮進與勤勉，矻矻追求，就沒有他的思想觀念的轉變、磨合而達先進、成熟與完美。人格大於學品。在確立這些原則以後，接著是擬訂寫作提綱（見於前面章目）

正式行文中，還會遇到很多問題，一是材料的不一致，二是觀念的甄別，三是對傳主的思想的閃光點與其缺陷如何辯證認識。我的寫作過程是學習過程，是跟隨傳主的腳步既冷眼旁觀又設身處境過程，也是一個認識過程與思考過程與提高過程。我在寫作《錢玄同小傳》中，認識了下面幾個問題：

一、錢玄同是上世紀上半葉一個了不起的文字學家、音韻學家、思想家、改革家，五四新文化運動的先驅。同時還是經文研究家，古史辨專家。他以疑古辨偽、求真務實、經世致用作為學術研究的原則，永遠值得後人學習。

二、一個文化名人的出現 是多種因素合和的結果。從小範圍講，有家庭背景、家族淵源、父系母系遺傳基因與教育；從大範圍講，有時代潮流、生活空間、文化氛圍、歷史沿革的影響及他本身的秉賦、身體狀況、勤奮努力、志趣傾向、心理因素等。

三、一個時代的文化偉人總是受著時代的約束與影響。歷史人物活躍在歷史舞臺上，他想擺脫舞臺的限制，飛出舞臺，但終究還是飛不出去，只得面對這個舞臺，憑藉著這個舞臺，爭取演出新鮮活潑、有聲有色、生動有趣的戲劇來。儘管他有時嫌這個舞臺太小，想換一個大而新的舞臺，但換過之後，還得受新換的舞臺的約束與限制。

四、一個正念思想命題與學術命題（尤其是創新性的）形成後，有一個發生、發展、完善與準確表述的過程，這個過程中是變化著的，它需要同道的認可與論辯，還需要提出者本人的反思，更需要歷史與文化的甄別與檢驗，想一提出就十全十美、無懈可擊，是不可能的。就錢玄同言，在改革漢字、音韻學、古史辨、推廣白話文、疑古辨偽等領域，他開創性地提出了問題並深入地進行了研究，觀點是嶄新的，成果是驚人的，儘管他有過偏激的提法與“過正”性表述，但他作為開創者的功勞是眾所周知的，也是不可磨滅的。

作家的作品總是受著作家本人的世界觀、人生觀價值觀與知識儲備的特性及他早已形成的思維方式與語言風格的影響，不可避免的打著時代的烙印。我寫的《錢玄同》小傳，亦複如是。

這篇小傳在寫作中受到出版人李路與知名作家胡祖義先生的指導，特致誠摯的謝意。如有不當之處，敬請指正。

附：《錢玄同小傳選》

1、敬嫂如母

錢玄同是個重情義知感恩的人。

嫂子單士厘是一個不平凡的女性。她出生在浙江蕭山縣一個書香之家，比錢玄同年長 24 歲。她裹小腳隨丈夫錢恂出使日、俄、荷、英、意、比等國，其母親的遠祖是康熙年間的禮部尚書，父親在上海、嘉興等地的府學任過教習與教諭等職，是一個有文化的人，與當時任杭州書院山長的錢振常交好，於是在父母之命媒妁之言下，1887 年，單士厘與錢恂結百年之好。不久，錢恂受任甯紹長官薛福成的委託，整理寧波天一閣藏書樓劫（太平天國動亂）後書目，單士厘成了錢恂的助手，接觸了大量的珍稀古籍。不久，隨丈夫出使日本，成為考察日本國際博覽會的第一位中國女性。1903 年後幾年，以使節夫人身份隨丈夫出使歐洲各國，長達十年之久。直到 1909 年卸任回國。單士厘聰明好學，目光銳敏，觀察仔細，記憶力好，回國後，將出國旅行後所見所聞所想撰寫成《癸卯旅行記》與《歸潛記》，成為中國婦女中寫這類作品的第一人。單士厘還有《家政學》《家之育兒簡談》等著作，她一生筆耕不輟，留下了豐厚的詩歌與散文作品。她衝破封建禮教束縛，從深閨走向世界，她在著作中，描述了世界各地風土人情、介紹了很多神話傳說，表現了她對帝俄野蠻行徑的憤懣，呼籲國人要有反抗侵略的勇氣與力量，是一位深愛祖國的文雅女士。

1927 年的某一天，錢玄同辦完兄長錢恂葬禮後的一段時間內，他一直辛苦地奔波著，除了講課，他還要整理文字改革的的方案，國學研究所有很多事務要處理，各地學生來信求教者甚多，他要抽時間回復。即使那些很平常的信件，回復起來，他都很認真，若拿到報紙期刊上發表，也是精美絕倫的文章。到離兄長忌日的第三十四天，忽然想到，兄長離世的“五七”到了，他買了些禮品，購了些冥幣、紙錢、香燭、黃裱紙、冥元寶、壽衣之類，匆匆忙忙趕往錢府。

一進門，見嫂子單士厘比上次見面判若兩人，面色憔悴，雙目無光，似乎眼角尚存淚痕，衣服也穿得隨意，頭髮有些散亂，不像上次油光水滑，衣冠整潔。錢一看便知，嫂子定是對兄長放心不下，哀思難忘，茶飯不思，寢食難安，憂傷不已。錢急忙問：“嫂子近日安康否？睡眠與吃飯是否正常？”

“我呀，你兄長一走，孤孤單單，尋尋覓覓，冷冷清清，淒淒慘慘戚戚。乍暖還寒時候：最難將息。三杯兩盞淡酒怎敵他晚來風急。雁過也，正傷心，卻是舊時相識。滿地黃花堆積，憔悴損，如今有誰堪摘？守著窗兒，獨自怎生得黑？梧桐更兼細雨，到黃昏，點點滴滴，怎一個愁字了得？”

在背完李清照的《聲聲慢・尋尋覓覓》，嫂子已不能自控，那眼角的淚水奪眶而出，索性抽泣起來，哭叫著喊道：“夫君大人呀，你把我也帶走一同去天國呀，就像你帶我去東京，去倫敦，去羅馬，去巴黎，去布魯塞爾，你撒手西去了，把我一個年過花甲的老太太留在這世上受罪，我這心裡如腸斷、如湯煮、如煎熬，怎麼得了呀？”邊哭邊甩淚水，傷心欲絕，難過至極，似乎這一哭把一月多鬱結在胸離別愁、憂思情、怨天恨全吐出來了，頓時有輕鬆的感覺。錢玄同看在眼裡，疼在心裡。他深知，嫂子是個極理智的非凡女性，也深知嫂子對兄長感情甚篤，他們一共生活了四十年，從未紅过一次臉，也未發生過一次口角，哪怕是一丁點兒摩擦也沒發生過。他對丈夫，簡直是齊眉舉案，恭敬有加，丈夫對她愛護備至。兩人琴和瑟諧，相濡以沫，親親愛愛，和和睦睦，互相廝守。偶有分離，思念如失。待再相聚，則加倍親密。她視丈夫如上輩，如老師，如朋友，如兄如弟。丈夫視她如母親，如情人，如女兒，如親妹。他們有共同的世界觀與人生價值觀，都有深厚的文化素養，都有優良的性格與自我約束的品質及自強不息的精神，他們二人都愛讀書，愛思考，對哲學、文學、史學都感興趣。因丈夫大忙，不怎麼揮毫寫文章，他們有時候也有不同的想法，丈夫總是說依你的。可後來妻子發現自己的意見是錯的，可丈夫為什麼不堅持呢？當她以某種方式表達對大夫不堅持己見、容忍妻子錯誤時，丈夫卻說：覺悟要一個過程。自己覺醒比別人強行覺醒好。自此，她不再與丈夫爭論什麼，她堅信了安徒生童話故事裡的一句話，丈夫的意見總是對的。她愛讀書，愛動筆寫，得到了丈夫的熱烈支持與熱情指導，怎麼寫，寫什麼，她都與丈夫討論過。她的每一篇文章每一本書每一首詩，都與丈夫交流過，得到了丈夫的鼓勵認可與支持。他們有共同的夢想與共同的語言，他們都有一腔熱血，一股正氣，一生才氣。他們的人生信念與教育理念相同，只是方法取捨上有差別，後來得以中和平允解決。年輕時，他們二人在"孝"上有差別，妻子主張多關心照顧好老人的生活，多問候，多看看。而丈夫說：這只是小孝，大孝在於忠君愛國。他們並不完全贊成"忠孝不能兩全"的古訓。年長以後，他們的分歧表現在"慈"上，丈夫主張對兒女教育以端嚴為方法，寧可失之嚴不可失之懈，才可培養棟樑之才。而妻子主張多用親和之法，既要照顧孩子的情志，又要照顧孩子的身心健康。後來，這兩種並不根本對立的意見得到了中和與統一。他們育有二子四女，長子錢稻孫是著名翻譯家，其他子女也有出息。他們是世上夫婦少有的可資借鑒的榜樣。

介紹到這裡，我們再看錢玄同面對長嫂的悲戚、哀傷之情，緩緩勸道："嫂嫂節哀，嫂嫂節哀。兄與嫂對余有養育之恩，教育之德。余 12 歲喪父，4 年後失母，是兄嫂視弟如子，供我衣食，使生活優裕，又供我留學東洋，餘之婚事由兄長、嫂子親自操辦，我之工作由兄長利用自已人脈關係予以妥善安排，餘有今日執教北大，任職國學研究，收入不菲，全仰仗兄嫂之恩德，如今，兄長離世，余視長嫂如母，與兄長在世並無差別。嫂子乃深通大道、深明大義、深知學理之女中豪傑。須知憂傷肺、思傷脾、怒傷肝、喜傷心、恐傷腎之道理。兄長已走，不可複生。生老病死是自然規律，孔孟若在世，今人連路也沒有走的了。嫂子當下，應放下昔日的一切，面對二子四女的哺育與教育，負擔何等沉重，從前，千斤重擔兩人挑，兄長挑了八百斤，如今，所有重擔壓在肩，嫂子要挑千餘斤。嫂子只有節哀，放下一切，保證健康，方能挑起家庭重擔，我兄在天之靈方得安穩。”嫂子本是豁達大度、樂觀開.朗、知書達理之人，這一番肺腑之言，說得嫂子破啼一笑，轉悲為喜。接著叔嫂二人便商量“五七”所應操辦的活動程序，賓客接待、兄長好友的祭奠儀軌等事項。

2、質疑禪宗

禪，這個漢字中很特別的漢字，其意深、廣、厚。錢玄同研究文字學、音韻學，很早就注意到了這個字，只是並沒有深研細究。一次偶然的機會，他讀《袁中郎先生全集》，裡面一篇短文吸引了他，那文章叫《壇經節錄引》，僅五百餘字，開篇說：“古今譚禪者，皆祖是經。”他本對佛學不怎麼感興趣，也不打算去研究它。但是他是一個對精美文字特別敏感的學者，只要文筆妙美、含義雋永，都會引起他的興奮。他曾專門去信給胡適先生，問及佛教經典中哪一些經典文筆妙美，胡適回信中談到了他的觀點，他認為佛學並非教人消極無為，張江陵等不也吸取佛教思想中的精髓，而大有作為於社會政治變革嗎？胡還為他開了一個書單，排第一的是《六祖壇經》。這裡說明一下毛主席對《六祖壇經》的看法。毛主席找陳伯達與任繼愈（宗教學家、哲學家）談話說：惠能是中國人民的和尚，他把禪宗教義宣傳到普通人民中，我們共產黨走的路線也是人民的路線，他充分肯定了《六祖壇經》的認識價值。當年他巡視大江南北時，常帶的閱讀文本中，就有《六祖壇經》。袁中郎是“公安派”文學領袖，他尚且花精力時《六祖壇經》進行刪節，使之言簡意賅，可見《六祖壇經》是很有價值的。於是乎他花了兩個小時，對這部經書認真誦讀，讀過之後，他瞭解了禪宗在中國誕生發展的歷史，他有自己的看法。南北朝時期，達摩東來謁見梁武帝，梁武帝自認為供養天下僧人十萬，讓他們安心修行，又造天下寺廟四百八十，功德不小，有點貢高我慢味口，直接問達摩，他以為祖師會點頭贊許。哪知達摩心直口快，是個爽快人，說：並無功德。梁武帝聽了惱火，不接納達摩，他只好前往嵩山少林寺，面壁十年，後來慧可立于門下半日，拜其為師，達摩半閉眼打坐，不理不睬，以至雪下得齊膝。於是慧可取下戒刀砍掉一臂，供奉祖師，祖師大為感動，收為徒弟，傳以衣缽，稱之二祖。錢玄同將他對古經的疑古辨偽、求真務實精神與辨偽事比辨偽書更重要的原則，遷移到對禪宗的看法上。他認為故事淒美，過分誇張，實不可信。所謂斷臂求拜師是捏造的事情。後傳禪宗三祖僧璨、四祖道信傳到黃梅五祖寺主持弘忍後，南方一個砍樵人不遠千里後來名慧能來拜五祖為師，五祖問：你拜我求什麼？答：求做佛。五祖驚異萬分，只安排其做義工。後來便有了一偈更比一偈高的故事。神秀乃五祖大弟子，他寫的是“身本菩提樹，心是明鏡台，只要勤拂拭，莫使惹塵埃。”而惠能托人所寫的偈子是“菩提本無樹，明鏡亦非台。心中無一物，何處惹塵埃。”這使五祖對惠能另眼相看。一天半夜，應五祖約，惠能聽五祖講《金剛經》，聽了三分之一，就說了自己體會：“何期自性，本自清淨。何期自性，本無生滅。何期自性，本自具足。何期自性，本無動搖。何期自性，能生萬法。”五祖聽了，認為惠能大徹大悟，明心見性，是人天師，是再來人。於是果斷地把衣缽傳給了他。六祖起先是一個文盲，得到衣缽後，在獵人隊裡隱瞞身份，靠做炊事工作了十五年。後來去廣州一寺廟前，見兩和尚爭論，風吹幡動，到底是風先動還是幡先動，惠能曰：仁者心動。於是寺廟住持印宗法師驚異，惠能於是拿出袈裟以證自己身份。爾後在印宗支持下，開道場傳法。所謂“曹溪一滴水，可覆三千界。曹溪一滴露，了然智慧津。”《六祖壇經》中有很多開啟智慧的語言，比如：一真一切真，萬境皆如如。心迷法華轉，心悟轉法華。一即一切，一切即一。心量廣大，猶如虛空，沒有邊釁，亦無方圓大小，亦非青黃赤白，亦無上下長短，無嗔無喜，無是無非，無善無惡，沒有頭尾。其句式嚴整，語言暢達，禪味很濃。錢玄同讀過後，他提出了四點質疑：一、禪宗主張“無念為宗，無相為體，無住為本”而禪師們以故事傳心法要訣：打啞迷傳法，還主張“念力法中王”豈不自相矛盾？二、六祖說：“佛法在世間，不離世間覺，離世覓菩提，恰如覓兔角”而事實上禪師居深山老林，與世隔絕，青燈黃卷，不事農桑，靠社會供養，豈是解行相應？三、禪宗主張明心見性而禪師們大都打坐參禪，苦吟枯坐，何以走出刀山劍樹、擺脫銅架鐵鎖進入快活乃至極樂境界？四、《金剛經》偈曰：“以音聲求我，以色相見我，是人入邪道，不得見如來。”而事實是建寺修廟，鑄造如來佛陀觀音金像銅像，雕刻石像，愈造規格愈高，耗資愈巨，這是弘揚還是辱沒？這豈不是“以音聲見我、以色相求我、是人入邪道”？當然他不否認禪學是智慧之學，是修身之學，是悟道之學。禪學重視修心、靈悟的精神是可以為經世致用服務的。錢玄同反對空談之玄學，反對禪宗裡務虛求玄的傾向，主張學問以有益於今世社會發展為目的。他稱自己是“古今中外派”，他重申：中國人的根本問題在於改造中國人的思想，“古中”是受過了“今外”洗禮的“古中”，“古中”是可以而且必須為今中服務的，他對禪學加以鑒別與質疑，主張實用，值得我們參考。

3、募捐善舉

1919 年，錢玄同任教育部國語統一籌備會常駐幹事。此後除擔任編輯《新青年》雜誌外，擔任北師大、北大等名校的教授。並從事音韻、漢字改革及推廣白話文的研究工作。

1925 年，錢玄同與黎錦熙一起創辦並主持《國語週刊》，成為文字改革工作的先驅。

1931 年，錢玄同出任國音字母講習所所長。

1932 年，錢玄同與黎錦熙共任《中國大辭典》總編纂。

1937 年蘆溝橋事變後，北平幾所名校遷往雲南組成西南聯大，當時錢玄同因身體不適，被安排留校護產。他還是跟以前一樣忙碌著。錢玄同是一個事業心與進取心極強的學者，他也是一個富於正義感的人。北平淪陷後，日本人多次要錢玄同擔任偽職，遭到了錢玄同的拒絕。由於物質供應匱乏，醫療條件不好，從 1938 年開始，錢玄同甚感體力不支，走路氣喘，吃飯味口很差，睡覺很淺，常感到四肢無力。儘管這樣，錢玄同還是沒有停止他的研究，也沒有停止他與身處北平的好友的往來。一日，他從友人口中，得知李大釗的遺孀及其子女生活艱難，常常吃了上頓沒有下頓，內心焦急如焚。他想李大釗是一位大義凜然的革命烈士，他的視死如歸的精神曾鼓舞成千上萬的革命者英勇獻身。我們對於他身後家庭的孩子與妻子怎能坐視不管呢？於是他決定要向李的生前好友講清楚情況，希望他們伸出援助之手。這個事情是他義不容辭的責任，他不做就沒有人做了。

說幹就幹，錢玄同通過步行，經過了日偽幾處哨卡，機智地躲過了詢問與盤查，來到了既是李生前好友又是錢玄同好友的 H 先生家。錢與 H 已不見面三年有餘了。H 平日也很忙，為了生計，他不得不四處奔走，他也是做學問的，在社會上有影響，兼任了北平幾所中學的國文老師，也只是勉強維持生計。H 對錢先生到來，走親訪友，很是驚訝。錢與 H 交流了分別三年來自己的學術心得及所擔任大辭典總編纂的工作進展，尤其較為詳細說明了他對漢字注音與簡化的意見，H 也表示贊同。這一談話，有點彎彎繞味口，H 誤以為是錢欲聘請他參與文字改革行列，過敏地回應道：我實在抽不出身，也擠不出時間，眼下時局混亂，兵荒馬亂，能苟活就不錯了。出人力沒有，少量出點錢支持你研究是可以的。錢玄同是何等敏銳之人，於是乎他就湯下面說道：我倒不需要你支助一點錢來研究什麼的。眼下有一急事，我想與你通報一下。你的好友李大釗已被張作霖絞死十年多了，要是他還在，不知為宇宙開多少乾坤，為理論界增添多少煙霞，為革命的人提供多少指路明燈。說到這裡，錢玄同一陣咳嗽，幾乎喘不過氣來，，臉漲得紅紅，H 連忙遞了一盅茶過去，待氣稍勻緩時，錢便慢慢抿了幾口茶，吐下了一口清痰，錢用隨身帶的手帕接了，看了一下痰的顏色，毫不在意將手帕放入長袍口袋中，然後緩慢說道：我現在打聽到李有遺孀及子女四人，生活極其艱難，我與你同為他的好友，良心促使我不能坐視不管，所以我拖著一副疲憊的身體，撐起幾根硬骨頭，打算為其募捐，以解燃眉之急，不知你意下如何？”錢說完，等候 H 回音。為避免對方裝窮叫苦，引起尷尬，錢又說：此事你考慮後回答我。接著錢又將話題轉移，問了他所教國文，學生是否能接受及國文教學重背、重讀等方法問題。H 不正面回答，說我雖兼兩校教職，收入甚微薄而且不能按時兌現。似乎回絕，這令錢大為失望。過了約五分鐘，問："你打算讓我拿出多少？"錢說："能力大多拿，能力小少拿。"錢又以商量口吻說道："你是李先生生前好友，拿五十元銀元如何？"H 並不驚異，回答道："此事要與內人高量。像這樣行不行，我拿出四十元銀元如何？北郊中學有一筆授課費正好四十，我內人還不知曉。我寫一個字據，你直接去取，也免去許多往來。"錢聽了點頭答應，然後二人拱手告別，錢說：感謝支持。H 說："我應該的，也有此責。"

第二天，北平地區陰風怒號，飛沙走石。你要是迎著風，面對風，睜不開眼。錢玄同戴眼鏡，加上他穿了一件風衣，風帽可遮住大半個臉，他側著身子，逆風而行，他走得慢一點，走一段後，便在路邊的石凳上坐一會，休息片刻，緩衝一下緊張，繼續前行。他今天去會見的是李大釗的一個弟子，名 S 先生，他也是李先生用薪水支持他讀完大學的。曾經敬奉李如同兒子對父親，孝敬得如同孫子對祖父。按理，應知恩報恩。他住在西山，那個楓葉紅似珊瑚林的地方。聽說他發了小財，就再不出頭露面了，他想，讓 S 出點錢解決李先生的一個小兒子的生病的醫藥問題，應該問題不是很大。錢先生找到 S 先生家時，已是當日下午，他喘著氣，咳嗽著，好不容易叫開了 S 家的門。S 見了錢先生那副疲困模樣，先是驚異，然後熱情似火招呼先生坐下，吩咐內人敬茶遞煙，先生坐定緩解了些疲困，冷眼旁觀 S 家的擺設，知其甚是富有，正準備說出此行之目的。哪知 S 不容錢先生開口，大講他的隱士生活與理想，講古代的隱士今天的隱士，羅列一大堆隱士名單，並搬出了孔子教言："國有道則仕，國無道則隱。"他說，眼下是多事之秋，國家危亡在即，生靈涂炭，我雖沒有回天之力，但一不為非作歹，二不偷盜搶劫，三不屈從強權，四不作牛做馬，我只想求個苟活於世。我也沒什麼高尚理想，參加革命活動，解放人類，或參加黨派活動，對抗政府。我乃一社會平民，百姓之一員，活一天算兩個半天，吃了上頓，籌備下頓，儘量優哉遊哉，這樣少生煩惱少生病，生了煩惱害身體，生了疾病沒錢醫，我已與同道高量，明年春暖花開，前往終南山，吃野果，喝泉水，得天地靈光，養活賤骨肉，與世無爭與人無求。不妒不狂不爭，心安理得。明代有個叫羅洪先的人，寫了一首《醒世歌》，歌曰：“高官顯，大款闊，富貴如雲流水過。青菜蘿蔔存真味，琴棋書畫有快活。窮通有數，各得其所，狂什麼？交摯友，共福禍，酒肉宴上謊話多。他升高官撈金銀，我住茅廬煮茶喝。見賢思齊，修心養性，妒什麼？白天坐，晚間臥，餐食素飯兩碗多。世態炎涼千古事，得失是非早看破，對，讓給他；錯，歸於我。爭什麼？”他又說：“這還不是什麼真醒世，他並沒有完全擺脫世態炎涼人情冷暖得失是非。相對言，我更信奉明代悟空寫的《萬空歌》，他說：天也空，地也空，人生渺渺在其中；日也空，月也空，東升西墜為誰功；金也空，銀也空，死後何曾在手中；妻也空，子也空，黃泉路上不相逢；權也空，名也空，轉眼荒郊土一封。把一切看淡看空了，才是真正的醒世恒言。”他似乎明白錢先生是來找他“化緣”的，他撒謊說：前天，我叔父帶著他兒子來找我，說他兒子要去延安，找我借十塊銀元作盤纏，我說：我泥菩薩過江，自身難保，我明年去終南山都還欠路費。再說，龜行龜路，魚行魚路，革命自有革命路，神仙必有神仙助。叔父子二人怨氣沖天，我也沒有辦法。S先生搞了一番新“演義”，錢玄同心知肚明，並不再說什麼，因為說也是白說。於是，順其意說道：“自古修道在終南，修得神仙並不難。”咳嗽了幾聲，便離開了西山。錢玄同一路上想：人上一百，各樣各色。有的有才，有的無德。有的求富貴，有的求苟活。有的名韁利鎖，有的追求活脫。有的為正義四處奔波，有的為私利閃閃躲躲。有的命運亨達，有的充滿坎坷。有的吃喝嫖賭，有的醉舞星河。有的恩斷義絕，有的卿卿我我。有的苟且偷生，有的赴湯蹈火。有的自強自立，有的懶散怠惰。有的平淡無奇，有的累累碩果。人生千奇百怪，一時難以捉摸。

第三天，下著小雨，北平的大街小巷有些陰冷。錢玄同照樣拖著疲憊不堪的身體，去在日偽衙門當差的 f 先生家，f 是李大釗的得意弟子，李大釗在世時，將自己的薪水大部分支助貧困學生讀書，f 是其中受惠最多的三人之一。錢打聽過，f 在日偽衙門當差，不過是為了掩護自己做生意，而做生意是為了給地下黨組織提供活動經費，同時給北平的有志青年前往延安去參加革命提供經費，據瞭解，f 參與日偽衙門當差，是經過了地下黨的同意的。而不知底裡的人，卻嘲笑與謾罵 f 先生，說他是牆頭草風一吹兩邊倒，更有甚者，說他背叛初衷，違背先師教導，當了漢奸。錢玄同是在他家裡見到的，居家簡陋，但走廊上、過道裡、正廳、客廳都堆滿了待出售的商品。正式門店在居室前靠街道的鋪面上，他顧了兩個鄉下人為其打理生意，他不過一日一小結、一月一人算而已，瞭解生意盈利情形。因他所經營的是文化產品，種類繁多，品種多樣，僅以文房四寶中的筆言，就有大小巨之分，以毛分類，就有羊毫、兔毫、雞毫、鵝毫的分別，有製作精良、價格高昂的河南南陽毛筆，有普通製作、價格便宜的本地雞毫筆。就硯臺言，一方端硯硯臺就是一寶，就墨言，徽墨遠近聞名，徽墨磨於端硯，香氣撲鼻，書寫流光放彩，寫於宣紙，浸潤很深，裱糊後可保存千年。許多書法行家與繪畫裡手都到他的不是榮寶齋勝似榮寶齋的店裡購物，一是價廉物美，貨真價實，二是店老闆是個慈善儒雅的文化人，不是奸商。當年北平社會混亂，地痞流氓成堆，乞丐四處可見，從東北來的，從山東來的從河南來的難民擠滿大街小巷，到處是騙子，到處是奸商。錢玄同也是 f 的老師，兩人一見面，親熱異常。f 放連珠炮似的介紹了他這幾年的生活道路與混日子情況。他說：“年輕時形成的信仰、志趣對自己起作用一輩子，他說他雖在日偽衙門奔走，名聲掃地，斯文掃地，譽論如污泥濁水，但自己於心不愧。然後，坦然告訴錢老師，他去那兒當差，做個小文員，是經過地下黨組織批准了的。然後介紹了這些年生意情況，他的原則是薄利多銷，蘇州打貨揚州買，不圖賺錢只圖快。錢問他生意贏利怎樣，他回答前些年日進鬥金，最近則不虧損就算賺了。主要進貨渠道受阻，行情不穩。按這個月你格進的貨可穩賺的，可到了下月就降價了。非賠不可。錢對他說的並不怎麼感興趣。於是打斷 f 先生的話，直入主題，他講了此次會 f 先生的直接目的，並介紹了他了知的李大釗子女們的艱難情況。他還準備介紹前日找 H 先生募捐情況。誰知 f 先生是個爽快人，立即明白了錢的意圖，十分感動地說：滴水之恩當湧泉相報。沒有李大釗先生當年慷慨無私奉獻，供我吃飯讀書，教我做人做事的大道理，哪有我的今日，我雖混得不是很好，但衣食無愁，得以贍養老人，娶妻生子，眼下日子過得去。錢老師，我聽你的。你希我出多少？錢不開口，在錢看來，募捐之資由捐者說出比募者說出更好。f 說："100 大洋怎麼樣？，以後再給一點，您把我的顧工的地址、姓名告知師娘，讓她來找他。我太忙了。加之正反監督我耳目極多，搞得不好，會影響地下黨的暴露，如果那樣，殺我十次頭，也不能贖罪。找顧工，可避免麻煩。"聽了 f 這番話，錢玄同很高興地自言自語："不虛此行。"

二一、莫言印象

莫言二字出現于眼簾時，他並沒什麼名氣，只是覺得他是一個勤奮的作者，一個有些才華的作者。作品較真實記錄底層人民生活，作品讀得下去，對他並沒什麼特別的印象。

引起我的注意的是讀了他的《玫瑰玫瑰清香撲鼻》，是一部中篇小說，發表在某年的《鐘山》上，一口氣讀完，故事很生動，語言很優美，人物刻畫入木三分，文中形容兩馬競賽的速度，用了“紅馬跑成了一條紅線，黑馬跑成了一條黑線”這樣的妙句子，這完全是獨創性的，心裡想：不能小看了此人！

後來加深並擴大了印象的是看了《紅高粱》電影，並讀了他的三紅作品：《紅高粱》《紅蝗》《透明的紅蘿蔔》及《豐乳肥臀》《蛙》《檀香刑》等。他揭露人性的黑暗很徹底，很透徹，看中觸目驚心，看後心驚肉跳，出乎意外的跌宕起伏與波瀾壯闊，使人久久不能忘懷。他寫官商勾結，為了謀利，他設計了一道童子獻佛菜品，做成一個活生生的娃娃，胳膊用藕做，五臟用雞鴨魚肉做，頭部用名貴海味做，想像十分奇特。為官貪食者的饕餮盛宴，誇大地予以渲染後，簡直令人髮指。

爾後，便開始購他的著作，關注他的報道。覺得他是一個嫉惡如仇、正義正直感極強的人，是一個敢寫真實敢暴露黑暗的人。是一個可愛的敢講真話與實話的人，是一個勇於擔當的作家。

爾後，又讀了他的短篇《糧食》《祖母的門牙》等作品，所寫是上世紀五十六十年代，暴露了饑餓的恐慌，天災與人禍的橫行，社會底百姓所受到的苦難，令人徹心動骨，部分幹部的荒唐妄為與為非作歹等等，寫人所不敢寫，覺得他是一個勇猛精進的作家。

他說他當初寫作的動力不過是為了吃飽與吃好，而吃好不過是天天有餃子吃。我覺得他是一個很天真、懷童心的作家。他主張文學的重要使命是暴露黑暗召喚人們的覺醒，就主流論點言，是唱了反調。他還說：窮人與富人言，富人是有罪的，當官的與民眾言，當官的是有罪的，美者與醜人言，美人是有罪的，高貴與低賤比，高貴是有罪的。城市與農村言，城市是有罪的，這是些振聾發聵的論點，不是人云亦云、隨波逐流的平庸之論，他是一個獨立思考的作家，值得人們敬畏。

得諾獎後，聲名鵲起，喧騰鼓噪，他說那是另一個莫言，像看別人在演戲，與己無關。他守著他的平淡與從容，低調與平常。他父親告誡他：得獎前與人平超平坐，得獎後比人矮了半截。他牢牢記著，以此作座右銘。他說他永遠是農民的兒子。

我看過他寫的關於他的父親、母親、祖父、祖母、姑姑、叔叔及老師、朋友的文章，是平常瑣事，都寫得活龍活虎別具特色，真切可信，令人回味。他寫自己，也是妙趣橫生，常寫自己面目醜陋而不自卑，得力于母親的教誨。他的憨態可掬的真實裡有幾分美意與美德。

讀了他的《豐乳肥臀》，才知道他是一個了不起而成熟了的作家。可見天才的作家也有一個歷練的艱辛的探索過程，給我們的啟發是：路漫漫其修遠兮，吾將上下而求索。

他參觀淮海戰役展覽後，題了幾句話：炮火連天，只為改朝換代；屍橫遍野，都是農家子弟。這種楹聯似的題詞，引起了眾多非議。在我看來，感想獨特，允許自白。

他有很多即興談話，睿智聰敏，見解獨到。但也並不是每次講話都撼動人心，文彩煥然。比如他在武漢年度最佳作家評選後的頒獎典禮感言中講了黃鶴樓、熱乾麵、首義路等，竟至於撇開了東湖與光穀，隻字不提毛澤東的龜蛇鎖大江與又食武昌魚及萬里長江橫渡等詩句，顯得蒼白無力。他說文學的力量是強大的，有點隔靴搔癢，名不符實。這給我們的啟示是：即使一個很偉大很天才的作家，我們在向他學習的同時，我們也是不能盲目崇拜、迷失了自己而奉若神明的。

二二、我喜愛的三首小詩

詩歌如潮，妙詩一毛。

余年輕時，吟唱讀誦古代詩歌，有三首小詩，至今銘記在心，縈繞在耳。

其一曰：打起黃鶯兒，莫叫枝上啼，啼時驚妾夢，不得到遼西。

唐太宗晚年，發動了多次征伐遼西、高麗一帶的戰爭，先後徵集了幾十萬大軍，最後一次兵敗如山倒，幾乎全軍覆沒。有多少年輕士兵拋妻別子，背井離鄉，踏上征程，埋骨青山。而他們美麗癡情的妻子在家苦苦等候。無可奈何之時，常常夜深人靜，做了美夢，自己尋夫到了邊境營房，與丈夫親密相會，這是一個多麼美好的時刻，正要與親人相聚歡悅之時，黃鶯鳥的鳴叫聲越來越大，驚醒了這位情意甚篤的少婦，於是醒來，憤怒舉竿，去打飛那一隻鳴春的雀子。隨口吟唱：我為什麼打你呢？是因為你的鳴啼，驚擾了我的來之不易的美夢，我不能去與丈夫相處共悅了。這首小詩是一首愛情詩，直樸，真實，摯愛，也是一首間接的反戰詩。這種巧妙地表達愛情的小詩還有：嫁得瞿塘賈，朝朝誤妾期，早知潮有信，嫁與弄潮兒。還有：我住長江頭，君住長江尾，日日思君不見君，共飲長江水。這些詩走的是自然、真實、直覺的路子，讀來順口，聽來順耳，易記易誦。可惜很多格律詩與自由詩，卻走了相反的路子。刻意求玄求虛，用語晦澀，我的看法，那是詩歌走向死胡同的路子。

詩是現實生活的鏡子，反映現實，發人深思。做到了詩言志，思無邪，詩必定體現教育價值，這一點被很多現代詩人忽略。他們只顧表現自己的某種情結，過多地關注自然景觀的描述，忽視了詩人自身的價值反思，判斷是否正確，抒發恰當得體與否，思想往往浮淺，用詞蒼白乏力。有些詩沒有可讀性，也沒有教育性。無聊到了極點的句子被吹捧上了天。如那一句“走遍大半個中國去睡你”即是一例。

其二曰：勸君莫惜金縷衣，勸君惜取少年時，花開堪折直須折，莫待無花空折枝。

在標示作者時，有的版本署無名氏，有的署名杜秋娘。豈不矛盾？究竟是誰，並不重要。重要的是詩中所傳遞的信息，或許是少女對情人的規勸，或許是父母對兒子的告誡，也或許是摯友間的傾心互勉。中心是：“惜取少年時”。惜時如金觀念是我們民族的傳統理念。常言道：一寸光陰一寸金，寸金難買寸光陰。陶淵明詩曰：盛年不重來，一日難再晨。惜時是革命前輩的共同理念。董必武詩曰：吾輩更應惜秒陰。李大釗先生主張“抓今”。毛主席說：一萬年太久，只爭朝夕。我認為：進行惜時如金教育是所有教育與教學中最重要的課題。以故我說《金縷衣》一詩是唐詩中最傑出的詩篇，它將人們追求定位在“惜時”與“金縷衣”的對比中，主張精神的追求大於、重于、先於物質的追求，並且比喻道，惜時如同花開折花，如願以償，花謝折花，懊悔莫及。從知行合一言，惜時講的是勤奮，任何一個人要想有所成就，不虛擲光陰，必須以勤奮為支柱。無論生來家庭環境如何優越或惡劣，資質如何聰慧或者魯鈍，只要終生勤奮，總會有所收穫。華羅庚講，勤能補拙是良訓，一分辛苦一分才。即使像魯迅那樣的天才，也是必須持久勤奮的。有人稱讚他是天才，他說我是什麼天才？不過將別人喝咖啡聊天的時間用來讀書與寫作罷了。我讀三袁著作，發現他們的三個舅舅均是聰明絕頂之人，其中大舅龔惟靜尤為聰敏，然而大舅在功名與事業、學業三方面均不如二舅三舅（龔惟學、龔惟長），其原因是大舅過多關注“童趣三鬥”（鬥蟋蟀，鬥蜘蛛，鬥螞蟻），導致終生一無所成，這就是古人講的“玩物喪志”，這可看做追求另一類“金縷衣”。相比較，袁氏三兄弟都是惜時如金的典範。袁小修稱讚袁中郎讀書與寫作廢寢忘食，如醉如癡。袁中郎病中自述道：“閉門讀莊子，《秋水》《馬蹄》篇。”可見其用功之勤，如不惜時如金，袁中郎就成不了袁中郎。故我說《金縷衣》一詩的內涵具有永恆的教育價值。

其三曰：生在陽間有散場，死歸地府又何妨。陽間地府俱相似，只當漂流在異鄉。

此詩為明代著名才子唐寅所作。是世人共同面對與關注的生死觀的表現。古往今來，多少仁人志士、大聖大哲探討過這個問題。在生與死的關係上，儒家思想比較現實，主張有為養生；道家思想比較超越，主張無為長生；釋家思想比較玄妙，主張涅槃無生。三家思想的共同點是正視此生，其區別在儒家偏向於入世，道家偏向於超世，釋家偏向於出世。三家並不否定前世今世與後世，這是一個很值得討論的話題。孔子說：不知生，焉知死。老子說：死而不亡者壽。釋迦牟尼說：無修是真修，真修達彼岸。可見就時空觀念言，民間普遍稱為陰陽的兩界還是存在的。因此，正確認識生死實際上是對陰陽兩個境界的理解。唐伯虎以他的才華橫溢回答了這個懸而未解之謎，表現出了他的豁達大度與超脫塵世的通透認知。世人共同點是求生畏死，然自然規律是：有生必有死，有死必有生，循環往復，生生不息。毛爺爺說：無可奈何花落去，無可奈何花正開。有了這麼一個超脫的認識，我們就可以解除不必要的煩惱與擔心，安心安意，放下包袱，開動機器，做好本職工作，快快樂樂過好每一天，珍惜有生的日子，為社會作出力所能及的貢獻。

二三、我喜愛的三幅楹聯

楹聯如海，佳聯如星，我最喜愛的只有三幅：

第一幅曾国藩所撰。撐起一副硬骨頭，養活一團春意識。

上聯強調的是做人的堅強的意志與堅韌不撥的精神，實現理想不被任何困難所屈服；下聯強調的是高尚的理想、靈活的頭腦與靈敏的智慧。

曾國藩為晚清重臣，當他剿滅太平天国後，權勢熏天，炙手可熱，但他頭腦清醒，下令裁減湘軍二十萬，徹底打消了清廷對他的狐疑猜測，使其地位更加鞏固，這是以退為進的忠君準則，這是非常了不起的舉措。曾的家書是一筆寶貴的財富，他以撐起一副硬骨頭養活一團春意識作為人生哲學，對我們後人有很好的參鑒價值。他晚年讚賞李鴻章的一副楹聯，李也是晚清權臣，名譽度很高，但美譽度比起曾國藩來差了許多。李擬寫的對聯是：只要倉有米囊有錢腹有詩書便是山中宰相；但願身無病心無憂門無債主就是地上神仙。横批：天天快樂。此聯是李的人生價值觀的體現，曾可能認為李講出了他的內心世界：物質與精神的追求要結合，生理與心理的健康要結合，理想遠大與現實的嚴竣要結合，很值得我們咀嚼回味。曾國藩還很看重李的另一對聯，名曰：無瑕人品清如玉，有骨文章淡若仙。古人把道德與文章兩椿事相題並論，於今天仍有意義。

第二幅蒲松齡撰：有志者事竟成破釜沉舟百二秦關終屬楚

苦心人天不負臥薪嘗膽三千越甲可吞吳

這是清代文學家蒲松齡的自勉聯。蒲才華横溢，文采斐然，超群絕倫，但功名屢屢受挫，不得不以教私塾糊口度日。他悲歎道：墨染一身黑，風吹鬍子黃，若有一線路，不做孩子王。足見其困頓與無可奈何。但他胸中有抱負，眼中有理想，這便是搜集民間文學資料，創作《聊齋志異》，本來貧困不已，他卻設置茶聊亭，安排並招待南來北往旅客喝茶吃點心，聊天說地，談狐論妖，日子一久，積累豐富，然後加工創作，終於成就了煌煌巨著，可與世界短篇小說大王莫泊桑、契訶夫並肩媲美。郭沫若稱讚曰：寫鬼寫妖，高人一等；刺貪刺虐，入木三分。他撰寫的自我勉勵的一幅對聯，講的是兩個重要歷史人物的故事，一個越王勾踐臥薪嚐膽，忍辱負重，終於報仇雪恨；一個破釜沉舟，奮勇殺敵，終了推翻了秦王朝的黑暗統治。告訴人們至理名言：苦心人，天不負。有志者，事竟成。這副楹聯中所蘊藏的精神力量具有永恆的影響力。

第三幅高僧嚴新所作：具大總持門若儒釋道之度我度他皆從這裡

能知真實際而天地人之自造自化只在此中

如果說第一幅講處事為人，安身立命；第二幅講有所作為，積極奮進；那麼第三幅講出世超越，認識宇宙人我。入世出世不可分，奮進徹觀不可小覷。儒釋道三教之精髓，天地人三才之要核，“這裡”與“此中”同一，即本體，本身，本性，本靈。自造自化，自度度人。把握好自我靈性，即是具大總持，即是能知真實本體。三袁文化主帥袁中郎說：“一靈真性，亙古亙今。”又說：“真神真性，天地之不能載也，淨穢之不能遺也，萬念之不能入也，智識之不能緣也，況區區形骸所能對待哉？”（《與仙人論性書》）這段話非常精彩，深刻得不同尋常，揭示了一個特殊的精神的理想的載體，是一個高尚的慈悲的智慧的大能量的境界，是統攝三教的思想精華，他講的是大光明、大智慧，大根本的境界。人人都可遵循，人人不可避免，人人都可達到。所以這段話可以深究。所謂大徹大悟、大開圓解、明心見性的境界，袁中郎達到了這個境界。但學者是否可以接受、理解並運用這個境界，我看很難，主要取決於心向。有人看西方裸女畫，竟至於淫心大發，不可遏止；也有人觀同樣畫，卻甚覺清美，守身如玉。如同一把銳劍，有人用來防身，有人用來斬煩惱，也有人用來自殺。只不過各有所需所用，聽其心之所指。也只不過仁者見仁智者見智而已，或者只不過清者自清濁者自濁而也。一切取決於自己心理取向和念力性質。寫到這裡忽然記起南懷瑾先生對自己修煉過程與境界進行概括的一段話：佛為心，道為骨，儒為表，大度看世界。技在手，能在身，思在腦，從容過生活。三千年讀史，不外功名利祿；九萬里悟道，終歸詩酒田園。這段話不可小看，是他幾十年學習與修煉的精神結晶。如果我們能透徹理解南先生這麼一段話並付諸實施，我們會覺得：平生不享精進樂，枉來人世走一圈。

二四、淺解一首古詩

“日落西山又轉東，勸君行善莫行兇。霸王猛勇今何在？韓信功勞一場空。長長短短家家有，是是非非處處同。奉勸世間君子輩，閑言只當耳旁風。”這首流傳甚廣的勸世古詩，以自然輪回破題，借歷史典故佐證，用通俗直白的語言道盡人生處世的智慧，更暗藏著珍惜當下、放寬心胸的深層哲思。

“日落西山又轉東”的自然節律，恰似人生時光的隱喻。日月交替從不為誰停留，昨日的榮辱得失、成敗功過，終將隨時間流逝而淡去。霸王項羽力拔山兮氣蓋世，憑一身猛勇横掃天下，卻因剛愎自用落得烏江自刎的結局；韓信戰功赫赫，助劉邦定鼎漢室，被譽為“兵仙”，最終卻功高震主、身首異處，一生功勞化為泡影。古詩以兩位歷史人物的境遇警示世人：再顯赫的權勢、再卓越的功勳，在時光長河中不過是過眼雲煙。這恰恰提醒我們，生命的真諦不在過往的執念，也不在未來的焦慮，而在當下的每一分每一秒。與其沉湎於無法挽回的過去，不如珍惜眼前的平凡與溫暖；與其為尚未發生的事情憂心忡忡，不如腳踏實地做好當下的每一件事，讓善行填滿時光，讓珍惜不負歲月。

“長長短短家家有，是是非非處處同”，古詩道盡人間常態，也點醒我們：心胸的寬窄，決定人生的路寬。生活本就沒有絕對的圓滿，每家都有難念的經，世間處處都有是非紛爭。若事事斤斤計較、耿耿於懷，總被閒言碎語牽絆，被雞毛蒜皮困擾，只會讓自己陷入內耗的泥潭，消耗光陰與心力；若能秉持“奉勸世間君子輩，閑言只當耳旁風”的通透，踐行“眼寬一寸，路寬一丈”的智慧，以寬容接納生活的不完美，以豁達化解人際的紛爭，便會發現許多煩惱不過是庸人自擾。放寬心胸，不是懦弱退讓，而是懂得取捨的清醒，是不與瑣事糾纏的格局。就像大地能容納萬物，江海能彙聚百川，心胸開闊者，方能不為閑言所擾，不為是非所困，在人生路上走得更穩、更遠。

活在當下與放寬心胸，從來都是相輔相成的人生課題。唯有珍惜當下，才會明白生命的可貴，不願將寶貴時光浪費在無謂的爭執與內耗中；唯有心胸放寬，才能以平和的心態擁抱當下，在順境中感恩，在逆境中從容。這首古詩穿越時空依然閃耀著智慧之光，提醒著世人：人生短暫，富貴功名如過眼雲煙，唯有善行與豁達能沉澱為生命的底色。願我們讀懂這份古老的勸誡，珍惜每一個當下，放寬心胸接納世事，讓"眼寬一寸"換得"路寬一丈"，在平凡的日子裡活出通透與安寧，不負歲月，不負此生。

二五、寫作與發表

範進是怎麼中舉的?《儒林外史》介紹，那一年，範進應考，那個考官見范進年老體衰，面色萎黃，還在孜孜以求。想起自己曾幾何時，如何困頓，是考官的恩典，才有如今的富貴，於是頓生憐憫之情，爾後便關照了一下，範進才得以功成名就。至於爾後發瘋作邪，那另當別論

此事使我聯想到寫作與發表。浩然第一篇成名之作，被關在某個大編的抽屜裡，一年多無人問津，好在沒有丟入垃圾桶，浩然設法另投他處，才一炮走紅。楊沫的《青春之歌》投某個出版社，時過一二年如石沉大海。後來其姐白楊（著名影星）從上海去首都開會，其妹敘述此事，據說其姐是跟茅盾先生打了招呼，才得以順利出版，一面世火遍長城內外，大江南北，成為那個時代的名著，楊沫便從一中學教師調入中國作協成為領導成員，一躍成為著名作家。可見作品發表僅有實力不行，還得有另外的條件。

我因工作需要，常閱讀報章雜誌。讀得多了，就覺得那些文章我也可以寫出，甚至認為我可能比那些作者寫得好。“想是這麼想，不知老爺賞不賞。”於是“裁縫打架——試一烙鐵。”有一天構思了一篇文章，用學生作文幾頁練習冊謄抄後，寄往《湖北日報》編輯部，半月後，於四版幾乎二分之一版面登出，名《兩個王國與學習問題》，筆名翁公。本校老師看了，以為是某所大學教授或某個研究所的專家所寫。那個年代，社會風氣好，不需拉關係、走後門發表文章，我是地地道道的草根作者，打了三十多年“遊擊”，經歷了“全軍覆沒”、百發一中、十發一中、十發五中、與十發九中以致百發百中等幾個階段。即便“全軍覆沒”，我不氣餒，不退縮，不怨天尤人，只從自己本身檢查與警惕，千怪萬怪，只怪自己不努力。因為受住了煎熬與磨練，一旦形勢改觀時，便有河出潼關一瀉千里、風越三峽迅猛

異常之感。貴人也是可遇的，機遇也是可現的，幸運也是可生的。出乎意外的收穫也是可得的。那一年，我見《中國教育報》有一則徵文啟事，名教學基本功論壇，我想，我從事這項工作已近三十年，親歷親做，耳聞目睹，有成有敗有悟，抓住機會總結一下提升自己很有必要，也是責任感與事業心之必取。於是腹稿于操場，構思於散步，爬格子於辦公桌，以《三失誤與三悟》為題完稿，投出去也沒當回事，截稿後一個月，登出新聞，拙作竟然得了全國教師徵文“中油杯”一等獎（排第三名）。文章發表時，成為公安縣教師首次在《中國教育報》上發表文章。須知，那是上世紀八十年代，風氣很好，評獎不曾受到金錢的參與和干擾，三審三評，專家秉公，過程嚴肅，含金量實在。理所當然，這增加了自信心，對我既是鼓勵，又是鞭策。爾後，我從工作時的業餘寫作轉入退休後專業寫作，呈現一發而不可收的態勢，便是順理成章的了。

由上我想：寫作好比排演，發表好比演出。寫作好比台下三年功，發表好比臺上三分鐘。寫作是條件，發表是動力。只要你的目標光明正大，且付出了代價，你的努力伴隨智慧的參與，你有頑強的毅力堅韌不拔的精神，上帝的陽光遲早會照亮你的航程，燦爛的花朵與勝利的果實遲早會展現在你的生命與生活中。

二六、讀書之竅

李敖介紹了他的讀書之竅，古今中外，獨一無二。他用八字概括："五馬分屍，大卸八塊。"意為他將書頁中的精華部分剪裁下來，分門別類裝入文件夾，以幾千個小標題提示。如尼姑一類，又分年幼終生的、還俗的、已婚半路的、名門望族的、貧苦無依的、捨身求法的、凡俗後生子生女為天才的等。這樣，要講此話題他就獨家佔有資料，並說這是他的看家本領。在介紹他的讀書法時，他介紹了英國著名文學家、評論家、思想家柯爾律治的讀書四類型：一、海綿型，全收全吐。二、沙漏型，邊讀邊忘，如同猴子摘包穀，自以為摘了很多，最後僅一個。三、濾袋型，精華全失，只剩糟粕。四、大寶石型，取其精華並與人共享。

在我看來，洋人的這個分型並不是什麼創造發明，也沒什麼新鮮之處。我們先祖對讀書之法的概括似乎更為高超。舉三個例子：一、《學記》上說：學者有四失，教者必知之。或失則多，或失則寡，或失則易，或失則止。即讀多食不而化不行，讀少孤陋寡聞不行，把讀書當成易事，輕易放過精闢，囫圇吞棗不行。讀書不能持久，半途而廢更不行。二、韓愈概括他的讀書之竅為：採花釀蜜，開山鑄銅，含英咀華，提要鉤玄。細嚼起來，其味無窮。三、宋代朱子有讀書六法之總結：循序漸進，熟讀精思，虛心涵泳，切己體察，著緊用力，居敬持志。闡釋開來，可寫成一本洋洋灑灑磚頭厚的書，如同《資本論》。

當代郭沫若談到讀書法時，主張：讀活書，活讀書，讀書活。反對死讀書，讀死書，讀書死。毛爺爺的讀書法是古今中外、為我所用法。徐特立的讀書法是各個擊破、以點代面法。華羅庚用的由博返約、以簡馭繁法。周汝昌用的是鑽井找油、噴井出油法。魯迅用的是解剖分析法。林彪用的是活學活用法。

我出身寒門，幾十年全身心投入教職，疲於奔命，心力交瘁，寫作的條件很差。沒什麼大作為，有一丁點兒小小的痕跡。我有我的讀書法：一、常背出新法。二、摘要筆錄法。三、讀一本書寫一篇小文章法。四、選擇經典、綜合比較法。我通過這些笨拙的方法，也獲得了意外的收穫。沒有這些方法的伴隨與參與，我的一本所謂小故事、大乾坤的《心誠精品故事選》及《閑窗雜记》文難以完成，此二著計六十余萬言，受到國內外讀者的關注與好評，我的袁中郎研究三部曲（百萬言）也寫不出，更談不上被評為國家社科基金重大選題階段性成果，也就不可能加入中國作家協會、躋身所謂作家的行列了。我的閱歷證明：讀書有法，人生昇華。讀書無竅，終生胡鬧。

二七、閱讀與寫作，相得益彰

閱讀與寫作，從來不是孤立存在的個體，而是一對相互成就、相得益彰的夥伴。它們之間的緊密關聯，藏在自然的生長節律裡，藏在建築的營造邏輯中，藏在生命的孕育過程中，也藏在藝術的完整表達裡，共同譜寫著知識與思想的動人樂章。

閱讀是寫作的紮根蓄力，寫作是閱讀的枝繁葉茂。一棵樹要想在風雨中挺立，綻放出絢爛的花朵、結出飽滿的果實，必先將根系深深紮入土壤，汲取水分與養分。閱讀之於寫作，便是這紮根的過程。在墨香的浸潤中，我們觸摸古今中外的智慧，領略不同文體的肌理，積累精准生動的詞匯，感受多樣表達的魅力。從《論語》的凝練睿智到唐詩宋詞的典雅雋永，從散文的細膩溫潤到小說的波瀾壯闊，每一次閱讀都是一次養分的積累。而寫作，正是這棵樹的生長與綻放，將閱讀吸收的養分轉化為自身的枝幹與花葉，用文字構建屬自己的精神世界。當積累的養分足夠豐厚，筆下便會自然而然地流淌出鮮活的思想與真摯的情感，讓寫作之樹茁壯成長，枝繁葉茂。

閱讀是寫作的堅實地基，寫作是閱讀的宏偉建築。一棟雄偉壯觀的建築，離不開深深紮入地下的地基，地基越深厚穩固，建築才能越高聳挺拔、抵禦風雨。閱讀便是寫作的地基，那些讀過的書、積累的知識、領悟的道理，共同構成了寫作的堅實基礎。沒有廣泛而深入的閱讀，寫作便如空中樓閣，看似華麗卻不堪一擊，難免陷入內容空洞、表達蒼白的困境。古往今來，但凡成就斐然的作家，無一不是博覽群書之人。曹雪芹“披閱十載，增刪五次”，才有了《紅樓夢》的千古絕唱；魯迅博採眾長，兼容並蓄，方能以犀利的文字剖析社會、喚醒民眾。扎實的閱讀地基，讓寫作的建築得以拔地而起，展現出思想的高度與藝術的魅力，成為流傳後世的精神瑰寶。

閱讀是寫作的十月懷胎，寫作是閱讀的一朝分娩。生命的孕育需要漫長的積累與沉澱，十月懷胎的精心滋養，才有一朝分娩的欣喜與感動。閱讀對於寫作，正如孕期的滋養過程，每一次閱讀都是對思想的孕育、對情感的積澱。在反復品讀中，我們體會文字背後的深意，學習作者的構思技巧，琢磨表達的邏輯脈絡，這些都在潛移默化中為寫作積蓄力量。這個過程或許漫長而沉默，卻孕育著無限的可能。而寫作，便是那水到渠成的分娩時刻，將長期閱讀積累的思想與情感，通過文字的形式孕育成型，轉化為具體可感的作品。沒有閱讀的“十月懷胎”，便沒有寫作的“一朝分娩”，唯有經過充分的積累與沉澱，筆下的文字才能擁有打動人心的力量。否則，停電停水，不孕不育。

閱讀是寫作的譜曲作詞，寫作是閱讀的演唱表演。一首完整的樂曲，既需要精妙的譜曲與優美的歌詞，也需要深情的演唱與生動的表演，二者相輔相成，才能展現音樂的全部魅力。閱讀如同譜曲作詞，為寫作提供了旋律與素材，那些經典篇章中的結構安排、語言風格、情感表達，都是可供借鑒的“曲譜”與“歌詞”。通過閱讀，我們學習如何構建文章的節奏，如何錘煉精准的語言，如何傳遞真摯的情感。而寫作則是對這些“曲譜”與“歌詞”的演繹，用自己的理解與表達，將閱讀積累的技巧與感悟轉化為獨特的文字作品。正如不同的歌手演繹同一首歌會有不同的韻味，不同的作者在閱讀的基礎上進行寫作，也會綻放出各自的光彩，讓文字的魅力得以充分展現。

閱讀與寫作，如紮根與生長，如地基與建築，如懷胎與分娩，如譜曲與演唱，閱讀是念經，寫作是開悟；閱讀是訓練太極，寫作是太極表演；閱讀是浸泡豆子，寫作是催生的豆芽菜；閱讀是母雞的孵化，寫作是孵化破殼而出的活活潑潑的小雞崽等等。

結語：閱讀與寫作相互依存，彼此成就。唯有沉心閱讀，積累養分，才能讓寫作之路走得更遠；唯有勤於寫作，實踐運用，才能讓閱讀的價值得以昇華。在閱讀與寫作的雙向互動中，我們既能汲取知識的滋養，又能釋放思想的光芒，在文字的世界裡收穫成長與力量，讓這對夥伴共同見證我們的精神蛻變與靈魂豐盈。

二八、文學的嚴肅性

文學作為人類精神世界的重要載體，其嚴肅性並非刻板的桎梏，而是承載價值、傳遞力量的核心根基，體現在思想、表達與形式的多重維度中。

文學的嚴肅性，首先植根於嚴肅的思想導向。真正的文學作品從不迎合淺俗趣味，而是以深刻的思考觀照時代與人性，用清醒的價值立場引導讀者審視世界。它拒絕虛無與謬誤，始終將對真善美的追尋、對人類命運的關懷作為內核，為心靈提供堅實的精神坐標。

其次，其嚴肅性體現為積極向上的表達基調。無論是敘事的鋪陳、場景的描摹，還是情感的抒發，文學都應傳遞正向力量。即便書寫苦難與掙扎，也需在字裡行間注入希望的微光，以悲憫之心喚醒共情，以堅韌之志激勵前行，而非沉溺於消極與頹廢，淪為情緒的宣洩工具。

再者，嚴肅性離不開規範的藝術形式與嚴謹的邏輯。文學的藝術表達雖需創新，卻不能背離約定俗成的創作規範與審美邏輯。詩歌的韻律、小說的敘事結構、散文的情感脈絡，皆需在合理框架內展開，確保內容的完整性與邏輯的自洽性，讓藝術形式與思想內涵相得益彰，而非以“隨意”消解文學的審美價值。

文學的嚴肅性並非排斥對現實中低俗現象的書寫，相反，它允許以批判的視角呈現多元世相。但這種描寫必須服務於嚴肅的創作主旨，是對現實的反思而非迎合，是對人性的剖析而非渲染，最終在對比與審視中凸顯正向價值，這正是文學嚴肅性的深層體現——於紛繁中堅守立場，於複雜中傳遞光明。

二九、文學的趣味性

文學的趣味性，從來不是對嚴肅性的消解，而是以更鮮活的姿態承載深刻內核。它如同包裹著真理的糖衣，讓嚴肅的精神內核在靈動的表達中，自然抵達讀者心底，二者並非對立，而是互為表裡、相得益彰。

一、趣味之基：活潑鮮活的表達形式

文學的趣味性，首先植根于生動有力的表達形式。嚴肅的主題若困於刻板的敘述，便如璞玉蒙塵，難被感知；而當它與鮮活的形式結合，便能煥發生機。無論是《紅樓夢》中“黛玉葬花”以詩意場景承載生命悲歌，還是魯迅以雜文的銳利筆觸剖析社會痼疾，皆以靈動的表達為殼，將對人性、社會的嚴肅思考融入其中，讓深刻的內核在鮮活的呈現裡，既引人入勝，又發人深省。

二、趣味之脈：源于生活又高於生活的情節

情節是文學趣味性的重要脈絡，其魅力在於紮根生活卻超越日常。那些打動人心的情節，往往脫胎於真實的生活體驗，卻經過藝術的提煉與昇華，於尋常中見奇趣。如《水滸傳》中武松打虎，以誇張卻極具張力的情節，展現英雄的果敢與無畏，看似充滿傳奇色彩，實則暗藏對正義的歌頌；又如沈從文《邊城》裡翠翠與儺送的相遇，以細膩的生活場景勾勒人性的純粹，情節的“趣”藏在煙火氣中，而背後對人性美、命運無常的嚴肅思考，卻在故事流轉中悄然沉澱。

三、趣味之魂：靈動鮮活的語言藝術

語言是文學趣味性的靈魂，幽默、誇張、擬人等手法，讓文字擁有了打動人心的溫度與張力。老舍筆下的北京方言，鮮活幽默中藏著

對市民生活的深切洞察；錢鍾書在《圍城》中以犀利的比喻與誇張，調侃人性的荒誕與現實的無奈；朱自清《春》裡“小草偷偷地從土裡鑽出來”的擬人，以靈動筆觸描繪春的生機，背後卻是對生命力量的嚴肅禮贊。若失去語言的趣味，文學便成了枯燥的說教，而正是這些靈動的語言，讓嚴肅的哲理與道理，在輕鬆的閱讀體驗中被悄然接納。

文學的趣味性，始終以“嚴肅”為紅線。它以鮮活的形式、生動的情節、靈動的語言為舟，載著對人性、社會、生命的深刻思考，讓讀者在感受趣味的同時，觸摸到文學背後厚重的精神內核——這便是趣味的真諦：以輕盈之姿，傳厚重之思。

三十、文學的間接性

文學的間接性是一種藝術美，核心在於不直接描摹對象，而是通過側面烘托、場景映射或意象暗示，讓讀者自行感受與想像。它不把答案擺在明面，而是借由多樣的表達路徑引導讀者探尋，比直白表述更具韻味與張力，如同用光影勾勒輪廓，比直接上色更耐人尋味。

這種美感並非單一形式，而是通過多種路徑呈現，共同構成文學中“不言自明”的精妙：

1. 以側寫正：借他者視角映主體

不直接刻畫核心對象，而是通過旁觀者的反應、環境的變化來烘托，讓主體特質在側面映射中自然凸顯。這是最常見的間接表達，卻最能以“無聲”勝“有聲”。

漢樂府《陌上桑》中描寫羅敷的美貌，便是此中巔峰。詩人從未直接寫羅敷的眉眼、容貌如何出眾，而是落筆於她出現後眾人的反應：“行者見羅敷，下擔捋髭須。少年見羅敷，脫帽著帩頭。耕者忘其耕，鋤者忘其鋤。”

行者放下擔子、整理鬍鬚，是被美吸引後的失神；少年脫帽整巾，是想在美人面前展現姿態；耕者、鋤者忘其勞作，更是因沉醉而渾然忘我。詩人未著一字“美”，卻通過旁觀者的失態，將羅敷的驚豔具象化——能讓所有人忘卻正事的，必然是極致的美。這種“以側寫正”，讓抽象的“美”變成了可感知的生動場景。

2. 以此寫彼：借他物意象傳本意

不直接言說想要表達的核心，而是借助與之相關的另一事物為載體，讓本意藏於他物之中，在關聯與聯想裡傳遞深層意味。如同借風的流動，感知季節的更替，物與意相互勾連，餘味悠長。

比如古詩中寫“思念”，常不直接說“我想你”，而是寫“浮雲遊子意，落日故人情”，以浮雲的漂泊喻遊子行蹤，以落日的不舍喻故人情誼；或寫“曉看紅濕處，花重錦官城”，不直接說春雨滋潤萬物，而是借枝頭沉甸甸的花朵，傳遞春雨的細密與生機。看似寫物，實則寫情、寫境，“此物”只是橋樑，“彼意”才是內核。

3. 以幻寫真：借虛幻場景顯真情

不直接鋪陳現實中的情感與境遇，而是借助夢境、幻想、魔幻場景為外殼，將真實的心意、渴望或困境藏於虛幻之中。虛幻的設定看似脫離現實，卻能更自由、更深刻地承載真實的內核。

如李商隱的“莊生曉夢迷蝴蝶”，以“夢蝶”的虛幻場景，暗寫人生的迷茫與對真實的追問；蘇軾的“夜來幽夢忽還鄉，小軒窗，正梳妝”，借夢境中妻子梳妝的畫面，將對亡妻的思念寫得痛徹心扉。夢境是假，但夢中的情感是真；幻想是虛，但幻想背後的心意是實。這種“以幻寫真”，讓真實情感在虛幻的包裹下，更顯細膩與厚重。

4. 以怪寫常：借荒誕意象喻常理

不直接講述日常的人情事理，而是以怪異、荒誕的形象（如妖、怪、精、靈）或情節為載體，將普遍人性、世間常理寄託其中。荒誕的外殼看似離奇，卻能跳出日常視角，更尖銳、更鮮活地映照現實。

晉代《搜神記》便是典型，書中的花精、樹妖、狐狸精等怪異形象，並非單純的志怪獵奇。比如“董永與仙女”的故事，以“仙女下凡”的荒誕設定，實則寫人間男女的深情與信義；書中的狐妖常化為人形，或報恩或動情，看似怪異，內核卻是對“知恩圖報”“真情可貴”等常理的詮釋。這些荒誕意象如同放大鏡，將日常中的人性與道理，以更具衝擊力的方式呈現出來，讓常理在怪異中更易被感知。

文學的間接之美，本質是對讀者想像力的尊重。它不把一切說透，而是通過多樣的間接路徑，讓文字留下縫隙，讓讀者在探尋與聯想中，與作品產生更深的共鳴——這便是“不直言”的智慧，也是文學最動人的留白。

三一、小說的脊樑

一部小說的成敗，往往系於特色情節。它是作品的靈魂與脊樑，若無獨特而亮眼的情節支撐，文字便如散沙，再華麗的辭藻也無法凝聚成打動人心的力量，這樣的創作，從根本上已然失敗。

特色情節的魅力，恰如浙江大潮，于平靜中醞釀驚雷。它並非一味追求激烈，而是有張有弛、動靜相生——平日的“一平如鏡”是鋪墊，為後續的“沖天大浪”積蓄勢能，當高潮來臨時，洶湧之勢才足以震撼心靈，讓讀者甘願為之沉醉、為之動容。古典名著的生命力，正源於此。《水滸傳》若抽去潘金蓮、武大郎與西門慶的糾葛，便少了最尖銳的人性衝突；《三國演義》若沒有草船借箭的奇謀、空城計的驚險、赤壁之戰的壯闊，其英雄史詩的氣魄便蕩然無存；《紅樓夢》若抹去黛玉含恨而逝與寶玉寶釵成婚的悲劇對照，那份深入骨髓的蒼涼與遺憾，也將不復存在。正是這些獨一無二的情節，讓經典穿越時光，始終擁有攝人心魄的力量。

無論是傳統小說的厚重、現代小說的細膩，還是魔幻小說的奇詭，特色情節都是其核心競爭力。而這情節並非憑空虛構，它源於生活的土壤，卻又在作家的筆下被提煉、昇華，比現實更集中、更典型、更具穿透力。因此，對於創作者而言，構築特色情節不僅是技巧，更是創作的核心使命。唯有打磨出如潮湧般震撼、如珍珠般璀璨的特色情節，作品才能真正立起來，成為照亮讀者心靈的光，擁有跨越時代的影響力。

三二、寫作的愉快

于文人學士而言，寫作是世間第一等的愉快，是沁入心底的極致享受。這份愉悅藏在創作的萬千姿態裡，藏在落筆的每一個瞬間，更藏在完稿的滿心歡喜中。

寫作的節奏從無定數，時而如江河奔瀉，洶湧澎湃間一瀉千里，字句順著思緒的洪流傾瀉而下，無需刻意雕琢便自帶力量；時而如百米衝刺，屏氣凝神間奮不顧身，目光鎖定筆尖，指尖在紙頁間疾行，生怕稍縱即逝的靈感溜走。更多時候，它像農人種田搶收，需抓緊每一寸時機勞作不止，縱使口朝黃土背朝天，汗滴滾落浸濕紙頁，也始終堅守案前，不肯停下手中的筆。

當然，寫作亦有悠然時刻。有時如平靜湖水微起波瀾，字句在靜謐中緩緩流淌，帶著細碎的溫柔；有時又如牧馬人在草原信步游走，思緒隨筆尖漫溯，無拘無束，自在徜徉。無論是激昂還是舒緩，每一種姿態裡，都藏著寫作獨有的樂趣，是與自我對話，亦是與世界共鳴。

當一篇文章、一本書終於完稿，那份如釋重負的暢快難以言表。此刻的作者，恰似得勝的將軍，歷經一場酣暢淋漓的戰役，滿身榮光；又似農人將收穫的穀子、高粱、黃豆與芝麻盡數歸倉，滿心都是沉甸甸的滿足。還似公司與客戶訂了合同，一筆鉅款如數到賬。這份喜悅無法用言語精准描摹，沒有親身經歷過創作的人，難以體會其中的滋味。

它是筆尖流淌的熱愛，是堅持後的回甘，是獨屬寫作者的精神盛宴。寫作的愉快，藏在每一次落筆的勇氣裡，藏在每一次堅持的執著裡，更藏在每一次收穫的喜悅裡，成為文人學士心中最珍貴的饋贈，溫暖且綿長。

三三、詩人的五重維度

2025 年 11 月 22 日，在第六屆青金青藤國際詩歌節頒獎會上，才氣詩人黑豐的獲獎感言道破創作真諦：一個詩人作家必須是某種意義上的預言家、思想家，對現實和現政必須保持高度的警惕和質疑。這份洞見，是他二十餘年深耕的寫照——從偏僻農村中學教師到美國華人昆侖出版社特約編輯，108 本讀書筆記見證勤奮，多次國際獲獎印證實力。

真正的詩人，需集齊五重特質方得圓滿：預言家以聖徒之誠洞見時代先機，思想家以獨立之思構築精神坐標，審視家以鋭眼之明剖開現實肌理。我補充兩點：詩人應是攝影家，以明眸之敏定格人心世相，應是哲學家，以通透之智貫通古今真諦。

真正的詩人，小偷般的存在，窺測方位，以求一逞。他們不偷蟠桃，不偷禦酒，專偷佛祖的無字經，轉換成詩，驚世駭俗，擲地有聲。

獎項終究是外在附加，摻雜諸多偶然。唯有兼具這五重維度，詩歌方能掙脫一時評判，觸及永恆真理。這樣的詩人，既紮根現實，又仰望星空，其作品終將成為跨越時空的精神印記。

三四、黑豐為何屢屢得獎

黑豐（原名丁世靈）的詩歌能屢屢斬獲大獎，核心在於他以不羈靈魂打破文學桎梏，用獨特創作理念與數十年積澱開闢了詩歌新境，這份成就，源于他對文學本質的堅守、極致的勤奮與大膽的突破。

自幼時起，黑豐便懷揣熾熱的文學夢，且始終保持著常人難及的勤奮。他積累的學習筆記、心得筆記、隨想筆記等各類筆記本多達 108 本，字裡行間皆是對文字的敬畏、對生活的觀察與對思想的打磨。三十余歲時，身處偏僻農村中學任教的他，並未因環境局限停下創作腳步，教學之餘筆耕不輟，既寫放蕩不羈的詩，也對文學創作傾向形成獨到見解——這份不隨波逐流的識見，讓他在眾多競爭者中脫穎而出，獲聘北京文學編輯部編輯，十六載深耕更積澱了深厚的文學功底。不惑之年，他再攀高峰，出任美國昆侖出版社責任編輯，國際視野的拓展讓其創作格局愈發開闊。

2025 年年 11 月 22 日，黑豐在文萊國際詩歌頒獎大會上的感言，道破了他的創作真諦："詩人應該是思想家，是聖徒，是預言家，是現實的審視家。"這正是他詩歌的靈魂所在。他摒棄傳統規則的束縛，掙脫邏輯的桎梏，堅信"不規則是最好的規則，反邏輯是最合邏輯"，執著追求奇特、怪異、荒誕、詭譎、夢幻的創作風格。"蝴蝶是這個下午的一半，另一半我聽見了落葉的叫喊"這般奇巧詩句，便是其風格的生動寫照——打破常規認知，以超驗的想像重構詩意，讓文字充滿張力與神秘感。

黑豐的經驗告訴我們：一、念茲在茲，必有所應；二、打破框框，方有所成；三、勤勞是成功之動力；四、創新才有出路。

然而真正的詩歌創新，離不開對生活的敏銳洞察，更需要打破桎梏的勇氣與長期的積累。黑豐的詩歌既紮根生活本質，又以顛覆性的表達突破舊有範式，用 108 本筆記的沉澱築牢思想根基，用不規則的形式承載深刻思考，用反邏輯的筆觸傳遞獨特感悟。這種不被定義、勇於探索的創作態度，讓他的作品始終保持新鮮與深度，也正是這份堅守、勤奮與創新，讓他屢屢斬獲大獎，成為詩壇獨樹一幟的存在。

三五、寫作的熱與冷處理

寫作的“熱處理”，是靈感迸發時的順勢而為——當文思如潮、激情難抑，提筆便如行雲流水，讓躍動的思想與滚燙的情緒順著筆端自然流淌，這是創作者與文字最直接的靈魂共鳴，是未經雕琢卻最具生命力的本真表達。而“冷處理”，則是普通寫作者對抗浮躁、打磨精品的必經之路。非天才的我們，需在激情退去後沉澱下來，以冷靜的目光審視文氣是否貫通、思想焦點是否集中、語言表達是否順暢、用詞是否精准，在反復斟酌中讓文章的筋骨更挺拔、韻味更悠長。

古往今來，傳世佳作無不是“熱”與“冷”交替淬煉的結晶。曹雪芹著《紅樓夢》，“批閱十載，增刪五次”，每一次提筆補綴是靈感複燃的“熱處理”，每一次刪改潤色是沉靜審視的“冷處理”，在熱與冷的往復中，才讓這部巨著的人物鮮活立體、意蘊深遠；羅貫中寫《三國演義》，在前人積累的大量史料與民間傳說基礎上，既以滿腔豪情勾勒亂世英雄的壯闊圖景（熱處理的赤誠），又反復打磨情節邏輯、錘煉語言表達（冷處理的嚴謹），終成千古傳誦的歷史演義經典。

即便是德裔美籍作家塞繆爾・厄爾曼那篇僅 400 字的《年輕》，這篇 1922 年在美國發表的短文，之所以能跨越時空影響無數人，受到不少成功知名人氏的推崇，作為座右銘。核心正在於它用凝練的文字守住了“勇猛精進、珍惜生命”的核心思想。它既飽含著作者對生命狀態的赤誠感悟（熱處理的溫度），又經過了精准的表達提煉（冷處理的打磨）。它提倡超越自然年齡，保持心態、思想、精神、魂魄、靈性的年輕與覺醒，成為世人的上進偉力。文字的力量從不在數量多寡，而在是否有直擊人心的內核；作品的生命力，也往往藏在“熱”時的真情流露與“冷”時的反復推敲之中，二者相輔相成，方能成就經得起時間檢驗的佳作。

三六、醉後不知天在水

“醉後不知天在水”，出自元末詩人唐珙的《題龍陽縣青草湖》，全詩為“西風吹老洞庭波，一夜湘君白髮多。醉後不知天在水，滿船清夢壓星河。”這一句以空靈縹緲的意境，將詩人的精神世界與自然景致相融，而結合唐珙的時代背景與心象特徵，更能讀懂句中藏著的孤高與疏放。

唐珙身處元末亂世，社會的動盪與戰亂的紛擾，讓這位布衣詩人選擇遠離塵囂，寄情山水。他一生未仕，始終以江湖客的身份泛舟遊歷，既無仕途的牽絆，也少世俗的紛擾，這份人生選擇造就了他孤高絕塵的心象特徵——不戀功名，唯求精神的自在與清淨。“醉後不知天在水”的心境，正是他這種人生態度的寫照。詩的前兩句“西風吹老洞庭波，一夜湘君白髮多”，以秋風洞庭起興，借湘君的傳說抒時光流逝之慨，為後兩句的醉境鋪墊了蒼涼又超脫的基調。

“醉”是詩人與現實的短暫和解，酒意褪去了歲月滄桑帶來的悵惘，讓他在青草湖的夜色中進入物我兩忘之境。“不知天在水”並非真的懵懂，而是他掙脫現實桎梏後，以本心觀照自然的結果。湖水映天，星河入船，天地與自我的界限消弭，這份“不知”，是亂世中詩人對精神棲居地的尋覓，也是他孤高心象在自然中的完美投射，讓一句詩成為了元末文人精神世界的生動縮影。

詩是現實的拷問、審視、反思與超越，絕對離不開詩人的感知與想像、激情，當代不少詩人身處盛世，明明腳踩土地，卻將自己懸於雲端，追求虛無縹緲、詭異奇絕、晦澀難懂，自我陶醉，于讀者于社會無補，讀此詩豈可不自我審視？

離輯

養生之道

三七、葷二素八

鐘南山院士對人們的餐桌上葷素搭配之比作了分析， 就營養成分來說，二葷八素即可，而事實上是八葷二素。他是在十年前面對美女記者的採訪講的，如今情況如何？可以說愈演愈烈。我有朋友在南方發了小財，回到本地，因他學了些養護動物、保護環境的知識後，決定身體力行。宴請親戚們吃頓飯，點了素菜二十樣，風味獨特，做法奇巧，吸收了粵菜特色，又保留了本土農家風範。只是沒有一塊肉，一片魚，一隻蝦，一隻螃蟹，客人酒足飯飽之後，怨氣沖天。說主人小氣，吝嗇。我的朋友只好臨場補救，一人發了二百元紅包，讓他們自購以彌補。朋友跟我說：提倡吃點齋飯，茹素食蔬，確實利於人們的健康，然而推行起來，並不是很容易，習慣勢力太強大，社會風氣太頑固。

設想在目前情勢下，將肉食量減少三分之一，恐怕引起社會的躁動不安。然而，減少三分之一所得的好處，卻是非常了不起，只會使養殖更加精品化，純良化。抵制半月催生一隻鴨、半年催生一頭肥豬的畸形養殖，對人們的身體健康也有無比的好處。而事實是：為了快速養殖，滿足市場需求，利用混合飼料、糖化飼料、化學飼料添加劑來進行養殖，完全違背了自然規律，使得肉食供應存在大量隱患，污染了環境，敗壞了風氣，大大損害了人們的健康。

肉食的泛化，造成了無所顧忌的捕獵，肆無忌憚的殺戮，野生動物物種的滅絕現象愈來愈嚴重，而家養的魚類、禽類（雞、鴨、鵝、鴿）、獸類（豬、羊、牛）的肉質越來越差，這個日趨嚴重的現象擺在人們面前。政治家、科學家、營養學家、醫學家都應該引起高度重視。從國計民生考慮，從繁榮發展考慮，從百姓健康考慮，這種惡性循環現象，我們領導們、專家們豈能漠視？

我是三袁文化的學習者。三袁又稱“公安派”，他們都是大聰明人，我們看他們三兄弟的日常生活，有一個共同的現象：茹素食蔬斷葷腥。雖然不是年年堅持，天天堅持，但每隔一段時間，就自覺進行檢討，在他們的著作中涉及戒殺動物的詩歌散文俯拾皆是。我舉袁宗道的與蘇東坡的一首和韻酬唱詩為例：

“以彼徹骨慘，博我雙頰赤。猶恨金盤內，肪膏少肥白。運箸風卷雲，剩脂汙巾幘。可憐橫死魂，繞釜啾啾泣。蔬果宜胃腸，此味真可缺。人羊遞往來，循環作主客。”作者明確地提出：肉食“此味真可缺”，“蔬果宜胃腸”。至於“人羊遞住來，循環作主客”則有更深層的含義。

我還注意到：袁中郎在山居柳浪館的日子裡的行為。他修築柳浪館時，在居所側建有放生池。顧名思義，他經常購買蛙、魚、鱉、龜後，不是宰殺滿足口福，而是放入放生池。

三袁的思想與感情值不值得我們借鑒呢？近有鐘南山院士的告誡，遠有三袁的作派，我們對於葷素二菜之比是可以接受的。當下考慮，完全戒葷不現實，但照鐘院士說的餐桌上改為葷二素八是完全可以做到的。

三八、頭髮上的養生

頭上之發，不可小覷。

古人有四梢之說：齒者骨梢，甲者筋梢，舌者肉梢，毛髮者血梢。中醫認為：肝開竅於目，腎開竅於發。梢即端點，好比樹稍，如果枯萎，這棵樹就有問題了，則已表露這棵樹的生命活動即將結束。人的頭髮少年壯年烏漆墨黑，油光水滑，隨年齡增長，五六十歲增生白髮少許，一旦七八十，兩鬢染霜，從黑白交雜，乃至白髮滿頭，有形容銀絲閃爍的，有形容“朝如青絲暮成雪”的，有誇張為“白髮三千丈”的。古人並不覺得“白了頭”是一種醜陋、不爽。只是感歎人生如夢，早生華髮。黑有黑美，白有白美。直有直美，曲有曲美。

不知什麼時候，不知不覺興起了邪風，席捲長城內外，大江南北。商家推波助瀾，生意人搖唇鼓舌，媒體渲染誇張，於是染髮成為一種時尚與潮流。明明黑得如漆，美不勝收，卻要花錢花時間轉黑為黃為灰為紅為紫為藍為橙為綠為白，或為五彩，或為異色。與洋人接軌。明明白髮蒼蒼，卻要費時費錢費心思染黑，以求年輕化。輿論認為：染髮無害，染髮有理，染消費，刺激美髮市場，促進染料行業。在我看來，這不是一種新時尚，而是極有害的浪潮。

一、是審美觀的扭曲。無論赤橙黃綠青藍紫，還有別的顏色，都以自然為美。外表的顏色與內質是相應的。硬要把黑染黃，把白染黑，把直變卷，且不說時間的浪費與金錢的消耗，其審美傾向是扭曲的。這種扭曲是社會上審美觀扭曲的一個表現。從人體美看，史上上官婉兒因貪戀男色被武則天嫉妒，一簪子如飛標刺向額頭，傷癒後如梅花一朵，更增其美貌，但只是巧合。現代有些青年興起紋身熱潮，紋龍紋鳳紋虎紋豹紋鷹，有的美女紋玫瑰紋牡丹紋芙蓉於隱處，這是不是審美扭曲？從演藝市場觀察，認為怪腔怪調是藝術，逗笑的低級趣味是創造，那些迎合觀眾的口味是“喜聞樂見”。重複了一百次的

“為什麼”與“我想死你們”與“賣什麼”是精品。在小說創作領域，把寫妖魔、色情、恐怖、血腥、流氓當創新，這種惡劣傾向、低下情調幾乎占了上風，與“八大樣板戲”的主流與正義背道而馳，這種審美觀值不值得反思？百花齊放百家爭鳴是可以的。毒樹毒草毒花能讓其氾濫成災嗎？

二、事實證明，各色染髮對人體健康有害。本地一位男士染了幾次發，頭腫如豬頭，造成死亡。有幾位女士染髮染成了腦腫瘤，幾個老者染髮染了二三年，形成老年癡呆，還有幾位年輕人，不斷更新頭髮的顏色，自言大腦反應遲鈍，記憶衰退。其實不足為怪。從邏輯推理看，各種食品染料的添加對人體是有害的。染髮劑作為一種化學物質，它既然可以使白變黑使黑變黃使直變曲，豈能不對敏感的大腦皮層起污染與損害的作用？既然不可避免的損害與污染大腦皮層，豈能不損害腦細胞？既然，發者血之梢，發者腎所開竅也者，又豈能不對血液與腎臟產生負面影響？

袁中郎說：梳發夢除盡，飲茶久味甘。古人重梳不重染。拿破崙的頭髮檢測有砷（砒霜）證明他是被敵人毒死的。人體可從一根發體現。牽一發動全身。

北方一句俗話：男看頭，女看腳。這個頭包括頭的外形結構、整體形狀、頭髮色澤等。自然而然的美，自然的氣質與韻味是最重要的。《史記》上講劉邦面目迥異，烏髮生光，一眼看去，呈五彩祥雲。那是與生俱來。我們常人也能通過染髮染出一片雲彩嗎？染出吉祥如意的人生嗎？染出美麗與榮光嗎？我並不反對養護面容與頭髮，也不反對注重一下頭髮的形狀的修理與剪裁，我只是反對違反自然的刻意追求。我想起了工藝美術大師韓美林發明的“懶人操”，他晨起必做此操，其中一個動作叫“五爪龍”，即用兩雙手五指散開，在頭髮上反復捋梳，梳去了頭屑，養護了頭髮，保護了大腦，他尊重了自然，既是合理的操練，又是心靈的調理，還是正確的審美觀。

三九、腦細胞的養護

正常人健康發育，腦細胞總數略為 140 億。大約二十二歲左右達此頂數。爾後隨時間推移，每天減少約 10 萬。正常高齡後，以 80 計算，腦細胞尚存 120 億。這個數目毫不影響人們的生活、思想與工作。80 歲以後，有的人隨身體衰退，腦細胞加速死亡，即便到了 90 高齡，腦細胞仍可維持 100 億左右，仍不影響工作生活與思考。這是很多九十歲以上老者能寫文章、發表精彩演講的原因。當然，這只是就常態而言。事實上，人上一百，各樣各色；人上一萬，千般萬般。有的貪色，有的執著，有的惡行，有的過分，有的怠惰，有的多病，有的營養不良，均可對腦細胞產生負面影響，加速與加大腦細胞死亡數。

一個健康人首先是腦細胞處正常衰減的人。腦細胞處常態，各種器官正常運轉。腦細胞死亡過快過多，疾病就多，輕則損壽命減，重則丟失生命，造成未老先衰、疾病纏身、英年早逝、老年癡呆等不幸。因此養護好腦細胞，成為人們維持身體健康、力求延年益壽的重要因素。我說說幾種養護方法，供讀者參鑒：

一、冥想法：所言冥想，即什麼也不想，讓頭腦空空如也，怡怡如也。我們的腦細胞異常活躍，當它處寧靜、淡漠、空靈狀態時，這些眾多細胞會自然調整，協調，重組，各得其所，各顯其能，各盡其妙。如果老是緊張、忙碌，必定引起錯亂，弦繃得太緊，就會斷。氣打得過足，就會爆胎。

二、重感訓練法：抬臂如鉛，腳踏如鐵，臥身如牛。

三、清新空氣呼吸法：或大江大湖邊，或莽莽草原上，或太陽初升時，或月明星稀夜，或百花百草園，進行深沉、勻緩、悠長呼吸，可加強體內新陳代謝，促進腦細胞養護。

四、肢體觸摸法：年老人去洗腳、做保健，與異性擁抱、撫摸等肢體觸摸，可促進血液循環，增進與激活腦細胞的功能。

五、關注營養法：花生、核挑仁、獼猴桃、百合、活首烏、西洋參、黃芪、蓮米、小米、玉米羹、紅棗、魚肉、菠菜、扁豆、絲瓜、菱角、萵瓜、動物骨髓等，適量攝取，利於大腦養護。對於普通人言，日食十粒花生，既可做到，又對大腦細胞有益。

六、保精養髓養腦法：年輕力壯時，房事不可過繁。多少無名病，皆因房事起。一旦精竭髓枯，便不可救藥。房事多必耗精，精損必傷髓，髓傷必加速腦細胞死亡。人到老年，保精如保命。很多人無法控制欲火，不妨學習道家養生技法，可以不破壞腦細胞的正常養護。

七、打坐養神法：姿勢自由，舒適為准。

八、激活大腦法："鋼刀不磨生黃鏽，胸膛不挺背要駝"。腦子要常動常用，就可以激活怠惰的細胞。腦細胞中存儲十億百億千億的信息，有未生前的，有已生後的，這些信息雜亂分散，有有益的，有有害的，將有益的利公利人的信息組合，就可以抑制有害的信息。這可稱優化信息調動。而經常調動優化信息者，必定大腦優化，利於養護。

九、揚善止惡法：凡大愛大慈即為善，凡利己損人即為惡。堅持每天做善事，堅持一輩子做好事，雖己不能為，但對別人為善取讚歎隨喜態度，不否定，不漠視，不嫉妒，仍與做好事者有同樣功德。做不了好事，不做一件惡事，也是一種修行。好事令人愉悅，壞事令人恐懼。而心靈愉悅是養護腦細胞的可口的雞湯，美味的宴請。

十、音樂欣賞法：可操琴演奏，可自我嘹亮，可自哼小調，可聽聽戲曲，可沉醉流行，可隨節奏，手舞足蹈，忘情忘我，無我無人，這些都可以養護腦細胞。

十一、太極拳訓練法：太極拳打到無欲無我無拳無天的境界，利於腦細胞的的健康維護。推而廣之，所有內家拳的訓練都對大腦有好處。內家拳的共同特點是重意用意，恰恰用心時，恰恰無心用。這種境界利於養心，心養好了，腦也必好。

十二、用左手刷牙，可開發大腦細胞的潛能。

上述各法運用自如了，一可減緩腦細胞死亡，二可能催引新生腦細胞，所言返還童不是神話。返老還童的前提是腦細胞的再生、重組。長生不老不可能，但返老還童卻是可以做到的。

必須明白：腦細胞養護好了，身體疾病就少，即便有小病，也易於恢復，人也變得聰慧與機敏。反之，腦細胞受損，各類無名病紛至沓來，甚至癡呆、傻逼也就不足為怪了。

四十、練拳的時間點與竅訣

一、時間點

所謂時間點，指抓點點滴滴時間。確立時間點是練習太極拳中至關重要的問題。

我曾坐江輪夜行穿過三峽時，在那寬敞的夾板平臺上，借著輪船的輝煌燈光，觀看兩岸奇峰的美麗，怪石嶙峋，樹木蒼翠，青山巍峨，江水奔流，發現人們都退到船艙裡休息去了，江風呼呼，有冷淡之拂風。我忽發奇想，是否可背風在平臺上練練太極拳呢？說練就練，一下子心靈便平靜下來，腦子什麼也不想，默練平時常念的入清靜拳境的口訣：

坦坦蕩蕩，輕輕鬆松，立身中正，頭腦空空。

上下一條線，腳下陰陽變。頭上虛靈頂，手心氣球轉。

頂天立地，形松意充，外敬內靜，心誠貌恭。一念不起，神注太空。神意照體，周身融融。

恍兮，惚兮，窈兮，冥兮，已不覺置身夾板上，似乎進入到一個遼闊草原的平地上，開始了楊式太極拳 88 式的運作，在劃弧走圈中，深層呼吸，動作與呼吸節律一致，身體每一個細胞、每一個器官、皮肉筋骨、四肢百骸、血液經脈都處於特殊場景中的一種和諧狀態，一動沒有不動，一靜沒有不靜。一處有一處虛實，處處總此一虛實。陰就是陽，陽就是陰。黏即是走，走就是黏。收放蓄髮，抖彈發力，隨心所欲。一伸伸到天邊，一縮縮到腳下。眇瞻顧盼，起落急緩，撩了閃還，進退轉換，莫不有卦象，莫不有體用。一分九天之外，一合一體身內。不知有拳，不知有我，不知有天有地。拳臨近結束，默念：

我欲乘風歸去，所飛不知所向。世界一片清明，我已寂然渺然。

練拳結束，身心舒適，頭腦格外清醒，周身分外協調。

某年八月十五深夜，月亮圓得不能再圓，亮得不能再亮，整座城市，整個世界都睡眠了。

我曾在坐落在洞庭湖邊的岳陽樓上練拳，那天“淫雨霏霏，連月不開”，沒有“陰風怒號，濁浪排空”，卻有“曰星隱曜，山嶽潛形，商旅不行。”余登此樓時，遊客難見。余遠望濛濛細雨中，君山如同青螺安於玉盤，於是拳興大發，開始在這特殊對境下練簡化二十四式，按照李兆生先生所著循經走脈之竅訣盤架，注意以身帶手，以手促身，內外旋轉，小指引領，手臂呈內旋轉，經脈與氣血走向由內向外，意氣流通。然後食指引領，身形手勢由內向外旋轉延升，經脈氣血由裡向外，如此循環往復，既知其然，又知所以然，身心處自然而然的變化中，渾身寂寥，心處安然淡然泰然欣然。一套動作練完，意興猶濃。忽然聽到遠處隱隱約約有雷聲而來，余徐然收場，感到無比歡欣。再望洞庭，雨收了，想起岳陽樓之大觀，北通巫峽，南極瀟湘，此時此景，雨過天晴，上下天光，一碧萬頃，沙鷗翔集，錦鱗游泳，岸芷汀蘭，鬱鬱青青，頓時感覺心曠神怡。一個練拳者身處瀟湘，其喜洋洋之態不可用言語表達。

我曾在隴海鐵路、京廣鐵路、滬寧鐵路的火車臥鋪車廂內，在夜晚的走廊裡練拳，曾在武漢鬧市區的繁華地帶上附近的草坪裡練拳，曾在南京的雨花臺中山陵的廣場上練拳，曾在樂山佛下邊山腳下的平臺上練拳，曾在青城山的二王廟前與都江堰邊練拳，曾在西湖的九曲十回橋上、在譽為漢江明珠的丹江水庫邊、在青海湖邊、在滇池黑龍潭旁、在灕江象鼻山岸、在大寧河白龍過江的懸岩平臺上、在峨眉山的金頂上廟堂前的空地上、在青島海邊的海灘上、在北京世界公園的美国景區、法國鐵塔等景點、在西安絲綢之路的起點處、鐘樓旁，在乾陵的武則天無字碑前、在大雁塔的邊地上、在碑林的空閒處、在東湖的磨山草坪上等處練過拳。並非刻意追求，不過隨時順勢，酌情而練。很多場合都是最難堅持的場所，因最難堅持卻堅持下來了，那些易於堅持的時間，必定能堅持。我們常說曲不離口，拳不離手，一絲不苟，這樣才能練出味道來，練出竅訣來，練出妙效來。練拳是這樣，我們對於事業的追求也是這樣。

二、竅訣

理所當然，僅僅在時間點上堅持是遠遠不夠的。要說這一類堅持做得最好最徹底的是身處社會底層的農民，他們抓季節、搶時間進行辛苦的農田勞作，儘管也收穫了糧食與棉花，滋養了城市與官家，但他們多數還是終生處於勉強維持生計，這是一個事實。但也有一些農民，他們動了腦子，有的搞藥材種植，有的搞龍蝦與鱔魚、鱉魚、烏龜乃至黃鼠狼、土鼈蟲、蜈蚣、蚯蚓、水獺等養殖，擺脫貧困，發家致富者不乏其例。這似乎遠扯，其實不然，我是想引伸一個道理，太極拳訓練除了時間上的堅持，還必須有竅訣的探索，沒有竅訣的探索與把握，就淪為貧窮的練拳者，就如同墨守成規的農民，代價付出了，收穫甚微小。

那麼太極拳的最主要的竅訣是什麼呢？以我的體驗與祖師們的經驗言，只有兩句話："丹田一有一切有，千招一手十字口。"先說第一句："丹田一有一切有。"

丹田的部位，流行的說法是臍下三寸。這不準確。身子有高矮，肚腹有長短，不能一概而論。我的表述比較合情合理。假如從頭頂百會穴與會陰穴有一條直線，從肚臍神闕穴與背後命門穴有一根橫線，這一橫一豎的兩線必定有一個交叉點，這個交叉點是丹田中心點所在，以這個中心點為圓心，以五釐米左右為半徑，上下左右旋轉形成的圓球形體，就是丹田部位。拳者可以感知到這是一個特殊的區域，左右控肝腎，前後連大小腸，周圍調動神闕、命門、關元、氣海等重要穴位，印度哲學家認為這是人體的重心所在，是大宇宙的中心。中國古代研究家認為這個部位是人體的第二大腦。人們常言的滿腹經綸、腹有良謀、腹有詩書、一肚子學問等，主要指的這個區域。下面我對丹田的訓練進行"哥德巴赫猜想"，你可能聞所未聞。1、訓練丹田應意念在丹田中心點，丹田點，可稱太極種子，金剛點。方法在於丹田內轉。丹田內轉是否進行，決定訓練的成敗得失與成就大小，是訓練層次提升不可避開的關鍵所在。我們常言腰脊主宰是通過丹田內轉實施的。2、丹田內轉是渾元氣與元氣、真氣、清氣的混合體的運轉。運轉的方式從點上展開，有左旋右轉，上下翻滾等形式。以比喻言，由種子而滋生發脹、蓄芽、出苗的一個過程。當然也不完全是。由內旋外旋反反復複操運後，這個渾元混合體會由稀薄、隱藏變得厚實、明顯，繼續練下去，渾元球體便像充滿了打足了氣的籃球。比喻畢竟是比喻，不應執著。到了這個階段再練下去，渾元混合體會變小，向丹田點為圓心縮小，縮小，成為新的金剛點，這個金剛點又奇妙，又重要，是一個自我超越的起點，是太極拳在懂勁過程中的新生，起先芝麻大，接著綠豆大、黃豆大、豌豆大、麻雀蛋大、乒乓球大、雞蛋大，排球大。如此從小到大，再從大到小，又是新起點，大約循環三四個來回，每一個來回的週期依訓練者的懂勁層次與神明程度而不同。一般言，敏感而得以開悟的練拳者得三至五年的持久訓練。功不唐捐，功可連續。最理想的境界是訓練成金剛體。雖並不能刀砍斧劈不入，但有抗擊打的大本事。當拳者的抖彈發力是從金剛體爆發出來時，則有摧枯拉朽、掀天揭地之能事。這個狀態便進入神明的大師級別了。他的練拳變得非常平淡、普通，不在乎某一時間、動作、套路，行止坐臥無不是練拳。有人將劍客的功夫分為鐵劍、木劍、葉劍、無劍四種境界，這樣的拳者功夫處無劍之境界。如這樣的大師離世，其遺體火花後，金剛體不毀，堅硬無比，這就是佛門所宣揚的神秘現象，舍利子。

再說第二句："千招一手十字口。"

第一句講訓練目標，第二句講訓練方法。太極拳最基礎動作略為四十個，它可演化的招術成千上萬，無窮無盡。因為可命名的套路名稱畢竟有限，而衍生、派對、化轉的變異組合無法計算。這就是前賢講的招中有術，術中有招。無論招術多麼繁雜，萬變不離其宗。無論怎麼變化，都離不開身形手勢。舉掤捋擠按四招中的"捋"為例，魏樹人先生有比喻說：捋式猶如劍穿胸。拳者將兩手一前一後，猶如捏拿劍柄與劍身，手心攏有小氣球，假令無形劍從胸前十字中心而入，似乎一股清氣貫入體內，由胸口而下，進入丹田，充實了滋補了丹田渾元混合體，配之以"一呼即咽"，促使丹田內外轉動，帶動五髒六腑的揉搓。從物理學上講，凡有作用力必有反作用力。丹田內轉必定帶動身形手勢變化，互相帶動，和諧運轉，那個味道難以說明。其他動作可以類推，比做。魏先生認為：一捋有三捋，一按有兩按（三按亦可），這就把千招一手十字口闡釋得清楚了。心意主導，以意行氣，以氣運身，意氣流通，以心行氣，以氣作功，陰陽相濟，沾連黏隨、敷蓋對吞等法要都可以在“千招一手十字口”這句竅訣裡演義與表露出來。

丹田練成金剛子（體）後，它有調控周身輕利的作用，與大腦靈氣是什麼關係呢？靈氣是一個統轄，是本真，是大本，是陰面，丹田金剛是用，是陽面，它作用於靈氣，使靈氣提升，又受制於靈氣。當然陰與陽都具有對境性。當金剛體作用於其他器官、身形、手勢變化時時，金剛體是陰，受控部位是陽。如此類推。陰不離陽，陽不離陰。這麼敘述也只是一個影子。我們的語言顯得蒼白，難以將太極拳的奧妙表述明白與透徹。

訓練者只要反復揣摩默識，邊練邊悟，邊悟邊練，掌控太極拳的竅訣並不難，而從這一過程中所得到的驚喜、愉悅與收穫，卻是千載難逢、出人意外的。

四一、開發右腦之竅

王夫之（1619-1692）衡陽人，是一個很有學問的人。他曾于順治五年，在衡陽舉兵抗清，起義失敗後，逃往肇慶、桂林等地，為躲避清朝統治者追捕，隱居零陵、常甯一帶的山林之中，後回家鄉，在石船山下築草堂而居，人稱湘西草堂。在此期間，他深居簡出，冥思苦索，潛心誦讀，智慧大開。有“六經催我開生面，七尺身軀乞活埋”的體悟。他吟誦詩文於室內，暢想玄真於戶外，或遠眺崇山峻嶺，或腳踏懸崖峭壁，或穿行蒼松翠竹，或遨遊流泉深澗，神思浩茫，廣接天宇。舉手投足，獨覺我重。閃身眨眼，合于自然。身居草堂，心懷天下，將所學審問，明辨，慎思，寫下了一系列學術著作，被稱為清代傑出的思想家。

王夫之的冥想何以有如此成就呢？

現代腦科學研究成果表明：人的左右腦是相互協調而又各司其職。左腦稱“後天腦”，“自身腦”，它的任務是積累所學經驗、知識與能力。右腦稱“先天腦”“祖先腦”，涵蓋至少 300 萬年人類進化中無窮的智慧。右腦的潛力約為左腦的十萬倍。現實中人們主要運用左腦為生活方式，只運用了大腦的 1%潛力。

如何開發右腦呢？日本科學家春山茂雄認為有三個途徑：一重感的訓練，在心靜氣和狀態下，體驗手腳與身體的重量，讓身體鬆馳，似乎手腳如灌鉛。二冥想狀態，恍恍惚惚，半醒半睡，如癡如醉，如夢如幻，緩解情緒緊張，激活右腦。三腹式呼吸，即呼吸似乎從肚臍眼進出，深、長、慢、細、緩，加強內分泌，促進血液循環，使大腦活躍。

對於當代青少年學生言，落實上述三種訓練方式開發右腦，可採取如下相對應的方法：一是凝神靜氣，心靜體松訓練。各項活動中，比如在站、慢走中，以意自然導氣，以氣協調運身。二是坐著聽課時，沉肩墜肘，松腰松胯，寬胸闊背，尾閭下墜，臀部內裹。三是氣息鍛煉，一呼一吸謂一息。一吸似乎吸到肺部的最深隱、最細微處，清純之氣進入每個毛孔，好像腳底與手心都是呼應的。而一呼似乎從細胞最為細微處呼出來的，把體內的濁氣、穢氣、病氣、毒氣都排除體外了。四是聆聽訓練。"體內自有妙樂"，仔細聆聽自己體內奇妙之聲，血液奔湧，心臟跳動，經絡運行，由微而著，由隱而顯，由寂靜到邊寂靜到極寂靜時，妙樂自生。

王夫之先生于石船山草堂的冥想之功使右腦得以開發促使其學問精深，著作豐厚值得我們借鑒。

四二、護齒之訣

兩位朋友跟我講述了他們牙齒的故事：

他三十餘歲患齲齒，牙齒中出現的洞可放一顆黃豆，先補而後拔，誰知幾年拔一顆成為一年拔幾顆，最後拔光，以假牙替代，影響胃口，也影響說話。

另一朋友告訴我他二十幾歲牙齒出現洞口，疼痛起來無可奈何，但堅持只補牙不拔牙，經常在口腔內讓上下齒輕咬，並且注意保持口腔的衛生。幾十年過去了，如今牙齒一顆也不缺，胃口好，消化好。

對於求學者言，牙齒問題似乎不那麼突出。其實小不"睬"則亂大謀。況且，目前牙患出現的年齡層次在降低，且不說中老年人，不少大中學生被牙齒疼困擾，影響學習與休息。這裡提幾點措施，供參照實行。

一、當牙齒出現齲洞時，不可輕易拔牙。一顆顆拔，將使牙床整體受損。古人講"四梢"齒為骨梢（另三梢是甲為筋梢，舌為肉梢，毛髮為血梢），梢損必影響枝幹與根基。

二、保持口腔整潔，最好的辦法是改變習慣，變早起刷牙為飯後必刷牙，牙刷形狀各異，作用有別，一次可換一二把牙刷，每次刷只放極少牙膏，刷牙要輕，不要猛烈。一般言，食物殘渣在口腔內四小時開始腐化，殘渣腐化必侵蝕牙齒。飯後二小時左右刷牙也不遲。不吃零食，如若已吃零食，要漱口。

三、經常利用零星時間做"咬齒"運作。分三步進行，左邊，右邊，前邊，即上下齒相觸，利用內勁。古人叫"叩齒"，今人對"叩齒"誤解為上下齒猛力相擊，這是有害的。"咬齒"則不會產生負作用。"咬齒"強調用意用內勁，配合"赤龍攪海"，即舌頭上下卷，左右攪，"海"指產生"金津玉液"，待津液滿口時，可隨時自然潤吞，研究表明這種"口水"有大量活性酶，對幫助消化有不可替代的作用。古人造字，用心良苦，什麼叫“活”，活者，舌邊之水也。活，生活，活力，是生命的表徵。

俗話說：牙齒痛，不是病，疼死人，沒人問。你採取了護牙的方法，牙疼引起的麻煩就可大大減少乃至避免。一齒之護，對於身心兩健有意料之外的作用。

四三、延年益壽之秘

追求延年益壽是古今中外活著的人們的共同努力。上至王公大臣、皇親國戚下至黎民百姓，沒有一個不重視此事。秦始皇功勞赫赫之後，四處派人尋不死之藥，出巡天下求不死之方是其重要因素。漢武帝晚年追求長生不老，想把那個皇帝永遠當下去。歷代道家千辛萬苦煉丹，以求做神成仙，永駐人世。釋家力主五蘊皆空、心無掛礙、解纏去縛，達不生不死之境。如不能達此境，退而求其次，主張以德釀壽，此世積德行善，來生必福壽兩全。至於民間則有各種五花八門的方法，求得益壽延年。我們必須明白：一、壽命的長短是多因一果，遺傳基因、後天保養、生活氛圍、自身心態等是重要因素。二、壽命具有天命性，有一個大的範疇制約。除了極少數可達 200 歲左右、極個別可達 300 歲外，普遍的高壽年齡為 120 歲左右。而百歲老人（期頤之年）、茶壽之齡（108）就很稀奇了。而傘壽（80）、米壽（88）則是很理想的狀態了。唐人稱“人生七十古來稀”已顯得判斷保守。三、事實證明，無論生者如何主觀努力，只可能延緩衰老、推遲死期，不可能阻止衰老、避免死期。四、上天給予的壽命期是一個約數、概數，具有可能性特點，而將其變為現實性，需要自身的努力，這就是有所作為的延年益壽。比如：上天給予你的大限為 120 歲，你現今已 75 了，你很重視你的生活品質，你保持家庭和諧，心態陽光，勞逸結合，運動適可、營養均衡，尊重自然，你則可能如願以償，大限而亡。你的那些舉措，就叫延年益壽。五、身心俱瘁，不宜活得太久。如果生活已缺自理能力，賴活一久，累及家屬與子女。巴金百歲時，當人們讚賞其為世紀老人時，他抱怨道：活得太久是上帝的懲罰。故延年益壽的重要前提是健康而幸福地活著。

有了上面基本認識，我們再來看看延年延壽秘訣，就頭腦清醒了許多。

秘訣一：多少無名病，皆因房事起。遏止房事，寡欲保精是延年益壽的第一秘訣。中國古代有近五百位皇帝，有最好的生活條件與最好的醫療資源，他們平均壽命四十以下，一個非常重要的原因，是後宮佳麗三千。飫甘饜肥，爛腸毒藥。明眸皓齒，腰藏利劍。年輕力壯時，旁事節制，對晚年健康提供了保證。人到七十，保精如保命。道家典籍中對此有精深的研究，有獨到的見解，裡面的延年延壽智慧不可不知。

秘訣二、守住"一點點"生活哲學，老年人尤為重要與迫切。余有好友，當年見她時，六十開外，見其桌上菜品，肥雞大鴨，油油膩膩，不禁問：每天如此嗎？她說天天過年。暗想如此生活，豈能久駐。不如所料，五年後傳來噩耗。人到六十，遵循一點點原則，非常有利健康。所謂"一點點"哲理，並非我的獨創，是大師李敖提出來的。為此，他還寫了一首小詩，被譜流行歌曲，廣為傳唱。其中一段說：人家愛得那麼多，我只愛一點點，人家愛情比海深，我的愛情淺。李敖將此理念延續擴展，吃東西也是一點點，比如葡萄乾三粒，開心果三顆之類，接著他提出了人際關係處理中保持距離的原則，上升到哲學與美學的高度來認識，我深表讚賞。我想，這個"一點點"處事法則是老年朋友延年益壽的一個妙方。

三、秘訣三、精神內守，清心恬淡。我們處在浮躁不安的社會環境與極富變化、欠缺穩定的自然狀態中，保持內心深處的寧靜與淡泊，顯得格外重要。要有風吹雲動天不動水推船移岸不移的定力，那就會出現真氣從之、病安從來的效果，這是延年益壽的又一秘訣。我常看到，不少老年朋友整天操些瞎心，過多關注氣候變化與社會變革，稍不如意，煩惱叢生，怨天尤人，罵母倒娘，于事無補，處於不停頓的"天下本無事庸人自擾之"的惡性循環中。這些老友不妨吟誦唐伯虎的《一世歌》，他說："春夏秋冬撚指間，鐘送黃昏雞報曉。請君細點眼前人，一年一度埋荒草。"這種看破世間的心理對我們老者的延年益壽很有好處。

四、不吃飽不吃好不摔倒的三不主義是老者延年延壽的另一秘訣。這個"三不"是臺灣將者曾仕強先生提出來的，乍看平常，但實施起來有難度。人是在社會環境中生成的，而社會環境是不斷變化著的。有了豐富閱歷有了一定資格與聲望的老年朋友，難免有各種名目的宴請場所，或勸酒，或奉菜，為避免卻之不恭、棄之可惜的尷尬，違心恭敬不如從命時有發生，造成意外傷害，時有所聞。老年朋友在這些特殊場合，加強自控十分必要。

五、慢節奏。身處高齡，節奏要慢，不能風風火火。包括起床慢，呼吸慢，說話慢，走路慢，做事慢，吃飯慢等。年齡偏高，身體機器老化，性子不能疾，慢中有養。孟子曰：吾善養吾浩然之氣，是一個探索不盡的竅訣。“性命只在呼吸間。”，慢中有大味。慢得合於情理，適於本體，延年益壽不請自來。

總之，延年益壽必須有行之有效的方法，弄得不好，損壽折年，適得其反。其秘訣是一個寬泛的話題，涉及的生活範圍很廣闊很深遠，適合本身情況才算合理，各人基礎不同，生活閱歷不同，不能一概而論，籠而統之。筆者僅擇其較為重要的因素粗簡說明，以引起讀者的關注。

四四、激活大腦的方法

人到六十，一年不如一年。好在並沒有到一月不如一月、一天不如一天、一刻不如一刻的地步，應該說，仍是大有可為。這是因為一個甲子的經歷、觀察、學習，離世事洞明、人情練達庶幾不遠。這個甲子循環年齡，極其寶貴，是一個獨一無二的最佳年歲，抓住這一時機，做點對社會民眾有益的事情，是每個有責任感與使命感的作家應盡的責任與義務。而激活大腦決定了作家的作品的審美內涵與社會效益。如果大腦板滯、癡呆、迷惑，則如同逆水行舟不進則退。什麼也寫不出，即使能勉強寫點什麼，不過老生常談，毫無新鮮意義，除了浪費讀者時間，便是對文化精神環境的污染。而眼下這類作家與作品，俯拾皆是。因此探討激活作家大腦的方法非常必要。以我的體驗言，有三點值得重視。

一、“學而時習”。孔子提出這個口號後，又補充了一句：“人之年老，血氣已衰，戒之在得。”好比一個房間，開門放窗，空氣清新宜人。如果閉門塞窗，則黴氣頓生。故“學而時習”是激活大腦的常見而有效的方法。普遍存在的問題是，年過花甲，便自滿自足，怠惰、疏懶、渙散等習氣漫延滋生，不圖進取。有的“功成身退”，有的志得意滿，有的驕傲自大，有的自鳴得意，有的保守自私，有的目空一切，有的銳氣喪盡，朝氣全無。有一個提法叫終生學習，這是與時俱進、踔厲奮發的口號。落實起來並非易事。三袁文化的的首倡者袁宗道對“學而時習”有獨到見解。他認為：關鍵在一個“時”字上，時者，無時無刻，時時刻刻。這是一種勇猛精進、奮發圖強的人生態度。我要強調的是，對“習”的理解，不能停留在表層的溫習、複習上，“習”含見習、實習、習練、實踐等豐富的內容，學懂了一個道理，在認識上搞明白，還只是一個起步，真正搞透徹，“絕知此事要躬行”。說到了，還要做得到。比如袁宗道大徹大悟後，主張

“至寶原在家內，何必向外求尋”。至寶指什麼？搞通了且找到了，這才叫明一白一了。當代作家，身處互聯網時代，信息往往疲勞轟炸，如何選取優質與有益信息，營養自己、為我所用，是“學而時習”中的面臨的挑戰。

二、興奮點拓展延伸開掘法。每個作家的興奮點是不同的，對此人可引起興奮的感覺而對彼人說不定麻木不仁、不屑一顧。酒與瓶花曾引起袁中郎的興奮，關於酒文化的巔峰之作《觴政》與獨樹一幟的《瓶史》誕生了。康熙、雍正與乾隆引起了二月河的興奮，他開掘，積累，拓展，延伸，將所有的才華傾注於這三個人物，於是“落霞三部曲”誕生了，取得了巨大的成功。母親、糧食、紅高粱、酒等，引起了莫言的興奮，於是開掘、深挖、擴展，將所有才智傾注於筆端，於是《紅高粱》《豐乳肥臀》《檀香刑》《玫瑰玫瑰清香撲鼻》等問世了，於是同樣取得巨大成功。秦始皇、漢武帝、趙匡胤引起了王立群的興奮，武則天、太平公主、隋煬帝引起了蒙曼的興奮，司馬懿引起了趙玉平的興奮，曹操、諸葛亮引起了易中天的興奮，《水滸傳》《孔子是怎樣煉成的》引起了鮑鵬山的興奮，《曾國藩家書》引起了酈波的興奮，《明亡清興六十年》引起了閻崇年的興奮，唐僧西游引起了錢文忠與韓田鹿的興奮，紅頂商人與易經引起了曾仕強的興奮，他們同樣用了擴展、開掘、深入、縱橫捭闔的方法，將所有的學問、卓見遠識、鞭辟入裡，傾注於某一興奮點，他們都獲得了巨大的成功。這裡要特別提一下王立群先生。他在講述與著作中，不斷自然蹦出來精光獨耀的觀點，使人茅塞頓開，如醍醐灌頂。比如他的美女財富說、四種琢磨說、四行說給聽眾留下了終生難忘的印象。以“四行說”為例。他是講到呂不韋認為秦異人奇貨可居時，隨機順勢發表了他的成功理論：一自己要行；二有人說你行；三說你行的人很行；四身體要行。王先生妙語連珠，隨時可見。這種功底來源於他對歷史人物與事件的的長時興奮。

三、中心思想與中心題材積累法。李敖先生無中心無題材積累材料，古今中外，語修邏文，天文地理，哲學科學。他在“語妙天下”中，波涉範圍廣，開掘深，揭秘真，他總可以拿出令人驚歎的照片與文字，都非常新鮮，發表他的具有獨特魅力的觀點。只有真正的天才，才能用他的方式與方法積累材料。對於普通作家言，既沒條件也沒他那獨特的跌宕起伏的經歷。比如七年的牢獄之災，一百部作品先禁後放。他的傳奇色彩的婚姻與家庭，他的敬孝之道，他的敏捷、見識、幽默、膽大及媒體的大紫大紅，他的財富自由等等。一般人做不到大師的水準與作為，天才不是人人可當的。天才就是外星人。他們的頭腦永遠活活潑潑。即使他們離世了，他們的活活潑潑的大腦還在起著巨大的影響作用。但天才是可以被人們學習、仿效用來提升自己的。否則天才就失去了他的存在價值。故我主張變李敖的無中心無題材的積累法為有中心有題材的積累法，是普通作家可以而且必須做到的激活大腦的方法。至於具體操作，舉湖北作家戴元正先生的長篇小說《天命》為例，所積累的材料以經歷為主，所見所聞所感，所處之事，艱難困苦，一往無前。主人公以假託，他的思想行為與期盼，真實再現。荊州文學界評論家彭定旺先生認為：把此著看成自傳體小說，未嘗不可。在談到《天命》的主題與現實意義時，彭先生認為有二點值得吸取：一是對命運的抗爭，不屈的奮鬥精神；二是對世俗的和解，無奈的妥協與智慧的堅持。這是一個準確的見解，也是作品的光輝性所在。《天命》的誕生經驗證明，有中心有主題的材料積累，是寫作的重要源泉，而要做好這一項工作，做個有心人必不可少。故作家做好積累工作，是不激活的大腦激活。其情形可用兩句話概括：各有靈苗各自探，標新立異二月花。

四五、桃花三定歌

小引

吾之《桃花三定歌》，有人說乃傳世之作。如同張三豐之《無根樹》，王宗嶽之《太極拳論》，李道子之《授秘歌》。餘則認為是心血來潮，隨心所欲，如石如礫，如草如露。此桃花非桃花，此心定非心定，智者見智仁者見仁而已。諸君不妨粗略瀏覽、一哂了之罷了。

唐伯虎詩曰："半醒半醉日複日，花落花開年複年。""若將花酒比車馬，他得驅馳我得閒。""別人笑我忒瘋癲，我笑他人看不穿。"

一個追求閒適生活與思想自由的文傑形象展示在世人面前。

這個形象裡，他的心地坦蕩、豁達、寧靜、高遠的品質是值得我們思考的。但我們不可停留在他的消極無為、避世隱居、自鳴得意的境界裡。我借此桃花之喻作歌，談談心地的定力修持，或許對於在塵世中奮進的人們有那麼一點啟示意義。

我把桃花喻心地，花開花謝自有時。自然桃花終凋落，心地桃花永不遲。欲將心事付廣宇，心靜心定有操持。心靜可以調身心，心定才能生大智。那伽神功常在定，沒有一刻不定時。恰恰用心無心用，無心恰恰用心時。定功層次分三級，諸君聽我說分明。

一、初定當練心平靜，這個功夫在築基。世人不曉其中理，心浮氣躁多有時。遇到順意常得意，沾沾自喜不控制。遇到逆境多自悲，常想以刀自己刺。怨恨惱怒如火焰，心急火燎如搗撕。欲練心靜有竅訣，心中一靜呼吸時。鼻子呼吸守山根，山根就在眉心處。一說山根仁中上，不必吊死一棵樹。喉頭呼吸有竅要，運氣回旋在意識。深緩勻細息息慢，虛無縹緲如遊絲。天地中間一沙鷗，飄飄浮浮何所似。生來人身可四靜，身靜生陽陰不滯。心靜生血暢如水，氣靜生神神自知。神靜生精精生髓，精充髓足內勁馳。渾身舒爽袪疾患，心中一甯樂斯斯。

二、中定練就心中淨，洗盡煩惱憂愁時。心中一愣如抖擻，思接千年一瞬之。萬年隻在一念間，一念三千人不知。無心無我無一切，空空如也大放肆。根塵無礙逍遙遊，一翀萬里鯤鵬翅。量周沙界不稀奇，心包太虛心不死。一呼一吸有玄奧，奧妙就在中通時。我之所言你不懂，欲知我言在嘗試。性命長短呼吸定，要得延年學莊子。莊子呼吸在腳跟，百會湧泉相通時。一吸一提相關聯，一呼一咽津津日。屏氣凝神如穿針，舌邊有水潤海底。虎吼猿鳴是比喻，翻江倒海自有時。走路亦有多方法，腳跟腳尖腳邊姿。人身自有自然理，不可強求忤意識。意識本由意識控，意識不可氾濫時。陰陽相濟是至理，天人合一自己知。

三、大定屬高層次，一級一級攀高枝。心中大定有感覺，全身常在最舒適。大定無時不在定，行止坐臥不排斥。有為法裡存無為，無為法裡有為持。一動一靜常適宜，一開一合有限制。沒有規矩是規矩，沒有套路套路使。無事常擰耳邊肉，耳輪耳垂耳心馳。常以熱手捂雙耳，天鼓敲來如馬嘶。無事常可腳踢踏，踢踢踏踏多層次。呼吸還有感覺嗎？無呼無吸如遊絲。一吸提起那穀道，會陰穴中有感知。一呼放鬆至湧泉，一咽活水丹田濕。玉液還丹竅門多，此中真意君要知。輕歌曼舞在定裡，外湧內靜樂滋滋。如若學習靜坐法，端坐蓮台如寶池。定中生慧明本性，天地有心我心知。宇宙三寶天地人，天有三寶日月星。人有三寶精氣神，氣是中介正有時。忘天忘地忘自己，無天無地無我時。世間奧妙何其多，自我醒悟樂滋滋。天地大到沒有邊，微物小到無法知。法天法地法鵠卵，無根無塵逍遙時。庖丁解牛養生主，笑談生死大宗師。世界大道難言盡，悟道修持靠感知。天若有情天亦老，人喜神歡自靈時。我此桃花三定歌，獻與世人勤修持。

四、頂峰在於修大定。丹道太極八卦掌，大定共同頂峰時。一日千里亦在定，有如三豐走路時。發力之時對手倒，露禪定功人所知。廷華有論八卦掌，伸縮旋轉環研持。一伸伸到地平線，一縮縮到腳底淵。放則可達六合外，收則就在身內兒。一語一默有卦象，一動一靜體用使。無所不包大道在，其用至神有級次。一身起定多身起，多身起定一身始。男人起定女人起，女人起定男人始。人生雖只幾十載，定功煉就是大事。大定境界說不明，自我體驗自感知。此中確有神仙樂，神仙旨在自感知。不必前往終南山，何處沒有地桑梓？大道修煉靠自身，有心有意無難事。無心無意無欲望，一心一意一輩子。

四六、多巴胺與內腓肽

這兩個名詞，聽起來陌生，實則與每個人密切相關。多巴胺是一種體內的特殊物質，它的分泌使人產生快感。舉幾個例子說明一下。如果由他人或者本人適當按摩身體的某些部位，力度不大不小，我們就會感覺到一種莫名其妙的快感，這是為什麼呢？在外部刺激作用下，身體內部的一種物質產生了，這種物質就叫巴多胺。於是我們希望有下一次的重複。再比如，有人給我們一支煙，我們抽著抽著，比平日不抽時間有一種異樣的愜意的感覺，這時，體內的多巴胺分泌出來了，於是我們有某種快感，希望再來一支。如果不加以控制，讓其氾濫，就會由一天一包進而一天兩包都不夠，這就成為一種“癮”。凡是有“癮”君子行為的，諸如酒癮、煙癮、賭癮、牌癮、毒癮什麼的，都是因為某種活動在外界刺激作用下，體內產生了多巴胺分泌，快感產生了。人們對快感有著某種欲望與追求。再比如果我們打坐，靜心，調身、調息、調心，舌抵上顎“搭鵲橋”，“十二重樓”生金津玉液，不時予以滋潤而吞咽，自然自在，帶一丁點兒意念，你念有快樂、愉悅之感，此時此刻，多巴胺受體產生了。你希望延續下去，或者一次打坐結束後，有下一次打坐的欲望。

然而，什麼樣的好事都受著哲學原理的支配，運用哲學原理，好事可以連續，違反哲學法則，再好的好事也會轉化為壞事。多巴胺的分泌也是如此。我們以事物的“度”的原則問題予以說明。“度”是事物存在的一個重要哲學原理。事物的本質維持是在適當、適合、適度的前提下存在的。過度與不及，都會對事物的本質屬性產生破壞。有點小酒癮的人，適量喝一些，體內多巴胺分泌了，快感產生了。如果不加控制，飲酒過多過量，多巴胺的分泌就會增加到無法抑制，轉化為有毒物質，在酒精中毒中引發心梗、腦梗喪失生命與被奪走健康、痛苦折磨的悲劇幾乎每天都在上演。如此類推，有煙癮、牌癮、賭癮、釣癮的人，是不是應該警覺與反思？至於毒癮，則另當別論了。

下面說一下內腓肽的表現形式與特徵。當我們欣賞某種音樂，聆聽某個有特色的歌手的演唱或者京劇、昆曲、湖南花鼓戲、黃梅戲或者民樂演奏、交响曲演奏等，我們會感覺到是一種享受，此時此刻，幸福感油然而生，為什麼呢？體內的內腓肽分泌了。與多巴胺相比，內腓肽的功效有更深的層次與更穩定的效果，儘管也有外部的刺激、情緒的產生，內部機制的作用更為明顯。比如夫妻間的激情澎湃引起了快感，而更多時候，則是柴米油鹽的平淡、和諧、融合的幸福感。幸福感維繫長久，內腓肽產生大量的膠原蛋白，使身體內的各種組織調整、協助、合作，維護健康。幸福與健康是不可分割的。反之，一個被痛苦糾纏、折磨、煎熬的個體，他的健康就要受到傷害與破壞。為什麼呢？內腓肽分泌少了，生理失調了，平衡被打破了，心理狀態隨之變得陰暗。這是人們經常強調陽光心態利於健康的根因。

在多巴胺與內腓肽的分泌中，人們會發現：心念的力量是很強大、很重要的。至少有三點值得強調：一心念的傾向主宰並決定多巴胺與內腓肽的環境與分泌功能。有之則然，無之必不然。二心念可強化或減弱多巴胺與內腓肽的分泌功能。三心念可抑制或加強多巴胺與內腓肽的分泌，使快感度與幸福度保持一個良好的狀態，即適當、適量、適度，恰如其分，恰到好處。

四七、放鬆、靜坐、冥想

放鬆、靜坐、冥想，六字箴言串聯起身心安頓的修行之道。在快節奏的當下，這不僅是緩解焦慮的實用法門，更是通過調身、調息、調心實現心靈淨化的智慧路徑。它以放鬆為基石，靜坐為載體，冥想為核心，層層遞進引導身心回歸本真。以下從身體要求、核心益處、實操方法三方面，結合語言誘導技巧，淺述其要義，願為世人提供一份可落地的靜心指南。

放鬆、靜坐、冥想的身體要求，以“調身”為要，遵循“放鬆為先、端正為綱、舒適為度”。第一步放鬆時，可選擇平坐椅上、盤腿坐或跪坐，衣著寬鬆透氣，環境安靜無擾。先讓全身肌肉自然鬆弛，從頭頂到腳尖逐部位舒展，摒棄緊繃感；第二步靜坐時，保持脊柱挺直不僵硬，雙肩下沉不聳肩，下頜微收，頭頂似有細線牽引，讓氣息順暢流轉。雙手自然平放於大腿或結印於膝上，雙目微閉或留一線微光，避免散亂，使身體處於“不松不緊”的平衡態，為調息、調心築牢基礎。

其益處在於身心同修、內外兼修。於身體而言，通過放鬆舒緩肌肉緊張，靜坐調節呼吸節奏，冥想平復神經系統，三者結合可改善睡眠、緩解疲勞，讓高壓狀態下的身體得以休養生息；于心靈而言，放鬆消解焦慮情緒，靜坐收斂散亂思緒，冥想喚醒內在覺知，長期踐行能增強定力、提升專注力，在得失沉浮中保持從容。更重要的是，通過調身、調息、調心的聯動，可逐步淨化心靈，減少貪嗔癡執念，實現身心合一的平和之境。

具體方法需循序漸進，融入語言誘導技巧：第一步放鬆（調身+調息），入坐後深呼吸三次，吸氣時默念“吸進清淨之氣”，呼氣時默念“排出疲憊煩惱”，以內部語言引導。從頭頂開始，依次對各部位默念“放鬆”，感受肌肉鬆弛的觸感，讓身體如棉花般柔軟；第二步靜坐（調息+調心），保持坐姿不變，專注于呼吸的自然起落，用內部語言提醒“專注呼吸，不追不拒”，若思緒飄遠，輕聲默念“回到當下”，溫和拉回注意力；第三步冥想（調心+淨化），以內部語言進行積極暗示，如“我的心平靜如水”“我與自然相融”，若傳授他人，可改用外部語言輕聲引導：“感受氣息在體內流轉，讓雜念隨呼吸消散”。全程保持呼吸均勻，時間從 10 分鐘起步，每日堅持，便能體會到身心的蛻變。

放鬆、靜坐、冥想，是與自己對話的最佳方式。它以調身為基，調息為橋，調心為魂，配合語言誘導的力量，讓身心在層層遞進中淨化昇華。願每個人都能在這六字法門中，尋得內心的寧靜，以健康的體魄、澄澈的心靈，從容面對世間紛擾。

四八、我的老師李品銀：太極續命 仁心濟世

在我過往的人生際遇中，見過不少奇人異事，但唯有我的老師李品銀，用太極拳改寫生命軌跡、以仁心溫暖世間的故事，始終在我心中熠熠生輝。他的人生如一部跌宕起伏的傳奇，從被醫生判定"待在家裡等死"的肝癌患者，到名揚海外的太極推拿大師，四十載光陰裡，她以拳為舟，以愛為帆，在絕境中劈開生路，在行醫中傳遞善意，活成了無數人心中的光。

那年，李品銀老師剛滿四十歲。正當人生盛年，一場突如其來的肝癌如晴天霹靂，擊碎了他平靜的生活。診斷書像一張冰冷的判決書，醫生語氣沉重地告知他，病情已到晚期，無法手術，只能回家靜養，等待生命的終結。突如其來的噩耗讓他的家庭陷入絕望，曾經活力滿滿的他，一夜之間被病痛擊垮，臉色呈暗沉的朱褐色，眼神裡滿是對生命的眷戀與不甘。

不甘心就此告別世界的李品銀，四處打探續命之法。偶然間，他聽聞楊澄甫先生的親傳弟子濮冰如隱居民間，太極拳造詣深厚，或許能為他帶來一線生機。楊澄甫先生乃近代太極拳宗師，其拳法剛柔相濟、內外兼修，素來有強身健體、調理身心之效。抱著最後一絲希望，李品銀輾轉找到了老師的居所。

初見時，老師見他面色朱褐，氣息奄奄，一眼便知其病情危重，婉言拒絕了收徒的請求。在那個年代，太極拳的傳承極為嚴謹，先生深知重病之人習拳的艱難，更怕他半途而廢，反而傷了元氣。但李品銀並未放棄，他知道這是自己最後的救命稻草。此後，他常常提著新鮮的蘋果、香蕉、菠蘿等水果登門拜訪，不求立刻學拳，只是默默陪伴在老師左右。

彼時先生家境簡樸，老伴每日要劈柴、提水，操持繁重的家務。李品銀看在眼裡，記在心裡，每次上門都主動分擔：拿起斧頭幫著劈

柴，提著水桶往返于河邊與庭院，把屋裡屋外打掃得乾乾淨淨。他從不提及學拳之事，只是日復一日地用行動表達著自己的誠意與決心。寒來暑往，春去秋來，他的堅持與誠懇終於打動了先生。先生感慨道："你這般執著，又有如此心性，想必是與太極有緣。我便收你為徒，能否逆天改命，全看你自己的造化了。"

拜師之後，先生將自己跟隨楊澄甫先生學拳的經歷娓娓道來。她說，自己十八九歲便拜在楊澄甫先生門下，先生授課極為嚴格，從身法、步法到心法，無一不細緻入微。楊先生強調太極拳訓練有十要素，需做到虛靈頂勁、含胸拔背、松腰斂臀、沉肩墜肘、氣沉丹田、虛實分明、上下相隨、內外相合、相連不斷、動中求靜，唯有將這十要素融會貫通，方能領悟太極真諦。

李品銀深知機會來之不易，學習時格外認真。他把先生的每一句話都記在心裡，一招一式都反復揣摩，不敢有絲毫懈怠。起初，他只是學習一些基礎套路，看似簡單的動作，對重病在身的他而言，卻異常艱難。每一次抬手、每一次轉身，都伴隨著身體的疼痛，但他咬牙堅持，汗水浸濕了衣衫，便換一件再練；體力不支倒下了，休息片刻便重新站起。

回到家中，李品銀更是將全部精力投入到練拳中。他知道，自己練的不是普通的拳法，而是在與死神賽跑，是在為自己奪回生命。每天天不亮，他便起床練拳，直到深夜才休息，一天練拳時間常常達到九小時、十小時，有時甚至長達十五小時。家人心疼他，勸他不要如此拼命，他卻笑著說："我多練一分鐘，就多一分活下去的希望。"

在日復一日的堅持中，奇跡悄然發生。練拳一年後，李品銀明顯感覺到自己的精神狀態好了許多，以往的疲憊感漸漸消失，臉色也從朱褐色變得紅潤有光澤。他懷著忐忑的心情去醫院複查，檢查結果讓所有人都大吃一驚：肝癌病灶消失了，肝硬化的症狀也不復存在。醫生看著檢查報告，連連稱奇，感歎這是醫學史上的奇跡。

康復後的李品銀重返工作崗位。他深知太極拳的神奇，無論走到哪裡，都不忘練習。出差時，在火車的走廊裡，他會趁著乘客不多，緩緩練起太極推手；坐輪船時，他在甲板上迎著海風，舒展肢體，體悟太極與自然的相融；等待汽車時，他也會原地站樁，調整氣息。在家裡，他上樓梯時踩著太極步，看電視時練著太極樁，就連騎自行車，也會將太極“用意不用力”“剛柔相濟”的原理融入其中。他把太極的智慧滲透到生活的每一個細節，形神兼備、意氣流通、前後相隨、左右相照、周身一致的太極要義，成為了生活的準則。

但李品銀並未滿足於此。他覺得，太極拳不僅拯救了自己的生命，更蘊含著博大精深的養生智慧，他希望能將這份智慧傳遞下去，幫助更多身處困境的人。於是，他專程前往上海，拜太極拳推拿專家為師，學習太極推拿技藝。太極推拿將太極拳的行氣、發力技巧與傳統推拿相結合，注重以意導氣、以氣禦力，溫和而有效。李品銀憑藉著扎實的太極功底和過人的悟性，很快便掌握了太極推拿的精髓。

學成之後，李品銀開始為身邊的病人解除痛苦。他的推拿手法輕柔舒緩，卻蘊含著深厚的內力，許多被病痛折磨的人，在他的推拿治療下，都漸漸恢復了健康。有一年，一位從美國回來的上海華僑，因長期腰痛困擾，四處求醫無果，聽聞李品銀的醫術，便慕名而來。李品銀為他進行了為期半個月的太極推拿治療，華僑的腰痛症狀逐漸緩解，最終徹底消失。

這位華僑在美國經營著一家私人醫院，深知李品銀醫術的珍貴。他問起李品銀的收入，當得知他每月工資僅有五十幾元時，便誠摯地邀請他：“你到我的醫院來做推拿，我一天給你四十元。”在當時，一天四十元的收入堪稱天價。李品銀心動了，他覺得這是一個將太極推拿推向海外的好機會，便答應了華僑的邀請，遠赴美國。

在美國的私人診所裡，李品銀的太極推拿深受患者喜愛。他的推拿不僅能緩解身體的疼痛，更能調理身心，許多疑難雜症在他手中都迎刃而解。漸漸地，他的名氣越來越大，每天的收入也達到了四十元的十倍之多。半年後，李品銀決定辭職，開辦一家屬自己的太極推拿診所。他想，這樣既能更好地施展自己的醫術，也能幫助更多需要幫助的人。

診所開業後，前來求醫的患者絡繹不絕。有一位老太婆，被醫院診斷為需要截肢，她不願放棄，抱著最後一絲希望找到李品銀。他看著老人痛苦的神情，心疼地說："我試試吧，七天為一個療程，看看你有沒有感覺。"他將太極氣功與推拿相結合，每天為老人推拿半小時。推拿時，他以意導氣，將內力通過雙手傳遞到老人的患處，疏通經絡，活血化瘀。沒想到，僅僅一個月後，老人的病情便有了根本性的好轉，不僅不需要截肢，還能正常行走。老人萬分感激，逢人便稱讚李品銀的醫術高明。

更令人稱奇的是，一位二十幾歲的不孕不育女性，經多家醫院檢查，都未能找到有效的治療方法。她抱著試試看的心態找到李，將自己的 X 光照片遞給他，李仔細看過照片後，拿起一根透明的塑料水管，輕輕一扭，水管便被擰成了麻花狀，水流也隨之中斷。他對這對年輕夫婦說："你的輸卵管就像這根被扭住的水管，不通暢，所以難以受孕。我沒有十足的把握，但我會盡力。"

接下來的一個月裡，李每天為這位女性進行針對性的太極推拿治療。他運用太極"以柔克剛""順勢而為"的原理，通過輕柔的手法，慢慢疏通輸卵管的堵塞部位。一個月後，這位女性再次去醫院檢查，結果顯示輸卵管的扭曲現象完全消失，恢復了正常功能。一年後，這對年輕夫婦抱著一個可愛的嬰兒，帶著一位老人，專程來到李的診所表示感謝。他們帶來了一萬美金作為酬勞，李只收下了五千美金，將另外五千美金退了回去，笑著說："你們能擁有幸福的家庭，就是對我最好的回報。如果真的想感謝我，就多幫我宣傳宣傳太極推拿，讓更多人受益吧。"

憑藉著精湛的醫術和高尚的醫德，李在美國站穩了腳跟。他六十歲遠赴海外，如今已近九十高齡，依然精神矍鑠，身手矯健。有一年，在西安舉辦的太極拳國際聯誼會上，我有幸再次見到了李品銀老師。彼時他已八十幾歲，但談起太極拳的故事，依然滔滔不絕；說起太極拳的理論與訓練方法，更是見解獨到，字字珠璣。他從太極的起源講到太極與養生的結合，從自己的康復經歷講到如何將太極智慧運用到推拿中，每一句話都蘊含著深刻的人生哲理與養生智慧，讓在場的每一個人都深受啟發。

多年來，我曾寫下多篇文章，講述李品銀老師與太極拳的故事。

在我心中，他不僅是一位技藝高超的太極推拿大師，更是一位用生命詮釋堅持與善意的智者。他用自己的經歷告訴我們，生命的力量遠比我們想像的強大，只要有堅定的信念和不懈的堅持，就沒有跨不過的難關；他用自己的行動詮釋了“醫者仁心”的真諦，告訴我們，善良與愛心是世間最珍貴的財富。

如今，李品銀老師依然活躍在太極推拿的舞臺上，用他的醫術幫助更多的人，用他的故事激勵更多的人。他就像一株歷經風雨卻愈發挺拔的青松，在歲月的洗禮中，綻放出生命最絢爛的光彩。而他與太極拳的傳奇故事，也將永遠流傳下去，溫暖著一代又一代人。

四九、我的“四個二百五”養生經

餘年近八十四歲，常有朋友問我：“翁老，您一把年紀還身體硬朗、思維敏捷，每天堅持寫下千字文章，到底有什麼養生秘訣？”其實答案很簡單——我靠的是“四個二百五”養生法。這看似“笨拙”的堅持，藏著我近六十載太極修行的感悟，更蘊含著對生命本質的認知。

年輕時，我便癡迷太極拳，這一練就是六十個春秋。從 88 式、72 式、36 式、42 式到自己創編的 108 式心經太極拳，套路爛熟於心，太極的“形神兼備、意氣流通、用意不用力”等原理早已融入骨血。八十歲後，我不再拘泥於完整套路，卻把太極智慧滲透到生活的每一個細節，而“四個二百五”正是這種融合的結晶，為晚年健康築牢了根基。

我的第一個“二百五”，針對老年人常見的便秘問題。八十歲左右，便秘找上門來，香丹清、通便茶、麻仁丸等各類藥物試了個遍，效果卻差強人意。後來我想起太極“疏通經絡、調和氣血”的要義，找來一根類似擀麵杖的木棒棒，每天在腹部特定部位滾動按壓 250 次，從不間斷。沒想到這看似簡單的動作，竟慢慢打通了身體的“淤堵”，如今大便通暢成型，徹底擺脫了便秘的困擾。太極講究“以柔克剛”，這木棒棒的按壓，正是以溫和之力喚醒腹部機能，順應身體本然。

第二個“二白五”，是我獨創的“振手”練習。所謂“振手”，便是在一呼一吸間，雙手如承接天地之力般以手心攏氣向下發力，帶動全身聯動，做到呼吸配合、剛柔相濟、人天合一、陰陽相濟、形神兼備。每天堅持 250 次，看似是手部動作，實則調動全身氣血循環，讓太極的“周身一致”原理在日常中落地。這練習無需器械，隨時隨地都能進行，既鍛煉了肢體協調性，又強化了內力運化，讓身體始終保持通透舒展的狀態。

第三個“二百五”是彈腿練習。老年人容易膝蓋發酸發痛，走路沒勁兒，我便借鑒太極“抻筋拔骨”的要訣，練起了溫和版彈腿。動作不求猛烈，重在舒展腿部經絡、激活關節活力，每天 250 次，循序漸進。久而久之，膝蓋的酸痛感漸漸消失，走路穩健有力，就連上下樓梯也毫不費力。太極講究“動中求靜”，這彈腿練習既動了筋骨，又養了氣息，恰好契合了老年人“舒緩養身”的需求。

第四個“二百五”是一套組合養生動作，包含五個小項目：五爪龍梳頭發、手指攬耳朵、雙手蒙耳鳴天鼓、手指外彈、搖脖頸，每個項目各做 50 次，加起來正好 250 次。這組動作融合了太極“調身、調氣、調神”的理念，梳頭發能疏通頭部經絡，攬耳朵、鳴天鼓可養護腎氣、清醒頭腦，手指外彈與搖脖頸則能活動關節、舒緩肩頸。整套動作下來，既能鍛煉五官四肢，又能調和臟腑機能，讓身心都得到滋養。

常有朋友說：“養生方法我們也懂，就是堅持不下來。”其實堅持的秘訣，在於讀懂身體的需求，找准內在的動力。上天賦予每個人相似的九大系統，給予了我們生存發展的基本條件，而壽命的長度與質量，往往取決於主觀能動性的發揮。我始終相信，“世上無難事，只怕有心人”，對身體的養護，就如同寫文章，貴在日積月累、持之以恆。

支撐我堅持至今的動力，源於對生命本質的認知。一個人立身於世，身體強壯與心理強大是幸福的源泉，更是發展的根本。唯有身體康健，才能堅持學習、提升境界，才能活得有意義、有陽光、通透樂觀，進而為社會做些有益之事。這正如《易經》所言“天行健，君子以自強不息”，也契合了“知天命、盡人事”“盡力而為、聽天由命”的人生智慧。養生從來不是孤立的行為，而是與人生態度、生命追求緊密相連的修行。

如今，“四個二百五”已成為我生活中不可或缺的部分，就像每天的寫作一樣，既是習慣，也是滋養。近六十載的太極修行教會我，養生不在於多麼複雜的方法，而在於順應自然、契合本心，在於把健康的理念融入日常的點滴堅持。身體是承載靈魂與理想的舟楫，唯有悉心養護，才能在人生的航程中走得更穩、更遠。願這“四個二百五”的拙樸養生經，能給更多老年人帶來啟發，在歲月的沉澱中，收穫健康與通透的人生。

五十、缽音療愈

銅缽相擊的瞬間，清越的聲響並非驟然迸發，而是如晨霧漫過山巒，悠悠蕩蕩地鋪展開來。這便是缽音療愈的核心——以銅缽為器，軟錘為引，敲打出的樂聲不似尋常音律那般有鮮明旋律，只余悠長深遠的震顫，渾重裡藏著凝重，仿佛從歲月深處傳來，又慢慢沉入聽者的心底。

當這缽音在空間裡流轉，快節奏生活中被塞滿的繁雜思緒，便如被清風拂過的塵埃，漸漸落定。執缽者的聲音適時響起，像一縷溫柔的指引，“坦坦蕩蕩，全身放鬆”，簡單的話語跟著缽音的節奏，拆解著緊繃的神經。從松頭到松肩，從松背到松指，再到前胸、腹部、四肢，直至每一根毛發、每一個細胞，那引導似細密的雨，浸潤著身體的每一處緊繃角落。

有時，潺潺流水聲會與缽音交織，似有似無，隱隱約約，像置身于山林溪澗旁，自然的清寧順著聽覺漫入心底。大腦不再被無用的煩躁信息佔據，空白成了最溫柔的底色，聽者便在這缽音與指引的裹挾中，不知不覺墜入深層睡眠，連夢境都染著平和。

筆者曾受失眠與神經衰弱的困擾，夜裡輾轉難眠，白日也覺頭腦昏沉，直到接觸了缽音療愈，這份困擾才慢慢消散。每次沉浸在軟錘敲擊銅缽的樂聲裡，跟著執缽者的指引放鬆身心，總能輕易陷入深沉的睡眠，醒來後不僅身體覺得輕鬆，頭腦也格外清醒，仿佛被洗去了所有混沌與塵垢。

缽音療愈，終究是一場自度自愈的修行。我們身處信息洪流，日日被瑣碎與焦躁裹挾，而銅缽的缽音，恰是一把溫柔的鑰匙，打開了心與身體的和解之門。它不強行消解煩惱，只是以聲音的震顫，讓我們重新聽見自己的心跳，在寧靜裡找回內心的秩序，讓疲憊的靈魂，得以在音波裡緩緩歸位

五一、呼吸是生命回春的密鑰

呼吸，是生命最本真的表徵。當一個人的呼吸歸於沉寂，便意味著生命旅程的落幕，正如親歷岳父離世時所見，呼吸由粗重短促漸至無聲，身體的溫度隨氣息消散從足至頭慢慢褪去，這一幕深刻印證了呼吸與生命的緊密聯結。它不僅是維持生命的基礎，更是養生家探尋生命回春的核心密鑰。

養生之術向來重視呼吸的調攝，核心皆歸於“深長緩慢勻細”六字，讓清氣入體、濁氣排出，在一呼一吸間完成身體的吐故納新。道家所言“一吸即提，息息歸臍”“一呼即咽，水火相見”，道盡呼吸的玄妙——腎水上升、心火下降，臟腑的平衡在呼吸間達成，這是古人對呼吸與身體運化關係的深刻洞見。

流傳下來的呼吸法門，各有其精妙。“九節佛風法”通過按臂鎖息的節律操作，即數單鼻的呼、吸、呼吸分三節重複三次而成九節，在肢體與氣息的配合中調和內外；三扇子法以“吸三秒、憋三秒、呼三秒”為一循環，二十餘次的練習便能讓氣息漸趨沉穩；緩慢呼吸法將一呼一吸延展至十秒乃至二十秒，在悠長的氣息中沉澱身心；而快速呼吸法與急促呼吸法，則以迅疾的氣息流轉，激蕩身體的氣機。

這些呼吸之法，看似只是氣息的調控，實則是對生命奧秘的探索。當我們主動掌握呼吸的節奏，便是在與身體對話，讓氣息成為滋養生命的源泉，在一呼一吸間，喚醒生命的活力，尋得回春之徑。

五二、百步走裡有學問

“飯後百步走，活到九十九”，這句流傳百年的俗語，藏著古人對養生的樸素智慧，卻並非簡單的“飯後立刻走”，其中學問，值得細究。

飯後百步走的核心，是“適時”與“適度”。剛吃完飯，腸胃正處於充盈狀態，忙著消化食物，此時若立刻劇烈走動，反而會增加腸胃負擔，引發不適。真正的養生之道，是飯後先靜坐 15 至 20 分鐘，待腸胃初步啟動消化功能，再起身慢行。這“百步”，並非嚴格計數，而是強調“緩行”的狀態——步伐從容，速度舒緩，如同閒庭信步，讓身體在輕鬆的活動中促進氣血流通，幫助腸胃蠕動，既不增加身體負擔，又能化解“飽食之困”。

它的妙處，更在“養心”與“健體”的結合。飯後緩行，不必追求速度，只需專注於腳步與呼吸的協調，既能轉移對食物的過度關注，平復飯後的慵懶感，又能讓身心在溫和的運動中得到放鬆。這種低強度的活動，對脾胃功能較弱的人群尤為友好，長期堅持，不僅能改善消化，更能通過日常的微小積累，讓身體保持輕盈舒暢的狀態。

可見，“百步走”的學問，不在“走多少”，而在“如何走”。掌握這份從容與適度，方能讓簡單的習慣，成為滋養生命的長久智慧。

震 輯

假語村言

五三、如何看夢

佛祖言：“一切有為法，如夢幻泡影。”夢被置於首位，恰是點破其虛無縹緲的本質，它似空中之泡、鏡中之影，從非真實的存在，卻又在每個人的睡眠中留下或深或淺的痕跡。世間大抵無人不做夢，夢的碎片或清晰如昨，或模糊如煙，或只剩一絲殘影，美夢與噩夢交替登場，皆源于白日的所思所感、所見所聞，那些支離破碎的記憶片段，在夢中被重新拼湊，便成了光怪陸離的夢境。高爾基夢見兩隻靴子飛上天空，有人夢到自己踏毯行于白雲之間，而我也曾親歷過幾回奇特的夢，讓我對夢的偶然性有了更真切的體會。

我曾在夢中清晰見到香港六合彩的特碼為 16 號，半信半疑下注後竟真的中獎，僥倖賺了一兩千元；亦有旁人夢到堂屋中的肥豬，買了豬的號子便中了大獎，可當他再夢到馬而去投注時，卻落得一場空。這便可見，夢中的巧合只是偶然，絕非規律。就像《周公解夢》裡的種種解讀，信與不信全在人心，同一場夢，不同的人能解出截然不同的寓意。趕考的秀才曾做四夢：夢見棺材掛於樹上，堂屋之中撐傘，窗內向外吹喇叭，還夢見與美女背靠背而臥。解夢人言此皆是凶兆，棺材掛樹是死無葬身之地，堂屋打傘是難出家門，窗內吹喇叭是有出氣無進氣，與美女背靠背更是毫無機緣。秀才聽罷灰心欲歸，其妻子卻另有一番解讀：棺材掛樹是“高官”得中，窗內吹喇叭是名聲在外，堂屋打傘是身處“兩重天”的福運，與美女背靠背則是翻身便有好戲。秀才依妻言赴考，果然高中狀元。夢從來都只是一個思考的引子，如何解讀，全看站在何種角度。

夢有時也會成為靈感的源頭，吹笛者迷在夢中捕捉到一段笛音，醒後記錄下來，便成了聞名世界的《魔鬼的笛音》；但夢也可能暗藏著命運的讖語，曹操夢見“三馬同槽”，有人解為曹氏興旺，最終卻應驗了司馬氏篡魏的結局。而袁世凱稱帝前，神算子寫下的“九九”二字，被其子解讀為“九五之尊”的吉兆，誰知最終成了他僅做 81 天皇帝的讖語。這些故事，都在訴說著夢的複雜與不可捉摸。

而通神之夢簡直是靈感的暗夜天使。在科學史上，諸多驚世突破竟皆源於這暗夜中的“通神之夢”，成為靈感最玄妙的信使。門捷列夫苦思元素規律無果，夢中卻見元素如牌陣般依序排列，醒來後他據此勾勒出元素週期表的雛形，為化學界搭建起秩序框架；縫紉機的發明者豪，在夢中見長矛尖上的孔洞，頓悟將縫紉機針孔設於針尖的關鍵，讓工業縫紉的效率實現質的飛躍；奧托・勒維在夢中厘清神經傳導的奧秘，發現乙醯膽鹼作為神經遞質的作用，憑此斬獲諾貝爾獎；凱庫勒則於夢中看見蛇銜尾盤旋，由此破解苯的環狀分子結構，解開了有機化學領域的一大謎題。

當然，這些“通神之夢”並非憑空而來，而是深耕領域後的潛意識迸發。夢讓思維掙脫邏輯桎梏，讓靈感在混沌中碰撞，恰是對“日有所思，夜有所夢”最深刻的科學詮釋。

我也曾在夢中與淨空老法師對話，多次夢見向毛主席請教，這些夢境看似離奇，實則不過是內心所思所念的投射。夢是人心的鏡子，照見的是我們潛藏的渴望、記憶與想像，卻並非未來的預言。它如水面的漣漪，起於風，終於水，來時鮮活，去時無痕。

從哲學視角觀之，夢是意識的特殊呈現形式，是主觀世界對客觀現實的折射與重構。它既非全然的虛妄，因其根源是現實的經歷與認知；亦非絕對的真實，因其組合與演繹脫離了客觀規律的束縛。解夢的本質，實則是人們基於自身認知與需求，對模糊的意識碎片進行的意義賦予，不同的解讀視角，映射出不同的價值取向與人生態度。佛祖將夢比作泡影，正是提醒我們，不必執著於夢中的幻象，亦不必因夢中的吉凶而喜悲。夢只是生命中一段短暫的光影，一種幻奇的遊蕩，是生命中的過客掠影，清醒時的所思所行，才是真實的人生。我們可以從夢中擷取靈感，卻不可將其當作指引前路的羅盤，畢竟，世間所有的真實，都在夢醒後的當下。

夢之哲思語錄：

1. 夢是泡影非真實，卻藏人間諸相影。
2. 夢的巧合是偶然，絕非世事的規律。
3. 解夢本是心之解，視角不同，寓意殊途。
4. 夢為意識的折射，源于現實，卻不囿于現實。
5. 不執夢中幻象，方見醒時真實。

五四、我們應具備怎樣的金錢觀

金錢，是現實生活中每個人都無法回避的命題，它既紮根於柴米油鹽的日常，又牽扯著人性的抉擇與價值的取捨。世人常言文學有恩仇、生死、愛恨三大主題，而金錢實則應成為第四大核心，它如一面鏡子，照見世間百態，也考驗著每個人的內心。

祖先留下“錢財如糞土，仁義值千金”的古訓，看似矛盾的話語，實則道盡了金錢的雙重屬性。金錢絕非糞土，“分文壓倒英雄漢”的俗語，道盡了它在生存層面的重要性——若無金錢，衣食住行皆成空談，生存的根基便會搖搖欲墜。但金錢亦非萬能，莎士比亞在《雅典的泰門》中寫下的“黃金咒”，更是將金錢的異化力量刻畫得入木三分：“金子！黃黃的、發光的、寶貴的金子！這個東西，只這一點點兒，就可以使黑的變成白的，醜的變成美的，錯的變成對的，卑賤變成尊貴，老人變成少年，懦夫變成勇士。嘿！你們這些天神們啊，這東西會把你們的祭司和僕人從你們的身旁拉走，把壯士頭顱底下的枕墊抽去；這黃色的奴隸可以使異教聯盟，同宗分裂；它可以使受詛咒的人得福，使害著灰白色的癩病的人為眾人所敬愛；它可以使竊賊得到高爵顯位，和元老們分庭抗禮；它可以使雞皮黃臉的寡婦重做新娘，即使她的尊容會使身染惡瘡的人見了嘔吐，有了這東西也會恢復三春的嬌豔。”這段文字，精准道破了金錢對人性與秩序的扭曲。

樹立正確的金錢觀，是行走世間的必修課。首先，人需有起碼的金錢保障，這是生存與發展的前提。金錢如同空氣與水，是支撐生活的基礎，唯有解決了生存之憂，方能談及理想與追求。但這份保障，必須取之有道。那些因貪欲驅使，妄圖通過偷盜、搶劫、欺騙等邪門歪道斂財的人，終究會踏上“人為錢死，鳥為食亡”的絕路，既觸犯了法律的紅線，也泯滅了內心的良知。

其次，對待金錢的多寡，當有“有則多用，無則少用”的豁達。盛宣懷身為晚清首富，留給後代的財富數不勝數，卻因子孫揮霍無度，最終落得餓死街頭的下場；反觀曾國藩，將平定太平天國所得的財富用於子孫教育，其家族後代人才輩出，便是對“開源節流”與“財富善用”的最好詮釋。《紅樓夢》中“世人都曉神仙好，唯有金錢忘不了。終朝聚斂恨無多，及到多時眼閉了”的慨歎，更是道破了財富的流動性——聚財易，守財難，懂得節制與規劃，方能讓金錢成為助力而非包袱。

再者，財富的積累更需兼顧道義。佛門認為“積財傷道”，範蠡經商賺十分留三分與天地，皆體現了“財散人聚”的智慧。佛門亦言金錢有五種危險，盜搶之禍、奢靡之誘皆在其中，而化解這些危險的關鍵，便是讓金錢成為傳遞善意的工具，而非滋生貪欲的溫床。洪秀全坐擁巨額財富卻驕奢淫逸，最終落得身敗名裂的結局，也印證了失去道義約束的金錢，終將化為泡影。

五五、話語權小議

話語權，是立足公眾視野的發聲資格，是影響他人認知的傳播力量，它既是一種機遇，也是一重沉甸甸的責任。手握話語權者，當懷敬畏之心，謹言慎行，而非肆意妄言、混淆視聽。

放眼當下，不乏一些擁有話語權的人，將這份資格視作炫耀的資本。有的知名學者罔顧歷史與現實，拋出“中國人從來沒有信仰”的荒唐論調，以偏概全的言論混淆大眾認知；有的教授故弄玄虛，或滿口不著邊際的鬼話神話，或發表污蔑誹謗的偏激言論，對時政妄加評判，對歷代名家肆意詆毀，攪亂了人們的思想，污染了清朗的精神環境；更有甚者，佔據著公眾平臺卻言之無物，囉裡囉嗦、不得要領，白白浪費聽眾的寶貴時間。這些行為，不僅是對話語權的褻瀆，更是對公眾信任的辜負，最終只會消解自身的公信力，淪為輿論場的笑柄。

珍惜話語權，是每一位發聲者的必修課，這需要從心出發，以責任為尺，恪守四條準則：

一，當以精煉之言傳遞價值，不負聽眾光陰。話語權不是自我宣洩的工具，而是傳遞真知、啟迪人心的橋樑。手握話語權者，在開口之前應反復斟酌：所言是否有物？能否給聽眾帶來教益與啟示？摒棄空洞的套話、冗餘的贅述，用最凝練的語言傳遞最核心的思想，才是對聽眾時間的尊重，也是對話語權的珍視。

二，當以受眾為本找准定位，拒絕“對牛彈琴”。話語的價值，在於被聽懂、被接納。不同的聽眾群體，有著不同的認知水平與理解能力。若對著普通民眾宣講晦澀難懂的玄妙理論，或是用脫離現實的空洞說教強加於人，無異於“對牛彈琴”；反之，若用淺陋粗鄙的言論迎合低俗趣味，亦是對話語權的降格。唯有認清受眾特點，用聽眾聽得懂的語言，講他們關心的話題，才能讓話語真正抵達人心。

三，當以創新之思啟迪人心，規避陳詞濫調。話語權的生命力，在於傳遞新的思考、新的見解。倘若只是重複人云亦云的觀點，販賣毫無新意的論調，即便言辭再華麗，也難以觸動人心。真正的發聲者，應帶著獨立的思考與深刻的洞察，在話語中融入新的視角、新的感悟，讓聽眾在聆聽之後有所思、有所得，而非陷入負面情緒的泥沼。

四，當以守時之態尊重他人，杜絕話語權濫用。發言的時間限制，既是保障會議秩序的規則，也是平衡各方話語權的底線。會議組織者安排十分鐘的發言時長，就不應拖遝至十一分鐘；規定五分鐘的表述時間，更不能肆意延長至二十分鐘。超時發言，看似是在充分行使話語權，實則是對他人話語權的剝奪。要知道，聽眾的時間無比寶貴，浪費別人的時間無異於犯罪，唯有嚴格遵守時間約定，才能讓話語權在有序的環境中發揮最大價值。

話語權，是公眾賦予的信任，亦是時代交付的責任。唯有心懷敬畏、謹言慎行，以價值為導向，以受眾為根本，以創新為動力，以守時為準則，才能讓話語權綻放出應有的光芒，照亮人心，裨益社會。

五六、成功的要素

談及成功，季羨林先生曾將機遇、天賦、勤奮等列為關鍵，且視機遇為首要。而在我看來，識見、稟賦、能力、才華、健康這五大要素中，識見才是撬動成功的核心支點。沒有識見的指引，再好的機遇也會擦肩而過，再高的稟賦也難以轉化為實績。

識見，指認識能力與價值判斷力。它包括對自我的認知、對客觀事物的認知，對環境與條件的辨識、判別、預測、分析事物現狀與走向的能力。

識見是洞察機遇的慧眼。21 世紀初，互聯網在國內尚未普及，線上支付更是被多數人視為“天方夜譚”，不少人嘲諷馬雲的想法是“胡來”。但馬雲憑藉超越時代的識見，精准預判了數字經濟的發展趨勢，堅信線上支付將重構商業生態。他頂住質疑聚集頂尖人才，全力研發支付寶，打破了傳統支付的壁壘，最終打造出影響億萬人生活的支付平臺，成就了商業傳奇。正是這份不被外界左右的識見，讓他抓住了互聯網時代的核心機遇。

識見是激活稟賦的鑰匙。天賦與能力是成功的基礎，但唯有識見能讓其找到正確的發力方向。倘若缺乏識見，即便身懷絕技，也可能在時代浪潮中迷失方向；而有了識見的引領，便能整合資源、凝聚力量，讓稟賦與時代需求同頻共振，最終將潛力轉化為實實在在的成就。

我以自己寫作一事為例，可算是：深耕本土文脈二十載，識見為基冷門成華章。

退休後，我立足家鄉公安縣，毅然選擇研究被學界冷落的“三袁文化”。彼時本地文化工作者、師生多對這一本土瑰寶茫然無知，學界因種種因素避之不及，使其淪為冷門。但我深知，這影響中國文化史數百年、兼具世界性意義的本土文脈，家鄉人理應熟知，而識見是

點亮研究方向、支撐深耕不輟的核心。

此後近二十載，我以識見為指引，潛心鑽研袁宏道（袁中郎）的七百餘篇小品文、千餘首詩作及禪學思想，不惜重金購置故宮博物院珍藏的《珊瑚林・金屑編》影印本。識見讓我清醒認知：若無佛學、儒學、道學等多方面知識積累，便無法讀懂袁中郎的作品——識見不僅為研究錨定方向，更倒逼我夯實學識、勤勉精進。

最終，我出版 5 部研究專著，其中一部被列為國家社科基金重大選題階段性成果，81 歲高齡時成功加入中國作家協會。這份小小成就印證：識見是才華的導航儀、勤奮的定盤星，唯有以識見為基，善用客觀條件、厚積薄發，冷門領域亦能走出滾燙的學術之路。

機遇可遇不可求，稟賦與生俱來，唯有識見可修可進。在歷練中沉澱的識見、打磨的價值觀，能讓我們在迷霧中看清前路，在質疑中堅定方向。成功的路上，識見是最珍貴的羅盤，唯有以識見為引，方能在時代的浪潮中劈波斬浪，抵達理想的彼岸。

五七、“七哀”對話佛祖

靈山腳下，祥雲繚繞。七位身形各異的人緩緩走來，他們是世人眼中的“七哀者”——瞎子 IA、聾子 IB、啞巴 IC、1D 獨腿、1E 斷臂、IF 弱智、駝背 IG。七人衣衫樸素，神色虔誠，走到菩提樹下，對著端坐的佛祖深深跪拜，額頭觸地，久久不起。

1A 率先開口，聲音帶著對光明的極致渴望：“佛祖在上，弟子生來目盲，不見日月星辰，不聞繁花似錦。若能得您賜予光明，便是我此生最大的幸福、最大的滿足、最高的人生追求與精神境界。”

IB 緊接著俯身，雙手合十：“佛祖慈悲，弟子自幼耳聾，聽不見鳥鳴風吟，辨不清親友呼喚。只求您讓我耳聰目明，能聆聽世間聲響，這便是我窮盡一生所求的圓滿。”

IC 無法言語，只是對著佛祖連連叩首，口中發出“啊啊啊”的急切聲響，眼神裡滿是期盼。佛祖頷首，已然明瞭他的心願——願能開口說話，與人暢快交流。

ID 抬起獨腿，語氣懇切：“佛祖，弟子少了一腿，行止艱難，看他人健步如飛，心中滿是羨慕。若能得一雙完整腿腳，自在行走，便是我最大的願望。”

IE 舉起斷臂，聲音帶著哽咽：“弟子缺了一臂，做事諸多不便，更難尋世間安穩。只求佛祖賜我完整臂膀，能勞作能持物，便是人生至幸。”

IF 表述略顯含糊，卻字字真摯：“佛祖……我想……和正常人一樣……聰明……不被人笑話……”

IG 佝僂著脊背，幾乎彎成了弓形，他輕聲道：“弟子駝背至極點，抬頭難見天日，低頭只見塵埃。願佛祖讓我身強體壯，挺起腰板，堂堂正正做人。”

佛祖聽畢，目光溫和地掃過七人，緩緩說道：“爾等心願，皆非奢求。我便如你們所願，讓你們恢復常人之態。”話音剛落，一道金光籠罩七位“哀者”。IA 只覺眼前豁然開朗，日月山川、草木鳥獸皆清晰可見；IB 耳畔響起風聲、鳥鳴，還有遠處的人聲，真切動人；IC 喉嚨微動，竟能順暢發聲；ID 感受到雙腿俱全，站立穩健；IE 的斷臂已然復原，伸縮自如；IF 只覺頭腦清明，思維敏捷；IG 則緩緩挺直了脊背，身姿挺拔如松。七人又驚又喜，再次跪拜謝恩後，欣然離去。

七日後，七位已然恢復正常的人再次來到菩提樹下，神色間少了往日的謙卑，多了幾分急切與貪婪。

恢復光明的 IA 率先開口，語氣帶著不甘：“佛祖神通廣大，無所不能。如今我雖能見光明，卻想求得千里眼，能看透上下五百年、前後五百年，能望見十萬光年之外的景象，望佛祖成全！”

IB 緊隨其後，眼神中滿是猜忌：“佛祖，我如今雖能聽見聲響，卻想擁有順風耳。我妻子常在外行走，我總疑心她與他人調情偷情，若有順風耳，無論她身在何處，與何人言語，我都能聽得一清二楚！”

IC 已然能言善辯，他拱手道：“佛祖，您既讓我開口說話，不如再賜我天才演說家的本事，讓我出口成章、口吐蓮花，傾倒眾生！”

ID 活動著雙腿，語氣急切：“佛祖，我如今腿腳健全，願您賜我飛毛腿，能在馬拉松賽場上奪冠，名揚天下！”

IE 晃動著雙臂，眼中閃爍著貪婪的光芒：“佛祖，求您賜我能伸能縮之手！折取椰子時，手一伸便能摘下；深水區摸魚時，手能探入河底海底，任何魚兒都逃不過我的掌心，事後又能恢復原狀，豈不快哉！”

IF 此刻思維清晰，野心勃勃：“佛祖，我如今雖與常人無異，卻想擁有比電腦更厲害的天才頭腦，洞悉世間一切奧秘，成為最聰慧之人！”

IG 挺直了腰板，嚮往地說道：“佛祖，我如今身形正常，卻想長得如姚明一般高大，馳騁籃球場，投球百發百中，財源滾滾而來！”

七位昔日的“哀者”說完各自的奢求，皆眼巴巴地望著佛祖，期盼能再次得償所願。

佛祖聽畢，臉上露出一絲悵然，隨即大發感歎：“人間常言‘人心不足’，今日一見，果然如此。古人雲‘聖人不死，大盜不止’，依我看，實則‘貪心不死，大難不止’。這世間想要和平安寧、正常發展，想要全民幸福安康，世人必先克制貪心啊！”

佛祖微微一哂，繼續說道：“人各有命，命由因果；人各有志，志在精進；人各有才，才靠所用。智慧也罷，才能也罷，皆需靠自身努力所得，豈有他人憑空賜予之理？你們中國老祖宗早有明訓：‘天行健，君子以自強不息；地勢坤，君子以厚德載物。’大道至簡，唯有修煉琢磨，腳踏實地，方能求得真正的圓滿。”

話音落下，佛祖的身影便緩緩消散在祥雲之中。七位求告者只覺身上金光一褪，再次變回了當初的模樣——IA 重歸黑暗，IB 再陷沉寂，IC 無法言語，ID 獨腿難行，IE 斷臂依舊，IF 思維混沌，IG 佝僂如初。

七人呆立原地，面面相覷，方才的貪婪與野心，皆化作一陣空茫。靈山腳下的菩提樹葉沙沙作響，彷佛在訴說著亙古不變的真理：貪心無盡，所求無益；知足常樂，方能心安；各守本分，篤信因果。

五八、梨園裴郎悟

裴玉笙是北平梨園行裡數一數二的小生，扮相清俊，唱腔圓潤，《牡丹亭》裡的柳夢梅、《玉簪記》裡的潘必正，《西廂記》裡的張生，經他演繹，竟似從戲文裡走出來的人物。台下的他，更是引得千金小姐、閨閣佳人頻頻側目，可他偏偏娶了昆曲花旦蘇婉娘——那女子生得極美，眼如秋水，眉似遠山，登臺時水袖翩躚，恰似孔雀開屏，紅霞漫捲；卸妝後素面朝天，亦是繁花映目，顧盼生輝。

起初，裴玉笙對婉娘疼惜備至。每日晨起，必為她研墨描眉；暮落歸府，定要溫一壺熱茶，聽她唱幾段水磨調。看她鬢邊斜插的珠花，嗅她衣上淡淡的熏香，只覺這世間最美的景致，莫過於眼前人。可日子久了，戲臺上的鑼鼓聲聽慣了，婉娘的美貌與才情也成了尋常。他開始覺得，婉娘的美太過精緻，像櫥窗裡的瓷娃娃，少了幾分煙火氣；她的溫柔太過含蓄，像隔著一層薄紗，摸不透、抓不住。

一日，裴玉笙隨戲班赴天津演出，在茶館歇腳時，偶遇了賣瓜子的女子阿醜。阿醜無甚容貌，粗眉闊口，皮膚黝黑，可她說話爽朗，笑聲清脆，遞瓜子時手指帶著粗糲的溫度，沒有半分扭捏作態。裴玉笙竟一時看呆了——從未見過這樣的女子，不施粉黛，卻活得這般自在通透。他覺得阿醜的粗糲是真，坦蕩是真，比婉娘的完美更讓人心安。演出結束後，他竟不顧戲班眾人勸阻，將阿醜帶回了北平。

初時，裴玉笙沉迷于阿醜的與眾不同。看她用粗瓷碗盛飯，聽她講市井裡的趣聞，甚至覺得她飯後打嗝的模樣都透著可愛。可這份新鮮勁沒撐過一月，他便開始厭煩。厭煩阿醜不懂琴棋書畫，無法與他談戲論曲；厭煩她言語粗鄙，登不了大雅之堂；厭煩她常年勞作的雙手，撫在他身上時沒有婉娘的細膩。他又開始思念婉娘的才情，可真當婉娘差人送來衣物，他又覺得那份溫柔太過束縛。

此後數年，裴玉笙陷入了無盡的追逐。他愛過溫婉賢淑的繡娘，迷戀過能詩善畫的閨秀，寵倖過活潑爽朗的歌女，每一次初見都如獲至寶，每一次相處日久都心生厭倦。他周旋於各色女子之間，看似風流，內心卻越發空虛焦慮。他不明白，為何自己總也找不到那個能讓他傾心一世的人，為何滿心追逐，換來的卻是無盡的疲憊。

一日，裴玉笙心力交瘁，獨自前往城郊古寺祈福。跪在佛前，他忍不住潸然淚下，訴說著自己的迷茫、糾結與痛苦。迷迷糊糊中，他似見佛祖立於殿前，神色慈悲："施主，你可知為何尋尋覓覓，終不得安寧？"裴玉笙叩首："弟子愚鈍，求佛祖指點。"

佛祖輕歎："世間情愛，非是表像之鮮，乃是真心之暖。你見婉娘美，便貪其貌；見阿醜真，便貪其率；見閨秀雅，便貪其才。心若浮躁，所見皆是浮光掠影；人若貪多，所得皆是鏡花水月。任憑弱水三千，我只取一瓢飲。真正的愛，是愛她的晨起梳妝，也愛她的暮年鬢白；是愛她的才情橫溢，也愛她的笨拙可愛。若能靜心相待，便會發現，眼前人日日皆是新顏，歲歲皆是深情。"

佛祖話音漸遠，裴玉笙猛然驚醒，窗外已是月上中天。他細細思索，心中豁然開朗。原來，他追逐的從來不是愛，而是新鮮感；他厭倦的也不是身邊人，而是自己那顆永不滿足的心。

次日清晨，裴玉笙回到家中。婉娘正坐在廊下，為他縫補戲服上的水袖，陽光灑在她的發間，添了幾分柔和。他走上前，輕輕握住她的手："婉娘，這些年，讓你受委屈了。"

婉娘抬頭，眼中閃過一絲詫異，隨即化為淺淺笑意："回歸了就好。"

從那以後，裴玉笙不再四處尋覓。他陪著婉娘看日出日落，聽她唱曲，與她論戲。看她描眉時，留意她眼角的細紋；聽她唱詞時，品味她唱腔裡的深情；就連她偶爾的嗔怪，在他聽來也是滿心歡喜。他終於明白，真正的幸福，從不是弱水三千的選擇，而是一瓢飲盡的珍惜。心有所定，意有所主，魂有所安，情有所鐘，便是人間最好的光景。

五九、硬骨頭與春意識

曾國藩“撐起一副硬骨頭，養活一團春意識”的箴言，道盡人生立世的根本：硬骨頭是逆境中不屈的堅韌，春意識是心底不滅的理想與信心，二者相濟，方能行穩致遠。

硬骨頭是絕境中的堅守。石達開作為太平天國名將，率軍轉戰南北，面對清軍的圍追堵截，始終挺直脊樑、寧死不屈。即便被困大渡河，身陷絕境，他拒絕屈膝投降，以“大丈夫生不能開疆報國，死亦當戰死沙場”的氣節慷慨就義，這份不畏強權、堅守信念的風骨，正是硬骨頭的生動寫照；錢學森突破重重封鎖歸國，面對國外的威逼利誘，始終堅守民族大義，用畢生心血鑄就國防重器，這便是中國人刻在骨子裡的堅韌。

春意識是暗夜中的微光。張桂梅紮根大山數十載，在貧瘠的土地上創辦女子高中，面對疾病纏身與經費匱乏，她始終懷揣著“讓女孩們走出大山”的理想，這份對教育的執著與對未來的篤定，便是她心中燃燒的春意識。石達開雖兵敗身死，但他所倡導的平等理念、反抗精神，所表現的大義凜然、為眾著想的犧牲壯舉，始終在歷史長河中熠熠生輝，成為照亮後人追求正義的精神微光，這正是春意識跨越時空的力量。

硬骨頭賦予我們直面風雨的勇氣，春意識給予我們穿越黑暗的力量。曾國藩平定亂世時，外遭戰事膠著，內受朝堂非議，卻以堅韌撐起危局，更以“澄清天下”的理想滋養初心。人生路上，唯有以硬骨頭立身，以春意識養心，方能在坎坷中堅守方向，在困頓中孕育希望，活成自己心中最堅定也最溫暖的模樣。

六十、蘋果皮的果

山裡的饑荒像濃霧裹著群山時，菡在罐頭廠尋了份修蘋果皮的活計。十七八歲的姑娘生得極惹眼，眉眼清亮，臉頰總泛著蘋果般的紅暈，又憑著聰明利落，很快成了車間裡最亮眼的存在。她的名字“菡”，草字頭襯著溫婉，性子卻帶著股韌勁，對誰都客客氣氣，唯獨對管秤的孫小龍避之不及。

孫小龍二十五六，是廠裡的單身漢，見菡生得美，便頻頻示好，送些曬乾的野果，或是趁換班時搭話。可菡總淡淡躲開，次數多了，孫小龍難免惱羞。一次他堵著菡，嬉皮笑臉問能不能處對象，菡被纏得不耐煩，低頭小聲啐了句：“一條懶龍。”這話在當地就是“懶彈琴”與“癩蛤蟆想吃天鵝肉”的意思，孫小龍聽得真切，臉瞬間漲成豬肝色，眼裡的癡迷變成了怨毒。

車間裡的蘋果皮是按斤分給女職工的，餓極了的日子裡，那帶著果肉余溫的果皮，比什麼都金貴。那天菡實在熬不住，趁孫小龍轉身記帳的空當，抓起一把蘋果皮塞進嘴裡。清甜剛漫開，孫小龍就猛地回頭，小題大作，眼神像淬了毒：“敢偷公家東西！”

菡又羞又氣，想解釋自己只是餓極了，孫小龍卻不依不饒，拽著她就往區特派員辦公室走。路上他添油加醋，說菡“屢教不改，還辱罵同事”。特派員見菡生得貌美，眼神便多了幾分不懷好意，審問時故意刁難。菡本就一肚子委屈，見特派員句句偏袒孫小龍，還言語輕佻，當即破口大罵，控訴他們顛倒黑白。

特派員被罵得下不來台，認為一個弱小女子，竟敢蔑視老子的權威，又加之覬覦菡的美色，竟起了歹心，借著審問的由頭想將她單獨留下。菡何等聰明，一眼看穿了他的齷齪心思，拼死反抗，桌椅被撞得砰砰響。特派員沒能得逞，惱羞成怒，由貪轉恨，伺機報復，一口咬定菡“抗拒審查，態度惡劣”，直接將她押往縣裡的看守所。

饑荒年月，“坦白從寬，抗拒從嚴”的口號喊得震天響。菡始終不肯低頭認那莫須有的罪，堅持自己只是餓極了吃了點蘋果皮，卻被認定“認罪態度壞”。孫小龍的一個鐵哥在一旁不斷煽風點火，說她“目無法紀，咒罵法警。”，最終，在抗拒從嚴的口號下，荒唐地將十七八歲的菡判了一年徒刑。

監獄的高牆隔絕了山風與果香，菡瘦了許多，臉頰的蘋果紅褪去，只剩眼底的倔強。她每天望著鐵窗，心裡只有一個念頭：出去後，一定要討回公道。那把蘋果皮的甜，成了她記憶裡最痛的烙印，而孫小龍的報復、特派員的卑劣，讓她在暗無天日的日子裡，默默攥緊了拳頭——她要弄明白，為什麼一句氣話、一把果腹的蘋果皮，就能讓一個清白姑娘蒙受如此冤屈。

出獄後，菡做過零工，撿過廢品，卻從未放下過讀書的念頭。恢復高考的消息傳來時，她攥著報紙，指尖微微顫抖。初中都沒畢業的她，白天幹活糊口，晚上就著煤油燈啃課本，那些晦澀的文字裡，藏著她對公道的執念。憑著一股不服輸的韌勁，她竟考上了大學法律系。

課堂上，菡總是最刻苦的學生。當老師講到刑法原則、審判程序時，她總會想起自己蒙冤的經歷，那些書本上的條文，在她眼裡都是保護普通人的屏障。她將自己的遭遇融入學術研究，對案件受理、量刑標準等問題提出諸多獨到見解——她深知，每一個模糊的條款，都可能成為滋生冤假錯案的土壤。她的研究扎實且接地氣，很快受到法學界前輩的重視，畢業後便被分配到法律研究所工作。

多年後，菡已成了國內知名的法學家，甚至在國際法庭上，她關於程序正義的論述也贏得了廣泛認可。一次我坐火車出差，與一位兩鬢染霜的女士同住一個臥鋪包廂，我睡上鋪，她睡下鋪。她氣質沉靜，言談間透著睿智，我隱約覺得她非尋常人，便主動搭話。

聊起各自的人生，我好奇地問她為何選擇鑽研法學。她望著窗外掠過的風景，眼神悠遠，緩緩講起了那段關於蘋果皮的往事。從饑荒年月的罐頭廠，到看守所的鐵窗，再到求學路上的艱辛，她娓娓道來，語氣平靜卻藏著千鈞力量。末了，她輕聲說：“我吃過不公道的苦，就想讓後來人少走彎路，讓法律真正成為民眾公道的護身符。”

火車轟隆前行，窗外的夕陽將她的身影拉長，我望著這位歷經滄桑卻依舊堅定的女士，心中滿是感慨。一把蘋果皮，一場冤獄，竟成就了一位為公道奔走一生的法學家，命運的曲折與堅韌的力量，在她身上體現得淋漓盡致。多麼甜又多麼澀的蘋果皮，多麼奇絕的故事，多麼輝煌的人生，不是“如是我聞”，不敢信其有無。

六一、事緩則圓

古人雲“事緩則圓”，恰如“船到橋頭自然直”，道盡處世的智慧。急功近利者，常如揠苗助長的農夫，欲速反不達；唯有沉心等待，方能在時光裡釀出圓滿。

王羲之練字，非一日之功。他染黑一池清水，歷經數十載打磨，才讓《蘭亭集序》的墨香穿越千年。若他急於求成，只求落筆速成，怎會有“天下第一行書”的溫潤流轉？又如楚漢相爭時，劉邦被困滎陽，並未冒進突圍，而是靜待時機，積蓄力量，最終逆轉戰局；反觀項羽，急怒之下自刎烏江，徒留千古遺憾。

生活中的困局，往往像擋路的巨石，硬闖只會頭破血流。放緩腳步，不是消極等待，而是沉澱思考，積蓄力量。待鋒芒稍減，時機成熟，曾經的僵局自會豁然開朗，迎來柳暗花明的新境。緩，是一種從容的智慧，讓事臻于圓滿，讓心歸於平和。

六二、格竹

竹，是華夏文脈中一抹常青的意象，從《詩經》“綠竹猗猗”的吟唱，到唐宋文人的筆底風雷，再到明清雅士的案頭清供，它始終以虛心勁節的姿態，鐫刻在中國人的精神圖譜中。蘇軾“不可居無竹”的執念，鄭板橋“千磨萬擊還堅勁”的禮贊，黃庭堅“高節人相重”的稱頌，讓這尋常草木超越了自然屬性，成為人格理想的象徵。

人們愛竹，首贊其虛心。竹身中空，宛若謙謙君子，不矜不伐，始終保持空明澄澈之心。明代袁小修在《篔簹穀記》中專門詠竹，言其“幹中空而直上，葉疏朗而含風，雖無牡丹之豔，梅萼之香，然虛心自持，不附俗韻”，精准點出竹的清貴之姿——不攀附、不張揚，以空杯之心容納天地清氣。這種“虛懷若谷”的品性，恰是古人推崇的處世之道，唯有摒棄雜念、放下成見，方能容納萬物之理。

更敬其堅勁，亦服其獨特與奮進。植物界中，竹非草非木，屬禾本科多年生常綠植物，生長速度堪稱一絕，雨後春筍破土而出，數日便可挺拔數丈，相較于其他樹木的緩慢生長，盡顯“後來者居上”的昂揚銳氣——不畏懼起點滯後，以蓬勃生機追趕超越，這種奮進姿態，正是人生逆襲的生動隱喻。杜甫筆下“竹葉青青不肯黃，枝條楚楚傲寒霜”，更將竹的堅貞刻畫得入木三分，縱使霜雪侵襲，依舊青翠挺拔，不改本色。古人詠竹的哲理詩中，“水能性淡為吾友，竹解心虛即我師”（白居易）最是警醒，以竹為鏡，映照出為人處世的根本——心性淡泊、謙遜好學。

竹之美，更在畫壇留香。古人畫竹講究“胸有成竹”，文同畫竹“以墨色濃淡寫其風骨，筆筆遒勁如鐵畫銀鉤”，鄭板橋則以“減筆寫意”著稱，寥寥數筆便勾勒出竹的疏朗與傲氣，主張“畫竹意在筆先，形神兼備，不僅摹其形，更要得其魂”。畫家們筆下的竹，或挺立於懸崖峭壁，或搖曳於月下窗前，無不傳遞著堅貞不屈、淡泊自持的精神內核，與詩文中的竹意象相映成趣。

後來居上，是竹的精神，激勵人們應有一種積極有為、超越前人的人格取向。暫時的落伍與困境，不能限制與約束人們的追求。事物總是日新月異的變化著、發展著。常言道：事情如棋局局新，只有堅韌不撥。堅持不懈地努力，前途總有光明的。

“水搖竹影釣乾坤”的古訓，道盡竹的境界——於淡泊中見格局，于寧靜中藏智慧。竹之精神早已融入民族文化血脈，是虛心好學的象徵，是堅貞不屈的寫照，更是後來居上的奮進圖騰。在浮躁喧囂的當下，我們更需汲取竹之品格，以虛心接納新知，以堅勁對抗困境，以奮進追逐理想，以淡泊堅守本心。願每個人心中都有一片青竹，在歲月流轉中涵養君子之風，在人生旅途上保持精神的豐盈與挺拔。

六三、身之本與幸福之源

心理強大與生理強大，是人生安身立命的根基，更是滋養幸福的源泉。二者相輔相成，缺一不可，一旦失衡，縱有再多外在榮光，也難抵生命的崩塌，陳曉旭的人生便深刻印證了這一道理。

憑藉對林黛玉的經典演繹，陳曉旭收穫了事業的巔峰與上億資產，卻深陷角色的憂鬱特質難以自拔。長期的焦慮、糾結與情緒內耗，讓她的心理防線逐漸失守，最終罹患乳腺疾病。而生理出現危機時，她又陷入“我執”與“法執”的迷障：為維持體型拒絕手術，寄望于念經修行卻未能看破放下，違背了《般若經》“一切法，無所有，畢竟空，不可得”的核心智慧，也忽視了生理健康的基本訴求。最終心理的偏執與生理的損耗相互作用，讓本該圓滿的人生戛然而止。

反觀張海迪，自幼高位截癱，一生歷經數次癌症侵襲，卻以鋼鐵般的心理韌性對抗磨難。她不困於命運的殘酷，以書籍為友、以創作為伴，在精神世界裡構建起強大的支撐，不僅活出了生命的厚度，更收穫了內心的安寧與幸福。這恰是心理強大的力量——它能在生理受限之時，為生命注入不竭的能量，讓幸福不因境遇坎坷而褪色，吟唱了一首永恆的響徹雲霄的《輪椅上的歌》。

人生在世，心理強大是抵禦風雨的盾牌，它要求我們破除執念、豁達通透，以理性接納得失、以平和化解焦慮；生理強大是承載一切的基石，它需要我們敬畏生命、遵循科學，在健康面前不存僥倖、不違規律。二者如同鳥之雙翼、車之兩輪，唯有兼顧並重，才能讓生命行穩致遠。

就現實言，我們很多人的生理基礎比陳、張要好，追求心理與生理的雙重強大並不難。人們應明白，雙重強大不在天生稟賦，而是後天修行。守住這兩個立身之本，方能在人生的旅途上從容前行，收穫真正長久的幸福。

六四、佛法是智慧與大愛

少林寺原方丈釋永信的失範事件，讓部分人對佛法產生質疑，甚至將其視為騙人的消極之物，這實則是混淆了“佛法本身”與“修行者的偏差”。釋永信身披袈裟卻心染塵垢，貪財好色、背離戒律，看似因佛法而起，實則是他將世俗欲望淩駕於佛法真諦之上——佛法明言“積財傷道”，而他瘋狂斂財、耽於私欲，早已違背佛法核心要義，淪為佛門中的邪僧、妖僧。

正如共產黨內的巨貪不能否定黨的偉大，佛門中的個別歪僧也絕非佛法不清淨的證明。歷史上，聖僧與邪僧並存，邪僧的存在恰恰反襯出聖僧的可貴，更印證了佛法修行需堅守本心。邪僧之所以為邪，並非佛法引導所致，而是他們自身背離了修行的正道，未能踐行佛法的智慧與慈悲。

佛法的本質，是最高的智慧與最大的慈悲。這份慈悲是不分親疏的大愛，這份智慧是洞察世事的通透，無論何種身份、何種境遇，人們都需要這樣的精神滋養。它如太陽普照，驅散迷惘；似明燈一盞，照亮三千大千世界。一燈可照千年暗，一法透徹萬法行。佛法的精神內核從未因個別修行者的失範而褪色，反而在時代變遷中愈發彰顯其永恆價值。

我們當明辨是非：否定邪僧的惡行，更要珍視佛法的真諦。佛法不是消極避世的藉口，而是滋養心靈的智慧源泉，唯有堅守其慈悲與智慧的核心，才能真正領悟其跨越時空的精神力量。

六五、大渡河悲歌

大渡河畔的濁浪，卷著百年未散的悲壯。1863 年，太平天國翼王石達開率部抵達安順場，前有天險阻隔，後有清軍追兵，近萬將士陷入絕境。清廷四川總督駱秉章窺得時機，遣人遞書誘降，信中言辭懇切，許諾只要石達開歸降，便保全其部下性命，對其本人以禮相待，保全家平安。彼時，將士已彈盡糧絕，饑寒交迫。石達開望著追隨自己出生入死的弟兄，念及他們的妻兒老小，心中百感交集。他深知清廷對太平天國恨之入骨，卻仍願以一己之身賭一線生機。為換部下周全，他在回信中明言：願攜妻兒全家前往清軍大營受降，條件是駱秉章信守承諾，保全所有部下性命。

然而，這不過是清廷精心編織的騙局。當石達開帶著家人踏入清軍大營的那一刻，所謂的"以禮相待"化為泡影。駱秉章背棄所有誓言，下令將石達開繩捆索綁，裡三扣，外三扣，嚴刑審訊後，押送成都處以淩遲之刑。刑場上，石達開面不改色，慷慨就義，利刃割肉一千餘刀，卻割不斷他的錚錚鐵骨。已經投降的近萬名太平軍將士也未能倖免於難，盡數被屠戮，鮮血染紅了大渡河畔，然後將屍體全部投入大渡河的滾滾洪流，以毀證滅跡，唯恐世人非議。

更令人髮指的是，石達開年幼的兒子被擄至京城，交由慈禧太后處置。清廷為斬草除根，將孩子養至十歲，待其懵懂知曉世事時，仍施以淩遲酷刑。一代梟雄滿門忠烈，皆死於清廷的殘酷迫害。

大渡河的流水嗚咽至今，訴說著石達開的悲壯與清廷的卑劣。他為救部下而捨身的仁厚，面對酷刑而不屈的氣節，他的義薄雲天與正氣凜然，在歷史長河中熠熠生輝。他的天真幼稚與對四川駱秉章總督的詭譎與殘忍，近於愚蠢的估計，給後世人們上了一堂永久生動的敵我鬥爭反思課。這場騙局與屠戮，不僅是一位英雄的悲歌，更是太平天國運動史上一段浸透血淚的悲壯篇章，讓後世永遠銘記那段山河破碎、忠義難存的黑暗歲月。

六六、功業評判與道德審判

評價歷史人物，是聚焦其開創的千秋功業，還是審視其為人的道德底線？這一命題在唐太宗李世民身上尤為凸顯。當世人多稱頌其為“千古一帝”，王夫之卻發出振聾發聵的批判：這位開創貞觀之治的帝王，實則連做人的基本資格都不具備。

玄武之變中，李世民射殺兄長李建成與諸弟，為奪儲位不惜骨肉相殘；面對父親李淵“保全孫輩”的懇切哀求，他口頭應承，事後卻將侄子們斬草除根，盡顯殘忍；最終更變相逼迫李淵退位，致使其父鬱鬱而終。在道德維度上，這種背信棄義、骨肉相殘的行徑，無疑突破了人性的底線。

然而歷史學家主張將功業與道德剝離評判：李世民開創的貞觀之治，為唐朝三百年基業奠定根基，使華夏成為當時世界領先的繁榮之地，其歷史功績確實不容磨滅。但這種二元對立的評判邏輯，終究難以服眾。道德是立人的根本，一個在私德上卑劣不堪、為世人所唾棄的人，其歷史地位不應被無限拔高。

功業固然值得肯定，卻不能成為道德失範的遮羞布。秦始皇統一六國、康熙勤政理政、乾隆開創盛世，他們不僅有彪炳史冊的功業，更在個人操守與治國底線層面無明顯瑕疵，這才是“千古一帝”應有的模樣。

評價歷史人物，當兼顧功業與道德。既不因其功績而忽視其道德污點，也不因其私德缺陷而否定其歷史貢獻。唯有如此，才能為後世統治者樹立正確標杆——既要以功業造福蒼生，更要以道德砥礪自身，方能成為真正被歷史銘記的典範。

六七、詭異事物之我見

黃河巨龜的傳說、安徽巨蟒渡劫的奇聞、長江斷流的驚魂往事，再加上唐山地震後陰兵借道的詭異傳聞，以及張寶勝“移物”“酒到不盡”的特異功能之說，這些光怪陸離的故事總能勾起人們對未知的好奇，也讓詭異事物成了坊間經久不衰的談資。

在我看來，世間流傳的詭異之事，大抵可歸為兩類。一類是被層層誇大的尋常事件，口耳相傳的過程中，人們添油加醋，讓普通的現象逐漸偏離本貌，變得神秘莫測。就有這樣一個漁民，賣完魚後將簍中僅剩的一條瀕死小魚，隨手放進路邊大樹的樹洞積水裡，任其自生自滅。可一位書生路過發現樹洞有魚，便臆想這是“神魚”，四處宣揚。消息傳開後，人們蜂擁而至，有人帶著香火跪地叩拜，祈求神魚保佑自己升官發財；窮苦百姓焚香禱告，盼著能借此擺脫貧窮；單身的光棍漢虔誠許願，希望求得一樁好姻緣；不孕的夫婦也慕名而來，祈求神魚賜下兒女。眾人對著樹洞中的小魚行三拜九叩之禮，把一條普通的魚奉若神明，場面荒誕又滑稽。直到放魚的漁民路過戳破真相，這場鬧劇才草草收場。正如人們所說：世上無鬼神，盡是人在鬧。長江斷流或許是地質運動引發的短暫水文變化，卻也因民眾的恐慌與想像，被附會上離奇色彩，與“神魚”的故事一般，在傳播中變得面目全非。

另一類則是確有其事，只是暫時無法用現有科學來解釋。陰陽兩界的傳說、耳朵聽字、千里治病等現象，並非憑空捏造，而是真實發生在一些人身上的經歷。但這並非意味著這些事超脫了規律，世間萬事皆有因果，不存在無緣無故的發生與消散，只是我們當下的認知邊界尚未觸及背後的真相，才讓這些事披上了“詭異”的外衣。

人們面對自然與超自然，確有許多未知。對那些未知，與其沉溺於恐懼或迷信，不如保持理性與好奇。隨著人類認知的不斷拓展，今日的“詭異”，或許就是明日被科學解開的謎題。

六八、人性與德行

人性之中，藏著亙古不變的複雜底色。從本能層面而言，人脫胎於動物，貪財好色、好逸惡勞的惰性，驕奢淫逸的欲求，這些人性的陰暗面如同頑石，從古至今根植于人類本性之中。佛法將人性拆解為心所，認為噁心所多於善心所，故而提出蕩惡行善的修煉之道；儒家亦言“存天理，節人欲”，皆是洞察了人性中趨惡的傾向，試圖以修行與節制約束本性。

財、色、名、食、睡，這五種欲求更是人性本能的直接體現，從生存角度而言，它們是人類生活中缺一不可的存在：財為生存之資，色為繁衍之欲，名為認同之求，食為生命之需，睡為休憩之要。但這五種欲求如同流水，不加以疏導與控制便會氾濫成災。一旦其超越合理限度，再與怨恨惱怒煩的情緒、貪嗔癡慢疑的執念相交織，人性的幽暗便會被無限放大，繼而色迷心竅，財迷心竅，鬼迷心竅就產生了，輕則使人陷入私欲的泥沼，重則為自身與他人招致滅頂之災禍。

但人終究不是純粹的動物，社會性是人類區別於其他生靈的核心特質，而德性正是社會性的靈魂。德行的根本，在於跳出自我的藩籬，為他人著想。季羨林先生對好壞的界定直白而深刻：好人多為他人考量，壞人則困于自私的牢籠，被財、色、權等私欲裹挾，終成見利忘義之輩。這一觀點道破了德行的本質——它不是高懸的道德教條，而是具體的處世選擇。

人性的幽暗需要德行的光照，二者的博弈，構成了人類文明的進階軌跡。孔子所言“己所不欲，勿施於人”，正是以德性約束人性的樸素智慧。克制私欲，並非否定人性的存在，而是讓財色名食睡的本能欲求在道德的框架內合理安放。當個體以德性雕琢人性，不僅能讓自身的生命更具厚度，更能讓社會掙脫人性的原始桎梏，在互助與共情中走向更高的文明。人性如璞玉，德行似刻刀，唯有以善念雕琢，方能讓人性煥發出溫潤的光彩。

六九、心地清淨靈魂安

“時光清淺處，一步一安然”，這是對清淡生活的溫柔描摹，亦是隨遇而安的人生智慧。這份心境，與千年前陶淵明的田園歸隱，還有王維《終南別業》裡“行到水窮處，坐看雲起時”的悠然，有著跨越時空的共鳴，皆道出了“無憂不懼”的生命真諦。

陶淵明告別官場樊籠，歸耕南山之下，“種豆南山下，草盛豆苗稀”的耕耘裡，沒有功名利祿的煩擾，只有晨興理荒穢、帶月荷鋤歸的簡單。他煮一壺粗茶，邀鄰人閒話桑麻，在清淡的日常裡，釋懷了仕途的失意，也嘗盡了人間質樸的溫暖。就像“時光清淺處”所喻，他不執著於外界的評判，只在每一步前行中守住內心的安然，於是即便簞瓢屢空，也能樂在其中，真正做到了無憂不懼。

王維行至水窮之處，不慌不餒，靜坐看雲卷雲舒，亦是這份安然心境的寫照。而蘇軾被貶黃州，於東坡之上辟田躬耕，煮“東坡肉”、釀“東坡酒”，在黃州的清苦歲月裡，寫下“竹杖芒鞋輕勝馬，誰怕？一蓑煙雨任平生”，將人生的風雨都化作了輕描淡寫。他與陶淵明、王維一般，在清淺時光裡放下執念，于平凡日常中打撈溫暖。

人生路上，我們總會遇山水窮盡的時刻，可若學這些文人，放下對外物的執念，以清淡之心看待得失，便會抵達“物我兩忘”的境界。這並非消極避世，而是在認清生活的本質後，依然選擇熱愛生活。時光本就清淺，不必追著繁華奔走，只要心有安然，每一步皆是坦途，這便是“一步一安然”的終極哲理，也是人活於世，最珍貴的精神境界。

七十、洪秀全後期

洪秀全作為太平天國運動的發起者，以金田起義掀起反清浪潮，太平軍席捲半壁江山、建都天京的壯舉，曾沉重撼動清王朝的統治根基，他也因此成為名震一時的農民領袖。然而，太平天國後期，洪秀全卻陷入剛愎自用的泥沼，其一系列愚蠢之舉與迷信之心，最終親手葬送了這場轟轟烈烈的運動。

他的昏聵首先體現在內部權力的盲目傾軋上。為爭權誅殺楊秀清、韋昌輝，又因猜忌逼走翼王石達開，致使太平天國核心力量分崩離析，朝中無將、國中無才的局面就此形成，這是他不識人、不善任的典型惡果。更甚者，他對朝中舊部皆存疑心，即便對李秀成這般忠心耿耿的將領，也處處掣肘，不願放權，反而大肆提拔洪氏宗親，任人唯親的做法讓朝堂人心渙散。

更令人扼腕的是，他對局勢的判斷全然脫離現實，深陷迷信的桎梏。天京被圍、糧食奇缺之際，忠王李秀成提出突圍遷都的合理建議，這本是太平天國存續的最後契機，卻被洪秀全斷然拒絕。他執意認為有“天父天兄”庇佑，甚至異想天開地讓軍民以天王府的青草為食，將虛妄的神權迷信當作救命稻草，完全無視殘酷的現實困境。

最終，洪秀全在缺糧的絕望中病餓而亡，而天京也隨之陷落。這位曾帶領農民階層奮起反抗的領袖，後期因剛愎、迷信與短視，親手終結了自己開創的事業，其結局也成為歷史上因居功自傲、脫離實際而失敗的深刻鏡鑒。

七一、聽風莫動容，各人路不同

“不應聽風就動容，路與他人各不同”，這是對自我本心的堅守，亦是對獨特人生的篤定。人生之路之所以千差萬別，正因出身、家庭環境、個人經歷、追求與性格的迥異，每個人都有專屬的特質與短板，唯有認清自身特色、堅定信念，接納自身弱點並以堅持補足，才不會因外界閒言碎語動搖，亂了前行的方寸。而人與人的交際交談亦是如此，有緣便投緣相伴，無緣便淡然相離，更不必因旁人的議論，亂了自己的方寸與步伐，改變前進的方向。

徐霞客少時便立下“大丈夫當朝碧海而暮蒼梧”的志向，他自知不善科舉八股的弱點，卻也清楚自己對山川地理的獨特熱愛與探索天賦。彼時世人皆以入仕為正途，親友的質疑、旁人“不務正業”的閑言從未停歇，但他堅守遊歷的信念，以三十餘年的堅持走遍大江南北，即便途中遇艱險、缺盤纏，也從未停下腳步，最終著成《徐霞客遊記》，將自身特色化作傳世成就。南唐後主李煜，雖無帝王理政的才幹這一明顯弱點，卻有著超凡的詩詞天賦，面對“耽於筆墨”的指責，他堅守文學信念，以詞筆抒胸臆，終成千古詞帝，讓自身特色在歷史長河中熠熠生輝。

堅守本真，並非閉關自守，作繭自縛，不吸取，不學習。一個實現夢想的人，總是不斷吸收外界能源，滋養自己，開拓自己，狀大自我。

世間道路千萬條，不必強求與他人同軌。有緣可以交往，無緣不必強求。如無靈魂共鳴，安靜獨處也很好。堅守自我特色是對生命的尊重，堅定信念是前行的底氣。接納弱點並堅持突破則是成長的智慧。不懼外界風聲，守住自身節奏，方能在獨屬自己的人生軌跡裡，活成獨一無二的風景，這便是對生命最本真的回應。

七二、身體靠運作，精神靠振作

身體的康健，源于日常的精心運作；精神的昂揚，來自內心的主動振作，二者相融相生，方為生活的根本。

身體的運作藏在煙火日常的細節裡。飲食上，三餐定時定量，不貪口腹之欲，在營養均衡的基礎上有所節制，便是對身體的溫柔呵護；勞逸之間，伏案工作後起身舒展筋骨，忙碌之餘尋隙小憩，讓身體在張弛間保持活力。四季更迭時，隨氣溫增減衣衫，順應自然的節律；動靜平衡中，晨起練一套八段錦，傍晚在庭院養花種草，太極拳的慢動作調和氣血，勞作的瑣碎亦能活動筋骨，這些看似平常的舉動，都是身體運作的要義，讓軀體在規律與舒展中維持健康的狀態。

精神的振作，則是內心的自我喚醒。若整日萎靡不振，心便如蒙塵的銅鏡，難見光明；而主動振作精神，就像給心靈點亮一盞燈。晨練時見老者打太極，一招一式沉穩有力，眼神裡的專注與篤定，正是精神振作的模樣；即便身處困境，仍有人堅持每日散步、站樁，在運動中驅散內心的陰霾，以積極的心態面對生活。這份振作化作強大的心理力量，讓人心胸豁達、目光向陽，而心理的強大又反哺身體，使軀體在樂觀的情緒中更具韌性。

身體運作築就健康的基石，精神振作點亮生活的底色，當二者與心中的理想、追尋的目標相融，便會生出更強勁的前行動力。為了傳承太極的韻味而堅持每日習練，為了培育出獨特的花草而悉心勞作，為了實現心中的熱愛而規律作息、調養身心，健康的體魄成為追逐理想的底氣，振作的精神化作奔赴目標的風帆，如此方能在歲月裡行穩致遠，讓生活始終滿溢著積極與熱忱。

七三、處處有道場，隨時可修行

人立於世間，思想、言語、行為是向外展現的三重維度，而貫穿其中的核心，便是“修”。修行並非玄奧的空談，也非僅存于古剎深山的功課，而是以修心為根本，在日常的一呼一吸、一言一行中完成的自我雕琢，所謂“處處是道場，隨時可修行”，正是此理。

修行的標準，藏在聖人與偉人的教誨裡，是赤子之心的純粹，是公心為上的格局，是“毫不利己專門利人”的胸襟。這標準並非遙不可及的道德豐碑，而是紮根在俗世生活裡的行為標尺：與人交談時，少一分尖刻，多一分體諒，是言語的修行；處理事務時，少一分私心，多一分擔當，是行為的修行；獨處反思時，少一分浮躁，多一分澄澈，是內心的修行。

生活的每一個角落，都是修行的道場。在熙攘的市井中，排隊時的耐心等候，是對規則的敬畏與修行；在親友的相處裡，傾聽時的專注共情，是對情感的珍視與修行；即便在娛樂消遣時，也能克制過度的欲望，懂得適可而止，亦是對心性的磨礪與修行。修行從無固定的形式，關鍵在於以自律為帆，以利他為槳，在每一件小事裡觀照內心，修正言行。

修行的真諦，從來不在遠方的廟宇，而在腳下的人間。當我們以修心為內核，將善念融入日常，把自律刻入言行，便會發現，菜場、書房、街頭巷尾，皆是修行的道場；晨起、工作、休憩娛樂，皆是修行的時刻。心若向善，處處可修，行若有尺，時時可進。

七四、持三寶，成其道

老子雲：“吾有三寶，持而保之。一曰慈，二曰儉，三曰不敢為天下先。”這“保”非保證之保，乃是將慈、儉、謙退視作至寶守護；而“持”則是踐行三寶的核心，唯有持之以恆，方能悟透其中真義。正如毛主席所言，一個人做一件好事並不難，難的是一輩子做好事，守三寶亦需一生堅守，方得其中裨益。

持慈，故能勇。這份勇，不是匹夫之剛，而是心懷仁愛而生氣，以溫柔待萬物，以體恤對他人，長久持之，便有了直面世事的勇氣，即便遇困，亦有善意相伴。持儉，故能廣。儉非吝嗇，是對物欲的克制，不沉溺浮華，不貪求過多，守住本心的簡約，反而能讓精神的疆域愈發寬廣，容納天地萬象。持“不敢為天下先”，故能成器長。不爭先張揚，不恃才傲物，始終保持謙退的姿態，在沉澱中積蓄力量，久而久之，自然能成為眾人所倚的引領者。

三寶之珍貴，在於“持”與“保”的相融，以恒心持之，以誠心寶之，方能讓老子的智慧化作人生的根基，行穩而致遠。

七五、質疑趙本山

趙本山從東北鐵嶺的鄉村走出，憑藉模仿、演唱與表演的多重才華，登上央視舞臺成為家喻戶曉的小品藝術家，其麾下彙聚的範偉、小瀋陽等藝人，也借央視平臺形成了全國性的影響力，他早年資助年少的郎朗，亦可見其識人眼光的獨到。這份從草根到行業標杆的跨越，無疑彰顯著他超乎常人的能力。

然而，當掌聲與笑聲褪去，其小品作品卻難逃深度的拷問。《賣拐》《賣車》等經典之作，以"忽悠"為核心笑點，靠著製造荒誕的騙局情節迎合觀眾的娛樂需求，看似包袱不斷，實則內核空疏。觀眾在捧腹之余，很難從中捕捉到有價值的思考——這些作品既未揭示社會現象的本質，也未傳遞正向的價值導向，僅將"忽悠"的戲謔反復演繹，一步步滑向低俗與粗陋的審美泥沼。

文藝作品從來不是單純的娛樂工具，更應是精神的燈塔與思想的載體。它需要以深刻的洞察叩擊人心，以永恆的哲理啟迪思考，引領觀眾走向更高的精神境界。倘若小品創作只追求淺層的笑料，一味屈從低級趣味，不僅會讓文藝創作陷入低質化的怪圈，更會拉低大眾的審美與思想層次。趙本山的小品所引發的爭議，實則拋出了一個值得整個文藝界深思的命題：文藝創作的核心，究竟是迎合世俗的娛樂狂歡，還是堅守提升人心的永恆使命？

七六、質疑賈平凹

作為陝西文壇“三駕馬車”中依然活躍的作家，賈平凹的創作兼具批判現實主義的銳度與浪漫主義的文筆，其作品既帶來審美享受，也引發讀者對社會與人性的深度思考。《晚雨》的靈動光彩、《秦腔》對鄉土的細膩描摹，都彰顯著他扎實的文學功底與獨特的觀察視角，這些作品以文字之美啟迪思想，成為當代文學中值得肯定的存在。

而真正讓賈平凹引發廣泛爭議的，當屬其代表作《廢都》。這部作品對社會陰暗面的揭露可謂徹底且前衛，撕開了都市浮華背後的人性困局，其批判鋒芒本應成為文學反思的重要切口。但遺憾的是，小說中大量露骨直白的淫穢描寫，無所顧忌地渲染低級趣味，卻淪為作品中刺眼的瑕疵。這些低俗化的筆墨不僅沖淡了批判的深度，更對文化與精神環境造成了不良影響，甚至起到了錯誤的示範作用。

文學本應是淨化心靈、提升境界的精神載體，肩負著滋養靈魂、純化思想的使命。賈平凹在《廢都》中對低級趣味的過度渲染，背離了文學的這一核心價值，其背後折射出的創作心理值得警惕與反思。我們肯定賈平凹在文學創作上的成就，也認可他對現實的敏銳洞察，但對作品中違背文學初心的低俗表達，必須保持清醒的批判態度。唯有直面並剔除這類文學創作中的“邪門歪道”，才能讓文學回歸滋養心靈的本質，真正發揮其精神引領的作用。

七七、珍惜碗中湯

人生在世，我們總在追問什麼是最重要的東西，翻遍典籍，問遍旁人，卻往往在追逐的路上迷失方向。直到讀懂“餓時饅頭貴，飽時玫瑰香”這句樸素的話，才恍然明白，世間從無絕對的“最重要”，只有當下的“最需要”。

貧窮時，錢是解燃眉之急的良藥。一文錢難倒英雄漢的窘迫，是口袋空空時對溫飽的迫切渴望，這時的銅板，比千金美玉更珍貴，能換來一碗熱粥、一件蔽體的衣裳，便已是人間幸事。單身時，情是填補心靈空缺的暖陽。深夜的孤獨，節日的冷清，都在一份真誠的陪伴裡消融，一句問候，一個擁抱，就能讓漂泊的心找到停靠的岸，這份情感的溫度，遠勝世間萬千浮華。累了的時候，休息是治癒一切的良方。我們總被生活推著向前，忙著趕路追逐，卻忘了身體是承載一切的根基。放下手中瑣事，閉上眼歇一歇，讓疲憊的靈魂喘口氣，這份簡單的休憩，比任何功名利祿都更值得珍惜。病了之後，健康是最奢侈的寶藏。躺在病床上才懂，腰纏萬貫不如身無病痛，名滿天下不如步履輕快，那些曾被我們忽視的呼吸、心跳，都成了最珍貴的饋贈。

人生的需求，從來都隨著境遇流轉，就像餓時饅頭抵萬金，飽時玫瑰更動人。可很多人卻困在“永遠不夠”的執念裡，貧窮時盼暴富，有錢後貪溫情，擁有溫情又羨功名，在無盡的欲求中陷入自卑，忘了抬頭看看自己已然擁有的一切。其實，幸福的開關從不在外界，而在內心的知足。當知足壓過自卑，學會珍惜當下的一碗熱湯、一次相聚、一刻安寧，就會發現，幸福從來不是遙不可及的幻影，而是貫穿在日常點滴裡的溫暖。

人生無常，世事難料，我們永遠不知道明天會遇到什麼。與其執著於尋找那個虛無的“最重要”，不如把握當下的“最需要”，珍惜碗中湯，感恩眼前人。餓時好好吃饅頭，飽時細細品玫瑰，以知足之心待生活，生活便會以溫柔相還，這便是人間最好的光景。

七八、待風扶搖，終破樊籬

“天不生無用之人，地不長無名之草。”天地孕育萬物，皆有其存在的價值，人亦如此。哪怕平凡如陌上塵，也自有其獨特的意義，不必因一時的失意便妄自菲薄，正如荒野的草木，雖無名號，卻也能在風雨中紮根，在四季裡榮枯，綻放屬自己的生機。

“黃河尚有澄清日，豈可人無得運時？”黃河九曲，縱使泥沙翻湧、濁浪滔天，終有碧波澄澈的時刻；人生行路，縱然身陷泥濘、步履維艱，又怎會一直困於蹇滯，不見轉機？命運的波瀾從非一成不變，一時的失意不過是歲月的伏筆，為來日的轉運埋下希望的種子。

“雪壓寒梅頭不低，臥薪嚐膽待佳期。”寒梅立於寒冬，朔風卷雪，壓其枝頭，卻始終傲骨嶙峋，不肯折腰；人處逆境，亦當有這般不屈的姿態。如勾踐敗於會稽，卻臥薪嚐膽、勵精圖治，以十年生聚、十年教訓的隱忍，換得三千越甲吞吳的壯舉。不必因眼前的困境心生怯意，把挫折當作磨刀石，把等待化作蓄力的過程，在沉默中積攢鋒芒，方是對佳期最好的期盼。

“終有一日同風起，扶搖直上九萬里。”當積攢的力量足夠，當命運的東風吹來，便會如北冥的大鵬，振翅而起，衝破現實的樊籬，乘長風破萬里浪，直上青雲。那些曾經歷的風雨、承受的苦難，都會成為羽翼下的勁風，托著我們抵達曾遙望的高度，讓所有的等待與堅持，都化作淩雲之上的榮光。

七九、別讓無知與盲目釀悲劇

三個真實的故事，如同一面面鏡子，照見了無知與盲從帶來的沉重代價。火車司機將皮膚濕疹誤認作艾滋病，在恐懼中滋生報復之心，最終犯下重罪斷送性命；中年婦女因醫院誤診，陷入末日般的恐慌，上演一場虛驚鬧劇；農村主婦把鼠藥當味精，釀成七死一傷的慘劇，自己也以自殺收場。這些結局，皆源於對真相的漠視、對判斷的放棄，以及對未知的盲目臆斷。

無知是悲劇的溫床。火車司機對皮膚病與艾滋病的醫學常識一無所知，僅憑片面描述便自我定罪；做飯的婦女對鼠藥的外觀、存放常識毫無概念，僅憑視覺判斷便將劇毒物入食。正如王充在《論衡》中所言：“不學自知，不問自曉，古今行事，未之有也。”缺乏知識儲備，就如同在迷霧中行走，極易踏入危險的深淵。

盲目則是將命運交予他人。中年婦女輕信基層醫院的初步診斷，未曾質疑便陷入絕望；火車司機被周圍人的異樣眼光裹挾，在群體的偏見中走向極端。笛卡爾說“我思故我在”，放棄獨立思考，便會被表像與流言牽著走，最終在錯誤的道路上越行越遠。

生活中，我們難免遇到未知與不確定，唯有保持學習的自覺、質疑的勇氣，才能撥開迷霧。多一分對知識的敬畏，少一分主觀臆斷；多一分獨立思考，少一分盲目跟風，才能讓悲劇不再重演。要知道，一次輕率的判斷、一回盲目的輕信，都可能將自己或他人推入萬劫不復的境地。願我們以知識為燈，以思考為舵，在人生的旅途上避開無知的暗礁，遠離盲從的漩渦。

八十、官員應控制欲望

欲望如洪水，可載舟亦可覆舟，對於手握公權的官員而言，失控的欲望更是足以傾覆自身前程與人生的滔天巨浪。兩則真實的案例，便將欲望失控的惡果展現得淋漓盡致，令人扼腕之餘，更發人深省。

一位鎮長姓鄒，因無法克制情欲，與他人妻子私通，在加油站樓上的秘密相會終成悲劇。對方丈夫攜兄弟捉姦，其弟憤怒而起，衝動一腳踢踹其下體睾丸，竟致其當場殞命，肇事者鋃鐺入獄，涉事的責任人也落得雙開的下場。原本的體面與權位，在情欲的驅使下化為烏有，只留下破碎的家庭與法律的嚴懲。

另一則案例更顯觸目驚心。防汛工作的危急關頭，洪水吞噬著家園與希望，某鄉鎮曹鎮長卻被私欲蒙蔽了心智。只因貪戀屬下年輕貌美的女職員，竟殘忍地用繩子勒死結髮妻子，還妄圖借著防汛前線的身份製造不在場證明，將妻子的屍體拋入河水偽裝意外。可天網恢恢，法醫的鑒定揭開了真相，這位本有光明前程的官員最終難逃法網，親手終結了自己的人生。

這兩位官員，皆曾擁有美滿的家庭與可期的仕途，卻因未能掌控內心的欲望，一步踏錯，便跌入萬劫不復的深淵。官員手中的權力，本應是服務民眾的工具，而非滿足個人私欲的籌碼。唯有常懷律己之心，以黨紀國法為尺，以公序良俗為度，克制內心的貪念與妄念，才能守住為官的底線，護住人生的初心。反之，任由欲望氾濫，終將被其吞噬，落得身敗名裂的結局。

八一、最大限度裡的秘密

常說“追求最大限度”，可這“限度”從不是固定的標尺，更像一扇需要主動推開的門——門內藏著的，從不是“用盡氣力”的偏執，而是“順勢而為”與“盡力而為”的平衡，這便是最大限度裡的核心秘密。

所謂“限度”，從來分兩層。一層是客觀的邊界，如身體的生理極限、智慧的認知邊界、事業的基礎閾值，這是“天命”所定的底色，如同土地的肥力，決定了作物生長的上限。另一層是主觀的拓展，是在底色之上，用“人事”去耕耘——身體的限度，不在於強行突破疲憊，而在於順應作息，在精力充沛時全力以赴，在疲憊時適時休整，如此方能讓體能的“最大限度”持久續航；智慧的限度，不在於盲目堆砌知識，而在於結合自身認知節奏，在能理解的範圍內深耕，在可拓展的領域探索，方能讓認知的邊界穩步延伸；事業的限度，不在於急功近利地求快，而在於依託現有基礎，一步一個腳印地積累，在機遇來臨時牢牢把握，方能讓事業的高度循序漸進地攀升。

許多人誤以為“最大限度”是拼盡全力的透支，實則不然。真正的“最大化”，是看清客觀邊界的“知天命”，更是立足自身條件的“盡人事”。它不是讓你把弦繃到斷裂，而是讓每一分力氣都用在刀刃上；不是讓你盲目追逐他人的高度，而是在自己的賽道上，走出最舒展、最充分的軌跡。

讀懂這份秘密便會明白：最大限度從不是“做到極致”的苛刻，而是“認清自己，而後全力以赴”的清醒。順勢而為，盡力而行，便是抵達“最大限度”的唯一路徑。

八二、老師啊，應防止邪念

學高為師，行正為範。這份職業不僅意味著知識的傳遞，更承載著育人的重任與社會的信任。師者的一言一行，既關乎學生的成長軌跡，也系著自身的職業操守與人生走向。然而現實中，總有一些教師因無法克制心中邪念，親手打碎了職業的光環，落得身敗名裂的下場，令人扼腕。

那位天門籍的教師，本應恪盡教書育人的本分，卻因婚外戀屢教不改，最終被開除公職，只能以挑貨郎走鄉串戶為生，從受人尊敬的教師淪為生計艱難的小販，這是對情感底線的漠視，更是對職業紀律的踐踏。邪念的種子一旦生根，便會讓人在錯誤的道路上越走越遠，無視調查的警示，最終只能自食惡果。

體育教師無意撞見女學生換衣，卻未能守住內心的道德防線，試圖威脅傷害年僅 12 歲的學生，即便未實施強暴，也已觸碰法律紅線，最終被判三年徒刑、丟掉飯碗。還有那位初中教師，趁妻子外出補課的間隙，對十二三歲的女學生施暴，最終鋃鐺入獄，迎來法律的嚴懲。這些事例中，教師面對的是心智尚未成熟的孩子，本應是守護成長的港灣，卻因邪念失控，變成了傷害學生的利刃，不僅摧毀了學生的心靈，也讓自己的人生徹底傾覆。

教師與學生朝夕相處，更需時刻保持清醒與自律。邪念如同潛藏的暗流，一旦放任便會吞噬理智與底線。作為師者，當以師德為尺，以法律為界，時刻警醒自己，克制心中的雜念，守住職業的初心。唯有如此，才能不負“老師”這一稱謂，不負學生與社會的託付，在教書育人的道路上走得穩、走得遠。

八三、沒心沒肺，快樂翻倍

楊絳先生的“沒心沒肺，快樂翻倍”，從不是愚鈍的糊塗，而是歷經世事的通透與豁達，這份心境也讓她在人生的風雨裡，始終守著一份輕盈的快樂。

與錢鐘書相伴的歲月裡，生活滿是可愛的小插曲。楊絳初掌廚時，把紅燒肉燒得炭黑，她沒有懊惱自責，反而笑著和錢鐘書打趣：“看來我的廚藝，還得跟著學問一起慢慢磨。”轉頭便樂呵呵地翻食譜、試做法，不糾結于一時的失手，讓柴米油鹽的日常盡是暖意。

晚年的她接連經歷親友離去的痛，卻未沉溺悲傷。她埋首整理錢鐘書的手稿，執筆寫下《我們仨》，將思念凝於筆墨，而非困在哀戚裡。面對外界對其作品的過度解讀、紛至沓來的採訪邀約，她也一概淡然推開，閉門治學，對這些紛擾“視而不見”。這份對無關雜音的“沒心沒肺”，讓她在百歲之年仍能沉浸於文字世界，讓精神的快樂在歲月裡不斷翻倍。

楊絳先生用一生印證，放下執念、簡單度日，便是快樂最本真的模樣。

八四、若無執念在心坎，人生何處不清歡

人生很長，何必驚慌？我們總在趕路時被執念裹挾，為求一個結果撞破南牆，卻忘了生活的本意從來不是執著於某一個答案。曾為一段失衡的關係傾盡所有，以為愛得越滿越能留住真心，卻在一次次妥協中弄丟了自己，直到撞了南牆才幡然醒悟：物極必反，太過用力的奔赴，終究會讓感情失去原本的模樣。

成年人最好的清醒，莫過於點到為止。當我開始學著權衡利弊，你卻依舊沉浸在自我的執念裡，那及時止損便成了唯一的選擇。我將過往的故事妥帖安放，不是遺忘，而是不再讓它成為前行的牽絆。南牆已撞，故事已忘，從此不再把希望寄託於他人的回應，而是學著忠於自己——不再為了迎合別人勉強改變，不再為了留住不屬自己的東西低聲下氣。

放下執念後才發現，那些曾讓我輾轉反側的糾結，不過是自己畫地為牢。晨起煮一杯熱咖啡，看蒸汽在杯口氤氳成霧；傍晚坐在公園的長椅上，聽孩童的笑聲隨晚風飄遠；週末窩在沙發裡讀一本閒書，任陽光在書頁上慢慢移動。這些細碎的美好，都是生活遞來的清歡。

別愛太滿，別念太深，當執念從心頭散去，才懂人生的美好從來不在遙不可及的遠方，而在每一個忠於自己、熱愛生活的當下。若無執念在心頭，人生何處不清歡？餘生漫長，不必慌張，帶著清醒與坦然往前走，自有清風拂面，繁花相迎。

八五、我們應怎麼聽話

人際溝通裡，語言從來不是簡單的字符堆砌，有人正話反說、反話正說，有人意在彼、言在意外，還有人說神話、鬼話，亦有說人話、真話、假話者，話語或誇大其詞，或點到即止。這紛繁的表達形式，讓“聽話”成了一門兼具學術性與實用性的學問，也要求我們聽人說話時，不能只停留在字面，而要學會拆解、辨析與體會。

聽話的第一層，是辨清話語的虛實真假。面對那些半真半假、誇大其詞的表述，若只聽表面就輕易採信，很容易被誤導。就像有人把小生意的盈利吹成“日進鬥金”，把一次普通的合作說成“拿下了行業大單”，我們需要結合事實與邏輯，剝離話語裡的誇張成分，找到藏在浮誇言辭下的核心信息。而討債時不直接提還錢，反而說“最近手頭緊，想找你借點錢周轉”，便是用看似求助的假話，傳遞催債的真實意圖，這就需要我們結合雙方的債務關係，讀懂這層言外的真話。

聽話的第二層，是讀懂話語的言外之意。生活裡常有“說此意在彼”的場景，到別人家做客，主人笑著說“留下來吃個便飯吧”，卻始終沒有起身下廚的動作，這話便不是真的留客，而是委婉提醒客人該離去了；和朋友交談時，對方看了看鐘錶說“都十點了，你再多坐會兒聊聊”，實則是在用客氣的話語暗示會面該結束了。那些正話反說、反話正說的表達，更是把真實想法藏在相反的措辭裡，這就需要我們用心捕捉語氣、神態裡的線索，結合語境去揣摩話語背後的情緒與訴求，讓耳朵不僅能聽聲，更能“聽音”。

聽話者必須明白：心無掛礙，方得自在。人間言語百態，有輕淺之談，有深刻之論，亦有真話、假話、鬼話的交織，更不乏侮辱、詛咒、謾罵與讚譽、肯定、褒揚的對立。面對這些紛雜言辭，最通透的態度，莫過於如馬克思抹去蛛網一般，將其盡數從心頭拂去。

他人的污言穢語、人身攻擊，或是無端的委屈與冤枉，皆是無形的語言垃圾。若將其收納于潔淨的心靈，煩惱便會如雜草般滋生。反之，不把惡語放在心上，不被負面言辭裹挾，心靈方能保持澄澈。

倘若對他人的惡意言語耿耿於懷，反復琢磨辨是非，實則落入了“你氣我我不氣，我又氣中你計”的圈套。學會讓耳邊之言過而不留，心無掛礙，方能始終輕鬆愉快，守得一份樂觀自在的人生心境。

說話者有千百種表達，聽話者便要有千百種聆聽的智慧。唯有跳出字面的桎梏，用理性辨真假，用共情悟深意，才能真正聽懂他人話語裡的真實內核。《紅樓夢》裡說：“世事洞明皆學問，人情練達即文章”確乎如此。

八六、三迎三送

中華民族號稱禮儀之邦。古言禮為上。在我們傳統禮節中，有個不成文的規定：三迎三送。即父母年邁後，去兒子女兒家做客，很長時間沒見過面，兒子媳婦女兒女婿攜孩子迎進門，離開時，送出去。有朋自遠方來探訪知己、或親切慰問，作為主人也要迎進門，臨走，也要送出去。如不知情，沒有迎進，則說“不知大駕光臨，在下有失遠迎，請予海涵”之類謙詞。對年老體衰之師去其舍，更是恭敬不暇，真誠說道：“恩師到了寒舍，蓬蓽生輝，學生失迎，罪過罪過。”這是否是偽君子的假客套，或是人際交往中的繁文縟節？非也。這是一種處己處人的謙下之態，利於激發對父母的養育之恩的感謝之情，養成對教人以智慧的老師的辛勤付出的回憶，並反思自己是否愧負老師苦心孤詣的期待，並且利於抑止自己有所成績而引起的傲慢與吝嗇。孔子說：即使有周公之美與才，為人吝且驕者，其餘未足與議也。孔子告誡弟子們始終保持謙卑與謹慎，大度與寬容，心包太虛，量周沙界，永遠警惕自我驕慢，目中無人。

現實生活中，這個三迎三送，演變成一迎一送。即僅僅對關乎自己前程的上司有迎有送，倍加恭敬，所謂鞍前馬後，敬事無暇。對於領導的尊重與禮節是合情合理的，利用維護社會的穩定與正常的秩序，利於事業的發展與經濟的繁榮。尊重一級政府的領導也是對更上級組織的敬畏，是對黨和國家的權威的維護。當然，這種禮節是有限度有分寸的，而且應像毛爺爺教導的那樣，言詞恰當，保持一定的距離。過分過頭，出格出框，則有阿諛逢迎、吹牛拍馬之嫌。《洪湖赤衛隊》，彭霸天對駐防洪團長有句臺詞：“生我者，父母也。教我者，團座也。團座乃再生之父母。”是較為典型的巴結討好之語。

還有一種普遍的交往方式，基層民眾找機關辦事，原則上應迎進送出。除了特別忙碌時間，可以從簡。一般情況下，都應熱情接待，迎進送出。一是尊重，二是和諧，促進上下層親密友好，利於克服高高在上的官僚主義傾向。人們討厭的“閻王好惹、小鬼亂纏”及所謂“官小僚氣大”現象就會減少，對於落實全心全意為人民服務是有好處的。而事實上，許多機關工作人員認為是你找我辦的事，我不必對你迎進送出。他們態度冷淡，語言冷漠，麻木不仁，甚至出語傷人，說話缺乏技巧，傷害老百姓的自尊，不利於安定團結、和諧社會的創建。這是必須引起重視的。

生活中的禮節還很多，一舉手投足，一閃眼皺眉，一臉顏色的變化，一句話語中，都存在著十分考究的禮儀禮節，尤其是語言的禮節，包括答語、問話、身姿、頭昂或俯、坐姿等。央視有一位著名主持人，採訪一位客人，當白髮蒼蒼的老教授走進攝影圈時，這位主持人翹起二郎腿，只是微微一笑，一動不動，等待老人走其身旁，毫無迎接之態，然後開始提問。此情此景受到了北大一位教授的嚴厲批評，怒斥其缺乏教養。這種批評是正義的、理所應當的。禮節涉及到人們所受到的教化與修養，孔子曾把和顏悅色作為盡孝道的一個重要禮節。可見，一個禮字，學問很大，並不是一個簡單的可以忽視的問題。所現甚多，不宜細言，我不過是從禮節提示這個“禮學”而已。

八七、訴訟・上訪

一

有人說：如果被訴訟糾纏引起憂鬱、苦悶、煩亂、怨恨，久不化解，輕則傷肝損肺，重則導致精神失常，危及生命。所以能幫助人排憂解難也是做了一件好事。現舉一例說明。

余有老友，姓良，外地人。其父生有二男一女。生前勤扒苦做，省吃儉用，留下一棟三層樓房，每一層有房四間。臨終前，口授遺言：三個子女一人一層。老人晚年主要靠老二伏侍供養，老二佔有了兩層。老大遠在千里之外，不曾敬孝，也不關乎老父之臨終囑咐。若干年後，老大回到老家，聽妹妹講述了老父遺言，也不驚訝，並沒不滿情緒。後來，房價猛漲，當地一層樓可值四十萬元。老大忽然想到父親遺言，認為這可以打官司，落實老人家遺囑。於是憂心忡忡，萬分糾結，整日吃不好飯，睡不好覺。將此難題講給我聽。我問了三個問題：一、遺囑有文字根據沒有？二、打官司的另一方活著沒有？三、向你陳述遺囑的妹妹能否拿出可靠證據。他的回答是一與三均無依據。而打官司的對象老二已過世二年，其房產被其女兒繼承。我聽後，有了把握，先講新加坡一個出名的龔心如故事。其丈夫死後，留下九億資產，被其公公獨吞。她找了法律依據，請了律師，開始打官司。折騰往返，反反復複，打了十年勝訴了，返回了八億資產。然而龔心如本人心力交瘁，資產到手了，人一病不起了，嗚乎哀哉了。這種官司有意義嗎？接著，我分析：一、遺囑沒有根據，老人晚年靠老二照應，可能將準備給你的一層劃給他。二、老二已死，打官司對象變成了侄女，一個伯父無根據去起訴侄女，于人情不合。三、你有七十開外，往返千餘裡，糾結折騰，假設五年打成功，所得可能不如所失。良先生問：“你說怎麼處理？答：完全維持現狀，不理不睬，就此放下。若干天后，又遇良先生，說：“我輕鬆了，沒事了，得虧你開導排解。”我說：“你老兄本有這智商，與我關係不大。”

二

上訴是個敏感的話題，縣以上行政部門設有信訪辦，以處理民間上訴事宜。

余有老同學，稱其為亭先生，上海人。是一個敢想、肯動腦筋、且有一股堅持韌性的精明人，有一件完全沒有希望的事情，他竟然辦成了。可以稱之為堅韌英雄。

當年，他在公安縣麻豪口鎮工作。他的父親在上海閘北區有一套房子，須拆遷，於是有關部門召集他的兄弟與妹妹到場商議處理辦法，終於達成協議：其弟其妹各得一套面積相當的房子，不過地址變得邊遠一些。因閘北熱鬧非凡，幾乎寸士寸金，於是補償了十余萬元。八十年代初，這是一筆鉅款。於是，人喜神歡。此事過去十年，亭先生得以返回上海，成為上海市民。初來乍到，一家四口，擠於一間狹窄的房間內。亭先生想：我作為知青下放時，尚有老屋寬敞明亮舒適之居，如今狼狽，老屋煙消雲散，心裡不平衡。於是找到有關部門理論，誰知道那些接待者，裝腔作勢，拿糖作醋，不理不睬。一而再，再而三，接待人員將當年拆遷解決方案及其弟其妹簽字畫押的文檔於以展示，他們以為可以了斷此事，亭先生不會無理取鬧，纠纏不清了。可是，亭先生糾結得要命，煩惱與著急，痛苦不堪。他找我訴苦。我問：一、下放知青是否還有資格到場參加協議？二、有文件依據沒有？那一款哪一條？如果有，這個官司有前途。閘北區不能解決，要去市里，市里不能解決問題，可找國務院。於是他認真閱讀相關文件，裡面說：拆遷協議制定時，必須房產權擁有者本人到場，本人不在時，其子女個個到場，才能簽定協議合同。他便將此文件複印，心中豁然開朗，信心十足。他抓住“個個”到場二字申訴，他作為父親長子，沒有到場，況且他是響應党的號召支援邊遠地區離開大城市的，你不能取消我作為遺產擁有者的長子的資格。他先找區裡申訴，區裡的人不當一回事，他們說：鐵板定釘，豈可更改，況且已過十餘年，老是讓亭先生坐冷板凳。他只好到市里訴訟。市里熱情接待，可就是推排球，說下級所管，不可代庖。往返半年，毫無答覆，且顯厭煩。認為是無理取鬧。亭先生思前想後，覺得此事只好上京訴訟，找國務院信訪辦。一年去，石沉大海；二年去，杳無音訊；三年去，不置可否。一共往返了六年。一天，站隊，見一上海熟人，問："你那問題還沒解決？"答："沒有。"那人建議說："每月的第一個星期的星期一，秘書長接待，只一百個號子。但上班時間來排隊，一百個號子早已發完。北京市的九月十月，夜晚天冷，你必須頂被子早早排隊。於是遵朋友指點，他終於拿到了某月星期一的第九十九號。秘書長問："哪裡人，叫什麼？什麼事？"他只說了自己名字，那領導問："我知道，你的房子的事怎麼還沒解決？你回去，一個月後去上海市政府信訪辦。定有滿意答覆。"果然，亭先生過了一個月，去市政府，這一次接待者一反常態，熱情洋溢說："國務院有指示，我們已經研究，你的情況特殊處理，給你在寶山區安排了一套一百二十平米一樓住宅。"然後給他一個文件簽字，問他是否滿意，我的老同學熱淚盈眶，感激萬分，高喊口號：共產黨萬歲。至此勝訴。2010 年 10 月，我去上海旅遊，在寶山北路他的宅子裡住了一個星期，環境幽雅，交通方便，還有一個五六十平米的後院。我感慨萬端，稱讚他有韌性，運氣好。現在，他那住房已價值大幾百萬了。

八八、右左之讖

據葉永烈《反右派始末》介紹，當初高層決定劃右派分子四千人，誰知運動開始後，在“知無不言言無不盡言者無罪聞者足戒”的旗幟下，大量的右派分子如牛鬼蛇神般紛紛出籠，於是最後劃出了五百多萬右派分子，打垮了他們向党向社會主義革命進行誣衊、誹謗的進攻，，鞏固了党的領導，鞏固了無產階級專政，鞏固了社會主義制度，黨的基層組織與領導大大增長了威望與信譽。

反右鬥爭結束三年，我十九歲師範畢業，由地區教育局分配到公安縣任教。臨行，我父親並沒說什麼努力工作做出成績之類的話，只是擔憂地囑咐，你不要被劃成右派分子了。我們村裡有兩個小學老師，均為右派分子，面色蒼白，死眉翻眼，為眾人唾棄，接觸他們似乎接觸瘟疫病人。不幸的是，我父親擔憂什麼，就出現什麼，八年後，我因“文革”問題，受到與右派差不多的處理而下放勞動，丟掉了飯碗。三年後，才得重返校園，教初中、高中、師範，我異常珍惜。有機會結識那些全縣出名的極右分子、普右分子。多次與他們交談，推心置腹，以誠相待，得到了一些真實的信息，寫出來供人們反思，經驗也好，教訓也罷，或許有所裨益。

陳先生，公安縣高中名牌地理教師，解放前華中高師（華師大前身）畢業，功底厚實，學問淵深。能全本背誦《古文觀止》與《唐詩三百首》，有此功底者，鳳毛麟角。一天，我順手拿出一本老版《古文觀止》，隨手一翻，杜牧的《阿房宮賦》，他背下來，竟一字不漏。然後我又點了《鄭伯克段于鄢》《前赤壁賦》等，老先生搖頭晃腦，如數家珍。某年我負責小學校長的培訓，後段將組織學員旅遊長江。於是請陳先生講講長江沿線大城市及著名景點，陳先生講了兩小時，從源頭講通天河、金沙江、三峽、荊江、揚子江，崇明島，介紹了攀枝花、宜賓、樂山市、重慶、萬縣、奉節、巴東、江陵、沙市、城陵磯、洞庭湖、武漢、安慶、九江與廬山、黃山、南京、揚州、鎮江、上海等大城市，介紹了中山陵、燕子磯、彩石磯、黃鶴樓．岳陽樓、宜昌三遊洞等景點，每介紹一個景點，則能背誦唐宋元明清的詩人寫的相關古體詩，學員佩服得五體投地。荊州市原地理教研員李玉龍老師告訴我，荊州師專（長江大學前身之一）設地理系，報學科帶頭人，報數次不批。最後報陳先生才得以批准。可見其聲名之高，影響之廣。

然而這樣一位優秀教師，性格沉穩，說話謹慎，卻為摘帽右派。於是我與其交談，開誠佈公問："先生怎麼會打成右派？"

答："知識引起。我是學的地理專業。對黑龍江以北中國廣袤的國土被俄國侵佔，我心懷不滿，以至於義憤填膺。列寧曾說，蘇朕要歸完這部分國土給中國，可一直不落實。在反右運動中，我就寫了一張大字報名《蘇聯老大哥，背後操傢伙》，意為從歷史看，俄國就是強盜，就是一個北方的帝國主義國家，以俄為主的蘇聯，不過犯湯不換藥。他們為什麼不歸還我國領土？好比一個小偷犯了錯，他改正了，就應退贓，拒不退髒，他這小偷還是小偷。"我起先是一個左派，大字報貼出後，眾人認可並贊成，認為這是仗義直言，愛國主義思想表現。不久，運動後期，公安中學教師整風領導小組由上面下達了十個右派的指標，只完成了九個，還欠一個。有個積極分子，貼了一張大字報：《反蘇就是反黨》，理由是我黨執行親蘇反美外交政策，反蘇必親美，使親者痛仇者快，這是別有用心，典型的右派分子言論。我們看問題，從現象看本質，陳打了光明磊落幌子，實則包藏禍心，其用心毒辣，惡毒攻擊我黨外交政策，是一個漏網的大右派分子。不久，我便站在右派分子行列了。經過三年批鬥，反審，寫悔過書，監督勞改四年，後來人稱摘帽右派，一遇階級鬥爭學習會，就要自我檢討，低頭認罪，成為階級鬥爭的活靶子。"

易先生，熱情活潑，說話風趣幽默，原先是三袁故里中心小學校長。我認識他時，已當了二十年右派分子，大概是七九年全國各地給"五類分子"統一摘帽後重返教壇的。他在原種場食堂當炊事員，因會做饅頭，眾人稱其"饅頭右派"。加之愛開玩笑，做怪動作，男女老少均不把他真當右派看。大家認為他是卓別林式人物。多少帶點同情心，在多次運動中，他成了被遺忘的角落，平反讓他去三袁故里高中當老師，卷被子走人，有人先宴請後歡送。他噙著淚水說：“我一走，很不習慣了，我捨不得天天吃我做的老面饅頭的你們，我走了誰做饅頭呢？我有罪，罪大惡極，我一直隱瞞到如今，我現在老實坦白，大膽承認，當眾檢討，我沒有培養做饅頭的接班人。不過，不要緊，只要事務長一個電話，我就走八十裡趕來給你們做饅頭。”一席話，人們啼笑皆非。

一日，我與教語文、英語的老師與他閒聊。我好奇地問：“你怎們能教生物？”他說：“雖然但是可能是，不但而且或者是。”教英語的問：“聽說你英語有水平。”他說：“我只會兩句英語。一句歪布裡是殼，還有一句，打撲凳，淹不死，怪哉。”因其韻律節奏、抑揚頓挫有十分英語味道，英語老師說：發音很准，也很有英語味道。可是我聽不懂，請教中文什麼意思。易說：“枕頭。”正兒八經解釋道：“外部是布，裡面是穀殼。”接著用英文腔調又說了一遍。

一天，在辦公室閒聊，我問：“先生好像是極右分子，開除黨籍和公職，丟了飯碗，何以處理如此嚴重？”易說：我起先是提袋子、整材料的左派，運動小組組長。我一張大字報也沒有寫。運動後期，我們給一些同事劃了七個右派，工作組長蹲點的人來了，他說：你們的指標是八個，怎麼只有七個？不完成任務不行。”我有不滿情緒，說：“那只有我上了。反正共產黨員吃苦在前，享樂在後。”組長認為我對黨不滿，說風涼話，第二天下午，我就被取消了左派資格，削去了反右小組組長職務，同那七個人一起了。材料報上去，上面說：缺大字報。組長找我談話：你對党不忠誠，欠老實。我說我聽黨的話呀，黨說欠一個指標，我自己上了。組長說你上是上了，你一張大字報都不寫？你幫黨整風，總得有一張大字報呀。我自己就是黨支部書記，我實在沒什麼可寫。組長不耐煩地說，反正你得有一張大字報，哪怕一句話都行。那天中午，我到鎮上買包煙，見路旁空地上聚集了二三十個人，原來是一外地藝人在玩魔術，吞刀吐火、手指破磚、花變鳥雀之類。路上心血來潮，回去寫了一張大字報，只有一句話：某某某是玩魔術的祖師爺。就這一句話，被化成極右分子，活埋了二十年。在我們八個人中，我的處理最重。其中有一個人，姓肖，教化學的，他的大字報取名《消炎報》，所寫雞毛蒜皮。後來分析，上綱上線，給誰消炎？為什麼消炎？誰來消炎？一落實，反黨，妄想取而代之。於是打成右派，頸掛水桶，鬥爭三天，翻其歷史，曾參加國民黨三青團，於是帶右派分子帽子。還有一個老師，名牟親國，察其子女名，一個名愛民，一個名愛黨，均為解放後生，一聯起來，親愛什麼？親愛國民黨，反動透頂，妄想翻天，典型的階級敵人，於是化為極右分子，開除公職，監督勞改。”

這些酸澀性事例，令人唏噓，還可以舉出一些。

常言道：識時務者為俊傑。我還認識幾個右派，差不多都是教師中的精英分子，他們有的工作負責，有的學問淵博，有的直言不諱，有的多才多藝。他們有一個共同點，不識時務。從某種意義上看，被化為右派，理所應當。好在我們的党是英明的，勇敢地面對過去，給所有戴了右派帽子的人摘去了帽子，並承認擴大化了。一個人的優秀不在於不犯錯誤，而在於犯了錯誤能及時糾正，一個党的英明不在於不犯過錯，而在於犯了過錯，能及時糾正。列寧說歷史的道路不像涅瓦大道那麼畢直，歷史是曲折的，前途是光明的。歷史是可以反思的，歷史是值得敬畏的。

八九、時間觀芻議

我們經常講三觀，有一個說法，三觀指世界觀、人生觀、價值觀。另有三觀指幸福觀、愛情觀、家庭觀。還有其他一些說法，不管哪一種說法，統統離不開生命觀。生命是什麼呢？生命不過以時間存在為形式的個體罷了。時間沒有了，再寶貴的生命也沒有了。因此探討時間觀念實質是探討生命觀。

一、黃金時間觀是我們民族的精華理念。

我們民族的傳統格言是：一寸光陰一寸金，寸金難買寸光陰。陶淵明詩曰：盛年不重來，一日難再晨。這些教言，只有一個中心點，可稱之為黃金時間觀。生命的可貴在時間可貴上體現出來。閱歷之所以成為財富，經驗與教訓是所以重要，是因為此二者是用生命寫就的，是時間換來的，而生命只有一次，時間如東流之水，一去不復返。

二、整體運籌時間的原則與方法。

恩格斯說：運籌時間是最高級的科學。馬克思說：一切節省，歸根結底是時間的節省。華羅庚先生的發明中有兩大法，一法叫統籌法，一法叫優選法，給予我們運籌時間以啟示。以生活中煮湯比喻：做雞蛋西紅柿湯，打雞蛋攪拌、洗切西紅柿、燒開水放佐料倒入鍋中煮沸。假如前者各需要二分鐘，後者需四分鐘。按順序進行，需八分鐘。如果一邊先燒開水，再打雞蛋攪拌、再洗切西紅柿，水沸後放入煮成湯。四分鐘即可完成。無形中就節省了四分鐘。當然，這只是一個比喻。生活中以統籌節省時間的事例還很多。當年，徐特立在外地當老師，往返數十裡。他的左荷包裡裝著《說文解字》的生疏卡片。一邊走一邊背。一張背熟了，就轉入右荷包。他用這個辦法，竟然在一年的時間裡，完成了一本書由生變熟的任務。齊白石老人當年拜了一位老師，學習《唐詩三百首》，一邊辛苦地做著木活，一邊勤奮地背誦，可謂體腦結合，心有二用。通過一二個月努力，竟然全書背熟。

三、抓今抓此時抓零星時間的方法。

抓今二字是李大釗提出的，非常適合現實。李敖介紹，他看了數萬冊書，加上他記憶有方法，讀書有技巧，寫文章與演說，有泉湧之思，有神來之筆。我們看他的《李敖有話說》與《李敖語妙天下》等節目，覺得言之有據，言之成理，思想精光閃耀。他的作品，觀點新，材料新，表達方法也新。他寫有一百餘本書，時間抓得很緊很緊，可想而知了。古人讀書有“三上”（馬上、枕上、廁上）之說。據前蘇聯作家尼日科夫介紹：解放戰爭進入到解放兩廣的那些日子，他去前線指揮部採訪林彪，在指揮所一間房舍裡，他驚異地發現，天花板上貼著地圖，他很納悶疑惑，地圖要麼掛牆上，要麼放桌上地上，怎麼掛在天上。林告訴他：他躺在地鋪上休歇小憩一會兒，睜眼可看地圖。尼日科夫對林的運籌帷幄之中，決勝千里之外甚為感動。他激動寫道：毛澤東領導下的指揮員多麼珍惜時間，多麼盡職盡責。印證了拿破崙的一句名言：時間就是勝戰。

四、生活簡單處理的方法。

有人將時間分為有效時間與無效時間。有效時間指直接作用於事業的時間。當然，這只是相對而言。怎麼處理非有效時間成為一個課題。如果一個人過於講究吃、穿、打扮，那他的有效時間就被擠掉了。比如：一個愛打扮的女人洗臉化妝就要一二個小時，一個過於講究儀錶儀容的男士，鞋子、帽子的嚴整，衣服的整飾，頭髮的梳理與護理等，再加上飲食的貪婪與考究，或者愛飲酒閒聊，怎麼也要花二三個小時。故提倡生活清簡是擠出時間用於事業與讀書的一個至關重要的方法。有人一頓飯五元，有人五十元，有人五百元，到底哪一種消費好？原則是保證營養，利於時間的節省。赴宴少，閒聊少。飲酒多，鬧酒煩。很多人抱怨沒有時間讀書，其實那些人的寶貴時間浪費在複雜的生活與毫無價值的閒扯中去了。

毛主席說：一萬年太久，只爭朝夕。針對“惜寸陰”，董必武提出“惜秒陰”，這是有體驗的很高的時間境界觀，值得上進有為的人們作為座右銘。

九十、淺議家庭教育

教育有三塊領地，家庭、學校、社會。其中最基礎、最重要的領地，是家庭教育。目前研究教育的機構與單位為數可觀，投入資金與人力不少，涉及社會教育與學校教育的很多，就地方言，大多數是應對考試方面的，可惜並沒有專門的家庭鼓育研究機構與場所。就一個縣言，有教研室、教科所，數量可觀的教研員，大一點的學校也設有教育科學研究部門，但大都是帶有實用主義傾向，講究眼前的分數效應，顯得膚淺，有鼠目寸光之嫌。學校教育的很多應有之題都不被重視，將家庭教育打入另冊，不足為怪，這是一個很大的失誤。

家庭教育是人才的搖籃，精英的溫床，學校教育與社會教育的土壤。是應該且必須引起高度重視的課題。我這裡簡議三點：

一、胎教：從文檔資料看，周朝開國的幾位聖人，都與其生母重視胎教相關。太姜、太任、太姒這三位偉大的母親從坐胎之日起，目不邪視，耳不邪聽，思不邪想，舉止端莊，語言文雅，性情和順。由這樣的基礎，才哺育了文王、武王、周公等偉大的人物。而現實是許多育齡婦女缺乏必備常識，她們明知懷孕，卻出入污染之所，毫無顧忌，為所欲為。抽煙喝酒，抹牌賭博，與人吵架，心地邪惡，語言污穢。更有甚者，與異性同房，飲食辛辣，性格暴戾。而所謂婦科專家則在媒體上公開宣稱，孕婦可與丈夫有夫妻生活，這是只知其一、不知其二的荒謬之說。殊不知孕婦一旦成為孕婦，胎兒有體抱身，有靈在體。有靈必有感。孕婦的一舉一動，一言一行，一舉手一投足，一顧一盼，一飲一啄，一個面部表情的變化，都將對胎兒產生影響。偉大的母親，您不能不謹言慎行，修持清淨之心，養成優良的習慣，培養自己高貴的品質。

二、母教：嬰兒呱呱墮地，孕婦晉升成為人之母。您不僅以血乳供養嬰兒，您還要以心血哺育嬰兒，您是您小兒的第一個老師，第一任班主任，第一個示範的人生樣板，第一個被模仿的對象，第一個語言訓導者。您善良博大的情懷，您溫柔體貼的性格，您優美而文質彬彬的語言，您哼出的每一個音符，您的每一燦爛笑容裡都充滿了深厚、熱情與溫暖，您的孩子會深深烙在心田裡，成為不可磨滅的記憶。我們從毛、朱、魯、胡、巴、老等人所寫的關於母親的回憶文章中，不難看出：母親的教育是最真誠、最期待的教育，是生命的教育，是偉力的教育，是根基上的教育，是指駱明燈的教育，是深入骨髓運化靈魂的教育，因而也是永恆與伴隨一生一世的教育。

三、父教：我在袁中郎的父親的故事中，曾粗略介紹了其父袁士瑜在袁氏三兄弟的人生成長中所起的重要作用，我稱他是一位民間教育家。他不僅在博學、明辨、審思、篤行等方面做出了榜樣，他還在道德與文章兩方面予以示範，他寫有《海蠡編》文章，"公安派"文學副帥江盈科寫序時，稱自己恨不能成其子，一同聆聽受教。其三子袁小修回憶其父教人如染香行露，自然而然，寬嚴適度。袁中郎對家父孝敬有加。袁氏三兄弟成為中華文化史上的文化名人，與其父履行家風家規家訓家教的整體系父教十分關聯。

不可忽視的是：祖父祖母輩的教育、兄弟姐妹間的互教、親戚們的影響、父族、妻族、母族等文化氛圍與人事影響，也是不可忽視的因素，我在袁中郎的姐姐、外婆、丈母娘的故事裡作過一些介紹。

總之，家庭教育的領域十分廣闊，內容萬象紛呈。那是一座蘊藏量大的金礦。至於它與學校教育、社會教育的融會、穿插、交合、互濟互生，更是別有天地，那裡尚有太多的未被開墾的處女地，有賴於有識之士的耕耘。

九一、戲說麻將

毛主席說：麻將牌，十三塊，主要靠手氣。主席日理萬機，且酷愛讀書，他沒時間去玩牌。但這個論斷可算是一語破的。

自從麻將機發明後，玩麻將牌已家喻戶曉，參與這項高雅活動的人非常普通。僅就縣城言，經營麻將機的商店幾十家，筆者曾與一老闆交談，光他這一家每年出售約五百台，從事修理、負責更新、轉換的工人有兩個，這個店他已開二三十年。至於賓館、旅社、餐飲店、單位休息室、工會娛樂場所都備有麻將機。僅本地柳浪湖社區就有麻將館五十餘家，有的五六桌，人滿為患，初略統計，每天從事麻將遊戲的人，不下二千人。這還不算轄區內的其他場所。鬥市鎮轄十幾個社區，那就意味著參與這項遊戲的每日以數萬計。正視並分析這種民情民俗現象，是人們不可躲避與漠視的問題。

筆者觀察：打打麻將，休閒一樁。聚會聚會，也有趣味。但必須有幾個問題說清楚，才能使這種娛樂形式達到和諧、歡樂的境界。仿袁中郎著《殤政》談酒文化，我對麻將文化也作一些粗略說明。

一、牌環境：靜謐、清雅為上，空氣流通，室內置盆境、鮮花插瓶最好，進入此境，心曠神怡，渾身舒坦。反之，烏煙瘴氣，人員擁擠，小孩啼叫，咳嗽亂吐，則是不雅之所。

二、牌機：以嶄新、潔淨、靈敏、清晰為上。如過於陳舊、牌之面目俱非，圖案模糊，機動不靈，時有阻滯則不妥。

三、牌腿：須知心朋友，親朋好友，知識相當，身體健康，習慣良好，均有文化素養，聚在一起，氣場相合。反之，有哮喘、肝病、眼疾、肺炎、支氣管、老年衰味、狐臭味、漏尿等毛病者，不宜參與。有人視煙如命，喝得酒氣熏天，口出不遜之語，有人說髒話、愛講路透社陰溝裡裡新聞，有人不停嘮叨、囉嗦者不宜參與。有人性格乖張、脾氣古怪，常為一張牌不順出口成髒者不宜參與。有人視錢如命，輸幾元錢如喪考妣，不宜受邀參與。

四、牌彩：既是賭戲，離不開賭資。賭資適中合節、酌情而留有餘地。輸者不會傷筋斷骨，將痛苦轉嫁於人，贏者不會過於歡欣而使輸者喪失自尊。友誼第一，比賽第二。贏多者可反饋輸得狠者。人們應有平和、積極的輸贏觀念。金錢在那種過程中，其使用價值不過是數字計算而已。

五、牌姿：專心一致，聚精會神。但也不可過於執著。牌運並不由牌腿主觀願望而定，牌之手氣與牌腿的心理素質有關，與身份、文憑、健康水準等關係不大。一場牌局如同一場演出，人的金錢觀念、性格修養、語言水準、心理特徵（諸如情緒、情感、注意力、心量、寬容度、忍耐度、樂觀度等）都可以看出來。有修養者遇險不驚，大起大落，視若平淡。無修養者見大牌怨天尤人，是己歡天喜地，是人呼天搶地。喜歡搭牌、扳牌者不宜參與。出現大牌時，血壓升高、臉漲眼紅者不宜參與。罵牌咒人者不宜參與。牌者會出現各種牌姿：有的如庖丁解牛，遊刃有餘；有的如老練垂釣者，任憑風浪起；有的如穆桂英破天門陣，自有排布；有的如遊魚戲浪，自由自在；有的如老僧入定，半睡半醒；有的如峨眉論劍，把握十足；有的如楚牛犁地，渾身解數；有的如作家揮毫，全神貫注；有的如狂飆突進，翻江倒海；有的如軍師坐帳，沉穩掌控等，不一而足。

六、牌風：牌風是麻將運作中的一種風氣，以平和的心態、和諧的狀態為上。有的為一張牌，大吵大鬧；有的為一二元錢爭執不下，賭咒發誓；有的為一句不順耳之言，扯皮對罵喧鬧。這屬牌風不正。

七、牌時：玩牌不可超時，適可而止。不可通宵達旦，影響健康與工作，不可廢寢忘食，不可過於疲憊、勉強堅持。因沒有節制引發的高血壓、腦梗、心肌梗塞者不乏其例。有的一個杠上開花，開到陰國了。一個“賴游”遊到奈何橋了。以少打、小打、短打為妙。胡適是惜時如金的學問家，我在《胡適日記》中，看到他打麻將的記載，有一段時間，幾乎天天打，一二圈三五圈結束，為時不長，賭資很小。

八、牌文化：牌在運行中，有許多美妙言辭隨牌變脫口而出，符合當時情景。則是牌文化的表現之一。比如：俗話說“笑牌”，可言回眸一笑百媚生六宮粉黛無顏色。變局過渡，可言事事如牌局局新，人情如紙張張薄。開局，可言請看今日之域中，竟是誰家之天下。牌轉敗為勝，可言翻天覆地自有時，扭乾轉坤不稀奇。打一新張，可言驚天動地，蹦一張出乎意外。打所謂“懲賴子”可言場外沒有舉人。山外青山樓外樓。年輕者行，可言雛鳳清於老鳳聲。如一起就“和”，說雄雞一唱天下白。如有人處變局安之若素，則可言：泰山崩於前不變色、海嘯於後不動聲等等。總之古詩詞、民間俗諺、歷代名句的介入，使牌文化有了豐富的內涵與品位。

據文檔載：三袁故里一位老者將離世，氣息幽幽，數日不落。其孝子問：您還有什麼放不下？細微曰：我要聽你們打麻將的聲音。於是孝子在老人身邊組織一桌麻將，老人聽了似聞仙樂，恍兮惚兮，幽兮冥兮，安然合眼升天。

合理掌控麻將之戲耍，使其成名符其實的高雅之戲，是聰明智慧的先祖發明創造麻將的初衷。

出身鄭公渡農村的著名詩人黑豐說：我們應有賭性，敢賭才有進取的人生。他所言之賭，是另辟天地，超出了我的“說賭”之賭，但根基還是我所言之“賭”。

九二、怒的否定之否定

初登講臺，十八、九歲。教育學與心理學講的教師應和顏悅色對待學生，使學生感到親切與溫暖，其感覺應如沐春風，如浴春雨。不可板著面孔上課，不可聲嚴厲色談話，不可體罰與變相體罰學生，不可發洩憤怒，這些牢記心房。

但學生認為：老師溫和，軟弱可欺。上課時間，嘁嘁喳喳不斷，竟至於喧賓奪主，把那個課堂攪得天翻地覆，烏煙瘴氣，簡直沒法上課。尤其學生中八大小“金剛”、四個小“妖精”飛揚跋扈，氣焰囂張。他觀察另一老師上課伏伏貼貼，魚不動水不跳。原來他上課前兇神惡煞，板著面孔，並聲稱：誰不規矩聽課，趕出教室罰站，下次也不准進教室，還要寫檢討二十分，貼每個教室，還要請家長監督。學生有畏懼之心，一怕罰站，二怕不聽課，三怕寫檢討，四怕請家長，於是老實了十倍。

在吸取教訓後，他對那些不聽話的人采取了嚴厲訓斥與發怒批評，發怒時似乎怒髮衝冠，火冒三丈，配之以罰站之類，學生規矩了許多，課堂能正常進行了。然而一堂三發怒，四發怒甚至五發怒，對自身身心摧殘很大，一堂課上完，他疲憊不堪。

他的師父說：發怒是“火燒功德林”，儘量不發怒，如實在不可避免發怒時，應像演員演戲，給觀眾看的，表演像發怒並不發怒，于身於心毫無損害。

從此，對學生嚴格要求，嚴而有格，和顏悅色，遇個別學生擾亂課堂，采取嚴厲措施，使之有所畏懼，在那些急需發怒的時候，他也發雷霆般震怒，狂風驟雨般喧泄，不過是表演性的。他終於掌控了課堂。

這個發怒的否定之否定過程，使他認識到並不是教育學心理學原則不對，而是自己搞了本本主義，教條主義。

九三、愛之“三草”

所謂三草：兔子不吃窩邊草，好馬不吃回頭草，天涯何處無芳草。當然，這只是一些形象的比喻。人們只要身體正常，必有兩樁需求：飲食的需求與生理的需求，這或許是聖人講的食也性也。這兩件需求伴隨著心裡的傾向與情緒，生理與心理是不可分離的。生理的愉悅帶來心理的滿足，生理的缺失帶來心靈的苦惱。至於身殘心不殘，那只是一個調控的方向。

“三草”是一個在愛的倫理上的一種調控行為的普遍法則，這個法則必須進行闡釋，才能合理利用。先說：兔子不吃窩邊草。從原始意義分析，兔子穴居，窩邊草有掩護穴居、迷惑天敵的作用，把窩邊草吃掉了，洞口暴露無遺，于自身安全於不顧，則是一種愚昧。後來人們將這個現象引伸與擴展。似乎身邊與臨近的美女不可以戀愛，不可以談婚論嫁，應捨近求遠，這豈不荒唐？男女相親相愛，只有互相瞭解，知其優勢與缺點，經過心靈的碰撞所產生的火花才輝煌燦爛且相對持久。如今流行什麼網戀，不遠千里相親，有上當受騙的，有曇花一現的，有閃婚飛變的，有悲摧連連的。如此看來，“兔子應吃窩邊草”。

“好馬不吃回頭草。”馬吃草是前行中的休憩與進食，它有著遠行的目標，所謂“老驥伏櫪志在千里。”少馬與壯馬更是引頸翹首，心向遠方，志在八方。滄海橫流，方顯英雄本色。不吃回頭草，是因前方更有美肥之草，營養更好。從其引伸意義上看，一對男女因各種原因鬧了離開分居或離婚之後，有人撮合破鏡重圓，於是以“好馬不吃回頭草”格言予以解釋，拒絕接受。另有一說：某某曾結過婚，有人介紹，於是有人說：好馬不吃回頭草，意思是，此草別馬啃過，再啃即是回頭草。這顯然是荒謬的。夫妻之間開始甜美，互感新鮮，各自所見異性優點。美女一笑，如孔雀開屏，如鳳凰展翅，如紅蓮綻放。

時過境遷，柴米油鹽，或入芝蘭之室，久而不聞其香。或紅顏漸衰，或見美不美，或有齟齬口角。正如俗歌所唱：戀愛之時親一口，渾身舒坦全身抖。結婚三年親一口，發現對方有口臭，勉勉強強不停留。再過三年親一口，全身不適要作嘔，惡夢做了一整宿。這就必定見異思遷，這山望那山高。於是家裡紅旗不倒，外面彩旗飄飄便出現了。於是一二三四等男人出現了，所謂家外有家、家外有花、夜不歸家、另外有她之類出現了，養小三、小四包二奶三奶養鴨子養奶油小生出現了，這稀奇不稀奇呢？“吃回頭草”現象很普遍的，如果回頭草再生且茂盛，經檢驗，此草葳蕤，既香且甜美，此草只應此處有，他草並無此草肥，我看，是可以吃回頭草的。曹操位極人臣，可攝取天下之最美，但他愛吃“回頭草”。唐明皇納楊貴妃不也愛吃“回頭草”，宋太宗趙匡義寵倖小周後不也愛“吃回頭草”嗎？你能說他們不是好馬？吃了若干“回頭草”回頭率很高的美女們，戴了金銀首飾，打扮珠光寶氣與那些正二八經的女人們相比，他們的項鍊的閃光、戒指的金晃晃、鱷魚皮包包的名貴與他人比較遜色沒有？

“天涯何處無芳草。”這有點精神安慰的作用，帶一些阿 Q 的味道。當一個人失戀或者妻子私奔或者被迫離婚，想不開，情緒糾結，煩惱困惑，於是乎有人說：天涯何處無芳草。死了張屠夫，不吃混毛豬。正如李敖答記者問時玩笑說：“天涯有芳草，今晚怎麼搞。”這是一個現實的問題。能否違反饑不擇食寒不擇衣嗎？有一句俗語：叫遠水不解近渴。從前，莊子在路上走，遇到車轍裡有一條小魚，昂揚著頭，希莊子給一瓢水以活命。莊子說：我若干天后，湧西江之水，浩浩蕩蕩來讓你獲得自由，暢遊四海。那小魚說，那時，我已沒有生命，成了幹魚，先生的好意何在？莊子提了一個理想與現實的關係問題，供人們思考。“天涯何處無芳草”帶一點理想的味道。有個人饑腸轆轆，很愛吃粉蒸肉與魚，可是桌上只有鹹菜鮓糊椒，怎麼辦？不吃就會餓壞身子。現實點，叫“將就”（勉強）。我們的生活中，存在多少“將就”的場合與勉強的作為。既不能“靈然東壁光，與月爭流天”，也就只好“月黑見漁燈，孤光一點螢”了。你能忍住，有自控力，你就走四方，路茫茫，天不老，地不荒，歲月長，找芳草吧。

九四、臀、尻之議

我們的先祖何等聰明，他們將俗言之屁股，以臀、尻言之，顯得文雅而莊重，可進大雅之堂，可入堂皇之章，可比端容之莊，是語言藝術性之張。然而在作家詩人的表述中，使用屁股或兩者兼用，不乏其例。徐志摩有詩句形容人的春日陶醉，慵懶閒適，說女人的屁股也不願摸。魯迅有詩句“少女有豐臀”，“可抵辯證法。”（筆者之連綴）莫言的名著題目為：“豐乳肥臀”。當代作家王蒙在一篇小說中，詳細描繪了當代男人的屁股，意為翹屁股的人信心十足，斂屁股的人心理自卑。肥屁股的人錦衣玉食，瘦屁股的人生活潦倒。屁股擺幅大者驕傲自大，屁股擺幅小的人莊重沉穩。屁股抖動的人，發了横財。屁股委瑣的人，倒了大黴。他以衣掩之屁股寫人的性格與心態。實屬首例。

歷代作家寫人的外貌大都在前面，在臉，在發，在眉眼，在胸，在發聲。留下了車載斗量的成語和短句。形容美女的，諸如：沉魚落雁之容，羞花閉月之貌。翩若驚鴻，婉若游龍。丹唇外朗，皓齒內鮮。雲髻峨峨，修眉聯娟。光潤玉顏，氣若幽蘭。蛾眉浩齒，光彩奪目。顧盼生輝，儀態萬方。展顏閃眉，風情萬種。絕世獨立，傾城傾國。《紅樓夢》寫鳳姐則有“粉面含春威不露，朱唇未啟笑先聞。”寫林黛玉則有“兩彎似蹙非蹙罥煙眉，一雙似泣非泣含淚目。”這可真是惟妙惟肖到了極致。而形容醜惡嘴臉的，則有：青面獠牙，兇神惡煞。滿臉横肉，面目可憎等。至於寫頭髮，寫嘴唇，寫鼻子，寫額頭，寫下巴，則不勝枚舉。相對言，寫臀、尻就寥寥無幾、遜色許多了。

為什麼呢？見多必識廣，少見必多怪。顯露者易寫，寫去寫來，求新求精求變，就可寫出花來。而臀、尻則處於隱蔽，除了奧運一些項目，女運動員為了不影響體藝發揮，時裝模特利於衣飾展演（如比基尼），可以半露幾乎全裸外，一般很難“識得廬山真面目”。如果有人不顧廉恥，裸露臀尻，肆意妄為，就會遭致唾罵與非議。有人阿諛逢迎，有一句俗話說：把某人的屁股當臉。可見顏面與臀尻有別。在國人的心理中，隨意裸露臀尻的人是對別人的不尊重，是輕狂與放蕩，是道德的淪喪，是文明的倒退，是社會公德意識的欠缺。

中華民族禮儀之幫，不管洋人們如何開放，有什麼全裸海水浴場，有什麼裸體舞蹈表演之類，我們常講在鄉入俗，民約風俗有一定之規，此事我們大可不必與世界接軌。該露則露，該隱則隱，露有限度，隱有尺寸，才合于我們優秀傳統的審美觀，這種審美觀是文明的永恆。

九五、說“緣”

國畫大師範曾先生在八十余歲高齡時，找了一個三十五歲才女美媛為妻，並登了婚姻廣告信息，引來了不少非議或妄評。議論最多的是畢業于武漢大學的徐氏女人貪其億萬家財。二十年前，當物理學家楊振寧先生八十二歲與二十八歲的翁帆女士登報喜結連理時，譽論鋪天蓋地，至今仍是一浪高一浪，沒有止息。有造謠誹謗的，有借題發揮的，有捕風捉影的，有想入非非的。說的最多的就是翁帆貪楊先生之資產，自今仍圍繞這一問題，反復大作文章，不厭其煩。在我看來，純屬愚人俗見，臆測陋鄙而已。

無論貧富貴賤，妍蚩好惡，高矮胖瘦，有名無名，婚姻是一件大事。小事人可支配，凡大事非單能人為，由天命決定。有一個字解釋透徹極了，叫“緣”。《紅樓夢》裡說：“冤冤相報實非輕，分離聚合皆前定。”在出家人中，流行一幅楹聯：“夫妻是緣，有違緣，有善緣，緣緣輪轉。兒女是債，有討債，有還債，無債不來。”橫批：“一切皆緣”。這個“緣”字很有考究。我來具體作一些分析：

“緣”，含緣起、緣分、因緣、順緣、逆緣、善緣、惡緣、今世緣、前世緣、未來緣等語義。“緣”在哲理中，指的是人與人、人與自然之間存在著的因果關係、條件關係，一定因緣決定事物的走向與結果。世上所有現象，包括自然現象、物質現象、精神現象，都是緣的表演與渲泄。緣成就一切，輝煌一切，也敗壞一切，毀滅一切。無論生老病死（人與動物），無論生住異滅（植物），無論成住壞空（礦物，天體），都是因緣和合而生。“萬物因緣生，萬物因緣滅。以此解舍利，舍利放光明。”從緣的分佈時間言，分今世緣，前世緣，來世緣。從緣的特性角度將其分為：善緣（正緣）、逆緣（偏緣）、劫緣（孽緣）、桃花緣（短暫）等類型。

有了這一點小常識，我們再來看范、楊兩位耄耋老人的奇葩婚姻，並不奇怪。首先，他們的生活伴侶離他們而去，騰空了妻子的那把交椅。接著是徐、翁早已走進了那位長者父輩的生活中，男女相互產生的交流感情、溝通思想的條件，於是相互理解、愉悅，在這個過程中，碰撞，磨合，交融，產生了愛的火花，順機隨勢結為夫妻，是水到渠成，自然而然坐了那把椅子。再者我們分析，如果兩人性格不合，相互見面，討厭已極，如臨大敵，又豈能長久？成為閃了一下就結束了，猶如劉曉慶找富豪，成了桃花緣。楊與翁是善緣，他們廝守二十年有餘，以濡相沫，親如當初，這個緣不得了。追溯開去，與前世相關。有人認為，這是迷信，是無稽之談，這是不懂辯證法的緣故。有人將一個人分三天，昨天、今天、明天。昨天決定今天，今天決定明天。沒有無緣無故的一天。推理一下，前天是不是前前天決定的，這個前前天就是前世。

一般言，前世難以證明，雖不能證明，不等於不存在。故佛言祖語有偈子揭示：欲知前世因，今生受者是。欲知後世果，今生作者是。

理所當然，社會生活的人們，應理解、抓住並珍惜今生緣，在今生緣中，擴展順緣、正緣，改造偏緣違緣，避免劫緣（孽緣），為未來緣播下良種。只有一個途徑：改惡從善，積德修福，轉苦為樂，轉凡為聖，毫不利己，專門利人。堅持這麼做下去，必定成就未來世界的善緣順緣良緣。

九六、思維之竅

一個人如何聰明？如何才能獲得智慧？除了先天的秉賦因素，善於思維是一個要核。而且，先大秉賦只是聰明與智慧的潛在性，要使潛在性變為現實性，必須有主觀能動性的參與。我向大家揭秘人們獲得聰明與智慧的一個竅門，名之曰：觸碰原理。古今中外的思想家，高等與超人的聰明與智慧概莫能外。

先談自然天象：電閃雷鳴怎麼產生的？是天上雲層在風力作用下飛行時，產生了陰電荷，與地面摩擦產生了陽電荷，這兩種電荷特性相反，一正一負，同性相斥，異性相吸，於是在一定條件下形成觸碰，產生的溫度可高達一、二萬度，竟至于高於太陽表面溫度的 3 一 5 倍，於是那麼一瞬間，大自然的奇觀電光閃閃、雷聲隆隆便產生了。民間稱雷聲公公、閃電娘娘，這個稱呼意味深長。

我們思維奇跡的出現，也是遵循觸碰原則而運行的。觸碰才能使思維閃光，觸碰才使思維超常，觸碰才使思維創新，觸碰才能使人獲得聰明與智慧。

思維觸碰的形式有兩種主要形式：自我觸碰與自他觸碰。自我觸碰是指兩種對立的思想在相互碰撞時產生了新融會、組合而形成的新鮮與奇異。前些年有部《徐九經升官記》的電影，有一句臺詞叫“當官不與民作主，不如回家賣紅薯”。那個徐九經面對現實矛盾時，他的兩個“我”在頭腦中打架似的碰撞，演員將兩個自我的對立演得形象極了，最終選擇了自己所喜。自我觸碰是在自身頭腦中進行的，有個利弊得失、善惡美醜、智愚明暗的對立比較，在矛盾的雙方進行碰撞後，作出最佳的選擇，聰明與智慧就彰顯了。有句格言：相擊發靈光，切磋成良玉。這是對觸碰產生思維成果的注腳。

自他觸碰是在與人進行思想交流、溝通過程中，有辨識、辯論、商討、引用、啟迪而獲得的新思維。玄奘法師在印取經過程中，曾多次參與皇家組織的各學派、各僧團參與的大型辯論會，他臨場發揮，隨機應變，幾乎每次穩操勝券，深得國王青睞，許以重金高位，留他久住。他本著“寧念家鄉一抔土，不貪域外萬兩金”的宗旨，回到東土。他的高超的智慧是自他觸碰的一個典型。

不管是自我觸碰還是自他觸碰，有幾點必須重視：一終生學習。人的頭腦如同房間，門窗洞開，空氣流通，室內才會清新。一潭死水，何來波瀾。閉關自守，哪來靈氣？而不斷學習、思考才能獲得聰慧。古人主張學而時習、常溫常新即是此意。有人主張讀書何止破萬卷，行路應在萬裡外。這是一個調動思維觸碰的重要條件。二思維不可怠惰、疏懶。即使秉賦很高的人，喜愛怠惰與疏懶，終究不成氣候。“公安派”的主要代表人物“三袁”及兩翼陶望齡、江盈科等，都是奮進勤勉者，是一批有為之士，有識之才。真正做到了“為天地立心，為生民立命，為往事繼絕學，為萬世開太平”。而三袁舅父龔散木自幼聰明絕頂，卻愛玩“三鬥”（鬥蛐蛐，鬥蜘蛛，鬥螞蟻），終究一無所成。倒是聰明不及散木二舅三舅得以功成名就，各有所成。三不可飫甘饜肥、飽食終日。日本科學家經過詳細的實驗研究，得出一個結論：人在饑餓與半饑餓狀態下，智商發揮度高，人最聰明，理智性最強。我們古人有名言：一飽當三癡。整日酒醉飯飽、肥腸肥腦的人至少也有三分傻。我曾經向給高考臨場學生供應牛羊雞鴨美食的家長講這個道理，讓他們明白，吃得太好油重，腦細胞負擔過重，必影響知識調動，阻礙考試效果。他們覺得有理，改變原打算，致使參考學生發揮較好。古人說：恬淡虛無，真氣從之。精神內守，病安從來？歷代思想家主張清心寡欲，這是一個保持心理良好環境、利於思維觸碰的好辦法，是帶體驗性的。四在觸碰實踐中學會觸碰、昇華觸碰，養成觸碰習慣，利用觸碰條件，體會觸碰技巧，形成觸碰成果。袁中郎有幾次利用觸碰條件形成觸碰果實的典型事例。現舉一例：公元一五九九年十月中旬，黃平倩（高官）、愚庵（高僧）、蕭玄圃（密友）、袁小修（胞弟）袁宗道（胞兄）聚集于他的東直門居所的文漪堂閒談，中心點是性命之學。諸友分別發表了對華梵諸典精髓的看法，袁中郎在文友道朋的啟發下，一時自我觸碰與自他觸碰同時進行，將人們之議予以概括為：心淨土淨，我心淨土，自性彌陀。念力乃是法中王。若人稱念彌陀佛，即是無上深妙禪。一心念彌陀，蓮花念念生。這幾句概括，眾人折服。於是黃、愚二人誠摯啟請：三教經典，浩如煙海。請中郎寫個簡明扼要、神魂俱在的本子，五萬字左右，易於入世與出世者誦讀吟背如何？袁中郎抓住了這一機會，花了六十天時間，引經據典一千部，涉及聖人賢人、明主能臣三百位，運用物象事例一千有餘，運用十門開啟之法，撰寫了震古鑠今的天書《西方合論》。假如袁中郎不予理會，以身體或公務推諉，他的這部輝煌巨著就會成為夢幻泡影。這一事例給我們的啟示是：抓住時機，施展觸碰，得以實現夢想。

九七、食受與色受

古人言：飽暖思淫欲，饑寒起盜心。這句通俗語言裡提出了食受與色受的關係。食受，指人體對食物的享受；色受，指人體對異性欲望的追求。探討食受與色受的關係是探索人性的最基礎的課題，也是終極的課題。終極是人們對美的欣賞與創造，而人體的美是最高級的最神聖、最聖潔的美。因此，探索食受與色受關係，是深入了解人心與人性不可回避的問題。

一、色受以食受為基礎。吃飽了飯，睡足了覺，生活沒有後顧之憂，如李鴻章言：囊有錢，倉有米，腹有詩書，便是山中宰相；身無病，心無憂，門無債主，便是地上神仙。”宰相也罷，神仙也罷，到了這步田地的人，全力以赴所追求的是家國擔當伴隨美豔隨從。

二、色受高於大於重於食受，是人性的本來因子。舉幾個實例：盛宣懷是晚清第一首富，他的後人在不到三十年時間內，將所有家產敗光，而敗壞家產主要是兩樁破事：無節制追求對女人的享受與無限制的賭博。美國好萊塢某女星，七十高齡時，看上了一位姓李的身強體壯的中國中年男子，在享受了如男寵似的陪伴後，將百億遺產歸於其名下。清末壯元、兩朝帝師翁同龢有個後人在上海發跡後，貪戀女色，不幾年將資產揮霍殆盡。余曾對幾位月薪萬元的老教授、退休公務員調查他們的消費情況，每月食受與其他開支約兩千元，而用於滿足隱蔽性生理需求（色受為主）約六千元。也曾對在外務工人員的開銷進行瞭解，用於色受的開支約是食受開支的兩倍。

三、色受的追求力量往往大於道德約束、社會公議、自我修持的力量。這個問題很客觀地擺在人們面前。色受促使老婦傾家蕩產追求小鮮血，促使不少高官冒丟官坐牢之險養小三、小四、小五；促使企業家、銀行家、暴發戶金屋藏嬌，促使耄耋老者娶嬌美之女為妻，前提是富有金錢，名滿天下。遠有齊白石、張大千，近有范曾、張紀中、王剛、張藝謀。促使膽大妄為、色膽包天者鋌而走險。近年來，不少罪惡滔天之事是因色受不能滿足引起。

四、根據色受領域裡的嚴竣、殘酷、觸目驚心事例頻頻發生，我們在政策上、法律、法規、治安與教育宣傳上要研究出照顧人心、人性，約束狂野、肆無忌憚的穩妥的辦法來，而不是像現在或許放任自流，或許有空子可鑽，或許走向極端，或許踐踏人性，或許踐踏法律，或許遮遮掩掩，或許執法者犯法為我所用，或許隨心所欲，或許曲解法律，或許干擾底層百姓的安寧，等等，不一而足。

五、凡是為人民服務的法律，都是充分照顧人性、以人為本的法律，這種法律是得人心得民眾的法律，是實事求是的法律，是罰不加眾、法不加眾的法律。因此，根據已經變化與正在變化的形勢，認真推敲修改、對已制定法律增刪補綴，使之更合符現時代人們的正常生活並為現代民眾服務，是十分必要的，也是可行可施的。當法律、法規進一步完善後，一個非常迫切的任務是宣傳與普及教育的問題。如果墨守成規、固步自封，那是對法律本身的不負責任，也是對廣大人民的不負責任。

有人說我此簡議是胡說八道，也有人說我此議是真知灼見。仁者見仁智者見智吧。

九八、詩與胎教

先錄三首小詩：

一

張弦弄曲韻悠揚，佳氣盈盈繞畫堂。
慧質蘭心才學廣，美人如玉立斜陽。

二

張琴弄瑟韻清幽，娟影婀娜舞彩綢。
秀色天成傾國貌，美如仙子畫中游。

三

翁心高遠志摩天，承啟風華歲月綿。
新景常迎祥瑞繞，俊才出眾耀人間。

你能猜出作者的身份與年齡嗎？我說出來你一定感到萬分驚異。作者系三袁故里門湖堤小學五年級學生張佳慧，今年十一歲。第一首，串聯自己姓名寫自己，表現她的自信；第二首寫母親的美麗，表現她對母親的熱愛；第三首寫爺爺輩的作家，她在閱讀了作者的故事作品後，有感而發。且不談這類詩的創意設計與意境表達要素，僅就其年齡與所在五年級學生的遣詞造句、想像豐富、思維敏捷而言，實屬難能可貴。

這個小孩的母親將她的習作發給我時，說了一句引起我思考的話題：“我看到了胎教的力量與效果。”一個小孩的成長有著諸多的因素，遺傳基因，家教氛圍（父母教育、祖父祖母教育、外祖父母教育、鄰里影響等）以及學校教育。當然父母教育與學校教育及他本人努力是最重要的因素。而在父母教育這一項裡，母親的胎教是最基礎、最根本的教育，十月懷胎而優教可抵出生後十年的教育，如果忽視了，則十年之教也難以補救。這是一個被普遍忽略了的問題。人們只重視在上學以後如何補課、如何課餘學琴、畫畫、練字、跳舞，幾乎佔據了學生所有的課餘時間，剝奪了學生的自由空間，妨礙了學生生動活潑、主動積極發展。如果稍不如意，則責怪學生不聰明，學校老師不負責任，而很少有人從源頭檢查與反思自己。

這個源頭就是胎教。這個寫詩的小孩的母親告訴我，她在坐胎後的十個月內，心平氣和，謹言慎行，不參與打麻將、朋友聚會，始終保持心靈的潔淨與身體的和諧、協調、穩定。日常生活保證營養，常去田野呼吸新鮮空氣，常在溫煦氛圍中沐浴陽光。遇暴風驟雨不在外邊行走。保證睡眠時間後，按時起床，與丈夫約法三章，以保證胎兒正常發育。她每天清晨播放唐詩與兒童音樂。自己薰陶也感染胎兒。孩子雖在腹內，卻當做已降生在身邊。她還每天念誦《般若波羅蜜多心經》，念誦經文是為了消除內心深處的憂慮、恐怖與顛倒，並將大自然的正能量收入體內。懷孕時間，也偶然碰到不順心的事情，但從利於胎兒發育著想，及時予以調整。可以說是：戰戰驚驚，如履薄冰。這使我想起了“太太”一詞的由來，周朝開國初期，有三個聖人的母親，名太任、太薑、太姒，她們懷上孩子後，目不邪視，耳不邪聽，口不邪言，心不邪思，非常重視胎教，從而誕生了以文王、武王、周公為代表的幾位聖人，為開創周朝八百年江山打下了堅實的基礎，為了記念三位偉大母親的功勞，故史上稱偉大的母親叫“太太”。

在現實生活中，我們常看到懷胎女人挺著肚子，出入麻將館，入污穢之所，為芝麻綠豆大的事與人爭執不休，甚至爭吵不斷，有人聽信胡塗醫生讒言，私生活沒有節制。有人心煩意亂，心浮氣躁，甚至易怒易惱，不加克制，懷孕與不懷沒有區別對待，顯然這些言行舉止值得人們反思與借鑒。

當然，我只是提示這個胎教問題，供人們參考，這篇小作還不是系統地全面地闡釋這個問題。

九九、酒道

俗言：酒是人的祿。古人講：福祿壽喜，金玉滿堂。分別指福氣、享受、壽命與歡愉。能否飲酒，飲多飲少，是人們享用的一種表現。

很早以前，有酒池肉林一說，可見造酒、飲酒的歷史悠久。曹操有"對酒當歌，人生幾何""何以解憂，唯有杜康"的感歎。晉劉伶有《酒德頌》，其中描寫飲者"無思無慮，其樂陶陶，兀然而醉，豁爾而醒，靜聽不聞雷霆之聲，熟視不睹泰山之形，不覺寒暑之切肌，利欲之感情"。一個無天無地無欲無我的酒鬼形象出現了。李白"會須一飲三百杯""與爾同消萬古愁"是一個豪爽、瀟灑、大度的酒仙形象。袁中郎只能飲一蕉葉，聞沽酒之聲，則歡欣雀躍，以酒為話題，則可通宵達旦，是一個典型的酒神形象。僅以他對飲酒場所、飲者心態、飲客談資為例，他說：

"飲酒有四宜。醉花宜晝掠光，醉雪宜夜消潔，醉得意宜唱導和，醉之離別宜擊缽壯神，醉文人宜謹節奏。醉月宜樓，醉暑宜舟，醉山宜幽，醉佳人宜微，醉豪客宜浩歌，醉知音宜清喉。"

"酒有多少典型。史之曹參飲于國，陸賈飲于達，蔡中郎飲于文，淳于髡飲于俳，孔北海飲於肆，醉顛禪飲者，張志和，仙飲者，管公明，玄飲者。白香山飲于閒適，荊軻飲於怒憤，李白飲於狂放，韓愈飲於沉潛……"

"酒有酒經。六經、孔、孟之言皆酒經內典。莊子、離騷、李、杜、白、蘇、歐諸集皆外典。傳奇、水滸傳、金瓶梅等為逸典，不熟諸典飲而不談非飲徒也。"

他對飲者飲態有精妙描寫：有的如雨後鳴泉一往可觀；有的如俊鷹獵兔擊搏有時；有的如遊魚挾浪喁喁終日；有的如吳牛嚼草，不大利快；有的如徐娘風情，追念其盛；有的如後主思鄉，非其本心；有的如少年說劍，未經戰場；有的如狄青破昆侖，以奇服眾；有的如井底醉蛙，執著其地。他寫的《觴政》是中國古代酒道文化的巔峰之著。

古時的酒不像現代的酒，有太多的分類與品種。就品位言，有世界名酒、國酒、名酒與普通酒之分。僅就白酒言，就有醬香、濃香、清香的區別，至於產地、特色則是五花八門。如果說到啤酒、黃酒、紅酒則極其複雜。我不怎麼飲酒，但對湖北 房縣的黃酒與浙江紹興的鹹亨酒情有獨鍾，那一種酒，喝一口令人終生難忘。

我看視頻，見到陳年茅臺貴得嚇人，幾十萬一瓶，還有法國的一種名牌紅酒數十萬一瓶，這種幾萬元一杯的酒喝了究竟對人的身體有什麼實際好處，我看沒有。君不見哪個健康長壽者是得力於喝名酒？如同澳門賭王以數百萬元一頓飯招待採訪者魯豫，其中一盤菜五十萬元，魯吃過變得漂亮了還是聰明了還是健康了？沒有聽她透露。可見名菜名酒昂貴得嚇人，吃的喝的是名氣、排場、實力，除此以外，什麼也沒有。

余有好友，一日，用陰陳二十年白雲邊招待余，餘本不勝酒力，但那確實好喝，醇香濃郁各種形容好酒的詞匯來形容還不夠。當年白雲邊走俏紅得發紫時，供不應求，廠家想的辦法是在毗鄰酒廠不到百里的公安章莊鋪一帶，高價收購農村作坊生產的土酒，運去溝兌，貼上標簽。基本上冒名頂替，不久，瘋狂的白雲邊走向了低谷。我們三袁故里也有一種聞名全國的酒，曰黃山頭。我初到公安時，就聽說一種酒產於沙場、沙河、沙泥，沙河的水清甜爽口，沙泥裡含特殊酵母菌，與酒釉紫紅羅蘭花一併發酵，釀成的沙場白酒名氣大，格外好喝。這便是黃山頭的祖宗酒。可是沙河水有期，沙泥有限，一旦大規模機械化生產，並配之以現代工藝流程時，當年的沙酒的本來面目就不見了。

作家王蒙寫過一篇小說，主人公乃三個美女，分別名酒、糖、蜜。以美人喻酒比以花喻美人還多。英雄難過美人關，英雄也難過美酒關。楊貴妃醉酒，是兩美合一。結果唐明皇成了唐暗皇，丟了美人也丟了江山。我有好友，江南才子，嗜酒如命，最終因過度飲酒導致早夭。歷史上很多轟轟烈烈、悲壯感人的故事是伴隨著飲酒而演出的。“臨行喝媽一碗酒，渾身是膽雄赳赳”的歌曲常在耳邊縈繞。這個世界要是停止一天供應酒，全球就會躁動不安，引發動盪局勢。

酒從誕生起，就是文人雅士的吟詠素材，連篇累牘，佳作頻頻。辛棄疾詩曰：狂歌痛飲千杯盡，醉到來年九月九。人生不過二兩酒，一兩無奈一兩愁。”酒與人生與情懷聯繫上了。

酒如女人，可以四兩撥千斤般穩定後院、激發男人蓬勃向上，推動社會前進。也可以置男人于死地。倒在石榴裙下害身誤国、身敗名裂者不勝枚舉。酒道即人道，酒道乃世界之道，文化之道，歷史之道。

一零零、《紅樓夢》三題

一

紅學，博大精深，幾乎涵蓋了中國文化的方方面面。專家多多，佳作頻頻。從研究內容看，有作品、作者研究，有版本研究，有脂批研究，有人物原型研究等。我對周汝昌先生的一個紅學觀點最感興趣。他認為：《紅樓夢》的偉大與獨特之處，在於發現了表露了女性的美妙、能耐與偉大，作者筆下的女性人物形象，清純、美豔、柔情似水，聰明伶俐，才智過人。但她們免不了"千紅一窟"（哭）"萬豔同杯"（悲）的命運。作者對女性的悲劇命運寄予了萬分的同情與深度的憐憫，作者對造成女性的封建社會的禮法給予了無情的鞭撻及批判。彰顯女性偉大者，天下第一書，歌頌女性可愛者，天下第一人。從古至今的文學作品儘管也描寫了女性的美妙，但大都是"紅顏禍水"之見，認為"紅顏薄命"似乎理所當然。這幾乎是千人一面，千部一腔。《紅樓夢》作者反其道而行之，完成了開天闢地、亙古亙今，令人震聾發聵這一巨著。周先生之論是石破驚天之論，很值得重視、發揮、論證。

二

我談紅學不同于周汝昌研究紅學中女人的美，覺其視角獨特。不同于劉心武的人物原型探佚，似乎言之有據。也不同于嶽學的作品作者探幽，令人耳目一新。

我的視角獨特。社會的習慣勢力無比強大。千百年形成的"父母之命媒妁之言"的婚戀習慣是一個主宰，也是一個銅架鐵鎖的束縛，賈寶玉與林黛玉想掙脫這個束縛，粉粹這個主宰，一個被碾壓得吐血而死，一個被逼得萬般無奈出家做和尚。這種悲劇在歷史上不斷演出過。只是《紅樓夢》演得驚心動魄，令人淚下。但是他們演出的對白中有很多閃光的東西，值得我們沉思默想，為我們的生活與追求服務。試舉一例：

當林黛玉糾結于薛寶釵對賈寶玉的感情插入時，他們有一段對話，反映了林黛玉對情敵的擔憂、恐懼，為了排解林黛玉的疑慮與困惑，賈寶玉誓言似的說了一句話："任憑弱水三千，我只取一瓢飲。"很多讀者只是停留在兩人的情感層面來看這句妙言，這是一種膚淺的浪費語言精光的認知。作者借這個場景的對白，傳遞了一個無比珍貴的正能量信息。他講的是愛的精專於一才到達的理想的境界，所謂白頭偕老是這種境界的一個結果。不精不誠的愛，如夢幻泡影，如露如電如浮雲。只有精專於一，才永恆。我們古代設貞節牌坊這一舉措，並非滅絕人性，是淨化社會倫理，保證道德純良的重要措施。一個社會的墮落、倫喪、混亂、世風日下是從女性的放蕩與不知廉恥開始的。從擴展、引伸言，精專於一，是一種生活與事業追求哲學與人生藝術。凡有所建樹，必精專於一。古人講：得于一，萬事畢。所含之道理與實證，不必贅言。

三

我們還是從賈、林對白說，這是因為作者借他們之間的傾心吐膽，想告知讀者深邃莫測的精神追求。寶玉是個極其聰慧的青年才俊，他在聽了一段曲文後，引發了一種奇思異想。隨機順勢寫下了一段話（第二十二回）：

> 你證我證，心證意證。
> 是無有證，斯可雲證。
> 無可雲證，是立足境。
> 林黛玉見此，續了一句話：
> 無立足境，方為乾淨。

解讀此段文字的關鍵詞在"證"字，可理解為"驗證、感悟"，包括理論與實踐兩方面因素，我們也可以用分析、比較、選擇、研究、貫通等作意會。賈寶玉的禪境有一定高度，什麼也不必驗證了，感悟了，才可立足，才進入了精神的高境界。林黛玉的續語，更為高層，連立足境也沒有了，空靈了，一無所有了，純粹又純粹了，乾淨又乾淨了，才是靈明，圓坨坨，光閃閃，圓滿滿，自由由，自在在，此種境界主宰一切，通天達地，通玄達真。這是古今聖人所達所求之境界，孔子、老子、釋迦他們都攀登到了此種美妙的靈山勝境。

作者借賈、林合寫這段文字，告訴人們的追求全美至善至真至玄至慧至樂的終極目標是什麼，我們走哪一條正道去追求。林黛玉雖悟到了，但並沒有做到。關鍵是悟得出，還要做得到。我們常說：《紅樓夢》永恆，此可見一斑。

一零一、醬蘿蔔小議

小小醬蘿蔔，農家一小菜。酸甜苦辣鹹，五味皆俱全。可以開胃口，可以增食欲。

它，沒有顯赫的名稱，沒有顯著的影響，沒有高昂的價格，沒有奇巧的工藝，沒有很高的要求。但只要有了它，那麼一小盤，或不起眼的那麼一小盅，可以促使你多吃飯、多吃菜，刺激你的味蕾，滋潤你的胃腸，幫助你的消化，為你的營養服務，帶來你的健康與舒適。

一個很普通的農婦，不必作什麼培訓，不必瞭解營養學原理，更不必絞盡腦汁，到別處取經問竅，就是菜畦裡的“剩”蘿蔔，有的小，有的老，可以甩，可以拋，你珍惜它，洗盡了，幹曬幾日，隨意切成小塊塊，放上鹽，放上紅辣椒絲之類，有的拌一點薑末花椒，裝在陶器裡或玻璃罐子裡，蓋上蓋，將它隔離空氣，醃幾天取出，民間美食，隨意享用。常吃大魚大肉、經常飫甘饜肥者，那些大腹便便、嗜飲高檔酒者，出入高檔賓館會所、享受聲名顯赫的美食者，當他們吃香喝辣、饕餮盛宴時，他們有時關切地問：有醬蘿蔔沒有？如果有，他們很喜歡、很滿足，如果沒有，他們若有所失，很是遺憾。而在支付高額宴請費用時，老闆是不屑一顧或者忽略不計的。

我們進入賓館、餐廳、食堂、酒店，去翻閱製作精美、五顏六色、花裡胡哨的的菜譜名稱時，你會發現耀眼奪目、爭芳鬥豔、吸引眼球的名稱，既有攝影師拍攝，又有文學家的命名，還有老闆的良苦用心，色香味器，一應俱全。就名稱言，略舉數例：菠蘿咕嚕肉，蒜蓉排骨，虎皮鳳爪，茄汁豆腐，宮寶雞丁，吉祥三寶，地三仙，魚香茄子，酸辣土豆絲，千燜雞。還有各種地方風味的美食。如沔陽三蒸，公安魚糕，柳州螺螄粉，重慶火鍋，南京清蒸鱸魚，廣州龍虎鬥，北京小蝦燉白菜。這些均是很普通的菜譜名稱。至於有文學素養與豐富想像力的，給出的菜譜名稱，五花八門，五光十色，如螞蟻上樹，母豬滾泥，群英薈萃，男人四十，破鏡重圓，傑米揚的湯，阿凡提鹵兔肉等，一個菜名就是一個小故事。唯獨沒有醬蘿蔔。如果說到山珍海味、熊掌猴腦、虎骨燕窩之類，儘管價格高昂嚇人，但已是有名無實了。

武漢東湖邊有一聞名全國的招待所，要接待北京來的尊貴的客人，負責人徵求客人意見，要吃什麼美食，喝什麼名酒，儘管提。客人曰：湖北農村醬蘿蔔即可。接待人滿口應承，極為高興。因此菜普通，且價格低廉。想不到，被人看不起的醬蘿蔔也有登大雅之堂與風靡世界的名菜同起同坐的時候。

這使我聯想起來了，我們的世界、社會、團體、單位、學校及一個家庭、一個組織機構，都好比是一個人，它們運作進程好比是人體的新陳代謝過程，又好比食物的營養消化，在這個過程中，有主食、副食、再副食（如醬蘿蔔），為主的，為副的，有名有影響的，理應重視，但還有些無名的、被人不看重的人與事，默默無聞，扎實奉獻，不需要什麼引人注目的供養，但它們的存在確實起到了不可替代的作用，它們類似醬蘿蔔的地位與精神，我們也是不是應該寫點讚歌性文字，宣傳宣傳呢？這於我們的社會進取、生活的和諧與穩定應是有好處的。我的這種聯想是不是有點牽強附會呢？讓讀者去評判、推敲吧。

一零二、蓮花淺說

蓮花是自然植物的卓絕代表，它的存在是蓮藕體系。紮根于污泥，長在清水中，又伸展於天地之間。既有形體的美豔，又有清香的馥鬱，又有果實的甜潤。紅黃綠黑白諸色全具。蓮花之紅勝桃紅，蓮芯之黃勝菊黃，荷葉之綠勝綠草，蓮子、藕之白可比雪，藕節與蓮殼之黑比墨漆。荷葉田田圓圓，大如傘蓋，世上植物罕見，荷梗細長，中通外直絕無僅有，藕節粗細相間，長短參差，蘊蓄新的生命。一顆蓮子可保存千年而仍能長芽生根。蓮藕的繁殖有蓮子與藕兩個系列，藕在水下泥地，蓮籽在水上空中。可稱之為通天達地。蓮藕之內涵可映射全部的生命哲學，蓮花的底蘊可輻射儒道佛三教的精粹。宋代作"太極圖詳解"的周敦頤有名篇《愛蓮說》問世，是儒家道家贊蓮的典型。道家以蓮為象徵物，太白金星在哪吒死亡之後，用蓮藕將哪吒起死回生，重塑人形。觀音坐蓮台，佛祖蓮花座。唐僧的法帽是蓮花瓣形構成。古人講女性之美，有三寸金蓮說，並說蓮有九品。蓮花已成為一種境界，一種智慧，一種吉祥，一種福祉，一種光明，所謂"芙蓉出水千光照，廣大圓滿歡喜生""清珠投入濁水，濁水不得不清，蓮花深入亂心，亂心不得不純"。正因為此，蓮花具有強烈的象徵性、承載性、工具性與代表性。

先說其工具性。它是人們進入清純境界的工具。清純境界的獲得極不容易，人們總是被世事紛繁所糾纏，被名利所困繞，人心煩亂，難以清靜，因而苦惱、煩惱易得不易除。古今修煉家給我們找到了一個達到清純佳境的工具，這便是蓮花。蓮花的感染與移情、暗示與召喚，可以排除我們心中的煩悶，解脫我們的束縛。

再說其承載性。天人合一的境狀是生命體得以安康茁壯的前提與保障。對於既具有自然性又具有社會性的人而言，天人合一之境是最高之境，此境是馮友蘭先生所主張的天地的境界，是最高層次的覺解的境界，它比“自然境界”“功利境界”“道德境界”高了檔次。但是如何達天人合一的境界呢？必須有一個承載物，有一個契合點。這個載體、這個契合點便是蓮花。只要您心如蓮，您身如蓮，您就可以與天地合和，您就可以追溯以至到達天一合一。或許有其他載體，有其他道路，然而蓮花是一個最佳的載體，一個最便捷的通道。

再說福祉的象徵性，幸福是每個活著的人所追求的。問題是我們應具備什麼樣的幸福觀。物質的享受、精神的愉悅、子女的出息、家庭的康樂、愛情的純真、親情的溫馨、友情的純真，對社會的貢獻，思想的成熟，對問題的探究，理想的實施，心靈的和諧，身體的健康等等，都是幸福，但這所有幸福必須有一根紅線穿插，因為世上並沒有全福，凡是幸福總是有缺陷的，如同美，世界上不存在絕對的美，美中總有不足。老子曾言：大家都稱其為美時，就不美了。道理非常簡單，美與醜互根互立互存互轉。幸福也是如此，幸福是相對的。當豔陽高照光明卓境時，你幸福，當豔陽故逝時，你仍然感到幸福，因為光明卓境照耀你的心地性天，而且明天豔陽就會到來。幸福在於您的心靈傾向。而蓮花佔據指導、照耀心靈時，它給我們提供了一種純淨的心靈傾向。這便是“芙蓉出水千光照”。靈慧是生活的人們的另一種追求，靈慧既是一種聰明，又是一種靈光。靈慧是上天對生命體的最大恩賜，是一個獨一無二的禮物，是至寶，此寶至真至精，價比黃金白玉。人人靈慧本來具有，但就個體而言，往往自蔽自塞。這便是常言的“利令智昏”“鬼迷心竅”“糊塗油”“一飽三癡”等。靈慧被迷的表現因素較多，權迷、色迷、財迷、酒迷，甚至過多進食進肉以及交往中與壞朋友過從甚密也會造成迷。所謂執迷不悟，迷途而不知返。一旦“執迷”，靈慧便失去了，頭腦就不清醒了，人們就被忽悠了。當然不單是別人忽悠了自己，而是你自己首先忽悠了自己，別人才能忽悠，你自己不忽悠自己，別人是無法忽悠你的。而要做到不被忽悠，讓蓮花來調控您的心智，佔領你的心靈空間，蕩滌你的靈魂，撫摸你的情志，召喚你的才智，是一個絕妙的招數。

附：鄭傳斌讀後

《蓮花贊》

碧波蕩漾映天光，蓮葉田田滿池塘。
不染塵埃清自守，花開靜處散幽香。

•

風搖翠蓋舞輕盈，露滴紅妝映日明。
出淤泥而不染垢，濯清漣更顯高情。

•

世人皆愛牡丹豔，我獨憐君品性堅。
一瓣心香隨月遠，蓮心苦儘自甘甜。

•

願效蓮花修此身，淡泊明志守天真。
紅塵萬丈心如水，靜待花開悟本心。

一零三、面子與飯碗

面子是個資源，是一種影響力，是個知名度，面子後面的資本是地位、金錢、聲望等因子。很多人靠面子吃飯，離開了面子，或許無法生存。在農村，面子比生命還重要。我曾寫過一篇小說：《老涂的尷尬》，主人公靠自種自賣小菜過日子，辛辛苦苦積攢了一二千元。一天，他的剩菜沒賣完，正著急時，一個花枝招展、聲音甜美的美女將他的菜全買光，給予的價格使他覺得極劃得來。一來二去，這美女親切稱他為大哥，他們便越來越熟悉，越來越親密。於是有一天，那美女便約了大哥去玫瑰有約講講話，脫光衣服正準備親熱一番時，進來了一高一矮兩個民警，嚇唬道："你嫖娼，是私了還是公了？"公了進派出所交罰金五千，通知家屬，私了交罰金三千。"老涂農村人沒見過這勢頭，特講面子，連聲說："私了，私了。"此時，有段旁白：生命誠寶貴，金錢價更高。若為面子故，二者皆可拋。後來得知，是那個美女與兩個男友的作局，警服警證是假的。

我們本地有個國家一級作家，旅居南方都市，每次回來，公家私人恭敬有加，宴請須預約排號，面子不小。但他的飯碗不大，其收入拿的是正局級的工資。以我本人為例，我的面子是中國作協成員，堂而皇之的所謂作家。但這僅僅是一個面子，我的飯碗還是我的退休養老金，靠高職稱吃飯。

我想起了唐代詩人李白，他面子超大，可以天子呼來不上船，楊貴妃為其研墨，高力士為其脫靴。寫了著名的歌頌楊玉懷的《清平調》，中有"雲想衣裳花想容春風拂檻露華濃。若非群玉山頭見會向瑤台月下逢。"貴妃簡直是仙女下凡。只因"安得摧眉折腰事權貴，使我不得開心顏"離開皇城，四處遊走，口吟"我本楚狂人，鳳歌笑孔丘。手持綠玉杖朝別黃鶴樓。五嶽尋仙不辭遠，一生好入名山游"，幾於窮困潦倒，但還是總有各地詩人與官吏請吃並送銀子。這是面子轉換成了飯碗的特例。

現代人處處時時都按面子大小排序並處理問題，宴席入座、會議桌牌、發言順序、進場先後、報道列名都離不開面子標準。否則會犯顛倒錯誤，得罪領導與公眾，觸犯敏感話題。這種顛倒包含黑白、是非與陰陽三方面。面子問題上升到了政治、經濟、外交、學術乃至國家、國際化的大問題。

普通百姓也是很講面子的。講面子在我的老家尤為突出。我有堂妹，曾向我哭訴：有個女兒十五六歲讀高中，可是家離校遠，他的外婆家離校進，於是與舅舅一起結伴上學、放學。誰也沒想到，這個女孩後來投河，釀成人間悲劇。據測，出自面子上。當然這也是一個特例。我年輕時候，單位領導有威望，後來居然投河自盡，據知情人士透露，是因組織上對其作風問題進行調查，他擔心失了面子，寧可丟飯碗不吃飯了，去保面子。

我們的傳統美德裡，講禮義廉恥。俗話說：人無廉恥，百事可為。講一般面子，是個道德觀念問題。事實上，面子遠遠超于道德內容，幾乎成了對人處事的一個態度與標準，甚至是一個沒有明文規定的原則。很多時候，你不考慮面子原則，輕則受斥，重則下課。因而研究面子的價值、區別與表現，成了一個似乎不可忽略的課題。我只是點一點而已。

一零四、議議平臺

一個演員即使才藝很高，如果沒有提供舞臺去表演，久而久之，他的藝術生涯就中止了。一個演說家，具有雄辯滔滔的本事，如沒講壇去講座，時間一久，他的能力就會消失殆盡。同理，一個作家儘管下筆千言，筆下生花，如果其作品沒平臺展示，封閉保守，時間一久，他的思維就會枯竭，王安石所寫的“傷仲永”現象就會不斷重演。

我有幸結識了中國北方的兩個不大不小的平臺，一個名《雞冠花文學》，一個名《麒麟山文藝》。雖然它們不如高端頂級平臺，不如處於顯赫的令人望而生畏的大雜誌與大報紙，動不動數十萬、百萬粉絲，或者那麼多有令人心動的獎項。但對於我來說，它們就是我的高端平臺，就是我的大報大刊。編輯們的辛勤操勞與精心維護，可以滿足我的創作欲發表欲，可以激活我的頭腦引起興奮。約略算來，不到兩年，我在這兩個平臺上發表了近二百篇“豆腐塊”文章，相當於往昔十餘年的時間的“爬格子”運動，並促成了我的重要著作《心誠精品故事選》的編輯與出版。所以我從內心深處感激這兩個平臺。作品在逐日發表中，有的讀者堅持必讀必贊，有的讀者堅持打賞送花送茶送大拇指送恭敬。有的讀者發表了不少令我感動的評論。比如《緬懷母親》一文，有七八個讀者說他們感動得流淚，有人寫了評語，讀者與作者心靈共鳴。有的讀者認為提醒自己的念母情結，本不怎麼寫，也準備寫一寫我的《母親母愛》。三袁文化主帥袁中郎有一個特別的觀點：敬母大於敬父。應在生活中落實。世上所有人都應該永不忘母恩，這既是一個世界公德，也是我們民族的獨特的文化精神。有的作品中的精華語段被讀者選錄收藏，其中不乏資深學者與有知名度的作家、詩人、評論家。有一位著名詩人讀過我的一些小作後，認為我進入了創作“井噴”階段。有的作品喚醒了讀者大腦深處的庫存資源，引發了他們對同類問題的思考，於是激發了他們的寫作熱情與興趣，寫下了相應的同題材詩歌與散文。比如，《醬蘿蔔小議》引起鄭公興趣，隨機寫下了《醬蘿蔔》（詩），發表了他的“小草無名天地闊，人間至味是尋常”的觀點。他讀《紅樓夢三題》，隨機寫下了二十行詩歌，讚揚曹雪芹的才華與書中的女性人物。。有的讀者說看到我的文章，學了知識，懂了道理，認識了社會與人生。有的當老師的讀者說把我的作品當講課資料，有的領導幹部說將我所寫作為對群眾講話的參考。他們紛紛讚揚說我之所寫是正能量的東西，並對作者的勞作進行了讚美。。有的育齡婦女看到我所寫，懷孕期間禁止同房，與胡醫生所言相反，並講了胎教理由，非常感謝這一傳教。外地一位著名作家，還專門諮詢與平臺是否有簽約協議等。可見其關注之熱心。

當然，也有讀者反饋起先令我不快，後來一想，正常。比如，我寫了孔子、老子、莊子的故事，這位讀者不知看了沒有，他寫的評語為：無聊！神經病！我有點莫名其妙，不知原因。轉念一想，人上一百形形色色，有的有才，有的缺德。有的向燈，有的向火。這種負面批評自有好處，我不必深究其用詞。師父曾告訴我：病毒一轉化就是最好的營養成分。別人批評幾句甚至謾罵幾句，可以使自己警覺與謹慎，反者道之動也。不可多得。一邊倒並非完全是好事。

總是有讀者問：你這樣頻頻發表作品，收入不菲吧。他們認為：作家是生意人。我想我們每個人都有自己的生活境界與追求目標，人與人是不同的。我們必須明白，如果以寫作為賺取稿費為目的，是絕對寫不出什麼有品位的東西的。當然作家也不拒絕稿酬。好比人與人都要進食，但進食的目標不一定同。我不批評別人以小人之心度君子之腹。我順著他們說：可以維持，略有潤筆之資。我曾在《面子與飯碗》一文中間接告訴讀者，我如果靠作家的面子吃飯，老早餓死土丘。黨與國家給予了我不薄的養老金，衣食無憂，我可以輕裝上陣，盡力而為，寫些力所能及的文字，為社會作些微薄的貢獻。只此一宗，豈有他哉？

為感謝北方兩個平臺的支持與信任，我將永遠奮鬥下去。像黑豐先生言：一天有一天的奮鬥，一小時有一小時的奮鬥。待我的作品到一定數量時，一百甚至三百篇，我將申請出版我的第一部雜文隨筆，將定名為《闲窗雜记》。請關注我的讀者拭目以待。

一零五、德、色之議

南子是古代衛靈公的王后，出名的美女。孔夫子見衛靈公與南子出行，招搖過市，得意忘形，對弟子們議論道："吾未見好德有如好色者也。"意為人們追求美色的多，也很易，而追求美德的少，卻很難。然而孔先生並非不食人間煙火，斷了七情六欲。他去會見了南子，引起了子路不滿，於是夫子賭咒發誓：我有什麼非分之想，天懲罰我，天懲罰我。以此打消徒弟們的疑慮。孔子見南子肯定有他周遊列國的共同目的。因南子操持衛國國政，駕空了衛靈公。這裡不深究其因。夫子所發表的好德與好色之議，倒是對我們今天來說仍有現實意義。

我們先溫習一下孔子關於德的教誨。子曰："志于道，據於德，依于仁，游於藝。"又曰："君子之德風，小人之德草。"又曰："德之不修，學之不講，聞義不能徙，不善不能改，是吾憂也。"

孔老師的德行觀有幾點值得重視：一是德以道為前提；二是德以行證明；三是德必須落實到位，知錯能改；四是德有垂範者，即有人做出榜樣；五是人們應該用追求美色的熱情與行為去追求美德。

而事實上，求美色者多如牛毛，如沙如礫。而求美德者少得可憐，如玉如金。袁中郎曾在嚴肅的《西方合論》話題中，對人性進行揭露：男人聞淫女所在，前往時，高山深澗，磷途虎窟，在所不辭。這裡我們略作分析。首先，美色，值得人們所求所好，普遍現象。但必須有個限度，有所約束，如無約束，如無限度，不能保持矩離，美色將轉為美毒，美毒之毒大於惡毒。輕則身敗名裂，重則踏入深淵，毀前程，丟性命。色字頭上一把利刃，不虛言也。因此任何一個好美色者都必須警惕。好色非罪，而過分超度就是罪。美酒佳餚，人之常情所喜，如果不限量不適當，則是催命符咒，比爛腸的毒藥還兇猛。這是否失德呢？失德只是表層，而深層之因，是失道。所有失德，包括道德敗壞與淪喪之類，根子都在失道與無道上。當然，一個色字，除美色外，理應還包含與此相關的豐富的內容，一言以蔽之，物質享受之類。

我在相關文獻中，看到袁中郎對好色的獨特見解。他去任縣令，手握重權，加之所往，以出美女名聞名於世。他胞兄囑他“須節色欲”，他則回答“患不好色，好則何損精神？”其理由是色難以言，千古以來，王嬙與楊貴妃可稱之色，如能與這類美女相交，則與另外之女必交極少。而現在一些人泛泛而交，饑不擇食，不論美惡，動不動有結媾之行，這叫好淫，不能稱其好色，其意為這種上乘好色不損精神而養護精神。這確乎真知灼見。然後講有人養一妻數妾，和美無間，並無好處。如果小有吵鬧，我從中調停，才有好氣象，美光景。由此引伸，中進士者，一帆風順，做到尚書，並無好處。得遇到升遷與貶謫，經歷坎坷，堅定了德性，煉就了才品，才有好氣象，好光景。有人評述道：此二語雖不近人情，凡事推廣開來細想，卻有道理。一個人在逆境中戚戚不安，沒坦蕩之胸懷，不能在逆中索趣味。那人強調說：我極喜中郎謔談，服其有理。袁中郎所談可稱之為色道，是一種不同尋常的意見。

我們現在回到孔夫子的高論上來：必須明白，孔子的德、色之議，波涉中庸之道。所說中庸，是指處人處事的一個原則，中允，公平，中和，不偏不倚，適中合節，把握尺度，恰到好處。這是一個普遍哲學問題。很多睿智機敏的洋人哲學家探討宇宙人生的奧秘，耗盡了他們畢生的心血，並沒有像中國古代的哲人說得透徹，表達那麼清楚。孔子認為：好色本人們的本性之一，這個本性不能讓它氾濫成災。其根本辦法是轉化，用好色之興趣與作派去追求美德，這樣既不失色，也不失德。而要做到兩不失，就要遵道。孔子把道放在首位。他認為：朝聞道，夕死可矣。又說：士志於道，而恥惡衣惡食者，未足與議也。還說：道不同，不相為謀。可見孔夫子所言限色求德的大目標是明道、行道、證道。道究竟是什麼呢？老子說：玄之又玄，眾妙之門。他花了五千餘言論道。認為道生一，一生二，二生三，三生萬物。袁中郎認為：法天法地法鵠卵，就是道。山河大地，百草樹木，鳥獸蟲魚，日月星辰，無不體現道、表述道，受道支配。如果讓我來解釋，道就是總規律，大主宰，大自由。誰也不能違反，誰也不能改變。既神秘，又實在；既玄妙，又平常；既不可見不可知不可言，又可見可感可言。千百年來的志士仁人、學者偉人，宏儒碩道，無不以畢一生之精力與才華去追求它，所寫的著作車載斗量，汗牛充棟。不過提醒人們明道、守道、樂道。好色不過是人們尋找快樂滿足心理與生理需求的一種方式。人們應保持警惕與清醒，沒有絕對的無底線的快樂，什麼都具有相對性，既有數的約束，又有度的尺寸。一旦打破限制而肆無忌憚，必定走向反面而不可救藥。這一類事例，不勝枚舉，就發生在身邊，文檔資料裡連篇累牘，歷史傳說中，俯拾即是。我想，我們今天重溫孔先生的德、色之議時，是不可不明白的一個真相。

一零六、說“癮”

“癮”是一種常見現象。它是人們在心理傾向作用下形成的習慣性愛好與行為，具有頑固性與癖好癡迷等特性。如：酒癮、煙癮、棋癮、牌癮、書癮、舞癮、歌癮、樂器癮、書法癮、練功癮乃至毒癮等。社會生活的方方面面，都可以形成一種“癮”。

我曾遇見一個酒鬼，他整天喝得暈頭轉向、魂不守舍，說話顛三倒四、語無倫次。除一日三餐正酒豪飲外，另在口袋裡裝一礦泉水瓶白酒，走幾步十幾步則停下，麻利取瓶，對口小酌，津津有味。人們說他以酒代茶，以酒代飯，以酒代藥。我說，這很不正常。他回應道：喝酒才正常，不喝酒才不正常。一日，此人高血壓病發作，醫生令其斷酒，其家人督促，嚴禁了兩天，滴酒不沾，竟至於如死亡般昏迷，嚇得家人慌了手腳。只好解禁，自言：患點高血壓怕什麼？命還在。不喝酒，命都不在了，活著還有什麼意義？

一首流行歌曲的歌詞說：

酒酒，喝喝，醉醉。糧食的精髓，外看像白水，喝了就鬧鬼，說話就鬥嘴，走路就閃腿。早上端酒杯，晚上不後悔。味道確實美，人生醉幾回？鬥酒詩百篇，豈可失機會？

這是一個飲酒成癖的形象。終於某一天，醉倒在大路邊，再也沒有爬起來。

癮，也不一定全是壞事。有個牌癮者整天玩弄撲克，玩得出神入化，隨心所欲，速度快得迅雷不及掩耳，花樣玩得目不暇接。玩什麼大金花，五十 K，一條龍，清一色，同花大順，四個尖，三小王之類，要想比什麼局，總可以現勝局，無人可及，不可思議。於是獲得了財神眷顧，風光無限，追隨者如影隨形，出行前呼後擁，總有美女伴隨，被人們羨慕。

有的癮，可以成就人生的輝煌。仙桃市有一小孩，從小對中國相棋產生棋癮，不好好讀書，只背古譜。十余歲時，奪得全國相棋競賽冠軍，後來成為省體育局管轄下的專業棋手，成就了相棋大師美名，靠相棋吃飯，比名牌大學生的就業狀況強得多。這正是，三百六十行，行行都出狀元郎。

本地有一小孩玩青蛙成癮，家裡有上千個玻璃瓶，每個瓶裡裝著不同品種、大小不一、顏色各異的青蛙，當春天驚蟄過後，青蛙叫聲此起彼伏，喧騰熱鬧，簡直是個青蛙王國。在專家指導下寫有長江岸邊青蛙的分類研究論文，登在動物學方面的權威雜誌上，引起了國家動物研究所的重視，高中畢業，保送大學生物系，後直接進入相關研究機構，成了保護青蛙、發展農業的專家。其前程一片光明。

余年輕時，有一朋友，愛好書法成癮，床底下堆滿了草稿，筆墨紙硯佔據住房一大半空間，不勞作，不鍛煉，夢想成為啟功與沈鵬那樣一墨千金的書法家。幾十年過去了，除了在小鎮上寫寫招牌對聯之類，謀點生活費外，窮困潦倒，孤身一人，一無所成。人稱“字迂腐”。

正與反事例，告訴人們，癮，有正癮，有邪癮。因此研討癮的特性與形成規律，發展正癮、限制與防止邪癮，是社會生活的人們應該引起重視的問題。我談些粗淺看法。

對於邪癮，應高度重視第一次，第一次是源頭，比如第一次吸煙，第一次吸毒，控制不了第一次，則如千里之堤，崩潰於一蟻穴。一趾之疾，可毀數尺之軀。守住源頭是防止邪癮滋生漫延的有效措施。

對於正癮，所謂自學成才，不可偏頗認識。並非所有正癮都會有成功。關注自己優勢與劣勢。即發揚本能秉賦潛力是使正癮玩出名堂的舉措。以聰明絕頂的惠能為例，單靠他個人的修與悟不行，他不遠數千里從嶺南荒蠻之地前往黃梅五祖廟，得到了師傅弘忍的提攜、鼓勵、認可與支持，才得以大徹大悟，繼承衣缽，開創新一代禪學禪風，成就了偉業。所謂自學成才，是有條件的，條件就是名師指點，高人引路。否則多數時候多數人自學不一定能成才。

還應看到正癮處理不當，則有向邪癮轉化的可能。一位甘姓前輩辟谷的悲劇即是一例。甘某著迷于辟穀食氣，練功成癮，起先三天辟穀，後來能力增強，三十天、五十天、八十天辟谷，都成功了。忽發奇想，交待身邊人，辟穀一百天，結果，一命嗚呼。照理講，辟穀養生屬正癮，但方法不對，釀成悲劇，正癮轉化成邪癮。

如此類推，有書癮者方法不對，讀成書呆子；有棋癮者，方法不對，下成棋癡子；有酒癮者，不加控制，變成酒瘋子；手機癮者不加控制，被手機毀雙目、毀腦袋、毀身體健康者舉不勝舉。

可見，癮君子，不能武斷地說是壞事，也不能一概而論是好事。這裡用得上毛爺爺的一句教言：具體情況具體分析，乃馬列主義的靈魂。

一零七、麻將桌上的哲學

問：打麻將有方位嗎？遇吉位則“胡”，遇黴位則倒黴背時，是嗎？

答：東南西北，四方是客觀存在，而感覺吉位與黴位是主觀的認知。須知福人居福地，福地福人居。從客觀言，你是福人，處任何一個方位，都是吉位，牌起先很差，三下兩下停“胡”，停的早不如停的巧，那些停口好的，可“胡”一四七、二五八等，而你只“胡”一個卡三，你“胡”在前面了。

問：打麻將可以搞鬼嗎？

答：不能。像劉華弟那樣，明明是一個九萬的牌，經過他的手摸一下，變成了紅中，這是不可能的，也不合乎物理原理。麻將牌的張數是固定的，每一張的標示也是固定的。具有不可變性。不可變是一個客觀存在，想通過主觀意願去改變它，這是癡心妄想。不過在運作組合中，呈現千變萬化。會操作者不過遵守運作組合規律，順勢隨機而已。至於某兩人商量好暗語暗示，拆原句子打給對方，這是很容易看出破綻的。有人利用高科技，戴特殊眼鏡可透視牌面，這也是容易看出破綻的。麻將娛樂是一種高雅的正當的遊戲，貫穿些陰謀詭計進去，首先違反了道德底線，是應該予以制止與防範的。世上人總是對旁門左道好奇，追求神秘，存僥倖心理，想通過手摸一下變牌，獲得勝利，那是騙局，是魔術，不是普通人所應追求的。

問：打麻將有牌氣嗎？

答：有。牌氣就是牌的運作走向與勢頭，一種看不見摸不到卻能感知的神秘力量。所謂運氣來了，門板也擋不住。俗言叫“火”，“火”好即運氣好。牌場上常講錯打錯“胡”“絕張絕有”就是牌氣起作用。彆扭了，很好的牌，可“胡”很多張，就是不“胡”，有的牌氣好的，邊張與卡中間張卻“胡”了。牌在運行中，有數字概律作用，但主要還是運氣。經常有人講：“胡”了是我幸，不“胡”是我命。這涉及運作者的技巧，牌技是第二位的，牌運（又稱牌氣）是第一位的。牌運就是一股神秘力量支配牌的走向。

問：如何控制牌氣？

答：牌氣並不是一成不變的，充滿了戲劇性變化與活力。一次擲骰子，可改變牌氣。當然也數次擲骰子，黴氣伴隨著的。所謂“皇帝輪流做，明年到我家。”“月無七日圓，牌無場場贏。”牌氣有客觀性，也有相對的主觀性。所謂牌亂方寸不亂。在牌的運行中，玩牌者的心態至關重要，心平氣和，頭腦冷靜，可以促使牌運走向利於自己“胡”。如果遇亂牌心浮氣躁，臉紅耳漲，則本來的順氣跑掉了。反之，處變不驚，處亂冷靜，則逆氣轉順氣，黴運轉行時。這裡須強調一下牌膽，很多人輸在牌膽上，該“懲賴子”時瞻前顧後，不敢“懲”，錯過板回局面的機會。當然也有人輸在盲目大膽上，不該“懲賴子”卻“懲”了，結果入深淵難以自拔。一場牌開局很重要，一旦深陷其中了，想轉敗為勝較難。玩牌猶如打仗，善戰者不敗，善敗者不亂。牌一起完，要有全域觀念。確立輸局，則儘量避免失誤，輸則爭取少輸。順局則要抓住時機，大膽“懲賴子”，以求大勝。輸時求少與小，贏時求大與多。故我說：牌場運行中，心理素質是第一要鍛煉的，所謂曆事煉心。運作牌時，且記不可嘮嘮叨叨，絮絮不休。分散了精力，影響了心情。不要過重看待金錢的得失，越看淡，運作越輕鬆，玩牌是高雅的藝術，一種娛樂方式，金錢的計算變成了相對獨立性的數字遊戲。如果想到輸了一二百元可以買幾斤鱉魚作美食，損失了一二天收入，那個心態就不適合於在牌場遊戲了。可見，控制牌氣涉及到金錢觀、修養觀與性格、智慧等問題了。

問：玩牌是否擇腿？

答：物以類聚，人以群分。牌腿的經濟條件、文化差異、心理傾向差異太大，那種玩牌是受罪。有的污言穢語、髒話連天，有的脾氣古怪，掀牌扳張，出言不遜。有的輸幾元錢，如喪考妣，不停埋怨詛咒，耍性子等。選擇情投意合的朋友很重要。至於擇取志同道合者聚集玩耍，則是更高層次的要求了。須知：沒有十全十美的牌腿，人總是有缺點的。只要無礙大局，有缺點的腿也是可以組合的。在運作中，牌主要進行正確的引導，以身示範，遵守規則，氣氛和諧，運行規矩，速度正常，心平氣和而不乏鬥智鬥勇，這種遊戲的娛樂性為其他方式所不具備。這是麻將在民眾中久演不衰的深層根因。

問：打麻將還要注意些什麼？

答：凡正事不可過度，過度正事變邪事，好事變壞事。有人沉溺與沉醉其中，自不量力，因興奮引發高血壓與心臟病的悲劇時有發生，必須警覺。畢竟打麻將屬於業餘愛好，將其變為主業，則是不務正業。即使退休者投入時間稍多一點，也不可沒有限制。愉快娛樂總是脫離不了條件的約束，脫離了條件約束，只會適得其反。福兮禍所倚，禍兮福所伏。

問：打麻將須動腦筋嗎？

答：動一半腦筋，另一半休息。過於執著，易於疲憊。動而不動，不動而動，才是真動。

問：打麻將是否插入文化學習？

答：完全可以。比如常見有人據牌情變局，可隨時順口吟誦古詩詞。牌絕處逢生時，有人順口吟出“山窮水盡疑無路，柳暗花明又一村”就是例子。有人偶然起了四個“賴子”，便順口言“韓信將兵多多益善”也是可以的。有人“獵賴子”絕無僅有獲得成功，喜道：天上掉下來林妹妹等。有人是否“獵賴子”，則言“場外沒有舉人”加強自信，無論恰當與不恰當，作為一種文化普及學習是無可厚非的。

問：出牌取張有姿勢要求嗎？

答：牌姿自然為可。有人出牌取張配合呼吸，動手動眼動腦動肩四結合，能夠起到鍛煉身心的作用。有人打出節奏與韻律，有人打出生氣蓬勃、興味盎然，則是高境界的麻將牌運作模式。這裡面有竅門，有藝術，有技巧，牌有牌道，牌有牌理，牌有牌路，就看玩者的悟性。

附鄭傳斌同題詩

《排律・麻將桌上的哲學》

方城戰事起，四面坐英豪。
福吉心中念，乾坤掌上操。
牌風須守正，賭品莫偏刁。
運蹇神難亂，時來氣自高。
擇人同雅趣，避怪遠粗囂。
適度怡情性，沉迷損骨膏。
吟詩添妙味，說笑解疲勞。
姿勢求優美，節奏顯風騷。
輸贏皆一笑，何必苦煎熬。
麻將藏玄理，人生亦此道。

一零八、得失只任一念間

得失只任一念間，常存餘興供咀嚼。

回顧我的人生道路，有二次較大的失意，也有幾次小小的得意，寫出來可以提供追求人生目標的人們作一點小小的參鑒。

先說失意：我剛踏入工作崗位時，是一位熱血青年，全身心投入工作，我領取的頭一月工資，便去縣新華書店購了數十本書，供所教班的學生一人一本閱讀，花了一半工資（月工資 29 元 5 角）。出乎意料之外的事情發生了，我的對象竟然告訴我，有人謀害她，要殺她，她生活在恐懼中。我學過一點巴甫洛夫的神經學說知識，知道她的興奮與抑制不能自控，我知道她精神分裂，這種怪病不知其因。她是天門人，我們一同分到三袁故里，於同一所學校工作。她被這種奇怪之病折磨了四年之久，我也就陪伴她四處尋醫，奔波得死去活來。有個同事對我說：你這是走“磨角運”，遇到了當頭一棒。

第二次失意是：在一九六九年年尾，我因平時愛高談闊論，那一年被人抓了辮子，以惡毒攻擊毛澤東思想、吹捧人民公敵蔣介石等罪名開除公職，打成反革命，處理回家監督勞改。林彪事件後，我向地委組織部寫信申訴委屈。不一星期，我收到了以地委組織部名義給我的覆信，上寫“翁承新同志收”，我見稱我同志，感動得熱淚盈眶。又經過了三、四年折騰，得以平反通知，恢復工作。此二件失意，幾乎耽誤了我最寶貴的十年的韶華時光。

我也有若干小的得意。一是我調入原公安師範不久，遇到評選職稱，權衡條件，我申報了高級講師。單位有文革前的本科生十六名，只有六個指標，競爭激烈。我憑藉自己的工作業績與在省級刊物發表的幾十篇業內論文，得到華師大教授的論文評議肯定，較順利獲得了省裡第一批批准。

二是一九八八年，我參加了中國教育報教學基本功論壇徵文大賽，僥倖获得了一等獎。局裡老領導認為，為湖北教育界爭了光。三是於一九九八年，當時四個縣四年才由教育部的曾憲梓教育基金獎分配一個名額，我僥倖地被評上了。中國教育報、人民日報海外版均有報道。四是於二零一八年，我的一部袁中郎作品研究由南京大學出版社出版後，被國家社會科學基金項目列入重大選題階段性成果。又於二零二三年被中國作家協會批准為新會員，此年我已八十有一了。

我常想：人活著，到底應追求什麼？追求幸福這是一個永恆的話題。現在的普遍認識是以金錢來保障。當然沒有夠用的金錢是不能生活的。但很多有錢人並不幸福。有人說：老來知足春常在，不比財富比愉快。開心快樂每一天，無憂無惱樂悠哉。我贊成這一觀點。

較大的失意與較小的得意，使我明白了一個道理：無論什麼境遇，都要堅持做好本職工作，守住責任心與事業心。我認識到人的命運很多時候不可控，不可知，不可測。摔倒，挫折，磨難有時難免，這絕對不是什麼壞事。高爾基說：苦難是一所大學。只有經歷過挫折、苦難，才能使思想變得越來越成熟。機遇是難遇的，機遇是不可求的，但機遇總是有的。王立群認為：機遇大於才能。我要補充的是：努力大於機遇，努力大於才華，努力大於聰明。一個人在幾十年的奮進中，只要胸中燃起的理想的火焰不熄滅，機遇遲早就會降臨。如果你真正努力了，堅持了，奮鬥了，一次機遇都沒有，是不可能的。很多人失去了機遇，不是機遇沒有光顧，而是丟了努力與奮進，機遇來了，擦肩而過，稍縱即逝。我盤點我的人生之路，我聊以慰藉的是：我從未放棄過努力，即使遇到逆境困境，我總是有一個信念：冬天終將過去，春天畢竟到來。針對那些親歷驚濤駭浪、萬丈深淵的人言，我所遭遇的得失波折不過是一朵朵小小的浪花，但這些小小的浪花，可折射天地的遼闊與深遠，可映射大海的狂濤兇猛與世界的磅礴氣勢。宇宙是偉大的，人生是渺小的，一個個渺小的存在，構建了廣袤的浩瀚的宇宙。時光是無限的神秘與奧妙，而一秒秒一分分的零星時間可以解釋神秘與奧妙。無窮無盡與無始無邊，往往在極其有限中得以存在與演義。我本一介草民，在人世混了八十餘載，得到了一點點彌足珍貴的小悟。

一零九、眼光瑣議

俗話說：人靠人薦引，樹靠土培根。就發現人、鼓勵人、培養人言，需要眼光。

據李敖回憶，讀大學時，聽了胡適的演講，以無名窮後生身份，拜訪了大名鼎鼎、聲望日隆的胡生，與之簡短對話後，胡慷而慨之，支助一千元以求學。胡之眼光是學者的眼光，他已看出李敖今後將大有作為。李不負胡之所望，半個世紀後，李敖成了了蜚聲海內外的著名學者、作家，人稱大師。

楊昌濟先生執教湖南省立第一師範時，曾說他有兩個學生是未來社會的偉器，國之棟樑，奇絕人才。其中一個是毛澤東。四十年後，毛澤東站在天安門城樓上宣佈：中國人民從此站立起來了。這是一個政治家與思想家的眼光。與此同時，大約五四運動前後，毛澤東當時無名之輩，但胸懷革命全域，放眼世界，要組織一批人去法國勤工儉學，缺乏資金，於是毛找到了當時在民國政府任要職的章士釗，章立即慨然拿出三千銀元以支助。章的眼光非同尋常，他從毛的陳述中看到了未來中國的希望與輝煌。

據李瑞環回憶，當年他在北京任職中層幹部，胡耀邦同志點名讓其參加中央黨校學習，這是一個不拘條條框框的破格錄取，後來，木工出身的李踏實學習，努力實幹，晉升政治局常委，成為繼鄧穎超後的全国政協主席。胡耀邦同志更是政治家慧眼識人才的大眼光。

據鋼琴家郎朗回憶，他十二歲時，有機會認識了當時已有小品王之美譽的趙本山，趙便說了鼓勵自己的動人的話，並爽快地拿出三百元支持學業。郎朗後來成了著名的鋼琴演奏家。趙本山的眼光是藝術家的敏銳的眼光。

據相關文檔資料介紹，當年徐悲鴻在上海美術界嶄露頭角，極想留學東洋，再赴法國深造，但經濟拮据，一籌莫展。康有為與蔡元培得知此情，共同籌措資金，讓其出國留學，後來徐成就了一代美術大師。康、蔡的眼光是教育家的人才眼光。

余乃普通教育工作者，然入中年後，似乎也有教育家的眼光，能看出某些學生的發展前途，於是給予幫助，予以鼓勵，有些效果。在三袁故里執教高中，有兩個家境貧寒學生高考失利，準備輟學，去教民辦小學。餘找其談話，勸其複讀，並讓他們二人在我寢室住宿。當時學生集體宿舍住四十余人，學生們處風華正茂年齡，晚就寢後很難安然入睡，不利複習備考。我的這一舉措使這兩個學生信心倍增，他們相互砥礪，一年後順利考入理想大學，二十多年後，這兩個學生經過奮鬥，出類拔萃，擔任了省廳級高幹，成為全省相關部門的一把手。另有一學生大學畢業，分到一所中等學校當老師，那年暑假來看望我，與之談，見其心灰意冷，萎靡不振。於是教勵他趁年輕，利用自己秉賦優勢，邊工作邊報考研究生，後來果如願以償，十幾年後調入北京大學工作，如今成了著名教授，成了兩院院士。

他們所以成名，我當初的眼光與激勵起了些作用，當然最重要的還是他們的奮鬥歷程與機遇。二零零九年，我去北京辦事，那位北大教授召集了在京工作的幾個同學聚會在一豪華酒店宴請了我。席間對我在他讀高中時的一次大型講座《立大志的最佳年齡》作了回憶。還能複述對他的人生起了影響作用的名言警句，我不禁感歎萬分。

四十餘年前，我執教於一偏遠農村的高中班，正好碰上部隊招飛行員，所教學生中，有一名不起眼的學生體檢“過五關斬六將”被錄取，這在當地引起热浪滚滚，入伍那天，人們放鞭炮、貼喜報、敲鑼打鼓予以慶祝。我則冷靜地告誡他：好好學習，珍惜機遇，今後當個將軍來見我。後來，一路飆升，二十餘年後，成為空軍師長標兵，次年晉升為空軍少將，某年帶警衛員、司機、秘書買了一束大紅花包了一個出乎我意料之外的紅包，來看望我，言及入伍前我的談話，我不禁感慨萬分。

某年，三袁故里高廟村一個十三歲學生被武漢大學錄取，負責招生的老師驅車前往，瞭解此生是否有生活自理能力，言及武大招生六十年歷史上最年輕的學生，其家長設家宴請執教過的老師喝小酒以示謝意。我則買了一個新臉盆相送，只說了一句話：希你以後用此臉盆舀太平洋的水洗臉。他極聰明，知曉此話中之含義。若干年後，去美國留學，成為生物化學的世界級的專家。有一年，回歸故里，言及我之玩笑一語，說是沒有辜負我之所期待，我又一次感歎萬分。

還有一些反面的事例。某年一天，帶學生去農場勞動。休息時間，見一學生在田地裡找出幾個小土青蛙，一一剝皮，將蛙腿拉開，欣賞，十分得意，毫無憐憫之心。我內心判斷：此生心地殘忍，恐有牢獄之災。於是碰他犯事場合，常常嚴詞訓斥，以厲言敲打。該生反感，毫不警惕。七八年後，該生以職工子女名義，得以招工供銷單位。不兩年，觸犯國法，判徒刑五年。一天，在十字路口偶遇，其剛刑滿釋放，見我之後，慚愧得似乎有所醒悟地說："當初，老師您預言我要被繩捆索綁、腳鐐手銬進行教育，我沒聽進，悔恨萬分。"然後簡述其犯法經過，我則作了些吸取教訓性的談話。在我教學生中，也有個別取得了巨大成功而後貪財好色、觸犯黨紀國法、身敗名裂去坐班房的。

當然，還有一些事例，比如，一篇作文的批語，一次偶然事件處理中的談話，一個現場情景的對白，一次對學生提問的延展答覆等，如果恰當，均可給予學生留下終生難忘的印象與回憶。恕我不一一列舉。每當我回憶我執教歷程中這一類觸目驚心的正反事例的時候，我有一個小小的體會：教育並非成才萬能，但教育大抵能，大體能，基本能使人成才。能在開發本具，約束本具。受教育者自身條件是一個形成教育效果的重要因素。老師這個職業很平凡、很普通，但你憑藉你的努力，完全可以做出不平凡、不普通的事業來。或許你的不怎麼太在意的幾句話，可以深入到學生的心靈裡、骨髓裡，成為學生奮鬥終生的目標與動力。受教育者的自我覺醒始終是教育成果的直接影響。這正好應證了我們祖先的幾句名言：世上無難事，只怕有心人。自在不成人，成人不自在。

一一零、一個沉重的稱謂

老師，是一個沉重的稱謂。表面看來，似乎是一種社會的職業分工，與工、農、兵、幹、商等同樣對待，等量齊觀。實質上是完全不同的。不同在於：工作性質、對象、過程與標準。分述如下：

師者，傳道授業解惑。傳道必須自明其道，授業又必須自精于業，解惑又必須智者無惑。僅此三項，就夠為人師者終生努力，孜孜追求。學為人師，行為世範，既是一個普遍的要求，又是一個特殊的要求。一個人一旦選擇了這個職業，被人稱之老師，就意味著一輩子的責任感和使命感，聽起來就十分沉重。

從工作對象看，是一個個生動活潑、蓬勃向上的孩子，他們的成長靠老師的引導、鼓勵、激發與督促。老師身教與言教是兩項極其重要的內容。僅僅言教，就有無限的藝術，好的老師一席談話，可改變學生的命運。而一次次苦口婆心的談話，又必須符合學生的心理發展要求與生理年齡特點。知識的傳授伴隨著可接受性。有人以園丁相喻，十年樹木，百年樹人。有人以人類靈魂工程師相稱，可見多麼不易。而身教又重于言教，德行又大於口語。

從教育過程觀察，情況是萬分複雜的，變化是無窮無盡的。孔子教人誨人不倦，因材施教。古人要求是：教之道，貴以專。這個“專”含有“精”與“專”雙重含義。你學業不精，業務不專，何以貴之以專？教育者必須先受教育，伴隨著神聖的職業的全過程。

從教育標準來看，更是令人刮目相看。孟子認為集天下英才而教之乃人間第一樂事。今天的幼稚，明天的成熟。今天的兒童，明天的棟樑。今天的花朵，明天的果實。今天的樹苗，明天的大樹。你的講臺下，或許坐著偉人學者、將軍能臣，坐著能工巧匠，坐著藝術大師。

以故，老師，一個沉重的稱謂，一個珍貴的稱號。你不能蔑視或無視這個稱謂。當你聽著人們叫著這稱謂時，你應有百目所視、千手所指的警覺，你不能愧負、辱沒、污染了這個稱謂。你要時刻保持清醒，使自己對這個稱謂名符其實。古人言：盛名之下，其實難副。一個好老師，既要授人以魚，還要授之以漁。即不僅授以知識，還要告訴他獲得知識的方法。既要解決問題，還要傳教發現、探究問題與分析問題的方法。好的老師是人生的指導者，正確道路的引路人，人生目標的標誌者與協助實現者。好老師給予學生信心、力量與智慧。

在我數十年的受教與執教中，我覺得幾乎一半的人不合乎老師這個稱謂。表現之一，缺乏學而不厭精神，很多老師靠文憑吃飯，靠照本宣科吃飯，靠資格吃飯。表現之二，是以教書匠為目標，而不想做教育家。他們目光短淺，胸懷狹窄，知識短缺，思維呆滯。表現之三，教學脫離育人，教書脫離啟智。他們所把持的課堂，死氣沉沉，索然寡味。浪費別人青春，誤人子弟。

我本人三生有幸，選擇了這個職業，並執教半個世紀。直到完全退休後，也還是在各種場合給學生授課，比如作協進校園播文學種子，毛詩會進學校宣講等。我在接受講座任務後，總是兢兢業業，朝乾夕惕，反復考慮內容、對象、教法三結合，使學生時間短、收效好。從以往的講述效果言，反映很好。我在申津渡小學授課後，省裡來的專家與相關領導進行了熱情洋溢的評論，說課堂活躍，調動了學生積極性，不可多得，值得借鑒。我作為一個以教師為職業生涯、以作家為名義的社會成員，我利用寫作向學生授課。要使閱讀到我的作品的學生感到受益匪淺，沒有浪費時間，我就得學而不厭、學而時習、學思結合、學以致用。學會觀察、揣摩、比較、分析與綜合、創新與超越，要在思維邏輯上給予啟迪。我就得踔厲奮發，不輟筆耕。我要求自己所寫每一篇文章都是正能量的，即使拿到權威平臺上發表也應當是優秀之作、上乘之作。我的寫作過程很認真，全身心投入，從不馬馬虎虎與敷衍塞責。這個寫作過程既是一個提升過程，一個精神的開拓過程，又是一個識見與思維的過濾與昇華過程，還是一種最健康的養生過程。我有一個夢想：暗夜點亮一盞燈，照亮茫茫三千界。

我時時刻刻告誡自己：老師是一個沉重的稱謂，我應永懷赤子之心，盡力而為，最大限度地在力所能及範圍內，有所前進，不可褻瀆、怠慢、辱沒了它。

一一一、十五字的推敲

李白詩曰：“棄我去者，昨日之日不可留。亂我心者，今日之日多煩憂。”又曰：“舉刀斷水水更流，借酒澆愁愁更愁。”由此看來，這位詩仙想擺脫煩惱困擾，而並沒什麼效果。當初，他構築了一個神仙世界，“霓為衣兮風為馬雲之君兮紛紛而來下，虎鼓瑟兮鸞回車，仙之人兮列如麻”“惟覺時之枕席，失向來之煙霞。”他擺脫了“摧眉折腰事權貴”，“開心顏”目的達到了嗎？“遙見仙人彩雲裡手把芙蓉朝玉京。”他陶醉在一個個的神仙世界裡，正是人間世界煩惱悠悠的表現。先於李白約三百年的文豪陶淵明不願意為五斗米折腰，想過上“采菊東籬下”的自在日子，然而現實是殘酷的，常在醉酒中逃避，說此生不曾飲足過，他也構建了一個光明的理想王國，名桃花源，同樣再現了他的無邊的煩惱與心理的痛苦的掙扎。這種煩惱心態在大詩人大作家身上反復地體現，波涉到人們所處時代背景、心裡環境與自我修為的整體面貌，是一種古今文人墨客的普遍狀態，不過，有一個特例，三袁文化主帥袁中郎，他的修持效果極好。他的胞弟稱讚他樂天樂地，樂風樂雨，無一時一刻蒿眉皺目。他是一個真正解纏去縛、擺脫了煩惱的明心見性的達觀大度的文學家，其所處人生境界超越了信禪修持的白居易與蘇東坡。此非我之妄言，乃有文檔根據。故很有必要探討一下。

若干年前，我師父告誡我說：人活世上，要想解纏去縛，樂天知命，行善修道，轉苦為樂，轉凡為聖，轉煩惱為菩提，有十五個字須牢記在心：財色名食睡，是外部的誘惑；貪瞋癡慢疑，是內部的根源；怨恨惱怒煩是起心動念的毒素。多少年過去了，我遵師之教，時時刻刻提醒自己，經常以十五字反省與監督言行，參鑒了袁中郎的特別修持措施，確有心靈的淨化與心智的開啟之妙，心量雖離達心包太虛、量周沙界甚遠，但增添了寬廣的胸懷與睿智的目光，有點小小的收穫，故粗略寫出，與讀者共享，為我們參與社會生活、改造自身命運、升登人生境界或許有些參鑒作用。

一、警惕外部誘惑五字

財，色，名，食，睡。是人人必須面對的時時境遇，如何正確對待，很能考驗人。沒有錢財，不能生存。沒有女色，絕種滅族。沒有美名，辱沒自尊。沒有飯吃，成為餓鬼。沒有睡眠，必死無疑。可見此五字是生存、生活的必需。然而什麼都要有度與量的限制與約束。

君子愛財，取之有道。如不合乎黨紀國法，就要走向其反，貪財必被財所殺。同理，好色，色字頭上一把刀。古人言：二八女子體如酥，腰藏利劍斬頑男。人要生存，要一日三餐吃飯，要保證充分睡眠時間。可是吃得太好太飽，營養過剩，滋生疾病。所謂病從口入，世上怪病多多，疑難雜症種種，幾乎都與吃相關。有流行語說：病是吃出來的。為了抵禦"財色名食睡"的誘惑，孔聖人教人"士志於道，不恥惡衣惡食""富貴於我如浮雲"；老子教人"知足不足，反受其辱；知止則止，終生不恥"；釋迦教人"知足第一富，知足第一樂，知足第一福"。依我看，這些教言，永遠顛樸不破。世上不少人盲目斂財，貪戀美色，豪嗜奢侈，沽名釣譽，嗜睡如癖，怠惰懶散，重則引火燒身，身敗名裂，輕則疾病糾纏、煩惱重重的事例多得俯拾即是，不勝枚舉。達到如此境地，哪裡談得上人生的樂觀開朗、豁達大度？現實生活中，因經不住"財食名食睡"的誘惑而導致的慘烈悲劇每天都在上演，人們理應引以為戒。與此同時，也有不少人抵禦、抗拒了那五個字的誘惑而獲得人生成功的喜劇也在每天上演，人們不應漠視。

二、警覺內部根源五字

貪、瞋、癡、慢、疑。此五字與生俱來。貪指貪得無厭，貪而不得，必與世相爭，與人相求，求而不得必生憎恚。求而有難，又癡迷妄取。求而有得，自恃傲慢。一旦貢高我慢，伴隨愚癡，就懷疑聖人聖言。故我師傅說：知難行易。若干大道理，幾分鐘可以講明白，可是行動起來，透徹證實需幾十年。孫中山也說知難行易。他舉了中國民間的醬與吃豬血為例。他說：醬是民間普遍調味品，百姓喜愛會做會用。可是大家並不認識醬的成分與營養價值。經過現代科學家的化學物質分析，才明白這個東西符合現代營養學原理。吃豬血也是如此。當然他以此為喻，談的是社會變革。我們先人有時也強調知易行難。有一位心學家名王陽明，他提出知行合一理念。真理總是伴隨著對境而存在，沒有絕對真理。對饑餓的人言，孔子叫人吃飽喝足。對生活優裕的人，孔子教人節衣縮食，生活清儉。對情感糾結、煩惱重重的人，老子教人清心寡欲，與世無爭。對胸懷壯志、以天下為己任的人，諸葛亮教人寧靜致遠、淡泊明志。對喜愛寫作的人，魯迅教人長期積累，偶然一得。對習練功法健身強體的人，王宗嶽教人揣摩默識、運化神明。對人民公僕，毛爺爺教人全心全意為人民服務，毫不利己專門利人。

把聖人的教言綜合實施，解行相應，就可警覺內根“貪嗔癡慢疑”的產生，防止氾濫而成災。

三、警醒五字心理之毒

怨、恨、惱、怒、煩，乃心理毒素。雖外有五種誘惑（財色名食睡），內有五種根因（貪瞋癡慢疑），這還不能直接侵蝕人們肌體，傷害人們情志，污染人們心靈，火燒人們功德，毒害人們心靈。就內部環境言，這些污染物沒有立足點。毒素進入體內，因沒立足點不能附著，還是會排出去。問題根子是我們本身的心態傾向五字。怨，埋怨不滿，心浮氣躁。古人言：心浮可染三千愁，心和可溶萬粒塵。可見心平氣和之重要。張三豐認為：玄關一竅在心平氣和，故心平氣和是修煉的最基本功夫。怨的滋生發展，就走向恨與惱怒，進而煩惱無邊，糾纏不清，寧靜打破了，清醒攪亂了，寂靜沒有了，腦子與心靈攪成了一鍋粥，一鉢醬，糊裡糊塗，渾渾噩噩，情緒失控，精神恍惚，智慧被遮蔽。所言色令智昏，財令智昏，名令智昏，一飽三癡，酣睡如死產生了。什麼醜美妍媸，是非人我，節操貞守，道德倫理，統統顛倒黑白，混淆視聽，妄言妄行，於是什麼壞事有人幹，有人膽敢，反人性反人類反文明的胡說八道與胡作非為，如牛鬼蛇神，魑魅魍魎，紛紛擾擾，登臺表演，群魔亂舞，荒唐荒誕，不一而足。重則擾亂社會，破壞和平，給人們帶來災難。輕則擾亂自我，纏縛層層，痛苦糾結，喪失理智，人妖顛倒，混淆是非，“對敵慈悲對友刁”，慈善也生禍端，方便也出下流。種種反常，妖孽作怪。一切的一切，皆因五字之毒引起，被五字毒所控制者，心地殘忍歹毒，殺盜淫並作，出妄言哄眾，出惡語咒眾，出甜言蜜語騙眾，出不遜之詞惑眾。或故弄玄虛，或裝神弄鬼，達到不可告人的目的。此五字如同病毒繁衍與瘟疫流行，防不勝防，難道不值得人們萬分警醒？

與上相反，防止及解除了“怨恨惱怒煩”五字毒素的人，心地潔淨，心靈活脫，善字當頭，伴以智慧。面目慈善，說話柔軟，思維敏捷，以好言以勸人，以妙語以警人，以至理以導人。與之言談，勝讀十年書。與之交往，如沐春風，如浴春雨。其為人也，利他利人。其處事者，成人之美。其德其行，中規中矩，人見人喜。思想得以開啟，信心得以提升，智能得以開掘。其達觀大度，見識判斷，足以使人敬畏而模仿之。

我們作為現代社會普通公民，在參與社會生活中，有責任與義務維護社會的和諧與穩定，並在力所能及範圍內，給予社會持續發展以正面影響。而要做到這一點，必須調控好自身的心態與管理好自己的家庭。這些都離不開上述十五個字的琢磨與推敲，都要面對上述十五字的檢驗、考試。我的敘寫可以給讀者一個方向性、課題性的思路。具體操作奧妙無窮。正所謂“此中有真意，欲辯已無言。”

一一二、語言誘導

不斷有人找我訴苦，睡不好覺。俗語說：前三十，睡不醒，後三十，睡不著。許多人覺睡不好，睡不深，是一個普遍現象。不過，人們應明白：人體正常生理運轉有兩項基本指標：吃得香，睡得深。睡覺有問題，要想辦法解決。我現在提供一個行之有效的方法，名曰：語言誘導法。語言誘導的力量無比強大，可促進新陳代謝與調控生理活動，提高睡眠質量，保障健康。讀者可按我所寫，身體力行試驗，一般說，問題迎刃而解。操作起來，簡單易行。

方法一：周身放鬆

請你閉上眼睛平躺身子，把注意力集中到頭頂，似乎一道白光包圍了，白光溫暖而柔和，你十分安全。開始放鬆你的頭皮，頭皮上的每一根頭髮、每一塊皮膚、每一塊肌肉、每一個細胞都放鬆，從外到內，從頭頂向下，向內，每一塊骨骼都放鬆，每一根血管，每一個經脈都放鬆，放鬆。現在放鬆來到你的面前，額頭，面部的眼睛周圍，眼眶，睫毛，都放鬆了，似乎一股淡淡的暖流，你的鼻孔，嘴巴口，嘴角，都放鬆了，臉上的每一處皮膚與肌肉，你的牙齒鬆開了，沒咬合的感覺，舌頭也放鬆了，似乎抵上顎，抵而未抵，時有金津玉液潤和，讓你體驗進入到你的脖子，你感覺暖暖的，軟軟的，沒一點力氣，舒服得不得了，從脖子向肩延伸，擴展，左肩，右肩，左臂右臂，肘子，腕部，手指，每一根手指，掌沿，掌心，到指甲，都放鬆，越放鬆，越來越舒服，進入半眠狀態。你的呼吸暖慢，均勻，深長，細軟，悠然，自在，順其自然，每一次呼吸，都似乎沒有，又似乎有，如有如無，悠細如髮絲，深沉如海底，廣闊如藍天，你似乎飛升，飛升，你沒有一絲一毫的重量，你飛升到了遙遠的方向，你完全放鬆了，你變成了一根遊絲，變成了一粒塵埃，霞光萬道，金光閃爍，在宇宙中虛無縹緲，不知不覺，無方向，無道路，什麼也沒有，你自己已不存在了，你就不知怎麼進入似睡非睡的狀態了。

方法二：念叨十二字

待你平躺身子，全身安頓到舒愉感覺，什麼也不想，讓頭腦一片空白，所有紛繁的思緒沒有了，所有的煩惱排除了，或者跑到爪哇國了，假設你處在浩瀚的湖水中，洗滌了周身的污穢，進而設想，所有的器官，皮肉筋骨，五臟六腑，乃至每一根神經都被洗得乾乾淨淨，一塵不染。你恍恍惚惚，朦朦朧朧，身處渾然，心處淨然，有那麼一丁點兒意識，大部分意識處休眠狀態。那一丁點兒意識來指揮你，念叨十二個字，這十二個字是：對不起，請原諒，謝謝你，我愛你。重複了一遍又一遍。這種念叨感應天地，父母，師長，兒女，親朋好友，感應你今生今世結識的任何一個人，大至達官貴人，小至平民百姓，白髮老者，黃口小兒。他們感而遂通，陰陽相濟。你就這麼反復念叨念叨。念到你身體內的每一個細胞、每一滴血液，每一塊骨頭，每一根神經都要應合，它們都安穩了，平衡了，和諧了，你也就不知不覺自自然然進入睡眠了。

諸君不妨試它幾次，睡眠將大大改善。如有疑惑，可諮詢於我。

一一三、從巨匠到奇僧

你看此題，定會猜測到我之所寫是何人了。

在我們民族的近百年的歷史中，有一位文化巨人，名李叔同（1880—1942），人稱半世繁華半世僧。約四十歲以前，是著名音樂家、戲劇藝術家、美術教育家，享譽大江南北，長城內外。奇志極慧，特立獨行，出類超群，充斥他的生活道路。降生時，有喜鵲銜一柳枝入其母親產房，他長大後，這一柳枝他保存數十年。他從小聰明透頂，人稱神童。五歲時，其父去世，晚清重臣李鴻章主持葬禮，預言他必是曠世奇才。十五歲，寫有“人生猶似西山日，富貴終如瓦上霜”詩句。他一生經歷了才子、名師、高僧三個階段。在天津、日本、杭州、泉州四個地方生活。青年風流倜儻，酷愛戲劇，與多位名伶關係愛昧。是性情中人。漫畫家豐子愷乃李先生弟子，他將李先生人生劃為三個階段：錦衣玉食，孝子慈孫階段，人生追求、獲得巨大成功階段，探究宇宙人生究竟真相階段。這個劃分大體上是準確的。關於他在文化教育領域裡的貢獻我們可以用登峰造極予以概括，他的文學功底深厚，音樂才能出眾。他的“長亭外古道邊芳草碧連天”歌詞與譜曲，多少年被人們演唱不衰，《南京大學校歌》已成為經典，所寫的字，所畫的畫，所創作的詩，已成為百年文化精品，極其珍貴，國家相關部門規定，不允許出境。三十九歲時，事業如日中天，聲望日隆，前途無量，追隨者後來大都成了大師（如豐子愷、潘天壽）。然而他作了一個出乎所有人意外的決定，一擔籮筐挑了行李，去杭州虎跑定慧寺出家，法名演音，法號弘一。告別了家庭、功名、富貴、學生、朋友、俗世，選擇修持戒律最嚴的律宗。一個麻袋，一件袈裟，幾個日用品，是他的全部家當。他生活清苦，自律甚嚴。有個老友名夏丏尊，去拜訪他，他以蕃薯招待，喝點稀飯，吃得津津有味，有一次，似乎很淡，他說淡有淡的味道。另一次，又似乎很鹹，他說鹹有鹹的味道。他在僧人中，威望很高，不斷有弟子求教開示，弟子行跪拜之禮，他也還以跪拜。侍者說：他是弟子，跪拜應該，您怎麼也跪拜呢？他說：我能欠他的跪拜之債嗎？當時償還，豈不一了百了。其為僧也，如此豁達，深邃，透徹。晚年，寫偈一首：君子之交其淡如水，執象而求，咫尺千里。問余何事，廓爾莫言。華枝春暖，天心月圓。”悟道之剔透，可見一斑。臨終前，寫道：“悲欣交集。”痛苦流涕而往生。

這位弘一法師，創造了一個人生奇跡，從名士到巨匠又到奇僧。林語堂評價說：弘一法師活出了別人幾輩子的功業。趙朴初評價道：“無盡其真功是也，一輪圓月耀天心。”。我們今天瞭解弘一法師的不平凡的一生，究竟應向弘一法師學習什麼呢？我們沒有他那樣的家庭背景，沒有他那樣的秉賦才華，我們所處的時代氛圍與文化環境也與他迥然不同，但是有幾點，他是值得我們參鑒的：一是他對精神的富有與靈魂的自由的完美追求是值得我們學習的。俗言說：人生本過客，何必千千結。二是學習他的看破與放下的原則。他看破名聞利養，看破紅塵滾滾，看透人生真相，放下一切。三是學習他的認真與極致。凡所接觸到的領域，除非他不參入，一旦參與，便全身心投身其中，他便認認真真，做得好到極處，妙不可言。毛爺爺教導人們：世界上怕就怕認真二字，共產黨最講認真。又說：世上無難事，只要肯登攀。這些可以作為我們永遠的座右銘。

一一四、在智者大師文化廣場上的講話

諸位作家：

此時此刻，我們在智者大師文化廣場觀瞻四方桃林桃花，十裡飄香，百畝玉湖，波光瀲灩，俯仰天地，遐思萬端。智者大師給我們帶來了一千五百年的歷史文化的厚重質感，我們不得不敬仰與讚歎智者文化的精神並加以傳承與弘揚。智者是一位佛法大師，說到佛法，不少人有曲解。佛法是什麼？佛法是最廣的慈悲與最高的智慧的最完美的統一，一絲一毫的迷信也沒有。智者佛法具有永恆的無量的精光，我們今天站在這個智者文化廣場上應感到自豪與喜悅。請允許我簡略地介紹一下智者大師。

智者，又名智顗（yi），公安茅穗裡人（538—597），是中國古代歷史上的十大奇僧，對中國文化作出了不可磨滅的貢獻，產生了世界性的影響。智者這個名號是隋煬帝楊廣當初皈依大師時，他賜予的。現今日本造型智者德像大於佛祖釋迦。袁中郎在《聖母塔院疏》一文中說：中國之有智者猶如西方之有釋迦也。可見其評價之高，無以復加。

我認為：智者大師文化是公安縣最早的第一文化品牌。（欲知其詳，大家可參看毛家港文化站長龔平女士等的著作《智者大師的故事》）。

下面我向大家介紹智者思想的精魂神魄。為了智助大家記憶與理解，我用一二三四五六七十及十六等數字作提綱：

一，指智者靠一部《法華經》誦讀與行持而大徹大悟。他一生充滿了傳奇色彩，如指茅為穗，揮劍呼風喚雨，定中聽佛祖講經法華，帶領建造一千餘座寺廟，度化弟子近四千人，傳法弟子三十有二，能預知時至，親睹佛中之王等。他是天臺宗的實際創始人。他著有《法華文句》《摩訶止觀》等影響廣遠的著作。

一的另一含意為：一念三千，一念萬年。念力不可思議。三千大千世界，指宇宙的整體觀，突破時間與空間的限制，而一念不過靈光一閃，時間最短與範圍最小，這一閃卻可以包含廣大宇宙與悠悠時間長河，過去現在未來。這是佛法的重要原理一即一切、一切即一的精准表達，是佛法的高端智慧的體現。

二，指止觀雙修，定慧雙修，福慧雙修。止，指放下，觀指看破。止，指實踐，觀指認識。止是修定修福，觀是修慧。止觀雙修與一念三千相通相融。

三，指的是三諦圓融。諦即真理。三諦指空、假、中三觀。立一切法為空，破一切法為假，統一切法為中。與後來禪宗的參悟涵蓋乾坤、截斷中流、隨波逐流的思維模式一脈相承，只是表述有差異。既是世界觀，又是方法論。咀嚼起來，其味無窮，其意無量。它告訴你機用圓轉，不執著於法，也不執著於我。袁中郎說智者大師“以通假中三觀發明真諦而禪那啟”即是上意，也是精煉獨到的概括。

四，指四字判教。袁中郎說智者大師：以藏通別圓判一代時教而教義盡。佛學浩如煙海，法苑如林。智者大師將其分為四類，這便使佛理教義豁然開朗，一目了然。藏，小乘佛法；通，小乘一半，大乘一半；別，大乘佛法；圓，究竟圓滿的大乘佛法。

五，指五時分科。佛祖說法四十九年，講經三百余會，智者將其分為五個時期：二七時，講華嚴經；阿含時，八年，講人天乘，相當於小學；方等時，十二年講小乘，相當於中學；般若時，二十二年講大乘佛法，相當於大學；法華時，講成佛，相當於研究所。

六，指“六即佛”，理即佛（從理上講，人人是佛）；名即佛；觀行即佛；相似佛；分證即佛；究竟佛。講修佛的階段性、層次性。含義在名相裡。

七，還指六病六治。智者提出了人們有六種病，有六種對治。今天看來，很合於科學。無非是生理、心理及天魔三類。有的找醫生，有的找自己，有的要找法師。

十，指“十乘理觀”，一共十種，最重要的是不可思議觀、發心觀與斷煩惱觀及破法執觀。

十六，指的是：觀日、水、月、妙花、寶樹等自然景觀及觀音、大勢至、普賢、真身等人文景觀。智者主張：三觀一心，一念俱足。引發無上智慧，修成正果。

從這一簡易介紹可知智者佛法，是教育與教學之法，妙合佛祖奧義，是修身養性之法，是求取智慧境界之法，是開發靈性之法，是開掘人類精神金礦之法，是每個人都應該學習也可以學習並得到教益之法，是獲得樂天樂地樂自然的永樂之法，是極有價值並值得珍惜的寶法。通過此法的學習與實踐，我們可以在各自的人生價值追求中汲取營養，在新時代環境中解纏去縛，擺脫障礙，激勵憤發有為的力量，在各自所在的領域，謙虛謹慎，熱情與冷靜結合，認知與實踐結合，為社會作出應有的貢獻。

這是我們今天面對矗立的凜然智者大師文化廣場石碑所應得到的人生啟示。

公元二零二零年四月二十八日上午十時

一一五、飲水的革命

水為生命之源，生產之要，生態之基，生活之本。

古人言：一飲一啄，莫非前定。

飲水與吃飯同等重要。民以食為天，是約定俗成之論。修煉家認為：萬法食為先。有人作過研究，遇到困境，半月不食，但只要有水飲，生命還不會結束。可見飲水之重要。

我年輕時，生活在“沙湖沔陽洲，十年九不收”之地，到處是水，門前有通順河，屋後有堰塘，田頭有蓄水坑，田野有溝有渠，垸子中有皇河。喝水簡單又方便。口渴了，隨時隨地任意用手掬水喝，勞作農民脫下斗笠舀水喝，喝了甩幾下斗笠，抖幾下又戴上。喝的水清甜可口，沁人心脾，舒適極了。熱天戴上舀過水喝的斗笠，頭腦清醒，滿心滿腦喜悅。我們不擔心什麼水污染、水變質、水合不合飲用標準之類。整個生態自然，和諧，清淨，世界美好得無法用言語形容。

可是好景不長，不知不覺，大量使用農藥、化肥、洗滌劑後，各地各種小工廠發展後，水源受到了污染，環境被破壞了，不僅地上水（溝、渠、塘、堰、坑乃至河、湖）不能保質飲用，連地下水也污染了。二十年前，荊州市相關部門對轄區內五十處井水進行檢測，發現百分之百不符合飲用水標準。有專家認為：要使地表水恢復到健康飲水標準，要一百年的治理。於是，飲水革命產生了。

第一次革命，可稱之為淨化革命。各種品牌的瓶裝飲用水被工廠生產出來，走進了千家萬戶，最有名的是“娃哈哈”與“農夫山泉”。伴隨著淨化水的批量生產、供不應求與價格飆升，商人的造假偽劣也出現了。我們當地一老闆，一日拖了一卡車淨化水塑料瓶，請了四個工人，用自來水灌了一整夜，然後拖到湖南山區商場批量銷售。雖然弄虛做假敗露被罰款，但飲水行業的偽劣產品還是屢見不鮮。我曾在武漢東湖邊、磨山腳下工作，親眼看見東湖的污染情況，生活污水不處理排入東湖，使東湖水質嚴重污染，遇到天氣高溫，一條條被水污染毒死的魚，漂浮在湖面上，無可奈何地訴說著東湖的水質低劣。

第二次革命，可稱之為飲水的礦化革命。研究人員發現健康的飲水標準不僅只能停留在淨化處理的層面，除去污染還只是起碼標準，高一層次的水質質量由其營養成分決定。研究表明：經過特殊過程的處理後，水中的二十八種礦物質得以保護與改善，便於人體吸收。

第三次革命，是通過高科技的手段對已經礦化的水，作進一步調整與提升，稱其為水的磁化。磁化水用來煮飯、煲湯、燒開水，味道純淨，使飯更香，湯味更好。用來洗腳、洗臉，可改善皮膚，使之光滑、細膩，可自然去斑去屑去塵滓，很多久治難愈的腳癬、腳氣不服藥而好，臉面呈現容光煥發，紅潤姣好。用磁化開水泡茶喝，可充分發揮茶葉的營養成分，使茶葉香氣撲鼻，茶味清純綿爽，令人回味。如長時飲用磁化水，不拘熱飲、涼飲、冰飲，均爽心爽口，入胃進骨，可對血液進行清潔化處理，使血液中淤積的雜質、毒素及時排除，清理血管硬化，使血管暢通，血液循環純淨與通暢運行。其好處非語言所能表達。

水的磁化科技由首都有關公司創建並向全國推廣，提高人們的認識，改變人們的習慣，需要一個過程的試驗，民眾的體驗與適應也要時間。現公安縣城已有一二家代理商，其中品牌為元氣先鋒、煥能鮮活水的公司老闆，名李經理，她竭誠為公眾服務，有知其信息並傾向體驗者，可直接聯繫，其話號為：18772635669

附：讀後感選

詠飲水三革命

鄭傳拭

清波淨澈祛塵垢，礦質融溶益體康。
磁引涓流添妙理，源開玉液煥奇章。
三輪變革民生惠，一脈澄泓歲月長。
長願甘泉滋萬物，人間處處飲瓊漿。

一一六、父親的蠻勁與纏勁

我父親的身上藏著兩股截然不同的勁，一股是值得我終身踐行的纏勁，一股是需時刻警惕的蠻勁。

記憶裡，父親養牛從不含糊，起早貪黑割草、拌料，把每頭牛都喂得油光水滑、膘肥體壯，鄉鄰們耕地都爭先請他的牛。即便嚴重哮喘纏身，他也從未停下勞作的腳步，常常一邊咳喘著，一邊揮著農具，那股不服輸的纏勁，在歲月裡刻下了堅韌的模樣。

可父親也有股近乎愚蠢的蠻勁。冰天雪地時，他竟脫光衣服下水抓魚，滿載一簍而歸的喜悅，換來了刺骨寒風侵入肌理，讓哮喘愈發嚴重。這份蠻勁，是他不顧身體的執拗，也是歲月裡留下的警示。

父親的纏勁，是支撐我前行的精神脊樑；他的蠻勁，是提醒我凡事有度的警鐘。這兩股勁交織在父親身上，也教會我：該堅持時全力以赴，該審慎時切勿逞強。

一一七、裝神弄鬼自食惡果

裝神弄鬼者，往往借虛妄之名謀私欲，終難逃身敗名裂的結局。漢武帝時，術士以鬼神之說蒙蔽君王，獲高官厚祿甚至成為駙馬，可騙局敗露後，落得誅滅三族的慘禍。

近代亦有市井之徒，異想天開效仿帝王，裝神弄鬼迷惑數百上千人，私設三宮六院、封官許願，妄圖過皇帝癮，最終為首者被依法槍決，鬧劇終成悲劇。

太平天國的楊秀清更是典型，他雖有才幹，卻借“天父下凡”裝神弄鬼，逼迫洪秀全禪位，妄圖奪權。此舉引發天京事變，洪秀全密令韋昌輝誅殺楊秀清，其數萬部屬也被斬盡殺絕。這場因裝神弄鬼引發的內訌，成為太平天國由盛轉衰的轉折點，最終被曾國藩大軍擊潰，洪秀全餓死天京。

古往今來，裝神弄鬼者皆以私欲作祟，違背常理與人心。虛妄終難掩真相，這類人看似一時得勢，實則早已註定敗亡，終究沒有好下場。

一一八、虎狼獨行，牛羊成群

魯迅以“虎狼獨行，牛羊成群”喻世，道破了世間最本質的精神分野：真正的思想者如虎獅，以獨立之姿踏破迷霧；隨波逐流者若牛羊，以合群之名安于庸常。

虎狼的獨行，從來不是孤僻的自守，而是精神的自由馳騁。他們掙脫了群體思維的枷鎖，思想如曠野長風，開放而奔放，不被教條束縛，不為俗見裹挾。這份獨行裡，藏著深層的思考——他們沉潛於自我的精神世界，叩問人生的方向，求索世界的難題，在寂靜中醞釀洞見。獨行賦予他們清醒的視野，得以眼觀六路、耳聽八方，於紛繁世事中捕捉本質，在無人問津處開闢新路，這份獨立讓他們成為自己精神的主宰。

牛羊的成群，看似熱鬧安穩，實則是思想的集體休眠。他們將腦袋長在他人頸間，以合群為安全的庇護所，放棄了獨立判斷的權利。群體的洪流推著他們前行，無需思考方向，不必承擔責任，卻也漸漸喪失了自我。他們淹沒在眾聲喧嘩裡，既看不見遠方的風景，也聽不到內心的迴響，最終在隨波逐流中淪為平庸的附庸。

世間從無天生的“虎狼”，唯有選擇獨立思考的勇者，方能掙脫羊群的桎梏。虎狼的獨行，是對精神自由的堅守，是對真理的執著求索。願我們都能掙脫群體的裹挾，以獨立之思為刃，以清醒之智為燈，做獨自行走的虎獅，在屬自己的道路上，踏出滾燙而堅定的足跡。

特立獨行，只是強調充分發揮主動性的作用，並非主張離群索居，閉關自守，閉門造車，自我欣賞，關門作揖。

一一九、殺鷹隼方成為鷹隼，憐憫兔者必成為兔

魯迅的這句箴言，絕非自然現象的描摹，而是對民族危亡的深刻吶喊。彼時華夏積弱積貧，外遭列強宰割，內受軍閥剝削，貧苦大眾如弱兔般任人欺淩。先生以鋒利筆觸點破真相：弱肉強食的黑暗世道裡，憐憫與懷柔換不來尊嚴，唯有向強者亮劍，方能掙脫被宰割的命運。

鷹隼之所以為鷹隼，在於其敢於與強者抗衡，甚至戰勝強者，以血性鑄就鋒芒；而一味憐憫弱兔、甘居弱勢者，終將淪為任人擺佈的獵物。這是對有為之士的呼喚：若想不被壓迫，便不能甘當弱者，需以勇氣為爪、以堅韌為喙，直面強權奮起抗爭。

在不公的世道中，妥協是自我沉淪的開始，抗爭才是通往強大的必經之路。唯有摒棄怯懦的憐憫，敢與強者角力，方能打破弱肉強食的枷鎖，從被宰割者蛻變為掌控自身命運的強者，這正是魯迅先生留給後人最銳利的精神鋒芒。這句話耐人咀嚼，反復推敲，其中的蘊蓄極其深刻。

一二零、文章不可太露骨

文章的境界，不在於把話說盡，而在於留有餘韻。古人雲“逢人只說三分話”，這並非世故，而是對表達藝術的深刻體悟——文字如飲食，孩童需漿糊以果腹，成人卻要嚼堅果以強消化，過於透徹露骨的文字，恰似剝奪了讀者思考的餘地，使其淪為被動的接受者。

真正珍貴的文章，當有含蓄之美與咀嚼之味。思想的深邃不必直白鋪陳，觀點的鋒芒無需赤裸展露，留一處空白，讓讀者在字裡行間探尋深意，方能讓認知在共鳴中生長。太過張揚透底的文字，不僅少了回甘的餘味，更可能在特定境遇中引火燒身，古往今來，因文辭過露而遭禍者，皆為前車之鑒。

含蓄不是晦澀，留白不是寡淡。它是一種辯證的智慧，既傳遞核心思想，又給予讀者參與的空間；既堅守表達的立場，又懂得審時度勢的分寸。讓文字藏一分鋒芒，留三分餘韻，方能在傳遞價值的同時，兼具可接受性與生命力。

一二一、功德與福德

佈施幾分錢、贈予乞丐半升米、放生黑魚、烏龜，這類善舉常被贊“功德無量”，實則混淆了功德與福德的本質。二者雖緊密相連，卻有著境界上的根本差異。

福德源于有為之善，是著相而行的福報積累。正如有人佈施時執著於“我在行善”的念頭，放生時計較“能獲多少福報”，這類行為雖能帶來善果，卻仍屬有漏之法。古代有富人每次捐財都記帳留名，盼著世人稱頌，其所得便是福德——雖能享受一時順遂，卻終究未能脫離輪回的束縛。

功德則是無相之行，是自淨其意的修行境界。禪宗六祖慧能曾言“菩提本無樹，明鏡亦非台”，恰是功德的核心寫照。昔日梁武帝問達摩“朕建寺度僧，有何功德”，達摩答“並無功德”，正因武帝執著於“建寺”的相狀，未能明心見性。真正的功德，是佈施時忘卻施者、受者與所施之物，放生時只念生命可貴，在行善中淨化心靈，使心性與自然圓融合一。

修行的關鍵，在於從著相佈施走向無相善行。福德是修行的階梯，功德是最終的歸宿。唯有放下執念，以純粹的慈悲與智慧行事，在自淨其意中達成性相合一、內外一致，方能超越輪回之困，抵達無生無死的自在之境。福德可積福，功德能明心，二者相輔相成，方為修行正道。

一二二、不可忽略的問題

鄉村兩樁令人扼腕的往事，直指家庭教育中一個不可忽略的核心問題——對青少年身心成長的正視與引導。

一對年紀相仿的舅舅與外甥女，因求學便利同住一處。十五六歲的少年男女朝夕相伴，家長卻忽略了他們已趨於成熟的身心特點，未加任何防範與疏導，最終因關係越界導致女孩懷孕投水，釀成慘烈悲劇。另一對情投意合的青年，只因男方家境貧寒，便遭女方父母堅決反對，姑娘憤而喝藥，雖經搶救脫險，卻也讓人驚心。

這兩起事件皆源于家長的疏忽：要麼漠視青少年的生理與情感發育規律，缺乏必要的邊界教育和引導；要麼固執己見，無視子女的情感需求與自主意願。青春期的孩子既有生理上的成熟渴望，也有情感上的懵懂訴求，家長切不可因“孩子還小”或“為你好”而忽視疏導與尊重。

正視青少年的身心成長需求，主動搭建溝通橋樑，既做好邊界防範與教育，也尊重合理的情感選擇，這便是兩樁往事留給所有家長的深刻警示，亦是家庭教育中不可忽略的關鍵所在。

一二三、大悟與大定的探討

人生對宇宙萬物的認知，從來不是一蹴而就的坦途，而是循著“小悟、中悟、大悟、大徹大悟”的階梯逐步攀升的過程。這四重境界中，每一次“悟”的進階，都與“定”的修為深度綁定，正如心不靜則眼不明，神不寧則思不透，大悟的通透，始終根植於大定的安寧。

小悟者，能看透人生局部的紛擾，以達觀之心悅納山水日常，卻仍未脫離對眼前瑣事的牽絆；中悟者，雖能徹察事物表裡、貫通古今時序，始終歡歡喜喜，卻難掩心量與眼界的邊界。唯有到大悟之境，認知才真正突破局限——能一眼看穿人心本質，以開闊心量容納萬千事，憑敏銳思維洞悉規律，而這份通透，恰恰源於“定”的支撐。若心浮氣躁如風中殘燭，目光便會被外界干擾遮蔽，即便偶有感悟，也不過是浮光掠影，唯有讓心靈沉入靜定，如潭水般澄澈無波，方能照見事物本真，讓“悟”有了紮根生長的土壤。

至於世間罕見的大徹大悟，更是“定”與“悟”的極致融合，而這境界的達成，從來離不開“長期積累，偶然一得”的修行真諦。大徹大悟者能“學一知萬”，於一瞬間觀照三千大千世界，於一念間貫通萬年時光，甚至能洞悉過往未來的脈絡，這份“感而遂通”的能力，絕非憑空而來。正如袁中郎所言，“定”亦分層次：小定可祛病，中定能延年，大定則能讓心靈脫離雜念糾纏，進入“恰恰無心用，恰恰用心無”的境界。唯有在大定中，心靈才能洗去浮躁塵埃，變得純粹而靈敏，仿佛打通了與天地陰陽交感的通道，方能成就“通天”的認知力。

縱觀歷史長河，那些留名千古的大徹大悟者，無一不是大定的踐行者與經典的傳承者。老子在函谷關靜坐沉思，於靜定中悟透“道法自然”的真諦；孔子韋編三絕、靜坐悟禮，方得“仁”的思想內核；

釋迦牟尼在菩提樹下久坐修行，終在大定中覺悟生命輪回的奧秘；王陽明龍場驛中，於寒夜靜坐觀心，以大定破困厄，悟得“心即理”的哲學精髓；丘處機、張三豐潛心修道，在長久的靜定中勘破天地規律，成就一代宗師之名。他們的故事印證著同一個真理：大悟不是偶然的靈光乍現，而是大定修為積累到極致的必然結果。而積累的關鍵路徑，便在於讀誦經典。古代修煉家們將大徹大悟後的感悟凝結為傳世典籍，這些經典便是通往至高境界的“原本”，為後世修行者點亮了方向。但經典的價值，絕非止於背誦默念，更在於落實到自身的體驗與探索中。若無躬身實踐的體悟，再深奧的文字也只是紙上談兵；唯有以誠懇之心研讀，以靜定之心踐行，在日復一日的打磨中消化經典智慧，方能將他人的覺悟轉化為自己的通透，這正是翁心誠三字所蘊含的修行要義——以純粹之心待經典，以誠懇之行踐大道。

在如今多數人心氣浮躁的時代，人們總急於求“悟”，卻忘了先修“定”、勤積累。其實，想要擁有通透的認知、開闊的心境，不必執著於遙遠的“大徹大悟”，不妨先從讓心靈靜下來、讓經典讀進去開始。當我們能在喧囂中守住一份安定，在紛擾中保持一份誠懇，在經典中汲取一份智慧，便是在為“悟”積蓄力量——畢竟，唯有心定如磐石，行誠如草木，積累如滴水，方能終有一日悟透世間萬千事，抵達大徹大悟的至高之境。

一二四、挫折——上天的恩賜

就普遍心態論，人們總希望春風得意，一帆風順；並不打算一波三折，連年受挫。殊不知世間為人處事，很多時候難以逆料。以美好願望始，以悽苦失敗終不乏其例。歷史走著曲折的道路，人事往往出現困撓與磨難，名之曰：挫折。

早先，亞聖孟夫子提出“天將大任於斯人”，必有“行拂亂其所為，增益其所不能”的論點。孟子本人似乎並沒有經歷什麼大的挫折。而真正經歷屈辱折磨、生死考驗的司馬遷在《報任安書》中提出了“仲尼厄而作《春秋》，屈原放逐，乃賦《離騷》。”坦誠言及自己所以忍奇恥大辱，苟活於世，不過是為了完成“究天人之際、通古今之變，成一家之言”的一部著作而已。譜寫了一曲愈挫愈勇、愈挫愈強的奮鬥進行曲，成為我們民族歷史上的最寶貴的精神財富的一個構建因子。

人們面臨挫折，有三種選擇，兩種對待。以古人科舉考試為例：李白、杜甫、唐伯虎、蒲松齡等，都是科舉受挫者，這並沒有影響到他們的文學成名。三袁的父親袁士瑜科舉受挫，他將自己失敗的教訓化為教育後代的智慧與力量，三個兒子鄉試、會試他在世時都陪同前往，後來三個兒子都中了進士。小兒子袁小修科舉不順，但畢竟 47 歲如願以償，償還了“頭巾”債。可見遭遇挫折，一是跌倒趴下，再不爬起來；一是“一朝被蛇咬十年怕草繩”，從此萎靡不振；一是吸取教訓，奮勇向前。

以餘親歷言，我於三十歲左右，經受過一次挫折，既是身體上的九死一生的考驗，又是人格上的侮辱。謾罵、嘲笑、誣陷、迫害，種種淩辱，污言穢語湧噴，污泥濁水灑潑，遭受繩捆索綁，拳打腳踢，被批判，被審訊，被限制自由，被強制勞改，人們見之如避瘟疫，似乎倒黴之運會傳染，烏雲曾籠罩我的天空長達三年之久。這一次挫折所受到的肉體的摧殘與心理的煎熬，給我留下了刻骨銘心的記憶。

當我反思這一段挫折時，我以為這是我人生中的一次特殊的授課。它至少有四點好處：一是瞭解了社會底層生活的人們的生存空間、生活方式與思維邏輯，從而對整個社會的結構與功能有了不同的認知。我雖然出身農村，也對農村農民農業有所認識，但並沒有親身經歷農事活動與艱辛勞動，認識是膚淺的。三十歲之前，走的是從學校到學校從學生到老師的路子，機械性與書本、學生打交道，孤陋寡聞一書生，四體不勤，五穀不分。搖唇鼓舌，百無一用。自鳴得意，自吹自擂。在我經歷挫折的日子裡，每天與勤勞得疲於奔命、連吃飯也恨不能砍下腦袋往脖頸裡倒的農人們同吃同住同勞動，很多時候早上出門不見太陽晚上歸家也不見太陽。聽他們講農村故事講人生理想講神話傳說與狐妖魔鬼傳談，他們一個人一個家庭一個家族就是一本民間故事，我所獲得的認知是讀十年書不曾有過的。這對於我後來寫些七股八雜的文章積累了寶貴的庫存。我與農民們一同清溝理水，插秧割穀、堆摞碼草、打藥治蟲，耕田耙地，播種收穫，挑土填坑、挖泥築堤，不分晝夜，不怕髒累，一同享受難得的休閒，一同感受獲得勞動成果的喜悅，我對幸福、金錢、疾病、困難及口語的認識大大超前。我的幸福的指標降低了，幸福的指數提高了。吃飽喝足了就是享受，有點肉吃就是天堂，隨地一睡，也是香甜。聽農民談話，你才了知群眾的語言生動活潑，形象生動。他們創造了當地流行的俗語、歇後語，至今回憶起來覺得饒有興味。當我經歷過三年的體力勞動強度很大的鍛煉後，身體的體質有了很大的改善，當我從事腦力勞動的時候，我時常警覺自己不怠惰、不懶散，不圖安逸。對於歐陽修的“憂勞可以興國逸豫可以亡身”及韓愈的“業勤于勤荒于嬉行成思毀於隨”有了真切的體會。意志的磨練大大提高了。這是我爾後能堅持“板凳不怕十年冷，三袁研究甘如飴”的一項精神保證。我在爾後若許年，在緊張的工作之餘，常常抓住點滴時間，寫下一些往事隨想、假語村言、拍案傳談之類小作，有時深夜一點精光一閃馬上驚喜寒起，生怕稍縱即逝，有時一夜九起，興奮不已。有時徹夜不眠，通宵達旦。我常與經歷挫折的情景比，似乎平常。我在生活中，對於語言的承受能力提高了，敏感度卻上升了。要是有什麼誤會之語，誣陷之詞，能做到恩格斯說的像抹蜘蛛網一樣抹去，甚至連蜘蛛網也沒見。在我的心靈世界裡，似乎可容天地，可裝下宇宙。可以或接近做到：忍如大地，一切平等；熾盛如火，燒煩惱薪；清淨如水，洗諸塵垢；不著如風，沒有障礙；菩提高廣，猶如須彌；其智宏深，譬如巨海，自心潔白，喻比雪山；自性圓滿，內外明潔；如金剛鞭，解脫纏縛；如入淨土，快話無比。四、對孟子教言“行有不得，反求諸己”有了真切認識。很多時候，我們做事為人不如意者十之七八或十之八九，怎麼對待呢？怨天尤人嗎？責怪時運不濟嗎？感歎命運多舛嗎？遺憾得不到嗎？有了那次挫折，我觀察的角度變了，變得積極向上實在有為了。得不到是因德沒到，德大於得，必有所得。得大於德，必有所失。這麼思考問題，從自身檢查，精神面貌就會煥然一新，潛能得以激勵。

在自然現象裡，經歷暴風驟雨，更顯陽光明媚。一馬平川固然好，崇山峻嶺更風光。風平浪靜如明鏡，波濤洶湧氣勢壯；逆境遭遇坎坷多，順境連年更珍惜。回望過去我所經歷的不幸，不由自主地說：挫折是上天對人的一次特別的恩賜。

一二五、博士之死引起的思考

四川 30 歲女博士，集美貌、學識、優渥工作與看似美滿的婚姻於一身，卻因婚後遭遇柏拉圖式關係、未能獲得情感與生理的正常慰藉，從 11 樓縱身躍下，終結了本該繁花似錦的人生；安徽鄉村女孩憑優異成績考入武漢大學，卻在校園戀情遭遇拒絕後，選擇在長江橋頭結束生命，讓父母一夜白頭、悲痛欲絕；北京大學高材生，竟向含辛茹苦養育自己的母親揮下屠刀，最終難逃法律的嚴懲。這些觸目驚心的事例，並非個例，而是當下教育領域“重術輕道”沉疴的集中顯現，值得整個社會深刻反思。

這些悲劇的主角，無一不是世俗意義上的“成功者”。他們憑藉過人的天賦與不懈的努力，在學業上一路披荊斬棘，站上了博士、名校生的高峰，成為家庭的驕傲、社會眼中的棟樑。家庭為他們的學業投入了無數的時間、金錢與精力，國家為他們的培養耗費了大量的教育資源。不可否認，我們的教育在“術”的層面取得了顯著成效，讓他們在專業知識、學術研究等領域具備了超越常人的能力，足以支撐他們在社會中立足。

但恰恰是在“道”的層面，我們的教育出現了嚴重的缺失與斷層。所謂“道”，是為人處世的智慧，是面對困境的韌性，是處理情感的能力，是敬畏生命的覺悟。當女博士遭遇婚姻的困境，她既不懂得運用法律武器保護自己的權益，也不懂得尋求心理疏導釋放內心的壓抑，更不明白婚姻並非人生的全部，離開錯的人依然可以擁有精彩的未來，反而選擇用極端的方式結束一切；當女大學生面臨情感的挫折，她把愛情當成了人生的唯一寄託，一旦失去便覺得世界崩塌，卻忘了父母的養育之恩、自身的人生價值，更不懂挫折本是人生的常態；當北大學子面對生活的矛盾，他喪失了最基本的人倫底線，將養育自己的母親視為仇敵，暴露了人格教育的徹底失敗。

更令人痛心的是，性教育的缺失在這些悲劇中扮演了不容忽視的角色。四川女博士因缺乏對性與婚姻的正確認知，在遭遇非正常的婚姻狀態時，既不知道如何溝通解決，也不懂得尋求專業幫助，更不清楚自身的生理與情感需求並非羞恥之事，最終被壓抑的情緒推向絕路。反觀芬蘭的性教育實踐，其從小學階段便開設系統的性教育課程，內容涵蓋生理知識、情感邊界、婚姻倫理等多個維度，教師會以科學、坦誠的態度解答學生的疑問，引導青少年正確認識自身需求與親密關係。數據顯示，芬蘭青少年的性健康水平居世界前列，婚姻矛盾中因性認知偏差引發的衝突占比極低。而在我國部分試點地區，如上海某中學曾推行“生命教育+性教育”融合課程，通過案例討論、角色扮演等形式，讓學生學會應對情感困惑與親密關係中的問題，課程實施後，學生對性與婚姻的認知正確率提升了 60%，心理求助意願也顯著增強。這些案例充分證明，科學的性教育不是“洪水猛獸”，而是守護青少年身心健康的“防火牆”，能幫助他們在未來的婚姻與情感生活中少走彎路，避免因認知缺失陷入絕境。

同樣值得深思的是挫折教育的嚴重缺位。安徽女大學生因一次戀情失敗便放棄生命，背後是成長過程中從未經歷過挫折磨礪的脆弱心靈。而日本的挫折教育實踐給我們提供了有益借鑒：日本中小學普遍推行“耐寒訓練”“野外生存挑戰”等活動，讓學生在艱苦環境中學會直面困難、磨礪意志；家庭中，父母也會刻意讓孩子承擔力所能及的家務，面對挫折時鼓勵孩子自主解決，而非一味包辦。曾有日本小學生在參加野外生存活動時，因迷路、饑餓多次落淚，但在老師的引導下最終成功找到歸途，這樣的經歷讓他們明白，挫折並非不可逾越的鴻溝，而是成長的必經之路。國內也有成功案例，雲南某山區中學針對留守兒童較多的現狀，開設了“挫折教育實踐課”，組織學生參與農田勞作、手工製作等活動，讓學生在克服困難的過程中積累成就感；同時通過分享名人逆境成長的故事，如俞敏洪高考三次失利仍堅持求學、楊絳先生歷經磨難仍堅守初心等，引導學生樹立正確的挫折觀。該校學生的心理韌性測評顯示，課程實施後學生面對挫折的抗壓能力提升了 55%，極端情緒發生率顯著下降。這些案例告訴我們，挫折教育不是讓孩子承受痛苦，而是教會他們面對困難時的勇氣與方法，讓他們在人生的風浪中擁有“百折不撓”的精神力量。

放眼世界，芬蘭的科學性教育、日本的實踐性挫折教育，都是經過驗證的成功經驗，值得我們結合國情借鑒吸收。打破教育禁忌、補齊“道”的短板，才能讓教育真正滋養完整的生命。

教育的本質，是培養完整的人，而非單純的“知識容器”。一個人的成功，不應僅僅用學歷、職稱、財富來衡量，更應看其是否具備健全的人格、堅韌的意志、正確的價值觀和解決問題的能力。“術”的精進能讓人擁有立足社會的技能，而“道”的修養才能讓人在人生的風浪中站穩腳跟。家庭作為孩子的第一所學校，不應只關注孩子的成績，更要注重培養孩子的抗壓能力、情感管理能力和生命敬畏之心，教會孩子如何面對挫折、如何與人相處、如何珍愛自己與他人的生命；學校作為教育的主陣地，不應只注重學科知識的傳授，更要將人格教育、心理健康教育、性教育納入教學體系，借鑒國內外成功案例，通過系統課程、實踐活動等形式，填補教育的空白，引導學生樹立正確的世界觀、人生觀、價值觀；社會作為大環境，更要營造尊重生命、包容挫折的氛圍，破除對性教育的偏見，為年輕人提供更多的心理疏導渠道和成長支持。

四川女博士的縱身一躍，安徽女大學生的長江悲歌，北大學子的人倫悲劇，每一個案例都像一記警鐘，敲響在教育的上空。這些悲劇不僅是個人的不幸、家庭的災難，更是整個教育體系的警示。願我們能從這些悲劇中汲取教訓，回歸教育的本質，在重視“術”的同時，更不忘滋養“道”的成長，讓每一個受教育者都能成為既有學識又有修養、既有能力又有溫度、既懂拼搏又懂堅守的完整的人，讓這樣的悲劇不再重演，讓每一個生命都能在陽光下綻放應有的光彩。

一二六、小孩的書包由誰來背

清晨的街道上，總有一道常見的風景：長輩或家長們或背或提，甚至用手拉車裝載著孩子的書包，而孩子們則輕鬆愉快地走在一旁，無牽無掛。這一幕引人深思：孩子的書包，究竟該由誰來背？

成長本就是一個摸爬滾打的過程。就像學走路時，孩子需歷經無數次跌倒與爬起，才能從跌跌撞撞變得穩健奔跑。書包的重量，恰是成長路上的一種小小歷練。若十幾年求學路中，連書包都由他人代勞，孩子如何學會承擔與獨立？

家長的疼愛無可厚非，但過度包辦並非關愛，而是剝奪了孩子培養自主能力的機會。書包該由孩子自己背，這不僅是分擔重量，更是培養責任擔當、獨立思考與克服困難的開始。讓孩子扛起自己的書包，就是讓他們在點滴中學會直面挑戰，唯有如此，未來走向社會時，才能擁有獨當一面的勇氣與能力，真正成長為有擔當的人。

一二七、易中天"無信仰論"的荒唐

易中天先生憑藉《品三國》的精彩演說聲名鵲起，其獨特的表達風格與敏銳的分析視角確實圈粉無數。但他多次宣稱"中國人沒有信仰"，甚至以自身"無黨無派無信仰"為標榜，這番言論無疑是對歷史的漠視、對民族精神的誤讀，堪稱荒唐至極。何為信仰？信仰是一個人安身立命的精神支柱，是群體凝聚的價值內核，是民族前行的力量源泉。縱觀中華民族數千年歷史，尤其是近百年波瀾壯闊的革命征程，中國人的信仰從未缺席，反而在血與火的考驗中愈發堅定。

信仰，在民族英雄的忠肝義膽中熠熠生輝。從"人生自古誰無死，留取丹心照汗青"的文天祥，到"精忠報國"的嶽飛，他們用生命踐行著對家國的赤誠，這便是最厚重的信仰。而在 1840 年以來的近代中國，無數仁人志士為了民族獨立、人民解放，將信仰融入血脈，用熱血澆灌理想。夏明翰在刑場上高唱"砍頭不要緊，只要主義真"，寥寥數字，盡顯信仰的力量。面對敵人的屠刀，他無所畏懼，因為他堅信自己追求的主義能救中國，這種為真理獻身的執著，正是信仰最鮮活的寫照。

在荊州市公安縣，那位默默無聞的革命烈士文裕富，用一生詮釋了信仰的重量。作為大地主的後代，他本可坐擁萬畝良田安享富貴，卻在湖南大學求學期間接受了革命思想，加入了毛澤東、何叔衡領導的地下黨組織。為了支援井岡山鬥爭，他瞞著父親變賣全部家產，為規避風險，巧妙地以百餘人集資的名義轉運款項，既保障了資金安全，也保護了自己和同志。不幸被捕後，面對國民黨反動派的嚴刑拷打，他始終堅守秘密，寧死不屈，用生命捍衛了信仰。文裕富的事蹟或許鮮為人知，但正是無數這樣的平凡英雄，用默默無聞的犧牲，構築起中華民族的精神長城。他們的信仰，是對勞苦大眾的悲憫，是對民族復興的渴求，是對共產主義的堅定執著。

易中天先生所謂“中國人沒有信仰”，本質上是對信仰的狹隘理解。他或許將信仰等同於某種宗教教義或特定派別歸屬，卻忽略了中國人心中最樸素也最崇高的信仰——對家國的熱愛、對正義的追求、對理想的堅守。從“修身齊家治國平天下”的儒家理想，到“天下興亡，匹夫有責”的擔當精神；從革命年代“砍頭只當風吹帽”的無畏氣概，到新時代“功成不必名在我”的奉獻精神，中國人的信仰始終與民族命運緊密相連，與人民福祉休戚與共。

這種信仰，不是掛在嘴邊的口號，而是融入行動的自覺；不是虛無縹緲的空想，而是腳踏實地的踐行。疫情來襲時，無數醫護人員逆行出征；洪水氾濫時，子弟兵衝鋒在前；脫貧攻堅中，千萬幹部紮根基層。他們用行動證明，中國人的信仰從未褪色，始終是支撐民族前行的精神脊樑。

易中天先生作為公眾學者，請不要得竟忘形，理應牢記古訓“言多必失”，文厚有疵，應以嚴謹的態度對待歷史與文化，而非發表片面武斷的言論。中國人的信仰，藏在歷史的豐碑中，刻在英雄的事蹟裡，體現在每個普通人的堅守中。否認中國人的信仰，便是否認了中華民族數千年的精神傳承，否認了無數先烈的犧牲與奉獻。我們應當銘記，信仰從未遠離，它始終在我們心中，指引著我們砥礪前行。

一二八、太平天國的驚天教訓

十九世紀中葉，中國大地上爆發了一場聲勢浩大的農民起義——太平天國運動。從 1851 年金田起事到 1864 年天京陷落，這支由洪秀全領導的義軍，在短短十餘年時間裡席捲大半壁江山，從廣西桂平的一隅之地，一路揮師北上，攻長沙、取武昌、占安慶、下南京，將清王朝的統治攪得天翻地覆。起義初期，太平軍從一萬餘人迅速發展到幾十萬人，所到之處，清軍望風而逃，官僚地主聞風喪膽，其勢如破竹之勢讓清廷皇室心驚膽戰，幾乎撼動了大清的根基。然而，就是這樣一棵曾經枝繁葉茂的“參天大樹”，這樣一座看似堅不可摧的“巍峨寶塔”，最終卻轟然倒塌，多數義軍領袖或戰死、或被俘、或餓死，結局淒慘。這場從巔峰跌至穀底的悲劇，留給後人的是足以警醒千古的驚天教訓。

一、高層失和：團結是事業的生命線

太平天國的覆滅，首因在於領導層的嚴重分裂與腐化墮落。起義初期，洪秀全以“拜上帝會”為旗幟，聚攏了一批志同道合的英傑之士，自身也展現出非凡的智慧與號召力。但定都天京後，這位曾經的農民領袖迅速蛻變，從勵精圖治淪為貪圖享樂，前明後暗、前清後腐的轉變令人瞠目。據史料記載，洪秀全進入天京後大修天王府，廣納宮女，據稱後宮人數達三千之眾，終日沉迷於酒色歌舞，荒廢朝政。

領導層的腐化必然滋生權力爭鬥。東王楊秀清頗具軍政才能，在軍中威望極高，卻權慾薰心，借“天父下凡”之名多次羞辱洪秀全，企圖奪取最高權力。洪秀全忍無可忍，密令北王韋昌輝率軍回京誅殺楊秀清。1856 年 9 月，韋昌輝率軍闖入東王府，不僅殺死楊秀清，還將其部下兩萬余人盡數屠戮，血流成河，屍橫遍野，屍首投入長江竟致江水斷流，這便是震驚史冊的“天京事變”。隨後，韋昌輝的專橫殘暴遠超楊秀清，洪秀全又不得不下令誅殺韋昌輝及其黨羽數千人。這場內訌如同一場浩劫，讓太平天國失去了數萬精銳將士，更讓人心渙散、實力銳減。

石達開等忠義之士雖有經天緯地之才，卻在猜忌與排擠中難以施展抱負。天京事變後，石達開奉詔回京輔政，卻遭洪秀全猜忌，被迫率十萬大軍出走西征，使太平天國的力量再次被嚴重削弱。反觀清廷，此時以曾國藩為帥組建的湘軍早已虎視眈眈，正是利用太平天國內訌的絕佳時機，步步緊逼，逐漸掌握了戰場主動權。歷史用血的事實證明：無論是一個國家、一個集體還是一個單位，高層的高度團結與統一始終是首要前提，一旦核心領導層離心離德、爭權奪利，再強大的事業也會分崩離析。

二、內部分崩：堡壘最易從內部攻破

“堡壘最容易從內部攻破”，這句至理名言在太平天國的覆滅中得到了深刻印證。起義初期，太平軍面對數倍於己的清軍，之所以能所向披靡，關鍵在於上下一心、同仇敵愾。但隨著定都天京後的腐化與內訌，這種團結的局面被徹底打破，內部矛盾日益尖銳，最終導致眾叛親離。

天京事變後，太平天國的政治生態遭到嚴重破壞，猜忌與不信任彌漫在整個領導集團內部。洪秀全對異姓王不再信任，大肆封王，據統計，太平天國後期封王竟達兩千七百餘人，造成“王多如蟻”的混亂局面。這些王爺各自為政，爭權奪利，相互掣肘，嚴重削弱了軍隊的戰鬥力和政權的凝聚力。曾經的義軍兄弟，如今為了私利明爭暗鬥，甚至互相攻伐，讓清軍坐收漁翁之利。

石達開的出走是太平天國分裂的標誌性事件。作為太平天國的“基石”，石達開有勇有謀、深得軍心，他的離去不僅帶走了十萬精銳，更讓太平軍的士氣跌入穀底。此後，太平天國雖然湧現出陳玉成、李秀成等優秀將領，試圖力挽狂瀾，但由於內部四分五裂，各路人馬難以協同作戰，始終無法形成合力。清軍則抓住這一弱點，採取“分而治之”的策略，逐個擊破，最終將太平軍逼入絕境。這一教訓警示我們：任何強大的外部敵人都不可怕，可怕的是內部的分裂與瓦解，只有保持內部的團結統一，才能抵禦一切風險挑戰。

三、拒賢斥才：海納百川方得天下

太平天國的領導者們缺乏海納百川的胸襟與氣度，錯失了眾多英才，成為其失敗的又一重要原因。太平天國運動初期，由於提出了“耕者有其田”等具有吸引力的政策，吸引了大批貧苦農民和有識之士加入。但定都天京後，領導層變得目光短淺、剛愎自用，對前來投奔的賢才不僅不予接納，反而加以排斥。

左宗棠便是其中最典型的例子。作為晚清中興名臣，左宗棠文武雙全、有膽有識，早年曾渴望能為太平天國效力，施展自己的治國平天下之才。然而，當他前往拜見楊秀清時，卻因被視為“清妖餘孽”而遭到拒絕。楊秀清等人的短視，不僅讓太平天國失去了一位曠世奇才，更給自己樹立了一個強大的敵人。後來，左宗棠投身清廷，組建楚軍，成為剿滅太平天國的核心力量之一，他率領楚軍轉戰各地，屢敗太平軍，為清廷平定太平天國立下了汗馬功勞。

除了左宗棠，還有許多有識之士因太平天國領導層的排斥而轉投清廷。這些人才的流失，不僅削弱了太平天國的力量，更增強了敵人的實力，形成了此消彼長的局面。反觀曾國藩、左宗棠等清廷將領，之所以能取得成功，一個重要原因便是他們知人善任、廣納賢才，聚集了一批有才能的謀士和將領。這一教訓深刻表明：一個政權、一個團體要想成就大業，必須具備海納百川的胸懷，廣開進賢之路，善於吸納不同背景、不同陣營的人才，唯有如此，才能彙聚起推動事業發展的強大力量。

四、固步自封：與時俱進方能長久

太平天國定都天京後，面對新形勢、新挑戰，不僅沒有採取新的舉措，反而固步自封、不思進取，最終被時代所淘汰。起義初期，太平軍之所以能迅速發展壯大，關鍵在於其順應了廣大農民反抗壓迫、追求溫飽的訴求，提出了一系列符合當時社會實際的政策。但定都天京後，領導層滿足于既得利益，喪失了進取精神，對外部形勢的變化和內部存在的問題視而不見。

在軍事上，太平軍定都天京後，沒有及時制定明確的戰略規劃，而是沉迷於享樂，消極防禦。面對清軍的圍追堵截，太平軍被動應戰，缺乏主動出擊的勇氣和謀略。曾國藩的湘軍則不斷革新戰術，加強訓練，逐漸形成了對太平軍的軍事優勢。在政治上，太平天國的領導者們沒有根據形勢的變化調整政策，反而固守過時的理念，導致政權失去了群眾基礎。在經濟上，“耕者有其田”的政策始終停留在口號層面，沒有得到有效落實，廣大農民的生活並沒有得到實質性改善，逐漸失去了對太平天國的信任與支持。

當時的中國，正處於社會大變革的前夜，西方列強的入侵、國內矛盾的激化，都要求領導者必須具備與時俱進的眼光和魄力。但太平天國的領導者們顯然缺乏這種素質，他們沉迷于眼前的勝利，對世界發展的潮流和中國社會的現實缺乏清醒的認識，最終在歷史的洪流中被淘汰。這一教訓告訴我們：時代在不斷發展變化，任何一個政權、一個團體都必須保持清醒的頭腦，與時俱進，根據形勢的變化及時調整策略和舉措，才能在激烈的競爭中立於不敗之地。

五、政令不一：以身作則方能服眾

太平天國的領導者們制定了一系列看似美好的政策，卻未能以身作則、嚴格執行，導致政令不一、民心渙散，這是其失敗的又一重要原因。起義初期，太平軍提出了“男女平等”“財產公有”“耕者有其田”等政策，這些政策對廣大農民具有極強的吸引力，成為太平軍發展壯大的重要動力。但定都天京後，這些政策卻成為了只針對普通士兵和百姓的“緊箍咒”，領導層則不受約束，肆意踐踏。

太平天國規定，男女分營居住，普通士兵不得與家人團聚，違者嚴懲。但洪秀全、楊秀清等諸王卻妻妾成群，生活奢靡。洪秀全的天王府有宮女三千，楊秀清的東王府也有妻妾數百，這種鮮明的對比讓普通士兵和百姓深感不公。在財產分配上，太平天國實行“聖庫制度”，規定所有財產歸公，統一分配，但諸王卻可以隨意揮霍聖庫中的財富，修建豪華府邸，購買奇珍異寶，而普通士兵和百姓卻只能得到微薄的供給，難以維持生計。

“耕者有其田”的政策更是成為了一句空話。太平天國雖然頒佈了《天朝田畝制度》，提出了“有田同耕，有飯同食，有衣同穿，有錢同使”的理想社會藍圖，但由於缺乏切實可行的實施措施，加上領導層的腐敗無能，這一政策始終沒有得到落實。廣大農民依然遭受著地主階級的剝削和壓迫，生活困苦不堪，逐漸對太平大國失去了信心。這一教訓深刻表明：領導者必須以身作則、率先垂範，制定的政策要做到一視同仁、嚴格執行，只有這樣才能贏得群眾的信任與支持，才能讓政策發揮應有的作用。

太平天國運動雖然失敗了，但它留下的驚天教訓卻值得後人永遠銘記。從高層分裂到內部瓦解，從拒賢斥才到固步自封，從政令不一到民心渙散，太平天國的每一個失敗節點，都為我們提供了深刻的警示。團結統一是事業的根基，海納百川是發展的動力，與時俱進是長久的保障，以身作則是執政的關鍵。這些教訓不僅適用於一個政權、一個團體，也適用於每一個人。唯有銘記歷史教訓，才能避免重蹈覆轍，才能在追求理想和事業的道路上穩步前行。太平天國的驚天教訓，將永遠鐫刻在歷史的豐碑上，警醒著一代又一代人。

一二九、與孔子的對話

之一

雨絲斜斜織著，打濕窗櫺上的竹影。我望著簷下滴落的水珠，向對面端坐的孔子拱手發問：“夫子，您主張‘君君臣臣父父子子’，流傳中竟衍生出‘君要臣死，臣不敢不死；父要子亡，子不敢不亡’的說法。秦始皇崩後，趙高假傳聖旨，公子扶蘇駐守北疆，明知可能有詐，卻因恪守‘臣從君命’‘子從父命’的教條，毅然飲劍自盡，這般悲劇皆因您的思想根深蒂固所致，您如何看待？”

孔子撫須長歎，雨聲似乎也隨之放緩：“後生可知，吾之主張被曲解久矣。‘君君臣臣父父子子’的核心，本是雙向對等的責任與義務，而非單向的盲從。君需有君道，當仁民愛物、明辨是非；臣需有臣節，當盡忠職守、匡扶正義。父要有父德，當慈嚴相濟、教以正道；子要有子孝，當敬親順理、明辨善惡。吾從未言及‘君要臣死便死，父要子亡便亡’，這般極端之言，是後世之人斷章取義、僵化解讀的結果。”

他目光望向雨幕深處，語氣凝重：“扶蘇之悲，非吾思想之過，實乃教條主義之禍。昔年商紂王無道，比干強諫而死，是為盡忠正道，而非盲從暴君之命；周公輔成王，行攝熱政之事，是為安定天下，而非固守‘臣不得越位’的陳規。吾曾說‘君使臣以禮，臣事君以忠’，若君失其道、濫施權威，臣便有諍諫之責，而非盲目屈從。父若有失，子亦當‘幾諫’，待親悅而後複諫，絕非愚孝盲從。”雨勢漸急，孔子的聲音卻愈發清晰：“儒家思想的精髓，在於‘中庸’與‘權變’。‘義’為行事之本，若君命、父命違背道義，便需明辨是非、堅守原則。趙高假傳聖旨，本是謀逆之舉，違背天道人倫，扶蘇若能細查端倪、聯絡忠臣，未必不能扭轉乾坤。他的悲劇，在於將形式上的‘順從’等同于‘忠孝’，卻忘了‘義’才是忠孝的核心。”

他轉而看向我，眼神懇切："後世之人往往斷章取義，將吾之思想簡化為僵化的教條，卻忘了'仁'是根本，'智'是明辨，'勇'是堅守。'君君臣臣父父子子'的真諦，是構建有序的社會倫理，而非培養盲從的傀儡。君失道則民叛之，父失德則子離之，這才是天道常理。扶蘇之死，當歸咎於亂世奸佞的陰謀，更歸咎於對儒家思想的片面解讀，而非吾之初心。"

雨聲漸歇，陽光穿透雲層。孔子起身而立，衣袖沾著雨珠："後生可記，任何思想若脫離了'義'的準則，淪為盲從的工具，便會失去本真。吾之學，是教人明事理、辨是非、守正道，而非教人愚忠愚孝。願世人能撥開迷霧，見吾思想之全貌，讓'君仁臣忠、父慈子孝'的雙向奔赴，取代僵化盲從的教條，這才是吾畢生所求。"

雨停風歇，簷下水珠不再滴落，空氣中彌漫著清新的草木氣息。我望著孔子的身影，終於明白，真正的儒家思想，從來不是盲從的枷鎖，而是明辨是非、堅守道義的指南。

之二

夫子您好！您所倡導的溫良恭儉讓、仁義禮智信，千百年來成為華夏文明的道德基石，滋養著國人的精神品格。但縱觀人類社會發展史，矛盾與衝突似乎才是推動時代更迭的核心動力——當舊制度僵化腐朽，當階級壓迫達到極致，矛盾激化到不可調和時，唯有通過革命暴動摧毀舊的國家機器，才能為新社會開闢道路。

毛澤東同志曾言："革命不是請客吃飯，不是做文章，不是繪畫繡花，那樣文質彬彬，那樣溫良恭儉讓。革命是暴動，是一個階級推翻另一個階級的暴烈的行動。"這番話深刻揭示了革命的本質屬性。在這樣的歷史關頭，一味秉持溫良恭儉讓，反而可能成為阻礙社會進步的桎梏。就像清末民初，封建帝制已成為民族復興的絆腳石，若仍固守"君君臣臣"的禮教束縛，何來辛亥革命的槍響，何來民主共和的曙光？

五四時期"打倒孔家店"的思潮，正是基於這樣的時代背景。有人說"打倒孔家店不必打倒孔夫子"，實則違背邏輯——您作為儒家思想的開創者，恰是“孔家店”的精神核心與思想源頭。您的學說中，固然有超越時代的道德智慧，但也蘊含著適應封建帝制的等級觀念、禮教束縛等內容。在需要徹底破除封建思想枷鎖、推動社會革命的年代，若不批判您學說中與時代相悖的部分，“孔家店”便難以真正被推翻，而封建殘餘的存續，必然會阻礙革命進程與社會的革新。

夫子撫須沉吟，目光深邃而溫和地說：後生所言，不乏時代洞察。吾之學說，確是基於春秋亂世而作，旨在以仁義禮智化解紛爭，以溫良恭儉滋養人心。彼時禮崩樂壞，諸侯爭霸，百姓流離，吾所求者，是為亂世尋一劑治世良方。溫良恭儉讓，非懦弱退縮之謂，乃待人處事之底線；仁義禮智信，非僵化教條之規，乃安身立命之根本。然吾亦深知，世間萬事萬物，未有一成不變之理，學說思想亦當隨時代而損益。

汝言革命之暴烈，吾未嘗不察。昔者湯武革命，順乎天而應乎人，《易》曰“窮則變，變則通，通則久”，此乃天道之常。吾所反對者，非變革本身，而是以暴易暴、背離人道之“亂”；吾所倡導之“仁”，其核心在於“愛人”，若制度已然背離“愛人”之本，使百姓深陷水火，那麼推翻此等制度，恰是對“仁”的踐行。所謂溫良恭儉讓，是對良善秩序的堅守，而非對腐朽制度的縱容；所謂仁義禮智信，是革新社會的價值根基，而非阻礙變革的思想枷鎖。

再者，“孔家店”之興，非吾本意，實乃後世統治者為鞏固統治，擇吾學說之片面而強化，將其固化為等級森嚴的禮教體系。吾言“君使臣以禮，臣事君以忠”，本是雙向對等之倫理，卻被後世曲解為“君要臣死，臣不得不死”的絕對服從；吾倡“禮之用，和為貴”，本是追求人際和諧，卻被異化為束縛人性的繁文縟節。這些後世附加之桎梏，與吾最初的思想已然相去甚遠。

五四先賢“打倒孔家店”，其真義在於破除封建禮教的精神枷鎖，而非否定吾學說中永恆的道德價值。批判孔子，當是批判那些被後世扭曲、僵化的思想糟粕，而非全盤否定吾畢生追求的仁義之道。就如革命之本質，是摧毀腐朽的制度，而非摧毀人類共同的道德良知——吾之溫良恭儉讓，若能剝離封建等級的外殼，便能成為革命後構建新社會秩序的道德滋養; 吾之仁義禮智信, 若能融入平等自由的時代精神, 便能為新社會的長治久安提供精神支撐。

治世需仁, 革命需勇; 守常需禮, 革新需智。世間無絕對之理, 唯有因時因地制宜, 方能行穩致遠。吾之學說, 願為時代之鏡, 而非時代之桎梏——當社會需革新時, 便當揚棄其中不合時宜者; 當人心需滋養時, 便當光大其中永恆價值者。批判與繼承, 本是一體兩面, 唯有如此, 文明方能在矛盾衝突中不斷前行, 在革新中生生不息。

夫子之言, 令晚輩茅塞頓開。原來"打倒孔家店"與尊重孔夫子, 並非絕對對立——批判的是被封建化、僵化的思想糟粕, 繼承的是超越時代的道德智慧。革命與仁禮, 看似相悖, 實則相輔相成: 革命以暴烈手段破除腐朽, 為仁禮的踐行開闢空間; 仁禮以道德力量滋養人心, 為新社會的穩定奠定根基。這或許正是華夏文明能歷經千年風雨而綿延不絕的關鍵所在。

之三

"孔夫子, 昔年您為魯國司寇, 七日而誅少正卯, 後世頗有爭議。"穿越千年的對話, 直指中國思想史上最具爭議的公案之一。少正卯作為春秋時期的思想家, 以"反潮流"的言論針砭時弊、聚徒講學, 卻被孔子您以"五惡"之名誅殺, 未行公開審判與辯論。這一事件不僅成為後世對您孔子的重要詰問, 更被封建統治者援引為打壓異見的藉口, 其影響跨越千年, 至今仍值得深思。

孔子道: 要理解這一事件, 需回歸春秋末期的社會語境。彼時禮崩樂壞, 諸侯爭霸, 魯國作為周禮的發源地, 正面臨著"陪臣執國命"的動盪局面。少正卯所宣揚的"犯上作亂"思想, 在我看來, 並非單純的學術異見, 而是動搖社會秩序、誘發戰亂的危險言論。我一生倡導"克己復禮", 視禮樂秩序為治國根本, 而少正卯的言論恰好觸碰了"秩序至上"的底線。作為司法官員, 吾認為, 在亂世之中, 快速剷除"亂源"是維護社會穩定的必要手段, 這與吾"政者, 正也"的治世理念形成了複雜的交織——既要正人心, 也要正秩序, 而當二者衝突時, 吾選擇了以雷霆手段守護後者。

我想：但不可否認的是，這一行為確實留下了難以辯駁的爭議。孔子向來主張“君子和而不同”，倡導學術上的包容與對話，卻以非辯論的方式終結了少正卯的思想傳播，這本身就存在邏輯上的矛盾。後世封建統治者恰恰利用了這一點，將“誅異見”合理化：從秦始皇焚書坑儒到明清文字獄，無數持不同政見者被冠以“謀逆”之名慘遭迫害，而追溯其思想源頭，竟能隱約看到少正卯案的影子。這種將學術分歧政治化、將思想異見罪惡化的做法，在近現代也不乏迴響。上世紀五六十年代，一些學術探討曾遭遇過特殊對待：“一分為二”與“合二為一”的哲學爭鳴、馬寅初先生關於人口問題的學術見解、梁漱溟先生對鄉村建設的獨到思考，乃至胡風先生的相關議論，因與當時的主流認知存在差異，便從純粹的學術探討逐漸轉向了非學術的評判，相關學者也因此歷經坎坷。這種現象的背後，似乎能看到歷史慣性的延續，與少正卯案所開啟的“異見即罪”的隱性邏輯，形成了跨越千年的呼應，令人扼腕。

吾想.：孔子的失誤，或許在於混淆了“思想批判”與“社會危害”的界限。學術異見本是推動社會進步的動力，正如春秋時期百家爭鳴，儒、墨、道、法各自立說卻相互激蕩，才造就了中國思想史上的黃金時代。少正卯的思想即便與儒家相悖，也應通過學術辯論、思想交鋒的方式予以回應，而非訴諸暴力。那些近現代的學術爭議，本應是不同觀點碰撞的契機，卻因被賦予了額外的政治意味而失去了探討的本質，最終阻礙了思想的繁榮與社會的進步。孔子作為思想家的偉大，在於他構建了影響中國千年的倫理體系；但作為司法官員的局限，也在於他未能跳出時代的束縛，未能真正踐行“和而不同”的包容精神。而後世未能及時修正這種偏差，反而將其固化為一種治理慣性，才是更值得反思的地方。

站在今天的視角回望，少正卯案及後世類似事件的價值，不在於批判古人或過往，而在於為我們敲響警鐘：思想自由是人類文明的基石，任何以“維護秩序”為名打壓異見的行為，最終都會阻礙社會的進步。真正的治世之道，不是消滅分歧，而是在尊重差異的基礎上尋求共識；真正的思想繁榮，不是定於一尊，而是讓不同聲音在平等對話中碰撞出真理的火花。

千年後的今天，我們與孔子對話，既是追問歷史，也是反思當下。願這些跨越時空的爭議永遠提醒我們：包容異見、尊重思想，才是文明永續發展的正道。

之四

孔夫子您好。拜讀《論語》，見您斥責晝寢的宰予“朽木不可雕也，糞土之牆不可圬也”，晚輩心中頗有感觸，願就此與您一辯。

您倡導因材施教、六藝並舉，卻對學生晝寢施以如此嚴厲的指責，未免有失偏頗。白晝困倦而小憩，本是人體自我調節的自然需求，頭腦昏沉時稍作休息，方能以更充沛的精力投入學習，這與您“學而不厭”的治學理念並不相悖。您重視射、禦等技藝的傳授，實則包含了鍛煉身體的初衷，卻為何在學生主動進行健康調整時，未能給予包容與理解？

您或許未曾想到，這句斥責對後世教育產生了深遠影響。數千年來“學而優則仕”的觀念深入人心，莘莘學子秉持“頭懸樑、錐刺股”的苦讀精神，將治學與健康對立起來。古代私塾只重經史子集，不設體育、音樂、美術課程，學子們埋首故紙堆，鮮少運動；即便辛亥革命後新式學校增設了體育課，“重智育、輕體育”的慣性依然存在。直至解放初期，偉人毛澤東同志提出“三好學生”標準，明確將“身體好”置於首位，其次才是“學習好”“工作好”。這一主張絕非憑空而來，而是針對當時學生普遍存在的身體孱弱問題，經過深思熟慮提出的教育準則，至今仍具有永恆的指導意義。毛主席深知，健康的體魄是求學、幹事、報國的根基，若無強健的身體，再淵博的學識也難以充分施展，再高遠的理想也無從談起。

如今，“重智育、輕體育”的遺風仍未完全消散。晚輩曾見一所學校的 10 名縣作協小會員中，6 人戴近視眼鏡，4 人身體孱弱，雖學業優異、智商出眾，卻缺乏少年應有的朝氣蓬勃。更令人痛心的是，許多學子寒窗苦讀多年，即便考上理想大學，卻因長期透支健康而病倒，甚至殞命，空留學業成功的遺憾。

孔夫子，您的教育思想滋養了華夏千年，但時代在發展，教育理念也需與時俱進。毛主席將“身體好”放在三好學生首位的遠見，正是對健康與治學關係的深刻詮釋。治學固然重要，但健康是承載理想與學識的基石，無健康則無長遠發展。願後世教育能真正踐行“體用兼備”，讓學子們在求知路上，既修學識，亦強體魄，方能不負韶華，行穩致遠。

之五

筆者：孔夫子，今日想與您作一番總括之談。世人對您的評價歷來褒貶不一，晚輩以為當如解剖麻雀般細察，既不盲目尊奉，也不一概否定，您以為然否？

孔子：善哉斯言！“知我者其天乎”，後世能以審慎之心觀我言行，而非將我奉為神、貶為鬼，實為明智之舉。吾本凡人，所言所行皆囿于春秋之時，若脫離彼時情境空談是非，難免有失公允。

筆者：您身為傑出的思想家、學問家與古籍整理者，功績卓著。教育上，學而不厭、誨人不倦，因材施教、學思結合的理念，至今仍是教育之圭臬；學問上，您刪《詩》《書》、訂《禮》《樂》、序《周易》、作《春秋》，系統整理上古文獻，為文明傳承立下不朽之功；思想上，禮義廉恥等理念對維繫社會秩序亦有深遠價值。但晚輩尚有不解，春秋之時餓殍遍野，百姓食不果腹、衣不蔽體，您卻言“食不厭精，膾不厭細”，這與您倡導的“仁者愛人”是否相悖？

孔子：此語需辨明本義。吾所言“食不厭精，膾不厭細”，非為追求口腹之欲的奢靡，實乃齋祭之時的飲食儀則與安全之道——米糧精細為求潔淨，魚肉切細為防腐敗，恰如“食饐而餲、魚餒而肉敗不食”的延伸，是對飲食禮度與健康的敬畏，而非脫離民生的鋪張。吾畢生所求“克己復禮”，飲食之“精”“細”本是禮的具象，卻未料後世曲解為奢靡之征。若論民生，吾何嘗不憂？“博施於民而能濟眾”，向來是吾心中至善之境。

筆者：即便如此，“食不厭精，膾不厭細”的表述，在百姓流離失所的時代背景下，仍難脫離現實之嫌。

孔子：至於“謀道不謀食”，吾非鄙視勞動，而是強調君子當以追求真理、踐行道義為核心，而非僅以溫飽為終極目標——農耕勞作是民生之本，吾從未否定其價值，只是認為“士”當有更高的精神追求。後世將“學”與“祿”綁定，淪為追名逐利的藉口，亦是對吾之思想的曲解。

筆者：您所言“學而時習之”，筆者深以為然。世人多解“習”為複習，實則暗含實習、實踐之意，恰合“實踐—認識—再實踐”的智慧萌芽。而袁中郎曾批判您“遠小人、近君子”的主張，認為君子往往利用小人，您對此有何看法？

孔子：“君子”“小人”之分，本在德行與行事，而非固定不變的標簽——君子當守仁心、行正道，小人則易逐私利、行偏途。吾倡“遠小人”，是勸人遠離惡行誘惑，而非否定人之轉變可能。袁中郎所見，是後世某些偽君子的行徑，而非吾之本義。人心可變，君子若能以德行感化，小人亦可向善；若君子自甘墮落，與小人同流，便不再是吾所言之君子了。

筆者：毛主席曾讚賞您“子入太廟，每事問”的謙遜，也批判您鄙視勞動、思想獨霸的局限，這種一分為二的態度，正是筆者今日與您對話的初衷。您作為思想家、學問家與古籍整理者的貢獻不可磨滅，但思想中固化的等級觀念、部分脫離民生的表述，以及被後世曲解利用的局限，亦值得後世警惕與反思。

孔子：甚善！吾之思想非萬世不易之真理，若合當世之道則用之，若悖時代之需則棄之。這就是擇其善者而從之，擇其不善者而改之。後人當取其精華——如教育之智、德行之要、文獻整理之功；去其糟粕——如僵化之等級、不合時宜之規。如此，方不負吾畢生求索之“道”，亦不負後世對吾之審視與傳承。

筆者：多謝夫子坦誠相告。以史為鑒，取精去粗，既肯定您的卓越貢獻，也警惕您的思想局限，方是對待先賢的正確之道。今日對話，筆者受益匪淺。

孔子：學而不厭，誨人不倦，吾之道本就需後世檢驗修正。願汝輩既能承先賢之智，亦能破陳腐之見，如此，文明方能生生不息。

一三零、與老子的對話

之一

暮色四合，我靜坐案前，望著《道德經》泛黃的紙頁，忽覺清風拂面，一位鶴髮童顏的老者含笑立于眼前，正是老子。我躬身行禮，直言心中困惑："老先生言'道可道，非常道'，主張大道無言，卻又著下八十一章、五千言，這豈不是自相矛盾？"

老子捋須輕笑，聲音如山谷松濤："你所問，正是世人常有的迷思。我所言'道無言'，指的是自然之道、宇宙之道、人間之道的本真模樣。這大道彌漫於天地間，滋養萬物卻無聲無息，蘊含的深意無窮無盡，如夜空星河般浩渺。"

他頓了頓，目光掃過窗外草木："言語本是人為的符號，如同用瓢舀江海之水，只能取其一瓢，卻無法窮盡江海的浩瀚。一旦用言語去界定'道'，它的含義便被局限，再也不是那無所不包、生生不息的常道了。"

我恍然大悟，又問："那為何您還要著書立說？"老子答道："大道無言，卻需借言指引世人。我之五千言，並非要定義大道，而是如指月之指，只為讓世人循著言語的微光，去體悟那無言的無限真機。言與無言，本是有限與無限的呼應，而非對立啊。"

言罷，老者身形漸淡，唯有餘音縈繞耳畔。我望著案上的《道德經》，忽然明白，那些文字不是束縛，而是通往無限大道的橋樑。

之二

晨光透過窗櫺，案上《道德經》的字句熠熠生輝，老子的身影再度顯現，依舊仙風道骨。我起身叩問："老先生言'谷神不死，謂之玄牝。玄牝之門，是謂天地根'，可世間萬物，有形無形皆有生有死，生與死互為依存，您說穀神不死，又言其用之不竭，這生死之說豈不相悖？”

老子頷首，指尖輕叩桌面，聲音沉穩如大地：“你所見的生滅，是器物之相、個體之命。草木春生秋枯，鳥獸壽終而亡，此乃有形之生死，是大道運化的表像。而我所言穀神，非有形之體，而是大道孕育萬物的玄妙真機，是承載天地根本的無形之性。”

他望向庭中松柏，目光悠遠：“穀神之‘不死’，非指個體長存，而是生生不息的運化之力。玄牝之門如天地的呼吸，吐納間滋養萬物，它無固定形態，卻連綿不絕，如江河奔湧不止，如星辰周行不殆。這種‘存’，是本體的恒常，而非器物的固守。”

“至於用之不勤，”老子續道，“是說這大道之力滋養萬物時，不疾不徐、無窮無盡，不因滋養草木而耗損，不因孕育生靈而枯竭。它超越了有形的生滅循環，是生死背後不變的根本，是讓生滅得以發生的永恆動力。有形者有生死，無形之大道本體則無生無死，這便是穀神不死的真諦。”

我凝神細思，豁然開朗。原來穀神之“不死”，是超越個體生滅的永恆運化，是天地萬物生生不息的本源。老子的身影漸隱，其言卻如晨鐘暮鼓，久久回蕩。

之三

暮色染窗，《道德經》的字句在燈下端凝，老子的身影踏著月色而來，眉宇間依舊是淡然通透。我起身拱手，直言心中積鬱：“老先生言‘天道無親，常與善人’，說天道無分親疏，獨護善良之人。可世間分明善惡對立，無惡不顯善，更有諸多為非作歹之徒，或投機取巧大發橫財，或剝削欺壓、弄虛作假，卻能逍遙法外、花天酒地。這般景象，豈不是與您的言說相悖？”

老子捋須沉吟，聲音如古潭靜水：“你所見的，是人間一時之象；而我所言的，是天道永恆之理。天道無親，是說它沒有私心偏愛，不會因誰的祈求而偏私，也不會因誰的悖逆而遷怒，它如日月昭昭，按自身節律運行，無偏無黨。”

他望向窗外沉沉夜色，續道：“所謂‘常與善人’，並非指天道會即時獎賞善人、懲戒惡人。善人之行，合于大道，如草木向陽而生，自然能得天地滋養；惡人之行，悖逆天道，如無源之水、無本之木，看似洶湧繁茂，實則早已埋下枯竭之因。”

“你說的那些作惡發跡者，”老子目光銳利如鋒，“他們的財富地位，不過是一時之浮華，如泡沫聚散。天道的懲戒，不在當下的名利得失，而在因果循環的必然——作惡者內心難安，眾叛親離，財富權勢終會如流沙逝去；而善人堅守本心，善言善行滋養心性，雖可能歷經坎坷，卻能得內心安寧、福報綿長，這便是天道的眷顧。”

我追問：“可這般因果，為何往往遲來？”老子輕笑：“天道運化，不疾不徐。善惡之報，如四季輪回，春種秋收，從無差錯。人間的善惡對立，本是大道演化的常態，正因為有惡的存在，善的價值才更顯珍貴；而天道的公平，不在於一時的獎懲，而在於讓善得以傳承、讓惡終歸消亡。”

言畢，老者身影融入夜色，餘音嫋嫋。我望著案上的書卷，忽然明白，天道的公正從不在表面的得失，而在善惡本質的必然歸宿。善者因合道而長久，惡者因悖道而短暫，這便是“天道無親，常與善人”的真正深意。

之四

竹影搖窗，燈下文卷微動，老子的身影再度浮現，神色溫和卻帶著洞見。我上前躬身問道：“老先生在著作中留下‘三知三守’的箴言——知其雄，守其雌；知其白，守其黑；知其榮，守其辱，又力主無為而治。可現實中，許多人本事平平，卻憑藉張揚鼓吹、弄虛作假、設局欺瞞獲利頗豐；而那些一味守柔、恪守無為的人，反倒常受欺負、難獲公平，甚至陷入消極沉淪。您的這些主張與現實結果，難道不矛盾嗎？”

老子捋須輕歎，聲音如清風拂竹：“你之所見，是世人對‘三知三守’與‘無為’的根本誤解。這三知三守，字字皆是剛柔相濟的生存智慧，絕非一味隱忍退縮。”

"'知其雄，守其雌'，是明曉剛強的力量，卻不逞匹夫之勇，甘居柔位以養晦——如猛虎藏爪，非無鋒，而是不妄動；'知其白，守其黑'，是洞察是非曲直、世事真相，卻不張揚外露、盛氣淩人，以謙卑之態處世——如明月藏雲，非無光，而是不刺眼；'知其榮，守其辱'，是知曉榮耀的光彩，卻能安於卑微之境，不戀虛名、不避塵俗——如美玉埋璞，非無華，而是不張揚。這三知，是明辨世事的通透；這三守，是安身立命的根基，缺一不可。"

他頓了頓，目光掃過案上筆墨："那些靠吹牛做局獲利者，看似得勢，實則是'強梁者不得其死'的前兆。他們只知逞雄、炫白、逐榮，卻不懂守雌、守黑、守辱，如築沙為塔，根基虛浮，一時風光終會崩塌。守柔者若受欺辱，非守柔之過，而是未能悟透'柔之勝剛'的真諦——柔不是軟弱可欺，而是以退為進、以柔克剛的智慧，如滴水穿石，非力敵而智取；如江海處下，方能容納百川。"

談及無為，老子語氣愈發沉厚："無為並非消極沉淪、閉關自守，而是'無為而無不為'。它是不妄為、不違背事物本性的行事之道：農夫順應農時耕種，匠人遵循規律造物，為政者不橫徵暴斂，這便是無為。若將無為曲解為躺平懈怠、無所作為，實則背離了大道本質，自然難獲順遂。"

我追問道："那這'三知三守'在如今的現實生活中，該如何踐行？"老子微笑頷首，娓娓道來："在職場中，有人鋒芒畢露爭搶功勞，你卻知曉自身實力（知其雄），甘願輔助團隊、默默沉澱（守其雌），終會因扎實功底贏得長久認可；在人際紛爭中，你看清是非曲直（知其白），卻不疾言厲色爭辯，而是包容差異、低調處事（守其黑），方能化解矛盾、贏得人心；在事業有成時，你享受榮耀（知其榮），卻不居功自傲，仍保持謙遜待人、踏實做事的本心（守其辱），方能行穩致遠。這些，都是三知三守的鮮活應用。"

我豁然開朗："如此說來，三知三守是明辨後的堅守，無為是順勢中的作為？"老子頷首微笑："正是。'三知'讓你看清世事，'三守'讓你站穩腳跟，守柔者守的是內在的剛健，無為者為的是順勢而成事。那些誤解者本末倒置，將守柔等同於懦弱，將無為等同於消極，難怪與現實相悖。大道至簡，唯有明辨本質、知行合一，方能在三知三守中安身，在無為中成事。”

言罷，老者身影漸淡，餘音繞梁。我望著案上《道德經》，終於明白，老子的智慧從非消極避世，而是藏鋒守拙、順勢而為的生存之道，在當下生活中依舊閃耀著實用的光芒。

之五

夜風入戶，案上《道德經》翻至第七十一章，“聖人不病，以其病病，是以不病”的字句在燈光下格外醒目。老子的身影踏月而來，神色依舊淡然通透。我起身叩問：“老先生，您言聖人不病，是因以病為病，重視之、克服之，方得無病。可世人常說‘念力為法中之王’，心念決定一切，若將病全然不放在心上，心靈無病便真無病。這兩種主張，難道不矛盾嗎？”

老子捋須而笑，聲音如古泉漱石：“你混淆了‘正視問題’與‘心念清淨’的本末，二者非但不悖，反而是相輔相成的智慧。我所言‘病’，從來不止於肉身之疾，更是人心的執念、行事的偏失、認知的盲區——這便是世間一切困局的‘病根’。”

“聖人以病為病，是明察秋毫的清醒：知曉人性有貪嗔癡的隱患，便時刻自省克制；明白行事有悖道的風險，便謹慎修正；洞察認知有局限的短板，便虛心求教。這種‘病病’，是主動防患於未然，如農夫除草、匠人修器，不回避問題，才不會讓小疾釀成大患，這是外在的修行。”

他頓了頓，目光落在我眉間：“而你說的‘念力為王’，是內心的定力。心念清淨，並非無視問題，而是在正視問題時不慌不忙、不憂不懼。聖人深知，過度焦慮、怨懟、執著，只會讓‘病根’蔓延，故以平和之心對待困局——既不輕視回避，也不被其擾亂心神。如醫者自醫，先明病症（以病病），再平心靜氣對症施治（心念無擾），方能標本兼治。”

“那些只談念力卻無視‘病病’者，如諱疾忌醫之人，明明身有沉疴 卻自欺欺人，心念再強也難擋病根侵蝕；而只知‘病病’卻心念不寧者，如臨陣慌亂的醫者，雖識病症卻失了方寸，終難對症下藥。”

我追問道：“還請老先生結合職場困局、人際矛盾，再為我通俗闡釋二者的關係。”老子頷首應允，娓娓道來：“職場中，若你的方案被多次駁回，這便是‘病’。‘以病病’便是正視問題——複盤方案是否脫離實際、溝通是否存在偏差，主動向同事請教、向領導請示，逐項修正不足；而‘心念清淨’，則是不因駁回而自我否定、焦慮急躁，保持平和心態專注解決問題，不被負面情緒牽絆。如此內外兼顧，方能突破困局。”

“再論人際矛盾，若與他人因誤解產生隔閡，這便是‘病’。‘以病病’是主動梳理矛盾根源，反思自身是否有言辭不當、考慮不周之處，適時溝通化解；‘心念清淨’則是不糾結於他人的態度，不生怨恨執念，以包容之心看待差異，不讓矛盾消耗自身心力。唯有既正視問題、主動作為，又保持心念澄明、不被情緒裹挾，方能化解紛爭、安然處世。”

我又問：“那家庭相處與事業挫折中，該如何踐行這種智慧？”老子微笑續道：“家庭中，夫妻因家務分工、育兒觀念產生爭執，這便是‘病’。‘以病病’是放下爭執，坦誠溝通各自的難處與訴求，調整相處模式——如多分擔瑣碎家務、尊重彼此的教育想法；‘心念清淨’則是不翻舊賬、不貼標簽，不因一時矛盾否定彼此的付出，以珍惜之心包容差異，不讓怨氣積累成隔閡。”

“談及事業挫折，若多年經營的項目失敗、投資虧損，這便是‘病’。‘以病病’是冷靜複盤失敗原因——是決策失誤、市場判斷偏差，還是資源不足，而後總結經驗、調整方向，或重啟項目或另尋出路；‘心念清淨’則是不沉溺於懊悔、不被挫敗感擊垮，保持‘留得青山在’的從容，不急於求成、不盲目冒進，以沉穩之心等待轉機。”

我豁然開朗：“如此說來，‘以病病’是外在的務實之舉，‘心念清淨’是內在的修行之法？”老子頷首：“正是。聖人不病，是外能正視問題、主動修正，內能保持心念澄明、不被困擾。二者合一，方是‘不病’的真諦。念力不是逃避現實的盾牌，而是直面問題的底氣；‘病病’不是自尋煩惱的執念，而是守護本心的根基。”

言罷，老者身影漸融夜色，餘音嫋嫋。我望著案上書卷，終於明白，老子的智慧從來不是非此即彼的選擇，而是內外兼修的通透——正視問題而不焦慮，堅守心念而不盲從，方能在世事浮沉中安然無“病”。

之六

晨光熹微，案上《道德經》的“反者道之動，弱者道之用”八字，如晨鐘般叩擊心弦。老子的身影立於窗畔，衣袂隨清風微動。我上前躬身問道：“老先生，您言‘反者道之動’，是說事物皆以反向之力為發展動力；‘弱者道之用’，是說大道的運用常顯柔弱之態。可現實中，人們總說‘正之又正方能前進’，強者似乎更能掌控局勢、推動發展。這‘弱者道之用’，難道不與現實相悖嗎？”

老子捋須而笑，聲音如春日溪流般溫潤：“你只見表像之強，未悟柔弱之真。大道運化，從來不是剛硬的強推硬進，而是以柔克剛、以退為進的智慧。‘弱者道之用’，並非指軟弱無力、被動退縮，而是說真正持久的力量，往往以柔和的形態呈現，如春雨潤物，無聲卻能滋養萬物；如江河處下，不爭卻能容納百川。”

他指向庭中垂柳，續道：“你看那柳條，看似柔弱無骨，風來則彎，風過則直，從未因狂風暴雨而折斷；反觀院中松柏，看似堅不可摧，若遇雷霆重擊，反倒易折。這便是‘弱’的智慧——順應規律，不與勢逆，看似退讓，實則保全自身、積蓄力量，終能達成目的。”

“現實生活中所謂的‘正之又正方能前進’，不過是急功近利的短視之舉。”老子目光深邃，“經商者若一味擴張、強取豪奪，看似勢頭正盛，終會因透支信譽、違背市場規律而衰敗；為政者若一味高壓、剛愎自用，看似權威赫赫，終會因背離民心而失勢。而那些懂得‘弱者道之用’的人，經商者以誠信為本、讓利共贏，看似‘弱’於爭利，實則客源不斷、基業長青；為政者以民為本、謙遜納諫，看似‘弱’於獨斷，實則國泰民安、深得民心。”

我追問：“晚明公安派的三袁（袁宗道、袁宏道、袁中道），實為文學革新的核心團隊，他們如何體現‘弱者道之用’？現代生活中又有哪些鮮活例證？”

老子頷首笑道：“依你所言，我幫助你分析，三袁倡導‘性靈說’，反對前後七子的復古模擬之風，卻未以門戶之見打壓異己，反以包容之態吸納不同聲音——這便是‘弱’的智慧。袁宏道作為核心，不搞獨斷專行，而是與兄長弟弟切磋琢磨，傾聽弟子後學的見解，看似‘弱’於掌控，實則凝聚了眾人心力，讓公安派的文學主張深入人心，影響後世數百年。他們不逞強爭辯，而是以清新自然的詩文作品說話，看似‘弱’於造勢，實則以文載道，終成明末文學革新的中堅力量，這正是‘弱者道之用’在團隊中的生動實踐。”

“我聽人們介紹現代生活中的例證。”老子續道，“馬雲搞了支付寶，初創時，面對行業巨頭的擠壓，未盲目跟風擴張、正面抗衡，而是選擇‘示弱’——聚焦細分領域，傾聽用戶需求，允許團隊成員試錯，甚至吸納競爭對手的失意人才。管理者不搞‘一言堂’，而是以平等姿態與員工溝通，看似‘弱’于權威，實則激發了團隊的創新活力；不急於追求盈利，而是深耕品牌體驗，看似‘弱’於逐利，實則積累了大量忠實用戶，最終在巨頭環伺中突圍，成為細分領域的領軍者。這便是以‘弱’聚力、以‘柔’破局的智慧。”

我又問：“那‘反者道之動’與‘弱者道之用’，究竟如何相輔相成？”老子答道：“事物發展到極致，必會向反面轉化，這是‘反者道之動’的規律。而‘弱者道之用’，正是順應這一規律的行事之法——知曉剛強易折，便以柔弱自守；知曉盛極而衰，便留有餘地。如農民耕種，春耕夏耘是‘正’，秋收冬藏是‘反’，冬日的‘休養生息’看似柔弱無為，實則是為來年的豐收積蓄力量；如人生處世，進取拼搏是‘正’，退讓包容是‘反’，適時的‘示弱’並非懦弱，而是化解矛盾、贏得長久發展的智慧。”

我忽然明白：“如此說來，‘弱者道之用’，是順應規律的智慧，而非消極的退縮？”老子頷首微笑：“正是。柔弱不是無力，而是以柔克剛的堅韌；退讓不是妥協，而是以退為進的謀略。那些執著於

‘正之又正’的人，不懂物極必反的道理，一味剛強冒進，終會被規律反噬。唯有悟透‘弱者道之用’，以柔和之態順應大道，方能在世事變遷中穩紮穩打、行穩致遠。”

言罷，老者身影漸淡，晨光灑滿案頭。我望著《道德經》上的字句，終於明白，老子所言的“弱”，是蘊含著無限生機與智慧的強，是真正能經得起時間考驗的持久力量。

一三一、與佛祖的對話

之一

我稽首問佛祖："世尊，《金剛經》明言'以音聲求我，以色相見我，是人入邪道，不得見如來'。然現時代，南海觀世音雕像巍然屹立，耗資億萬而莊嚴神聖；廬山東林寺阿彌陀佛像，以萬兩黃金粉飾，熠熠生輝；河南釋迦牟尼像、九華山地藏菩薩大像，皆以銅鐵鑄就、金玉妝成，規模恢弘，萬眾瞻仰。這般以形質塑聖像、以金玉飾法身之事，莫非是世人誤入邪道了？"

佛祖垂目含笑，聲如梵唄："眾生執念於'相'，卻不知'相'非邪，執'相'為實方是邪。聖像之立，非為讓眾生執于金玉銅鐵之形，而是為凡夫俗子立一可見之'信標'。塵世之人，心性未定，於煩惱海中漂泊，需一具體之形相作為寄託，方能生起敬畏之心、向善之念。黃金飾像，非為彰顯富貴，而是借金玉之純淨，喻佛法之圓滿；銅鐵鑄身，非為執著頑石，而是借器物之堅固，表信仰之恒常。"

"汝觀那朝拜者，有人見聖像而悟慈悲，有人因瞻仰而發善願，有人借聖像之莊嚴滌蕩塵心——此等以'相'為舟，渡向本心之人，何曾入邪？《金剛經》所言'不見如來'，是戒人執於表像而忘其本質。如來者，無所從來，亦無所去，是眾生本具之清淨自性。聖像如指，指向明月之境；若有人執於手指而不見明月，方是入了邪道；若借手指見明月，再棄手指而循月光前行，便是正道修行。"

"金玉銅鐵之像，是有形之'方便'；不執於像、直指本心，是無形之'究竟'。眾生根基不同，需以方便法門接引。待其心性成熟，自會明白'凡所有相，皆是虛妄'，彼時雖不見聖像之形，卻能於萬事萬物中見如來本性。是以，塑聖像是聖教的工具與形式，聖教是內容，內容與形式，兩相融通，非邪道，執於聖像之形而忘其義、貪求金玉之相而失其心，方是真邪。"

我聞言頓悟，再拜而退：原來塑聖像乃佛法教育之形式。聖像本是渡人之舟，執舟為岸者迷，借舟渡河者明。佛法之妙，正在於以有形之相，啟無形之智；以方便之門，引眾生入究竟之道。

之二

我躬身合十，向佛祖問道："世尊，世間修行者秉持佛法教誨，拋卻財色名利之擾，抵禦塵世誘惑，為信仰堅韌修行，這般舍欲向道的精神，縱觀人類歷史，無出其右，實在令人敬仰。然佛法倡導不食肉食、不婚生子，細思之下，似與世間常理相悖，懇請世尊解惑。"

"如今世人對肉食的渴求日益強烈，若世間驟然停止供應豬牛羊魚等動物性食品，市場秩序恐將崩塌，社會陷入混亂。海邊民眾依海而生，魚類是賴以生存的主食；草原牧民逐水草而居，牛羊是維持生計的根本，若強令他們斷除肉食，便等同於斷其生路。再者，餐館賓館若無肉食供應，生意難以為繼，無數人將因此失業。更甚者，若人人皆遵循不婚生子之教，人類繁衍便會中斷，終有一日走向滅亡。這般景象，難道亦是佛法所期望的嗎？"

佛祖聞言，神色安然，緩緩開口："眾生誤解佛法矣。我倡導不食肉食，非是強令天下人皆斷葷腥，而是為修行者立一清淨之規。肉食源於殺生，生靈殞命之際，怨氣叢生，食之則染穢濁之氣，不利於心性清淨。然世間眾生根基各異，生存環境有別，海邊民眾、草原牧民以肉食為生，非為貪念，實為活命，這般順勢而為，並非造業。佛法講'慈悲為懷'，真正的戒殺，是心存敬畏，不肆意屠戮，不貪求口腹之欲而濫殺無辜，而非不顧眾生生計的刻板強求。既然那麼多僧人可以斷肉食而使體健，世人為何不可以少食肉？而少食肉豈不可以少殺生？既然那麼多人可以斷絕男歡女愛，世人為何不可以減少淫欲？豈不是為社會安樂清淨增加了因子？"

"至於不婚生子，佛法所勸誡的，是修行者為專注道業、斷絕塵緣而選擇的修行方式，並非要求所有世人皆如此。世間有'不孝有三，無後為大'的人倫常理，亦有繁衍後代、延續族群的自然使命。婚姻家庭是世間常態，夫妻和睦、養育子女、盡人倫之責，亦是一種修行。佛法不離世間覺，若人人皆出家修行，無人經營世間事務，人類固然難以延續，佛法亦無立足之地。”

“修行之道，重在本心，而非形式。肉食可食，若能心存慈悲，不濫殺生靈、不鋪張浪費，便是順應天道；婚姻可結，若能堅守道義、善待家人、承擔責任，便是人間正道。佛法的真諦，是讓眾生在各自的境遇中，明辨是非、堅守善念，而非以刻板的戒律束縛眾生。世間萬物，各有其道，順勢而為、心存善念，便是與佛法相應。”

我茅塞頓開，再次叩拜：“原來佛法圓融無礙，並非拘泥於形式，而是因材施教、因境而化。感恩世尊指點，弟子今日方知，真正的修行，是在世間煙火中堅守本心，在各自的生活中踐行善念。”

之三

我合十而立，向佛祖敬問：“世尊，您倡導勤修戒定慧、熄滅貪嗔癡，此理照亮人心，既能淨化眾生心靈，更能衝擊世俗思想的陰暗面，實為世間至寶。佛法戒律中，五戒、八戒乃至比丘、比丘尼的數百清規，核心皆不離‘不殺生’一戒。然觀現實世界，自然法則本是大魚吃小魚、小魚吃蝦蟹，蛇不捕蛙便無以存活；人間更是如此，市井中賣魚者日日剖殺，賣雞者或以機械批量處理，屠宰場以流水線宰殺豬牛，皆為滿足世人肉食之需。這般普遍的‘殺生’景象，究竟該如何以佛法觀照？”

佛祖垂眸頷首，聲如清泉潤心：“眾生須知，佛法所言‘不殺生’，核心在‘心’不在‘形’，在‘戒妄’不在‘戒生’。先觀自然萬物，大魚食小魚，非是貪嗔驅動，而是生存本能使然。蛇捕蛙、鷹捉兔，皆為維繫生命的自然循環，無善惡之念，無執著之欲，這般‘殺生’，是天道運轉之常，非佛法所禁之‘殺’。”

“再看人間之殺，分‘妄殺’與‘求生之殺’。若為口腹之欲無度屠戮，為逞強鬥狠肆意殺生，為暴利驅使濫捕濫殺，此乃起於貪嗔癡的‘妄殺’，是戒律所禁。因眾生根基不同，世間有人需以肉食維生，如牧民靠牛羊續命，漁民依魚蝦糊口，屠宰者為供應民生而殺生，若心存敬畏，不虐殺、不浪費，不因私欲而濫殺，這般‘殺生’

雖有其形，卻無其心之惡，非入邪道。”

“佛法立‘不殺生’戒，重在引導眾生熄滅嗔恨、生髮慈悲。修行者持戒不殺，是為淨化心性，不與眾生結怨；世人雖難盡戒肉食，卻可戒‘虐殺’之殘忍，戒‘浪費’之暴殄，戒‘濫殺’之貪婪。須知，生命可貴，眾生皆畏死。屠宰之時心懷憐憫，不延長其痛苦；食用之時心存感恩，不糟蹋其性命；平日之中心存慈悲，善待身邊生靈，便是踐行‘不殺生’的真諦。”

“戒定慧的修行，本是讓眾生明辨本心。‘不殺生’不是要逆天道、違民生，而是要斷惡念、存善念。若能於殺生之事中，守住慈悲之心，不被貪嗔左右，便是于紅塵中修行；若因戒律而執著於‘不殺’之形，卻生指責他人、怨恨世事之念，反倒是背離了佛法圓融之道。”

我聞言豁然開朗，再拜致謝：“弟子今日方悟，‘不殺生’的真諦在慈悲心、敬畏心。自然之殺是天道，人間之殺戒妄心，心存善念、行有所度，便是佛法與世間的圓融。”

之四

我斂衽合十，向佛祖躬身問道：“世尊，您的佛法體系中，三世因果、六道輪回、十善業道是修行根基，《華嚴經》《金剛經》《心經》及六百卷《般若經》，核心皆是引導眾生看透世事本質。您教誨諸惡莫作，眾善奉行，自淨其意，謂之佛教。明明曉因果輪回方能誠心修行。然現實中，世人多以物理學之理苛求實證，不見前世為羊、今世為人的憑據，亦不解天道、阿修羅道、人道、畜生道、鬼道、地獄道如何循環顯現。蓮池大師曾言，世間每時每刻都在演繹六道輪回，此說令我深有感觸，卻仍盼世尊詳解：為何無需遠求彼岸，當下便可見輪回之相？”

佛祖慈眉善目，語調平和卻擲地有聲：“眾生執著於‘眼見為實’，卻不知世間真理，非唯有形之物可證。三世因果、六道輪回，不在別處，就在當下的人心與世間的境遇中。蓮池大師所言極是，六道本非遙不可及的彼岸，而是眾生心性與境遇的實時投射。”

“汝且細觀人心：心懷陽光、常念慈悲，待人溫和、處事豁達，便如身處‘天道’，時時感受安寧喜樂；行事端正、盡人倫之責，行善避惡、堅守本心，便是安住‘人道’，體味世間尋常煙火；爭強好勝、嫉妒叢生，事事不甘人後卻仍存底線，便是墮入‘阿修羅道’，為執念所擾、不得安寧；心懷鬼胎、暗箭傷人，貪念纏身、算計不休，便時時處在‘鬼道’，備受匱乏與猜忌之苦；貪嗔癡熾盛、怨恨難平，日日被痛苦與戾氣纏繞，便如困在‘地獄’，煎熬不堪；沉迷欲望、愚鈍無知，為生存本能所困而失卻覺知，便類同‘畜生道’，茫然隨波逐流。這便是人人日日都在演繹的輪回，心之所向，境之所生。”

“再看世間百相，更是輪回的鮮活注腳：有的人身家億萬，日進鬥金，住豪宅、開豪車，衣食無憂、逍遙自在，這不正是如在‘天道’般的境遇？而那深入地下數百米的挖煤工人，暗無天日中擔憂瓦斯爆炸、礦道坍塌，不知能否平安歸來；海上捕魚的漁民，駕一葉扁舟漂泊風浪裡，稍有不慎便可能船覆人亡，這般朝不保夕、備受煎熬，與‘地獄’之苦何異？峨眉山道上，有年老者躬身抬轎，氣喘吁吁、汗流浹背，只為掙得生計；轎中年輕貌美之人卻悠哉刷著手機，安然享受，抬轎者為生存所迫不得不為，這般身不由己、被欲望驅使，豈不類同‘畜生道’的困縛？”

“佛法所言輪回，非是簡單的‘人死為羊、羊死為人’的形體轉化，更是心性的流轉與境遇的投射。物理學求實證，是探究物質之理；佛法講輪回，是揭示心靈之道與世間規律。眾生若能放下對‘有形證據’的執著，反觀自身與世間，便會發現：善有善報、惡有惡報，不是一句空話，而是無數人親身經歷的真相；心性的善惡、行為的取捨，直接決定了生活的境遇，這便是輪回的本質。”

“《般若經》教眾生看透本質，便是讓汝等明白：輪回的核心在‘心’，因果的關鍵在‘行’。無需向外尋求虛無的證據，只需向內觀照自己的起心動念、言行舉止。諸惡莫作，自會遠離三惡道；眾善奉行，自會趨近三善道。這便是輪回最真切的證明，亦是蓮池大師深意所在，更是佛法最實在的教誨。”

我如夢初醒，再次叩拜：“弟子今日方知，輪回不在遠方，就在當下的人心與世間百態；因果無需外證，全在己身的言行與心念。感恩世尊指點，弟子願從此刻起，以善念為引，以善行踐行，不負佛法教誨。”

之五

我焚香合十，向佛祖深揖問道：“世尊，您的教法中，修行的至高境界莫過於明心見性、圓覺圓滿。《圓覺經》《六祖壇經》《法華經》等諸多大乘經典，皆是指引眾生開悟的寶筏。然弟子所見，世間有人念經一輩子，甚至出家為僧，日夜持誦不輟，卻終未開悟；有人博覽群經，通讀上萬卷佛經，依舊迷於表像。究竟何為開悟？開悟有何標準？又該循何途徑方能抵達此境？”

佛祖垂眸淺笑，聲如清風拂葉：“眾生知，開悟非是遙不可及的彼岸，亦非神秘莫測的神通，而是破除迷障、照見本心的瞬間。經書記載的是修行法門，是前人的悟道心得，卻非開悟本身。如人指路，經書是手指，本心是明月，若執著於手指而不見明月，縱讀萬卷經書，亦如紙上談兵；若借手指見明月，便知經書只是渡河之舟，到岸即可舍舟登岸。”

“何為開悟的標準？其一，破除我執，不被自我的貪嗔癡所困，明白‘我’本是因緣聚合的虛妄之相，不再執著於得失、榮辱、愛恨；其二，明辨因果，洞悉世間萬物皆為緣起性空，無永恆不變之物，心境如明鏡止水，照見萬物卻不被萬物所擾；其三，心懷慈悲，開悟後並非脫離塵世，而是以更通透的心態善待眾生，於舉手投足間踐行善念，自然流露利他之心；其四，內外一如，所言所行皆發自本心，無虛偽、無造作，在塵世間修行，於生活中悟道，不刻意追求‘悟’的境界，卻時時處處不離悟的本質。”

“至於開悟的途徑，非唯有念經一途，核心在‘明心’而非‘貪多’。其一，念經需‘走心’而非‘走口’，若只是機械誦讀，不解經中深意，不結合自身反觀內省，念一輩子亦是枉然；所謂念念佛不以清淨心，喊破喉嚨是白念。若能于一句‘應無所住而生其心’中參透放下的智慧，於‘本來無一物，何處惹塵埃’中領悟本心的清淨，便勝過讀千卷萬卷。其二，修行在‘行’不在‘坐’，開悟從來不是閉門造車，而是在待人接物中磨練心性。遇順境不貪，遇逆境不嗔，於柴米油鹽中守得住本心，於紛繁世事中辨得清方向，這般‘在世出世’的修行，遠比枯坐參禪更易開悟。其三，需有明師指引，如六祖慧能大師，雖不識字，卻因五祖弘忍點化，一聞‘應無所住而生其心’便豁然開悟。明師如燈，能在眾生迷航時照亮前路，避免走彎路、入歧途，但最終仍需靠自身踐行印證。其四，貴在‘放下’與‘覺知’，時時觀照自己的起心動念，一旦貪嗔癡生起便即刻覺察、及時熄滅，久而久之，心湖澄澈，本心自現，開悟便在一念之間。”

“眾生根基不同，開悟的時機亦有早晚。有人頓悟，如慧能大師一聞法音便豁然開朗；有人漸悟，如神秀大師‘時時勤拂拭，勿使惹塵埃’，日積月累方得明心。但無論頓悟還是漸悟，核心皆在‘不執’——不執于經書的文字相，不執于修行的形式相，不執於‘開悟’的境界相。只需守住本心，行善去惡，於每一個當下保持覺知，終有一日會豁然開朗：原來開悟從未離開，只是被迷障遮蔽，一旦撥開雲霧，便見自性如日月般光明圓滿。”

我茅塞頓開，再拜致謝：“弟子今日方知，開悟的關鍵在‘心’不在‘形’，在‘行’不在‘言’。感恩世尊指點，弟子願從此刻起，以經為鏡，以行為舟，於生活中觀照，于修行中明心，不求速成，唯願堅守本心，靜待花開。”

之六

我整衣合十，向佛祖躬身叩問：“世尊，世間修行的本質，無非是‘轉化’二字——轉惡為善、轉迷為悟、轉凡為聖。《六祖壇經》有言‘心迷法華轉，心悟轉法華’，您所說的一切經教、所有教言，皆是引導眾生轉化的指南。無論是頓悟的豁然開朗，還是漸悟的日積月累，核心終究離不開‘轉化’。而這轉化的關鍵，似全在一個‘悟’字，悟是至高境界，卻又玄妙難測。懇請世尊詳解：轉化與悟究竟是何關係？悟如何引領轉化，轉化又如何滋養悟？”

佛祖垂眸頷首，聲如鐘鳴貫耳：“眾生所言極是，修行的核心是轉化，轉化的樞紐是悟。悟與轉化，如燈與路——悟為燈，照亮轉化的方向；轉化為路，鋪就悟的階梯，二者互為表裡，不可分割。”

“何為悟？悟不是憑空而生的玄妙，而是對本心的覺醒，對因果的洞悉。心迷之時，人被貪嗔癡裹挾，所作所為皆為惡念驅使，這便是‘心迷法華轉’——你被外境、欲望、習性所轉，身不由己；心悟之後，自性光明顯現，明辨是非善惡，主動掌控心念與言行，這便是‘心悟轉法華’——你成為自己的主人，轉惡念為善念，轉迷惑為清醒，轉凡俗之心為聖賢之心。可見，悟是轉化的前提，無悟的轉化，不過是表面的模仿；有悟的轉化，才是根源的蛻變。六祖言”法華”指一部經典，泛指一切經典，經典是工具，是戲說。”

“再言轉化對悟的滋養。悟並非一勞永逸，初悟如星火，需靠持續的轉化來燎原。有人一朝頓悟，卻因後續不做轉化，貪嗔癡捲土重來，悟境便如曇花一現；有人漸悟途中，時時在小事中轉化——遇紛爭時轉嗔怒為包容，遇誘惑時轉貪婪為克制，遇迷茫時轉執著為通透，每一次轉化，都是對悟境的鞏固與昇華。就如農夫耕耘，悟是播下的種子，轉化是澆水、施肥、除草，唯有日日精進轉化，悟的種子才能生根發芽，長成枝繁葉茂的大樹，終至圓覺圓滿。”

“眾生須知，悟是‘知’，轉化是‘行’；悟是‘明方向’，轉化是‘踏實地’。無悟的轉化，是盲目的修行，縱是日日行善，也可能執著於‘善’的形式，難脫凡俗；無轉化的悟，是空洞的空想，縱是口說開悟，也不過是紙上談兵，終難成聖。《六祖壇經》中，慧能大師一聞‘應無所住而生其心’便頓悟，隨後在獵人隊中隱修十五年，於紅塵中轉化習性、磨練心性，方得弘法利生；神秀大師‘時時勤拂拭’，便是以日日轉化的漸修，滋養最終的悟境。這正是‘悟而不轉，悟如虛設；轉而不悟，轉如盲行’。”

“且看日常修行的三個場景，便知悟與轉化如何落地：其一，轉惡為善——鄰里因瑣事爭執，你本想上前指責對方過錯，忽悟‘嗔恨是煩惱之源’，當即壓下怒火，轉而勸解雙方各退一步，這便是以悟引領轉化，讓惡念消於無形；其二，轉迷為悟——職場中遭遇不公待遇，你執著於‘得失’而鬱鬱寡歡，忽悟‘世事本是因緣聚合，無需強求’，便放下執念，專注于自身成長，這便是以轉化滋養悟境，讓迷茫轉為通透；其三，轉凡為聖——路遇乞討者，你本想漠然走過，忽悟‘眾生平等，皆需慈悲’，便主動遞上食物與零錢，且不執著于‘行善’的功德，只是自然流露善意，這便是悟與轉化的圓融，讓凡俗之心趨近聖賢。”

“修行的真諦，便是以悟為引領，以轉化為實踐。於每一個當下觀照心念：惡念生時，以悟為燈，轉惡為善；迷茫起時，以悟為舵，轉迷為悟；凡心動時，以悟為鏡，轉凡為聖。悟與轉化相輔相成，循環往復，終會抵達‘明心見性’的至高境界。”

我豁然開朗，再拜致謝：“弟子今日方知，悟是轉化的靈魂，轉化是悟的肉身。感恩世尊指點，弟子願從此刻起，以悟為引，以轉化為行，在每一次心念流轉中覺醒，在每一次言行取捨中蛻變，終至圓滿。”

之七

我整衣合十，向佛祖躬身叩問：“世尊，世間修行原有不同路徑——儒家主入世為儒士，以經世濟民為任；佛家主出世，以清淨心靈為要；道家主超世，以順應自然為宗。弟子困惑的是，這三者究竟是相互背離，還是可融會貫通？身為普通民眾，我們需立足本職謀取生計，無法出家避世，卻願以‘身不出家，’的居士之姿修行：既以儒家入世之心盡責履職，又以佛家出世之智淨化心靈，更以道家超世之境開闊胸襟。懇請世尊開示：儒釋道三者的關係為何？凡俗居士該如何在入世生活中，兼顧履職、修行與心靈昇華？”

佛祖垂眸含笑，聲如春風化雨：“眾生所言極是，儒釋道三家，殊途而同歸，皆為引導眾生完善心性、安身立命。儒家入世，是‘修身齊家治國平天下’的責任擔當，如大地承載萬物，教眾生在社會倫理中盡本分、守道義，這是修行的根基——若無入世的擔當，出世便成逃避，超世便成虛妄；佛家出世，是‘明心見性、熄滅貪嗔癡’的心靈覺醒，如清風滌蕩塵埃，教眾生在紛繁世事中守本心、不執著，這是修行的核心——若無出世的通透，入世便成沉淪，超世便成空談；道家超世，是‘道法自然、無為而無不為’的胸襟格局，如天空包容萬象，教眾生在得失沉浮中順天道、寬心境，這是修行的昇華——若無超世的豁達，入世便成焦慮，出世便成刻板。三者互為補充：儒家立‘行’的根基，佛家明‘心’的方向，道家拓‘境’的格局，合一便是完整的修行之道。”

“至於凡俗居士如何‘身不出家，心出家’，在入世中修行，需把握三個關鍵：其一，以儒家入世為基，在本職中盡責。你為農便勤懇耕耘，為商便誠信經營，為工便精益求精，為仕便清廉奉公——所謂修行，並非脫離生活，而是在履職中踐行‘仁’與‘義’，於待人接物中磨練耐心、培養擔當。這便是‘在世間而修世間’，以入世的作為，為心靈修行打下堅實根基。”

“其二，以佛家出世為智，在喧囂中淨心。忙於生計時，不被名利牽著走；遭遇得失時，不被情緒困住心。如經商者不貪暴利，見利思義；職場人不逐虛名，專注成長。每日留片刻靜心觀照：嗔怒生時，念‘慈悲為本’；貪婪起時，思‘一切有為法如夢幻泡影’。不執著於成敗得失，不糾結于恩怨情仇，這便是‘心出家’的真諦——身雖在紅塵奔波，心卻如蓮花不染，以出世的智慧淨化心靈，不被世事沉淪。”

“其三，以道家超世為境，在沉浮中豁達。生活難免有順逆，工作難免有紛爭，若能以道家‘順其自然’的心態看待：順境時不驕躁，知盛極必衰、謙抑為上；逆境時不焦慮，懂否極泰來、靜待時機。如遭遇挫折時，不怨天尤人，而是反思己身、順勢而為；面對誘惑時，不盲目追逐，而是回歸本心、取捨有度。這便是超世的胸襟——不被俗事束縛，不被境遇困擾，心靈如天地般博大，在入世與出世之間尋得平衡。”

“眾生須知，‘身出家’是形式，‘心出家’是本質。真正的修行，不是逃離生活，而是在生活中覺醒；不是放棄責任，而是在責任中昇華。以儒家入世踐行擔當，以佛家出世淨化心靈，以道家超世開闊胸襟，三者合一，便是凡俗居士最圓滿的修行之道——既能立足紅塵謀生計，又能守住本心修清淨，終至‘心無掛礙，無有恐怖’的圓滿之境。”

我豁然開朗，再拜致謝：“弟子今日方知，儒釋道本是一體，入世、出世、超世並非對立，而是修行的不同層面。感恩世尊指點，弟子願從此刻起，以本職為修行場，以佛法為淨心鏡，以道法為寬心量，在入世中修行，在修行中圓滿。”

之八

我焚香合十，向佛祖躬身叩問：“世尊，世間典籍浩如煙海，佛經萬卷、道藏萬冊、儒典更是卷帙浩繁，尋常眾生忙於生計，難有足夠精力遍覽群書。《六祖壇經》作為漢傳佛教中國化的巔峰之作，毛澤東主席盛讚六祖是‘走向民間的佛教改革家、創新家’，稱其為‘中國人民的和尚’，且巡行天下時常帶此經。經中‘何其自性，本自清淨；何其自性，本無生滅；何其自性，本自具足；何其自性，本無動搖；何其自性，能生萬法’四十字，更是直指本心的核心。古人雲‘一經通，百經通’，反之‘百經通了，一經不通’。懇請世尊開示：凡俗眾生該以何種具體方法研讀經書，方能以最少精力、最短時間，求得實效、通達真諦？”

佛祖垂眸頷首，聲如鐘鳴貫耳：“眾生所言極是，典籍如燈，本為照亮本心，而非成為負累。六祖慧能大師不識字，卻能一聞經語便頓悟，正是因其不執於文字，唯求直指本心。研讀經書的關鍵，不在‘多’而在‘精’，不在‘讀’而在‘悟’，不在‘記’而在‘行’。”

“其一，擇要而從，以一禦萬。眾生根基不同，需選一部契合本心的核心經典深耕，如佛家可選《六祖壇經》，儒家可選《論語》，道家可選《道德經》。這便是‘一經通’的真諦——《六祖壇經》四十字核心，早已道儘自性圓滿之理，若能參透‘本自清淨’，便知所有佛經無非是教眾生去除塵垢；參透‘能生萬法’，便懂一切修行皆是回歸本心。以這部核心經典為錨，再旁及其他典籍時，便如以鏡照物，能快速明辨其精髓，不被文字表像迷惑，此乃‘以一禦萬’的省力之法。”

“其二，得意忘言，不執文字。經書是手指，真諦是明月，若執著於文字的考據、字句的推敲，而忽略其背後的義理，便如‘執指不見月’。研讀時當‘得意而忘言’，如讀《六祖壇經》‘本自清淨’，不必糾結於‘自性’的學術定義，而要反觀自身：我的本心是否本無塵埃？為何會被貪嗔癡污染？如此將經義與自身體悟結合，方能將文字轉化為智慧。反之，若逐字逐句死記硬背，縱使背完萬卷經書，也只是文字的奴隸，終難通達真諦，這便是‘百經通了，一經不通’的癥結。”

“其三，知行合一，以行證悟。經書的價值不在誦讀的遍數，而在踐行的深度。如領悟‘本無動搖’，便在生活中磨練：遇順境不驕、遇逆境不躁，不為名利所動、不為恩怨所擾，以實際行動印證自性的堅定；明白‘能生萬法’，便在本職中踐行：以慈悲之心待人，以精進之心做事，讓經義轉化為待人接物的智慧。六祖大師頓悟後隱修十五年，正是在踐行中鞏固悟境，可見‘行’才是研讀經書的終極目的，唯有‘知行合一’，方能將經義內化為心性，真正做到‘一經通，百經通’。”

“其四，定時靜心，久久為功。尋常眾生忙於生計，不必追求長時間誦讀，每日留半刻鐘靜心研讀即可。關鍵在‘專注’與‘堅持’：誦讀時摒除雜念，讓心與經義相應；每日堅持，如滴水穿石，日積月累便會豁然開朗。切忌貪多求快，今日讀佛經、明日讀道藏、後日讀儒典，看似涉獵廣泛，實則淺嘗輒止，終難有所成就。”

“眾生須知，研讀經書的本質是與先賢對話、與本心溝通。以核心經典為基，得意忘言、知行合一、久久為功，便能以最少精力通達萬法真諦，正如六祖大師所示，真正的智慧不在經書之中，而在本心之內，經書只是喚醒智慧的鑰匙。”

我再次豁然開朗，再拜致謝：“弟子今日方知，讀經不在多而在精，不在言而在義，不在記而在行。感恩世尊指點，弟子願從此刻起，以《六祖壇經》為根本，靜心研讀、躬身踐行，以一經通百經，終悟本心真諦。”

一三二、小澤征爾的指揮

我每次觀看小澤征爾（1935—2024）指揮交響樂的演出，總被他那全身心投入的狀态深深打動。這位日本指揮大師站在指揮臺上，從不是簡單地揮動指揮棒，而是將整個人化作音樂的一部分，用全身的每一處細節訴說著旋律的靈魂。

他的指揮是全然的沉浸，雙臂揚起時，指尖流轉著音符的起伏；眼神凝注時，仿佛與演奏家們共享著同一縷韻律。每一個手勢都精准傳遞著樂句的情緒，每一次頷首都呼應著樂器的共鳴，甚至髮絲的顫動、衣袂的飄擺，都像是在為音樂打著節拍，連衣衫的紗紋都似化作了指揮的觸角，觸碰著每一段旋律的脈搏。

這份與音樂融為一體的專注，也深深感染了樂團的演奏家們，讓他們的演奏愈發動情。在小澤征爾的引領下，各種樂器的樂音交織成渾然天成的韻律，每一個音符都釋放出極致的魅力，這樣的演奏，總能讓聽眾的心靈被音樂牢牢牽動，在旋律中感受到無可替代的震撼與感動。

一三三、聽郭達朗誦李白《將進酒》

聆聽郭達朗誦李白的《將進酒》，配著交響樂隊的恢弘伴奏，只覺李白筆下那股狂放豪邁的氣韻，竟從千年前的詩句裡躍然眼前，撞得人心潮翻湧。

郭達的朗誦極具特色，開篇便是一聲朗笑，狂放不羈，似是李白立於宴飲之上，見酒興發、仰天大笑的模樣，瞬間撕開了詩歌的序幕；行至詩中酣暢處，又是一次狂笑，這笑裡藏著對功名的不屑，對人生的灑脫，將李白那無拘無束、傲世獨立的精神狀態演繹得淋漓盡致。這兩聲笑，不是簡單的情緒宣洩，而是與詩魂的共鳴，讓李白"天生我材必有用"的自信、"鐘鼓饌玉不足貴"的豁達，都有了鮮活的載體。

李白的《將進酒》本就是浪漫主義的巔峰之作，這份放達與傲世，唯有他能寫就。詩中情感如泉水噴湧，似江河奔騰，像萬馬飛馳，若海濤洶湧，又如狂風暴雨般裹挾著磅礴威勢。"君不見黃河之水天上來"的壯闊，"高堂明鏡悲白髮"的慨歎，"五花馬、千金裘，呼兒將出換美酒"的灑脫，字字句句都透著掃描古今、雄視天下的氣魄。

而郭達的朗誦，恰是抓住了這份精髓，再襯以交響樂的起伏，讓詩句裡的人生感悟與精神境界層層鋪展。那聲音裡的豪邁，與交響的雄渾相融，把李白狂傲不羈的靈魂勾勒得鮮活立體，聽罷只覺氣象萬千、氣吞山河，彷彿親眼見著詩仙舉杯邀月，將滿腔意氣都融進了這杯酒、這首詩裡。

一三四、也談談婚姻

如果你還沒有結婚，如果你準備選擇女人，女人選擇一個男人，那麼你看到我這篇文章將是你人生的幸運。婚姻是人生中至關重要的抉擇，它不僅關乎兩個人的幸福，更會牽動幾代人的生活軌跡，因此無論男女，在選擇伴侶時都需懷揣敬畏與審慎。

對男性而言，伴侶的品性是家庭的基石。若能遇見一位知書達理、開朗樂觀、勤儉持家且寬容大度的女性，家庭便會如春風化雨般和諧，這份美好還會滋養子女與後代，惠及三代；可若遇上性格粗暴、愚昧無知的伴侶，不僅自身一生陷入不幸，家庭的陰霾更會籠罩後輩的成長。而戀愛中的人常將缺點掩藏，只展露光鮮的一面，這便要求男性在選擇時，不可被表面的美好迷惑，需用心去洞察本質。此外，有些年輕男性追求年長的富婆，看似得到物質的依靠，實則暗藏危機——富婆的物質供養往往伴隨著嚴苛要求，一旦無法滿足，感情便易破裂；也有老男人選擇年輕女性，若對方只因金錢而來，當物質的澆灌停止，愛情之樹便會迅速枯萎，這樣的關係終究難以長久。

女性在婚姻選擇中，同樣不可輕率。嫁對人，便是一生的幸福；嫁錯人，則可能陷入無盡的苦楚。有些女性只看重對方顯赫的家世、萬貫的家財，卻忽略了其性格、身體與志向，最終可能墜入萬丈深淵，甚至危及自身。真正值得依託的伴侶，不在於家世背景，而在於是否擁有良好的性格、堅定的志向與過人的能力。這便需要女性放下浮躁，拒絕“閃婚”，用足夠的時間去磨合、去瞭解，切不可憑一時印象或他人介紹便草率結合。更重要的是，女性要守住自身的底線，不因一時的衝動失去自我，否則不僅易被對方輕視，還可能遭遇情感的欺騙與玩弄。

婚姻從不是一場即興的遊戲，而是一場需要精心籌備的遠行。男女雙方都需經歷一段較長時間的磨合與瞭解，女人要在相處中摸清男人的品性、志向與內心，男人也要透過細節看透女人的言行、心理與本質，唯有經過這樣互相認識、理解的過程，才能真正讀懂彼此。而一樁美好的婚姻，更離不開彼此的包容，能夠容忍對方的弱點、缺點乃至陰暗面，這份接納與體諒，才是構建和諧家庭的核心。也只有以這樣審慎的態度選擇伴侶，以真誠與包容的心意經營感情，婚姻的航船才能在人生的長河中平穩前行，收穫真正的幸福。

異輯

虎渡詩文

小引

縣作協仿當年三袁設南平文社而設虎渡河散文社與詩社，每月出一次散文題與詩題徵稿，有內容與篇幅要求，有時間限制，凡有所征，餘必應徵。時間久了積文累詩很是可觀。這些詩文，如風過水痕，鳥飛無跡。余選些中意者彙集其中，留下印痕，名曰：虎渡詩文。

一三五、春華秋實

春天開花，秋天結果。春日耕耘，秋季收穫。有人說：只問耕耘，不問收穫。不是不問，耕耘自己力所能及，而收穫就有點聽天由命味道。謀事在人，成事在天。故做事盡力而為，而收穫狀態，非願望所能控制。

幾十年來，我秉承"勤能補拙是良訓，一分辛苦一分才"宗旨，時間抓得較緊。在應付繁雜的教務中，往往疲於奔命。一旦"今日得寬餘"，我便讀書、思考與寫作。當初並沒想到去報刊、雜誌、出版社、網絡上流傳，只是寫過之後，過幾日、幾月、幾年一看，覺得有一點意趣，靈魂深處得以安慰，心理得到愉悅，光陰沒有虛度。寫得豐富了，就有紅線串珠的問題。於是分類編輯，再後來，讀別人的書，看雜誌上文章，倒感覺他有他的玫瑰花，我有我的牡丹花；他有他的稻米與麵粉，我有我的芝麻與綠豆。他在高層精彩風光，我在草原蒼蒼茫茫。於是有了信心。於是裁縫打架——試一烙鐵，按胡適所言"自古成功在嘗試"，就試著將那些豆腐塊文章投湖北日報、湖北教育、湖北青年、中國教育報、中華武術、少林與太極、精武、武魂等報刊，那叫盲目撒網，不認識任何一個編輯，竟出乎意外，網收起來，有小魚、小蝦，偶有大魚，不禁喜出望外，心裡高興，信心倍增。上世紀八十年代，還得過中國教育報的全国徵文一等獎之類，就有了人能為之、我亦能為之的邏輯。爾後，便有了著書立說的願望。起先也沒什麼把握，不過是在游泳中學會游泳，堅持再堅持而已。往往打腹稿於散步，構思在旅途。一碰到思維閃光時、頭腦興奮點，生怕遺忘了不知黃鶴一去不復返白雲千載空悠悠。於是丟下飯碗放下筷子拿起筆寫幾句，有時睡到半醒起床，開燈予以記錄。所謂如癡如醉、廢寢忘食也是有的，不是刻意特求，不過隨時順機。月明星稀夜，太陽東升時，浩瀚長江邊，花苑草圃旁，沉思默想，揣摩默識，倒有幾分愜意與驚喜。約略算來，也有一些小小積累。寫有學生讀本五部，教育專著三部，太極拳研究三部、佛法研究六部，三袁文化研究五部，故事專輯五部。我雖不是什麼名人，不過一普通教師，從未忘記我的本職。我雖離開講壇多年，但我的那些作品，好學的學生還是有機會閱讀，這多多少少還是盡了我的一些社會責任感，成全了我的一點小小事業心。以上所寫，可謂“春華”一瞥。

我于本年被中國作家協會接納為會員，我有點濫竽充數之感。齊宣王要一個個吹，我會逃跑嗎？爭取爭取吧。今年六、七月，餘在國內北方的兩個公眾號上，連續發表了一些千字內的小故事，其中心是圍繞“公安派”文學領軍人物袁中郎展開的，如：袁中郎的故事、袁中郎父親、姐姐、丈母娘、外婆的故事及袁中郎撰寫《西方合論》《金屑編》《廣莊》等的故事，另寫有名家故事、善的、智的故事，這些大都實有其事。我在寫作中，注意趣味性與思想性，使讀者通過閱讀，了知三袁文化的實質特徵，吸取歷史文化的營養，積極進取，為現代社會生活服務。凡結識到的讀者都感覺到新鮮活潑，有激勵情感、啟迪思維的作用。當然也有怨懟的，用複大教授陳果的話說：公雞，你走吧，讓母雞恥笑吧。遠在天邊紐約工作的詩人黑豐先生是三袁故里人，他也有機會瀏覽了這些小故事，有親切感。於是他用長途與餘交流了些看法，並建議餘編選一本書，或名精品故事，或名小事大理。餘花了半年時間搜索、檢閱了幾十年來的一些寫作成果，加以一番去粗取精、去偽存真、由表及裡、由此及彼的功夫，洋洋灑灑，於是一部四十萬字的小集子便出現了，名《心誠精品故事集》，年底可以成書。這可叫“秋實”一點。

一三六、讀與行

一

讀書不易。《四庫全書》一萬卷，《龍藏》一萬卷，《道藏》一萬卷（且不談洋書與自清末到如今所出之新書），假如從生下來開始讀，不吃不喝不睡覺，讀一百年，只讀一遍，還沒讀完。故說：知也無涯，生命有限。書如煙海，人如白駒過隙。但古人有妙法以應對。一法曰：一門深入，一門通，通門門。門門通，一門也不同。老子曰：少則得，多則惑。得其一，萬事畢。二曰：讀書千遍，其義自見。有此二法之具體實施，不是萬事大吉，也是中吉、小吉。舍此二法，越讀越糊塗，讀成“桐油罐子”、書呆子。餘鄉有人家境殷實，書堆如山，苦讀數十年，百無一用，教書管不了學生，寫狀詞狗屁不通，生活亂七八糟，人稱迂腐先生。死時不如孔乙己。我有叔父，讀書不多，卻能說會道，辯論場所，無人可敵。引經據典，頭頭是道。政府招其為公幹，其母不悅，你走了，家裡用水無人挑，一畝三分地誰來種？我叔孝母，未能施展才華於當世。後省悟：盡信書不如無書。

古人言：讀萬卷書。此言不精准。讀書不一定要萬卷，關鍵在於用得活。

二

走路平常，只要是一個正常人，每天不離走。余曾對走路有十六字真言概括，名太極走，可謂古今中外之獨創。曰：輕提重踏，雙手後劃，手上攏氣，腳下沉踩。此文曾在《中華武術》雜誌發表，有人詢及操作技藝，餘以經典言論回復。按餘之概括去走，可走出信心，走出氣度，走出精氣神，走出儀錶，走出風采，走出王者氣概，走出氣象萬千，走出人生境界，走出修身養性，走出風流人物。

余年輕時，走韶山，過寧鄉，到西湖，走在白堤蘇堤上，東海觀潮，感慨萬千。中年時，爬廬山，登黃鶴，走峨眉，過青城，遊九寨，拜樂山大佛，去西安，觀碑林，望乾陵，過臨潼，瞻始皇陵，瞥兵馬俑，走重慶，登望江樓，觀嘉陵江水，思絮萬端。自以為天下之美境盡收眼底。進入老年，方知西藏之神秘，新疆之奇美，內蒙之廣袤，南海之浩渺，餘均未至。至於新西蘭、英吉利海峽，北歐之風光，南極之雪，北極之熊，亞馬遜熱帶雨林，密西西比河流域之廣，阿拉斯加之寒狗，餘均未至。不禁三分遺憾。好在有手機頻幕，可補沒親到之不足。

餘言：走路不必行萬里。畢竟“秀才不出門，能知天下事。”

三

讀書是知，走路是行，兩者結合，知行合一。讀書是認識，走路是實踐，兩者統一，方為完美。欲求妙合，靠思想統帥，靠心靈感悟，讀吧，讀吧，有選擇，有傾心，書中自有千鐘粟，書中自有稻粱謀，書中自有顏如玉，書中自有黃金屋。鄙人加一句：書中自有新天地。走吧，走吧，走路自有健康來，走路自有新美景，走路自有胸懷廣，走路自有好運來。須知山水遠遙遙，到處豈無不平坎。須知天地萬物多，人生能有幾許閑。此身常想逍遙遊，無奈色身被地留。他年我若掌天廷，定叫俗人生雙翅。

一三七、回望這一年（2024）

前不久，著名作家瓊瑤在別墅自我了斷而:升天。她活得風風光光，盛名在外，死得悽悽慘慘，無可奈何。她的了斷是所有健在高齡的人的悲哀。

今年是我迄今人生的八十二分之一（2024），離瓊女士僅四年。不過這一年是有紀念意義的一年。

一、這一年，我被批准為中國作家協會會員。本來，這似乎是一件平常的事情，我們縣裡劉松林、侯麗、李壽和等早就是老資格了，老兄何其遲也。正因為紅梅晚開，春天遲來就顯得不可小覷。幸好身體健在，如果掛於牆上了，鹿死他手，與我何關。

二、有人說：你天花板了，何必還那麼執著於寫作？這一年，我在北方的兩個平臺上陸陸續續推出了一二百篇千字文，的的確確不是我要寫，是文章寫我，我被那些小作牽著鼻子走，那麼心甘情願，那麼廢寢忘食，那麼興味盎然，那麼樂樂陶陶，那麼不知老之將至。那個執筆過程是神遊太虛幻境，與許多文字、語詞交朋結友，促膝談心，卿卿我我，依依偎偎，有時歡騰相擁，有時默契相許，不知人間天上。正所謂七月七日長生殿夜半無人私語時。有時是處“上窮碧落下黃泉兩處茫茫皆不見“，又“忽聞海上有仙山山在虛無縹緲間。玲瓏樓臺五雲起，其中卓約多仙子，中有一人字太真，雪膚花貌參差是。”有一種驚喜。當我想像到老子教釋迦以真諦的情景，我豁然開朗，大徹大悟。當我進入張三豐學道得道時的景況時，天靈一閃，金光燦燦。當我寫到李敖寫到譚酮同被劊子手宰割三十三刀時，不哼一聲，狂然蔑視而笑亡氣絕時，李敖流淚了，我也流淚了。我一天寫一篇，奇怪的是這兩個平臺處理稿件怎麼那樣及時，那是“朝辭白帝彩雲間千里江陵一日還”。況且三審？或許是一種緣分在起作用。

三、推出《心誠精品故事選》是本年我的一件非同小可之事。既有偶然性，又有必然性。偶然以必然墊基，必然以偶然兌現。我起先只想寫寫袁中郎、其兄其弟其父其母其子其妻其舅其丈母娘其外婆的小故事，後來不知怎麼，興奮點爆發了，又扯出了孔子老子莊子玄奘王陽明等，小作平臺展示，吸引了飄美的紐約工作的黑豐的眼球，他多次長途電話評價了這些小作，並建議搞一個集子，由他操持，進入國際圖書市場。這是偶然的機會。他這麼一說，我便翻閱了幾十年來的上十部成品、半成品。包括童話、寓言故事、《三善事與理》《淨空佛法》《雪域甘露》《天廚妙供》《奇人奇事奇文》等，對這些被遺忘的角落進行選擇。可以說年代久遠，不知所在。幸喜的是原先幫我打字的洪老闆，保存了我的文檔，一二十年竟至於沒有丟失。這樣，我就在三四個月時間內，選取，摘要，連綴，編輯，修改，得以分出章目，有八輯，分別為名人故事、袁中郎故事、寓言童話、佛法故事、善、智故事與生活故事及附錄，初具規模，黑豐很講時效，他說一天有一天的奮鬥，一個小時有一個小時的奮鬥。經過簡轉繁，三審三校，於是《心誠精品故事選》得以完成，此著在國內外反映尚佳。

一三八、小詩八則

之一　愛之後愛

愛之後愛，或許是恨，或許是更愛。
情緒情感沒有應該與不該，
全被感覺所主宰。
你所盼兮，山花燦爛來，
留連忘返兮，芬芳可再。
你所遇兮，殘花柳敗。
污穢齷齪不可待。
正是這厭離違心，
才使桃紅柳綠格外開懷。
沒有凋零與殘敗，
蒼涼、肅殺，腐壞，
豈有人世繁華與安泰。
愛之後的愛，
珍貴得神使鬼差。

之二　春鳴（散文詩）

春山春水，春風春景。一草一木，一葉一枝，一沙一石，一山一水，一朝一夕，乃至一鳥一獸，無不被春意裹挾，春氣環繞，春風吹拂。

春的鳴叫，是春的呼喊與召喚，如同嬰兒的啼叫，是驚天動地的驚喜，是驚世駭俗的震撼。這鳴叫，是奇特的音符，來自鳥兒們尖細的喉嚨，來自春草發芽的拔節，來自桃枝的轉綠與桃花的孕育，來自貓的發情，來自雷公菩薩的的哼唧，來自閃電娘娘的歎息。

春的鳴叫，是一首美妙動聽的詩的吟詠，是一首春天進行曲交響樂的演奏，是軍人們邁著整齊的步伐的踢踏，是少年兒童聚集歌廳童聲的演唱。這詩，這曲，這踢踏，這唱，有一個共同的名稱，叫《春來了》，它打著火把來，它光輝燦爛來，它召示希望而來，它預示前程似錦而來，它告誡人們不失時機春耕而來。

春的鳴叫，伴著春風的吹拂，春氣的浸潤，春潮的湧動，春水的上漲，春情的萌發，春戀的美妙，春望的喜悅，春心的感覺。

春的鳴叫，如魚的嘶嘶，如鳥的咿咿，如鷹的嘷叫，如羊的咩咩，如牛的吽吽，如水的嘩嘩，如女人的撒嬌，如男人的吼叫。

春的鳴叫，大地在抖動，山川在呼應，天空在下雨，宇宙不寂寥，北斗暢開了懷抱，冰川開始融化，蒼蒼茫茫，浩浩渺渺，蓬萊仙境，海市蜃樓。

春鳴的主題是：撐起一副硬骨頭，養活一團春意識。人間本來無四季，心上能把季節分。春夏秋冬總上演，四季分明一天天。

之三 春天詩萃

一

春天是一個彩畫師，
手執畫筆畫美景
畫得春情如陶醉
畫得春水如酒美
畫得春草忽葳蕤
畫得春花吐花蕊
畫得春風大地吹
畫得春雨萬物催。
畫得人們春意濃，
畫得春山崔巍巍，
畫得天地換新貌，
畫得人間盡花魁。

二

春聲，是詩的吟唱
是交響樂.的奏響，
是進行曲的開場
是豐收的希望
是碩果的滿倉
春聲，伴著百花的芬芳
隨著萬物的生長
緊隨春氣的氤氳，
召喚春水的上漲
引發春潮的激蕩
春心在無礙張揚
春情發生在四面八方
春聲，養活了春意識，
春的骨頭硬久長
春的故事永不忘
春的哲思放光芒

之四 禮物

禮，一個神秘的字眼，
人與人交往的先遣。
一個生活的準則
與社會和諧關聯。
心上的禮摸不著看不見
於是乎，以物來兌現
禮物嬰兒般來到人間
一碗茶，一束花，一支煙
一塊全表，一隻手鐲，一串項鍊，
一部法拉利，一棟別墅，

古字古畫價值連城
貴重無比的文物——馬踏飛燕
反彈琵琶的絲繡——飛天
禮，心靈的影子
禮物，人與人，國與國，友好和平的象徵
橄欖枝、絲綢、和平鴿、開心果堅
擱置吧，炮彈、炸藥、皮鞭
禮物召喚神與仙
可化干戈為玉蓮
讓世界充滿愛意
讓禮物走在前面

之五 獨白

五十年過去，彈指一揮間
我站在三汊河邊狗腿灣前，
見河水洶湧漣漣
松西河依然綿綿延延
那時的我，生活在一個叫鄭東的校園
孩子們如饑似渴求學，家長們純樸得老練
那時候，支農活兒多，佔據了多少時間
去楊家湖墾荒，去朱家堰摘蓮
我懷責任之心，抓緊那少許的空閒
給孩子們講水滸，引導孩子們背“赤日炎炎”
將文學的種子播在他們心田
有人誣我白專，有人批我反對開門辦學，十分討嫌
我則我行我素，但也不爭不辯
一晃過去了若干年，
有的送我椰子粉，有的送了斑鳩，送了榴蓮，
回憶往事，感慨萬千
你只要憑良心做了好事一件又一件

人們總是感激與懷念。
就像這河水，來自，“克拉巴顔”。

之六 箭

一支箭，擺在眼前
這是葉芝的箭嗎？
還是丘比特的箭？
是李廣射穿石虎三寸的箭嗎？
還是紀昌學射、百步穿楊的箭？
還是管仲使謀射殺公子白的箭？
抑或是諸葛草船借箭的箭？
還是王宗嶽的發勁如射箭的箭？
還是袁中郎的“一番銅鐵語，萬仞箭鋒機”的箭？
還是歐陽修筆下晉王三支箭，
憂勞可以興國，逸豫可以亡身
還是成吉思汗射大雕的箭？
我說不出所以然
我只知道這是一支具象的箭，
人類靠它得以生存與繁衍
偉人靠它打下江山，推動歷史向前
還有一支抽象的玄妙的箭，
它的形象無法捕捉
它的作用如紫外線
它如同馬良繪畫之仙
它勾勒出了燦爛輝煌的人生
它譜寫了成敗得失壯麗的詩篇
它演奏了驚心動魄的音樂超越了維也那
它是一支什麼樣的箭？
它暗藏你的心海無限！

之七 清晨四點

此時此刻，清晨四點
乾坤醉了，蒼天睡了，萬木累了
我醒了，我品了，我領了
我的靈魂活躍了，我的心智召喚了，我的喉嗓吟唱了
這是第八千個清晨四點，四點清晨
我與神靈對話，我與天地對答，
我是誰，誰是我，我現在在哪？
我從何處來，又前往何處？啣裡是我的家？
我似乎什麼都明白，又似乎什麼都不明白
那個叫靈的造物主回答我：

你從“道”來，到“道”那裡去，你從虛空來，從無極來，從自然懷抱來，從無始以來，從元亨利貞來，從零來，從父精母血來！

你到你應去的地方，仙山瓊閣，天府朝堂，莽莽蒼蒼，迷迷茫茫，至美至善，至精至純，至極至樂，至真至聖，

就在這一刹那，我驚喜：我腰生翅膀腳生雲，我得了神通，
我騰飛了，我昇華了，我非我了，我非非我了！

之八 遠方

遠方，沒心沒肺的地方
是千里眼中的一晃
是順風耳旁的一咣
那裡是寂靜的殿堂
維那斯追尋亞當
楊貴妃約會明皇
是俊男美麗的幻想
是美女心中的天堂
是極樂世界的常寂光

是高僧大德們追求的終極理想
我生活在此岸，傷痕累累，踉踉蹌蹌
那裡是我的彼岸，清純潔淨，悠悠蕩蕩
大我小我肉我靈我塵我真我
我不知道我的模樣
我說不出其然與所以然
於是乎，勉強取了一個名字——遠方

一三九、心中那片寧靜的海

當我提筆敘寫我的心靈的現狀時，我顯得笨拙與遲鈍，孤單與寂寞。

你說我的心寧靜嗎？不，有時洶湧澎湃，驚濤駭浪，倒海翻江卷巨瀾，離天三尺三。我有時豪情萬丈，激情滿懷，似乎如身強力壯小夥子，可以掀天揭地，可以扭乾轉坤，似乎如美若天仙的少女，可以征服英雄男人，可以懷胎世紀偉人。但當我冷靜下來，面對嚴酷的現實與冷漠的世界時，我發現我無能為力，我不能使青草發芽，不能使桃樹開花，不能使江水東下，更不能使黃河倒流，我不能使旭日東昇，更不能阻止夕陽西下。我不能呼風喚雨，也不能讓烏雲不遮太陽，讓太陽永懸，讓黑夜變白晝，我不能讓寒冷冬天變為春天般溫暖，也不能讓酷暑的夏天變成清涼。我連自己也不能主宰，我此身常想逍遙自在天上游，無可奈何雙腳地上留，我想展翅如鯤鵬，沖天一飛九萬里，我想口頭蓮花燦燦，筆下妙語爛漫，能寫驚世駭俗之文，能吟震古爍今之詩，能使世界安寧，能使人們心平，能使錢財盈盈，能使人健康不生病，能使壯漢如林，能使美女如雲，能讓鮮花開滿神州，能讓大地豐收。這一切的一切，我都一籌莫展。我只是一個小小的我，既不是一個偉人的我，又不是一個大寫的我。儘管我的心靈世界可以寧靜如靜海，一波不起，可以如明鏡，映照天地，可以裝下寰宇而綽綽有餘，可以一瞬間三千大千世界，可以點上心燈，徹照千年暗室，可以風起雲湧，變幻無窮。但是，從現實生活言，我還是得回到這個腳踏實地的一方土地，飲一瓢西江之水，食五穀雜糧，小米粥，神仙湯，用醬蘿蔔開胃，以五峰茶葉潤喉，以太極術養生，以佛法清心，以寫作健腦，以陰陽互濟調節生活，以天人合一調整身心。既不能耳聽八方，又不能眼觀六路。

這就是我，一個所謂作家的心海。你說寧靜，它一點也不寧靜，你說不寧靜，它寧靜到寂靜，無邊無際的寂寥、沉寂得如古井，如老僧入大定，如道士修三清。孔、老、釋，他們死了沒？在我的心海裡，在我的腦海中，他們活著，活得玲瓏剔透，活得瀟瀟灑灑，活得達觀放逸，活得自主自在。或許，再過八十年，我心才真正如靜海。

（此文載湖北日報 2025・5・29）

附一、文友鄭傳斌讀後

評論

這段文字以"靜"起筆，卻不止於描摹寂靜，更在寂寥中牽出對孔、老、釋精神的觀照。將"靜"喻為古井、老僧入定、道士修持，既見靜之深邃，又暗合三家哲思底色。而後筆鋒一轉，以"他們活著"的篤定，打破時空界限，讓先賢精神在"心海""腦海"中鮮活，其"玲瓏剔透""瀟瀟灑灑"等語，既是對先賢境界的禮贊，也暗含著自我精神追求的投射。末句"再過八十年，我心才真正如靜海"，以時間維度的延展，將當下的體悟推向更深遠的生命期許，于平靜中見執著，於寂寥中顯豐盈，字間既有對傳統智慧的敬畏，亦有個體精神成長的自覺。

七律・讀文感懷

寂寥深處見真如，古井無波道味殊。
孔老釋魂縈腦海，玲瓏風骨漾心湖。
放懷自可超塵俗，達觀猶能越歲途。
八十生涯期靜海，此時已在悟中趨。

附二、道友郭聖康讀後

翁老大作：

超凡境界，出神入化。
脫胎換骨，已成正果。

附三、學友讀後

翁老師好！

您的這篇《心中那片寧靜的海》，當我讀後第一發自肺腑評價是：“老師沒有老！活過天年也不老”。正因為有這健康的身和不老的心，正因為有破萬卷書所集下的才智，正因為有八十多年不平凡的經歷，正因為……才能寫出這氣壯山河，震古爍今的散文詩！讓閱過此文的讀者，心海也澎湃洶湧一番！美妙無比！

一四零、人在旅途

蘇東坡有名句：人生如夢。他這一比喻有深厚的文化藝術氛圍與思想根源。縱觀蘇一生，跌宕起伏，有雄心壯志不能伸展，有高能大智不能發揮。曾幾何時，有包藏宇宙之機，有吞吐天地之志。雖有"春風得意馬蹄急，一日看盡長安花"的順境，但緊接著是"沉舟側畔千帆過，病樹前頭萬木春"的無奈。為烏台詩案，流放海南，為朝廷黨爭，受貶黃州。他的精神世界在政治風雲的碾壓中掙扎，他的思想觀念在人事的紛擾中疲困。於是逛寺廟，背佛經，研禪學，求解脫，有所悟。袁氏三兄弟共同推崇白、蘇，思想根源在共鳴於"好佛喜禪"上。袁中郎認為蘇文千古無匹，當坐"諸禪首席"，這是有根有據之論。《金剛經》上有一個偈子："一切有為法，如夢幻泡影，如露亦如電，應作如是觀。"蘇的人生如夢的人生觀裡，映射的是金剛"六如"的觀念。一擴展，是過去、現在、未來之心不可得、一念三千之法雨，波涉到宇宙、萬物、人我大觀念，其奧妙無窮無盡。

關於對人生的比喻，蘇喻並非唯一。古今文傑還有另說，諸如人生如戲，人生如長跑，人在旅途等。我的傾向是：人在旅途較合理、全面、積極、奮進。如夢，易引發消極頹廢，退縮無為；如戲，易引發玩世不恭，墮落與頹唐。人在旅途既可看成直接白描，也可看成間接比喻與象徵。人人都有旅行的經驗，有目標，有計劃，有行程安排，有任務，有措施，總是趕路不停，從一個景點到另一個景點，心中的理想的燈始終亮著，內部驅使的偉力源源不停滋生著，一個目標達到了，新的目標就產生了，風霜雨雪不顧，豺狼虎豹不怕，磷途虎穴不畏，高山深澗不計，不到長城非好漢，不到黃河心不死。老子曰：合抱之木，生於毫末；九層之台，起於累土；千里之行，始於足下。

萬里征途，從腳下計量；輝煌殿堂，一磚一瓦構建。

人在旅途至少有兩個特點十分鮮明地重複著：一曰趕，趕時間，趕路程。二曰新，新地方，新景點，新感覺，新思想。小三峽，白龍過江。大三峽，神女下凡。峨眉山，晨觀日出。大荒漠，孤煙上沖。橘子洲，偉人雕塑，韶山沖，教員故里，長江邊，落日紅球。乃至天安門廣場，升國旗，泰山頂，觀日出，錢塘江，觀潮湧，北極賞激光以至 138 國道上撿媳婦，女魔頭觀天池水怪，陳良全智敗土匪等等，並不是景觀隨時可見，故事隨處出新鮮。要有條件，有機緣。

樹活一層皮，人活一口氣。人在旅途有正氣的驅使，有邪氣的抗拒，有穢氣的掃除，有黴氣的排解，有俠氣的行布。有一幅古書法銘值得咀嚼，其意為：養一身正氣撐天地，留一點匪氣鎮小人。養七分俠骨行天下，帶三分賭性戲紅塵。存半點癡狂傲侯王，取滿腔赤膽照日月。藏半點愚拙避禍害，留一縷鋒芒斬妖魔，固一方棱角守初心。有正氣，有骨氣，有靈氣，有霸氣，有勇氣，有才氣，也才能在旅途中，披荊斬棘，奮勇前行，得心應手，遊刃有餘，自在自由，應付裕如，優哉遊哉，收穫滿滿。

一四一、散步

散步可散出健康、知識、浪漫情懷乃至散出智慧來。

俗言：飯後百步走活到九十九。我朋友說：飯後一千步，活到二百二。我那朋友每日五點起床，一個人去長江大堤上散步，他規劃的里程是一萬米，一個來回約兩個小時，天天如此。風霜雨雪，從不間斷。北風呼嘯時，他逆風而前，說是鍛練了意志。大雨滂沱時，他在暴雨中行進，說是別有滋味。大雪紛飛時，他說漫天皆白，天地籠統。月明星稀時，說是大地正沉睡，我自獨醒。他在散步中，鍛煉筋骨，修身養性。他說一天不散步，吃飯就不香；兩天不散步，身子病秧秧；五天不散步，似乎見閻王。因數十年如一日堅持下來了，如今九十有餘，仍耳聰目明，一餐可吃半斤米飯，健康得如同四十左右的壯年。

我的散步很特別，我堅持了半個世紀的訓練太極拳，心想，太極拳原理運用於走路與慢跑中，這可以讓祖先的偉大發明普及推廣開去，於是總結了四句話：輕提重踏，雙手後劃，手上攏氣，腳下沉踩。反復試驗。覺得切實可行，比普通散步效果好。於是以《關於太極走》為題，寫了一篇千字文，說明了原理與方法，強調了意念為先、陰陽平衡、形神兼備、性命雙修、呼吸配合等原則，不久在兩個武術刊物上發表，還混了二百餘元稿酬。

三十餘年前，我從廬山北坡上山，名曰爬山，實際上散步，那是七月中旬，白天酷暑難當，我們選擇晚七點出發，路遇甘肅張掖中學的一年輕教師，他當年 27 歲，還屬單身狗，他不打算結婚，他說組成家庭就是套上枷鎖，限制了他的自由與自主。他性格開朗，活潑樂觀，善於健談，他說每年寒暑假，都在全國各地跑，他是一個旅遊狂人。一路上，由他主講，用四川話，叫擺龍門陣，用北京話講，叫侃大山，用湖北話講，叫農村八卦。他講了各地風光美景美食，令我耳目一新。他說，四川山山水水，天造地設，奇秀而險峻。陝南商洛山脈綿延起伏，終南捷徑，修行人多，茅棚草舍，一人獨處，吃野果，飲泉水，聽虎吼狼嚎，不食人間煙火，卻健康長壽。他說陝北黃土高坡，溝溝坎坎，窑洞民居，千奇百怪。新疆天山，天池清澈透明，猶如明鏡，那個水清甜可口，喝下去勝過美酒，渾身舒爽，一星期還有感覺。天山雪蓮花。有一臉盆大，難碰難遇，美得迷人，香得沁人心脾。羅布泊地區不是死亡之旅，經常碰到綠洲，野驢、野狗、野羊、野雞，什麼飛禽走獸都有。人們最怕野狼，他沒有遇見。他帶了一把三角曲尺刀，如果遇到狼要吃他，準備來一場人狼一搏遊戲，可惜沒有演成。他還介紹了雁蕩山、千島湖、張家界、香格里拉、唐古拉山、昆侖山等地的情景。快天亮時，好漢坡爬完，他才結束了他的介紹，使我獲得了不少知識。受他的導遊性的蠱惑，爾後若干年，我便跑了峨眉、青城、九寨溝、天山、羅布泊、長白山、黃山、終南山、千島湖等地。

二十餘年前，我住在重慶望江旅社等侯第二天的輪船，晚間去嘉陵江與長江的匯合處岸邊散步。見江水連綿不絕，波濤洶湧澎湃，一邊散步，一邊四處張望，心想，有個朋友講講話，可同發所見之感慨，也可以消除寂寞。這麼想時，忽見兩江匯處岸邊一塊石碑的旁邊，一個石凳上坐著一個美得光芒四射的女子，我一走進，她熱情招呼我坐下，如同久別的重逢朋友，幾分驚喜，幾分意外。我剛挨他尺距坐下，忽然感覺有一種異香，悠悠蕩蕩，時顯時隱，依依稀稀，你想盡聞時，卻又沒有，你不經意時，卻又實在，我有些好奇，因初見面，卻不便於直問。只是彎彎繞提問，從哪裡來，住在哪個旅店，以什麼為職業等。從談話中得知此女子名 d，四川雲陽人，因與丈夫離異，前往攀枝花找表嫂介紹工作，表嫂讓她交了保證金，等待半月再安排上班。可誰知表嫂說上班的條件是必須廠內員工的家屬，這裡正好有個男人單身，如若與他閃電結婚，則上班有百分之兩百把握。在表嫂安排下，d 便去見了那男人，又老又矮又黑，與武大郎差不多。於是拒絕了。可表嫂一臉不高興，不給飯吃不讓住宿，協迫就範。於是 d 便逃離了攀枝花，如今囊中羞澀，連回家的路費也沒有了，只想投江了此一生，一了百了。說到這裡，便潸然淚下。我聽了 d 的遭遇很是同情。首先開導她打消輕生念頭。我說：天地生人，本是奇跡。既有造化，必有可生存條件。如若輕生，是背叛天道，自己雖了，可父母未了，姐妹未了，兒女未了，朋友未了。最好的辦法是珍惜自己，振作起來，天無絕人之路，何況你天生麗質，你的名字聽起來比別人的不是不好聽，拿到天平秤上稱，比名人的重量不會輕，怎麼會一時想不開呢？更何況你身有異香，這是上天對你的眷顧，今後自有出息。我這麼一說，d 似乎覺得雲開霧散，天晴日朗，擦乾眼淚，露出的笑容十分燦爛可愛。她不自主帶我去石碑旁的長滿綠綠的、茸茸的、密密的錐子草草坪上，她坐下，拉我也坐下，將頭輕靠我肩，如羊羔依偎於母羊，如小女孩偎倚于母懷。此時的我充滿遐思冥想，思想走在行為前老遠老遠。然後 d 將頭從肩移向我胸懷，我不敢造次，默默的，靜靜的看著，她似乎睡著了。我仍然被她身上散發的香味吸引，如桂花，如茉莉，如臘梅，如青蓮，如牡丹，但什麼也不是。我想察看她是不帶了什麼香袋，放了什麼香瓶，然什麼也沒有。待她睡醒後，我們一同去了望江旅社，說來千奇百怪，d 正好住 201 室，而我住的是 202。我們徹夜長談，直到第二天乘江輪第三天送 d 上雲陽小水井巷她家裡。轉身想：此女當代香妃也。

許多年後，我知她去了南方，成了貴婦人。後讀香妃傳，有人寫的墓誌銘是："浩浩愁，茫茫劫，短歌終，明月缺，鬱鬱佳城，中有碧血。碧亦有時盡，血亦有時滅。一縷香魂天斷絕。是耶非耶，化為蝴蝶。"當代香妃的命運比古代香妃命運要好。然而我始終不明白，她身上的異香從何而來。直到某一日，讀一本古籍，解密女人身體異香，才搞清楚了真相。那古書上說，有的女人身上長著狐臭，女人聞是臭，齷齪的男人、粗鄙的男人聞也是臭。一聞生厭，拒之門外，唯恐避之不及。有一種男人，心地慈悲清淨純良，與此女子有前世之緣，他聞其狐臭，不僅不臭，而是異香。越聞越想聞。此說到底有科學依據沒有，我沒有考證。

一四二、忽如一夜東風來

這是他下放到農村勞動的第七千零一天的日子，他在廣闊的田野的小道上徘徊，勞作的農民回家去吃午飯了。他沒回去，一大碗炒米就著溝渠裡的清水浸泡後，狼吞虎嚥下了肚，他非常滿足，閒適。他整天疲於奔命，用村人話說，叫老沙牛碾米，不停地重複著體力的動作，或是挑糞下地，或是插秧、間苗、除草、收割、挑擔，或是砍黃豆、摘棉花、拔棉梗、砍高粱杆、割麥子、挖溝泥，或是打場、脫粒、挑穀完公糧、賣棉花、上水利工地等等，他說，拿了二十年的筆桿，現在握了七千多天的鐵鍬、扁擔、沖擔，也習慣了，很困惑，很無聊，很無奈，很惆悵，很憂思，很不開心。有一件揪心的事情痛在他的心裡，籠罩在他的腦海，他百思不得其解。

二十年前的一個晚會，工作組進了學校，召開一個學校教師的幫党整風會議。他當時是先進分子，不過作作記錄、整整材料而已。有領導跟他說：大家都提了很多意見，你怎麼一張大字報都沒有寫。第二天上午，他上街買香煙，見一群人圍著一張中華人民共積國地圖變魔術，一張地圖像什麼，大公雞，眾答。一眨眼，地圖不見，一隻活生生大公雞出現了。眾人驚異不已。回校路上，他想，我們地圖不是一隻公雞，而是像一隻蜷縮酣睡的熊貓。沙皇佔領了我國黑龍江以北大片土地，相當於一個德國兩個法國的面積，列寧時代曾說歸還，為什麼蘇聯還不歸還呢？這是黨與政府軟弱無能的表現。於是就這個觀點寫了一張大字報，名“蘇共領導是玩魔術的祖師爺”，當時的外交原則是一邊倒，反蘇等於反共，等於反黨。大字報中午貼出，下午有人通知他去寫檢討。

半個月後，他被戴上右派分子帽子、開除公職，停發工資，下放監督勞動。

回想到這裡，他再次憤憤不平。他背起了朱元璋詩：“我愛東風從東來，花心與我一般開，花成子結因花盛，春滿乾坤始鳳台。”他在幻想：能否有“忽如一夜東風來”的一天嗎？

當他在田野上漫步、心靈受到煎熬、癡癡傻傻看著天上白雲飄忽不定時，一個兒童跑來叫醒了他：“大哥，大哥，上面來了兩個人，讓你到大隊部去見他們。”

他猜測，或許天要亮了，真的忽如一夜東風來了。

一個月後，他接到了上面的平反右派的錯案的通知。

從此，恢復公職，領取工資，重返講臺。得之不易，格外珍惜。他反審，他奮發，若有所失，反求諸己。他謹言慎行，朝乾夕惕，勇猛前行。他努力學習，自強不息，他要失之東隅收之桑榆。從此，他脫胎換骨，他寬容，他博學，他審視，他深思，把名利看輕看淡，克制了財色名食的誘惑，保持心靈的寧靜與平和，防止了怨恨惱怒的滋生，他要抓緊時間，只爭朝夕，盡可能多做一些對社會有益的事情，他頭腦醒豁，精神廣遠。

挫折，是人生的寶貴財富。只有經歷過挫折，才使內心變得無比強大。

一四三、下半場

在籃球、排球比賽中，分上下兩場，下場又稱下半場。很多時候，上場失利，而下場轉敗為勝的事例，不勝枚舉。當然，也有上場勝、下場乘勝追擊勝之又勝者。可見下半場是一個重頭戲，成敗在此一舉。

人一生，也有上場下場之分。下場中間加一個半字，富於哲學意義。俗話說，好的開始是成功的一半，強調開局的重要。又說：行百里者半九十，強調後期的關鍵作用。成語有“千里之堤潰於蟻穴”及“功虧一簣”的說法。最後的一簣土對於整體來說是起決定性作用的因素。從物相、事相到歷史現象，下半場都是不可忽視的的一個時段、一個方面。著名作家老舍在自擬四十小傳一文後幽默地說：再過四十年，或許有點出息。惜乎他沒有迎來下半場的四十年，時代的因素加上家庭的糾結，還有一些說不清楚的原因，在遭受人身侮辱後，自沉于北京太平湖。這位語言大師、文學巨匠的的下半場令人唏嘘不已。

拿破崙是十九世紀最偉大最富盛名與傳奇的人物。他曾兩次登上法國皇帝的寶座。有能力掀天揭地、扭乾轉坤，然而因滑鐵盧一戰淪為階下囚，英國人將他囚禁於大西洋的聖赫勒拿島，傳說是在飯食中滲入微量砒霜日積月累，導致其死亡。他轟轟烈烈一生，下半場可悲可歎可憐。

人的一生下半場好比一場競賽，也好比一次戲劇的演出。所不同的是時段的劃分帶有時機性、隨意性。你入而立之年、不惑之年、天命之年、耳順之年、古稀之年乃至傘壽之年、米壽之年、耄耋之年、期頤之年、茶壽之年，每個年齡段都還有下半場。當然因緣和合而生，說不定你不能到達上述後面的某個時段。以張三豐言，或半月不食人間煙火，或一頓飯吃斗米，活到期頤之年，下半場還有一個期頤。傳說終南山隱居山林的修道之士，活到張三豐之齡的，並非一二，只是黎民百姓，資譏閉塞，人們不知罷了。一般言，世人共同追求延年益壽，健康生活。這是天經地義的道理。上天有好生之德，螻蟻尚且偷生。於是乎養生之道便綿延不絕。曹操詩雲：盈縮之期，不但在天，養怡之福，可得永年。《紅樓夢》說：“欲知命短問前生，老來富貴真僥倖。”馮道詩雲：“窮達皆由命，何勞發歎聲。”相對言，曹操的詩句更具積極性與進取精神。人到一定年齡後，閱歷豐富了，思想成熟了，世事洞明瞭，人情練達了，學習更有效了，養生更有方法了。孔子說：人之年老，血氣已衰，戒之在得。何為“得”？自滿自足，不圖進取。有人提出了步入老年的“七欲”調整的方法，對於維護身體健康的好處多多。這“七欲”指的是：食欲、性欲、求知欲、社交欲、運動欲、消費欲，創新欲。適當調控好這七欲，對於激發生命潛能、開掘自我靈性，促進身心兩健，是很有好處的。不過我們必須明白：七情六欲，人之常情。情屬動力，欲屬願望。此二者需有一個適度適量、合理合法。如果放縱恣肆，勢必毀身傷心。這一點，人所共知，不必贅言，問題是：心口如一，知行合一，天人合一。這裡面的學問與實踐實在太重要了。下半場的取勝與輝煌全在於此。

一四四、為秋而歌

草尖上、樹梢上、花葉上的風，不知從何處而來，剛染了幾分涼意，便知是秋踩著碎步來了。它總被古人賦予萬千心緒，秋瑾筆底“秋風秋雨愁煞人”藏著家國憂思，李清照“卻道天涼好個秋”裹著半生淡然，歐陽修《秋聲賦》裡“其色慘淡，煙霏雲斂”的描摹，更將秋的清寂寫得入木三分。可秋從不是只懂悲戚的角色，毛澤東筆下“一年一度秋風勁，不似春光，勝似春光”，恰道破它的剛健——不似春日柔媚，卻以凜冽風骨承載萬物，這是秋獨有的哲學：于蕭瑟中見壯闊，于收斂中藏力量。

秋日的天地格外明朗，目之所及皆是透亮。秋色是打翻的調色盤，銀杏把金黃鋪到天邊，楓葉將赤紅燃遍山谷，桂子藏在葉間撒下滿院甜香；秋聲不似夏蟬聒噪，是風吹稻浪的“沙沙”，是雁過雲霄的“啾啾”，是雨打梧桐的“滴滴”，清越又分明；秋光溫柔卻不灼人，透過疏朗的枝丫灑在地上，織就斑駁的光影，連空氣都染著透亮的暖意；秋水更是澄澈，倒映著藍天與白雲，連水底的石子都看得清清楚楚，彷佛能洗去人心頭的浮躁。

這明朗的秋，更是四季輪回的關鍵。“春種”播下希望，“夏管”澆灌汗水，到了秋天便迎來“秋收”的豐盈——稻穗垂著飽滿的穗粒，棉桃炸開雪白的絮朵，農人的笑聲混著鐮刀聲，成了秋日最生動的歌謠。待收穫過後，便要“冬藏”，將糧食妥帖收納，為來年積蓄力量。這像極了人生的中年，褪去青春莽撞，收斂壯年鋒芒，細數歲月的收穫，也為往後的日子沉澱底氣。在秋日的陽光下，看雲卷雲舒，聽風吹稻浪，才懂秋從不是凋零的序曲，而是圓滿的樂章。它多像一位成熟的中年婦女，藏著豆蔻年華的活力，帶著少女時代的明豔底色，更有少婦時期的靚麗風姿，縱然歲月流轉，依舊風韻猶存，以成熟姿態妥帖收納過往，從容迎接將來。她顯得格外美豔、可愛，有著祖母的慈祥，又蘊蓄新生兒母親的真愛，這般的秋，值得我們放聲歌唱。

一四五、歲末拾光：我的這一年（2025）

歲末的時光像一把刻度清晰的尺子，丈量著每個人的收穫。商人盤點貨物流水，農民清點倉廩五穀，又像得勝的將軍清理戰場。而於我而言，筆尖劃過的紙頁，便是年末最珍貴的盤存。這一年，我以文字為犁，在生活的土壤裡深耕，拾撿起百餘片思想的落英，攢成了屬自己的歲月印記。

這一年，我寫下約 300 篇隨筆短章，皆是日常所見所聞、所感所思的真實記錄。這些“豆腐塊”有的登上了四五個公眾號的版面，有的仍靜靜躺在文檔裡，卻都是我與世界對話的痕跡。而其中兩篇文字，成了這一年裡沉甸甸的收穫。一篇是由湖北知名作家胡祖義（煙雨平湖）之引薦，為安徽出版人李路撰寫《歷代文人小傳•錢玄同》。五月中旬接下任務，六月中旬便要交出六萬言的文稿，時間緊迫，我埋首於史料典籍，試圖勾勒出這位五四新文化運動旗手的鮮活輪廓。他是歷史名人錢鏐後人，是文字學大家，以疑古辨史的勇氣叩問傳統；是思想改革家、文字學大家，在新文化浪潮中振臂高呼；亦是重情之人，視兄如父，視嫂如母，將這份恩情深藏心底，更以錢氏家風育出核物理學家錢三強，盡顯教育家的底色。當文稿終成，看著字裡行間立起的人物形象，心中滿是踏實。

另一篇則是協助革命烈士後代文良傑，為其祖父文裕富撰寫的《大國烈士傳奇：文裕富之歌》。筆尖觸及革命先輩的崢嶸歲月，字裡行間皆是對信仰的敬畏，如今文稿正由文良傑審讀，靜待後續的迴響。

除了這些約稿，我還將近幾年的文字心血輯成了三十萬字的隨筆雜文集《閑窗雜記》。集子以八卦命名板塊，林林總總涵蓋了三袁文化研究、寫作心得、養生之道、虎渡河詩文，亦有針砭時弊的雜文

“假語村言”、故事創作“拍案傳談”，還有對毛詩的解讀和對省內外作家作品的評議“他山之石”，附錄裡的《公心小議》《八卦小議》《科學、情感的盡頭》更是為集子添了幾分思辨色彩。這些文字，有的被湖北日報等平臺轉發，有的只是自我抒懷，卻都成了我精神世界的磚瓦。

時光飛逝，好自為之。歲末回首，這一年的文字拾光，讓我深知作家當以勤奮為舟，以思考為槳。時如流水，光如一閃，唯有握緊筆桿，精耕細作，在文字裡錘煉心性、認清世界與人我，才能讓每一段歲月，都釀制出屬自己也屬社會的瓊漿。

坎輯

拍案傳談

一四六、歷險所感

人們總是有強旺的生存欲望，為了生命的安全，往往趨吉避凶，在某些危難的時刻，懦弱者也顯得勇敢，所謂急中生智。這種場合或許會碰到好心人，讓你終生難忘。

那是一個特殊的年代，民眾中產生了一些對立的派別組織。名稱響噹噹，自詡似發狂。那一年我二十多一點，屬風華正茂、揮斥方遒的階段。一天下午四時，我與幾位同事在五人住宿舍裡閒聊。忽然闖進了七八個彪形大漢，個個手執木扁擔，一個個兇神惡煞，氣勢洶洶，其中一個厲聲吼道：誰是龔公功？我一介書生，膽小怕事，見這一勢頭，早已膽顫心驚。心想，沒做虧心事，也沒什麼可怕的。聽這語音，似乎是我。於是鎮定答道："我是。"那人又厲聲說道：跟我們走一趟。大有樣板戲裡鬼子請李玉和赴鳩山宴的氣息。我只是坐著，並沒動，也不準備動，因為我感覺莫名其妙，為什麼要跟你們走一趟？正疑惑著，忽然有兩三個人奮勇上前，一個拖我左胳膊，一個拖我右胳膊，一個攥我後背，像拎小雞般提了起來，不由分說，胡亂拖我走。我說："走就走，推推搡搡幹什麼？"閒聊的幾位同事見了這突如其來陣勢，目瞪口呆，一臉疑惑，不敢過問，只得聽之任之。這樣，一夥人高馬大、殺氣騰騰的八九個人，簇擁著一個手無縛雞之力的文弱書生，走過了一條熱鬧的街道，來到了一個秘密的殿堂般的大堂內，那裡聚集四五十人，擠擠緊緊的，似乎有什麼歌舞演出，一個個伸長脖子，擠眉弄眼，也有的小聲議論，指指點點。原來一個糊糊涂涂的審訊便開始了。為主的那個頭子半閉著眼，就像連續劇《紅高粱》裡退出江湖黑老大的模樣，陰陽怪氣問："我們的一個領導在南平被起宏圖的人抓了，關起來了，是不是你指使的？”

“我不知道。再說，我和起宏圖沒聯繫。”

“你昨天是不是去南平了？”

“沒有。我一直沒去南平。”

這時，一個五大三粗的漢子粗魯地說：“這傢伙不老實。跟他問不出什麼，看我的。”

說著拿了準備好的一串長繩，熟練地將我繩捆索綁，捆得骨頭咯咯作響，然後拉著上吊，另一頭繩子在屋橫樑上，一上一下，繩子越吊越緊，來回上十次，我喊了一句：“骨頭斷了。”才停止。這當中，看熱鬧的，有同情的，有取樂的，有幸災樂禍的，也有不知可否的，多數無動於衷，使我想起魯迅寫一群鬼子在殺一個中國人，看熱鬧一群中國人麻木不仁的情景。那夥人覺得很過癮了，折騰了半小時，便如鳥獸散，把我關在附近一所小屋，上了鎖。約七點鐘，一個同事名羅來漢，他的妻子給我送了一碗飯菜，我當時感激涕零，永記於心。

晚間，一夥人把我轉移到區公所一個單房內，兩人輪流看守。我想，這夥人目無黨紀國法，說不定把我弄死了，我還不知怎麼死的，他們誰也不會負責任。於是我在心裡謀劃，如何逃脫虎口狼穴。我起先與看守閒聊，說我一點也不明白為什麼抓我，是冤枉，是誤會。然後說我本是一個謹言慎行、膽小怕事的人。然後給看守講故事。我每半小時出外拉一次尿，然後主動回來。經過三四次出又回後，看守放心了。約半夜十二點，兩個看守也疲倦了，我就說我解個小手就回來，你們放心。當我出門後，迅速將門帶上，門鏈一扣，火速奔跑躲到附近麥田蹲下，靜聽其變。不到五、六分鐘，區公所內外聚了幾十號人，說那人跑了。隱隱約約聽到他們分工，東路、北路、南路，安排人追趕，尋找。西路是民居，沒有安排。

待夜深人靜，我從容走出麥田，那晚月亮亮得很，我靜靜的走在通往牛浪湖的羊腸小路上，慶倖自己逃脫成功。吟誦王安石“春風又綠江南岸，明月何時照我還”詩句。避免了一次因誤會引起可能危及生命的災難。

若干年後，回憶起這次脫險履歷，不禁感慨萬分。

一四七、"為父不仁"

我有兩位老朋友，一個姓來，一個姓亭，這兩個人都有較高的文化水平，是體制內的成員，收入也不菲薄。兩人都喜愛家暴，以顯為父之尊與威，因為對孩子缺乏應有的慈愛，對他們要求超出了孩子們的實情，孩子們沒達到他的某種要求時，便罵到狗血淋頭，不顧男女有別，一概詛咒、侮辱他們的人格，使他們喪失自尊，形成心理扭曲、逆反、畏懼，幾乎成為一種"恐父病"，談"父"色變，見父猛于虎。這種畸形心態持續好幾十年。有時，遇上一些特殊的場合，這兩位生病住院，我與他們的子女交談，想調解他們之間矛盾，想不到其子女對他們懷有深仇大恨，都到了相當年齡，子女們也有子女們，他（她）們失態的向我控訴其若干年前的淫威暴行，惡言惡語，粗暴無理，竟當著我的面痛哭流沛。當我說到，不管如何，他們畢竟給了你們以生命，畢竟哺育你們成人。其中一個說：我很小時候，就不願意活，討厭並憎惡這個家庭，我簡直不知道是怎麼過來的。另一個說.：我好多年都想報復他，殺他。我的敬愛父母、父子有親的說教顯得蒼白無力，他們之間的裂縫實在太大，仇怨太深。

這個真實的為父不仁的故事，使我想起了孔子的一句話：君君臣臣，父父子子。意思是：做國君的人要像做國君的樣子，做臣子的人才能做好臣子，做父親的人要按做父親的做，兒子才能做好兒子，如此則社會繁榮，家庭興旺。反之，國君不像國君，臣子就不像臣子，父親不像父親，兒子就不像兒子。君待臣以禮，臣侍君以忠。父以慈待子，子以孝敬父。如果為君者胡作非為，為臣者必邪惡奸佞。為父不仁，子必不義。君父仁至，臣子義盡。由此類推下去，村鄉鎮縣各級領導，奉公執法，清正康潔，老百姓就會遵己守法，循規蹈矩。反之，領導幹部臺上講得響噹噹，台下行為不健康；當面一套光閃閃，背後一套黑暗暗，社會怎能和諧，人民怎能安寧？領導者真正做人民公僕，人民才會服從領導、尊重領導。領導者假公濟私，損人利己，群眾心懷不滿，必定犯上作亂。獵人獵殺狐狸，在特定環境下特殊氛圍中狐狸有時也會獵殺獵人。別忘了羅馬利亞的齊奧塞斯庫夫婦被送上斷頭臺的悲慘，在世界史上雖是特殊性，給人們的教訓與思考的課題卻是帶普遍性的。在當代中國農村，有個別村長被仇人滅門了，在某些行政執法機關，有領導被仇人砍殺了，這種反常情況時有報道。雖異常複雜，但總的傾向可能與仁不能至，造成義絕被殺有關聯。這可引起各級領導幹部反思一下。

這是我對我的朋友“為父不仁”引起的一點小小的思考。

一四八、父道

我的父親中等身材，長著林彪似的眉毛，又濃又黑。他的眉頭永遠緊鎖，老是板著臉，似乎我一生下來就欠他三升陳大麥沒有還。他對我說話老是咬牙切齒。如果想享受他的笑容，恐怕黃河水清澈了才行。他是一個典型的勞動狂。我常見他下地時，挑一擔糞，回轉時，挑一擔麥子，或者一擔稻穀挑回來，一擔草木灰送往田地。白天累得要死，可晚上還劈木柴。他幾手雞叫就起床，到幾裡路遠的鎮上賣柴，所得之資去酒館喝高粱烈酒，喝得酩酊大醉，然後不回家，走小路去農田勞作，或砍高粱，或收黃豆，或扯棉梗，或割芝麻，或砍野草，沒有半點空閒。

寒冬臘月，冰天雪地，滴水成冰，多數人在家升火取暖，不敢邁出大門半步。他忽發奇想，帶了魚簍，到溝、坑、渠、塘裡抓魚。有人告訴我，他到達目的地後，赤身裸體，打破冰層，潛入冰冷水中，一抓一條，一抓一條。待簍子裝不下了，就用外褲裝，前面一褲褪魚，後面一背簍魚，跨在肩上，很滑稽的得勝的將軍似的，回到家。當我對他的奮不顧身、不計後果提出疑問時，他咬牙切齒地訓斥道："農村人沒那麼金貴。吃不得苦，如何生存？嚼得草根，百事可做。吃得苦中苦，方為人上人。"

我父親有點小見識，在家裡最需要勞動力時，他不讓我參與。那一年，家裡有一條牛，需要專人放養，他很著急，親戚們都說：現存的有兒子做放牛娃，何必著急。他獨立思考，花一擔穀請了一個比我大二歲的男孩當放牛娃，他讓我去鎮上讀書。"文革中"那一年，我被錯誤處理回鄉勞動改造，我準備老老實實將那次冤案文件結論交給我當大隊長的同學。我父親說：你一交，別人兩難。乾脆抽象說一下，文革犯錯，回鄉勞動。人家可不管不聞，你好好出工掙口糧就行了。你出去時，老實坨子，回來，還是老實坨子。我按父親意見辦，沒出現什麼折騰、迫害之類，順利度過那段坎坷日子。

兒時的我，小有調皮之舉，上學幾年，字寫得很糟糕，他很不滿意，他只讀了一年半書，正楷毛筆字寫得有板有眼，頗有柳公權風格。有一天，他對我說：字無百日之功，你讀了五年書，還寫得像雞子扒的，像蚯蚓溜的。說著，他憤怒起來，訓斥道：沒用心。接著就將中指彎曲，像一個小釘錘，在我腦袋上，釘了三下，起了三個皰，我疼痛難忍，只得忍氣吞聲。他接著說：再過五十天，你寫的字還是老樣子，老子還要幾丁拐，小心些。”我因害怕我父親的“丁拐”錘，不到三十天，因用心，且重視，寫字面目得以改觀。

我母親死得早，父親對我教育格外嚴厲。他總是把話說到極處，聳人聽聞，聽起來膽戰心驚。他見我吃飯很慢，橫眉怒目說道：“男子吃飯如虎，女子吃飯如鼠。你這樣吃飯，蹬在罾鍋裡也會餓死。”我走路不快，做事動作緩慢，他看不上，嚴厲訓道：“行如風，站如松，做事風風火火，才能生存。你這作風，今後只有拖棍討米。”

我父親三十歲以後，是在哮喘的折磨中度過的。我曾親眼目睹他拖著疲憊與病體，把公家牛放養得膘肥體壯，他常半夜起床去將牛遷出拉尿。他說：養牛有竅，幹窩濕飽。他放養的牛，社員最喜歡。他不遺餘力的責任感與忠於本職工作的態度一直激勵著我。

我永遠感恩我的父親，是他的咬牙切齒的訓斥，才使我避免了窮困潦倒；是他的“丁拐”的毆打，才使我讀書寫字提高了用心的警覺。他對我的教育是仇視性的，這正是他的因材施教與良苦用心，才使我沒有受五欲六塵的誘惑而上賊船、行邪路。我如今八十掛零，我學了一車子的教育學與心理學理論，我不如我的父親。

一四九、告狀

有三位人物，美女，才子，醜男富豪結伴而行，遠途跋涉，去閻王爺那裡告狀。他們振振有詞，慷慨激昂，先發言的說：

“閻爺，紅顏薄命，是天下第一冤案。我們不過長得美一點，這是上天賜予，是天地的靈光，怎麼就變成了罪惡？杜十娘，林黛玉，西施，趙飛燕，楊玉環，甄宓，陳圓圓，還有現代的阮玲玉怎麼被老爺您錯拿了命？我們美女今後還怎麼話？難道毀容、自殘方可多住世？”說話的是千姿百態、嬌豔無比、美如天仙的女人。閻爺未及問話，才子緊隨其後，說道：

“天生異質，才華橫溢，多才多藝，怎麼就成了罪惡。顏回，霍去病，賈誼，曹植，王弼，王勃，李賀，周瑜，曹雪芹，袁中郎，徐志摩，乃至蔡和森，李大釗，夏明翰，瞿秋白，都是被你錯判了案，輕取了性命。這些人多留世幾年，豈不為世界增添了風景，為天地開了煙波，為人們長了見識？可見你作派荒唐，魯莽，考慮不周，缺乏章法。”閻爺準備發問，想說江子牙、范蠡、張良、張三豐等也是才華出眾、無人可及不也長壽嗎，來不及發聲，一醜男似武大郎，又非武大郎，迫不及待，怒道：

“上天賜予了我很多錢，給我絕頂之聰明，怎麼就讓我面目醜陋、個子矮小呢？那些絕色美女對我不屑一顧。”說此話之人姓司馬，他還補充道：“我並非為我個人，是為天下所有類似之人打抱不平。”閻爺仔細聆聽了眾人集中告狀，一反往日兇神惡煞、鐵面無私之面孔，顯現從未顯示的和顏悅色，慚愧地檢查道：“我是有罪的，卸任後也會受罰。不過我要告訴你們：你們所犯之罪過，我不能有少許誣加。汝等自罪招我罰，果報業因不可代。你們所提問題把對象弄錯了，那些難題歸上帝管，我知道上帝法則，說給你們聽聽：

“上帝永遠公平合理，我給你才，不給你貌。我給你才與貌，不給你壽。我給你絕色，不給你運。我給你好運，不給你命。有缺陷也才能平衡，一邊倒就生災。”說完耳邊回蕩某人之詩句：此去泉台招舊部，旌旗十萬斬閻羅。他已感到冤情之重，有點心虛心累，我有命冊，可小鬼可以鑽空子而作弊呀，歷朝歷代，錯殺了多少節烈之士呀。比干、方孝孺、岳飛、文天祥、段德昌、楊開慧等，有的是使命完成，示現榜樣而走，可是呢？可是呢？都來告狀求命，豈不天下大亂套？他示意三個小鬼送客，然後對管命冊小鬼吩咐：此三人迷惑顛倒，不能安命自守，各減壽十年。他隱約聽到三人中有人埋怨：告狀告到閻王這裡，也是白告。與其費盡周折、花時告狀，不如行善積德，還有點增壽之望。

一五零、小故事三則

一

香港有一個富婆，富可敵國，生性風流，驚豔四方。年已五十，風韻猶存。還擁有四個情人，不全是小鮮肉。一個知名才子，善於吟詩作對。一個翡翠商人，有四家鋪面。一個花和尚，身強力壯。一個胡屠戶，操持機械，殺豬宰羊，日進鬥金。富婆做網上生意，有才子替她鼓吹做廣告，打動人心，本不想買者卻心甘情願大款下單。有翡翠商人與胡屠戶廉價提供貨真價實商品，源源不斷。有和尚為她念經，祈福發財。於是，富婆更富，生意興隆通四海，財源滾滾動地來。可是好景不長，正像《紅樓夢》裡講的"盛筵必散"，千里搭長棚必有盡。沒有想到的是：香港黑老大組織了對富婆的一次打家劫舍，那天富婆正在午休，幾個蒙面強盜闖進，他們準備殺人越貨洗劫一空，誰知富婆一直養尊處優，從未見這陣勢，經受不住恐嚇，引得血壓猛升，心臟病發作喪了命。匪徒們見狀，逃之夭夭。富婆的子女、親友一邊報警，一邊將遺體冷凍，停屍三日，供友人們弔唁。

來弔唁的挽聯與花圈不計其數。其中四個大花圈格外引人注目，製作精巧，百花鬥豔。為了避免別人非議，他們不署姓名，只是抽象寫上生前好友。百花中間各有一句七言。一聯起來念，分別是：一縷香魂升天樓，滿斛翡翠玉一鬥。阿彌陀佛向西方，我的心肝我的肉。您定能猜出送此花圈的四個人的身份。

二

很早以前，有張、王兩個先生，親密無間。是方正、直言之友。一日，張先生熱情備至，李先生信誓旦旦，答應宴請對方，商議結果，從簡方便處理。張先生出酒，李先生出菜，二人前往醉不倒酒樓聚會，順便也點上酒樓名菜以為美食。聚會日子到了，張先生想，既然你請客，何須我帶酒。李先生同樣想，你請客，酒樓的菜多的是，且新鮮味美、熱氣騰騰，何須我帶什麼菜？那天晚上，兩人如約而至，興致勃勃，饑不可耐，誰知二人均只指望對方，也沒帶錢。二人坐定，應帶酒而沒帶的張先生見月光朦朧，將手提起，做了個舉杯姿勢，隨口說道：月光如水水如酒，請君暢飲醉不休。應帶菜而未帶的李先生見酒樓天井似養魚池，回應道：池中有魚魚湯美，一飽口福可回味。二人在那裡你一杯我一杯，互相勸酒，口中生津，以解饑饞。夜宵喝酒的客人見了，知道了其中款曲，說道：這兩個人，一個姓吝，一個姓嗇，活看吝嗇人，死了吝嗇鬼。從此，吝嗇一詞誕生了，人們已不記得那兩位好友創造這個詞語的的真名實姓與豐富的內涵了。

三

清朝末年，朝政腐敗，國勢衰頹，民不聊生，乞丐遍地，難民滿街。這年年尾，京城大雪紛飛，天寒地凍，氣候嚴寒。可是王公貴族仍花天酒地，燈紅酒綠，紙醉金迷。一天中午有四人在王府井大街上觀雪景，發感慨。一新科狀元志得意滿，見景生情，準備寫一首雪中吟，與宋代盧梅坡名句比美。盧說：“梅須遜雪三分白，雪卻輸梅一段香。”轉念一想，盧之意境難超越。於是想起唐戴敘倫之詩：“愁人正在書窗下，一片飛來一片寒。”沒有想得停當，乾脆隨口而吟：大雪紛紛落地。再接一下句，接不上來了，似乎江郎才盡。誰知有人接了一句：真是皇家瑞氣。轉眼一看，一位八旗子弟，他們享有皇族特供，享不盡的榮華，用不完的銀子，旱澇保收。狀元郎正在思索，忽有一人以不男不女聲音，唱道：再下三天何妨？狀元回頭，見一太監，穿著華麗，舉步悠閒而高貴。忽聽一聲怒吼，聲音沉重，腔調憤懣：“放你媽的狗屁！”狀元轉眼一見，衣衫襤褸、凍得瑟瑟發抖的乞丐。狀元詩沒寫出，卻懂得了一個道理，景同人異，人異文異。並非人們常言的：人同此心，心同此理。

一五一、笑話二則

一

清乾隆年間，三袁故里有個王秀才，立志參與科舉考試，博取功名。他堅信“書中自有顏如玉，書中自有黃金屋，書中自有千鐘粟。”一日夜深，油燈幽幽。忽讀到一則史料，宋太祖趙匡胤召花蕊夫人徐貴妃侍寢，此女極其美豔，素有文名，才華橫溢。趙命其作詩以證傳言。花蕊不假思索寫道：

君在城頭豎降旗，妾在深宮哪得知。
十四萬人齊解甲，沒有一個是男兒。

趙聽後很高興，將花蕊摟入懷中。原來，徐貴妃乃蜀漢國主孟昶寵妃，趙匡胤黃袍加身後，派三五萬兵馬去攻蜀漢，當時孟昶擁有十四萬軍隊，他們聞風喪膽，舉國上下打了白旗。花蕊此詩既抱怨孟昶之無能及十四萬軍人缺骨氣，又側面讚揚了趙匡胤之強大不可阻擋。那則史料還將花蕊夫人美貌與柔情渲染了一番。秀才讀此，心旌搖盪，心想，有美女才女如花蕊從天而降，與之繾綣纏綿，也不負我終日苦讀。說著昏昏沉沉，恍恍惚惚。

忽然，有人推門而入，正是一位絕色佳人，如花蕊，如楊貴妃，如甄宓，如西施，他來不及細品，那美女說：“我是王母娘娘侍女，女主見你讀書用功，特派我送了香茶供你飲用，以解夜半困乏。”王秀才喜出望外，一面接過茶盅，飲了起來，甚覺可口醉人，猶如蟠桃會之美酒。他有點魂不守舍，招呼仙女對面緊挨坐下，仙女順從。秀才見仙女柔情似水，隨和溫柔，其手便不由自主不規距起來。仙女則主動撩起裙擺，露出白花花的大腿。秀才便將雙手挨放于仙女兩大腿上，感覺細膩、柔軟、光滑、舒適，臉紅心跳，如同觸電，卻再無作為。仙女也有點躁動不安起來，紅著臉渴望似的說：“秀才你熟讀《修身寶典》，豈不知第 123 頁說了些什麼？”秀才一聽，誤以為斥責自己不能守身如玉，做不到坐懷不亂，於是慚愧地收回雙手，便順手將裙擺蓋于仙女腿上。仙女心想：“此秀才定有先天性生理障礙。”於是不耐煩離開，飛升而別。

仙女一走，秀才急忙翻開《修身寶典》第 123 頁，只見上面寫道：“子曰：君子之行，該進則進，勇猛頑強前行。行則別有洞天，風光無限。機不可失，時不再來。”秀才讀此，悔恨萬分。自責並慚愧道：“我背了很多書，怎麼就沒背這一段呢？”

二

王秀才家居黃山腳下，淤泥湖畔的青龍嘴，一出門便見山之青青，水之晶晶，林之森森。一天下午，炎熱難耐，他穿夏布衫，身著短褲，登丘陵而望不遠之處的白茅塚大土堆，那裡埋葬著三袁中的兩兄弟，不禁慚愧起來。心想：袁氏三兄弟二十歲左右中舉，老二老大分別於二十五與二十七中進士，儘管老三四十幾中進士，但畢竟功成名就，想自己已三十有八，累試名落孫山，窮困潦倒，落拓不弟，不禁迷惑、疑慮、傷懷、失望。功不成、名不就且不說，到現在還孤孤單單一人。此前，有李媒婆來提過幾次親，然而王秀才均看不上，要麼外美而欠內秀，要麼伶俐而欠美貌，這不合王秀才擇偶標準，選去選來，年近不惑之年，還是單身狗。王秀才自從在夢中與王母派來的仙女送茶相會後，那個美麗的形象始終佔據著他的頭腦。他決心：娶妻當取天仙女。忽然一陣熱浪襲來，王秀才便脫了上衣，一躍而入淤泥湖沖涼解乏。此湖雖名淤泥，然湖水清澈，甜美無比。王秀才打撲泅而遊，身心俱泰。忽然意想天開，有七仙女同游多麼美妙。於是優哉遊哉，進入迷糊狀態。隱隱約約果然來了一個仙女，身著薄紗如蟬翼，飄飄灑灑，姿態優美向著他遊來。王秀才覺得夢寐以求，得以成真，驚喜萬分。正欲開口說話，又不知從何說起。誰知仙女大方熱情，先開了口：“秀才，你游泳怎麼腿下夾一根棒槌？”王秀才羞澀應道：“仙女你看花了眼，那不是棒槌，是一把圓柱形鑰匙。”仙女又問：“你游泳就游泳，帶鑰匙這玩藝幹什麼？”秀才隨機應道：“開鎖呀？”仙女又問：“開哪裡鎖？”秀才答：“天堂的門鎖呀？”說著，仙女一個仰泳，秀才見前面兩座高山，高山下有兩扇大門，上面寫著十二個字：五A境區，世界第一。開得此鎖，便入天堂。門上露出一把鎖。王秀才便賞試著去開鎖，上開不進，左開不進，右開也不能進，始終打不開，如此折騰了近半小時。這時，便吟起李白的《登天門山》詩：“兩岸青山相對出……孤帆一片日邊來。”想從中找出答案。那仙女有點焦躁起來，不滿道：“你真是個蠢才，你就不能向下開再向前嗎？”王秀才決定按仙女指引，再作嘗試，可仙女的雙腿併攏，已不見天門蹤影。仙女說道：“時辰已到，我必須速回，如超越時間，天兵天將會捉拿我下地獄。”一語未了，一溜煙沒有了痕跡。

此時，王秀才嗆了一口水，如夢如幻醒了過來，遺憾地感歎道：“歷歷在目，歷歷在目！”

一五二、丁哥的故事

我年輕時，有個朋友，當時我叫他老丁。人很憨厚，很誠懇，似乎老實巴焦的樣子，平時總是微笑著，很少講話。他把自己裹得很緊，是契訶夫筆下裝在套子裡的人的特點。然而，隨著時過境遷所發生的故事，除乎所有人的意外，你簡直不敢相信這些奇葩故事的主人公竟是老丁。按常理推論，按生活邏輯，老丁怎麼也做不出那些事。但事實上，的的確確存在的那些令人驚心動魄的事卻在這個人們改稱為丁哥的人身上發生了，這不得不使人對天道、命運有所思考。有人說：各有各的命，各有各的幸，各有各的心，各有各的靈。還有人說：人的今世的命運是上輩子決定的。但上輩子人喝過孟婆湯後，什麼都忘得一乾二淨，轉世脫胎時，已是赤條赤無牽掛，什麼也沒帶來。佛經教言說：欲知前世因，今生受者是。欲知後世果，今世作者是。細想有道理，但要證明這種遙遠對應的因果聯繫，很難找到依據。於是人們以子虛烏有、無稽之談予以推脫。有一天，佛祖頭痛，人們不知其因，佛祖卻說是有原因的，他憑肉眼、天眼、慧眼、法眼、佛眼徹知遍曉此事。他講道：很早之前，釋氏族人見大河裡有魚，大魚小魚都有。釋氏族人男女老少齊上陣，從上築壩截斷那條河，水流盡了，大小魚上千條落入釋氏族人面前，而那條大魚眼巴巴呻吟著面臨被人們宰割無可奈何。釋氏族人中有個小孩子才七歲，他也要去欺侮那條大魚，他抓了一個木棒，在大魚頭上猛敲了三下。若干世以後，那一群魚轉世為人類，他們在首領帶頭下，對釋氏族人進行斬盡殺絕的報復。佛祖就是那個小孩子的轉世，儘管他已通過修煉改惡從善、轉凡為聖，再不受復仇者的追殺，但因果報應，如影隨形，萬法皆空，因果不空。故在釋氏族人遭此大劫大難時，佛祖便有頭痛的感應。佛祖非常人，他有這樣知前千百世曉後千百世的本事，我們一般人不具備這種能力。但這並不妨礙我們對現實生活方式進行時的描述與思考。

一、買賣浪漫

老丁出身赤貧，祖宗三代窮得沒有褲子穿，是幹部們的依靠對象，於是在討論大隊部小賣部誰來經營時，選了幾個，不是年老就是年少，不是不會使用算盤就是不會記帳，不是過於奸滑不可信就是過於老實太愚昧，討論來討論去，定了老丁。一是四十多歲，二是略通文墨，會打算盤會記帳，三是老實厚道，叫他搞鬼他也不會。於是這個三千人口的一個小賣部的肥缺就落在了老丁的頭上。這是老丁做夢也想不到的事，以為祖墳冒煙了，興奮得幾夜睡不著。是不是小賣部有油水可沾？不是。老丁想到的是擺脫了小隊長上吆喝排工。那個時代是人民公社時代，三級所有，隊為基礎。小隊長安排誰幹什麼，誰就得幹什麼，安排幹重活，你就死去活來，安排幹輕活，你那一天就悠哉遊哉，而工分不減。在老丁眼裡，隊長是閻王爺，不能得罪。他老是安排他幹擔糞之類重活。現在好了，老子不歸你管了，歸大隊管，大隊也管不了，自己管自己，老子既是經理，又是營業員，又是採購員，又是會計，這麼想著想著才迷迷糊糊入睡了。

小賣部設在大隊部東側的廂房，大隊部的主體是大禮堂，後面是一個主席臺，前面有三層樓，二樓是會計室，三樓是幾個小辦公室，兼幾個客房，上面來了人，可安排住宿，開小會。大隊部西側是食堂，大隊幹部召集會議，有時吃個工作餐方便些。炊事員兼種植蔬菜、養豬喂魚，這些活不是很重，但工分靠比，一天怎麼玩也是九分、十分。那時，社員們靠工分分糧、分柴、分油、分菜。年底時，分魚、分肉、分錢。老丁進入了小賣部，作了打掃衛生、簡單佈置後，便趕著一輛牛車去鎮上進貨了，直到晚間，牛車堆得像一座山，各種貨物應有盡有，全是社員的日常消費品。老丁找了兩個幫手，奮戰了兩個小時，貨架上便塞滿了，分門別類、井然有序、琳琅滿目、應有盡有了。為了圖個吉利，老丁在小賣部大門兩邊貼了對聯，左聯：生意興隆方便社員，右聯：貨真價實童叟無欺。橫批：公平合理。小賣部當晚開業，正是杜員收工的時候，有用雞蛋換鹽與醋的，有買香煙、肥皂、火柴、牙膏、牙刷、毛巾的。老丁一面跑腿、一面動算盤、一面取貨、一面算帳，可謂八面玲瓏，應接不暇，不到半個時辰，就做了二、三十筆生意。稍有空閒，老丁就去放了鞭炮，慶祝開業。接著，就將二、三十筆生意一一記下流水帳，以便日後盤存所用。

大約晚上九點，老丁在櫃檯邊的昏黃柴油燈邊打盹，似乎去了一個娛樂場所，美女跳舞，歌手清唱，沒有閃爍的燈光，沒有音響設備，乾巴巴的，老丁欲進未進，只見一樸實美女招手，示意進去，正猶豫不決，忽聽見一個嬌滴滴的聲音：“丁叔，您運氣好，開了小賣部。”老丁睜眼一看，並不認識。那少女自我介紹道：“我叫春春，十七歲，家住一隊王家嘴，你不認識我，一定認識我爸。”老丁見此少女幾分姿色，熱情不輕佻，美豔不妖冶，初見面就很喜歡，於是笑逐顏開，問道：“你爸高姓大名？”少女答道：“王傳標。”老丁心裡想，這個酒鬼還有這麼標誌的女孩。口裡說：“認識，認識，問你爸爸好，叫他到我這裡買酒喝，我今天進了一缸糯米頭字酒，好喝得很。”少女接過話頭說：“丁叔，我爸出工辛苦，他叫我替他打酒，你看十五個雞蛋可換多少酒？”老丁熱情洋溢，一會兒熟練操持算盤，一會兒便揭開缸蓋，一股酒香飄然四散，空氣中彌漫著濃郁的香味，沁人心脾。老丁用一斤量勺裝滿了一瓶酒，在酒瓶口壓進了蓋子，然後遞給少女，說：“十五個雞蛋可換九兩酒，我給了你一斤。”少女羞澀地說：“那我只打半斤酒，媽媽說還要買一斤鹽、一塊肥皂、一包火柴。”於是乎老丁便取了一包鹽、一塊肥皂、一包火柴，遞給春春，說：“我和你爸朋友，別人不賒，賒給你，你下次多帶六個雞蛋就行了。”春春是一個愛虛榮的女孩，心滿意足地走了，臨走時，順口說道：“丁哥真好。”少女的口是金玉之口，從此，老丁變成了丁哥。丁哥一叫，少女一走，老丁就魂不守舍了。

人，是個賤東西怪東西，一舒服就愛胡思亂想。其實，不舒服也是愛胡思亂想的。以老丁言，當他被閻王隊長安排天天干重活髒活，累得生不如死的感覺時，他的胡思亂想是一種對重負與勞累的緩衝與化解，他想七仙女，想織女，想嫦娥，想楊貴妃，想劉三姐，想是枯想，並不是與她們怎麼樣。可是現在不同了，丁哥是真的舒服了，不必口朝黃土背朝天，汗流如雨苦無邊了。風不吹，雨不淋，工分很高，天天與煙、酒、餅乾、蛋糕、皮蛋、鹽蛋、汽水打交道，人到河邊走，豈有不濕鞋？此時丁哥的心裡不是回旋七仙女，劉三姐，回旋的是那個比仙女還仙女的春春。他想入非非，夜不成眠。

且說春春也在回旋，不過回旋的內容與方式與丁哥不同。她幾乎每天清晨或深夜去小賣部，或者幫爸爸打酒，幫媽媽買紅糖、蜂蜜什麼的，或帶了雞蛋、鴨蛋、烏龜殼、回頭青莵，或什麼也不帶，不過去跟丁哥聊天，聽他講民間故事，無非是公子落難、小姐養漢、寡婦洗澡、小夥子偷看、惡人惡幹、英雄行善、地獄難堪、天堂燦爛之類，丁哥本口訥，說話並不流利，但當他有所準備時，總是把那些故事講得活靈活現，使春春感動。

人確實是一種有感情的動物，一對男女交往久了，總會有新故事自然產生。春春口裡喊丁哥，心裡起波波。不知哪一個雨夜，應該發生的事與可能發生的事都發生了。據李敖先生研究弗洛伊德性心理學介紹，少女如果有戀父情結，與大叔是很容易產生曖昧感情的，這種感情不可遏止。勇敢的大叔一下子可以俘獲少女的芳心。於是老牛吃嫩草的事便順理成章地展開了。何況丁哥不老，丁哥與春春的關係就是這樣。

他們有時翻騰激越，波濤洶湧；有時纏纏綿綿，繾繾綣綣；有時顛鸞倒鳳，燕子翻身；有時依依偎偎，相濡以沫。在一起時，難捨難分；不在一起時，斷腸相思。

常言道：好事不出門，惡事傳千里。不久，春春的細心的媽媽起了疑心，女兒怎麼沒拿雞蛋賣輕易買回香煙、柚子、酒與紅糖呢？加上隱隱約約聽了傳言，又發現她女兒的身體變化很大，乳房凸顯，屁股突出，心中有底了。她迅速作了一個決定：她堂叔托人給兒子做媒，她一直不開口應承，這次又來人做媒了，急不可耐，這正是一個會補鍋，一個鍋要補，閃電般的要把春春嫁過去，那個時代，嫁娶婚姻不像現在這麼複雜，男方二十余斤魚肉，意思一下，一乘花轎就可把新媳婦抬回家。女方一口衣櫃，兩床新被子就可以嫁姑娘。

丁哥很久不見春春，不知出了什麼事，心急火燎找人打聽，原來嫁人了，黃鶴一去不復返白雲千載空悠悠了。他覺得生命沒什麼意義，生活不再甜蜜與幸福，他三魂失了二，七魄走了四，整天憔悴著，疲困著，丟三落四，連生意算帳也常出差錯。到了年底，大隊會計盤存，發現老丁的小賣部虧損五百餘元。在那個時代，社員一天只有五毛錢收入的經濟環境下，虧損五百不是一個小數目。老丁則拿出大隊幹部賒煙賒酒的帳目也不能填補，於是領導們決定，虧損集體一半，老丁個人賠補一半。明年換人。

二、炸狗致富

沒在小賣部幹了的丁哥，沒有忘記他的春春，他想，他對不起她，得到了她的青春，卻沒有給她貢獻什麼。我如果能弄到一些錢，給春春送去，也是對我心靈負債的補償。那個時侯，正好人民公社解體，你自已只要種好一畝三分地，就可以八仙過海，各顯神通。別人鬥地主，打麻將，他不感興趣。當時的流行語是：十億人民九億賭，還有一億在挑土。雖誇張了，但可看出當時的風氣。丁哥呢，又拿出了他的算盤：一個組（小隊）有家狗十條，一個村一百條，全縣有五百個村，僅家狗就有好幾萬，何況省內省外，何況野狗？這個資源取之不盡，狗肉賣給餐館做火鍋，狗皮加工後可做保暖服，狗腎曬乾可賣給中藥店，這麼算下來，一條狗值個三四百元沒問題。用什麼樣的方式才能取狗命呢？丁哥有初中文化，會製作農村常用的"銃"，那是一種產生巨響的禮器，農村過紅白喜事，有人執"銃"，身披紅綢帶，時不時放出響聲。"銃"膛裝著火藥，點燃引子，火藥爆炸，發出巨響。這種火藥的製作工藝靠硝為原料。他試著製成一個小"硝包"，將硝包塞入一個肉包子裡，把肉包子甩向一條狗，狗便貪婪地吃肉包，一咬破硝包，引起爆炸，狗便倒地身亡。丁哥試驗成功，便用隨身帶的蛇皮袋裝下了血淋淋的狗屍，到一個隱蔽處，江水邊，剮皮、切狗腿、狗排骨、狗肉、狗內臟，取狗腎（正好是一條公狗），弄得停當後，便將狗肉、狗雜碎、狗排骨賣給花江狗肉店老闆，老闆非常高興，當時便稱了重量，付了款，不到半天勞作，他輕而易舉得了三百餘元。他盤算著，一天以炸兩條狗計算，一天只算五百，一年少說也是十萬餘元。可抵多少稻穀？當年一百斤穀子竟賣六十六元。一畝地不過千餘斤，要花多少勞動代價？這麼一計算，丁哥的心胸豁然開朗，發財致富已不是做夢，頓時覺得前途一片光明。

人們的行動由理想決定，理想愈急，行動愈快。當理想化為現實時，有一個思維的謀劃過程，包括邏輯推理、事實論證之類。丁哥也走了這個路子。丁哥想把這個炸狗致富的理想實現，覺得有個幫手才更得心應手。村裡有個遊手好閒的年輕人，書讀不進，是那種莨不莨、莠不莠、城不城、鄉不鄉、農不農、商不商，吊兒郎當的人物，名二醜，老丁先請二醜吃狗雜碎火鍋，喝燒酒，二人都酒足飯飽、臉紅脖子粗時，丁哥講了自已的打算，二醜二話不說，全都應承下來，說願意拜丁哥為師，當場表忠心，跟著丁哥幹，死心塌地上刀山，跟著丁哥跑，一直跟到白頭老。

丁哥帶著二醜走南闖北，遠點的津市，常德，益陽、郴州、柳州，吉首、鳳凰古城，西雙版納，近走沙市、松滋、石首、華容、安鄉、醴縣、松滋、江陵，正如老丁所設想，一天二三條狗，五百元到了手，二醜分給兩三百，心滿意足逍遙遊。這一天，他們來到湘鄂兩省交界的黃山頭。下榻在羅家仙妙旅館。館主瘦如刀削，個子很高，正猶豫著住不住時，羅便附耳說：有小姐陪睡，湘妹子，漂亮極了。於是丁哥二人便住下了。這一天晚上，他二人吃了鱔魚火鍋，喝了羅家制蛇膽酒，來不及玩小姐，人困馬乏般倒頭便睡。二醜說："師傅，硝包只一個了。""先睡一覺再說。"大約睡了四個小時，丁哥醒來了，算了一下這個月收入，他很喜歡，沉浸在一年小財三五年發大財的夢想中。於是，起身，他沒叫醒二醜，他一個人便在牆角擺弄起那些硝來，他做了八個小硝包，放在一邊，就在他做第九、十兩個小硝包時，不知是酒未醒透還是過於疲困，一不小心，腳踩在硝包上，忽然雷鳴般響聲，牆角炸了一個洞，丁哥昏倒于地，沒有了知覺。

第二天上午九時，丁哥在黃山頭醫院的重症監護室病床上醒來，二醜坐在身邊。二醜說："師傅不幸萬幸，沒危及生命，也沒傷腿傷胳膊，只是眼睛受傷。"丁哥睜眼一團漆黑，一摸眼眶，左右貼了兩塊紗布疤子。天有不測風雲，人有旦夕禍福。丁哥想。命裡只有八合米，走遍天下不滿升。丁哥又想。

三、悟真悟本

雙目失明的丁哥心灰意冷，由二醜牽著手，跋山涉水回到了長江岸邊名百家灣的家裡。老婆對她冷若冰霜，兒女對他麻木不仁。儘管他過著飯來張口、衣來伸手的日子，但他完全看不見外面精彩的世界。心理學研究表明，當人們的一種感覺器官消失時，另一種感覺器是特別靈敏。古人也說：瞽者善視，盲者善聽。每到夜半，丁哥孤零零地躺在那寬大的老式架子床上翻來覆去睡不看時，他可以清晰聽到長江中行駛的江字號大型客輪悠長的汽笛的鳴叫，有的是下武漢、南京、上海的，有的是上宜昌、白帝城、去重慶的。去去來來，往往返返。這汽笛聲劃破夜空，傳至九霄，也傳至廣遠。這汽笛響徹在丁哥的心中，勾起了他對自己生命的認識，對人生真諦的尋求。他想，當初有幾個活錢時，家庭多麼溫馨，兒女多麼孝順，妻子多麼賢惠，朋友多麼親熱。現在呢？人人怕接觸，似乎得了瘟疫，避之不及，世態炎涼人情冷暖，竟然如此殘酷？我就這麼在人們的冷眼冷笑冷漠中，了此一生嗎？不，我應有新的天地，新的生命，嶄新的生活。思前想後，他作出了一個重大的決定：出家。

第二天，便開始由一根竹竿探路，一連半月，跑了二聖寺、終南寺、崇德寺、齊居寺、菩提寺、法華寺，這些寺廟主持都認為雙目失明，不宜剃度。理由是機緣不熟。他跑的最後一座寺院是報慈寺。據傳說是東漢皇帝劉秀為報母親養育之恩御賜金銀所建，規制宏偉，歷史悠久，歷來出了很多高僧，現今主持悟真法師精通佛法，境界莫測，常去外地宣示佛經教義，每出去一次，有萬千信眾慷慨解囊，佈施錢財，數以億萬計，悟真大師不染指一分，生活清儉，三衣一缽是全部家當，過午一食是全部享受，身體健康，心地清淨。居士與信眾的供奉全用來修繕寺廟，印製經書，贈予信眾，請佛住世，請轉法輪。丁哥在悟真大師面前行了五體投地大禮，獻上五萬供養。大師雙眼似睜非睜，似閉非閉，說："我已等你幾年了，怎麼今日才到？"然後吩咐侍從，領去廚房做義工。侍從想：一個盲人如何做工，做什麼工？正想著，悟真師讓侍從在內室取出一鼻煙壺那麼大小瓶子，讓丁哥在眼角邊點點擦擦，不一會，丁哥萬分欣喜丟了竹杖，回轉身來，再次跪拜，感恩大師法力藥力，賜予了光明。大師才睜開眼，一字一頓說："你本光明，老衲豈可賜？你的法名就叫悟本吧。用你的光明雙眼，讀你們公安三袁主帥袁中郎版本《壇經刪》，修此法寶十年，可成正果。隨後一言不發，如入大定。

此後十年，悟本法師日課日誦袁中郎版本《六祖壇經節錄》，一真一切真，萬境皆如如。心迷壇經轉，心悟轉壇經。摩訶波若波羅密，最尊最上最第一。何期自性本自清淨，本無生滅，本無動搖，本自具足，能生萬法。一天，悟本開了大悟大徹，見天上人間萬物一體，覺千年萬年不過一念，三千大千世界現於眼前，百世千劫聚於一瞬，圓坨坨，珠潤潤，覺性滿，自靈靈，歡喜喜，樂陶陶。此時，忽然傳來沉重喪鐘，原來悟真大師往生了，按大師遺言，悟本繼任主持。

一天，侍從領著一個中年婦女和一個小孩進了方丈室，她們感覺清香彌漫，心地清涼。侍從準備退出，悟本說：進而不退，退而不進，既已進何必退。中年婦女虔誠，準備與小孩跪拜，並上送香火錢，悟本止住了。中年婦女未曾開口先流淚說："丁哥，我是你的春春呀！"悟本只是閉眼說："哪裡有真真，哪裡有假假，哪裡有聽歌，哪裡有定奪？施主萬福，佛保佑這小孩日後華蓋運縕，命交元亨。"春春看著兒子酷似丁哥，欲言又止，那小孩問："媽媽，那和尚說的，我一句聽不懂。只見悟本不發一語，如入大定。

在侍從的引導下，母子二人吃了齋飯，悻悻然離開。臨走侍從遵主持所囑，將一個鼓鼓的牛皮紙袋交到春春手中，據知情人說，那是悟本的十萬贖罪款。

附：讀後感選：公安縣老年大學校長袁楓簡評

《丁哥的故事》以獨特的敘事風格和深刻的主題思想，展現了人性的複雜與生活的無常。您的筆下通過丁哥這一角色的傳奇經歷，巧妙融合了命運、因果報應、人性欲望與自我救贖等深刻主題。故事從丁哥的平凡生活切入，逐步揭示了他內心的掙扎與轉變，特別是在面對愛情失落、財富追求與人生意義等關鍵時刻的選擇，引人深思。您的筆觸細膩而富有感染力，使讀者能夠深切感受到丁哥內心的波瀾起伏。同時，故事中的哲學思考，如因果報應、生命真諦等，也為讀者提供了豐富的精神食糧。整體而言，《丁哥的故事》不僅是一部引人入勝的小說，更是一次對人性與生活的深刻探索，值得細細品味。

一五三、德全的故事

小引

人們究竟怎麼認識朋友、婚姻、子女的本質，這是一個常見的困繞我心中很久的問題。臺灣學者曾士強先生是公認的研究易經的專家，他說：大位由天定，大事由前定。香港一位高僧對婚姻與兒女有他的見解。他說：夫妻是緣，有順緣有違緣，緣緣相續；兒女是債，有討債，有還債，無債不來。眼前看來，夫夫妻妻，兒兒女女，似乎就是人們思想感情言語作派主觀客觀你我他的一些偶合，看得見，聽得到，而實質上，偶合是在必然合的驅使下運作的，有很多內在的深層的根因看不見，摸不著，聽不到。我下面所寫的故事，都是經歷的真人真事，並無什麼虛構，被冠之以"藝求的真實"之類。我的初衷是提供一些原始的材料，讓讀者自己去分析、去探究朋友、姻緣、子女之類的問題的答案。

一、初識

我在沔陽農村勞動的那些歲月裡，每年都被派到水利工地參加"歲修"。"歲修"是一個通稱，即每年到了農閒時季節，全縣都要根據防汛抗洪搶險救災中出現的河堤隱患，採取"未雨綢繆"的措施，或將河堤加高加固，或疏通河道淤泥積堵，以便河道暢通，這種工程措施每年都要進行，冬春兩季，名曰"歲修"。有一年冬季，我們生產隊安排了十五個勞動力前往沙湖蘆葦蕩參加東荊河出口處的疏通工程建設。我們分的任務是疏通五十米河道，大約三百余方淤土，每天天未亮就出發，晚上不見太陽了便收工。一箢箕一箢箕挖了便挑到去河堤上加固。計劃一人一天一方，如果不下雨，二十天可完成上面下達的任務。那個年代，沒有機械挖掘設備，一把鐵鍬，一條扁擔，兩隻箢箕是基本的生產工具，挖，挑，倒，一百餘斤擔子，循環往復，來來回回，枯燥乏味，疲憊不堪。通常的方式是三人一組，一人挖，兩人挑。誰挖誰挑，輪流安排。一天，又輪到我去挑土了，一個比我小十歲的年輕人說：新哥，你挖我挑。相對言，挖，輕鬆一些。說著，便將扁擔搶了過去，把鐵鍬給我。說這話的人叫鄧德全，是城鎮上來的一個下放戶。他對我的關心，使我對他有了好感，從此，我們的交往與談話就多了起來。

德全家成分高，他父親是鎮上出名的資本家。他們家經營軋棉花、榨油、收購芝麻、黃豆、菜籽、棉籽、蓖麻籽等，出售麻油、菜油、棉油、蓖麻油及麻餅、豆餅、菜油餅、蓖麻餅之類。他們家有顯赫的住房，有廣泛的影響。他父親對人寬容，喜賒帳，只圖吉利與人緣好，並不挖空心思賺黑心錢，對長工很好。解放後的土改運動、工商業主的改造運動中，沒受到什麼打擊，他開明得很，將所有廠房設備交公處理，自己購了一條小船上走沙洋，下行武漢，或裝客或裝貨，過著優哉遊哉日子。他的幫手就是這個叫德全的小兒子。德全雖只讀了一個小學畢業，但能背誦毛主席的《矛盾論》與《實踐論》著作，他人很聰明，愛奇思異想。初下放農村後，他父親經常在人前談《三國演義》故事，可隨口吟誦那裡面的詩詞，冬季平日穿一件打了一二百個補丁的棉襖，夏日穿一件大洞小窟一百個的上衣，他用這種怪異的打扮，轉移貧下中農銳利的階級鬥爭眼光。要是談地富反壞右五類分子的階級鬥爭新動向時，人們總是說：那是個迂腐老頭，放心。這個辦法，也保護了他的家人。當時，那個年代，階級鬥爭年年講，月月講，講動向時，不僅講五類分子本身，還擴展到黑五類分子子弟動向。這樣，德全就比較自由寬鬆，他思想的野馬可以任意馳騁，他除了不發表時政的看法，對什麼都感興趣，電子、機械、哲學、天文、地理、歷史、小說等等，往往有驚人之語。對於缺乏文化素養的農村青年而言，聽到他那些異想天開、標新立異的言論，認為他是一個“神經病”。比如，他參加插秧，人們累得腰躬背駝時，他說：我要發明插秧機，再不會一蔸一蔸插了。眾人以為癡人說夢，有人直言不諱，說：一個活拋皮，又發神經了。他當時的年齡已經二十四了，家人總想給他找個對象，然而成分高加“神經病”，簡直無人問津，他心中倒鍾情於一個名珍珍的美女，是他夢中的情人。然而當人們透露信息時，那美女並不嗤之以鼻，只是說：我爸媽認為他成分高，別人會說癩蛤蟆想吃天鵝肉。反饋到他耳裡，他也不嗤之以鼻，說：看樣子是瞧得起我，終究有緣無份。於是有人另作介紹，他則放出話來，非珍珍不娶。聽見這話的人說：他"神經病"又發了。這樣，到我離開農村兩年後，仍是一個單身狗。

二、閃婚

我第二次走上教育崗位時，是執教一所農村初中。對於我個人處境言，翻天覆地的變化。以前勞累不堪，疲於奔命；如今，動動腦，動動口，打打拳，自主支配，輕鬆自如。以前，每日鹹菜，醬蘿蔔，水煮白菜，一年難吃一次肉。記得在水利工地上，上面關心民工辛苦，快竣工時，每人半斤肉。炊事員將其粉蒸，裝在洗臉盆內，分成十餘份。上下三層，各取一份。其中一身壯者，說這些肉，他一個人一餐可吃完。可見半斤不能解饞。如今我上崗時，趕上冬臘月，學校殺了豬，天天餐餐可吃肉。工作一輕鬆，生活一好，就有閒心遠思近想，首先想到的是德全找了媳婦沒有，我估計還是孤身一人，問他願不願到荊南來入贅或娶妻，於是給他一封信，不久收到回信，說是一百個願意。於是托人找了三個預備對象。一個姓江，家有父母，姊妹三人，女人老大，只招女婿，不出嫁。第二位姓唐，長相美貌，個子中等，略有文化，有點心高氣傲味口。第三位，寡婦，很美，性格溫柔，帶兩個小孩。三人聽了我介紹，都願意見一面再議。不久，德全就在大隊部打了一張證明，帶了簡單行李，風塵僕僕，信心十足來到我處，去見了那三個女人及家人。江家父親年壯，入贅後，沒什麼自由，否定了。唐家女孩自恃優越，性格強勢，恐不宜相處。甘家寡婦，謙卑，眼光渴望，兩個小女孩需人幫助哺養，語言中透露希求，且入贅後，可當家作主。於是德全由天性善良暫定甘家。

那一天中午，濛濛細雨，德全便步行到甘家廠，過河後進入到一個農戶家，前面禾場開闊，院落乾淨，房屋寬敞，瓦屋四間，兩小孩約三歲、五歲，門前玩耍，裡屋走出一個老太婆，約六十歲。老人見門前站著一壯漢，不是本地口音，心中有幾分明白，熱情倒茶，向客人介紹說："我只有一個丫頭，今年二十四歲，十八歲時召了一個女婿，那女婿身體好，人品也好，勞力也行。去年七月，松東河漲大水，從上游沖下一根根小桶粗丈把長木料，女婿水性很好，他拖了一根又一根。我女兒叫他不拖了，拖的可以跟我做一口棺材夠了，他不聽，說是有一根更粗更好的，他拖那根木料上下翻滾，拖著拖著，不知是水中小腿搐筋，還是落水鬼附體，再沒起來，我們托人找了兩天，才在黃泗嘴一個狗腿灣找到了屍體，用他拖的木料的一半打了一口棺材，埋了。"老人眼中掉下幾滴清淚，隨手用手絹擦了。德全問："小孩她媽呢？""到河對岸五一葦子灘砍柴去了。"順手指了禾場右邊的柴堆說。"奶奶，我去接她。""不去了，不去了，不一會她會回來，我做飯你吃。"經過簡短的對話與對這個家庭氛圍的感受，他意識到，他可能成為這個家庭的主人。

細雨還是不停下著，在細雨中蘆葦一眼望不到邊，蒼蒼莽莽，迷迷茫茫，他一眼望去，有些葦子扶搖倒下，悉悉索索，順著聲音走近，是那個美麗的女人在忘我砍伐葦子，一叢叢，一疊疊，那女人見這個只見過一面的男人出乎意外站在她面前，萬分驚喜，問道："大哥，你怎麼來了？"德全不回答，只是問："砍這麼多，挑得起嗎？"那女人順手揩了臉上的雨水與汗水，面色紅潤如桃花，莞然一笑百媚生。德全控制了自己的心旌搖盪，他像一個砍葦柴老手，將小紮集中成兩捆，估計平衡後，扳著豎起來，用扁擔穿在葦捆中間，做了一個挑擔的準備。誰知那女人接了他的扁擔彎下腰，熟練自己去挑。就在交接扁擔的一霎拉，那女人凸起的胸接觸到了德全的手，也就在這個瞬間，一種男人的原始的生命力的衝動的驅使，一個寡居女人一兩年的原始的渴望油然而生，他們兩人都不知不覺糾纏到那倒下的葦捆上。如《紅樓夢》言，二五之精，妙合而凝。如白居易《長恨歌》說：在天願作比翼鳥，在地願為連理枝。這正是他們的心景。蘇軾說：春日一刻值千金。我加一語：千金一瞬東流水。細雨還是滴著，滴著，滋潤著，滋潤著這一對男女的服飾、面龐，也滋潤著他們溫熱的心靈。那個強壯的男人心滿意足，挑著兩捆沉重的葦柴，健步如飛，女人愉快跟著，心想，有個男人真好，心裡充滿了對未來家庭的美滿感與幸福感。

第二天，經過大隊書記同意，他們領了結婚證。，

三、發明

人們的智商是一種潛質，是人們取得成功的可能性的原因，而要成功變為現實性，還要許多因素的參與，而其中最重要的因素是願望與奮進。好比，已知此山有金礦，你要開採才能證明，永不開採，那金礦則永不見天日。

德全不是一般聰明，有很高的智商。當他組建家庭且當家作主了後，他的那些奇奇怪怪的想法就在農閒的時間裡開始發酵。首先，他想發明插秧機。當他的朋友持懷疑態度並表示反對時，他說：機器總是人發明的，最早的蒸汽機，其後的織布機，再就是挖土機，運輸機，天上的飛機，地上的鋤草機，河裡的輪船發動機，現代的收音機，哪一項不是人發明的，人能之，我亦能之。

他說幹就幹，終於設計製作了一台以人力推動的插秧機。但他準備改為機械動力推動時又遇到了難題，資金，他沒這個經濟實力。而且，他必須面對家庭的負擔與生活的壓力。不到四年，他妻子為他生了兩個兒子，他們一家七口人，張口要飯吃，閉口要衣穿，在那個以集體勞動為主的農村，維持生計都很艱難，哪有什麼力量投入那種吃力不討好的什麼發明，他的妻子極力反對，他不得不停止。他必須面對現實，搞點發明，能吹糠見米，看得見效果。他和妻子討論，他想發明“打魚機”，他說：河湖港汊，塘堰坑渠，到處是魚，操打魚機的人只須將那個斤把重的機器背在後面，手拿一根長三四米的綁了電線的細竹竿，插入水中，電線頭附近的魚就會觸電而昏迷，繼而上翻呼吸空氣，打魚者可輕而易舉以網兜撈上魚來，況且沒有撈到的魚也不會死，過一會，它們就會活起來。他的住屋後有口約三十見方的水深三米左右的塘堰，正是他試驗的方便場所。經過了五百次的試驗，他終於解決了電源的儲備的技術問題。他的妻子按他的捕捉方法在堤北的松東河岸試驗，不到一小時，就撈上活蹦亂跳的鮮魚四五

斤，並渡河去甘廠集市上賣了兩元多錢，買回了紅糖、碘鹽、肥皂、醋，非常高興地支持他繼續搞下去，並建議他那個機器搞得像磚頭型一半大盒子，背在肩上輕鬆，拿在手上方便。還建議他一部打魚機能夠連續使用一年或更長，又經過了上百次試驗，問題解決了，達到了他妻子提的要求。打魚機比傳統捕魚工具先進，方便。傳統推擋、漁網、麻罩等不方便，費體力。而打魚機輕便，有把握。發明成功一傳開，首先是小隊長來要求出錢訂制一台，不久，一傳十，十傳百，有十幾個人出錢訂制，一台打魚機材料成本製作費約三十元，他賣五十元，一台賺二十元，手工生產已經不能滿足需要，於是他把家室變為廠房，還是滿足不了需要。甘廠、孟溪、南平、安鄉、津市的商人紛至沓來，訂十台試賣，很快銷售一空，消息傳到沙市、宜昌，商人們見有利可圖，幾乎蜂擁而至，供不應求，於是，他提出先下訂金，看究竟多大需求量。第一批要求大約一千台，於是，他利用訂金在鎮上買下一棟寬敞的民房，請來了五個工人，日夜不停生產，他負責組裝與檢測質量，第一批賣出後，就迎來第二批訂貨三千台，這樣，第三批、第四批，一萬台，五萬台，不到五年時間，他的工廠生產了上二十萬台，也賺了一筆鉅款。稅務部門來了人要收稅，工商部門來人要辦營業執照，工業局來人要辦生產許可證，環衛部門來人要收環境保證金，技術監督局來人要進行技術監測，科技局來人要求進行科技論證，安全生產部分要求排除隱患，勞動部門來人要求進行用工合同審核，會計事務所來人要求進行價格核算，我們這位一身三任焉的廠長兼會計、出納接應不暇，要去請他們吃飯喝酒，每人還送芙蓉王，整天忙得不亦樂乎。儘管這麼小心翼翼，還是有一天，上面來了一輛車，走下幾個人，把德全帶走了，說是違反了環境保護法，勒令停產，廠房貼上封條。但江漢平原上，大大小小的水域裡，不時見到有人在使用受惠德全的小發明。幾年後，這種打魚機便銷聲匿跡了。據說，發明者本人交了罰款一萬元，此後便金盆洗手。

四、出軌

英雄難過美人關，美人難過金錢關。社會風氣是一個染缸。當城裡暴發戶一養上幾房小三時，當貪官暴露其佔有美女情人幾十個時，當富豪們為首都天上人間四大花魁一擲千金時，無論是正規渠道還是路透消息、馬路新聞會滾雪球似的傳播開去，或誇張其事，或閃爍其辭，或添油加醋，或造謠生事，向大街小巷，向村頭鄉尾漫延，形成人們一種心理渴望，口頭上反對，批判，內心深處是吃不到葡萄葡萄酸。男人稍有錢，與土豪貪官比，沒有實力養十個八個小三或情人，玩一個總該不犯法吧。

德全在製造與出售打魚機的行當中，積累了一些財富，對農村言，數目可觀，聲名遠播。他用這些錢體面地嫁了兩個姑娘，又風光娶了兩個媳婦，所剩無幾，然名聲在外。心理學的研究表明，四、五十歲男人是一個出軌多發期。

德全正好處於這個年齡。但農村不像城裡美人如雲，農村美女資源奇缺，但也不是沒有，那就要看機緣。用佛門語，是因緣和合。因，與生俱來，那就看緣了，緣是條件，也是福氣，人們常說：洪福齊天，豔福不淺。德全鄰居，一個叫任姐的女人，在德全入贅的那一年，生了個女兒，名珍珍，德全看做珍珍長大，也是抱她長大的，小時給她買餅乾、糖果，讀書時，給她買筆、本子、娃娃書，放假後給她買化粧品、衛生巾與新衣，她叫他德叔，敬重他，崇拜他。雖然高中畢業考上了大學，但家裡無錢供應，準備輟學去廣州打工，德全先後三番五次去跟任姐講，任姐則用農村俗語搪塞，意思文化再高也是嫁給別人，嫁出的女兒潑出的水。說如果是個兒子，砸鍋賣鐵、討米要飯也要供他讀書。問題是珍珍女性不可變。在任姐那裡碰了一鼻子灰後，他便開始做珍珍工作，讓她下決心。再說現在大學裡可申請貸款讀書。他從自己經歷談讀書少的悔恨，再談大學的課程專業與人脈，談社會的三等九級、職業的檔次與收入的對應，語重心長，苦口婆心，一個長者，一個智者，一個先輩的談吐，撥開雲霧見青天，天外還有更美天。他給予她以人生的藍圖憧憬，給予她以詩化的生存空間，並完全出乎她意外地給她送了一疊錢，讓她明天啟程去上學。他說，他有一筆打魚機老賬要去沙市商場收取，答應送她去重慶的輪船上。這一瞬，珍珍太感動了，不知不覺依偎在德全懷裡。吻了，他撫摸了她，口裡念叨著：珍珍，二十幾年前的珍珍。珍珍聽不懂，也不問。

後來，有人說，珍珍是在德全送她重慶等船的前幾個小時，他們在望江賓館開了鐘點房，將她的首夜權送給了德全。要不然，珍珍的四年大學學費怎麼全是德全供應呢？而珍診為了掩其父母與鄉鄰耳目，總是說在寒暑假勤工儉學。據說，德全與珍珍好了五年，直到她結婚後，二人才斷絕了往來。珍珍每次回娘家，總想找德叔敘舊情，而德全處於道德層面考慮，為不影響其家庭，卻總是完全躲避。這正好應了《詩經》上一句話：士之耽兮，尤可說（脫）也；女之耽兮，不可說（脫）也。

五、殉情

一般情況下，人們的靈魂與肉體是統一的，協調的，互濟互生的。但當靈魂的傾向與肉體的生存產生巨大的矛盾衝突時，要麼靈魂讓步妥協保存肉體，要麼犧牲肉體，成就靈魂。於是殺身成仁、捨身取義的現象便發生了，為了堅定信念與信仰，流血產生了，視死如歸的現象產生了。為了保存肉體，靈魂屈服投降，於是變節的叛徒產生了，晚節不保的現象產生了。以靈魂屈就肉體與肉體屈就靈魂比，前者易後者難，前者懦夫、小人即可，後者需是勇士與英雄。就常人言，獻那麼幾元錢，丟失那麼幾件並不貴重物品，尚且磨磨蹭蹭，咕咕唧唧，何況捐獻肉身。所以，犧牲肉體必須具備強大的內驅力，他的靈魂不可動搖。且不說歷代英雄楷模、仁人志士。就以最近一則新聞為例：北大一個吳姓學生由於嚴重心理扭曲與靈魂變異、厭世求死，想自我了斷，但他對自己死後的母親放心不下，於是作了一個愚昧透頂的決定，先弄死母親，然後自殺。在他母親猝不及防時，他用啞鈴捶死了母親，但他準備自殺時，靈魂屈服了，他不想死，他完全沒有自殺的勇敢。當然此學子的最終結果是被槍斃。既殺了他的肉體，也殺了他的靈魂。

在德全工廠破產若干年後，我去甘廠三木農莊開會，轉身經甘廠集鎮，我打聽到他的老婆霞姐在做服裝生意，一個她的同行熱情備至引我去了她的單元居室。霞姐引我進了德全房間，清潔整齊，雖雜物不少，井然有序，辦公桌上有一本《科幻日記》，我隨便翻翻，所記均是他的發明設想，諸如堅木制摩托、電扇、自行車、手錶之類。他設計的堅木手錶只有五六個零件，靠太陽能與人體感應顯現時間，準確沒有任何誤差，價廉物美，經久耐用，修理簡單，他說此手錶打破瑞士二百年歷史壟斷，是手錶發展史上的革命，可惜沒能申請專利，也沒能投入生產。我急切地問：德全去哪裡了，還有好會回來。霞姐不直接回答，只是介紹她如今兒孫滿堂，兩個女兒與兩個兒子的情況都很好。我問她如今生意，她說那是好玩混時間，她每月可領到二千多元社會保險金。她見我的目光中有些懷疑，說："得虧那個死鬼德全。"我驚愕萬分，問："強壯得可打死老虎，健康得可當運動健將，怎麼就走了呢？"霞姐擦了眼角的淚水說："迂腐，癡呆，執著，太心善。"原來，那一年正好碰上居民可通過交錢買社會保險，霞姐夠條件，但要交三萬五千，他們拿出所有的積蓄後還差兩萬多，時間期限只半個月了。當天晚上，他就在吊電扇的勾勾上放了一根繩子，吊死了。留下一封遺書，大意為：儘快辦喪事，並記下了受邀生前好友與親戚弔唁名單，約五十人。辦完德全後事，果然剩下喪儀款約三萬餘元。霞姐說：我交了保險金，半年後，開始發放七百元保障金。如今十餘年過去了。我問："你們原先賣打魚機，不是有積蓄嗎？"她說："收回的錢，嫁姑娘，娶媳婦，兒子買車買房用光了。還有些商人貨拿去賣了，人跑了。"說完，又滴下幾點清淚。

此情完全出乎我意料之外。我在離開霞姐家後，一路上陷入沉思，以為德全這種殉情世上絕無僅有，人們的靈魂力量多麼強大，它可以使肉身消滅。

附：公安縣老年大學校長袁楓的簡評

《德全的故事》是一篇深刻描繪人物命運與社會變遷的敘事作品。您以細膩的筆觸，講述了主人公德全跌宕起伏的一生，展現了人物在特定歷史背景下的生存狀態與心理變化。文章開篇即引人入勝，通過德全在水利工地上的勞動場景，勾勒出一個樸實、善良且富有創造力的年輕人形象。德全雖出身資本家家庭，卻並未沾染紈絝習氣，而是憑藉自己的努力和智慧，在艱難困苦中尋求生活的出路。他與甘家寡婦的閃婚情節，既充滿了戲劇性，又體現了人物在命運面前的無奈與選擇。德全的發明創造是文中的一大亮點。他憑藉對機械和電子的濃厚興趣，成功發明了插秧機和打魚機，不僅改善了自己的生活條件，也為當地農民帶來了實惠。然而，好景不長，隨著打魚機的熱銷，德全也陷入了名利場的漩渦，最終因違反環保法規而工廠破產。這一情節既反映了當時社會的浮躁與功利，也揭示了人物在追求成功過程中的迷失與反思。文章結尾處，德全的殉情更是令人扼腕歎息。他為了給妻子籌集社會保險費而選擇自殺，這一極端行為雖然令人難以接受，但也深刻體現了人物對家庭的責任感和對生活的無奈。德全的一生，既是對個人命運的抗爭，也是對時代變遷的見證。綜上，《德全的故事》是一篇情感真摯、內涵豐富的敘事佳作。它通過德全的一生，展現了人性的光輝與陰暗，以及社會變遷對個體命運的影響。文章語言質樸，情節跌宕起伏，讀後令人深思。

附：讀者彭緒餤的體會

靈魂與肉體，精神與物質，唯心和唯物。

這是古今哲學上一對既對立又統一的兩個概念，唯物者說物為首，唯心者說心為尚，我說：二者不可分，若強行分論，兩面皆失！

一五四、東哥的那些事

東哥是我們村裡的一個名人。他雖然生活在社會的底層，有他的思維邏輯與生活方式，有他自已獨特的性格與語言表達。他很聰明，卻也做了一些蠢事；他很善良，卻也有過一些惡舉。這是一個複雜的色彩斑斕的農民。文學理論家們曾提出一個概念，叫二重性人格，我沒有深究這個問題，或許東哥就有這種人格的二重性。至少在東哥身上發生的那些事情，可以體現這種二重性。我現在就講講他的故事。

一、沔陽三蒸

東哥是村裡的美食家與評論家。只要是他赴宴了，他就對那些桌上的食品進行分析與點評。他雖不能準確指出那些菜品的文學名稱與菜系風格，但卻能生動地說出他的口感與視覺效果。勞累得疲倦不堪的農民兄弟，去一處赴宴，也是一種難得的休閒，只有在赴宴場所，他們的吃飯才循規蹈矩，按部就班。一碗熱騰騰的粉蒸肉上來了，誰也不敢先動筷，坐在上席的那個人發話了，“趁熱的，大家吃吧。”這時，坐在四方條凳上的八個客人，禮讓著，斯斯文文地動著筷子，動作很緩慢，小心翼翼地選擇堆得滿滿的的那個磁碗中的最小的肉塊，慢慢地拉回口邊，那情景如同秀才執了羊毫毛筆硯臺醮墨，即使執拿筷子的那只手很大很粗糙，青筋暴露在手背上，此時都要自覺受到一種約束。有時，一碗菜品，廚師是計算好了的，比如肉元子一碗就是八個，一人一個，粉蒸魚塊，八塊，一人一塊，誰也不敢多吃多占。你別看農民在宴會桌上那麼文明，動作那麼遲緩，可平時他們在自家的吃飯不是這樣子的，往往狼吞虎嚥，單獨吃飯場所，他們恨不得把腦袋一砍，把一碗米飯或簡單的菜倒下去，吃飯如同搶火，他們必須抓緊時間，不耽擱農活。只有這種赴宴場所，他們才能顯得訓練有素，禮貌有加，很有教養。

一桌客人，八個，有熟人有生人。大家默默品賞著，咀嚼著，體味著，或聞香，或回味，或吞咽，細品進入腸胃與流通血液的快感，這種此時無聲勝有聲的場合，東哥便開始發表了他的高論。有人端了一碗油煎魚塊，他嘗了一下，說多加些山西陳醋、加幾根黃色薑絲、以幾片紅色葫蘿蔔墊底，就會好吃好看得多。有人端了一盤豆瓣紅鯉魚上桌，他戳了一塊白色鯉魚肉，在盤內湯裡醮了些湯味，品嘗了一下，說："這魚煎得過火了，肉質欠了細嫩，鮮味失去了。要是端上來，那魚嘴還在翕動，那個味道最新鮮，有人反駁：一戳開有紅血，能吃嗎？他說：這你不懂，煎得血一變顏色，加些熱油，嗞嗞啦啦，那是上好佳餚，上面放幾根紅辣椒絲，又拍幾塊白色蒜片，又放幾條青椒，都只在滾燙的湯裡浸一下，既有維生素營養，又可以養眼，吃起來下飯，吃後回味無窮。他這麼經常點評著，有些廚師的朋友聽得不耐煩，說："搞匠不如口匠，口匠不如瞎匠。你這麼會講，你做幾樣看看。"常言道：請將不如激將。反者道之動，弱者道之用。這個話成了東哥做大廚手藝的動力。

農村稱那些愛吹牛、說大話的人叫"老抛"或"抛屄"。東哥經過一段自家廚房試驗後，放出話來：他會做一千道特色菜，五百種湯。人們稱他"抛屄"，誰也不相信。但也有好處，只要是上水利工地，便分工他當"火頭軍"，免了工地的笨重勞動。人們督促道：不要一千道菜，五百種湯，二十天，弄一百道菜，弄二十種湯。為了證明自己並非"老抛"，他在生產隊隊部用板車拖了兩麻袋大米、五斤醬、二十斤油，一捆泥藕，一二十種蔬菜上路了。

他第一天的菜要做出名堂來，要封人們的七嘴八舌。這一天，以藕為主，他用米湯加醋炒藕片，如同加了生粉，以開水戮藕丁以麻油拌勻生薑絲、醬油、陳醋，吃起來，香脆可口，略帶甜味。以藕塊燉藕湯，爛爛的，入口即化，湯特別開胃，以藕筒夾蛋皮油炸，以一串串藕放入鹵水中鹵，冷食。還油炸了藕元子。他的刀功很出色，他幹這些活時，用了華羅庚的統籌法，原則是人忙火不熄。緊張而有序，熱情而冷靜。那一頓飯，大家吃得香極了，人們讚不絕口。至於哪一天以土豆為主，以蘿蔔為主，每一食材從形上變化到伴菜多樣，加佐料，加刀工不同，加火候不一，一種食材，十種花樣，別材相伴，獨出心裁，風格多樣，大家吃得舒心，幹活更有力。公社領導幹部親來嘗了東哥手藝，全社水利工地四十名“火頭軍”開現場會，東哥展示了他的“沔陽三藤”（菱藤、紅薯藤、南瓜藤、樹藤嫩苗，隨時令就地取材，凡可食用，均可順取）絕技，得到了人們認可。原來人們揚名了“沔陽三蒸”兩百年，卻不知如何做“沔陽三藤”，與會者大開眼界，起先十分懷疑，以為不用魚肉，不花什麼錢，還能搞出什麼名堂，直到親口嘗了“沔陽三藤”，個個佩服、喜愛不得了，說勝過了“沔陽三蒸”。於是東哥特色菜“沔陽三藤”成了一種密技，誰也做不出那種水平來。人們傳得神乎其神，說東哥乃玉帝的天廚下凡。於是十裡八鄉，凡有紅白喜事，人們宴請賓客，東師傅便成了第一人選，忙不過來，就帶了徒弟，“沔陽三蒸”乃公開秘密，而“沔陽三藤”卻成了不傳之秘。很多人仿照東哥的做法，取了同樣的食材，卻永遠做不出東哥的為眾人所喜的味道。

於是，東哥出了名。農村有個特點，出了好名就把好事往他身上堆，貼金似的；出了壞名，就把污水往他身上潑，農民中的無名小說家、無名語言巨匠多的是。

二、精神需要

人們都知道：金錢是個怪物，是個雙刃劍。早先莎士比亞戲劇中，曾對金子的作用首次進行了深入探討。他說：金子，黃黃的，發光的，寶貴的金子，只要一點點兒，就可以使黑的變成白的，醜的變成美的，錯的變成對的，卑賤的變成尊貴的，老人變成少年，懦夫變成勇士，元帥的執杖失去權威，法官的法槌失去份量。現代流行語為：男人有錢就變壞，女人變壞才有錢。

東哥天廚名聲在外，不知不覺就有了些錢，有了錢就產生歪心思。在我的家鄉，有一個習俗，叫拜乾娘乾爹。俗話說：乾娘幹老子，一年一件花襖子。那些豆蔻年華的女孩子，長得人見人愛，於是就有人收她做幹姑娘，認了乾爹乾娘，就可以名正言順、堂而皇之來來往往，至於生出了什麼事端，人們也就習以為常，不足為怪了。這種習俗究竟是好還是壞，說不準。如果正常往來，把握分寸，對於加強人們思想與感情交流，互幫互助，加大人脈，活躍生活空間，利於小孩成長，使單調貧乏的生活變得豐富多彩，應該說不是壞事。凡事一種好習俗，都是有善良心願與倫理道德約束的，如果心存歹意、圖謀不軌，好習俗就會異化或者蛻化變質。

約略算來，東哥收了三個幹姑娘。三十歲左右收的幹姑娘叫長姑，四十歲左右收的幹姑娘叫唐姑，五十余歲收的幹姑娘叫皇姑。關於收長姑與唐姑做幹姑娘的故事，時間已久遠，我也只是聽說，沒能親見。東哥有一次對我大發感慨："銅錢眼大的一片，怎麼那麼金貴，個個都喜歡，有的傾家蕩產，有的捨生忘死，有的殺人越貨，有的流血犧牲。怎麼有那麼大魅力，我不明白。"可是我明白，他只是沉醉著，微笑著。我以為她與年輕女子交往，有一套辦法，我就說說他收皇姑做幹姑娘的故事。

那一年春季，我們十幾個人住在東荊河楊樹峰段面的謝家屋場裡，東哥仍然做他的廚師。相對言，廚師的體力消耗沒有挑工重。但起床早，天濛濛亮時，飯菜停當，民工們火速洗漱，然後開飯，人是鐵，飯是鋼，吃了飽飯，才有力量。儘管每天幾乎雞叫就起床，東哥的身體強壯。而強壯身體的男人最容易出現原始衝動。國外一位名人給健康下的定義是，見了美食有旺盛的食欲；見了美女，有急不可耐的交合欲。反之，見了美食與美女，麻木不仁，無動於衷，則視為病態。東哥一絲一毫的病態都沒有。他像一個獵人手中的老鷹，眼睛窺視有沒有獵物。一天淩晨，他在收拾碗筷去池塘清洗時，意外發現謝家大哥的女兒皇姑也在池塘邊洗衣裳，一邊洗衣一邊小聲哼著民間小調，那歌詞是：

姑娘河邊洗衣裳，手上洗衣心想郎。
不小心棒槌搥手上，只恨棒槌不恨郎。

就在這民歌落地的時刻，東哥也隨聲應和，哼起了五十年代的流行歌曲，歌詞為：

美麗的姑娘我見過萬千，獨有你最可愛。

你好像早晨升起的太陽，無比的新鮮，姑娘呀。

勞作中的少女是最美的，滿心歡喜的少女是最美的，開懷暢笑的少女是最美的。相隨心轉，境隨識變，心淨土且淨，心純自然美。此時的皇姑容光煥發，光彩奪目，那面容姣好勝桃花，那目光閃爍勝秋水。這面容與目光使得東哥不知所措。他停下手中洗淨了的一把筷子，滿臉堆笑、眼光癡迷說道："姑娘吃飯沒有，我那裡飯菜都是熱的，就在你家那個老廚房。"原來，謝家屋場大，分大小廚房，後屋曾擴建為生產隊公共食堂，可做一二百人吃飯用。公共食堂散夥後，閒置了幾年，如今供一、二十個民工做廚房，正排上了用場。

皇姑見東哥熱情邀請，也不回絕，正好她今天吃飯了要去鎮上辦事，回轉時，可直接去農田。需知在那個年代，農村糧食仍不寬裕，不少家大口闊的人家仍缺糧，按工分分配，就有吃不完的，也有吃不飽的。皇姑家人多，一頓飯少一個人吃是件好事。"我在廚房等你。"東哥說完，便匆忙去準備了。

皇姑晾曬了衣服，便去了後廚房，東哥在整潔的方桌上擺了三個菜，其中一盤蔥花青椒煎雞蛋是現做的，一碗白花花大米飯。皇姑說了些客氣話，便吃了起來。農村人說：男子吃飯如虎，女子吃飯如鼠，我看也不儘然。此時皇姑吃得津津有味，尤其那盤煎雞蛋鮮嫩可口，十分下飯，一下子沒了。東哥看著皇姑吃飯雖快但並不失少女的文靜，一臉喜悅。快吃完時，東哥色迷迷地央求道："做我的乾女兒吧，我不虧待你。"這話似乎並不出於皇姑意料外，此前，姐姐便拜了一個乾爹，她爸媽也是支持的。皇姑只是紅著臉微笑著，內心深處早已接受。

三、欣賞油畫

人與人之間的感情是在交往中產生並加深的。即使非常親密的關係，如果長時間隔離，不交往，不交流，不瞭解，也會淡薄化，邊緣化，形同陌路。至於那些特殊性的情緒與情感與激情，要靠語言的特殊溝通與心靈的碰撞，還要伴隨物質與金錢的澆灌，雙方的喜悅，生理與心理的滿足。

自從東哥收了乾女兒皇姑後，他便開始培植他們之間的感情。他幾乎每個月都邀請皇姑到他家住上二三天，待她比親生女兒還好。皇姑到他家後，他像換了一個人，熱情洋溢，精神煥發，說話細言軟語，走路昂首闊步，他捨得花錢，一是像待最尊貴的客人那樣，上街買魚、割肉，弄粉條，端豆腐，整酒席，十大碗，十小碟，品種繁多，花樣齊全，他自己親自操辦，竭盡所能，傾其所有，鄰居們也被邀請參加宴會，有人說：東哥是想女兒想瘋了，把一個乾女兒當活寶貝，含在嘴裡怕化了，捏在手裡怕飛了。皇姑享受到了格外的溫暖與親熱，臨走時，送很遠，到鎮上給她買日用品，買衣服，還送路費，還幫她給爸爸媽媽與妹子買小禮物，並叮囑下次來做客的時間，要保證風雨無阻，並說出那種黏糊糊的話，說如果她不來，他會想得哭，俗話叫欠得心發慌。這麼一叮囑，不由得皇姑不來，這麼一來二去，人們認為，東哥好得不同"筋"，於是，有猜測，有臆想，有謠言，有誇張。農民們一年上頭疲於奔命，千辛萬苦，集體出工足以磨損人們的肉體，麻木人的心理，至於回到家，又是菜園子，又是廚房事，又是小孩子，又是老人事，恨不得從夾窩裡另長出一雙手來幫忙。但人們的緊張的勞動中，總想找出一些新鮮與奇異，去談論，去想像，化解疲勞，緩衝緊張，調控貧乏，消解枯燥，於是關於東哥與皇姑的浪漫故事的哥德巴赫猜想便不脛而走。我們農村對於這種乾女兒的的帶有戲劇性故事，歷史悠久，習以為常，譽論是譽論，一不會有人檢舉，二不會有人調查落實，三不會搞個什麼批判會、大字報什麼的。東哥見人看他目光怪異，偶然也露一星半點信息，一般情況下，他毫不在意，安之若素，心理滿足，也不聲辯。他只是偶爾對知己好友說："老子對乾女兒是真心喜歡她，純潔得很，要是有什麼非分之想，占她什麼便宜，天打雷劈，過河翻船淹死，坐車兩車相撞撞死。"

這一年臘月初一，皇姑按東哥預約，又來他家作客。白天忙了一天，東哥疲困得很，準備睡覺。皇姑拉了乾爹的手，去約他到寢室講幾句話。皇姑在東哥家的後堂有一個單獨的閨房，平時鎖著門，只有皇姑來做客時，才開門，內室佈置雅致，整潔，被子床單全是新的，被子上龍鳳呈祥花紋圖案顯得格外醒目，臥單上的鴛鴦戲水、蝴蝶採花圖型隱隱約約，牆上貼著文成公主進藏與王昭君出塞的兩幅油畫，時間雖已久遠，但鮮麗的顏色沒怎麼褪，令人遐思。當東哥去內室取了什麼東西來到皇姑床邊時，因天冷皇姑已鑽入被窩。那時的農村已開始使用三瓦的電燈照明，不怎麼亮堂。雖不怎麼亮，皇姑的美麗的面龐與燦爛的笑容清晰可見，她只說了一句話：”乾爹，我初八要出嫁了。”說著，她脫光了內衣，掀開了被子，露出了赤條條、白嫩嫩、光閃閃、秀美美的肉身，這種大膽與不害羞，出乎東哥意料，原始躁動的偉力促使下體雄勃。此時此景，他控制了自己，只是從上至下看了看，覺得每一塊皮膚、每一根毛發都可愛，如同欣賞西方文藝復興時期的裸女油畫，心滿意足，說：“穿衣吧。”然後幫她蓋了被子，並送上一千元出嫁禮金，得勝似的，離開了，因為他慶倖自己戰勝了自己。

當他向自己最要好的朋友講述此事時，他的朋友一百個不信，說：“豈有饞貓不吃魚，公雞不交尾。”我是他朋友的朋友，知道了這一情節，我信。有兩條理由：一是他用生死賭過毒咒，豈不畏懼天打雷劈？二是念力無比強大，不可思議，正念止惡行善，邪念斷善行惡。

四、難忘饑餓

俗言：飽暖思淫欲，饑寒起盜心。孔聖人說：君子固窮，小人窮斯濫矣。管子曰：倉廩實而知禮節，衣食足而知榮辱。言外之意是：吃不飽飯，穿不暖衣，就可能失去禮義廉恥。

我的家鄉，人們最難忘的是談論三年自然災害的饑餓情況。常言道：膽大的吃飽飯，餓死了膽小漢。東哥告訴我，他們一家沒怎麼挨餓，我非常奇怪，這究竟有什麼神鬼之法？他說：說出來醜事，還是不說好。據知情人士介紹，他的辦法是拿，手爪子靈活。那兩三年的青黃不接時間，糧食不足瓜菜代，瓜菜不足餓肚子。東哥往往半夜起床，挑了籮筐，到隔壁生產隊的農田裡摘豌豆巴果。神不知，鬼不覺。

一擔挑回來，可吃兩三天。他的屋前屋後的農田裡多的是，那是本小隊的集體的，他一個也不摘。這真是盜亦有道。麥子黃了，稻穀熟了，高粱紅了，粟子老了，黃豆響了，芝麻脆了，農田的果實是源源不斷地長出來的，也是取之盡用之不竭的。那個時候，幹部們也經常召集群眾開會，對天放炮，不點名批判，說，有的社員偷集體糧食，查出來判徒刑，吃九兩米，劃得來嗎？大家聽是聽，只要有機會，是不會改的。所謂大法不犯，小法不斷，殺又不敢殺，判又不敢判。再說，哪個幹部不侵佔公共財物？人人餓肚子的那個年代，為什麼幹部們個個紅光滿面？據東哥說：小隊幹部私分公家糧食是常事，那個保管員每天晚上去鎖倉庫門時，腰間有個圍腰袋，袋裡裝一二斤米，從你眼前走過，一點形跡也沒有。別人家吃不飽，他家吃不完。有一次，集體豬場一頭一百餘斤豬子不見了，這可不是小事。小隊長為了剎住偷盜之風上報大隊，大隊派人來查，人們找嫌疑人，幾個貧下中農開會，《十五貫》中的"婁阿鼠"也參會了，不過並不是"歪面孔、斜肩膀、獐頭鼠目"，是一本正經的一個人，在他的暗示與慫恿下，一直意見是斷定東哥偷了。農村俗話偷食貓子不改性。又說：江山易改，本性難移。於是幹部們把東哥帶到大隊部，幾個人像開鬥爭會似的把東哥審了半天，也沒個結果，這下把東哥惹惱了，他發怒似的說："我也是貧下中農，你們當幹部是吃乾飯的，放過了壞人，誣陷好人。你們去抄我家，一百斤，我一天怎麼也吃不完，挖地三尺都可以。"那個"婁阿鼠"為了轉移人們視線，特別積極。東哥放出話來，要他參加查，一碗茶工夫，可以查個水落石出。無可奈何之下，於是大隊幹部決定讓東哥也參加偵查辦案。東哥到養豬場仔細觀察，判斷豬子是吃了點酒糟，醉了弄死時不叫喚偷走的。他手裡拿著一個手電筒，在豬圈的四個路口的草叢中，發現了一點點被掩蓋的血跡，朝那個有血跡的小路延伸尋找，走了二三十步，又有一點血跡，沿著這個方向，他在"婁阿鼠"的後門處，又發現了一丁點兒血跡，不打電筒，粗心一點，根本看不出來。他附在大隊幹部耳邊，不知咕唧什麼。那個大隊幹部對"婁阿鼠"說："你去公社找馬主任來，說我在這裡有急事向他彙報。"支走了這個人，有四個人進了"婁阿鼠"家裡，東哥看了四周有動新土的痕跡沒有，把腦門拍了一拍，有了辦法。當年他在東荊河工地工棚裡做炊事員，附近居民家的一隻九斤黃大公雞不知何時進了工棚，東哥忽起歹心，他關閉了棚門，捉了雞，放了血，恐怕失主尋找，他把雞埋在灶堂內，果然躲過了失主的尋覓，到大家離開工地時，民工們飽餐了一頓白蘿蔔燉雞湯，至於那個雞肉至少一半，他是藏在炊具裡拖著板車回家去享用了。想到這裡，他跟辦案人出了主意，果然，在灶堂內拖出了那頭帶血腥味的死豬，不過豬脊背處，被挖去了半斤多肉，被"婁阿鼠"炒了青椒，吃了。後來，真相大白後，"婁阿鼠"供認不諱，一五一十交待了犯案過程，果如東哥所揭示，他在公社治安處關了三天后放了，顧及他是貧下中農，初犯，教育批評，允許犯錯誤，也允許改正錯誤。

說到這個事時，東哥得意地對人說："兔子逼急了也咬人，草繩子也可豎起來打人，他們不陷害老子，老子不說，那個偷豬案子永遠是懸案。"

五、大廚揭秘

俗話說：運氣來了門板也擋不住。又說：是禍不是禍，是禍躲不脫。黴運來了，躲了初一，躲不了十五。村裡有個暴發戶，發財後在仙桃市花一千萬，把那個名喜再來快倒閉的酒店買了下來，他為了打翻身仗，打出名牌、做特色菜，特地花每月八千聘請了東哥做大廚，招牌上寫著：今古奇菜，味道可口，沔陽三藤，享譽世界。治療三高，藥膳同源。天廚神藝，人間一絕。這麼打出後，就宴請了當地消費者協會會長、本土美食家兼文化名人二三十個人，讓東哥大顯身手，做了八種特色美食，由服務美女，一盤一盤，一碗一碗，一盆一盆上，用音樂般的聲音進行誇張性介紹，色香味器，無一不佳，當眾人盼望已久、思久若渴的"沔陽三藤"出桌時，大家一邊細品，一邊讚譽，有的說名符其實，有的說名不虛傳，有的說不虛此行，電視臺錄了視頻，報紙上發了新聞，街頭巷尾，隨處可見廣告，霓虹燈閃爍中，驚現紅色電牌燈文。不久，此地一絕便近傳了天門、潛江、洪湖、監利；西傳了沙市、江陵、松滋、枝江；東傳了武漢、黃石、咸寧、孝感；

遠傳了長沙、南京、鄭州。有老遠開車來訂餐的，凡到仙桃談生意、辦工廠、興企業、開博覽會、交流會、旅遊者，無不以嘗到“沔陽三藤”為榮耀，俗話說：“沔陽三藤不吃好，到了仙桃是白跑。”在東哥執掌大廚的幾年時間內，生意好得不得了，第一年賺了一百萬，第二年翻了兩番，第三年翻了番還轉了彎。於是，全市那些酒店的廚師們都想仿東哥手藝，然而不行。這個絕藝，東哥守口如瓶，一字也不透露。

一天上午九時，來了一對年輕夫婦和一個小孩，那女的對服務員說：“我找我乾爹。”一會兒，東哥戴著高一尺圓筒形白色廚師帽，一身白大褂閃亮走出，十分驚喜地與皇姑兩口子及小孩在餐桌上坐下來，你一言我一語，親熱極了，他們已有幾年沒見面了。皇姑丈夫眼睛盯著東哥看，又朝他兒子看，心裡嘀咕著：“我這兒子嘴唇、眉毛、臉形怎麼這樣像東叔？”有些不悅，但是他媽在他結婚的那一天晚上是放了白洋布單子的，她媽第二天還高興告訴兒子，見紅了的，是真貨，不是假貨、賤人，是貞節清白女子。這麼矛盾地想著，也不知乾爹與皇姑講了些什麼。忽然有人喊：“師傅，那河蚌怎麼煮？有人送來什麼藍江馬的，叫直接交給你收，簽字了，好結帳。”於是乎東哥堆著笑容，遺憾地去忙他的了。接著東哥就安排了一個年輕徒弟招呼皇姑他們用餐，然後送了一疊錢，上十張門票，一張出租車信用卡，徒弟說：“今天有十桌宴席辦，師傅沒有時間陪你們玩，你們憑卡打的的出行，有四處景區參觀券，陳友諒紀念館、張難先紀念館、體操冠軍展覽館、仙桃百花公園。這兩口子用餐過後，便跟東哥打了招呼，表示謝意，由徒弟叫了出租車，離開了。我們順便來解開皇姑丈夫的疑惑。妊娠理論及相關研究告訴我們：一對男女的父精母血形或胚胎後，在發育過程中，如果母親腦中與心理不停浮現某個崇拜與親密的男人的面容、體形、感情的影像時，由於意念的作用，胎兒的面容體形則傾向這個男人的影子。這是生下的孩子有某些似乎相貌有傾向于某個男人的原因。有些人不懂這個理論，生出多少事端，產生多少家庭鬧劇，有的雞非蛋打，有的鏡生裂縫，憋屈、齟齬幾十年，這真是冤天枉地，憑空誣人清白。當小孩的爸爸反復暗示他的懷疑時，皇姑說：“我爸媽你爸媽，還有鄰居，都說這個孩子與你是一個模子。我老早就跟你說了，乾爹確實對我好，他連手也沒有牽過我的。你聽哪個嚼蛆的亂舌根的瞎說。”他丈夫只是以“開玩笑”來搪塞，再不言語。此後不久，皇姑的丈夫便成了東哥的徒弟。

十年後，東哥也年邁體衰，退休前，老闆央求道：“您那絕活不能帶到火葬場吧。”於是臨走前，東哥把皇姑丈夫叫到一邊，進行了秘談：“如同釀酒，酒糟子要好，水要好。我做的沔陽三藤的味道，別人做不出，原材料不能污染，佐料拌勻，其中的高湯有特別味，三種食材，分別在特製的滾沸高湯內一拖，短了夾生，久了失鮮。藍江馬，要文火燉四個小時，加花椒、陳皮、櫻殼，沒有藍江馬，用東荊河河底的淡黃色碗大的河蚌，加竹膜，取楠竹水燉三個小時，將蚌肉切成粹末，拌入。靠自己努力，人有百味，一個好字；人有萬心，一個妙字。悟妙才能做妙。我還有沔陽三草、沔陽三豆、沔陽三寶、沔陽三瓜等新菜十種，我走後，你大膽試作，打出招牌。如今城裡人肥雞大鴨、山珍海味吃出許多不治之症來了，你推出這些營養特色菜，保證消化，利於腸胃、促進健康，又經濟實惠，你在喜再來就可站穩，橡皮飯碗就變為鐵飯碗、金飯碗。”說著，就將一本寫滿了十種特色菜原材料、做法、佐料、工藝等的學生練習冊交給他的幹女婿，又道：“師傅領進門，修行靠各人。我的本事全告訴了你，就看你的造化。”這個徒弟對師傅的話都聽懂了，唯獨不懂什麼“藍江馬”，他追問師傅，師傅說：“你問皇姑，她知道，什麼都是生成一半，學的不圓滿。”

一五五、與冤魂的對話

之一

暮色四合，豐豐閘的水流輕緩得像一簾垂落的綢緞，沿著閘口靜靜淌去，連細碎的水聲都被晚風揉碎，悄無聲息地漫過河床。我靠在閘邊的石凳上，身下的石頭帶著白日殘留的最後一絲余溫，倦意像潮水般漸漸漫上來，眼皮越來越沉，昏昏沉沉間，意識也開始變得模糊，似睡非睡地陷在朦朧裡。就在這時，一道纖細的白影順著閘壁緩緩浮起，輕飄飄的，像一縷被風托起的柳絮，悄無聲息地立在石階旁——她便是晚秀，這個夜裡，與我對話的鬼魂。

“我叫晚秀，秀麗的秀。”她的聲音輕得像水面的漣漪，卻帶著揮之不去的哀怨，目光落在閘下的緩流上，漸漸泛起水光。“我是個師範生，從農村來的，求學時總怕辜負爹娘的期望，拼了命地讀書，成績一直是年級裡拔尖的。”她笑，那笑容乾淨得像山間的清泉，帶著未被世事沾染的純粹，“我不愛打扮，衣服都是姐姐穿過的舊衣裳，洗乾淨了穿在身上，就覺得很踏實。爹娘總說我性子野，像團火，又說我心細，軟得像水。”

晚秀的身影在暮色中微微晃動，語氣裡滿是對過往的眷戀：“畢業後，我被分到了鎮上的鎮辦小學教書，只待了半年，卻成了我這一輩子最快樂的時光。我喜歡唱歌，嗓子亮堂，下課鈴一響，就帶著學生們在操場上學唱新歌，他們的聲音脆生生的，像剛出殼的小雞；我也愛跳舞，節日匯演時，給孩子們排《采蘑菇的小姑娘》，手把手教他們如何跳，看著他們穿著花裙子站在臺上閃閃發光，比我自己獲獎還開心。”她的眼神亮了起來，仿佛又回到了那個充滿歡聲笑語的校園，“班裡有個叫小石頭的男孩，父母常年在外打工，我每天放學後都留他在辦公室補課，給他帶自家蒸的饅頭；有次他淋雨發燒，我背著他跑了兩裡地去衛生院，後來他奶奶提著一籃雞蛋來謝我，我推脫不過，最後換了些作業本給孩子。”

“老師們都喜歡我，說我熱情似火，不管是備課到深夜，還是幫同事代課，從來都不推辭；學生們更黏我，下課就圍著我問東問西，把攢下來的糖塞給我，偷偷在我教案本上畫小笑臉；鎮上的鄉親們也待我好，張嬸知道我愛吃青菜，每天清晨都把最新鮮的一捆放在我宿舍門口；李大爺會修東西，見我宿舍窗戶漏風，主動來幫我釘上木條。我總覺得，這世間的一切都是好的，人心都是暖的，從沒想過要防備誰。”

說到這裡，晚秀的聲音陡然低沉，虛幻的身形也開始顫抖：“可我沒想到，人心會那麼複雜，那麼陰暗。王校長是學校的老校長，有家有室，平日裡對我格外‘照顧’，總說我一個小姑娘在外不容易，時常叫他愛人給我送些吃的，還主動幫我解決教學上的難題。我性子單純，以為他是真心關心我，對他敬重又感激，從未有過半點防備。”

她的語氣裡充滿了屈辱和恐懼，淚水從虛幻的眼眸中滑落，卻觸不到地面便消散了：“那天傍晚，他說有教學方案要和我商量，把我叫到了他的辦公室。辦公室裡只有我們兩個人，他先是拉著我聊家常，說著說著，就開始說些曖昧的話。我嚇得想走，他卻突然沖過來，一把摟住了我。我拼命掙扎，可他力氣那麼大，死死地按住我，嘴裡還不停說著污言穢語。我哭喊著求救，可辦公室的門窗都關得嚴嚴實實，我的聲音被他的獰笑掩蓋。最終，他趁我不備，兇狠地侵犯了我。”

晚秀的身體劇烈地顫抖起來，聲音裡滿是絕望：“那之後，我像活在地獄裡一樣，整日渾渾噩噩，曾經的熱情和活潑都消失了，眼裡的光也滅了。我不敢告訴任何人，怕被人指指點點，更怕爹娘知道了會傷心。就在我最痛苦無助的時候，德子出現了。他是個復原軍人，長得高大威猛，英俊瀟灑，在鎮上開了家歌舞廳。他說常聽學生們提起我唱歌好聽，就邀請我去歌廳幫忙唱幾首歌，一來二去，我們就熟悉了。”

“他對我特別好，猛烈地追求我，每天都來學校等我下班，給我帶愛吃的糖葫蘆，下雨天撐著傘在門口守著，我說想要一本詩集，他跑遍了縣城的書店才買到。我以為是苦難終於過去了，遇到了能依靠的人，就答應了他的求婚。結婚前，他對我服服帖帖、百依百順，我幾乎要忘了之前的傷痛。”晚秀的聲音裡滿是苦澀，“可我沒想到，這都是他偽裝的。他母親早就交代過他，結婚當晚要用白臥單，若是不見紅，就說我是賤女人。新婚之夜，他發現臥單上沒有血跡，臉色瞬間就變了，雖然沒立刻發作，但眼裡的溫柔全變成了冰冷。”

“日子一天天過去，他對我的新鮮感越來越淡，歌廳裡有個叫英子的女人，跟他好上了。他為了能和英子光明正大地在一起，就開始盤算著除掉我。他裝作還像以前一樣對我好，說帶我去豐豐閘散心，說這裡的流水能讓人平靜下來。”晚秀的目光再次投向閘下，聲音裡帶著後怕的顫抖，“我信了他，跟著他來到這裡時，水流還像現在這樣，緩緩的，安安靜靜的。可我們剛站到閘邊沒多久，突然聽見遠處閘房傳來‘轟隆’一聲巨響，緊接著，三個閘孔被猛地提起，原本溫順的河水瞬間像被喚醒的猛獸，洶湧著從閘孔裡奔湧而出，撞擊著河床的礁石，轟鳴聲震耳欲聾，一下子就蓋過了所有聲音。我嚇了一跳，還沒來得及回頭問他怎麼回事，他就突然從背後伸出手，狠狠地把我推了下去！”

她的聲音陡然拔高，帶著無盡的悲憤與不甘：“我掉進水裡的那一刻，還看到他站在閘邊，臉上沒有絲毫愧疚，只有得逞的陰狠。那河水又冷又急，卷著我往下游沖，我拼命掙扎，可怎麼也抓不住東西，冰冷的水灌進我的口鼻，最後只能眼睜睜看著他的身影越來越遠，我被活活淹死了……”

晚秀的哭聲在閘邊回蕩，與水流的轟鳴交織在一起，格外淒厲。“我死後，爹娘趕來鎮上，看到我的屍體，哭得撕心裂肺，娘好幾次都哭暈了過去。學生們得知我的死訊，在學校操場裡排著隊哭，小石頭抱著我給他補過的作業本，哭得喘不過氣；張嬸提著青菜站在我宿舍門口，愣了半天，紅著眼眶說‘這孩子，怎麼就沒了呢’；老師們也都紅了眼，翻著我留下的教案，說再也找不到這麼熱心的姑娘了。”

“後來我化作魂魄，常悄悄回到鎮上。看到小石頭帶著同學們，在我墳前唱我教他們的《送別》，歌聲斷斷續續，滿是哽咽；張嬸總往我爹娘家裡跑，幫著洗衣做飯，李大爺也常去幫著幹農活，鄉親們你一言我一語地安慰我爹娘，說會替我照看他們。每次看到這些，我都忍不住掉淚，明明他們都那麼疼我，我卻再也不能陪著他們了，連一句告別都沒來得及說。”

“他們都知道我死得冤枉，我爹娘更是日夜難眠，跑到派出所報案，呼天搶地地要為我討回公道。可那些警察，面對他們的悲痛，卻冷漠得像塊石頭，只是隨便做了筆錄，就再也沒有下文。”晚秀的語氣裡滿是嘲諷和無力，“後來我才知道，德子早就用重金賄賂了他在派出所工作的一個戰友，他們根本沒有仔細勘察現場，也沒有傳訊德子和王校長，就以‘沒有真憑實據’為由，把我的案子以“不小心墜水，意外死亡”草草了結了。我爹娘是老實本分的農民，沒有背景，沒有勢力，只能眼睜睜看著害死我的兇手逍遙法外，只能抱著我的遺像，日夜以淚洗面，連哭都哭不出公道來。”

晚秀的身影在夜色中漸漸變得透明，聲音也越來越微弱，像要被晚風撕碎：“我不甘心，我真的不甘心……我那麼努力地活著，那麼真心地對待身邊的每一個人，學生們還在等著我教他們唱新歌，鄉親們還會給我留著最新鮮的青菜，爹娘還盼著我回家……可為什麼，要遭遇這樣的不幸？為什麼那些壞人可以肆無忌憚地作惡，卻不用付出任何代價？這世間的公道，到底在哪裡？”

她的聲音終究還是消散在呼嘯的晚風中，白影淡得像一縷煙，漸漸融入深沉的暮色裡。閘下的水流依舊在轟鳴，可不知何時，又慢慢恢復了最初的平緩，靜靜流淌著，仿佛什麼都沒發生過。一輪殘月從雲層後探出頭，清冷的月光灑在閘面、河面，也灑在我冰涼的石凳上，將一切都鍍上了一層慘白的光暈，連遠處的樹影都變得影影綽綽，透著說不出的蕭瑟。星光稀疏，在墨色的天空裡微弱地閃爍，像含著淚的眼睛，默默望著這世間的不公與悲涼。那股沉甸甸的悲愴，像閘底的泥沙，深深沉在我心底，帶著說不出的惋惜、悲傷，還有一片無可奈何的冰涼。我猛地驚醒，石凳早已涼透，暮色濃得化不開，只有殘月與疏星相伴，夜風吹過，帶來刺骨的寒意，更襯得這天地間，空曠又淒涼。

之二

通順河的秋陽總帶著三分虛浮的暖，粼粼波光把河岸的蘆葦蕩染成一片慘淡的金紅。我坐在老柳樹下，魚竿斜斜搭在青石上，魚漂在水面上點出細碎的漣漪，像誰在無聲地啜泣。年過八旬，早已不執著於漁獲，不過是借這河光水色，尋一份獨處的安寧，卻沒料到，會在這裡撞見一段沉埋多年的冤屈。

垂釣過半，倦意悄悄漫上來。風是暖的，光也是暖的，可蘆葦葉沙沙作響，竟帶著幾分嗚咽的調子。我眯起眼睛，意識在清醒與朦朧間遊走，魚竿的觸感漸漸模糊，耳邊的流水聲越來越響，像是無數根細針，紮得人心裡發慌。

猛地，魚漂猛地往下一沉，我下意識握緊魚竿，一股寒氣順著指尖爬上來——不是河水的涼，是那種浸了冰碴的冷，瞬間驅散了秋陽的暖意。我睜開眼，只見水面上不知何時浮起一層薄如蟬翼的霧，霧靄中，一個纖細的身影緩緩凝聚。

是個十六七歲的少女，梳著齊耳的短髮，發梢還沾著細碎的水珠，一身玄色布裙洗得發白，頭上裹著同色頭巾，遮住了大半張臉，只露出一雙眼睛。那眼睛真亮啊，像盛著夏夜的星子，眼尾微微上翹，笑起來該是帶著梨渦的模樣，可此刻卻盛滿了化不開的悲戚，看得人心裡一揪。她就那樣站在水面上，裙擺不濕，腳下的漣漪一圈圈擴散，輕輕拍打著我的魚竿，帶著說不出的哀怨。

“老先生，”她的聲音輕得像蘆花，帶著水汽的氤氳，“我知道你是寫文章的人，能不能……能不能聽我講個故事？”

我心中雖驚，卻也平靜。活了這把年紀，見過的風雨多了，反倒對這些異事少了幾分惶恐。我點點頭，放下魚竿：“你說，我聽著。”

少女的目光望向通順河的下游，眼神飄遠，像是穿透了歲月的迷霧。“我叫娣，女字旁的娣，家在公安縣鄉下，十六歲那年，我考上了縣城的高中。”她的聲音帶著回憶的柔軟，轉瞬又被苦澀取代，“我家離學校有十裡路，坑坑窪窪的土路，來回要走兩個多時辰。我爸媽常年在外地打工，沒人送我，我媽心疼我，就讓我住到了外婆家——外婆家離學校只有一裡路，出門拐個彎就到。”

娣的聲音軟軟的，帶著江南女子的糯，說起外婆家時，眼底閃過一絲暖意。“外婆最疼我，總把煮好的雞蛋塞給我，說讀書人費腦子。外婆家還有個兒子，我稱舅舅，叫周建，比我大兩歲，也在那所高中讀高二。”提到“周建”二字，她的聲音猛地發顫，眼底的暖意瞬間被恨意吞噬，“按理說，他是我媽媽的親弟弟，是我的親舅舅，可他……他是個披著人皮的豺狼。”

娣說，剛去外婆家的時候，周建是全村人都誇的“好後生”。他長得周正，眉眼溫和，見了長輩就主動問好，農忙時還會幫鄰居割稻子，學校裡的成績也排在前面。對外婆，他更是孝順，每天放學回家都會給外婆捶背，把學校發的餅乾省下來給外婆吃。對娣，他起初也是一副長輩的慈愛模樣。

“每天清晨，他都會在門口等我，背著我的書包走在前面，說“娣，慢點兒，路滑。”娣的聲音帶著一絲恍惚，像是在回憶什麼遙遠的美好，“傍晚放學，他會在學校門口的小賣部等我，有時給我帶一根綠豆冰棍，有時是一塊水果糖，還會幫我拎沉重的課本。有一次我走路崴了腳，他蹲下來，背著我走了一裡路，一路上還講笑話逗我，說“娣這麼輕，以後舅舅常背你。”

娣長得好看，皮膚是那種天生的白，眼睛又大又圓，笑起來露出兩顆淺淺的梨渦，學校裡不少男生都偷偷給她遞紙條，可她心思單純，只想著好好學習，將來考上大學，讓爸媽過上好日子。周建看出了她的防備，便越發“體貼”，把“偽善”藏進了日復一日的細節裡。

他會在娣背書到深夜時，悄悄端來一杯溫糖水，說“熬夜傷身子，喝點兒甜的補補”；會在她被數學題難住時，耐心講解半個時辰，末了還揉揉她的頭髮，說“娣真聰明，一點就通”；會在下雨天，撐著一把大傘送她上學，自己的半邊身子淋得濕透，卻笑著說“男人淋點雨沒事，可不能讓我家娣感冒了”。

外婆總摸著娣的頭說：“你舅舅是個好孩子，以後你要多向他學習。”村裡的人也總打趣：“周建對你這個外甥女，比親妹妹還親呢。”娣漸漸放下了防備，覺得有這樣一個舅舅，是自己的福氣。

“他開始對我好得過分了。”娣的聲音低了下去，帶著羞恥和痛苦，“他會偷偷給我買城裡姑娘才穿的花襪子，藏在我的書包裡；會在放學路上，故意繞遠路，帶我去看河邊的野花，說‘這花像娣一樣好看’；他看我的眼神，也越來越不對勁，不再是長輩對晚輩的慈愛，而是像餓狼盯著小羊，帶著一種熾熱的、讓我不安的光芒。”

起初，娣只當是舅舅疼外甥女，可漸漸地，她發現了不對勁。有一次，班裡的男生給娣遞了一張紙條，被周建看見了，他當場就沖上去把那個男生推倒在地，還警告對方“離我外甥女遠點”。事後，他卻對娣說：“那些男生都不懷好意，只有舅舅是真心對你好。”

還有一次，娣無意中提起想給爸媽寫封信，周建立刻說“我幫你寫吧，你學習忙”，可他寫的信裡，卻故意隱去了學校的趣事，只說“娣在這邊一切都好，有我照顧，你們放心”，還悄悄把娣的信藏了起來，謊稱“已經寄出去了”。他就是這樣，一點點切斷娣和外界的聯繫，讓她只依賴他一個人。

“我跟他說，‘舅舅，你是我媽媽的弟弟，我們是親戚，你不能這樣對我’。”娣的聲音帶著哭腔，眼淚像斷了線的珠子，順著臉頰往下淌，卻怎麼也落不到水面上，“可他抱著我，說‘愛情不分親戚，不分年齡，只要兩個人真心喜歡，就沒有什麼能阻攔’。他還說，他這輩子非我不娶，要帶我去遠方，過自由自在的日子——去內蒙古的草原，看成群的牛羊；去新疆的塔里木，種一片棉花；去西藏的雪山，看最藍的天。他說，到了那裡，沒人會管我們是什麼關係，我們可以光明正大地在一起，生一群可愛的孩子。”

十六歲的少女，心思單純得像一張白紙，從未經歷過這樣的情感攻勢。爸媽不在身邊，外婆年紀大了，只顧著給他們做飯洗衣，沒人教過她如何分辨人心的善惡。周建的甜言蜜語像裹著糖衣的毒藥，一點點侵蝕著她的防線。他會在她考試失利時，把她摟進懷裡溫柔安慰：“沒關係，娣盡力了就好，舅舅養你一輩子”；會在她被同學欺負時，挺身而出，事後還摸著她的頭說“有舅舅在，沒人敢欺負你”；

會在她想家的時候，陪著她坐在河邊，說“以後舅舅就是你的家人，永遠不會離開你”。

“我知道這是錯的，可我忍不住。”娣的肩膀微微顫抖，聲音帶著無盡的悔恨，“他是第一個對我這麼好的人，是第一個願意聽我說話、願意為我規劃未來的人。我就像被蒙住了眼睛，一步步掉進了他挖好的陷阱裡，連掙扎都忘了。”

轉折發生在一個夏夜。外婆去鄰村走親戚，家裡只剩下她和周建。外婆家的房子是老式的木板房，兩個房間只隔著一層薄薄的板壁，她住里間，周建住外間。那天晚上，她看書看到深夜，正要熄燈，忽然聽到板壁被輕輕推開的聲音。

“是周建。”娣的聲音帶著恐懼，身體劇烈地發抖，仿佛又回到了那個可怕的夜晚，“他沒開燈，借著窗外的月光，一步步走到我的床邊。我嚇得渾身發抖，讓他出去，可他像沒聽見一樣，猛地撲了過來，捂住了我的嘴。他嘴裡還說著‘娣，我喜歡你，我會對你好一輩子’，可他的手卻像鐵鉗一樣，死死地按住我。”

娣掙扎過，哭喊過，可她的力氣遠不如已經成年的周建。板壁不厚，卻像一道隔絕了希望的牆，她的呼救聲被淹沒在窗外的蟲鳴裡。那一夜，她的心理防線和生理防線被徹底擊碎，她成了周建的獵物，羞恥和恐懼像潮水一樣將她淹沒。她看著周建眼中的貪婪，才意識到，那些溫柔和承諾，不過是他精心編織的謊言。

“從那以後，他就變本加厲。”娣的聲音冰冷得像河水，“他威脅我，如果我敢告訴外婆或者我爸媽，他就把我們的事情宣揚出去，讓我沒臉見人，讓我爸媽在村裡抬不起頭。可轉頭，他又會抱著我哭，說‘娣，我不是故意的，我只是太愛你了，你不要離開我’。”

他依舊扮演著“好舅舅”的角色，白天對她關懷備至，給她買好吃的，幫她補習功課，可到了晚上，卻成了折磨她的惡魔。他會給她畫未來的房子，說“等我們私奔了，就住這樣的屋子”；會給她唱情歌，說“這首歌只唱給娣一個人聽”。少女的天真讓她選擇了相信，她以為只要忍過這段時間，就能擺脫這屈辱的生活，就能和周建過上他承諾過的好日子。

她開始逃課，開始對學習提不起興趣，滿心滿眼都是那個遙不可及的私奔計劃。她的臉上漸漸沒了笑容，那雙曾經明亮的眼睛，也變得黯淡無光。外婆察覺到她的不對勁，問她是不是生病了，周建卻在一旁打圓場："外婆，娣就是學習壓力大，我會多照顧她的。"轉頭，他就警告娣："不准跟外婆說廢話，不然我們就永遠不能私奔了。"

可她沒想到，命運給她準備的不是救贖，而是更深的深淵。不久後，娣發現自己懷孕了。那時候的她，對生理知識一知半解，直到肚子漸漸隆起，穿不上往日的衣服，才慌了神。她找到周建，哭著讓他履行承諾，帶她私奔。

"他答應得好好的，眼睛都紅了，說'娣，委屈你了，再等三天，我一定帶你走'。"娣的眼睛裡蓄滿了淚水，卻流不出來，像是早已哭幹了，"他還特意去鎮上給我買了新裙子，說'私奔的時候，要讓娣穿得漂漂亮亮的'。我信了他，每天都在盼著他帶我走。我甚至收拾好了自己的幾件衣服，藏在床底下，還把外婆給我的護身符塞在裡面，想著到了遠方，還能有個念想。"

那三天裡，周建對她格外好，每天都給她買愛吃的糖葫蘆，還陪著她在院子裡散步，說"以後到了草原，我們天天這樣散步"。娣沉浸在即將逃離的喜悅中，完全沒察覺到他眼底深處的冷漠和算計。

可她等來了一場謀殺。

那是一個月圓之夜，月光把通順河照得像一條銀色的帶子，卻帶著說不出的陰冷。周建說要帶她去河邊散步，說要最後看看家鄉的河，以後就再也不回來了。娣沒有多想，穿上他給買的新裙子，跟著他來到了河邊。那時候已經是深夜，河邊空無一人，只有風吹過蘆葦蕩的沙沙聲，像誰在低聲哭泣，還有河水拍打河岸的聲音，沉悶得讓人窒息。

"走到河中央的淺灘時，他突然停下了腳步。"娣的聲音開始發抖，身體也跟著顫抖，"我問他怎麼了，他轉過身，看著我的眼神，不再是以前的溫柔，而是像狼一樣兇狠，像冰一樣冷漠。他說，'娣，你不該懷孕的，你毀了我的前途'。"

娣愣住了，還沒等她反應過來，周建猛地伸出手，狠狠推在了她的胸口。她毫無防備，向後倒去，冰冷的河水瞬間將她吞沒。那水好冷啊，像無數根冰針，刺得她骨頭縫都疼。她不會游泳，在水裡拼命掙扎，雙手胡亂地揮舞著，想抓住點什麼，嘴裡喊著“舅舅救我”，可周建就站在岸邊，冷漠地看著她，像看一個無關緊要的陌生人。

“我看到他從口袋裡掏出我寫給他的信，那些我傾訴心事、表達期盼的信，被他一張張扔進水裡，還冷笑了一聲。”娣的聲音充滿了絕望，“河水好深，好冷，我拼命想往上爬，可力氣越來越小。我恨他，恨他的欺騙，恨他的狠毒，恨我自己的愚蠢……我不甘心，我才十六歲啊，我還沒來得及好好孝順外婆，還沒來得及讓爸媽享一天福，還沒來得及穿上漂亮的裙子，還沒來得及看看他說過的草原和雪山，就這麼不明不白地死了。”

她的身體漸漸沉入水中，意識模糊之際，她聽到了周建遠去的腳步聲，和蘆葦蕩裡傳來的嗚咽，像誰在為她哭泣。她最後看到的，是天上那輪圓圓的月亮，冰冷而殘忍，像周建看她的眼神。

“後來，人們發現了我的屍體。”娣的聲音又恢復了平靜，平靜得讓人害怕，“周建哭得撕心裂肺，在我爸媽面前懺悔，說‘都怪我，沒看好娣，讓她想不開’。他還編造了我‘早戀’的謊言，說我和班裡的男生關係不正常，被老師批評了，心裡想不開才自殺的。”

他說得天衣無縫，不僅對外婆和爸媽撒謊，還在學校裡散佈謠言。他找到之前給娣遞紙條的男生，威脅他不准反駁，否則就“讓他好看”。他甚至買了紙錢，在河邊哭著燒給娣，說“娣，你放心地走，舅舅會替你盡孝”。不知情的人都誇周建重情重義，只有娣的爸媽，在深夜裡偷偷抹淚，總覺得女兒的死不對勁，可又找不到任何證據。

再後來，有人發現娣懷了孕，周建又立刻變了說辭，在村裡到處散佈謠言，說娣是因為未婚先孕，覺得丟人，才自殺的。“他還假惺惺地對我爸媽說，‘姐和姐夫，你們別太傷心，娣年紀小，不懂事，這事傳出去對家裡名聲不好，就讓它過去吧’。”娣的聲音裡滿是嘲諷，“他就是這樣，把自己摘得乾乾淨淨，還成了顧全大局的‘好人’。”

謠言像野草一樣瘋長，傳遍了縣城和鄉下。有人同情她，更多的人卻在背後指指點點，說她不知廉恥，敗壞門風。她的爸媽在流言蜚語中抬不起頭，整日以淚洗面，沒過幾年就雙雙病倒了；外婆受不了這樣的打擊，終日守在河邊哭，不到一年就撒手人寰。而周建，卻像沒事人一樣，繼續讀他的高中，後來還考上了外地的大學，徹底離開了公安縣，過上了他所謂的“光明前途”，聽說後來還娶了妻，生了子，憑著“孝順”“善良”的名聲，在單位裡混得風生水起。

“我死得好冤啊。”娣的聲音哽咽了，每一個字都像帶著血，“我不是自殺，我是被他害死的！他毀了我的一生，毀了我的家，卻還頂著好人的名聲，過著幸福的生活。我不甘心，我天天在這河邊徘徊，風吹日曬，雨淋霜打，就是想找一個能為我說話的人。”

她看向我，眼神裡充滿了期盼，那期盼像一把錘子，狠狠砸在我的心上：“老先生，我聽說你是個寫文章的高手，你能不能把我的故事寫出來？我不想讓更多的女孩子像我一樣，被男人的甜言蜜語欺騙，被他們的偽善面具迷惑。我想讓為人父母的人知道，要多關心自己的孩子，不僅要給她們物質上的照顧，還要教會她們分辨人心，保護好自己——那些嘴上說著‘為你好’，卻一步步逼你走向深淵的人，才是最可怕的。”

“我想讓人們知道，周建那樣的人，雖然逃得了法律的制裁，卻逃不了良心的譴責，逃不了因果報應。我想讓我的冤屈被世人知曉，讓我的靈魂能得到安息，讓那些和我一樣冤死的人，能看到一絲希望。”

說完這些話，她的身影漸漸變得透明，薄霧也開始散去。陽光重新照在河面上，波光粼粼，仿佛剛才的一切都是我的幻覺。可我手裡的魚竿，還殘留著那股刺骨的寒意，耳邊還迴響著娣悲戚的聲音，眼前還浮現著她那雙盛滿淚水的眼睛，和周建那張偽善的臉。

我站起身，望著通順河的流水，心中五味雜陳。十六歲的娣，本該像河邊的野花一樣，肆意生長，熱烈綻放，卻因親舅舅的一場謀殺，永遠地沉埋在通順河的流水裡了。

一五六、黃鶴樓上來“鳳凰”（寓言）

經紀人 S 先生去鄂西利川農村淘古董，農村山民信息閉塞、交通不便，不知行情。一個成窰的磁碗給他一百元歡天喜地。到城裡拍賣行，可拍出幾萬幾十上百萬的天價。就這麼一碗、一罐、一盤、一盆、一勺、一缸、一瓶，就可以發大財。S 做著美夢，到了利川最偏僻、最荒稀的栗樹灣山溝。一戶戶詢問，一個個老人交談，幾天來一無所獲。老人說：開放以來，淘古董的人來了一個個，一批批，從前這里拉屎不生蛆，如今這裡挺熱鬧，梳子梳，篦子篦，連幾百年上千年的老墳都刨光了，哪裡還有什麼古董？只有幾根古骨頭。S 聽了老人所言，大希望變成了大失望，有些沮喪，有點悲哀。

晚上投宿一山民家，夜晚翻來倒去睡不著。夜半聽見山民的大公雞叫聲響亮清脆，似乎有意大利世界排名第一的男高音歌唱家帕瓦雷蒂的風味，忽發奇想，這是鳳凰的鳴叫呀，把它裝在糖致的竹籠中，拿到黃鶴樓上展覽，填補人們黃鶴樓上不見黃鶴的遺憾，不見黃鶴見鳳凰，也是一件今古奇觀，收取門票費，也是對不虛此行的一個彌補。S 迫不及待等到天明，主人打開了雞籠，一隻紅頭綠尾毛蓬蓬的大公雞昂首闊步驕傲地走出，不時回望後面跟著一群“姨太太”，然後搖頭擺尾似乎發佈了什麼秘密命令，於是乎，雞們便各自東西各奔前程似的，覓食去了。S 看在眼裡，喜在心裡。接著跟主人閒談，討價還價，以高於市場價的兩倍，買下了那只大公雞。

臨到黃鶴樓千古奇觀鳳凰展的那一天，來了成千的觀眾，成百的專家，幾十家媒體的記者與攝影師，近千張門票早己搶購一空。請了全國聞名的湖南衛視節目主持人李某某主持，還請了全国聞名的百靈鳥歌唱家唱《鳳凰之歌》，還請了鳳凰傳奇的一對情侶歌手演唱情歌《鳳求凰》，還請了雲南神女舞蹈家表演《鳳凰涅槃》。會議有儀式、按程序進行。首先是動物學專家團隊，由首席專家、權威學者宣佈：

經過三個月考證，一百天論證，證明S先生所展現的這只鳳凰，不是假鳳凰，來自古楚國鳳凰圖騰原型，不過是新品種，定名為鄂西神龍架鳳凰。所有儀式、議程按部就班進行，熱鬧非凡，群情激昂，最後一個環節，繞鳳凰籠參觀，欣賞，觀瞻，敬羨，有人說：龍鳳呈祥，旁邊有條龍豈不更好。那籠子很大，籠子四周以鳳凰五彩裝飾，籠子竹條縫裡的"鳳凰"依稀可見，隱隱約約，如夢如幻，觀眾心裡滿足，嘴裡不斷發出嘖嘖稱奇、稱美、稱罕之聲，有的感動得雙膝跪地，頂禮膜拜，有的行三跪九叩頭大禮，有的行五體投地之禮，有的喊叫著：你是觀音大士的化身，你是佛菩薩轉世，虔誠已極，堅信不疑。且說籠中的"鳳凰"見了如此聲勢、如此場面，激動得不能自控，不由自主，在那籠中引吭叫喚了起來。一個老實的山民說：這不就是我們山溝溝裡的那一隻大公雞嗎？S先生聽了闢謠似的說：鳳凰有時也發出公雞打鳴的聲音，但公雞永遠唱不出鳳凰的高調。你們如有緣，耐心地等待，我這鳳凰的叫聲是感天動地的。然而所有觀眾參觀完了，那只"鳳凰"也沒有唱出比公雞叫聲好聽的絕唱。

山溝溝裡的公雞包裝到了黃鶴樓就真的成了鳳凰嗎？

附：鄭傳斌附聲附和詩

諷世感懷

雞公粉飾作凰形，載往名樓惑眾聽。
彩羽虛張欺俗眼，玄音偽唱亂清庭。
但憑巧語迷心竅，豈料凡身露本形。
莫歎世多荒誕事，浮雲散去見辰星。

艮輯

往事隨筆

一五七、西湖印象

我在年少時，做夢都想去蘇杭玩一趟。上有天堂下有蘇杭在我們民間廣為流傳。還有腰纏十萬貫，騎鶴上揚州的美談。在求學那段時間，雖不能至，心嚮往之。終於我們有了機會，那是五十年前的冬季的某一天，我與同事徒步到了株州後，決定搭火車前往杭州。一路上，火車經過了顛簸，停停走走，穿越了高山河谷，經過了若干大城市，終於來到了慕名已久的杭州城。第二天清晨，從旅館出發，便前往西湖參觀。我們在西湖邊蹓躂，欣賞西湖景區的特殊的美。不由自主地吟誦古人對西湖的讚美詩句：

“欲把西湖比西子，淡妝濃抹總相宜。”
“西湖天下景，遊子無愚賢。”
“旋折蓮花剝蓮子，露為風味月為香。”
“朝曦迎客豔重岡，晚雨留人入醉鄉。”

這些詩句寫了西湖不同氣候下的美，歷代文人不能出其右。宋代楊萬里有一個名句：“接天蓮葉無窮碧映日荷花別樣紅。”也算千古絕唱，但與蘇相比，還是略遜一籌。蘇軾怎麼把西湖的美與西子的美聯繫起來了，實屬一念神來，筆下生花。我們在蘇堤、白堤上閒逛，在斷橋邊駐足，在蘇小小墓前憑弔，在九曲十回橋上走過，在湖中心亭子上吃了一碗面湖特別風味的西湖藕粉，品賞它的特色。當年，一個年輕人窮困潦倒，他只有一條好褲子，是紡綢面料的，那年七月，當他弄髒了必須換洗時，他便把那條褲子在西湖裡洗滌，然後曬在岸邊的草地上，自己跳入水中假裝游泳，待褲子半幹時，他便上岸，重穿那件體面衣服。這個人就是戴笠。他後來投靠了蔣介石，成為了軍統頭子，成為了蔣家王朝談虎色變的人物。圍繞西湖，有諸多的故事。最著名景點的是靈隱寺與嶽飛祠，還有《白蛇傳》中的斷橋會。這些豐富多彩的傳說裡，使西湖變得美麗、神秘與厚重。人們說來了杭州不來西湖那是白來了。我最難忘的是登攀建在西湖邊的一座作家樓。樓只有兩層，建造精緻，每一層都有寬敞的門窗，登上二樓，東可遠眺西湖全景，西湖四周的山景樹木全收眼底。古人用春山如臥、夏山如坐、秋山如裹、冬山如躲形容四季山色的變化。西可觀賞杭州的高樓大廈，想像繁榮的街道與熱鬧的市場。我想起了三百多年前，三袁文化主帥袁中郎也多次登臨西湖，留下了美麗的散文與美好的詩句。余曾寫有一篇短文，名《西湖醉遊》，足以表達我們當時的感情，不妨摘錄如下：

公元 1597 年，袁中郎在獲准辭去吳縣知縣後，如脫籠之鷹，如破網之魚，興致勃勃與好友陶石簣等人瀏覽了西湖。他被美麗媚人的西湖風光陶情沉醉。寫下十六篇遊記與十餘首詩。《初至西湖》詩曰：

一路香風十裡堤，萬株楊柳著行齊。
蘇州浪得佳名字，試把湖山共品題。

《去湖上》詩中曰：“眼前雖別去，只鞏病相思。”可見中郎被西湖山水陶染得如癡如醉，如夢如幻。

他在《初至西湖》中寫道：山色如娥，花光如頰，溫風如酒，波紋如綾。才一舉頭，已不覺目酣神醉。此時欲下語描寫不得，大約如東阿王夢中初遇洛神時也。東阿王指建安才子曹植，寫有千古名篇《洛神賦》，用“明眸皓齒，顧盼生輝”“翩若驚鳴，宛若游龍”描寫洛神的美麗與飛姿。蘇軾把西湖比西施，中郎以洛神比西湖，實乃異工同曲，各盡其妙。

中郎步行從斷橋至蘇堤，見到綠柳如茵，紅花似霧，展延二十餘裡。吳歌之聲與吹打樂聲相應相和，如同和風婆娑，散發脂粉香氣的人們潤汗如細雨撲面，身著羅衫、紈褲的遊客，多如堤畔綠草，豔麗嫵媚致極。

中郎看到杭州人遊覽西湖，大半從上午十一時至下午五時。實際上，翠綠拌和湖光的神秘，霧氣薰染山色的秘隱，朝日初升、夕陽未下之時，才是最濃麗的。至於有月色的夜景，其美之含蓄與顯示難以形容。花的姿態，柳的情調，山的容顏，水的意境，別有情趣。這種情趣只能山中僧人與遊客雅士享受，哪能同愚子俗見者言談呢？

中郎漫步蘇堤，走映波橋，過鎖瀾橋，望山橋，踏壓堤橋，經東浦橋，穿跨虹橋，一橋一景，橋橋各異。美景爭妍鬥奇，中郎陶醉待月，不知已之所在所往。自吟曰："柳色春藏蘇小家，寺僧蕩舟浩歌還。白蘇開山乃古佛，孫公立德系伽藍。"（注：白、蘇、孫是三位對西湖蘇堤、白堤建設作過重要貢獻的人，見《袁宏道集箋校》第422-429頁）

西湖之境甲天下。多少先人為了建設與保護西湖的風景付出了代價。就全國言，無論自然景觀與人文景觀，都離不開勤勞而智慧的勞動者的辛勤的奉獻。袁中郎稱讚蘇、白、孫為古佛、為菩薩，是對所有為西湖風景名勝古跡作出出貢獻的人們的肯定與讚揚，只是把蘇、白、孫三人作為代表而已。

一五八、上海印象

五十餘年前，第一次去上海，至今記憶猶新。寫出來與讀者分享。

638 是上海接待站名稱，坐落在最繁華的街道南京路上。上海市是世界知名的城市，我年輕時就聽說過十裡洋場與黃金榮、杜月笙的故事。也知道陳毅部隊當初打下上海後，夜晚進城，為了不擾民，全部露宿街道邊、民房屋簷下，鐵的紀律使上海市民大為感動。陳毅擔任市長初期，資本家與不法商人相互勾結，壟斷糧食市場，囤積居奇，製造糧食供應恐慌。為了粉粹敵人的破壞陰謀，陳毅同東北的領導商量，調來了幾列火車拖來的大米，穩定了市場，安定了民心，粉粹了敵人的陰謀詭計，使上海走上了正常的軌道。我常背誦陳毅寫的“手莫伸，伸手必被捉”詩句。眼下如此繁華與陳毅當年治市有方分不開。

我們是晚間十點住進 638 接待站的，住三樓，地板全是木制，整潔極了。樓層木板上安放著幾十床嶄新被絮，被絮表層圖案美麗，面料高檔。我們取了墊絮，鋪上太平洋牌臥單，然後各取一床被子，蓋在身上睡覺。雖是年底，但很暖和。聽接待者講彆扭的上海腔的普通話，知道這棟樓是三十年代上海一個資本家的私人住宅，裝飾極其奢華、高雅。我們一邊在城裡反對資本家，農村反對地主，但人們內心深處希望過資本家與地主的生活。這是一個矛盾。說到劉文彩取幾房姨太太，人們羡慕不已，說到資本家住豪宅，山珍海味，吃香喝辣，人們唾涎欲滴。當然人們並不希望像地主挨鬥，也不願像資本家去被打倒難堪。我睡在暖和的被褥裡，想到若干年前的此樓的主人，被美豔少婦所擁，或去翩翩起舞，或于床笫尋歡，覺得有錢並不是什麼壞事。忽然又想起毛主席寫的《好八連頌》：

好八連，天下傳。為什麼？意志堅。……紀律好，如堅壁。軍事好，如霹靂。政治好，稱第一。思想好，能分析。分析好，大有益……

毛主席主張分析一朵花，解剖一隻麻雀。這是他用最通俗的語言，告誡人們認識世界與事物的方法。

想著想著，我便進入了夢鄉。

第二天醒來，天已大亮。我們去參觀了上海圖書館與上海第一高樓紅旗飯店（國際飯店）。我在圖書館看到一層層，一間間，一排排，一疊疊書籍，感歎萬分。我是一個嗜書如命、好讀如渴之人，心想，我若是上海市民多好，我可以辦一個借書證，在這裡借到最喜歡看的書，然而我不是。我走出圖書有種可望不可及的遺憾。

接著乘有軌電車前往紅旗飯店。這是當時上海第一高樓，共二十四層。爬山似的到了最高層，俯視上海全景，一目了然。再看路上行人，如同小雞。我感覺上海確實大而廣，近有黃浦江，稍遠處依稀可望浩瀚的東海。我們在第二層招待所吃了一個月來最奢侈的一頓飯，富於紀念意義，各人用了 3 元錢，點了七八道菜，有上海風味的糖醋排骨、紅燒肉、清蒸鱸魚、豆瓣鯽魚、三鮮湯等，上鱸魚這道菜時，隨口吟誦了一首詩：江上往來人，但愛鱸魚美。君看一葉舟，出沒風浪裡。菜份量很足，我們吃了個精光。

接著去人民廣場閒逛。見一老者打太極拳，如行雲流水，如楊柳春風。待其套路演完，便前去交談討教。一打聽，知其名趙桂恒，家住附近里弄，年已七十有餘，師從楊澄甫，他說楊師當年上海教拳，須交三塊銀元。楊師功力過人，誰也不敢與其過手。師傅聲振上海後，有一徒弟名葉大密，家庭殷實，啟請其住進家宅，花了一千銀元購得貂裘一件，贈送楊師，啟請傳授太極秘訣。於是楊師傳授了“大石沉海底、日升東方”之訓練法，葉成為楊氏太極傳人。楊人高馬大，身體壯實，在教拳發了小財後，經受不起鴉片誘惑，經常吸食，還讓女徒弟點煙，導致英年早逝。但是他的拳術在上海得以流傳，徒弟中褚緒亭、鄭曼青、顧留馨後來都成了大師。經過與趙先生坦誠交談，我們結成拳友，我以師相尊。以後好多年，我們有書信往來。我有疑難，趙師予以耐心解答。爾後數十年，我堅持練太極與寫有數百篇太極拳訓練感悟，在《中華武術》及《少林與太極》等武刊上發表，與受趙師指點有關聯。

上海，我兒時就聽民間傳說：垃圾堆裡也可以撿到黃金。有福之人住上海。我的鄰居是個貧困農民，某一年想入非非，帶著一家五口人跑上海，想去垃圾桶裡撿黃金，撿了三年，拖兒帶女，難以為繼，顛沛流離，最後還是於 1949 年底回到老家。碰到土改，他家劃為赤貧成分，當了農民幹部，一個重要原因是他跑過上海，見過世面。他多次向我講述在上海所見所聞。他不止一次告誡人們：上海是富人的天堂，窮人的地獄。還是老家好，金窩銀窩不如自己的窮窩。三五畝地來一頭牛，老婆孩子熱枕頭。我們在上海參觀時，早已今非昔比，工人朝氣蓬勃，工廠日夜冒煙，市民規規矩矩，儘管聽上海話就像聽洋人講。但他們熱情洋溢，溫暖如春，一個個穿著時髦、五顏六色的衣服，不論男女老少。上海的舞廳音樂彌漫在街道上。軌道交通十分發達，秩序很好。我想起了《霓虹燈下的哨兵》，我們能夠感受到人民當家作主的上海的新生活，新氣象，新面貌。

幾年前，我又去過一次上海，變化得無法想像，高樓林立，高到天上去了，街道上人流如織，公交車來來往往，地鐵按序運行，市區熱鬧得無以言說，商鋪商品令人眼花繚亂，各種名牌小車在街道上魚貫行進。浦東新區那簡直是另一個深圳。觀賞黃浦江的旅客永遠擁擠，城市隨處可見袖珍花園。人們穿戴考究，行人匆匆，面帶喜慶。巡警步行，嚴肅而機警。每到夜晚，燈火通明，五光十色，閃閃爍爍。我感到：上海的氣氛就是一部永無休止的交響樂的演奏。我此次所見上海與上次所見上海又是一次翻天覆地的變化。

這樣，我印象中有三個上海，我的鄰居所敘述的解放前的混亂的上海，我第一次所見的舊貌換新顏的上海，我第二次所見的更新更美更繁榮的上海。而如今的大上海，有諸多美譽：文明城、智慧城、最佳幸福感城、優質旅遊城、宜居城、超大城、國際金融、科技中心城等。沒有去過的與曾經去過的，都可以去大上海觀光。

一五九、峨眉山印象

我站在峨眉山景區導遊圖前，駐足良久，凝視沉思。在幾十個景點面前進行選擇，要想把這些景點看完，時間要一個星期，門票得一千多（相當於我當時的三個月工資），我在猶豫，我從湖北荊南來，來一次不簡單，然時間不允許，金錢不夠花，只能選最具代表性景點參觀遊覽，正在猶豫不決時，聽到了站在我旁邊的兩位中年婦女的對話聲音：來峨眉山不上金頂等於沒有來，回頭一看，其中一位面目姣好，風姿綽約。與之對話，知其為江漢油田職工姓楊，出差四川，順便來觀賞峨眉山景區，知其已是第三次來了。於是決定跟隨其前往金頂，這比花錢找導遊更方便。楊女士帶有照相機，到時候請她拍拍照，留作記念。楊熱情應承，囑我住哪個酒店，幾時起床，還要租一件軍大衣，一同去登峨眉金頂，觀雲海日出。當晚，興奮得難以入睡。迷迷糊糊睡了一會，楊女士敲門，說去遲了，難以看日出壯觀。於是匆忙洗漱，帶了軍大衣，跟隨楊女士前去爬金頂。

一路上，遊人接踵而至。為了解除爬山中疲困，請楊女士講些小故事，作些自我介紹。原來他公公是江漢油田老總，而老總的侄兒是公安一中教師袁昌漢，而袁昌漢是我要好的朋友，這麼一拉扯，我們便甚感親切。她還說每幾年就與她丈夫、公公等一同回公安老家穀升寺探親，多數時候是袁昌漢接待。我在想，我回單位後，一定找袁老兄打聽打聽。楊女士因來峨眉多次，但觀雲海日出卻只一次，她說那要靠運氣，運氣好，能看到，運氣差，看不到。我說今夜月明星稀，明晨定能看到日出。她說：山上氣侯變化莫測，但願我們如願以償。爬著爬著，忽然覺得氣溫很低，於是穿了大衣，繼續攀爬。那可算是遊人不怕攀爬苦，只因盼望觀日出。大約四點左右，我們登臨金頂。金頂旁建有觀日台，遊人按序排列，一排排，一行行，秩序井然。向下一看，霧氣騰騰，白雲繚繞翻滾，隱隱約約，依依稀稀，雲霧在眼下，在身前，在山下，雲層多厚，不知道，有灰色的，有白色的，偶爾也有黑色的，在月光下，有時清晰，有時模糊，我與遊人沉醉在雲海的觀賞中，如夢如幻。忽然有人欣喜叫道：出來了，出來了。只聽得呺嚓呺嚓的聲音，帶有照相機的在搶拍鏡頭，他們來往如穿梭，選擇角度。其實，太陽並沒有出來，不過是將出未出的前兆，霞光萬道，這霞光由淡黃淡紅逐步轉為深紅，終於太陽紅紅的，鮮紅色的，由露點、露線、露橢圓、半圓、大半圓、直到全圓露出，還是紅紅的，幹淨利落的，不拖泥帶水，沒有一絲雜質。在陽光照射下，雲海像蒙上了一層紅色的油漆，雲海還是翻滾著，奔騰著，變化著，這種狀觀景象，日出的雄偉、美麗、鮮紅，你只有在這種時候、這種情況下、氛圍中，你才能觀賞到。你會感到大自然的鬼斧神工、機圓莫測。你不得不感歎，仙景只應峨眉有，人間哪得幾回見。

我那一整天，不，好幾天，好幾月，好多年，我都沉醉在峨眉山觀賞雲海日出的仙境裡。

下山後，我在峨眉山景區的小道上躑躅前行，小道兩邊的小渠裡靜靜地緩緩地流淌著清泉，口渴時，掬幾口清水而飲，甘醇甜美，爽口開胃，比農夫山泉純淨水好喝一百倍。若干天后，當我回到自家時，我還不時回味峨眉山小渠裡的清純潔淨的泉水的味道，連同峨眉山日出的壯觀景象，成為我永恆的記憶。

一六零、小三峽印象

我佩服茅盾先生，他當初在上海寫長篇小說《子夜》，描述他的人物經歷，穿越山峽，將山峽風光寫得險竣、神奇、秀麗，如詩如畫，十分逼真，而他當時並沒有去三峽觀光，不過和朋友閒聊時，聽人作了點簡介而已。我多次坐江字號客輪遊覽過三峽，有時溯江而上，有時順流而下，有時霪雨霏霏，有時風和日麗。煙雲中巫山神女峰神秘的面紗，兩岸懸崖峭壁的風光無限，給我留下了難忘的回憶。我聽地理專家程明章講過他年輕時乘坐木舟遊經三峽的艱險歷程，他說，當時三峽奇險之處名灩澦堆，那是在長江水流湍急中的一塊巨石，不知有多少船隻撞擊巨石船毀人亡。艄公愈怕巨石便愈危險，而你儘管對著巨石劃奔而去，卻順江流走勢安然，有智慧的人們在巨石上刻了紅漆漆過的三個大字“對我來”，按這個提示大膽行進的船隻，才可順流通過急流險灘。解放後，人民政府為了航行安全，將那個巨石炸掉，疏通了江道使其暢通無阻，才徹底根除了隱患。我游三峽時，沒有見到那灩澦的影子，有種“巨礁不知何處去，不盡長江滾滾來”的感覺。我每遊三峽，免不了吟誦“巴東三峽巫峽長，猿啼三聲淚沾裳”及“朝辭白帝彩雲間，千里江陵一日還”。我還想起何其芳先生似乎寫三峽的黎明：“山谷中有霧，草上有露，黎明開放著像花朵。”無論我怎麼追思、怎麼回想，我很難表達鬼斧神工、天造地設的三峽的美，這種美是陰柔與陽剛完美的融合，似乎是無以複製的。

但是，後來的人們發現了另一個宛若複製的三峽，它處於長江流域川東地區的一個名大寧河支流的中上游，兩岸高山峻峰，懸崖峭壁，河水清澈流過，風景秀麗，風光無邊。為了與三峽區別，名曰：小三峽。

某年，我們幾個人從白帝城靠東的河口出處出發，乘機動小舟溯河而上，導遊在舟中介紹：小三峽比大三峽更壯美，舟在畫中，畫在舟中，大巴山似乎被在中間砍了一刀，削出了一條又窄又深的縫，讓大寧河日夜流淌著清澈透明的神水。至少有七個景點可以飽賞：一、白龍過江；二、虹橋臥波；三、仙猴探海；四、竹渠棧道；五、高崖懸棺；六、佛光魔影；七、神秘巫溪。是否每個景點都可以觀賞到，那要看諸位遊客的運氣。

小木船在機械動力作用下，尾巴冒著青煙發出嘟嘟嘟聲響，頃刻消散，河谷間不時彌漫著一小團煙霧，遠看隱約騰騰，走近卻又不見。這是十月晴朗的一天，不冷不熱，坐在舟中遠眺側觀，時坐時站，體會到美不勝收是什麼感覺。河流彎彎曲曲，河水有深有淺，深處白茫不見底，淺處隱約可見石。忽然，導遊提高了聲音，說道：高崖懸棺，一道風景。我們便站了起來，抬頭向黑黃色懸棺張望，那棺材雖在懸崖，依稀可見一小半，那另一大半深嵌在石壁中，這是一個懸棺群，一棺又一棺，似乎距離相等。不知經過了多少風吹雨打，日曬夜露，似乎沒什麼破損，我們想像那棺木裡的屍身或許幹耗成了木乃伊，或許只剩下一具解剖意義上的白骨森森，人們是怎麼將這棺木懸進去的，那鑲嵌棺木的石洞是怎麼開鑿的？上不沾天，下不著地，生者為安放逝者，為了死者靈魂安寧，為了保佑後人的興旺發達，不惜以生命的危險為代價，用了他們的智慧，想了絕妙的辦法，或者出於某種奇絕的信仰，才這麼高難度地創造了高崖懸棺的奇跡。

這麼觀賞著，又聯想到劉禹錫的詩句“巴山楚水淒涼地”及李商隱的“巴山夜雨漲秋池”還有李清照的“卻話巴山夜雨時”，乃至想到徐悲鴻的名畫《巴人吸水》，可見巴山是藝術家的一個飽含深情的載體，想著想著，小舟忽然擱淺了。於是我們全都下水，在船工指揮下，推呀推，一下子便入了正道，繼續嘟嘟嘟前行。導遊用手一指，喊道：“請朝前看。”原來，似乎一道七彩虹橋出現在河流前方，依依稀稀，隱隱約約，彩虹呈現上拱形，烘托河上一座拱形橋樑。使人想起毛主席詩詞：赤橙黃綠青藍紫，誰持彩練當空舞，雨後覆斜陽，關山陣陣蒼。此時的大巴山雲蒸霧繞，高遠遼闊。導遊講白蓮教的故事，說當年白蓮教起義失敗，清廷派官兵圍剿，欲斬盡殺絕，起義萬人如鳥獸散，但有二百余義士堅定地跟著首領，長途爬涉，到了大巴山東部巔峰處，那裡“爾來四萬八千歲，不與秦塞通人煙”。安頓下來後，靠山吃山，蓽路籃縷，在高山上生存下來，開山種植，組建家庭，結婚生子，現在山上有個村，名巴白村，一千多口人，就是當年義士們的後裔。

小舟停泊于巫溪橋下，遊客上岸自行遊歷。我約了同伴漫步橋上，觀賞大寧河上游，想像這河水的發源地，然後沿陡峭山路崎嶇上行，遠遠望去有一排排木樁及散落的木板，原來是古棧道遺址。我讀歷代戰爭故事，知道明修棧道暗渡陳倉的典故。原來古之棧道是一種少見的令人難以置信軍事設施，可出奇兵於意外。古人為了在懸崖峭壁邊順利通過，先在石壁上按路線開鑿一個個洞口，在一個水平上，然後將堅木插入洞口，外露一二米，形成一排排，再然後鋪上很厚的木板，一塊塊擰緊，形成一條懸空路，人走馬行，儘管上下懸崖萬丈，但如履平地。我邊走邊爬山路，看到了奇異的一條串連著的粗竹做的渠道，每隔十米遠處有一個接口，一打聽是人們用來引水用的。山上不遠處有一股取之不盡用之不竭的清泉，通過竹渠引水，可進千家萬戶，可以灌溉田地，可用人畜飲水，這個智慧了不得。

我們下山入舟後，船繼續嘟嘟上行，不一會兒，導遊手一指叫道：“仙猴探海。”按所指方向望去，高山巔上有一個模糊的小塔，遠望如同一個猴子，似乎手遮雙眼遠望雲海，越是這麼想，越像仙猴探海。小舟在一個奇絕的拐彎處回頭，導遊說：還有三個景點須在煙雨莽蒼蒼中見。一是佛光魔影，一是神女下凡，一是白龍過江。正說著，小舟行至如同長江天門山之處，“兩岸青山相對出，孤帆一片日邊來”，此時此景，無帆無日，天色已暗淡下來。我們讓導遊講“白龍過江”的奇葩。她掬了一口河水，清潤了一下嗓子，幾分神秘說道：每到暴雨天氣，從河右大巴山高處積聚的雨水，至山上流下，久而久之，形成一道大然小渠，到接河邊時，這股渠流借助巨大的衝力，直接從河西沖向河東，是飛過去的，從河中望去，如同一條無首無尾的白色龍，騰躍河面十分壯觀奇絕，人們叫這個景點為：白龍過江。聽了導遊的描述，我們畢竟因沒雨天有些遺憾。好在小三峽七景，我們已觀賞四景，雖是美中不足，但已是不虛此行。

這正是：“小三”勝了大三峽，祖國山河處處美。

一六一、屈廟印象

我站在汨羅江邊的屈原投江處的地標前，沉思良久。江水連綿不絕，清且漣漪。兩千多年來，江還是那條江，此水已非彼水。公元前278年，偉大的、傑出的愛國詩人得知如狼似虎的秦軍攻破了楚國都城，生靈涂炭，從此楚國將不復存在，他接受不了這個殘酷的現實，懷抱悲憤、憂傷、離恨，於河泊潭懷沙自沉，了斷了他的輝煌的一生。但兩千多年來，從朝廷到民間，皇帝與臣子沒有忘記他，億萬百姓沒有忘記他。直到清朝乾隆年間，於汨羅江下游北岸的玉笥山上建有規制宏闊的屈子廟（又稱汨羅廟、三閭祠）。民間家喻戶曉的的端午節、劃龍舟、吃粽子的普遍習俗都與這位詩人有著不可分割的聯繫。忽然，我想起了偉人的《屈原》（七絕）

屈子當年賦楚騷，手中握有殺人刀。
艾蕭太盛椒蘭少，一躍沖向萬里濤。

詩裡，偉人對屈原的悲壯之死持懷疑與批評態度，“艾蕭大盛椒蘭少”一句有著豐富的內涵。屈原作品中也經常寫到楚地這兩種風物，偉人借此有所指代，或許指陰柔有餘，陽剛不足；或許指猴氣太盛缺少虎氣；或許指情感太濃欠缺理智；或許指文采風流而欠缺頑強。我本人很早就讀過他的《九章》《九歌》《天問》《橘頌》等膾炙人口名篇，並牢記他的“路漫漫其修遠兮，吾將上下而求索”“亦餘心之所善兮，雖九死其猶未悔。”“樂莫樂兮新相知，悲莫悲兮生別離”等座右銘式警句。後來有人仿其句式寫“樂莫樂於君好善，苦莫苦於爾多貪”，歷代文士將“詩經”中“風雅頌”取“風”字，將屈子“離騷”中取“騷”字，組成“風騷”一詞，指文采風流，可見屈子的文化影響多麼巨大與深遠。這麼想著，忽聽同遊叫喚：門票已購，抓緊參觀。

屈廟有正屋三進，中後二進之間有過亭（走廊）間後、左右兩側有天井，單層單簷，磚木結構，給人以莊嚴肅穆、古樸典雅的感覺。正廳以巨木雕刻司馬遷的《屈原列傳》，廟前的廣場兩邊排列著屈原所有作品的石刻，黑底白字，清晰可誦，使人想起西安的碑林石刻，壯觀凝重，白石底色，凹面字形，歷經風雨，基本完好。我們首先去後殿拜謁屈原塑像，高大巍峨，一副行吟模樣，憂國憂民，抑鬱悲情，胸中燃燒理想，現實那麼難堪。此時，我記起葉劍英在東湖屈原塑像前寫的詩篇：

澤畔行吟放屈原，為伊歎息有嬋娟。
行廉志潔行無滓，一讀騷經一憮然。

"嬋娟"指月亮。而我曾讀郭沫若歷史劇《屈原》，劇中有弟子二人，一為男弟子宋玉，一為女弟子嬋娟。這麼想著同遊催我抓緊觀賞詩碑。我想遊者通病泛泛流覽，走一過場，並無實益，不如選擇駐足某一碑前吟誦幾遍，更為有效。於是，我選擇了《橘頌》：

後皇嘉樹，橘徠服兮。
受命不遷，生南國兮。
深固難徙，更壹志兮……
獨立不遷，豈不可喜兮。
深固難徙，廓其無求兮。
蘇世獨立，橫而不流兮。
閉心自省，終不失過兮。
秉德無私，參天地兮……

他頌的是橘嗎？既是又不是，他通過頌橘來頌一種無私獨立、追求公道上進的人格精神。

當夕陽的餘暉照射屈原投江處的那個石頭地標處時，我又站在初來時那個地方，望著汨羅江，背靠玉笥山沉思。屈原逝後近百年，一個才情無倫的文傑賈誼（前 200 一 168）誕生了，不同朝代的兩個人，司馬遷怎麼把這兩個人合在一起作《屈原賈生列傳》呢？

宣室求賢訪逐臣，賈生才調更無倫。
可憐夜半虛前席，不問蒼生問鬼神。
（李商隱•《賈生》）

原來，屈賈均是文豪，陸游有詩句“詩家三昧忽見前，屈賈在眼元歷歷”，將屈賈相題並論有大人在。同時屈賈都是懷瑾握瑜、懷才不遇者，一個投江而亡，一個鬱鬱不得志，為長沙王死於非命憂鬱而死。有奇志不能展，有雄才不能用，生不逢時，命運多舛是他們共同的特點，司馬遷之用心可謂良苦。我想起了李敖的一句話：“屈原的人生觀是錯的。”屈賈二人都有著執著偏狹的毛病，不能如漁父所言“與世推移”，沉溺於眾人皆醉我獨醒、舉世皆濁我獨清的封閉中。這是我們今天懷念開了浪漫主義文學先河的世界文化名人屈原時，不得不保持清醒的一個話題。

一六二、成都印象

蜀江水碧蜀山青，歎為觀止天下奇。

四川，古稱天府之國。你若去四川跑了很多地方，你會覺得旅遊可以休矣。從地理學概念言，奇秀二字可概括其特色。以山言：北靠秦嶺，蜀道難難於上青天；南有峨眉與樂山市，大佛巍巍撼人心。東有大巴山聳入雲，加大、小三峽之奇峻壯觀景象，世上少見；西有大涼山雄偉，色目雪域五明佛學院。以水言：金沙江、長江貫全境，嘉陵江由北注長江，岷江、沱江蜿蜒曲折，兩千餘年都江堰滋養了富饒的成都平原。九賽溝，如夢如幻；攀枝花，如詩如畫；五糧液，名滿天下；霧都麻辣火鍋，別具風味。著名文學人物“三蘇”出生川南眉山市。現代名人郭沫若出生樂山市。川東廣安有鄧小平故居；朱德出生儀隴；劉伯承出生開縣，陳毅出生資陽，聶榮臻出生重慶。開國十大元帥，四川有四。四川的風土，引人注目；四川的人物，十分特別，民國大軍閥楊森、劉文輝，大地主劉文彩，大畫家張大千，大作家瓊瑤、革命家吳玉章等等。歷史上明末巾幗英雄秦良玉，威震一方，青史留名。《三國演義》中諸多精彩故事與英雄人物，發生在蜀地。現在讓我講講四川名城成都吧。

一

我踏上成都市土地時，是一個天晴朗日的傍晚，夕陽的餘輝將成都照耀得光輝而燦爛。成都的街道格外整潔，樹木青枝綠葉，大道旁小塊草坪上鮮花盛開，繁華而不擁堵，熱鬧而不嘈雜，出租車與小汽車來來往，並無噪音，街道邊樓房也似乎並不張揚，成都的女人很美，但很謙卑，並無囂張跋扈之氣。成都的男人的才氣很足，但似乎個個謙虛謹慎，內斂退藏。成都人說話彬彬有禮，聲音悅耳動聽。整個成都市像是一個成熟的少婦，文靜而魅力十足，不像南方大都市躁動不安，人們眼中充滿做暴發戶的凶光；也不像北方大都市甚囂塵上，人眼中充滿憤懣不平，希求像大鵬鳥展翅九萬里；也不像西方的大都市人頭攢動，匆匆來去，眼中閃爍東移目光；也不像東方的大都市熱鬧擁擠，人們眼中充滿對金錢的渴望。也不像中部大都市，一個個懷抱詭譎，眼中充滿戒備之心。成都的人安分守己，眼中充滿安逸閒適的光澤。成都是一個誠懇厚道的好地方。當晚，我隨意找了個小飯館吃飯，花一二十元吃了個青椒煎財魚，還要了一個紫菜雞蛋湯，一碗米飯，價廉物美，吃得歡快滿意，渾身舒坦。下榻的小旅館，一律白色臥單與被褥，一塵不染，滿室的茉莉花香味，令人昏昏欲睡，服務員熱情似火，柔情似水，以誠相待，沒有半點虛情假意。沒有人遞美女卡特殊邀約服務，也沒有半夜打電話，邀約按摩，我睡得香甜而深沉，連夢也沒有做一個。第二天一早醒來，陽光透過窗戶照射進來，我感到十分愜意，幾天幾夜車馬勞頓形成的疲勞一掃而光，頭腦清醒，耳聰目明。

二

我站在成都杜甫草堂的杜甫塑像前，向他深深地鞠躬，以表示我的敬意。中國的唐詩是中外文學領域裡的奇葩，要是沒有這位詩聖的貢獻，不知要遜色多少。至今，人們吟誦他的千古絕句："會當淩絕頂一覽眾山小""隨風潛入夜，潤物細無聲""文章憎命達魑魅喜人過""無邊落木蕭蕭下不盡長江滾滾來""顛狂柳絮隨風舞，輕薄桃花逐水流""筆落驚風雨，詩成泣鬼神""讀書破萬卷下筆如有神""白也詩無敵，飄然思不群"等。人們對唐詩的代表詩人有詩仙、詩魂、詩鬼、詩膽、詩佛、詩怪、詩傑等美稱，而杜之稱聖是領軍之稱，他的詩作被稱史詩，沉鬱、嚴整、凝重的風格對同代與後代產生了深遠的影響。有人贊曰：

詩中乾坤大如鬥，字裡行間淚滿裳。
千秋萬代傳佳作，才華橫溢世無雙。

杜甫草堂是成都的一個獨具特色的景區，它坐落在青華區青羊路，有草堂大廨、詩史堂、工部祠、碑亭、花徑、梅園、大雅堂、浣花祠、茅屋、萬佛樓等建築。我在詩史堂、工部祠、大雅堂仔細參觀，這些景點裡保存有杜甫歷代的畫像與塑像，形象畢真。保存有杜甫的全部詩作 1400 餘首的各種版本，可以看到杜甫在整個文化史上的影響。我有兩點感慨：詩人是時代的驕子，要是他不經歷安史之亂的動盪歲月，不經過顛沛流離、朝不保夕的苦難日子，他儘管筆力千鈞，絕對寫不出那些生動感人的詩篇，比如《茅屋為秋風所破歌》。同時，詩歌也是自我心靈的鏡子，心靈的格局決定了詩歌的格局。他說："安得廣廈千萬間，大庇天下寒士俱歡顏。風雨不動安如山，嗚乎，吾廬獨破受凍死亦足。"這個為天下寒士著想的境界是一個了不起的境界，請問我們那些身居高位、養尊處優的著名作家，有幾個人能有這種發自內心深處的慈悲情懷呢？

三

我漫步于武侯祠內，古老的建築裡散發著歷史的陳跡的氣息。

武侯祠位於成都武侯區，是一座歷史悠久的古跡。所以命名為武侯祠，是因諸葛亮曾被封為武鄉侯，逝後被謚為忠武侯，後人為了表達對這位家喻戶曉的智慧人物的肯定與對他忠心耿耿、鞠躬盡瘁死而後已的精神的讚揚，修此武侯祠，讓人們接受忠君愛國的教化。進入武侯祠博物館內，首先映入眼簾的是諸葛亮的鵝冠博帶與羽扇綸巾的塑像。我想到他未出茅廬時，以淡泊明志、寧靜致遠作為座右銘，出茅廬後，一心一意一輩子忠君，為劉備出謀劃策，在劉備托孤後，統領朝政，大權在握，管政管軍，七擒孟獲，六出祈山，延緩了蜀漢政權被強大的魏國勢力的吞併，後人稱其為政治家、軍事家、散文家、書法家、發明家，就其文治武功業績而言，永遠值得人們追思與紀念。

杜甫《蜀相》詩曰：

臣相祠堂何處尋，錦官城外柏森森。
映階碧草自春色，隔葉黃鸝空好音。

似乎是最近所寫，一千餘年前的武侯祠，雖經風霜雨雪，現今此景此情，相差無幾。又有詩曰：

功蓋三分國，名成八陣圖。
江流石不轉，遺恨失吞吳。

後一句違背諸葛“東聯孫吳北拒曹操”的戰略思想。

諸葛亮文武雙全。有《出師表》《誡子書》雄文問世。他本人雖一言九鼎，文韜武略，但事必躬親，清廉自律。圍繞孔明之智，有許多精彩故事，如草船借箭、設壇拜風、木牛流馬、空城計等，有虛有實。還應看到錯用一文（馬謖）錯殺一武（魏延）的過錯，所有參觀武侯祠的人，應敬重他的人品與智慧能力，不應該將他神仙化、妖魔化。

四

站在都江堰邊的我注目良久，耳聞江水連綿起伏、濤聲陣陣，眼觀岷江從上游奔騰而來。想到這是一個世界聞名的無壩引水工程，公元前（276—251 年），蜀郡守李冰利用岷江地形水勢，組織萬眾百姓修建了這個水利工程，爾後又不停維修、完善，讓它充分為成都平原人民生產生活服務，它的作用無以倫比，可以說：沒有都江堰，就沒有數萬頃成都平原的富饒。余秋雨先生參觀此景後，他認為這個工程的偉大超過了萬里長城。他從修建的規劃建設智慧與巨大成就幾方面作了比較，很有道理。

僅就其工程的結構言，可以說煞費苦心。渠首樞紐由魚嘴、飛沙堰、寶瓶口構成，緊接修建了系統的引水渠道、堰塘，形成一個完整的有效工程。它控制岷江水流量，久雨不泛，久旱不竭。它充分利用山勢、水脈、流向，既尊重自然規律，又發揮人為創造性作用，乘勢利導，無壩引水，使固堤、洩洪、排沙、控流融為一體，為發電、灌溉、水產、養植、旅遊、環保諸部門綜合服務，保證了四川 7 市 40 縣 1130 萬畝土地的春種夏管秋收冬藏，怎麼估價也不過分。都江堰的氣勢雄偉壯觀，你站在岷江出口處，不得不感歎，歷史兩千年的豪邁的腳步，到今天仍然雄健有力。不管是八百年一萬年，它始終吟唱著喜悅的豐收的暖人心靈的歌。

五

我是搭乘纜車前往青城山的。出發時，旅遊者依次排隊，由工作人員安排每兩人組合，然後電動纜車緩慢前行，車距略約八十余米遠。與我同上一車的是一個貌美如花的女導遊，她穿著樸素，落落大方，熱情洋溢。纜車走著走著，忽略停電不動了。上不沾天，下不著地。四周空空蕩，向下張望，兩三百米下，是滔天巨浪，忽然想到，一掉下去，與此女同歸於盡，豈不成了一個淒美的故事。為了緩解心頭的緊張與壓力，於是便與導遊漫無中心七扯八拉閒聊起來。看她的胸牌，知其名叫曹娥，講些彆扭的川音普通話，聲音甜美如歌。她說是彭縣人（後更名彭州市），這個地方我去過，與臨邛不遠。記得"臨邛道士鴻都客能以精誠致魂魄"詩句，彭縣據說是一個出美女與壽星的地方，可見那裡的水土好。曹女向我介紹了她的困窘的家境與讀書的艱辛。重點初中時成績名列全校第三，如讀高中，穩取大學。但其父母要求其女儘早就業，幫助養家糊口，於是選擇讀成都旅遊中等職業學校，畢業後成了青城山導遊。她為人直率，談吐優雅，一副冰清玉潔模樣，不像武漢美女趾高氣傲，也不像江浙美女眼睛長在額角上，也不像南方美女謊話連篇，虛情假意，更不像西部美女濃妝豔抹，騷首弄姿，也不像北方美女，裝腔作勢，用心險惡。四川美女，如同四川風景，秀美帶含蓄，不那麼張揚。眼前這個女人，真誠坦率，一見可人。要不是我有年齡偏大，金錢不多之顧慮，我可能一見鍾情而傾心。在這個特殊時候特殊環境的兩人世界裡，一個絕無僅有的氛圍中，可能引發浪漫情懷的衝動，做出不可告人的秘密舉動。再朝下望，想起蘇東坡名句：多情應笑我，早生華髮，人生如夢，"跳江而逝多悠長"。這麼想著，纜車啟動了。下車時，曹娥做了一個飛吻手勢，伸手相握，暖入心扉而別。

我在二王廟李冰父子的塑像前敬拜，心想凡是為人民貢獻自己智慧與力量、造福於民的人，總是得到民眾永久的敬仰與懷念。二王廟幾經波折，幾經更名，最終以敬祀李冰父子命名二王而穩定下來。青城山景點頗多，可以漫步爬山，從容欣賞樹木森森，花之明明，草之青青，可以去敬拜老子倒騎青牛的奇絕塑像。一個青字足以概括其景其內涵。山青路青坡青廟青老子青牛青，一切皆青，青得有色有光有氣有生命活力，有青春色彩與活力，有優美傳說與故事，有美好的前程與理想，如有機會，餘將再次來青城山觀光。

六

九寨溝不歸成都管轄，但你到成都觀光，去九寨溝就很方便了。故筆者順提一下。

旅遊的你不到九寨溝，等於沒有來四川；你去廣西觀光不到陽朔，等於沒有去桂林；你去湖南觀光，不去張家界，等於沒有觀賞到瀟湘風光；你去新疆旅行，你卻沒去觀賞天山雪蓮，等於沒去西部邊陲。唐代詩傑劉禹錫與宋代詞雄辛棄疾分別留下了關於九寨溝奇偉的名句。“勝攬聞天漏。遊人接地低”（劉）“危橋怒濤道萬重，峽口松神日將東”（辛）可見九寨溝風光歷史悠久。

某年秋天的一個早晨，我站九寨溝的五花海邊，晨曦的陽光格外明媚，照得湖水色澤時而金黃，時而紅潤，時而碧綠，可以說五彩斑斕，瞬息萬變。綠得請新，藍得深沉，黃得金色，半黃如熟橙。那是美得令人眼花繚亂、目不暇接的童話世界，你不得不驚歎，人間哪有如此仙境？

九寨溝的瀑布不同于氣勢雄偉壯觀的黃果樹瀑布，也不同于一疋白絹從天掛的廬山瀑布。更不同於美國尼亞加拉瀑布，寬而陡峭，轟鳴九霄雲外。我站在九寨溝第一大瀑布前觀賞，水流從天而下，其白如絹，其聲如雷。據說它也是全國最寬的瀑布（近 300 米），氣勢之磅礴，雄渾之壯觀，震撼人心。當我站立珍珠灘瀑布前時，如同孫悟空在水簾洞穿行。這是九寨溝最小的瀑布，水流衝擊石頭濺起白花水霧，如同珍珠白玉，令人駐足停留，美得難以形容。

九寨溝到處是溝，到處是水，到處是樹，到處是花。溝與溝不同，深得如河谷，淺得如江灘，每一條溝就是一個九寨溝。水與水也不同，深得如海，淺的如池，清得見底。樹與樹不同，有參天古樹，有低矮荊棘，有叢叢密密，有稀稀疏疏，有散亂點染。花與草名目繁多，奇香異色，叫不出名字，小的如米粒，大的如碗如盤。花叢中翩翩起舞的蝴蝶，採花釀蜜忙忙碌碌的蜜蜂。珍禽異獸，知其美而叫不准名。大熊貓，憨態可掬；金絲猴，活潑可愛；馬麝與林麝，世上稀有。據稱，保護區內有近百種珍稀鳥類，僅以雞言，就有綠尾虹雉、藍馬雞、紅腹魚雉、紅腹錦雞等，有攝影師守候七七四十九天，才在“偶爾露崢嶸”時，拍攝到它們的奇美的展翅身影，你讚歎大造化的偉力，讓世人萬分驚歎。

九寨溝，處處皆景，時時皆景，無論我怎麼去描述它，讚賞它，寫成大塊文章甚至寫成一本書，都不如你親身去觀光一番，好在信息發達，交通方便。偉人說：你要知道梨子的滋味，你就得親口嘗一嘗。

一六三、對話病友

某日，餘因支氣管擴張住進全國中醫院示範單位，名之曰：三袁故里中醫院。住院期間，與兩位病友聊天，甚感其經歷奇葩，為世上少有，寫出來與讀者分享。

一

某女，年輕貌美，二十來歲，長著蘋果似的臉蛋，一笑兩酒窩，聲音嬌滴滴。眉宇間透露剛毅忍耐之氣，似乎經歷過生命挫折，但仍不在乎。我問："你好像沒什麼病，怎麼住進醫院？醫院不是什麼好地方，沒有病也可能住出病來。"她立即將褲腳上提，露出白花花小腿，小腿前有一塊瘀青。她說："我腿骨受創，疼痛難忍。"我問："骨折沒有？"她答："沒有骨折，可傷筋厲害，醫生 B 超作了說明。"我說："傷筋斷骨一百天。只傷筋，不斷骨也要五十天，還算幸運。"她面帶笑容說："好危險，我最大的幸運是遭遇車禍，保住了性命。"原來於十天前，她與未婚夫一同去領結婚證。未婚夫興高采烈，騎著摩托車馱著末婚妻的她，風馳電掣從黃金口大橋沖過來，在那個鬥黃公路的丁字匯合處，一輛大巴車橫沖直闖而來，不偏不倚，撞了個滿懷，車飛十餘丈，她被甩了十米遠，她的可憐的未婚夫樂極生悲，當場氣絕身亡。這一悲劇產生後，交管部門裁定大巴與摩托各負一半責任，鑒於摩托車主身亡，大巴負責賠償死者安葬及撫恤費十五萬元，並負責該女子的全部醫療費用。她在講這個事件時，似乎並不悲傷，因為已過去十天，可能悲傷已經過去。我還是安慰道："你與該男子沒有姻緣之分，或許，你與未來男子有姻緣，所以，不想過去，走眼前的路。"她說："我還是哭了好幾回，我哭的是未婚夫父母遭受不了這種打擊，他是獨生子。我對她父母講，我不是不講情義的人，我永遠是你們的兒媳，即便我今後另嫁人了，我還是把你們當長輩對待。”我讚美道：“你是一個善良的有良知的女人，你今後能做到這一點，很了不起。”她堅定地說：“我說到做到，絕不放空炮。再說，要是我那次同未婚夫一樣，死於非命怎麼辦？”

聽了她的一番言詞，我有兩點感慨：一、天有不測風雲人有旦夕禍福。二、很多農村女孩子純撲厚道，心地慈善，她們遇到重大變故與挫折，仍不失去本真。

二

某日，一中年婦女來閒聊，一眼看上去，神采奕奕，並沒病態病容。我問：“為什麼住院？”她說：“不是我住院，是我丈夫住院，丈夫患哮喘病，一喘似乎喘過去了，住了一星期，好多了。我照料一星期，損失一萬多元。”我問：“你幹什麼工作？”答：“開農用汽車，運沙、運水泥、運石子，人辛苦一點，一天怎麼也要掙個一千多元。”我讚揚道：“一眼望去，身體壯實，氣色很好，內勁很足。”她說：“我也是撿的一條命。五年前，我患了一種怪病，腦袋疼痛難忍，如火燒，如釘錐子紮，如針刺，一拍照，醫生說腦袋裡有雞蛋大一個腫瘤，須開顱手術治療。果然，他們在武漢請來了手術師，四個小時手術，將腫瘤取出，恢復後再也不疼痛了，如今比正常人還正常，渾身有使不完的勁。我說出來，你絕對想不到，醫生想不到，專家也想不到，他們將我腦袋的切除物拿到武漢化驗，說是血吸蟲在腦袋裡做的一個窩，在全國乃至全世界都是首例。”我問：“作了開顱手術，有後遺症沒有？”答：“沒有，完全沒有。”

這件奇怪之病與開顱手術之技，使我有兩點想法：一、世界之大，無奇不有。二、當年華佗幫曹操診治頭風，提出用開顱手術治療，曹操多疑，以為是袁紹派來奸細害自己，結果殺害了華佗，爾後好多年，開顱之術未能實施。如今可以說：四方有華佗，開顱手術治療已成為很平常的治療技術了。

一六四、我的初中回憶

我的初中生活是在沔陽一中度過的。我以張溝小學百余名畢業生的第一名考入沔陽一中。

我由穿土布製成的白色上衣與褲子踏入熱鬧的縣城，土裡土氣、稚氣未脫與那麼多穿華麗服飾與鋥亮皮鞋的學生形成一個鮮明的對比，但我並不自慚形穢，我自信地認為：我讀書比他們行。

我幾乎每天清晨一聽到起床鈴響，第一個一咕嚕起床，第一個沖向熱水池邊洗漱，第一個沖向操場跑步。吃完中午飯後，又第一個沖向圖書館的閱覽室找雜誌看，無論寒來暑往，又無論風霜雨雪，天天如此。

我剛上學，很有新鮮感。當時流行語為：學好數理化，走遍天下都不怕。我對每一門學科都感興趣。地理老師幾乎閉上眼可以在黑板上準確畫出中國地圖，幾何老師不借圓規能畫出很圓的圖形，歷史老師講他赴緬抗日歷史，可歌可泣，充滿血腥氣息，在槍林彈雨中九死一生。語文老師搞什麼主題分析，段落大意概括。可是他們的方法重複一年後，我便感到十分枯燥乏味，坐教室裡浪費時間。後來我得知一些天才學生一年念完初中，一年念完高中，我覺得我完全可以，當然我非天才少年。所以我們的流行語為：大考大玩，小考小玩，不考也不是不玩。我們當時的考試，分兩次，期中與期終。學生有大量時間去閱讀課外讀物，圖書室沒有，就整天泡在新華書店看書。我們當年不怕考試，是盼著考試，考試結果會彰顯出自己優秀，滿足自己的榮譽感。

讀到第二年，學校發生了“地震”，學生中威望高的才學出眾的老師幾乎個個成了右派分子，取消了講課資格。（兩三年後，他們摘帽了，重上講臺，完全失去了當年的朝氣與鋒芒外露）中不溜秋者與不怎麼受歡迎的得勝歸來似的昂首走向了講臺。這樣的課堂教學，照本宣科，老調重彈，令人疲倦。班裡有個優秀學生，思想奔放，常發表與眾不同見解。有一天他心血來潮，給毛主席寫信，據說是反映農村幹部的欺上瞞下弄虛作假的問題。不久，學校開大會，說他發表右派言論，惡毒攻擊党的領導，宣佈開除他的學籍。從我們學生眼光看，認為你讀書就讀書，當太平洋警察，管那麼寬幹什麼。你就是一個鴨棚的狗子，管淡（蛋）鹹閒事。不過，從此被開除的恥辱深深印在腦海裡。

我那時約十四歲，有一天，我忽然被叫到教導處。

我莫名其妙地走到孔主任的辦公室。孔人很矮，頭髮稀疏，滿臉堆笑明知故問：你是一九班的龔成嗎？我顫巍地應道:是。孔在學生心目中，是一個特務的形象，他時常陰冷地笑著，當他笑出聲時，很可怕。這是我人生遇到的第一個和這樣的高官坐在對面。

孔開始問:哪裡人，父母是幹什麼的？家裡幾口人？家庭困難不困難等。

孔彎彎繞，繞彎彎。我不知底裡，一一作了回答，特別強調了家庭困難，他見我穿著陳舊，心中有數，然後轉了話題：聽說你們班有人丟了三元錢，你知道嗎？我如實回答。知道。

忽然，孔的瞳孔張大，如同燈籠般厲聲道："有人反映這個錢是你拿了。犯了錯誤，承認了改了就好。如不承認，我可以開除你！"兒時的我，聽到開除，恐懼萬分。孔不聽我分說，我也啞口無言，當時如同觸電，癡癡傻傻。孔加重語氣：承認不承認，我在全校開大會，宣佈開除你學籍。接著，語氣緩和起來："在我這裡承認，替你守密，以後不犯就是，保留你的學籍。我是從偏.遠農村來的，沒見過世面，經孔主任這麼一誘一嚇一哄，似乎還在驚恐中。孔說："這就對了，好好上課。你回教室去。"再然後交待，要我陪那三元錢，還輕輕拍了我的肩。當我冷靜下來，沒有偷承認偷了是小事，而還錢是一件大事，我經常交不起伙食費，冤枉拿出三元，豈不挨半月餓。我連續三次去找孔辯解，孔不理不睬，很不耐煩地說："你承認了還反悔？你想不想繼續讀下去？你想被開除嗎？"這一把三尺劍老是懸在我頭上，說不清，辯不明。

我後來完全屈服，找要好的同學借了三元錢，了清了冤債。

不久，我的小偷名聲從班內到班外，所謂好事不出門，惡事傳千里。我的一位小學老師聽信了傳言，給我寫了一封很長的信，教育我說：像愛護眼珠一樣愛護名譽。我無言以對。但他這一句話始終響在耳邊。在這以後的日子裡，受盡了污蔑、歧視、欺淩。學生中一開始整風，我便成了靶子，或直接或間接點名批判，與農村五類分子差不多。我變得孤獨寂寞愁苦，百思不得其解。那個小偷陰影一直懸在我的上空，籠罩著我，陰暗與昏黑。我好幾次半夜起尿時，想去自殺，想結束生命。這個冤情無從訴說。後來讀了魯迅《祥林嫂》，我便把祥林嫂走投無路的幾句話拿了過來，變成了“真的，我真傻，明明沒有偷，怎麼就承認了呢？還倒貼了三元錢？”直到四十年後，我學習了因果通三世的理念，才能徹底知道其中的款曲。

這一悲哀、可憐、愚蠢的事件，使我在爾後初中生活變得孤孤單單，無援無助，無法傾訴。黑暗籠罩了我的人生的天空。今天回想起來，我的感覺非常複雜。我天性善良，本分，怎麼會如此孤獨，屈辱，無奈，這才迫使我去擺脫去掙扎去解救，花很多時間去書本裡找精神慰籍，去尋求未來的希望與光明的前途，正因為孤獨，我沒有在學生中拉幫結派，結交狐朋狗友，變壞而走邪路。我當時家庭供應十分拮据，好幾次挨餓到山窮水盡，有時覺得現實的屈辱與殘酷，甚至想到自己了斷，或者乾脆輟學，好在到底忍耐了，克服了，堅持下去了。所謂人窮志短，馬瘦毛長，終於考上了師範，國家管飯了，我不愁吃喝了，走上了當人民教師這麼一條路。我讀了師範，當了老師。當我處理學生中這類偶發事件時，鑒於我的經歷，我便特別注意不冤枉了學生。有人向我反映，同座位的學生偷了他三十元錢，我調查了犯錯的學生那幾天開銷，掌握證據後，心平氣和找學生談話，學生無法抵賴，予以承認。我反復落實票面結構，唯恐有誤，使學生蒙受冤曲。我不用引誘、威逼、恐嚇等手段，細心地做好教育工作，讓學生主動認識錯誤與改正錯誤，還保護好學生的自尊心，不讓他們幼稚的心靈受到傷害，不讓犯錯誤的學生抬不起頭來。有學生問偷三十的是誰時，我則說他沒丟失，放錯了位置，後來找到了。我對學生幹部反映的情況十分慎重考慮，從不偏聽偏信，處理學生中的磨擦立求公平公正，使每個學生生活在陽光燦爛的天空下，茁壯成長。對於家庭地位與家境狀況不一樣的學生，一視同仁，尤其對於家境貧寒的學生更加關心他們，熱愛他們。這與我兒時受到的冤屈一事刻骨銘心是有聯繫的。我今年八十有二，之所以不辭辛勞記錄此事，是希望給予為人師者提供一點我所親歷的參考資料，或許對於做好班主任有點啟發。同時，也告誡涉事未深的小朋友，你確實未幹的事，不要傻乎乎承認自己幹了。

一六五、串連回憶

一、像章

民謠說：

主席走遍全國，
山也樂來水也樂。
泰山黃山笑臉示敬，
黃河長江搖尾唱歌。

初讀此詩，十分羡慕。走遍天南海北，觀瞻大好河山，體味仁者樂山智者樂水的感覺，多麼愜意。意料之外，這一天終於不請自來。

1966 年下半年，全國各地掀起了上北京、大串連熱潮，毛主席在天安門數次接見百萬紅衛兵。這股浪潮也席捲到那個湘鄂兩省交界處的彈丸小鎮。於是有人五元錢五斤糧票，在外旅遊一年多，除了新疆西藏，各省都跑遍了。還有人二十斤糧票、二十元錢在外闖蕩了五年。我那幾天，正是無事，學生放假了，於是我約了一個姓孫同伴，我說：好男兒志在四方，心向八方，豈可死守藩籬，不越雷池半步。於是我們打點行裝，各準備三十元錢三十斤糧票，計劃在外闖蕩一個月。機不可失，時不再來。

我們開著 11 號"汽車"，雄心勃勃、志得意滿上了路。走楊家壋、吳興場，渡過了澧水。過澧水時，感慨萬千，那水綠得出奇，一清見底，掬幾口河水喝下肚，甘甜清醇，回味無窮。沒受一點污染。遠望湖南山影巍巍。我內心讚歎，湖南是个好地方。當晚，我們在津市的一個接待站住下，憑著一張證明，免費住宿，交一毛錢，就可吃得很飽，還有可口的飯菜。設接待站，是文革開始後利於紅衛兵與群眾大串聯的一種新形式。凡是大小城市都設有這個機構。人們對津市有個說法，全國最小的市，最大的鎮。街道整齊而清潔，鋪面鱗次櫛比，商品琳琅滿目，即便到了晚間，燈火輝煌，人來人住，十分熱鬧。第二天，我們乘小火輪向長沙進發，我們這次的第一個目標是參觀韶山毛澤東故居，瞭解那個山溝溝是怎麼“東方紅，太陽升，中國出了個毛澤東”的。小火輪坐滿了人，上上下下，每遇一個小碼頭，都要停下。我想起了小學就學了的地理常識，湖南有四水，名湘、資、沅、澧，江西有四水名鄱、信、贛、修。湖南四水注洞庭湖流入長江。江西四水注入鄱陽湖流入長江。澧水兩岸風景優美，有山有水，有花有景，美不勝收。小火輪上備有伙食，只須花一毛錢就可以吃得好而飽。經過一天的航行，晚間我們在長沙市五一廣場接待站吃飯睡覺，第二天跟著全國各地去韶山的串聯大軍，步行前往韶山。我們走了兩天，腿部疲憊不堪，住進了韶山接待站。憑著一張單位開的證明，就入住了。來來去去，如同流水。稍微休息一下了，前往韶山廣場，只見那裡人頭攢動，擁擁擠擠，似乎天安門廣場的百萬紅衛兵等待毛主席的接見。一打聽，知道人們等待韶山接待處發放新的毛主席像章，這的確是來韶山一趟的珍貴的紀念，於是我們也擠在人群中，等候“分一杯羹”。接待處有個負責人表態，今晚肯定發，大家不要擠，不要急。他這麼一說擠的人更擠，急的人更急，生怕自己得不到。於是負責人說，我們分一下片，他在人群中走了幾圈，臨時劃分了八個片，一個片選一個代表，片長清點了片所在人數。然後去接待會客室領取。我被推為西北片片長，清點了人數，約 300 人，唯恐我進站，又有人插入，我報了 350 人。我們按各片報名數，領了足夠的像章，然後一人一枚發放。大家看到那像章小巧玲瓏，熠熠生輝，一領到手便戴在右胸前，十分滿足。不一會，廣場上人群就消失了，看時間已是十二點了。於是皆大歡喜。當我把一枚毛主席像章送到我同行面前時，他也很高興，他並不知道這像章獲得過程多麼不易。

二、韶山

韶山真是一個好地方，毛主席故居坐落在這裡。我們吃過早餐，趁著天晴朗日，步行在路上。首先見到的是一個方圓數畝的池塘，池水清澈，池邊有塊木牌子，上寫毛主席小時經常游泳的地方。想起了他老人家的一句話：自信人生二百年，會當擊水三千里。我們當地有個民辦教師，他來到韶山後，為了表示紀念，買了一個暖水瓶，裝滿了一瓶這個池塘裡的水，帶回家後，逢人便用酒杯盛一兩口供人們品嘗，像分享茅臺酒那樣，讓人們體味毛主席故居的韻味。我也掬了一口池中水，頓時覺得冰涼通腸，有透氣舒適之感。主席故居側，有個廂房，比主房低矮一些，聽介紹是他家長工所住。故居有房屋上十間，青瓦黃牆。每間宿舍都有原貌簡單家具的擺設。各房之前有一個共同的回廊，我們在回廊的過道上魚貫而行，參觀的人摩肩接踵，一邊聽講解，一邊緩行。這時，我想起了任弼時故居，就房屋大小、格局、氣勢言，毛主席故居不如任弼時故居。但視野的開闊、背景的壯觀、遠山的襯托，毛主席故居又比任弼時故居強許多。我們依次看了毛家兄弟的宿舍，還參觀了毛澤東父母的居室。我想，主席出身一個富農家庭，任弼時出身一個地主家庭，他們後來都背叛了自己的家庭。任弼時同志解放初已是中央高層排名前七位的大人物了。要不是病逝，他也會是毛主席左膀右臂級別的得力助手了。我在毛主席故居前後單獨行走參觀。見故居後有一叢密密的竹林，一根根楠竹參天聳立，楠竹足有一碗口粗，一節一節，綠色中夾雜乳白色圓形紋，使人想起杜甫詩句：竹葉青青不肯黃，竹條楚楚傲寒霜。又想起劉禹錫《庭竹》："露滌鉛粉節，風搖青玉枝。"佩服古人觀察與描述之細膩。"鉛粉"用得實妙。古人寫竹寫人，有許多佳句。朱元璋寫《雪竹》："雪壓枝頭低，雖低不著泥。一朝紅日出，依舊與天齊。"這是帝王的氣概。竹，是中國古代文人墨客的詠物言志的象徵物，以竹的四季常青，體現人們堅韌不撥、節節高升、後來居上的性格與品質。毛主席一生經歷過種種艱難險阻，但他始終堅持不懈、革命到底，終於如青松翠竹參天而立。他從韶山走出，經過井岡山、烏蒙山、岷山、六盤山、到達寶塔山，然後到北京西山，他的與天奮鬥其樂無窮與地奮鬥其樂無窮與人奮鬥其樂無窮的奮進哲學，永遠是我們民族的寶貴的精神財富。

三、寧鄉

這些日子，天氣晴和。雖是冬季，但並不感到寒冷。參觀毛主席故居後，準備前往寧鄉花明樓參觀。一路步行，山路崎嶇，路上行人如織，並沒欲斷魂者，個個喜氣洋洋，社會風氣很好，到處是熱情似火的湖南老鄉，他們為感到他們出了毛主席與劉主席而驕傲。當時，劉少奇雖靠邊站了，但老百姓並不認可他是頭號走資派，也沒想到他會被扣上叛徒、內奸、工賊等帽子，開除黨籍，成為歷史的一时罪人。不少串聯者參觀了毛主席故居後，想去順便參觀劉少奇誕生地花明樓。我們走在路上，見路邊很多田地剛種下的小麥麥苗少而稀，紅色土地裸露在外，我只見過江漢平原上黃不黃灰不灰的土地，只聽說過東北的土地黑色，從未見過瓦紅色的土地，很是驚訝。我不時駐足天邊地頭，欣賞這土地的顏色。紅的基色加上綠的麥苗，形成紅配綠看不足。湖南湘潭寧鄉一帶，風景優美，山上樹木繁多，滿山遍野都是花花草草，一路香氣一路歌。晚間，我們落腳在路邊一貧民家。農婦對我們非常熱情，安排了食宿。我們給予糧票與飯錢，怎麼也不收。屋不大，家裡收拾得井井有條，各種簡易家俱一塵不染。地面是夯實了的黏士，外表放光，沒有絲毫空隙，似乎滴水不進。農婦把一張床讓給我們睡，他們兩口子在客堂打地鋪。看樣子這個家是女人當家，堂客說了算。我們因白天走了百餘裡山路，困乏極了。早早入睡，男主人何時回來，我們竟渾然不知。

第二天一早，我們告別了主人，匆忙趕路，當天的目標是花明樓。踏入寧鄉土地，山山水水，坡坡坎坎，風景優美，所遇到的湖南老鄉，個個面帶笑容，社會風氣好得不得了。我怎麼也沒想到，這麼好的地方，這麼勤勞的人民，怎麼幾年前有那麼多婦女逃荒到湖北。我的家鄉有幾個地富子女成分高，到了結婚年齡，還是光棍一條。當年三年自然災害，加上刮浮誇風、共產風，很多老百姓深受其害，到處餓死人。不少湖南成年女人、已婚少婦，三三兩兩往湖北跑，為了找個活命的地方，採取了以身相許的辦法。我們村裡有個佝僂男人，臉面如同樹皮，三十掛零，一直弄不上媳婦。一天，一個年方二九的窈窕淑女從門前乞討而過。男人母親對此女當親生看，熱心快腸，關懷備至，招待如賓，留她過夜，並答應供養她，為了結束顛沛流離、風雨飄搖的日子，這個女人便答應下來，一個星期後，熱熱鬧鬧成為自己兒媳。一家人恨不得把她為菩薩供起來。十個月後，生下一個胖兒子，臉面油光水滑。後來，又生有一個兒子一個女兒。這一家人高興極了，這正是千里姻緣因饑餓，佝僂光棍真僥倖。

晚間，我們落腳在寧鄉九中接待站。一毛錢，米斤糧票吃得很好，除炒青菜、燴葫蘿蔔外，另有一碗可口肉湯。因為走路困乏，我們喝了一碗飄著豬肉與肉沫的湯，甚感舒暢，渾身疲憊不堪跑到爪哇國了。我們睡在用學生課桌搭建的統鋪上，一個教室擠了三四十人。有從花明樓來的，有準備到花明樓去的。聽北京來的幾個紅衛兵小將講，一個頭號走資派怎麼還保存什麼紀念館呢？他們在那裡大顯身手，打砸搶毀，一片狼藉，那裡成了一片廢墟。去看什麼？沒什麼可看。一打聽，是蒯大富旗下的小分隊。他們還講述了怎麼假借劉少奇小兒子生病將劉少奇騙出，然後大批大鬥的“壯舉”與“業績”。他們的口號是：誰敢反對毛主席，就將他鬥到底。要把他批臭批死，讓他遺臭萬年。他們這麼一說，我們只好放棄了去花明樓參觀的念頭。後來才知道，這是謠言。劉少奇故居保存完好。

一六六、饑餓的好處

若干年前，在地處江漢平原的漢江大堤上，一個精瘦疲憊的男孩，漫無目的地閒逛，他孤身一人，面色蒼白，身無分文，他已有兩天沒吃飯了。他是一個正在沔陽一中讀初二的學生。按學校食堂規定，一月交足六元伙食費，才可進餐。正值月底，別說六元，一元也沒有。於是食堂停了他的進餐。要等待周日晚自習，他打算找班主任協調賒帳解決，遲交一星期。這樣，他就只好忍饑挨餓，吞咽口水維持。實在餓得無法時，他便不時去漢江裡掬水喝。可喝水並不能代替米飯。他想像那些為了追求正義採取請願絕食人們的作為，以加大自己的意志力與堅韌性。然而避免不了饑餓的痛苦，肚皮餓得貼近脊樑骨，雙眼不時現金花，喉嚨似乎冒著青煙。忽然有一個老農用攤籃挑了滿滿的一擔帶黃土與綠葉的紅蘿蔔走過，因裝得太滿，掉下了三四個。待老農遠走，他將這比雞蛋略大的紅蘿蔔撿了起來，扯下綠葉，擦掉沾附在蘿蔔上的泥土，然後連皮帶肉狼吞虎嚥咀嚼起來，他覺得又甜又脆，一下子四個蘿蔔吃光，還不滿足，於是將已丟下的綠色蘿蔔葉撿了起來，匆匆去漢江邊洗了洗，然後大口大口咀嚼，雖說有點澀口，蘿蔔葉的茸刺有些刺舌，他顧不了這些，吃光後，再喝一些水，飽了，可以熬到明天了。他有些萬不得已的自責，畢竟有違於“拾金不昧”的良心與良知。

爾後，這種刻骨銘心的饑餓又經歷過好幾次。這種饑餓的深切體驗，對他來說，對他的人生有著許多的教科書式的好處。

一、生命煎熬性的磨難促使他珍惜生命、珍惜時間。每當他回憶挨餓的感覺時，他沒有理由拋棄時間、浪費生命。在冰天雪地、天寒地凍的日子，他穿著濕透了底的布鞋行進與往返於學校與家庭的近百里行程中，一去一來，約摸十個小時，他生怕浪費了，他默背著老師講授的課文。他愛讀白居易的《觀刈麥》《賣炭翁》及杜甫的《石壕吏》《茅屋為秋風所破歌》，還有范仲淹的《岳陽樓記》等。白的“念此私自愧”與杜的“吾廬獨破受凍死亦足”及範的“先天下之憂而憂後天下之樂而樂”的情懷，曾孕育並滋養了他的善心善行、豪情壯志與堅韌不拔的毅力。

二、饑餓的感覺使他的生活幸福感的指標大大降低。當人們以享受佳餚美味為滿足、幸福、快樂時，他則與眾不同，無論食物何等粗糙，或豌豆粉與大米合煮，或豆腐渣拌飯，或麥麩熬粥，或“呱呱叫”（南瓜冬瓜辣椒）大半，且缺油水，只要是吃飽便感到滿足與快樂。至於偶然碰到可口美味，別人的幸福指數為六、七點，他則為九、十點，在學校發放紅糖與加餐給予油炸魚塊時，同學們立即衝開水喝，將油炸食品吃過精光，而他在吞咽口水、饞涎欲滴中，首先想到的是將它們保存下來，待放假時，饋贈給他的父母享用。這是一種自控能力的鍛煉。生活的自控力，幫助了能運用比別人更多的時間與精力去讀書吸取知識的營養。

三、饑餓的感覺的回味與吃飽乃至吃好產生的對比，使他對“反者道之動，弱者道之用”有了真切的實證，對於研究分析與解剖思想領域的課題與對人處事有了智慧的參與，這種參與總是伴隨著比較與鑒別，他對人寬和，對己嚴格。他比一般沒有饑餓體驗的人格外珍惜糧食及一切物品，對暴殄天物者有著嫉惡如仇的心態。他很多時候想起毛爺爺在百姓家喝粥不小心，撒了些桌上，毛爺爺用手刮了用口舔乾淨，他那種珍惜食物之舉是一種美德。毛爺爺也有過挨餓的經歷，年輕時，他與好友蕭三一伴，這兩個有志青年為了適應未來的社會生活與實踐理想的艱難，他們不帶一文錢，行乞數十天。這個特殊經歷促成了他的個人優秀品質的培養。荀子說：“無冥冥之志者，無昭昭之明；無惛惛之事者，無赫赫之功。”這是至理名言。

饑餓是一個特別信號，一段可貴的經歷，是一種非常的魅力。那個在十三、四歲經歷饑餓在漢江邊撿過帶土帶綠葉的紅蘿蔔充饑的男孩，隨著星移斗轉，逐步長大成人，形成了他的堅韌頑強的生命力與人格意志，在新時代的環境中，他拼搏他奮鬥，幾十年如一日，學而不厭誨人不倦，對工作盡職盡責，全身心投入。四十五歲時被評為某個中等學校高級講師，五十歲出版第一本書《少兒成才故事》（發行 22 萬冊）；七十八歲時，由南京大學出版社出版《袁中郎研究三部曲》，其中第二部被評為國家社科基金項目重大選題成果；八十一歲時，被中國作家協會吸收為會員，八十二歲時，由紐約昆侖傳媒出版了 40 余萬字的《心誠精品故事選》，向全球華人發行。如今，雖進耄耋之年，他仍然筆耕不綴，要為社會貢獻一些正能量的精神產品。這些雖很平淡，但作為在困境中掙扎過來的人來說，有點細微的傳奇色彩，當他回首往事時，他感覺饑餓是是一種特殊的力量，有一種特別的好處。

一六七、借書始末

我生來愛書，嗜書如命。我曾在一本喜愛看的書內扉頁上寫有一句話：“書是我的精神伴侶，如有人奪我一本書，如同割我一塊肉。”可不知是什麼時候、什麼原因，這本書不見了，如同一個癡情的失戀者，幾乎為此書而殉情。三十年後，有人通過朋友的朋友將這本書轉給我，我驚喜萬分，比徐悲鴻失去國寶珍藏《八十七神仙卷》斷腸般思念幾年後又得以見真容還高興。可能與我在扉頁上寫的那句話有關聯。

小時愛讀，有時間讀，可書難找，好書難選難遇。年長後，有條件找到好書與購買好書，可又忙得不得開交，只能忙裡偷閒去像海綿擠水一樣去擠時間讀書。沒書看時就借書，書多沒有時間看時，就借書給別人。再後來，轉為贈書。這樣，就形成了我的三段借書史。向別人借書與借書給別人與升為贈書。

一、向別人借書

一天，我見一朋友讀一本新版的《安徒生童話》，神秘兮兮的讀著，很入迷的樣子。我便鼓起勇氣、厚著臉皮說：“你看後，能否借給我也享受享受？”他說：“我也是借的，許諾兩天還。”我低聲下氣懇求問：“你什麼時候還？”

“明天下午。”他冷冷的說。”我問：“今晚看到什麼時候？”他說：“十點。”我有點卑躬卑膝味口央求道：“我找你打個商量，你睡覺前借給我看，你明天一早醒來，我就還給你，決不食言，保證完璧歸趙，秋毫無損。”

這樣，我就通宵達旦撲在這本書上讀完，體會到了高爾基的一句話的感覺：我撲在書上，如同饑餓的人撲在麵包上。因為有時間限制，借到之書極不易，故讀得刻骨銘心，並做簡單筆記，收穫也特別多。一面佩服這個童話大王的想像豐富，一面學習這個大王的幽默風趣的語言風格。對他那些有趣的故事融會貫通之後，漸漸產生了一些狂妄奇想，這一類故事，我也能寫出來。我有了這一次言而有信嘗試與效益，爾後便經常關注朋友與非朋友讀什麼書，一旦發現他們手中有新書奇書，我便軟磨硬泡、或以書換書，或許諾以禮換書，或詢求購書渠道，有時還托在校大學生去他們圖書館借書，或向他們教授曲線借書。可以說，千方百計，絞盡腦汁，這樣，就讀了許多有價值的書，那些書令我終生受益。比如黑格爾《小邏輯》，恩格斯《自然辯證法》，南懷瑾《靜坐修道》，秦牧的《藝海拾貝》，《格林童適》，《克雷洛夫寓言》，巴爾紮克、雨果、大小仲馬、莫泊桑、盧梭，狄更斯、莎士比亞，托爾斯泰、普希金、屠格列夫、高爾基、肖洛霍夫等人的作品。毛的兩論是我重點背的東西。還有儒道佛的各類經典以及權威的教育學、心理學、哲學、兵學著作。

書讀多了，如魯郭茅巴老曹加冰心、臧克家、艾青、田間、孫犁、丁玲等人作品，讀活了，讀到骨子裡了，就有表達的願望，也就鸚鵡學舌般寫點什麼，畫虎不成反類狗也是有的，隨意涂鴉也是有的。

後來，便先看書，後買書，有時有些名氣很大的書，沒有看卻買了，總以為這些書不會跑，以後抽時間看，其結局是幾十年過去，有些書沒有讀一頁。

事物總是相輔相成。反者道之動，不擁有的借書急忙看似乎比擁有書的慢慢看收效要快一些實在一些。

二、借書給人

有個作家說：借錢可考慮，借書不行。我的借書別人看的歷史證明這個作家不是小氣，而是一種智慧。世上很多書，再版一次要隔數十年。所謂珍本、孤本之類。我在經濟條件改善後的第一件事不是購衣服，而是買書。曾記得我第一個月領的工資是 29 元，我花了 14 元去當年縣新華書店買了書，供我自看的僅兩本，另 50 餘本分發給所教班裡學生輪流看。以後，我有機會去岳陽、長沙去鄭州、西安、北京，成都、重慶、上海、杭州、武漢、南京、濟南、青島、襄陽、宜昌、鄂州、黃崗乃至桂林等地，首先是逛書店，包裹沉甸甸，孔夫子搬家，裝載全是書，重點是中外名著。我年輕時，在長江邊的公辦小學教書，那裡附近的人知道我藏書不少，於是抓抓腦袋向我借書以消遣。我那時，坦誠熱情，別人問：你什麼書什麼書有嗎？我則如實回答。下一步就是開口借，並且賭咒發誓，一星期還，我都不好意思聽，於是慨然而借。果然一星期還了。為了共享我的藏書，我還向來人介紹，我的什麼書有味，什麼書實用，什麼書供他說書等。一次，朋友幫他的朋友借書，說得瓜甜蒂苦，信誓旦旦，開了一個長長的書單，約五十本，說是二月來還，不還全家死完，說得我毛骨悚然，於是照數而借。其中不乏我喜愛看的珍本，我記得有何其芳寫序的《紅樓夢》，有三四十年代出版的《三國演義》《水滸傳》《東周列國志》《七俠五義》《五女興唐》《薛仁貴征東》《說岳全傳》《中國歷史演義》《中古白話小說》《全唐詩》《岐路燈》等等，借出之後半年，一本也沒還。我很難碰到朋友，至於朋友的朋友，連他影子也見不到。若干年後，我追問此事，朋友說，借書的朋友已移居外地，杳無音訊，我的那些書便泥牛入海了。當然誓言是一種欺哄。

使我遺憾萬分與痛苦不堪的是：有一天，我頭腦興奮起來，想背背《紅樓夢》詩詞，詠蟹在哪一頁，枉凝眉在哪一頁，關於賈寶玉、林黛玉、五熙鳳的判詞在哪一頁，可是我讀的版本印象深刻而版本如黃鶴知何處去了。後來我學爬格子、寫些豆腐塊之類小作，要去發表，引經據典必須嚴肅，然而只有粗略記憶沒有了根據，這就浪費了時間，傷了我腦筋。形成了一個根深蒂固概念，借書者無心我的感受，不過消消遣，可我是搞寫作的，書是我的資源，怎麼被無心者浪費飄灑呢？我再花錢去重買問題不大，問題是我讀過的不見了。好像初戀離我而去，怎麼也找不到當初的感覺了。我記得，以四部名著為例，因人借而不還，我就買過四次。

我的不忍心不借予人方便給我帶來麻煩與損失，從此便下決心向那位知名作家學習，不再隨便借書予人。

三、贈書予人

贈送書比送禮品與送花重要。點心與水果，幾日消費；鮮花送去，十天半月枯萎成了垃圾。而贈書，是一種精神奉獻與饋贈，是對同輩的交流，是對晚輩的寄託，是對朋友的希望，是對學生的無聲授課。花費不多，而時效甚長。我前半生在借與被借中度過，後來則是在被贈書與贈送書予人中度過，這是我與書打交道的一種超越與昇華。凡是我認為的好書，我往往多買一二本，適可時送人以共享，趁機寫幾句話給被贈者。記得魯迅曾送一本書給瞿秋白，書內題詞成了名言：人生得一知己足矣，斯世當以同懷視之。我在給被贈予者題詞時，有時靈光一閃，也崩出了一些精詞妙句，累積一處，也可能是至理名言，或是絕妙小詩，哲人慧光。這個題詞過程，也是一次練筆。用袁中郎的話說是借別人之操場練自己之軍馬。這是一件很划算的事情。尤其是我自己的著作被高層認可，由某個權威出版機構出版了，書中標明国家社會科學基金重大項目階段性成果，這類書我擁有不多，考慮贈送對象時，必須知心知音、識書懂書，就好比一個五穀豐登的農民請農友參觀他的糧倉，幾分珍視，幾分自豪。這是將自己的人生喜悅分給別人共享，就像農村俗話說的：好東西，一人吃，一人香；十人吃，香十人。那個心靈的愉悅，只有實行者才心領神會到千載難逢。

一六八、回望“稀飯”

詩曰：長安回望繡成堆，山頂千門次第開。

我回望的與詩人杜牧不同，是“稀飯”，是流行的對師範的一種戲稱。其含義包括兩層：可以吃飽不挨餓，但不能吃好。比喻這種學校取得了一個飯碗，但多數人只會在講臺上消磨時光，不會像高中生可考大學，走向天南海北，宏圖大展。

我是在“喝了三年稀飯”被分配到三袁故里的，教過小學、初中、高中、電大後調入師範。可算是從“稀飯”到“稀飯”。我在教師範生時，與眾不同。我當班主任，要求學生樹立志向，選擇自己喜歡的一門功課特別發展，三年內有所特長，做到引人注目。一個個訂規劃落實，我監督進展。我還要求學生學好教育學、心理學常識的同時，練習口語表達能力。還要求每個人有一種鍛練身體保證健康的生活方式。這樣我帶過的學生中幾乎每人都有所特長，有的雖不突出，但已經為他們的發展打下了基礎。若干年後，憑藉特長，他們吃得開，有的成了初中高中的學科帶頭人，有的成了書法家、畫家，有的因工作出色當了校長、書記、局長。個別的走上了行政崗位，擔任了廳級幹部。也有三四個人自學考入大學深造成了博士，執教高等學校。在我教的學生中，有的成了科學家漂洋過海，有的當了將軍，有的執教北大、武大，當他們成為國之棟樑、有所成就，碰到我後，贊許說：老師，您有先見之明。

我哪裡有什麼先見之明，不過是後見之“馬後炮”而已。這得從我讀三年師範說起。

我所以報考師範，而不去讀高中，唯一的原因是師範管飯。誰知道這是走了一條令我終生後悔的道路。否則，以我的學習狀態讀高中、取大學，留校當個知名教授似乎是沒問題的。然而，歷史跟我開了玩笑，我在讀過兩年師範後，便深有感覺了。第一年進校，有自豪感，那所學校的前身是省立第一師範，有名氣，感覺新奇。師範老師，身懷絕技，音樂老師會譜曲，會唱歌，會拉小提琴，會二胡，會鋼琴，那個《金蛇狂舞》的京胡拉得你心花怒放；美術老師三五筆就在黑板上畫小鳥，畫馬畫狗，活靈活現，會石膏塑毛主席像，比市場上的質量更好。化學老師會造硫酸，體育老師會體操，單雙杠動作之優美不亞于李寧，還會打太極。歷史老師背誦朝代想都不想，語文老師背得唐詩三百首，更稀奇的是幾個老師聯合起來排《洪湖赤衛隊》歌劇，在劇場演出，樂隊與演員全在學生中培養，產生轟動效應。我從初中來，那些瞧不起的副科全都光彩煥發。可是到了第二年就迷茫了。學校開課十八門，什麼都灑胡椒粉，而且勞動時間過多，沒時間讀書。多數老師照本宣科，講課枯燥乏味。也有兩個老師見解獨到，令人傾倒。一個新分來的大學生，姓蘇，他說教育與生產勞動結合，怎麼結合？根號2個蘿蔔怎麼解？一蔸白菜怎麼開立方？領導知道了此事，組織了拔白旗大會，將他開除了。另有一個李玉龍老師，課上得出神入化，但是個右派，一碰到抓階級鬥爭，就把他當活靶子鬥一鬥，鬥過後就讓他喂豬。若干年後，蘇成了武漢一所大學的教授，而李玉龍被荊州調去當了教研員，成了一個紅人。有一年遇到李老師來公安視察教學，我遇見了他，驚喜不已，不禁感慨系之。

到了第三年，我坐在教室裡厭煩得很，如同坐牢。主因是老師的教學滿足了我的求知欲望。我那時，已酷愛上了哲學、歷史與文學，我想朝這個方向突飛猛進，有所建樹，這是一個狂妄的想法，也不合乎實際。那個時候，學校倡導全面發展，知識分子工農化，安排學生勞動時間偏多，你要走特長、專一道路，學生幹部就認為你“白專”，組織“拔白旗”大會批判，搞得你威風掃地、臭名昭著。但這種氣候阻擋不了我的追求。我讀書鑽研是拼命擠時間，像小偷似的跑閱覽室、圖書館，上課課本後放著另一本書，人在曹營心在漢。我在學校默默無聞，多數人認為我雖走白專，但沉默寡言，沒辮子可抓，也沒影響，不是出頭鳥。直到學校舉行一次全校性演講比賽（三年唯一），大家才知道我還是有兩把刷子，深藏不露。那個演講大會，定名為《向困難作鬥爭》，那時候，學生每個月吃二十九斤糧，顯然吃不飽，學生處於長身體年齡，供不應求，學校想了很多辦法，比如將飯蒸兩次，名曰“雙蒸飯”，多加點蔬菜等，還是不能解決問題。又提出了激情的口號：苦不苦，比比長征二萬五。難不難，對比抗美肉搏戰。為了度過饑餓難關，出了上面主題，從小組、班級到全校選拔，一共選了十個人。大會輪到我上臺時，所有先發言者老調重彈，平庸平淡。我的演講有吸引力，有氣勢，有知識，有文彩，我從大江東去開頭，以毛主席語錄結尾，中間穿插對學生面臨著的實際困難的分析，並提出了克服困難的辦法，主要從意志心理分析，振奮精神上講的。講完一片掌聲，從此，人們對我另眼相看了。

但是，我主宰不了當時的保守、刻板、缺乏實效的求學氛圍，幾乎浪費了那最寶貴的三年時光。唯一永恆的是老校長的畢業典禮上的一句話：你們拿了畢業證，並沒有畢業。當我憑畢業證走向了工作崗位後，不得不回望當時的“稀飯”生活多麼脫離實際，後來僥倖輪到我執教“稀飯”了，我在力所能及的範圍內，嘗試性做了些工作，給學生們留下了難以忘懷的印象，這是對我人生沒讀高中入大學深造的一個小小的彌補。

從“稀飯”畢業到如今一個甲子飛逝，彈指一揮間。我的感受是：條件有限，事在人為。社會給我們提供的舞臺很小，但我們可以而且應該憑藉這個舞臺演出有聲有色威武雄壯的戲劇來。

附：《排律・贊友人》

鄭傳斌

君癡書籍若癡魔，四處搜羅苦琢磨。
萬卷古今消永日，一窗昏曉送流波。
奇書博覽欲幾何，名著精讀智慧多。
妙筆生花織錦繡，源頭活水潤青禾。
空靈頭腦文思湧，錦繡心田意境卓。
作協迎君開大門，名流列隊唱新歌。

賞析：這首作品讚美了友人嗜書如命、博覽群書的精神，通過“萬卷古今”“奇書博覽”等詞句，展現了友人深厚的學識和空靈的文思。同時，“妙筆生花”“源頭活水”等比喻，形象地描繪了友人因讀書而獲得的寫作靈感和才華。表達了對友人成就的欽佩和祝賀。

一六九、鄭公印象

鄭公，即鄭傳斌。然這一稱呼，一語三關。一為人名，一指此公生活在鄭公渡一個甲子以上，又在鄭公渡中學工作半個世紀。

鄭公，天門漁新人，為人善良、聰慧、坦蕩、敏捷、大度，身材魁梧，一表人才。年輕時，有人認為適合做外交官。1961 年八月由荊州市教育局分配到公安縣又由縣教育局分配到當時的鄭公區小學工作，因工作出色，表現優秀，被選拔到鄭公中學任教。被多次評為省市優秀教師，獲得的榮譽稱號與證書可填滿一堵牆。

鄭公好學不倦，接受能力極強，記憶力極好，對知識融會貫通，能學以致用。口頭表達能力強，且能寫得一手好文章。有很強的模仿性。年輕時，常模仿白毛女的芭蕾舞蹈動作，滑稽可笑，給人逗趣。說話機智，反映靈敏。能獨創一些歇後語，被眾人認可。如：丈夫吃鍋巴——妻產（悽慘）之類。他的開朗活潑樂觀的性格使他在群眾中，人皆喜歡相處，是一位得人和的正人君子。

鄭公教學工作一直被人稱讚。起先教課語文，後教高中歷史。他一上課激情澎湃，講到一些重大歷史人物與事件時，教者、教材、學生三者合一，進入角色，忘乎所以，興奮不已，聲洪嗓粗，唾沫橫飛，眉飛色舞，乃至手舞足蹈，有很多時候，靈感爆發，口出妙語，或幽默詼諧，逗人好笑，或警策概括，使人昭昭。一次，講到馬克思的生日（1818 年 5 月 5 日），順口說到：左一嘴巴，右一嘴巴，打得資本家兩頭爬。月一舞，日一舞，工人如活虎。這樣學生們不費吹灰之力，記住了且永不忘。當年，地近偏遠地區的鄭公中學高中畢業班參加高考的學生中，歷史考分獲全縣第一，縣長在全縣高考總結會上，大大將鄭公表揚了一番，縣教育局準備將他調往一中，徵求他本人意見時，他考慮家庭負擔與一分田蔬菜地，謝絕了。並打趣說：“不願搬遷《花園街五號》（當時的一部著名小說名稱，花園街 5 號是哈爾濱的一座豪宅），正好他的宿舍是新建的住宅小區 5 號。他的婉拒失去了施展才華的“地利”機會，加之後來，學校佈局調整，鄭公高中逐步停辦。如若不然，評一個特級毫無疑問。儘管如此，他的教學能力還是被縣市認可。某一年快高考了，縣二中因故缺一個歷史輔導老師，教育局臨時決定讓名師鄭公去兼任，但鄭在本校任教，負擔不輕。於是局裡給他配一輛鳳凰牌自行車，讓其兩地往返三十餘裡，兼職兩校。須知當時配一部鳳凰，拿到現在配對，如同配了一部轎車。鄭文筆好，不時在《中學歷史教學》上發表體驗性文章，其中《綱目點教學法》被眾認可，以為富於獨創性，且實用有效。省市相關教研部門要在公安縣組織一場歷史教學觀摩交流會議，與會為省內歷史名師與教研員。縣裡計劃就在城區學校安排上課。但與會人員提出：我們要聽聽“綱目點”教學。於是只好在城區選高考班，讓遠在百裡外牛浪畔的鄭公前來與會執教，面對學生陌生，場所生疏，聽眾特別，鄭公那節課教得活潑生動，師生互動，配合默契極好，與會者評價甚高。很多人說：想不到，牛浪湖畔有真鳳凰。

對社會言，鄭是一個好兒子、好公民、好群眾、好丈夫、好同事、好老師。。僅就其夫妻和睦關係言，就值得當代家庭的人們學習。鄭公參加工作後，有美女教師主動追求結秦晉之好，或寫情書，或托人說媒，鄭無動於衷，佯裝不知。爾後選擇了一位純樸厚道村姑，結為伉儷，和諧相處，生有二子一女。可惜其妻在中年時患不治之病，他陪同前往武漢診治，大醫院床位緊張，他陪護睡走廊、呆樓梯，多次徹夜不眠，精心照料，無微不至。其妻離世，他許多年沉浸在對妻子的悲傷懷念中，情真意篤，令人驚歎。並在人前經常讚揚其妻“內政”清明，“外交”融通。勤勞節儉，持家嚴謹有道。他們的子女輩、孫兒輩都很有出息，家庭興旺發達。鄭為人節衣縮食，不亂花一文錢。鄭是其優良傳統家風的弘揚者。

鄭公為人精通養生之道，尤鍾愛龐鶴鳴的養生保健功法：頂天立地，形松意充。外敬內靜，心誠貌恭。一念不起，神注太空。神意照體，周身融融。他以捧氣貫頂、吸天氣、接地氣、貫百會、通湧泉、沉丹田為訓練要旨，收到了祛病延年的功效。他對此保健之術鑽研有加，數十年如一日。到了耳順、古稀、傘壽之齡，仍好學上進。格律詩詞寫得合轍下韻，入流有格。

現錄鄭公四首小詩如下：

一、贊心誠文

頻登麒麟山，屢摘雞冠花。
紛呈經歷事，筆端放光華。

二、《長律贊老友翁誠心著〈精品故事選〉》

翁誠心著妙文章，黑豐助力美名揚。
紐約華人出版社，精品故事選輝煌。
名家故事傳千古，袁中郎與故事長。
童話寓言寓智慧，佛法故事啟心光。
善行智慧融生活，生活故事韻味香。
四十萬字珠璣列，教育啟示欣賞忙。
讀者紛紛贊不絕，佳作流傳四海芳。
老友誠心真可敬，文壇留得美名彰。

三、《紅樓夢三題》（載麒麟山文藝 2 月 12 日）讀後

紅樓一夢醉千秋，女姓光輝映畫樓。
黛玉才情驚四座，寶釵智慧冠群流。
鳳姐機謀權術巧，探春志氣勝王侯。
晴雯烈性心如玉，湘雲豪爽意未休。
妙玉清高塵外客，可卿嫵媚夢中愁。
香菱苦學詩成韻，平兒善解事無憂。
十二金釵皆絕色，萬千風韻各含羞。
奈何禮法如枷鎖，摧折芳華淚滿眸。
曹公筆下憐紅顏，鞭撻封建恨未休。
一部奇書傳後世，女姓偉大永長留。

四、《七律・醬蘿蔔》

醬蘿蔔小不張揚，價賤身微味卻長。
脆爽能開千口胃，咸鮮可送萬箸糧。
大魚大肉雖豐盛，淡飯清茶亦自香。
小草無名天地闊，人間至味是尋常。

一七零、三袁故里一書生

袁昌漢先生乃公安一中的名牌之師，個子高大，行為舉止，有如駱駄之狀。說話慢條斯理，走路四平八穩。他讀的書多得難以想像。記憶力之好超過好多人。我講講他的故事。

一

那些年有個熱點，名“兩報一刊”社論，大家都要聽，都要學，都要談體會。我們幾個人聽說袁聽一遍，可全文一字不漏複述，不錯一字。於是，我、王、鄭、林（均是老師）四人於早上八點去對袁先生進行測試。人到齊後，收音機裡傳來播音員清晰、明瞭的聲音，所播發為前日兩報一刊社論，題目為：《工人階級必須領導一切》，大約播發了十餘分鐘。我們一旁閒聊，袁先生以鋼筆字記錄全文。若干分鐘後，記錄完成。鄭拿起袁先生抄本，有人拿出當日的人民日報頭版頭條，進行核對，二三千字文章，竟無一字之誤。於是，我們對袁先生奇巧驚人的記憶力佩服至極。想不到《三國演義》張松才就在眼前。這種類型測試，我等進行過二三次，每次都很成功。

二

袁先生之家藏書珍貴，古版、珍版、善版極多，乃祖傳遺產，其父因學問淵深曾被聘為沙市名校晴川書院院長。袁先生只讀了一個小學畢業，不過在初中晃了一下。他後來教初中、高中，得力於他古書讀得多，背得多，功底深厚。他講起課來，不看備課本，也不拿教材。講《陌上桑》《木蘭辭》《孔雀東南飛》《琵琶行》等，他都背得滾瓜爛熟。這樣，講課時，他便運用自如地進行講述，把他的理解發揮得淋漓盡致，不時有精妙之論脫口而出。學生認為聽他上課是一種享受。對於有故事情節的課文，他繪形繪聲表述出來。因為熟能生巧，便可出神入化。不像有的老師照本宣科，生搬硬套，死氣沉沉，講著講著，捉襟見肘，翻備課本。他在授課中，常有精光獨耀之言辭令學生終生受益，終生難忘。

一日，他講《林沖雪夜上梁山》課文，在生動敘述故事情節後，對課文中一個"緊"字三次出現進行剖析，第一次，雪下得緊了。講環境之緊。第二次，雪下得緊了，寫心理之緊。第三次，雪下得緊了，預示前途之緊。好多年後，聽課者認為他講得妙極了，出奇制勝的分析，引經據典的表述，使學生印象深刻，感覺良好。

三

袁先生家住離公路不遠的一個小村落。他家與鄰居略有距離。茅屋草舍兩間，東廂房邊搭了一個豬圈。黎明前的黑暗時，她夫人點了墨水瓶做的煤油燈去喂豬，那燈放在矮凳上。喂完有人喊一同下地，她就匆匆離開了。走後不久，一頭小豬跳躍豬圈，拱倒了矮凳，傾刻，煤油燈圈旁稻草堆大燃，接二連三，牽五掛四，先圈房，後正旁，再厢房，烈火熊熊，劈劈啪啪，半個小時，屋塌房毀，等到救火人趕到時，所有藏物，棉花、棉梗、芝麻杆、黃豆梗、家具、藏書、衣櫃化為灰燼。豬圈的豬全都燒死。一個叫花子用耙子耙"烤乳豬"，拿一瓶白酒，眾目睽睽之下，喝得津津有味，十分滑稽可笑。

袁先生家人從農田勞作趕到現場時，原先一棟整齊潔淨、有大木頭作柱梁、雖不高大、卻也不小不矮的茅屋草舍，早已化為灰燼，只剩下幾根燒焦燒糊了的粗些的房梁。袁先生趕到時，大家正在一邊澆水，一邊幫他清理物件。而袁先生卻在原先書櫃之地，用一根竹竿子撥灰，找那些沒有全毀的殘破的書頁，哪怕半頁一頁，幾個半頁，一張張，一片片，似若金錢，經過了一二個小時，累積了一本書，後來，袁先生予以加工整理，通過沾貼、補就、增綴等功夫，形成一本奇書，這本書是千萬本書的"殘羹冷炙"，內容包羅萬象，裡面精華不少，要翻起來，其味不下於朱元璋當年潦倒時，農婦所獻之人間美味佳餚"翡翠白玉湯"。袁先生將此書定名為：乙焚書。因李贄有此書名，袁先生為了有別，加了一個"乙"字。據說：袁先生曾在當日清理完焚書後，大哭一場，幾於昏絕。後經醫院數日搶救，才得以存活。這是：男兒有淚不輕彈，只因沒到焚書時。他曾遺憾地對我說：祖傳的那些線裝珍本，再也找不到也買不到了。

為了彌補這一損失，袁先生大量買書。他從牙齒縫裡擠出錢來，生活極簡單，穿著十分樸素，一條嗶嘰哩料子褲穿了五十年，一件灰色風衣外套穿了六十年，一頂帶絨老式帽戴了七十年，一塊老懷錶用了七十五年，一雙長統雨靴用了七十多年。他為了購書，利用節假日兼職上課賺錢，所得全部買書。他不僅買中文書，還買英文書。

四

袁先生學而不厭，誨人不倦。他四十五歲開始學習英文，他每天聽廣播裡的英語教學，一個單詞一個單詞背誦。他還跑到自己任語文教學的教室裡，當學生，經過一年多的努力，加上他有特別強旺與超人的記憶，他已具備英語閱讀能力。有一次，我去袁先生那裡閒談，看他拿一張全是英文的報紙在看。他自謙地說：我只會啞巴英語，意思我懂，讀得不准。我隨便選取一段英文，讓他用中文講給我聽。他掃視了一遍，說：這是一段莎士比亞戲劇，講的是一個人自信十足，但地位低，是個弱者。他要超越那個作為兄長的強者，說他是他年邁衰弱的父親與年輕貌美的母親翻騰澎拜激情四射時播下的種子，那個強者的母親不過是一個色衰的黃臉婆。又說：他的名字與那個強者的名字放到天平上稱一下，重量絕對不輕於他。在念誦出色時，他的名字更好聽。他母親年輕貌美，與他的父親結合定是歡騰奔湧，瑟瑟和諧。於是，他升起了戰勝他的兄長的野心。這一段獨白，我有印象，是梁實秋翻譯的，袁先生的解讀與我的印象符合，可知袁先生的英文閱讀能力已到一定水準。

袁先生給我的印象是：厚道、老實、誠懇、寬容、大度、負責、勤學，與世無爭，與人無求，滿腹經綸，不事張揚，桃李滿天下。他生活在自我得意的書卷氣息濃厚、精神充實博大的空間裡，但有點學究習氣，是三袁故里的一個典型書生。

一七一、緬懷母親

二月二日，龍抬頭。白居易與李商隱分別以此為題，寫下了輕鬆的詩篇。白有“輕紗細馬春年少”、李有“東風日暖聞吹笙”句子。是詩人的于龍抬頭日的愜意吟詠。這一天對於我來說是一個悲哀的日子，往事不堪回首。某一年的那一天，我年輕的母親悽悽慘慘戚戚離開了人世。此前一天，母親產生了第七個胎兒夭折了，當時農村的傳統的接生方式是由接生婆就地取材，用生銹的剪刀剪斷臍帶，我母親可能因“破傷風”感染，血流不止。到龍抬頭這一天上午，仍不見好轉。人們按當地處理辦法，愚昧而殘忍地將母親長長的頭髮纏繞在床前上方的房梁上，把她吊起來，說這樣可以止血。經過一個多小時，血止住了，母親昏死過去。人們把她放平，她醒了過來，可能是迴光返照，她神智清醒，低聲地把我叫到床前，眼裡噙著清淚，一字一頓對我說道：“兒呀，我要遠走了。你再也看不到我。我死後，你父親會給你弄一個後娘，你要聽話，好好讀書。”說完就永遠閉上了眼睛。那一年我十歲，大妹子六歲，小妹子四歲。

我母親死在農村的舊習俗裡，死在愚昧與殘忍中。我的母親美麗、善良、老實、勤快、忍讓、溫柔。她嫁給我的父親時，年僅十八歲，離開人世時，三十歲，一共懷胎七次，四個胎兒沒有存活，就剩下我們三個。聽老人講，有三次腹內發作時，是在灶堂邊做飯，另有三次發作是在農田幹活，有一次發作是在小河邊洗衣服。這一次發作生下了我。

我還清楚記得，有一年酷暑難熬，揮汗如雨，母親用竹扁擔挑了兩個大籃子，叫我與她一伴去三裡地外的棉田摘棉花，當時，豆豇子與棉花間作，母親手腳極其靈活，一手摘棉，一手摘豆豇子，一下子，兩個籃子便擠擠滿滿的了，她挑了沉甸甸的兩籃子，汗水濕透了她的衣衫，快步如飛回到家裡，我小跑才跟上。一放下擔子，母親就迅速把我摟在懷裡，幫我把濕漉漉的衣服脫掉，渾身上下擦乾，換好乾淨衣服，邊換邊說：汗水浸濕了衣服不換會生病的。把我的衣服換好後，接著我的母親便去檢查我的玩耍的兩個小妹妹，看她們是否有汗，她幫她們擦乾淨背心裡的汗水，她自己才放心去房內換乾淨衣服。

我的父親脾氣很懷，他是大男子主義作派，他好酒貪杯，常常喝得酩酊大醉，便耍酒瘋，以瘋作邪，口出惡言，對我母親謾罵，惡語中傷，我母親口訥，從不辨白。她受了委屈，聽了冤枉話，這個氣實在沒辦法出，她就跑到隔壁的堂姨媽家去傾訴，有時痛哭流涕。我父親知道後，講狠話嚇唬道：你再跑到大姨子那裡嚼舌根，老子一拳頭把你的腦袋打開花。可是這阻擋不了母親受了委屈後去她姐那裡傾訴。我母親去世許多年後，我姨媽常跟我講起這些往事。她感慨地說：人善被人欺，馬善被人騎。你現在的後媽好凶，你父親還敢不敢像對待你母親那樣耍脾氣？

我的母親天生的性格是逆來順受，溫柔和平，憨厚樸實。她對我祖母極其恭敬。逢年過節，有什麼好吃的東西，她首先敬奉祖母。祖母常跟她講自己年輕時的艱難，她二十七歲守寡，將分別為七歲（我父）五歲（我叔）的孩子帶大，多麼不容易。我母親敬重祖母的頑強的人格及與命運抗爭的偉力。我的母親對妯娌特別好。我們農村習俗重男輕女，她生下了我後，內心裡有一種優越感與自豪感，但從不外露炫耀。可我的嬸嬸生的小孩子與我相差十天半月，但是一個女孩子，農村俗話說，生女孩子是那個女孩子“跑快了”。我嬸嬸很自卑。我母親經常去安慰她，從來沒有鄙夷賤視的感覺。母親說：你的面相裡有兒子，就這三五年。嬸嬸驚喜地問：你會看相嗎？母親說：“會。”這幾句話給了我嬸嬸巨大的精神力量，減輕了她的壓力。待我母親離世後四年，我嬸嬸終於生下了一個活潑男孩，她驕傲地稱讚我母親看相靈驗。

我的母親的母親，在我七八歲時，經常徒步往返二三十裡來我家。她老人家雙目失明，說是想念我的母親，靠一根竹杖探路而來。農村俗言：“嫁出的女兒潑出的水。”我看她老人家對女兒的掛念情感勝過未嫁。我母親因農活太忙，很少去外婆家探親，她們母女的感情聯絡主要靠外婆的竹杖。我的母親對外婆極恭敬，每次外婆來了，母親歡喜異常，外婆走時，也親送很遠很遠。母女的情深意篤，令周圍人們感動。

我母親的形象一直浮現在我腦海裡，一次，我在街上走，偶然發現一個人，面目身材酷似我的母親，擦肩而過後，我轉身呆呆地看著那個女人，我眼裡噙著淚水，幾十年了，確實是我的母親，但畢竟不是，只好遺憾地走開。我的母親很普通很平凡，是典型的農村的賢妻良母。她的不幸早逝，是農村邪風惡俗釀成的悲劇。我永遠緬懷我的母親。

一七二、蕭氏印象

蘇軾詞曰：“十年生死兩茫茫，不思量，自難忘……料得年年斷腸處，明月夜，短松岡。”此為蘇對亡妻王弗深沉的思念與哀傷的情感驅使所寫，十分感人。

我今天所寫蕭氏印象有類似的情感經歷。蕭乃天門盧埠人，小時的家境比較殷實。家庭成分是小土地出租，他們的住房很大，在當地引人注目，解放前後家裡開過榨房，方圓幾十裡的人家都把芝麻、菜籽、棉籽挑到她家來換麻油、菜油、棉油。油品的香氣環繞屋前房後，漫延幾裡。他們的屋前有一條小河，通天門河，可直達武漢。蕭的父親是三代獨傳的男子，人很精明幹練，遇事有眼頭。當年，他曾在一畝三分地種蔬菜，因會經營，蔬菜瓜果長勢喜人，他便靠出售自產蔬菜改善了家庭經濟狀況。可是經常有人偷摘，他便有一天夜晚，披了一張老虎皮在隱蔽處蹲守，偷者趁黑挑了籮筐偷摘下來一滿擔時準備離開時，他猛然竄出，發出虎吼雷鳴般的聲音，偷者匆忙倉皇而逃，連一蔸菜也沒有取走。從此四處傳言，他家的蔬菜瓜果有虎鬼妖魔什麼的看守，再也沒人敢偷了。他老人家十分聰明，他用當地的陶器罐子、罈子生綠豆與黃豆芽菜，賣得也很紅火。當他兒子有了四個孩子後，家大口闊，他們的經濟狀況始終是活便的。當年他們的房屋變遷，當地允許他選址，有一塊地與大路相衝突，人們均不看好，他選了那塊地，做了房屋。到了他孫子輩時，他們在自家開小型商店爾後發展為小型超市，成為了盧埠首富，眾人認為：得力于他老人家得了“地利”，會看好風水，南來北往，方便做生意。當他的孫輩們十分有出息時，人們都認為是沾了老人家的光，托了他的福。

蕭氏引起我的注意，是在師範讀書時的一次中秋節聯歡晚會上。我的好友劉興發與蕭同台演唱了一首民歌，他們兩人配合得天衣無縫，唱得激情澎湃，一個男中音雄渾壯觀，一個女高音，優揚婉轉，以我們剛入校的欣賞水平，認為他們的演唱，簡直是爾後走紅的歌唱家的水平。那歌詞是：

大河漲水沙浪沙，一對鯉魚一對蝦。
只見鯉魚來戲水，不見小妹來採花。

我是天生的音樂欣賞者，我並不怎麼唱，但對於好聽的歌曲與曲譜特別敏感與喜愛。比如當時流行的《梅花三弄》《金色狂舞》《二泉映月》《南泥灣》《白毛女》及《洪湖赤衛隊》整本插曲等。蕭當時年輕，活潑開朗樂觀，沒什麼忌諱，特別愛唱，說唱就唱，不像別的女生，扭扭捏捏，瞻前顧後，她唱得特別好聽且感人。老師上音樂課時，常讓她作示範演唱，這樣，我就對她有了好感，我曾寫有兩句話，讚美她的歌聲：千杯萬杯葡萄酒，難抵你的歌一首。

三五年後，當她在學校操場上給學生作示範演唱時，驚動了四周的農民，他們停止手中勞作，紛紛走出家門，把操場擠滿。有些人去鎮上趕集的也呆在大路邊，聽她演唱韓英的獄中唱段。當她吟唱"兒死後，你要把兒埋在大路旁，讓兒的墳墓向東方，兒要看紅軍凱旋歸，常見家鄉的紅太陽"時，很多人鼓掌流淚。情景不亞于歌星演唱會。

我認為：她天生的嗓音好，音質純良，音量寬宏，音域深厚。很多好聽歌曲，一學就會。比如《繡紅旗》《繡金匾》等，她只在收音機聽了一遍，就能聲情並茂的演唱，把歌曲中的情感傳遞給聽眾。她不僅歌唱得好，體育也優秀。當年荊州地區舉辦運動會，她是女子八百米冠軍。

一次，在課間休息的走廊裡，我見她活活潑潑地半跳著，忽然想找她借一元錢，當時，一元錢可以解決一些問題。我常年吃不飽，不斷被饑餓煎熬，有些同學時不時上街打些牙祭，我因為窮，不會。那些天，我生了幾天病，剛恢復，有種對營養的渴求。我很不好意思找蕭開口，我以為她一拒絕，簡直是奇恥大辱。出乎意料的是，她滿口答應，並從荷包裡遞了給我。我千恩萬謝，許諾下一月歸還。她則毫無心思、毫不在乎地說："有錢還，沒錢不還。"這麼一來，借錢還錢，我們就有了機會結識，說話，彼此瞭解對方的家庭情況與人生抱負。畢業分配到三袁故里，後來發展成為愛情與組成家庭。

然而有很多事情出人意外，也根本搞不懂原因。李敖大師在一次“語妙天下”的節目中，講到他的前妻胡茵夢女士寫的一本書裡的內容，列舉了一些荒唐的夢幻的描述，他認為胡文筆好，但是有精神分裂症的傾向。蕭氏也有這種毛病。有一天，忽然對我說：“吃芋頭、土豆之類，好像看見的是一個個可怕的蛇頭。”她這種幻覺非常奇特。於是我問：“從什麼時候開始？”她說是上一個星期六晚上，去縣劇場看了《洪湖赤衛隊》，晚上去油江餐廳吃了一盤冷粉蒸肉，回校口渴，去校園後井水邊喝了井水，興奮不能控制，唱歌到天亮。然後就看一本《辯證唯物主義與歷史唯物主義》的哲學書，然後寫了好多萬字批註與體會。我安慰她，什麼也別想，什麼也別看，老老實實休息。我將她看的那本書翻了一下，發現她寫的批註是高度哲學化的認識，簡直是天才預言家與理論家。當時她預言了文化大革命的到來與轟轟烈烈的場面。爾後四年，那種情況與感覺果然如她所寫。我便明白，她得了精神分裂症。發作時，胡言亂語，誰也不知道她說些什麼，不發作，如同常人。爾後，在組織的關懷下，我陪同她起先去沙市後來又去長沙湘雅醫院精神科治療，時好時壞。一旦頭腦清醒時，她認為自己是命裡遇到了魔鬼，糾纏不清，有尋死擺脫煩惱與折磨的念頭。終於在發病後的第四年的六月十日，月亮清輝，趁我熟睡之時，悄然離去，走向了五裡遠的馬楊灌溉渠，結束了年輕的生命。

好多年後，我一直不明白其患病之因。後來，得知她的親弟患俗稱“母豬瘋”癲癇病，是突然倒于河邊亡故的。我懷疑是一種家族性的偶然的遺傳。若干年後，當我學了智者大師的六病六治的理論後，才徹底明白。她的病屬魔障疾病，魔，分天魔、死魔、業魔之類，當這幾種魔結合時，一般藥物治療不了，她自己感覺得到，但無法自拔。這一類疾病是整個人類的悲哀，也是一個世界性難題。

蕭氏，太冤枉了，太可惜了。她的病與死給她的父母造成了巨大的傷害。她名叫蕭受榮，吾之前妻也。

一七三、祭胞妹文

此時此刻，我以無比悲哀、極其沉痛的心情寫下這篇祭奠我胞妹離世的文章。

約略算來，我寫過 20 本書(出版發行 10 本)，3000 篇文章（發表 2000 餘篇）都沒有我此時心中之沉重、迷惑、糾結與抑鬱。我祖父死于鴉片，祖母死于年邁，父親死于哮喘，母親死于惡俗，繼母死于肺病，新華弟死于心梗。唯獨我的同胞三妹，性格頑強、活活潑潑、什麼病也沒有，好端端的的一個自信十足、兒孫滿堂、樂觀開朗、活力四射的人，出乎意料地從地球上消失了，她死得很突然，死得很冤枉。

我胞妹，名翁存英，乳名三姑，我叫她三妹，年長以後，隨孩子們叫她三姑媽、三姑奶奶。她身體健康，思維敏捷，做事勤快，愛子如命，愛孫勝子，一生節衣縮食、勤扒苦做、，是一個心地善良、關心他人、大方熱情的婦女，稱得上是一個巾幗英雄。

我母親去世時，三妹只有四歲，她在祖母的呵護下成長。起初讀書時，她很聰明，成績很好，字也寫得不錯。由於當時家大口闊，加上當地幾百年習俗，重男輕女，遵奉什麼“女子無才便是德”的胡言亂語，讀了一年便綴學了。她從八歲開始就參加集體勞動。水中插秧、旱地割麥、高坡植麻、砍黃豆、割高粱、摘菱角、挖溝泥、清水溝、打簾枷、脫稻穀，什麼活都幹，她不怕苦、不怕累、不怕髒，表現十分突出，老是評先進，得到過各種物質獎勵與榮譽稱號。她有活躍的頭腦，頑強的意志，豁達大度的精神。村裡的姐妹們都願意與她交朋接友，老人們稱讚她是一個好孩子，婦女們讚揚她是一個好丫頭。

我 13 歲離開家，去了沔陽一中讀書，離家數十裡，每個月回家一次取一元二元生活費。一次，三妹從她的層層包裹的皺巴巴小手絹裡，拿出了一疊一分一毛積攢的錢給我，親熱地說：哥哥，這是我砍馬草、挖回頭青果賣的錢，給你讀書，我不禁熱淚盈眶。她當時只有十歲，竟那麼懂事。我 18、9 歲，就讀沔陽師範，有兩三個月沒回家。當時，正值三年自然災害，糧食緊缺，我在學校裡生活，常處半饑餓狀態。我父親和祖母擔心我吃不飽，於是磨了四五斤熟秈米粉，作些補貼，不知用什麼辦法送到我處。三妹當時 12 歲，自告奮勇，說我給哥哥送去。我祖母不放心，說你這麼小，上街不過兩裡，到仙桃三十幾裡，步行，那怎麼行。我三妹有十二分把握地說：怕什麼，嘴就是路。她上午出了工，下午出發，獨自一人，背了米粉，步行到了仙桃，然後打聽我所在學校地址，找到了我，我萬分驚異，被我蓮花之齡的妹妹的勇氣、獨立性與能力所感動。

1965 年，人民公社開展平整土地運動，對各處的散墳統一遷移處理，以便擴大土地運用。我母親的墳正好處在一塊良田的田頭，屬遷移範疇。我三妹膽子大，她說：我去。當人們挖開土地打開棺木後，只見棺材內滿是清水，三妹褲腳一卷，打了赤腳，下到棺材裡，將母親的遺骸一根一根白骨撿了起末，用包袱背著，照規定地方埋了。爾後若干年，我父親的墳墓也須統一遷埋，人們打開棺材後，又是三妹大膽下去，又撿起了父親的遺骸，用木箱裝著遷到了老屋場後池塘北的高岸上。我作為兒子沒敬的孝道是我三妹完成的。

三妹結婚後，丈夫陳世宏在部隊任職，由排而連，由連而營，28 歲任團長。我於 1984 年去過他們的部隊，住了一個月。那是江西省東鄉縣的一個山區，四周高山峻嶺，中間一個盆地，那裡是整個福州軍區部隊的一個油庫。這期間，三妹已隨軍，她成了“官太太”，但毫無架子，她從農村來，保持著農村婦女勤勞樸實、節儉的本色。她告訴我，她在農村如何吃苦，一個人帶兩個小孩子，從不耽誤出工。什麼累活都幹，大隊裡評他為模範軍屬。有一次，自家住房牆壁損壞了，大隊裡派人維修，他謝絕了，自己爬牆上屋，一不小心跌倒了，把腰跌壞了，留下了癆傷。她到部隊後，一家人團聚了，她本人也擺脫了繁重的體力勞動，他說和以前相比，一個在天上，一個在地下。我觀察她與其他軍人家屬相處關係很好，他們有的來自河南農村，有的來自陝北山野，有的來自內蒙古草原，鄉音不同，生活習慣不同，但她對她們極其友好，如同姐妹一般親熱。剛去一年，沒有工作安排，他便除了照顧小孩、燒火做飯外，餘下時間便上山砍柴。我看到她劈的小塊木材，一排排，一堆堆，長短一致，粗細均勻，似乎做飯用二三年都不缺。她還把那些勞動果實送給鄰居，給人方便。夏天，她利用空閒的時間去城裡購冰棒在山村裡走鄉串戶，她說她那一年就賺了一萬多元。她成了家屬中最富有的一員。這期間，她熱情地接待了前來求助的她的弟弟翁存華與弟媳。幫助他們解決生活中的困難與婚姻上的矛盾。她促成了翁存華的家庭的完整。如今，翁存華雖已離世，但他的妻子住廣東清遠華麗住宅區，兒子和女兒在廣州有所發展，這與她的當年的幫扶是分不開的。

1987 年，我妹夫陳世宏轉業地方，擔任了當時很紅火的仙桃市棉紡廠任人事廠長，許多沾親帶故的的絡繹不絕找上門來，要求當工人。三妹總是熱情接待，夠條件的儘量協助滿足要求，不夠條件說盡好話。對於他們送來的禮品有的拒收，有的一禮還一禮，不使來人受損。三妹有眼光，在分配住房選址時，選了一塊荒地，看到了發展趨勢，她的三層小樓做好後，那裡新建兩條街道，她的住房處十字拐彎處，是一個黃金三角區，為她退休後開小賣部生意紅紅火火打下了基礎。三妹在廠裡上班，一直以身作則，廉潔奉公。廠裡有些同事希望拉關係解決升官、升職、調薪、調崗等問題，有的送煙送酒送布料，三妹一概婉拒。

從 1980 年開始，三妹幾乎將余部精力用於兩個兒子的教育上，兩個兒子也很優秀，大兒子考入當時難進的公安一中，後轉沔陽一中，大學畢業後，在相關單位任一把手，小兒子大學畢業後，在深圳任棉紡企業進出口有限公司副總，大孫子在武漢國企工作，已成家立業，大孫女在國外求學。退休後，她與妹夫一同開辦小賣部，辛辛苦苦積累了資金，使一家老小過上了富裕的生活。三妹對她的公公與婆婆極盡孝道，使他們活著時衣食無憂，心情愉悅，死去時，風風光光。她還收養了一個孤兒，當自已親生看待。

三妹在妹夫患重病期間，精心陪護照料，三走武漢，三去北京，廢寢忘食，疲憊不堪，毫無怨言。妹夫去世，她經受了巨大的精神打擊，她無比頑強化悲痛為力量，將全部身心獻給後輩。她在深圳十年，除照護孫女上學接送外，還另找了一份環衛保潔工作，她幹得非常出色，從不計較個人得失，她將所有辛苦所得，全部獻給後輩，體現了她的無私奉獻與堅韌精神。正如他兒子所說：“我的母親一生艱苦樸素，一生與人為善，一生勤勞能幹，是一個偉大的母親。”

本年 7 月 3 日，我與三妹通了一個小時電話，她精神狀態與身體狀態都很好，是一個女強人的自白。她說：我什麼病也沒有，你不擔心我。她說她經常在抖音上發作品，國內外粉絲不少。她還說，抖音平臺欠她幾十萬元錢，她要打官司。她說她去北京三次。她好像很自信。通話結束後，我想：抖音平臺很規矩，怎麼會欠她的錢呢？轉念一思考，她受了中介人的騙，那個中介人騙她：交了錢，發作品，發作品，可賺錢。她的作品流量大，錢賺了進了中介人手裡，她蒙在鼓裡。她一追問，中介人又忽悠她打官司。可是這官司怎麼打？被告是誰？證據是什麼樣？法律依據又如何，她都說不明白。

當我把問題想妥準備與她交流時，於 7 月 9 日下午 2 時，聽到了她的噩耗，說她離世了。她死得很唐突，很冤枉，她死在她的盲目自信裡，死在她的執著追求中，死在了子女們的麻痹大意裡，死在了她的迷惘、迷糊的意識中，死在了她不該死的怪圈裡。一般的氣候變化打不倒她，失意與不順難不倒她，她本是一個身體強壯與精神強大者，然而任何一個強大的個體總是受著自身命運控制與安排的，是受著某種造化的神秘力量所主宰的。她的離奇離世是家族的不幸，是人們的悲哀。歷史不斷重演：世界常青，人生無常。

胞妹，你安息吧。怨你的靈魂在寰宇自在自由自主！

（寫於公元 2025 年 7 月 10 日—12 日）

一七四、“打工”瑣憶

我這個人沒什麼出息，到了耳順之齡，還在闖蕩江湖，外出八百里，掙得“米”來改善家庭經濟環境。從農村小縣到大城市武漢，混了四年時光，有許許多多見聞感知，可謂曆事煉心，寫出來與大家分享。

一、測試

武昌實驗寄宿學校是一所民辦學校，坐落在東湖邊的磨山腳下，風景優美，樹木蒼翠，北有東湖旖旎風光，南有覆船山奇妙景點。東有磨山蒼茫森林，西望珞珈山武大校園景區。這所學校設高中初中六個年級，學生總數約六百人，每班 30 人。收費較高。一年交學費一萬五千元，生活費五千元。學分門檻不高，屬武漢三十三所民辦學校中的佼佼者，行政上受投資方與武昌實驗中學雙重領導。在這個學校任教的有來自實中本部的教師，也有聘任的全省各縣市的優秀教師，還有少數大學教授屈尊教高中，一般老師待遇三千元左右，而當時一般教師原校工資不過五六百元。這一年，高中畢業班的一位語文任教者年齡偏大，掌控不了課堂，學生家長意見很大，最後一學期走馬換將，這一個指標有七個人競爭。校方測試了六個人均不滿意，我經朋友介紹，是第七個應徵受測試的對象。首先須填複雜的表格，接受資格審查，我看比我參加中國作家協會的申請表格還要詳細。表格上交審查合格後，還要進行一堂課的教學測試。帶有一些刁鑽性。上課前半小時，通知課文，教課班級與學生十分陌生，完全靠你現場觀察感知。他們給予我的課文是《時鐘》，高爾基作品。我必須在二十分鐘內將課堂設計完成，另有十分鐘，我利用學生課間休息去熟悉一下教室環境，去看看學生面孔，粗略感知教學對象。十四年前，我帶過高中畢業班語文，但後來是教師範。相對言高中教學是最扎實最嚴謹最過硬的教學。我是首次接觸這一篇教材。教材雖生疏，但我對教材、學生與教法有所研究，正好碰上了一次嶄新對象的實驗。高爾基文章有語言精煉、激情澎湃與思想深邃的特點，他描繪時鐘的運行是為了揭示時間的價值觀念，揭示生命的價值觀。他說：人的整個一生都是一座壯麗的時鐘，一座洋溢著精神力量並使人震驚的偉大的時鐘。只有兩種生活方式，腐爛或燃燒。把自己年華付與社會需要，不憐惜自己的人萬歲，用壯麗的業績把它填滿。又說：精神強大勇敢剛毅的人——為真理正義和美服務的人萬歲。讓整個一生都在追求中度過吧。這是世界上最值得驕傲的智慧，又說石頭縫裡也是有思想的。我先將文章閱讀了兩遍，掌握其課文主旨及反映主旨的中心句、難點句。課文分六段，每一段以“嘀嗒，嘀嗒”開頭，每段大約七百字。於是我決定將學生分為六組，每組讀完全文後，重點只理解與分析一段，了知這一段中心內容是什麼，重點語句是什麼，難懂到需老師講解的是什麼，生疏詞語是什麼，各組選一個發言人。時間安排如下：全文閱讀與找重點語言作記號劃框框或圈點十五分鐘，分組討論十分鐘，發言探討與老師板書同時進行十五分鐘。教師小結五分鐘。我在實施計劃中，課堂非常活躍，感到武漢的學生到底出身大城市，很聰明，思想靈敏，接受力快，表現欲強，表達力很不錯，完全出乎我的意外。我在小結中先解答了學生提問，充分肯學生學習的主動與積極，最後重點說明：從時鐘到時間，以形象說抽象。時間是每個人天天面對又終生伴隨著的一座金礦，虛擲浪費時間，金礦等於石頭；珍惜時間，金礦光芒照耀，價值連城。高爾基十六次重複了“滴嗒”的響聲，是警示，是提醒，是召喚。警示什麼？提醒了什麼？召喚了什麼？為什麼選擇這兩個字？請大家解答。然後我將黑板上的課文中心句請大家集體背誦，揚言要“齊宣王聽吹竽，一個個吹”。忽然下課鈴響。我宣佈下課，審課者與學生熱烈鼓掌，歡喜之情溢於掌上與臉面。

約摸五分鐘，審課校長評課並通知：駕馭課堂能力很強，學生積極性調動起來了，你這樣優秀教師，所見不多，我們商量了決定錄用，過兩天來上班。

二、辯解

社會上對教師要求比較高。如果全社會打麻將成風，要是老師參與了，就有人說，老師怎麼打麻將？認為是大逆不道。人們似乎認為老師應是不食人間煙火者，不應有七情六欲。剛施行教師節，有人給老師送些水果之類禮物，有當官的挺著肚子作報告，批評道：老師不廉不潔，接受家長送禮是不正之風，應予剎住。當然，這也有好處，老師是社會優良風氣的示範者，受社會監督，理應警覺。應是學為人師，行為世範，才稱得上老師。

一天，學校領導找我談話，準備中途解雇一個老師。我驚異地問：為什麼？說師德有問題。舉的例子是：該老師將學生沒吃完的餅乾裝在袋子裡拿回家了。這件事，我知道。原來，這所學校學生每日吃五餐，除正餐三頓外，另有兩次副餐。分別在上午與晚間 9：30 供應。副餐在教室發放，餅乾、麵包、蛋糕、罐頭、牛奶及各種時尚新鮮水果，荔、桃、梨、蘋果、桔、橙、香蕉等輪流供應，學生分配吃不完，就甩入垃圾桶，幾乎每天都浪費。這個老師家庭旁有一所農村小學，地方偏僻，孩子們別說吃，好多種美味沒看到過。這個老師來自鄉下，覺得這些副餐食品、水果倒入垃圾桶實在可惜，他做了一個有心人，將那些可以保存的水果、餅乾、蛋糕、麵包、罐頭之類用袋子裝了，趁假日送給那所小學。誰知，這件事被巡查的校工所見，便反映給學校領導。我雖從縣城來，在武漢人眼裡，也是農村。領導找我談話，可能是讓我警惕。我聽了後，替那個老師辯解道：我們農村有句俗話，叫一粒糧食一滴汗，浪費糧食遭雷打。何況餅乾與水果。這個老師有珍惜食品的心理，對暴殄天物十分反感，再說，他所取是關心農村孩子，這不是師德上有缺失，恰好相反，是一種美德。領導說：這樣作影響不好，學生反映家長，會引起誤會，家長是上帝。我聽了，覺得公辦民辦的差異很大。至少對待家長的態度大相徑庭。後來，領導找那個老師談話，讓他注意影響，畢竟沒有炒他的魷魚。

三、歐陽

校園西側有一個圓形跑道約四百米的操場，吃過晚做後的老師們三三兩兩，自由組合，在那個跑道上散步閒聊，以緩解緊張工作產生的壓力。一天，遇見一個身材魁梧的、面目和善、聲如洪鐘的老者，特立獨行，見其相貌不俗，於是主動與他打招呼，老者說一口標準的普通話，自我介紹，他姓歐陽，是華師大英語系系主任，曾著《俄英漢詞典》，剛退休。只因這裡報酬不菲，故來幫他們帶帶老師，另任兩個班的英語教學，他只是想試試一年，並說，他已收到某高校的聘請，可能一個學期結束後，提前離開。他雖然只工作了三個月，對私立學校的學生面貌有詳細的瞭解。

他說："這裡的學生多數人基礎差，學習習慣不好，教師授課只能接受三分之一，很多人來是為了混一個文憑。這與家長關係很大。家長一心撲在錢上，忽略了孩子的成長教育，這是全社會的悲哀。家長誤以為錢可解決一切問題。錢可以買到文憑，不能買到水平。錢可以買到學分，不能買到能力。家長愛攀比炫富，學生潛移默化。每到假日，來接學生的小車，約五百輛，欠檔次的自慚形穢，不敢開進校園，躲得遠遠的。只有名牌車才堂而皇之開進，爭光門色。學生也愛攀比，一個男生花四百元剃了一個香港頭，另一男生花五百元理了一個梯坎形。有人花上千元購韓國閃電牌運動衣，有人花二千元購美國奈克運動裝。有一個女生姓潘，家長隔三岔五送鴿子湯、甲魚湯過來，學生埋怨這個湯不好喝，學校伙食本來開得很好。這個家長的錢多得沒有位置花。他是暴發戶，在國企改制中，利用其與原廠長郎舅關係，收購了原漢口最大的國營家俱廠，幾年幾年就成了億萬富翁。聽說他已為女兒高中畢業就去英國就讀，為她準備了兩千萬。另有幾個土豪商量了，只要混個高中文憑，準備孩子去新西蘭。這種心態，怎麼能促使小孩好好學習呢？據我瞭解，至少有三分之一學生屬無效上課，這些孩子也很悲哀，完全聽不懂卻被迫坐在教室浪費青春活受罪。我們的教育是通才教育，很多學生並不適應通才教育，如何因材施教是一個大問題。在通才教育中失敗了的學生，說不定在專業教育中很成功。據我看，私立學校也面臨根據實情進行改革的問題。”

教授到底是教授，他分析問題很深刻，令人有醍醐灌頂之感。

四、髒話

一天晚飯後，王姓班主任決定對學生座位調整，任課老師反映了有三對學生過於親密，不停講話。他調整的重點是拆散鴛鴦座，讓他們成銀河之隔。多數學生在場，一下子調整完畢，似乎皆大歡喜。晚自習時間到了，一個姓馬學生到教室時，發現自己座位排最後東北斜角，而他歡喜的那個女生排于西南斜角，一時怒火中燒，心懷不滿，掀倒了課桌，罵道：“我通他的娘。”此罵聲正好被王姓班主任聽見，他血壓升高，氣憤已極，當時便回到宿舍，捲了被褥，回家去了。臨走，跟一位同事說：“何苦乃爾？我在這裡是想發點餘熱，遭致年已八十老母被罵。”說完，不聽勸阻而別。

第二天上午，領導約了我，一同前往蔡店去接這位老師重返校園。我們買了幾斤水果、一提牛奶去探望他家老人。經過一番寒暄後，發現該老師氣還沒有消。他指著年邁老娘說道：“我老娘八十有一，兒子在外打工，被一個十幾歲小孩罵要通娘，受此奇恥大辱，我於心何忍。”領導對這個老師認真負責的工作給予了充分肯定，並斥責了學生胡言亂罵，不遵守學生守則。並說要給予處分。我補充道：“我走南闖北，知道各地的出口髒。天門人的出口髒是：炮（抱）打娘日的。荊江南的人出口髒是：牛雞八日的。荊江北的人出口髒是：那個狗日的。漢口人的出口髒是：婊子養的。洪湖沔陽一帶的出口髒是：砍腦殼的，剁八塊的，遭槍打的，受雷劈的。武昌一帶的出口髒是：通他的娘。這些罵人的話，只是表示一種不滿情緒，並沒有實在內涵，不能深究，不能執著，不能落實，不能自尋煩惱。聽髒話的人當耳邊風就行了。再說學生的錯誤，老師群體有責任，學生是受教育對象。您處理座位問題，假如先打個招呼，工作細一點，可能不至於矛盾尖銳化。”聽了我們的勸說，這個老師臉上泛起笑容，一改剛進門時的難堪與怨氣，放下了心理上的包袱，答應同我們一道返校。

五、包餡

一天，早餐剛過，一位生活老師端了一個一尺見方的鋁制食盤，外面鋥亮，裡面裝了二十來個肉包的外皮。她氣衝衝地放到講桌上，一面埋怨，一邊告狀。她說：“我們一個月才三百元，人會忙死，還要這麼多麻煩事，你們班上的學生把分配給別班的包餡偷吃了，從來沒有過的事，現在那些學生還在食堂等肉包。”我連忙端了食盤，走向廚旁，如數買了二十來個肉包，讓生活老師端到那些等待過早的學生。然後對生活老師說：“人沒到，不發放，使惡作劇者沒有機會。再說，你可以讓學生幹部幫你操持，端盤，發放，監督學生就餐，你就輕鬆了。”生活老師氣還沒有消。我便自我檢討：“學生出了問題，我有責任。我保證此事再不會出現。”她才放下心來。

我想起鄰班一位老師處理類似事件，他怒火中燒，氣憤已極，猛拍桌子。把四個犯錯的學生叫來，各寫二十份檢討到處亂貼，然後還請了家長，弄得滿校風雨。那四個人形成小團體，專給老師作對，他上課寫黑板，四人不約而同向他投擲橘皮與香蕉皮，老師一轉身，竟不知誰為，於是大發雷霆，無濟於事，威信掃地。最後，家長聯名向學校反映，炒了這個老師魷魚。

我冷靜分析，包餡事件應該是由一人帶頭引起，是一場由學生王引起的惡作劇，他這是測試老師處理問題的能力。武漢的學生有團體傾向，凡是一個小團體，必有一個小王起作用。我不一竿子打一船人。“擒賊先擒王，挽弓當挽強”，我只找那個帶頭的學生談話，我不扣不尊守學生守則、擾亂生活秩序、強佔別人便宜、影響惡劣等帽子，也不用請家長之類進行威脅。只是輕描淡寫說道：“我和你換個位子，你當這個班主任，我當你這個學生，我把鄰桌的包餡吃光，你怎麼處理？”學生頭子馬上表態：“老師，我對不起你，我向你保證，一定改正，我跟他們說一下就行了。”我說：“謝你支持，我們攜手，把班管好。”就這樣化干戈為玉帛，化腐朽為神奇。一場可能出現的雷鳴電閃一下子風平浪靜了。

六、偶發

一天晚飯後，一個羅姓女生與向姓女生兩人開玩笑，演化成了一場鬥毆。羅說向：“那麼愛打扮，還是只那麼好看。”向說羅：“我不比你愛打扮，你一天照一百回鏡子。”羅說向：“你媽愛打扮，把你爸打扮跑了。”向說羅：“你媽開髮廊，當鴇母，開妓院。”羅說向：“你跟老子罵我媽，你打了兩次胎。”向氣急敗壞，便撕扯羅的頭髮，羅便抓向的臉皮，羅個子大占了上風。眾人解交，才分開。但向不服氣，叫了她的男閨蜜邸。邸為了效忠女友，表現表現，替向報仇雪恨，三拳兩腳把羅打傷。校政教處派車將羅送住東湖醫院就診。

約八點，羅的父親趕到學校，找我瞭解情況，揚言此暴力要起訴，通過法律手段解決。我首先瞭解了學生傷勢狀況，醫生檢查腿上鐵青淤血兩處，胳膊淤血紅腫一處，醫生說：“服藥打針一星期即可。”於是，我分別找三名學生談話，然後我請了羅、向、邸三位家長開一個協調會。羅與向有口角，有撕扭，無大礙。問題出在邸身上。他是幫忙出氣的，出手太重，將人打傷，且面臨高考備考，這個損失很大。家長到場之後，我作了自我批評，然後商量一個解決方案，平息事端。武漢家長比起鄉下大不相同。他們有廣泛社會聯繫，有一定的政治背景，有經濟頭腦，有法制觀念。如果處理不當，將波及學校聲譽。我將事件發生、發展、經過、結果作了簡述，然後請羅家長提要求。向與邸表態願意接受老師的調解。我提的辦法是：邸是肇事者，家長負擔醫療費、營養費六千元，向是顧請者，負擔貳千元，羅是受害者，只接受賠償。當時三位家長願意接受此協調方案，握手言歡。此事上報政教處，領導認為矛盾沒有上交，處理比較恰當，給予肯定。爾後一星期，兩位家長兌現了承諾，三位家長與學生相安無事。我的體會是：不是怕出事，是怕出事了不會處理事。要用智慧，不能單憑感情處理。

七、巧遇

一天上午九時，我去教務處辦事，轉回辦公室路上，偶然有人喊我姓名，我十分驚訝，轉頭一望，是我從未遇到的老同學周女士。周曾與我同座位，印象深刻，然而近四十年才見面，不禁高興異常，閒扯了幾句，得知她的老公姓郭也在這所學校任教，同時，她還認識了她初中時的同學鄭，鄭也在這所學校任教。我與鄭均有他鄉認故知之感。因我們都是天沔人，有點老鄉遇老鄉，兩眼淚汪汪的味道。這樣，我們就有機會認識了我六十歲以後遇到的一位賢能者，亦師亦友，名叫郭聖康。郭為人學問淵博，出口成章，文筆佳妙，深藏不露，對問題常有真知灼見，是一位正直、善良、記憶力好、智商很高的老人。郭的兒子在湖北有限電視臺擔任老總，媳婦任職武大辦公室，他們住武大南區校園。郭為特級教師，曾任號稱高考狀之鄉的天門一中管教學的校長多年，的確桃李天下，所培養的棟樑之材遍及長城內外，大江南北，深廣京上。郭為人低調，做事認真，說話嚴謹。他有一個興趣，經營盆景。他在深山河谷，碰到千年枯樹根，經過挑選後，用沙加水培植那些老樹根、蔸、枝，讓其發芽長枝生葉，形成獨特的盆景，是一項化腐朽為新奇的高雅美工程。他從天門到武漢居住時，運了兩汽車，像指揮家指揮交響樂那樣，調配，安置，運籌，計劃，使那些盆景一個個生動起來。他的盆景區分層次，分區域，有許多珍貴的品種，一年四季，蒼翠欲滴，鮮花朵朵，香氣撲鼻，是武大校園宿舍的一道風景線。我多次去參觀，親眼目睹其澆水、施肥、整枝、修剪、盤沙所付出的辛勞。他曾告訴我，一個風雨交加的夜晚，最貴重最耀眼的一個盆景被人所盜，他當時的心情如同徐悲鴻珍藏的國寶八十八神仙圖被盜。我安慰說：反正還是在武漢裝點江山，增添色彩，開了煙波。還免了您的操心，並不遺憾。

自那以後，我便與郭老有了許多交往，我愛打太極，郭老愛游泳。郭老奮進的人生哲學與不停地追求美的人生理想給予了我精神的力量與心智的引導。我到了晚年，筆耕不輟，不過是在修整與經營紙上的一個個盆景而已。

八、糖尿

學校的早餐五花八門，武漢地區的早點名吃輪流供應，先一天公佈菜譜。諸如米酒、豆漿、油炸雞腿、蛋糕、麵包、肉包、饅頭、油條、豆皮、肉絲麵、牛肉米粉、糯米紅棗稀飯、紫菜蛋花湯、春捲、油炸糍粑、漢堡包、肯德基之類。老師的早餐與學生同步共進。一天，從通城一中來的一位特級教師，傳授經驗似的跟我講："豆槳，你可以吃完後，舀上一搪瓷缸子，放到宿舍當茶喝，反正，剩下的他們會倒掉。"我問："佔便宜了，人家會說嫌話。"他說："炊事員允許老師可以。"我當時雖接近六十，身體體質甚好，食欲旺盛，味口很好，尤喜甜食，很貪吃，能量消耗在沉重的工作負擔中了。我帶兩個高考班語文，一個班的班主任。講課認真，始終保持激情昂揚、全身心投入的態度。免不了唇焦口燥咽幹，有此甜如蜂蜜的豆漿解渴，我是求之不得。沒有豆漿供應時，有米酒，我也照舀不誤。忽然有一天覺得無緣無故一個小時要喝一杯水，不喝喉嚨如火燒，且四肢無力，感到身體異常，於是去東湖醫院去檢查，巧得很，我教過的一個學生在這裡當醫生，他熱情接待了我，讓我去做檢查，看了化驗單結果，遺憾地說："老師，您是糖尿病，必須終生服藥。"起先，我有點緊張，他跟我講了些糖尿病常識，說這是一種富貴病，要注意什麼什麼，如何防止併發症等。我取了些藥，一路上想：星雲法師也是糖尿病患者，他有一個觀點，糖尿病是饑餓造成的。我想，我在求學長身體的年齡，理應風華正茂，然而遇上三年自然災害，幾乎每天餓肚子，那四五年時間，都不曾吃過飽飯，是不是播下了糖尿病種子？可爾後三四十年並無此病影子。問題的主因可能與貪喝豆漿與米酒有關。於是自我嘲笑："只因貪得一杯羹，致使糖尿誤終生。"這一經歷，使我明白了一個刻骨銘心的道理，再好的事物都在恰如其分的度中存在，超越限度就會不知不覺中轉化為災難。

九、奇異

我有一同事，向我講了他的豔遇，希我幫他想辦法解決。他班上有個美女因失戀投東湖準備自盡，也是她命不該絕，那一天晚飯後，他去東湖邊散步，見湖岸有個雙肩書包，似曾相識，一看周圍沒人，又看湖邊，冒大水泡，起大漩渦，立即明白有人投水，他毫不猶豫跳下，好在水並不深，他把那個溺水半死不活的人救了上來，一看是他教的一個女生露露。他對那個學生做了些擠壓排水的動作，然後，找人送了衣服來，幫她換了濕衣服，然後背她去了東湖醫院，採取了救助措施。學生甦醒後，第一句話是："別告訴我媽，她會罵我的。別在班裡講，同學會笑話的。"老師也作了保密的承諾。過了一天，學生恢復了正常，老師說："你美麗，身材好，學習也優秀，還愁今後找不到對象？常言道：東方不亮西方亮，黑了南方有北方。你戀愛的那個對象並不是優秀，人很矮，家境很一般，你今後讀了大學，走向社會，供你選擇的英俊瀟灑、大有作為的男子多的是。你為什麼吊死在一棵樹上呢？"女生只是聽著，不吭一聲。老師問道："他是不是又和別的女生好上了？"女生點了點頭，半天說了三個字："太氣人。"老師說了一句印尼諺語："你氣我，我不氣。我若氣，中你計。"女生似乎破啼為笑。老師說：我們的人生要能經受得住各種挫折，適應各種意想不到的變化，才能變得頑強，才能享受幸福的生活與愉快的體驗，只有任何時候都樂觀開朗，才能主宰自己。你想，你遇那麼一點波折，就想了結自己，這是愚昧還是智慧呢？你本來就是一個聰明人，怎麼就糊塗了呢？"女生激動地說："老師，您的話我聽進了，我再也不傻了。"

令這個老師絕對想不到的事是：不久，這個老師在備課夾中發現了一封情書，竟是露露寫給他的。說他救了她的命，是她精神的導師，願意成就一場新世紀的奇葩之愛等等。問我怎麼處理？我問了三個問題：這個學生神經正不正常？這個學生在初中談過戀愛沒有？這個學生在社會上有相愛的男人沒有？我的同事作了回答。我說：這個學生的求愛信是遊戲性的。所謂遊戲，就是以戀愛好玩，過幾天就忘了，又去找另外的人遊戲了。你的辦法是若即若離，既不熱情似火，又不冷若冰霜，千萬不可墜入愛河，千萬不可以染指，千萬不可想入非非。我的同事擔憂地說：我拒絕她，她又自殺，我豈不犯罪。我補充問：你覆信沒有？答：沒有。我說很簡單，乾脆不理不睬，她以為你沒看到信，或者信丟了，你始終打太極拳，她的火花冒不出。還有兩個月高考，一畢業，環境改變了，注意力轉移了，你也安全了。

我的同事按我的辦法處理，以後便煙消雲散。

十、巧辯

武漢的學生，學分不怎麼樣，但幾乎個個聰明，能言善辯。這與大武漢九省通衢的地理環境與人文氛圍相關聯。有一天，我見學生注意力很易受環境影響而分散，走廊裡有人影晃動，他們也要探個究竟，稍有話語聲，有人便側耳傾聽。無疑，這是不能專心致志的表現，至於孟子說的"鴻鵠將至，思援弓繳而射之"應很普遍。針對這一情形，我寫了兩句話在黑板上警示：風吹雲動天不動，水推船移岸不移。有個姓周的學生見了跑來找我說："老師，雲動了，天也動了。船移了，岸也移了。這兩句話自相矛盾，不合邏輯。"我沒有說出這句話的來歷，只是肯定學生的思維不盲從，並帶批判性、審視性，這是應該肯定的。然後我說：，"天是大天，天蒼蒼的天，雲在飛，天動了沒有？岸是大堤岸，船移了，大堤移沒有？你說的不動是小不動，小移岸。再者，這兩句話是一個比喻，意在說明：學生學習要有定力。當然，列寧說了，任何比喻都有蹩腳之處。"學生聽了心服口服。

另有一女生，上自習下位找人講話，打了一次招呼，不聽，打了二次招呼，又不聽。於是我準備嚴厲批評。學生說："您說了，事不過三。我只犯了兩次。"於是我說下不為例。

有一天，一個老師不能上課，班主任只好頂替打個照面，為了向學生說明原因，我在黑板上寫："歷史老師患楚太子之疾，不能親臨課堂，請大家自習。"過了一天，學生不懂，跑去詢問歷史老師，他所答風馬牛不相及也。於是我只好將枚乘《七發》一文跟他們介紹了一番，趁此機會，鞏固和複習了一段文言文，講了一些要言妙道，學生方知老師開了一句玩笑話，不能當真，從此便薰梅染柳義無反顧，虔誠接受老師所教。

我在武漢"打工"四載，是我人生中見世面、長見識的一段可貴的時光，爾後便返回縣城，繼續過著"鬼混唐朝懶彈琴"的日子。這可勉強謂之朝花夕拾。

一七五、回憶八爺

八爺是我的堂叔，在我的印象裡，他個子高大，顴骨突出，一臉和氣，說話聲音宏亮，語速很快，似乎思維敏捷得不得了，那個口頭表達永遠跟不上他的腦袋的飛奔速度。我在兒時只叫他八爺，就搞不明白為什麼，他自稱“獨翁”，並沒兄弟姐妹，而且領兩家門戶。在我祖父的父親這一輩份裡，有三兄弟，叫應發、應章，應康，應發是我的父親的祖父，應章是我的堂兄存輔哥的祖父，是多少年的長房，掌握族譜的一脈。可應康沒有兒子，到我父親這一輩上，就讓輔哥的叔父八爺繼承了應康這一支家脈。他自己一個門戶，他又領了應康這一門戶，故他驕傲地說領了兩個門戶，待他生了四個兒子，準備再領先祖門戶時，農村有了大變革，各個自有門戶，也不講什麼領什麼門戶了。

我對八爺有三點印象深刻：

一、天生聰明絕頂，什麼東西除非不學，一學就會。他的才藝天賦在我們農村十裡八鄉，堪稱第一。他的笛子吹得特別好聽，據說是拜了他舅父家的一個笛子演奏家姓楊為師的，這個楊師傅見過大世面，在大碼頭混過飯吃，在漢口的漢劇班子裡跑過龍套，負責敲鑼打鼓之類，能打咚咚鏘的節奏。那個時候他們沒有“都來咪化所納系”的七音概念，用的老祖宗留下的“宮商角徵羽”五音。我一直奇怪，他不懂七音，怎麼把笛子吹得那麼悠揚婉轉如怨如訴的。我在讀了新式小學堂後，音樂老師用風琴彈出了嗨啦啦與二郎山、王二小、孟姜女等好聽歌曲，八爺的新音樂常識等於零，他怎麼把笛音吹得令人神魂顛倒的。有一天晚上，我們幾個小孩子從他門前過，又聽到他在吹，這一次與前幾次不同，以前他的笛子是橫在嘴前的，吹洞在笛子三分之一處，這一次卻是直著的，吹口在端點，而且那聲音格外悠長、深遠，韻律雄渾，似乎鑽到了骨子裡，令人渾身顫抖，兒時的我好奇得很，等他休歇時，去看個究竟，他耐心地跟我講這叫簫，笛是笛，簫是簫，笛橫吹，簫直吹，嘴型、喉氣是共同的。練要專心，用全部身體的氣力，吹出來，你自己覺得有味，別人聽來才有味。他說這裡面是有竅門的，竅門是吹出來的。師父領進門修行在個人。然後，他又拿出了俗名叫“喇叭”的明晃晃的東西，吹了一通，腮幫子鼓鼓的，搖頭晃腦，很投入。吹低音時，他身子上揚，吹高音時，身子下低。有時還轉腰旋胯，轉膝提腳，顯示得意洋洋的姿態，他周圍只有我們幾個小孩子，而似乎有成千上萬觀眾。後來我才知道這個玩意叫嗩喇，被譽為樂器之王。若干年我去北京老舍茶館聽民樂合奏，我想，八爺的笛簫之技與嗩喇之聲，比這裡的專業演奏家要強得多。

二、八爺有超前意識。一天，八爺過一個節日，特地請了我去他家陪客。至於為什麼請我，我不明白。可能小時的我，讀書好、且聰明的名聲在外，他預計可能會有一點點小出息，故他很看重我。記得當年春節，我們在他家小聚。談到農村裡也有君子、小人之分，堂兄存輔哥比我年長七八歲，喝了些墨水，說了一句《增廣》裡的話：君子坦蕩蕩小人長戚戚。並說八爺坦蕩，樂觀。說他的父親性格暴戾，要麼煩悶，要麼心憂。那時的我十一歲左右，我便插言：君子不重則不威，小人輕佻話語微。我八爺撚須點頭說：百裡挑一，此子可教。事隔不久，八爺的宴請讓我坐於主客之旁，我有點不好意思，但八爺的安排不可違。吃到燉雞湯時，八爺用筷子挑了一隻雞爪，名曰：鳳爪。似乎十分珍貴放在我碗裡，此前他已將雞頭（稱鳳頭）恭奉於主客碗內，以示尊貴。我腦子裡對雞爪印象很差，沒肉，嚼而無味，丟之不可惜。接著八爺發表了他的超前意識的觀點，而當時人們均不認可。他鄭重地說：雞子的精華全在爪上。你嬸娘把它甩在灰糞坑裡了，我去撿回來，洗盡了，燉，好吃極了。你一隻，我一隻，說著細嚼慢嚥，津津有味，似乎是人間第一享受，超過了熊掌。五十年後，當雞爪成為一種熱門菜品、製作工藝性強、味道鮮美、人們爭購、市場供不應求時，我想起了當初八爺的與眾不同的高論，不禁從內心深處佩服。

三、八爺能說善辯，村裡人說他捏半張嘴可講贏張鐵嘴。張乃鄉里有名的嚼筋佬，有死的嚼活、活的嚼成仙的本事，而八爺只須半張嘴就可打敗張鐵嘴。在我印象中，八爺順口成章，但沒見他口吐蓮花，也沒有見他與張鬥過嘴，可能是人們的誇張。有一天晚上，昏黃的油燈下聚集了上十個人，原來紅旗大隊（村）幹部開會，商量派誰去明天區裡的萬人大會演講，有人說：張鐵嘴；有人說：八爺。主張八爺去的人說：張說邪門歪道還可以，說正經磨子也壓不出屁來。主張鐵嘴去的人說：八爺太誇張了，說到了做不到，別人會說紅旗的人是牛皮客。說這話時，張正好趕上了，一進門就說：我發言不行，萬把人開會，要喉粗嗓子好，像夜蚊子哼不行。天上下雨地上流，大溝蓄水小溝愁。八爺說：紅旗人講面子，我發言缺裡子，裡子差了哪有面子。意為墨水欠缺。又說：天上下雨地上流，一水沖倒黃鶴樓。張說：你說話行是行，這個沖倒黃鶴樓太牛皮了。八爺說：一點也不牛皮。他問眾人，你們去排湖沒有？排湖陸公堤高吧？你們在排湖划船，是不見到一槳劃下去，陸公堤倒在湖裡，那湖水也沒流出來。我們這裡的水嘩啦啦流武漢黃鶴樓，黃鶴樓影子倒在長江裡，這誇張了嗎？眾人覺得有理，於是選了八爺發言，第二天，八爺的精彩演講，得了第一。從此名聲大振，人人都知道紅旗大隊八爺能說會道，適合當大幹部。

那年秋天，上面來了政策，將優秀幹部夠條件的轉為國家幹部了吃皇糧，拿工資，眾人意見一致，推舉了八爺，只須填個表、畫個押就可報批。名額有限，機不可失。八爺就徵求老母意見。母親說：你當國家的人了家裡的水缸誰挑水？三畝二分地，犁耙耕種誰下地。他聽母親的話，將這個指標讓給了別人。爾後三年，當國家幹部的優越顯示的時候，他未能沾光提拔成了終生的遺憾。有人說：當年他轉幹了，當個區長沒有一點問題，運氣好，可能當個縣長。“一等人，當公僕，一家老小都享福”終成泡影。

一七六、孝友先生印象

我第一次見到孝友先生，是十三歲時讀書初中的暑假，我父親跟我說：這個先生學問好，名聲大，寫得一手好文章，你去他那裡補習補習，是有好處的。那時，我父親種著二十五畝地，恨不得一人變成三人來勞作，是沒有閑功夫的。但他為了兒子的前途，還是抽了半天時間，把我送到先生的家庭私塾裡就讀。他去時，很謙卑、很真誠跟先生交談，大意是此兒尚幼，不很愚蠢，請先生嚴格管教之類，並送上了“束修”，比規定的略多一點。要是在前幾年，還要先拜孔子後，再拜先生，行三拜九叩之大禮，當時已經解放三五年，這些都免了。我父親走時，先生送了幾十米遠。我見先生個子瘦且矮，臉面蒼白，雙眼如電，滿頭白髮，走路有一隻腿小跛，似乎也不是很有勁的樣子。他的學堂裡分三個班，初中班，高小班，初小班。初中班是正在讀初中的學生，高小班是正在讀小學五、六年級的學生，初小班是發蒙匠學生。奇怪的是個子最高的是初小班，這個班裡聚集著七八個十四五歲女生，大都是失學的，或家庭困難的，家長醒悟後，覺得女孩子還是讀書認字好，於是送來這裡。這個私塾兩個老師，五十來個學生，負責的是先生，另一位老師是在西安大學就讀的大學生，個子高大，講普通話，教數學。我觀察學校的兩扇大門上寫有一副對聯，左聯：家庭重孝友；右聯：桃李自芳芳。橫聯：立志做人。我推測，先生所作所書，鐵畫銀鉤，筆力千鈞，典型的柳體書法，讓你百看不厭，從此，我稱先生為孝友先生。

約略算來，直接教我者，五十個老師，有私塾之先生四五人，有新式學堂的先生三十余人，另有授課的“野雞”大學的老師約七八人。孝友先生教我的時間最短，兩個月樣子，但他給我的印象最深刻。

先生實名李祝溪，在我們當地，與張難先齊名。而張難先在解放初是與沈均儒、沙千里、張瀾、羅隆基、儲安平、史良等人齊名的民主人士。先生告訴我，他於 1947 年在南京曾與蔣會面，曾與他膝蓋快挨膝蓋講話，談話後，蔣想派他去當湖北省視察員，如他願意，可去當個副省長或宜昌專員。他有好幾個學生在蔣手下任職，知道他們內部黑暗，官場派別鬥爭激烈，貪墨肆虐，他便予以婉拒，加上當時年事已高，已經風聞延安之勢不可阻擋，於是回到故鄉，在仙桃等地以教私塾糊口。這一年，年老體衰，才到本家借侄兒住房辦個家庭私塾。

先生學問好、文章好、書法好，是教我初中的那些公辦老師望塵莫及的。我讀的課本由先生親手書寫，比如《鄭伯克段于鄢》《孟子見梁惠王》等。先生說他不看原本，全憑記憶寫出，再核對時，無一字之誤。先生說：讀古書，沒有別的竅，就是死記硬背，背得滾瓜爛熟一條龍。先要死，後才活。接著先生就將已寫好的文章交給我背，我的幾個同學就又把我的抄本拿去抄，讓他們也背。除教古文外，先生還教《增廣賢文》，唐詩宋詞元曲也是要背。這和我在沔陽一中的語文老師教課不同。他們就是強調理解，給我們分析主題思想、段落大意之類，他們的辦法是講，講，講，講得天花亂墜、唾沫橫飛、自鳴得意，對學生言，毫無意義。先生所用方法是老祖宗經過幾千年來試驗成功的方法，這個方法使我終生受益，從那以後，我用這個笨辦法背理科公式、背作品優美語段、背成語詞典，得到了很多好處。

先生對我們進行對對子的啟蒙教學，這是當年公辦教育十分忽略的。先生從一個字、兩個字教起，培養興趣。一字的，如雲對雨，雪對風，千對百，兩對三；二字的，如晚照對晴空，宿鳥對鳴蟲；三字的，如風飄飄，雨綿綿以及雷隱隱，霧濛濛之類。然後對四字以上的。有一天，先生出上聯：蛙聲啯啯讓學生對，我對的是馬鳴蕭蕭，得到了先生的贊許。先生的這個循序漸進的方法給我以後的學習與教學工作產生了積極的影響。

一天晚放學了，先生忽然提出要去會一下我的父親，這一天離我去公辦學校報名約一二天了，我將要結束私塾的學習。自然，我喜出望外。先生一瘸一拐地走著，拄著拐杖，沿途經過三五個同學的家，他不打聽，直奔我家。我的父親正好從農田回來。他跟我父親寒暄幾句後，說：“你兒子今後有出息，不讓他輟學了。”他知道我們家大口闊，隨時有輟學可能。他只講了這麼一句話，拒絕了留他吃晚飯，然後又一瘸一拐地走了，我送了先生一二百米，他敦促我回去，幫我父親幹一點活。我看著他的背影遠去，我覺得他是一個平凡而偉大的人，很敬業的人，心裡充滿了對他的敬畏。

他那時，已是七十有三了。他沒有子女，沒有家室，只是名聲在外。不久，離開了人世。他跟我父親交待的一句話，一直成為我人生的動力。不管遭遇多麼坎坷與挫折，我始終不懈怠，生怕辜負了先生對我的期待。

一七七、天下第一收藏

(一)

湖北省荊州市公安縣有位退休老幹部名劉業森，數十年內，注目於上世紀六七十年代的文物收藏。為了弄到那些藏品，不惜走南闖北，不計金錢付出。在收入菲薄、生活拮据的情況下，省吃儉用，節衣縮食，從牙縫裡擠出金錢來，去購置藏品。他所收集的藏品以數十萬件計，堆滿了他的住處的所有空間，另搭一間小屋。他蜷縮在一張狹窄的單人床上，將空間利用起來，堆放與陳列藏品。如此執著地熱衷於藏品的探訪、購買、交易、鑒別是基於一種超乎常人的認識與想像。我們常說：思想決定行動，實踐促進認識，在劉先生的辛苦奔波勞碌、整理珍貴藏品的過程中得到了驗證，是他的尊重事實的正確歷史觀、價值觀在起作用。他認為：上世紀那個特殊年代不僅是共和國歷史的重要組成部分，而且在世界文明史上也是一個獨具特色的時期。實物證實的歷史是真實可靠的歷史。歷史是值得敬畏的，歷史的經驗與教訓值得人們深思與借鑒。只有瞭解了歷史，我們才能更加珍惜今天的生活。

我對劉先生的收藏品略作介紹：

一、關於毛主席像章與毛主席語錄的收藏。他收集到的毛主席像章，有各種造型、各種顏色、各種大小計一萬餘種，光彩奪目，五彩繽紛，形狀各異。這些像章，設計獨具匠心，製作工藝極其精湛，表現了那個時代的人民對毛主席由衷的熱愛、敬仰與崇拜。他一得知新信息，知道有什麼新款式，便不遠萬里去找擁有者接洽，不惜重金購買。

對於毛主席語錄幾十種版本的收藏，不僅嘔心瀝血去思索，還要不辭辛勞去找尋。他跑遍了全國各地的廢品收購站，從大量將化為紙漿的廢紙堆中，找尋他所要得到的寶貝，他又和廢品收購站老板搞個君子協議，請他們注意撿擇，他付以勞資。這樣，他所收藏毛主席語錄版本十分齊全。僅八萬八的版本就有近二十種，有手執型、袖珍型、大字體型、唱讀型等。數千種語錄以紅色塑料包裝，萬象紛呈，令人眼花繚亂。

二、關於毛主席塑像的收藏：他收集的毛主席的石膏塑、金塑、銅塑、瓷塑、鋁塑、泥塑，種類繁多，品相各異。有半身塑、全身塑、站姿塑、坐姿塑、辦公塑、讀書塑、視察塑、演講塑等等。這些塑像傾注了工匠們對自己領袖的真誠的愛，體現人民領袖愛人民的精神。

三、關於票證的收藏。劉先生的藏品中，票證組合本顯得十分珍貴。裝潢考究，製作大方，一大本一大本，一頁頁，一張張，一打開，各種票證分類沾貼，雖時過景遷，仍完好如初，而不受損，保持原貌。有糧票（分全國流通、省內流通、縣內流通）、布票、肉票、糖票、煤油票、魚票等，還有飯票、菜票、加餐票、宴會票。他聽說天門岳口鎮曾辦小灶，設有特供票，感到絕無僅有，好幾次去探訪健在當事人。這些票證是新中國處於計劃經濟時代的一個有秩序、合理、公平、平均分配的舉措，使人們了知中國共產黨在國家處於一窮二白的時代，如何採用英明的舉措，帶領人民度過難關。

四、關於紅色器物的收藏。在那個年代，生產的各種日用品均有特徵性標誌。有的附有毛主席頭像，有的印有語錄。比如瓷缸、瓷碗、瓷盆、瓷碟、瓷杯、瓷蓋、鐵器、木器、竹器、窯器、石器、漆器、金器、銀器等。五花八門，包羅萬象，玲琅滿目，應有盡有。

這些藏品單獨存在、分散放置時，人們或許習以為常，不屑一顧。一旦星移斗轉，就會在人們的眼前煙消雲散，很多寶貝當垃圾處理掉了，“黃鶴一去不復返白雲千載空悠悠”了。劉先生之收藏，留下了實物化歷史，不言而喻的歷史，用價值連城形容，一點也不過分。

如果開一次劉先生藏品展覽會，要拖幾汽車，展品面積至少要一千五百平米。

世上無難事，只怕有心人。劉先生以他獨特的眼光、執著的追求，成就了天下第一收藏的偉業。為此，省市台視台曾多次播放相關新聞，時間長達十餘分鐘。

(二)

您若走進劉先生生住所，您一定歎為觀止。藏品繁多到數以億萬計，但排列有序，如同進國家圖書館，如同進故宮博物院。僅以建國後歷史為例，就分黨史、軍史、共和國發展史。而共和國發展史又分土改、鎮反、三反五反、反右、農業合作化、人民公社、學大慶大寨等。新中國建設第一（第一座長江大橋，第一輛汽車，第一台拖拉機，第一顆原子彈等）他用實物說話。他的住所分兩層，一層利用隔熱層改裝，擠擠而不混亂，多多而有次序。分門別類，井井有條。

劉業森先生的收藏豐富多樣，獨具特色。隨著他的展品的展覽的特殊價值與社會影響，使他譽滿天下，他被聘為地方性、全國性收藏協會會員與理事，被荊州市委授予紅色收藏家榮譽稱號，被相關部門頒發無私收藏、利國利民的證書。在省內外舉辦的數次的紅色文化收藏的展覽會、交流會、拍賣會、研討會上倍受關注，被記者們熱門採訪，被各種報刊爭相報道，人們以首屈一指、獨家具備、別具特色予以讚揚。真是不說不知道，一說嚇一跳。僅以為紀念毛澤東主席誕辰120周年，湖北荊州市舉辦的全國紅色記憶繡品展為例，劉先生的展品獨樹一幟，他所收藏的毛澤東絲織繡品畫像異常珍貴，其中一幅巨像高大逼真，做工精細，色彩鮮豔奪目。另有一幅毛澤東詩詞手寫體滿江紅繡品，三米多長，近兩米寬，堪稱一絕。凡參觀者瞻仰驚歎，留連忘返，有口皆碑。劉先生在收藏全過程中，引以為豪，其樂融融。提升了境界，陶冶了情操，磨爍了意志，堅定了信念。

與此同時，劉先生以他的慧眼為導，進行了中醫中藥民間偏方的收藏，並投入為民眾排憂解難、救死扶傷的醫療實踐中，受到了一致好評，人稱民間一神醫。事情緣起于他的父親的哮喘病。老父當時年齡不到六十，當此種病發作時，喘得夜不能寐，只好頂著被子斜躺。一喘喘得死去活來，一咳恨不得咳出五臟六腑。那簡直不是人過的日子。四處請醫抓藥，跑遍了各大醫院，毫無效果，經受不住折磨，老父只想自我了斷。萬般無奈之下，劉先生便自做醫生，用自己曾收藏的民間偏方來做試驗。他將那偏方幾種藥材混合後，碾成粉末，然後讓老父摻和著本土生產白酒同時吞服。出乎意料之外，不到一個月，竟奇跡般好了，後來健康地活到了七十五歲才升天。作為人子是盡了孝道。這一事實，使他認識到民間偏方秘方，確實是百姓的經驗與智慧與結晶，值得珍視。於是，他在更廣的範圍內，予以實證。一位高血壓中風患者，在大醫院治療不好，且耗費甚高，幾乎傾家蕩產，只好回家等死。他走路一拐一拐，吃飯抬不起胳膊，手抖腳跛，連生活也不能自理。一年春節，劉先生回家探親，是一個遠房親戚，他便頓生惻隱之心，用他所收藏的偏方予以配藥，他加大劑量，配製了特殊的輔助中藥，花的錢很少，服藥半月，行走自如，且能下地幹活。爾後，他又用偏方診好了腰椎疼痛難忍者、陽萎早洩者、男性多種功能障礙患者。千般疑難、萬種雜症，他有求必應，應之實效。

實證使他提高了認識，加大了收藏的力度，擴大了收藏的領域。中醫中藥是寶庫，是金礦，是我們祖先的創造與發明，是對人類最偉大的貢獻。幾十年來，他收藏的民間醫書數以萬計，偏方秘方分門分科，以數十萬計。其價值無邊無量。

說劉先生為天下第一收藏，實不為過。

(三)

我從劉先生的藏品庫走出，感慨萬端，心不能平靜。這是一個四室一廳居室，客廳正中堆滿了書報雜誌，四周存方放經過精心裝飾的各種巨型票證組合本，外面以藍色塑料文件袋予以保護。文件袋表面標明類別名稱。當他把一本本厚厚的肉票、糧票、布票、餐票向我展示時，我驚異萬分。那上面標有三十餘省市的印製與流通，一張張精緻的票證上印有毛主席頭像、語錄及為人民服務等題詞，品相如新，全用薄膜遮蓋。北京、天津、四川、廣東的票證設計獨具匠心，一張祟證就是一件藝術品。內蒙、新疆、西藏的票證設計大方、有氣度，浙江、江蘇的票證設計小巧玲瓏、細緻耐看，黑、吉、遼的票證設計有著東北大漠的特點，壯實而有勁力。兩廣兩湖兩河的票證設計精美小巧，十分耐看。一大本就是數以萬計，我問這是怎麼收集到的？他說全是購買的。還有一本特殊的證件彙集，入伍證、軍功證、特等奬勵證、下放證、出訪證、接待證、參會證、結婚證、畢業證、分配證、表揚證、英模證、全國優秀教師證、某省十佳工人證、十佳農民證、全國勞動模範證等等。其中一張抗美援朝軍功證，他花了八百元才買到。

關於省內縣內出了優秀人物、重大新聞事件，他收集到的長江日報、湖北日報、人民日報的頭版頭條的報道，一張張全用塑料膜包護，一大本一大本，當他把這些報紙在我面前展開時，我看到公安這塊英雄的土地、英雄的人民的不平凡的生活歷史。這是多麼珍貴的資料。

他的客廳藏品中，有上千架毛主席敬屏，玻璃繪製圖案裝在設計好的木架上。幾十萬個毛主席像章熠熠生輝。幾百個瓷制壺、幾百個瓷缸印有毛主席語錄，數十萬本不同版本毛主席著作及語錄。其中最珍貴的是延安時期中共七大的黨章本，紙頁發黃，面目清晰。僅這一本資料他就花了上千元才購得。他說他跑遍全國大型廢品收購站，與負責人合作，請他們支持。他說他的收入除維持簡單生活外，全部投入收藏事業中。我在觀瞻中一邊詢問，一邊聽介紹，一邊拍照留念。

我之所介冰山一角，甚感劉先生追求之執著，貢獻之大。變廢為寶，化腐朽為神奇。我問及先生年齡，如今七十掛零，老伴系公安一中退休教師，兒孑當年縣高考文科狀元，北京政法大學博士畢業後，現就職福州某國企，擔任法律顧問，媳婦大學教授。正是這麼一個福氣很大的氛圍，加上劉先生曾擔任多年政府辦副主任，有機會接觸各行各業工作人員，有很廣泛的社會朕絡，加之他目光敏銳、獨有所鐘，持久不懈，故能有這麼宏博、淵深、無與倫比的收藏。眼下，已有好幾家企業老闆準備與其合作，建設一個劉氏收藏博物館，計劃展廳五千平方米左右，供人們參觀、學習、受教育，瞭解實物化歷史，更珍惜今天的生活。此時此刻，我想起了荀子的話：積土成山，風雨興焉；積水成淵，蛟龍生焉。積善成德，而神明自得，聖心備焉。劉先生聖心聖行，給我們的文明建設作出了一項不可磨滅的貢獻。

坤 輯

他山之石

——毛詩淺講

一七八、毛詩《詠蛙》理解

人一生有幾個關鍵的年齡階段，其中最重要的年齡階段是十五六歲。這一階段的雄心壯志、宏圖大願，決定了以後幾十年的生命進程與生活走向。孔子曰：吾十有五而志於學。大家不要輕易放過這句話的內涵，他講出了一個普遍真理：一個人十五歲還沒有確立志向、樹立理想的人，是絕對不會有什麼遠大前途與建立宏偉業績的人。偉人詩《詠蛙》寫於 1909 年，當時作者十六歲，正好表現了偉人在那個關鍵年齡階段的思想風貌與人生理想，對於我們認識偉人一生的心理素質、行儀規範與豐功偉績，有著不可忽視的作用。

先看首句："獨坐池塘如虎踞"。一隻小青蛙，默默無聞，平淡無奇，在偉人年輕的心靈中，它是獨立獨特的一個個體，它似乎虎踞龍盤蹲伏著，潛伏著，它具有生龍活虎、龍騰虎躍的威勢。現實是平凡的普通的存在，但它的未來是不可估量的。第二句："綠楊樹下養精神"，它蹲在那裡幹什麼？它在蓄精養銳，它在韜光養晦，它在等待機會，它在窺測方向，它在以求一逞。第三、四句："春來我不先開口，哪個蟲兒敢作聲。"青蛙的咽咽之叫，似乎也沒什麼奇特與異常之處，不過春來復蘇的植物與動物的一種常見的現象，在偉人筆下，它的叫聲是"一唱雄雞天下白"，引領世界新潮流。它的叫聲的特立獨行，它的叫聲具有召喚時代、一呼百應的作用。它的叫聲是世間奇唱，人間絕響，它的叫聲帶來的是千軍萬馬的奔騰，是百千萬種的應和與擁護，是一個朝氣蓬勃、活力十足的春天的到來，它的叫聲改變了一個時代，新換了人間。它的叫聲是扭轉乾坤的，是改天換地的，是日新月異的，是無法估量的。這是寫青蛙嗎？是。也不是。它通過青蛙的敘寫，寄託著一種大心胸，大境界，大度量，寄寓著壓倒一切、淩駕一切的王者氣概與領袖風采，蘊藏著一代偉人不平凡的人生理想與不同常人的思維方式與表達方法。托物言志本是中國傳統詩詞常用的表現手法，如以梅、松、鶴、竹、蓮、菊等，寫堅韌、頑強、高雅、清純、盛潔、傲骨等，曆覽古今多少詩作，沒有像偉人這樣觀察細微、描寫入骨、寄語如此深厚、博大。只有了知其人之偉，才能賞此其詩之絕。

一七九、毛詩《七絕・屈原》解讀

借詠歎歷史人物寄寓自己的思想感情，是偉人詩詞中常見的寫作現象。以 1962 年前後為例，他寫了《七絕•屈原》與《七律・詠賈誼》，筆者本文對前一首進行解讀：

屈子當年賦楚騷，手中握有殺人刀。
艾蕭太盛椒蘭少，一躍沖向萬里濤。

詩裡，偉人對屈原的悲壯之死持懷疑與批評態度，“艾蕭大盛椒蘭少”一句有著豐富的內涵。屈原作品中也經常寫到楚地這兩種風物，偉人借此有所指代，或許指奸佞當道，好人受迫害；或許指屈子本人陰柔有餘，陽剛不足；或許指猴氣太盛缺少虎氣；或許指情感太濃欠缺理智；或許指文采風流而欠缺頑強。我本人很早就讀過他的《九章》《九歌》《天問》《橘頌》等膾炙人口名篇，並牢記他的“路漫漫其修遠兮，吾將上下而求索”“亦餘心之所善兮，雖九死其猶未悔。”“樂莫樂兮新相知，悲莫悲兮生別離”等座右銘式警句。後來有人仿其句式寫“樂莫樂於君好善，苦莫苦於爾多貪”，歷代文士將“詩經”中“風雅頌”取“風”字，將屈子“離騷”中取“騷”字，組成“風騷”一詞，指文采風流，可見屈子的文化影響多麼巨大與深遠。我國乃至東南亞國家有著家喻戶曉的吃粽子、劃龍舟、過端午節的風俗與這位世界級文化名人有著不可分割的聯繫。

偉人詩起筆不同凡響：“屈子當年賦楚騷，手中握有殺人刀。”這兩句擲地有聲，耐人尋味。一文一武，讚揚屈子文韜武略，文武雙全。當然，屈子的《離騷》之作最具代表性，是民族文苑中最燦爛、最輝煌的花朵，開創了以騷體為特色的浪漫主義的先河，一批楚騷文化名人（如其弟子宋玉）對後世漢唐宋賦乃至樂府詩作、七律七絕、五律五絕產生了廣泛而深刻的影響，以至於語文界以“風騷”一詞作為文采風流的精簡的表述。

如果說，前兩句是偉人對屈子人格的概括，而後兩句則是對屈子人生結局不幸的描述與追根溯源。“艾蕭太盛椒蘭少，一躍沖向萬里濤。”第三句的解釋至關重要，可看做屈子所處時代形勢、朝政氛圍，也可看做屈子本人的性格弱點。他有雄才不能用，有大志向不能展現，萬不得已，只好“一躍沖向萬里濤”，一躍為屈子，萬里濤為大自然，這是一種悲壯，一種氣魄。周恩來有詩曰：

大江歌罷掉頭東，邃覓群科濟世窮。
面壁十年圖破壁，難酬蹈海亦英雄。

跳海而逝與沖萬里濤而亡，同為英雄壯舉。偉人既讚揚了、肯定了這種壯舉，同時也隱含對這種人生自戕的批評，與前面“艾盛椒少”進行深入思考，就可知道。偉人的一以貫之的思想是奮鬥思想，有所作為、有所前進、有所創新的思想。偉人一生經歷過幾次人生坎坷，受到多次迫害與打擊，但偉人始終信心百倍、堅韌頑強，從未想到自我了斷生命，而是與天與地與人奮鬥，其樂無窮。偉人的人生哲學必定滲透、影響到他對歷史人物的品評，這是我們解讀此詩必須不得不加以深入思考的題中應有之義。臺灣當代大師學者李敖坦率地說：屈原的人生觀是錯的，是真知灼見。下而我們看葉劍英元帥寫的屈子行吟詩：

澤畔行吟放屈原，為伊歎息有嬋娟。
行廉志潔泥無滓，一讀騷經一愴然。

詩句概括了屈子的一生“行廉志潔”的高尚品質，解決了是什麼的問題。而偉人詩不僅解決了是什麼而且解決了為什麼問題。當然，偉人說過一句話，詩不能落實，落實了意義有限，而不落實，意義無量。好比以手指月，手指不是月，月在哪裡？手指過後之月，已不是先前之月。這是我們解讀偉人詩中必須注意的一點。

一八零、雙輿講座提綱

——馬背上哼成的兩把金鑰匙

各位與會者，大家好：

今天我們抽時間十分鐘左右，與大家共同分享毛詩《漁家傲・反第一次大圍剿》。

戰爭是嚴酷的，嚴肅的，寫詩吟詩是愉快的，休閒的。其樂趣來自內心深處的愉悅，是一種超級的精神追求，這兩個好處不可忽視。一獲得快樂二使精神強大。使身體內部產生內腓物質，可變化我們的氣質與氣韻，使之華美。所言腹有詩書氣自華。這是我們今天學習與吟誦毛詩的意義所在。

首先，花一二分鐘，共同背誦這首詩。請問您背了後，有什麼感覺，希望我講些什麼？我們可以想像一下，一場大戰剛過，槍林彈雨，出生入死，鐵與血，劍與火，消煙彌漫，炮火連天。有一個人騎在馬背上，眼觀六路耳聽八方。指手畫腳，口中喃喃有詞，他在幹什麼？吟唱詩歌。那麼輕鬆愉快，休閒自在，有腔有板，合轍押韻，現實是殘酷的，意境是畢真的，想像奇特，思緒飛揚。這個人就是毛澤東，統帥氣度，大將風度，哼哼唧唧，幾個回合，終於筆落驚風雨，詩成泣鬼神。“萬木霜天紅爛漫，天兵怒氣衝霄漢，霧滿龍岡千嶂暗，齊聲喚，前頭捉了張輝瓚。”一幅大戰的畫面，一個勝利的圖景。“二十萬軍重入贛，風煙滾滾來天半。”，這寫敵軍數量之大，氣焰之囂張，來勢之兇猛。我軍怎麼樣？喚起工農千百萬，同心幹（結果如何？）不周山下紅旗亂”。人民將取得成功與勝利。上闕實寫反第一次大圍剿，下闕對第二次反圍剿作出預測與推斷，是十足的把握。

我們從戰爭自身規律看這首詞：上闕寫革命英雄主義，下闕寫革命樂觀主義。毛主席一貫主張在戰略上藐視一切敵人，在戰術上重視一切敵人。當時井岡山根據地是什麼情況呢，敵人封鎖，缺糧缺鹽缺藥品，生活供應十分緊張，缺槍支彈藥。這樣的嚴竣形勢面前，張輝瓚吹牛皮，給他十萬兵力，不出一月，踏平井岡山，活捉朱毛。於是蔣任命他前線總指揮。毛主席布下天羅地網的口袋陣，讓他鑽入龍岡，一下子三下五除二，被剿滅了，張被活捉了。這個勝利大大鼓舞了士氣，增添了必勝的信念。從井岡山龍岡戰役到延安的窰洞的燈光，寶塔山上的紅旗飛舞，乃至整個人民戰爭，江山紅遍，紅線貫穿始終，這個紅線就是英雄主義與樂觀主義，就是戰略藐視與戰術上重視。而要做好，關鍵是喚起工農，就是組織，就是發動，就是依靠千百萬人民。在座的各位，是群眾中的精英分子，有的要帶領一方民眾改天換地，建設新農村造就新農民，有的要在力所能及範圍內謀求發展。當我們要做一個社會的好公民、好黨員、好榜樣時，我們會遇到困境艱難。你從毛詩裡吸取的精神營養既要有英雄主義又要有樂觀主義，既在戰略上藐視一切困難，又在戰術上重視一切困難，顯得十分珍貴，有無窮無盡的現實意義。毛爺爺給我們提供了打開天堂大門追求幸福人生的金鑰匙。

我們從詩詞文化歷史入手，從大文化背景角度來說這首詞。李敖說：寫古典詩詞，誰也寫不過毛澤東。這不是溢美之詞，是一個真實的評價。歷代著名詩詞大家，文詞優美，毛澤東比起他們毫不遜色。然就其意境宏闊、思想深邃、所寫大局大勢大氣度大境界，誰也趕不上。我以毛詞《憶秦娥・婁山關》為例：“西風烈……月…蒼山如海，殘陽如血。”語言文字功底登峰造極，為歷代大詩人詞人望塵莫及。我說：毛詩詞是世界請歌史上的頂峰。吟誦之廣，普及之多，影響之深，研究之深入，為其他所不及。

有人說：文能提筆安天下，武可上馬定乾坤。這就是偉大的毛主席。偉大的時代造就偉大的人格，偉大的人格孕育偉大的詩詞。千古絕唱來自扭乾轉坤與開天闢地。過去現在未來乃至永遠如此。這是我們今天學習《漁家傲・反第一次大圍剿》必須明白的道理。

最後將我發言的題目略作概括：馬背上哼成的兩把金鑰匙。這兩把金鑰匙是：敢幹敢拼搏與能成功的信念，即英雄主義與樂觀主義結合。在幹中，奮鬥中，戰略上要藐視一切困難，戰術上重視一切困難，找到合理的方法，通過智慧的參與解決問題。我們在毛詩的其他作品中，稍加留心，可以借鑒的寶貝還很多很多，這決定於學習者的悟性與靈光。末了，我特別強調學毛詩詞最重要的最有效的方法是背，背出味道與效益，背到血液裡與經絡裡。這是笨辦法，也是最傳統最有效的方法。在我看來，作為一個公民，一個黨員群眾或者党的幹部，背不得毛主席詩詞，是一種恥辱。對不起老祖宗，党的老祖宗就是毛澤東。

一八一、毛詩詞《念奴嬌・昆侖》試講

毛詩詞是一座金礦金山，蘊藏豐富，開掘不盡。開掘的第一部機械叫背誦與吟唱。我現在用古代吟唱方法唱一遍。《念奴嬌・昆侖》橫空——出世呀呀莽昆侖呀，閱盡呀人間春色啦。飛起呀玉龍呀三百萬，攪得呀周滅寒徹。夏日呀消融，江河呀橫溢，人或為呀魚鱉。千秋呀功罪啦，誰人啦曾與評說。如今呀我謂昆侖呀，不要呀這高，不要這麼多雪呀。安得啦，倚天抽寶劍呀，把汝裁為呀三截，一截呀贈歐，一截呀遣美，一截呀還東國，太平世界呀，環球呀同此呀涼熱。

這首詞有它特別之處，一念奴嬌詞牌有點美人氣味。而昆侖是站小想大。小，站岷山，想大，指整體昆侖山脈，它有北、東、南三個走向。最巍峨壯觀、挺拔的走向是向南的喜瑪拉雅山脈，出現了世界第一高峰，珠穆朗瑪峰。詩人登上山岷山的這個走向是向東走向。第二特別之處對昆侖山的功過予以評說。說橫空出世，起筆雄偉壯麗，閱盡人間春色，是一種擬人化手法，將一座巨大的山脈神秘的山脈，充滿了科幻的山脈比喻一個學者，一個神仙，一個哲人，一個勇武之士，一個閱字意味深長，人間春色，指人間世界的美好，一盡字，講年代久遠，歷史悠久，講人，也講山。飛起玉龍三百萬，活用典，“戰罷玉龍三百萬，敗鱗殘甲滿天飛”講形象的飛雪，古人的想像奇特，表述高超。攪得普天之下，寒冷徹骨。夏日消融，江河湖海四處氾濫，多少個成魚成鱉，死於非命。千百年來，其功在哪裡，罪在哪裡，誰人曾與評論。意思是：只有我毛譯東心中有數。你驅遣江河東入海，雪化為水潤萬民。一面豐功偉績，一面罪惡滔天。現如今，我對你昆侖說幾句豪言壯語：我準備倚仗長天，抽出一柄巨大長劍，把你裁為三截，一截贈送歐洲各國，一截贈送美洲國家，一截留還東方各國，讓你造福全世界，環球同樣冷暖，世界太平，人間平等。第三特色：想像超奇絕，比喻超常態，境界超哲理。大格局，大度量，大境界、大浪漫，大藝術，大詩人。遠超李杜陸蘇，近超龔郭臧艾老遠老遠。毛詩只能毛哼出，天下誰人何能求？

改朝換代的勇氣，扭乾轉坤的氣魄，改天換地的理念，重組世求人間大同的志向盡會在這首詞裡。他本人說：這首詞的主題思想是反對帝國主義。這句話可以深究。

我讀此詩有兩點體會：毛主席文字功夫與思想境界均是頂級水平。

現在請大家默默唱讀幾遍，然後集體背誦一遍。

一八二、講毛詞《蔔算子·詠梅》

小朋友們好：

孟家溪三袁故里，是一塊神秘的土地，我曾在這裡生活十五年，在孟溪高中工作八年，現在來這裡講學，等於回到了老家，幾分欣喜，幾分激動。在剛剛度過傳統端午節的日子裡，跟諸位共同學習毛主席的奇葩詞作《蔔算子·詠梅》，倍感高興。

首先，由我領讀全文：

讀陸游詠梅詞，反其意而用之。

風雨送春歸，飛雪迎春到
已是懸崖百丈冰，
猶有花枝俏。
俏也不爭春，
只把春來報，
待到山花爛漫時，
她在叢中笑。

下面我對這首詞進行講解：

先釋題：蔔算子是詞牌名，詠梅是告知所寫。詞牌是詞作的格式要求，多少句，每句多少字，每字的平仄要求等。簡稱“調有定句，句有定字，字有定聲”。毛詞中常用的有青平樂、沁園春、菩薩蠻、蝶戀花、戀奴嬌、水調歌頭、漁家傲等。詞牌這種形式在主席筆下，得到了最大限度的發揮，攀登到了珠穆朗瑪峰。再看正文：

大自然是神奇的，它派風雨之女神送來了春天，又派飛雪之太白金星爺爺迎來了春天。哪怕天寒地凍，懸崖峭壁結下了冰塊百丈長，可那花中的精靈梅花在鬥嚴寒傲冰雪的環境中，開得格外絢麗多彩、燦爛奪目。主席神來之筆，一個“俏”字用得好極了，把梅花盛開的情景寫得活靈活現，令人遐思萬端。這使我們聯想到天上掉下來的仙女，美麗無比，儀態萬方。它雖然美到極處，清香乾坤，但它不在春天與萬花去爭豔聲名，它只是謙卑而欣喜地告訴人們新的信息：春天來臨了，我要走了。當桃花紅豔豔、李花白皚皚、牡丹光閃閃時，遍地輝煌的萬花爭奇鬥豔，她的魂靈躲在那花叢中，盈盈笑著。一個“笑”字用得妙極了，寫盡了梅花的精神境界。

這是寫梅詠梅嗎？這是以物喻人、象徵人。象徵革命者。以梅格寫人格。梅花的鬥寒傲霜象徵革命家在扭乾轉坤中堅強不屈，梅花的不慕春榮象徵革命家不慕名利，梅花的叢中微笑，象徵革命家不怕犧牲、樂觀豁達，視死如歸。梅花的潔淨品質象徵革命家的高尚理想與純真性格。，

這首詞讀來親切感人，朗朗上口，易記易背，語詞精美，含蓄深厚，巧妙地運用了擬人、襯托、對比等藝術手法。這首詞折射了偉人的光輝人格與寬廣胸懷及無比智慧，顯示了偉人的人格魅力與才華絕代。

下面對詞前小引略作說明：讀陸游詠梅詞反其意用之。陸遊詞是：

驛外斷橋邊，寂寞開無主，已是黃昏獨自愁，更著風和雨。無意苦爭春，一任群芳妒，零落成泥碾作塵，只有香如故。

陸筆下詞中的“寂寞”“無主”“更著”（遭受）、“無意”“一任”，“妒”“零落”“碾”等語詞，所寫梅花孤獨、淒涼、受淩辱、無可奈何，是一個悲觀無助的形象，所說“反其意”是與悲觀意境相反。當然“香如故”，梅花的操守堅定並沒有反，不僅沒有反，而且將其精神境界昇華了，提高了。在陸詞中，梅花與群芳是對立、分離的，毛詞中，梅花與山花是和諧共榮、融為一體的，這也是反其意用之。陸游這位古代著名愛國詩人，他的心志不能舒展，但節操始終不變。

毛詞的寫作時間為一九六一年十二月，當時世界群魔亂舞，反華之聲甚囂塵上，主席寫此詞抒發了在逆境中堅定不移的革命志向與

精神，所言“已是懸崖百丈冰，猶有花枝俏”是革命英雄主義精神的表現，所言“她在叢中笑”是革命樂觀主義精神的表現。

我的體會：一毛詞在學習傳統詩詞的基礎上登峰造極。二學習他的詞更要學習他的人。

作業一：背誦與默寫。作業二：牢記此詞的思想為：兩不（不屈不撓不慕名利）兩主義（革命的英雄主義與革命的樂觀主義）

最後我們一齊吟誦《蔔算子・詠梅》。

一八三、體驗·藍圖·展望

——品讀毛詞《水調歌頭·游泳》

毛主席的很多詩詞，是他生命歷程的記錄，有真人真事的概述，有真情實感的流露，有所思所想的敘寫。形成他的獨立的別人所不具備的人格魅力。且看《水調歌頭·游泳》的上闕：

“才飲長沙水，又食武昌魚。萬里長江橫渡，極目楚天舒，不管風吹浪打，勝似閒庭信步，今日得寬餘。子在川上曰：逝者如斯夫。”

在輕鬆、隨意的吟詠裡，我們感受到了偉人在建國後的歲月裡，他走南訪北，日理萬機，胸中裝有天下，眼底六州風雷。他的行程滿滿，他的思維敏敏。所言“今日得寬餘”是好不容易。他一生惜時如金，走到哪裡，讀到哪裡，辦公到哪裡，他主張一萬年太久，只爭朝夕。“子在川上曰：逝者如斯夫”道出了他內心的獨白與哲思。時光如流水，人生很有限。他的體驗具有強旺的精神力量，具有深刻的影響力度。這是一代偉人的真切感受，一般人無法企及。我們所站的高度所體驗的情愫達不到他那個至高無上的境界。正是那種大心量、高境界，使他即使在“勝似閒庭信步”的時間裡，所考慮的是山河的改造工程，國家建識的藍圖，祖國未來的發展目標。且看此詞之下闕：

“風檣動，龜蛇靜，起宏圖，一橋飛架南北，天塹變通途。更立西江石壁，截斷巫山雲雨，高峽出平湖，神女應無恙，當驚世界殊。”

有動有靜，有現實，有理想，有世人，有神仙，有現在，有未來。革命的現實主義與革命的浪漫主義完美地結合起來，給人以強烈的感覺與無限遐想的空間，使這首詞的意境高遠遼闊，其語言文詞之優美幾於無懈可擊。可以說是春風至而百草生，春雨潤而萬花發。我們不得不佩服偉人的智慧與才華，不得不驚歎偉人的風采與藝術。此時想起一句古語，人有百口，口有百舌，不能名其一處；人有百手，手有百指，不能指其一端。偉人的任何一首詩、一首詞都有如此光芒四射的神奇魅力。我們只有在老老實實的吟誦與品讀裡，才能獲得真正的享受與薰陶。

書話選錄

一八四、紮根本土勤耕耘，承繼三袁弘靈脈

——簡評三袁故里草根作家王書文的新著《喚風》

我捧上一本厚厚的《喚風》，湛藍底色，彰顯廣寬、深邃與神秘，使人聯想藍天與藍天倒映下的大海，在這遼闊的海洋的一角，行駛著一艘名曰“喚風”的白色巨輪。這是三袁故里草根作家王書文的“攏堆”新作。翻閱，細品，思索，夜不能寐，只好寫個簡評以解心中的情愫。

一

若干年前，余往返鄭公渡與孟家溪之間，必經虎渡河高廟渡口，駕船老者姓王，個子不高，慈眉善目，說話有點嘶啞，但還順暢，一看飽經風霜，看淡世事。問及年齡，六十上下，幹這善舉已有好多年。老人蕩槳，熟練有素。當年河水終年浩蕩，隨季節有起跌，流速有快慢，但基本是滿河。上船後，老者先沿岸逆行向上，百來米時，便將船蕩直，趁南流橫穿過河，手裡蕩，腿夾舵，走著S形線路，劃到對岸時，不偏不倚正好靠著碼頭。有時碰到月上樹梢頭，老者的槳聲節奏如同洞簫橫吹，幽揚深遠。此時月影槳聲虎渡河，使人想起俞平伯等人寫的散文名作《槳聲燈影裡的秦淮河》的美景。那時的過河費五分錢，如有人出不起，如有人賒帳，他也照樣蕩渡。我當時想：這個慈善、厚道、寬和的老者的槳聲裡，定會蕩出孝子賢孫來。

二

過了一些年，我被調到淤泥湖畔的雙湖中學任教，結識了一位年輕的民辦教師，他有靈光，熱愛寫作，與之談，知其出身地高廟坡與三袁出身地荷葉山，翹首相對，二五箭之距。或許沾染了三袁文墨的

靈氣，或許是先祖的善根與福德的作用，他出語不凡，心地坦蕩，謙和低調，做人謹慎，始終微笑著，淺笑裡藏著自信，他原來是那位老船工的“賢孫”，他的名字叫王書文，後來民轉公，又讀了幾年大學中文系，又後來，一面熱情教書，一面冷靜寫作，爾後數十年在全國各類文學雜誌頻頻發表文章，又先後出版了《袁中道傳》《檯燈下的女人》等小說散文集。再後來，執教老年大學詩詞班一二年。他是一個寫作領域裡的多面手，寫小說，情趣妙生；寫格律詩，合轍押韻；寫散文，情真語切；寫詩賦，語短意長；寫楹聯，工整對仗。他多次獲獎，有全國性的，有地方性的。可以說，在本地，贊聲鵲起，名聲在外。一位老者為了學好格律詩，拜其為師時，送上一萬元拜師禮金，在本地傳為美談。他的《雲霄宮記》《葡萄賦》被刻在廟堂與過路的石頭上，供人們誦讀。儘管這樣有影響力與攝受力，但還是態度謙卑，說話謹慎。“靜坐常思己過，閒談莫論人非。”對人對事取恭敬至誠之心，這樣，在公安縣近七十名省作協成員中，他顯得格外引人注目。

三

他始終紮根本土，描寫鄉土特色與本地人物。淤泥湖，母親湖；崇湖，鳥的天堂；鳳凰山，展翅翱翔；桂花台，神秘莫測；報茲寺，歷史厚重；青龍忠魂，令人景仰；簫管雅音，三日繞梁；獨釣春風，一竿撐天；五彩潑墨，書寫三百；長堤巍巍，固若金湯；取景一點，大化三千。鄒元聖，袁氏三兄弟，劉璋等人物，還有祖父、祖母、妻子、同事、鄉鄰、“臭皮囊”都是他筆下活靈活現的人物，很平常、平淡、平凡的人與事，在他的筆下寫得生動有趣，有血有肉有焦腑有靈魂。這裡特別提一下，他用寫實手法，詳細而生動地敘寫了“梅姐”的一生，有情有義。一個勤勞善良、老實厚道的農村女人的一生呈現在讀者面前。這是一篇較長的記實散文，有生動感人的情節，字裡行間流露出作者對妻子的喜愛與早逝的懷念。寫歷史人物，有文物考證，有探訪資料。寫沐浴書香，有深入開掘。他將書香之香分為：濃香型（陶冶性情操）；清香型（滋潤筆墨）；奇香型（飛揚激情）。

可算是獨具卓見。他將玨山之美分為陰柔之美（柔水如詩）；神秘之美（寶跡燦燦）；皎潔之美（天外飛鏡），這可算神來之筆。一香一美，含義雋永，可用得上“無一字無來歷，無一語不生動，無一篇不警策。健若沒石之羽，秀若出水之花。”（借用袁小修評袁中郎作品）

四

本書序作者袁楓（全國老年大學十佳校長、省作協成員、縣作協副主席）瀏覽了《喚風》後概述性寫道：荷風駘蕩，極富文采；辭賦新韻，才情恣肆；水鄉素描，知與道俱；性靈傳薪，落英繽紛；三槐風采，深情動人。並稱讚此著為弘揚三袁性靈文學的好路子。

餘贊同序文的觀點，對這個“好路子”三字作一點發揮，所謂“好路子”就是給讀者與作家提供了富於啟迪的經驗：

一、作家應始終把回歸本真與回歸性靈放在首位，保持心靈的純淨與美好。像袁宗道強調的至寶原在家內何必向外求尋；像袁中郎強調的“奉勸悟達士，及時歇狂解”，一心歸性靈，蓮花念念生。像袁小修強調的以心律心。汝若返觀，密在汝邊。我本自有大法船，何苦外尋不著邊。我本可“乘無底舟，入針孔海”（袁中郎語）。這是作家的根本修煉、根本基礎。純淨善美，自有才華流淌；心地染汙，豈可文采飛揚。王書文是一個自律很嚴、自控很強的人，他很注重心性的修煉，他有強烈的社會責任感與使命感，他能在繁忙的工作之餘，學而時習，“三省吾身”，功底的厚實，閱讀的廣泛，觀察的細膩，敏銳的的思考，為他的才華的張揚與靈氣的顯現打下了堅實的基礎。

二、勤奮是作家取得圓滿成功的脊樑。勤于吸收，勤於動手，勤於動腿，勤於動腦。我曾說過：兩個“閱”字是作家的兩大寶庫，一為閱讀，一為閱歷。人所沒有你獨有，人所共有你特有。各人閱讀範圍與傾向是不同的，各人的閱歷是不同的，你的不同就是你的優勢，緊緊抓住優勢，深入開掘，金礦不請自來，精彩自然紛呈。我們看到不少作家的作品，常常“一兩肉用一桶水煮”，既不能欣賞語言文字的優美，又不能給人思維的驅策。讀這些人的作品，就像阿凡提招待他的朋友的朋友的朋友，用的是兔肉的湯的湯的湯，索然寡味。

三、紮根本土，立足正義，只問耕耘，不計收穫。王書文如果把寫作當向企業投股，有著金錢的追求，他絕對寫不出那麼多作品而成為三袁故里作家群體中的佼佼者。作家要始終堅持把為天地立心、為生民立命、為往事繼絕學、為萬世開太平作為自己寫作的宗旨，對讀者負責，對社會負責。我們看到，有的作家為了追求“票房價值”，寫些污穢的的文字，擷取低級趣味，肆無忌憚敘寫齷齪，用《金瓶梅》手法，迎合低俗者需求，污染精神環境，教唆人們墮落頹廢，喪失了作家應具備的良心與良知，這難道不應該引起警惕並作嚴厲批判嗎？

四、從點上突進，全身心投入。王書文是一個在寫作領域裡探索各種體裁的作家，才使得他運用文字得心應手，遊刃有餘。一般作者最忌四面出擊，八面來風。因為我們每個人寫作資源的儲備有限、精力有限、時間有限、優勢有限，我們可以而且必須先抓某一種體裁某一種表達方式，反復探索，反復打磨，掌握規律與技巧，走先點上突破、繼而擴展延伸的路子，才有可能取得一些成績。這既是寫作技巧上的問題，同時也是寫作策略上的智慧。

五、寫好本土故事，彰顯文字乾坤。文學界有一種奇談怪論，認為作品不必創作好故事，似乎只要漫無邊際地描寫、抒情與發議論，讓意識流成溪渠河湖。並稱此之為純文學。試想古今著名文學家有哪一位不是寫故事高手？且把故事寫得精妙絕倫的？我國四部古典名著，要是抽去了故事及相關情節，那還有什麼可讀性？歷史是人物故事累積的，生活是故事發生的，只有精心寫好感人故事，才可充分發揮文學的教化功能，它可告訴人們怎樣做才幸福美好，不怎麼做，才可以逢凶化吉，吉星高照。

書到用時方恨少，筆到紙上方知拙。這是我讀《喚風》一著所引發的一些簡淺的思考，供讀者參鑒。

一八五、思想家的奇思妙想

——詩人黑豐的思想隨筆《一切的底部》讀後

旅居美國的詩人黑豐，於近不惑之年從地處偏遠的湘鄂交界處的牛浪湖邊、鳳凰山下，走向北京，應聘于《北京文學》任編輯，工作得心應手，遊刃有餘。經過了一十六年的努力，一方面認真做好編輯工作，一方面如渴似饑學習文學理論，同時將他的後現代的詩歌創作與實驗小說的理念在寫作上兌現，在國內外產生了廣泛而深刻的影響。他的詩歌多次國際國內獲得獎項，並被聘為國內外詩歌大獎賽的評委與終審評委，成為世界文壇公認的富於創新與舉足輕重的文學人物。在聲名赫赫、讚歎四起後，沒有停止前進的步伐，歐州詩壇的聖殿裡留下了他的足跡，拉美國家與地區的演講臺上，響徹了他震聾發聵的聲音，德法英奧大都市的領獎臺上，閃爍著金質熠熠的獎盃。他主張一天有一天的奮鬥，一小時有一小時的奮鬥。於天命之年，大鵬展翅沖天起，扶搖直上九萬里。他從繁華的北京飛往世界頂級大都市紐約，就職於那裡的有世界聲譽的出版單位，他依然照先前那樣，善於吸取，勤于思考，辛勞筆耕，在相繼推出了詩集《貓的兩個夜晚》《時間深軋》與實驗小說《蝴蝶是這個下午的一半》後，又推出了思想隨筆《存在一閃爍》與《一切的底部》等，他認為寫作是創世性的、研究性精神的飛舞，是對平庸的抗拒，更是一種魂靈的鳳凰涅槃，認為物體與詞語中存在著“一種非有機體的生命的力量”，是對恒河的神秘的“中道”的延移。在他的系列性思想隨筆中，展現了他的學識修養，閃爍了他的超凡脫俗的氣質，體現了他的精神世界的博大，橫掃了詩壇文壇的灰塵與污垢，攀登了漢語言文學的奇絕巔峰，其語言的揮灑、思想的奔放、靈魂的救贖、赤子的用心，顯示了一個不同凡響的思想家的精光獨耀與卓越才華。現余分幾點對讀者進行簡介。

一、黑色之歌

磚頭厚的一本書擺在我面前，基調烏漆墨黑，中間一束白光，顯得格外分明，最上作者名最下作品名，在黑色如同暗夜下，白色的明亮、鮮活格外引人注目。詩人似乎對黑色情有獨鍾。毛詩中“赤橙黃綠青藍紫誰持彩練當空舞”，沒有黑色與白色。色彩知識告訴人們：當三原色按比例恰當組合滲透時便是黑色。在大陸民眾的理念裡，人們忌諱黑色，黑色往往與倒黴、背時關聯。比如“黑色星期五”“黑五類”“黑窩點”“黑心爛肺”“好黑”等。黑色不及白色明朗坦蕩，不如紅色熱烈向上，不如藍色深湛寬廣，不如橙色令人喜愛，不如黃色莊嚴尊貴，不如綠色生機興旺。黑色似乎不祥不旺。然而詩人頭腦中開掘了黑色的幽默與深藏。黑色意味著包容，一切色澤都可進入，吞噬溶化。它深蓄無比，神秘無量。一切豐富的思想裡，都與黑色較量。黑得有模有樣，黑得發亮，它莊嚴肅穆，它日久天長。詩人以“黑”字當頭，組合的筆名寄寓一種理念與思想。它的幽深，它的蘊蓄，它的寒光，新的創造思維在黑色氛圍中孕育，當處劍拔弩張困境時，躲進黑色裡可以避免受傷。詩人開拓了黑色的世界，使其思想文化的內涵變得幽深漫長。黑雲壓城城欲摧，我自歸然有擔當。黑暗即將過去，迎來黎明曙光。只有在黑的暗夜裡，才顯示貓眼如燈般閃亮。黑色是一種力量，一種境界，黑色充滿希望。

二、玄黃之語

語言是思想的載體，既是思想的工具，又是思想的產品。語言是人類智慧的花朵，是上天與民眾的溝通密碼，是宇宙間特殊的符號。凡是思想家必定是語言家。凡是語言大師，必是思想大家。老子一語天下傳，佛祖一語渡眾生。皇帝一語重九鼎，平民一語耳邊風。李白一語驚天地，杜甫一語鬼神泣。李敖一語妙天下，魯迅一語世人驚。

且看黑豐如何運用語言表達他的關於寫作的精妙思想的？他說:文學寫作從本質上說必須是驅鬼的，接納魔鬼只是寫作的基礎，驅鬼才是寫作的更高一級層次。又說：文學寫作的最高層次是趨光。

還說：寫作必須激發人的悲憫意識，必須無條件地對卑微生命對弱勢群體對苦眾的博愛。又說：所有寫作都必須是趨光與驅鬼，這是寫作的兩個向度。

沒有教科書式的長篇大論，沒有嚴格的三段論式的邏輯推理，沒有裝腔作勢式的救世主般說教，寥寥數語，言人所未言，將寫作的本質目標與終極目的揭示得淋漓盡致，令人難忘。

我認為：這是如劍犀利之語，這是雷聲隆隆之語，這是電光閃閃之語。凡能構築如此之語者必是蓄謀已久，必是揣摩默識已久，必是思想已久。所謂冰凍三尺，非一日之寒。

精妙絕倫的語言與精光獨耀的思想是一對孿生姐妹，是在天比翼雙飛之鳥，是在地連理之枝，是高空雙子星座。這類語言必須具備三大特性：音樂性，節奏感很強，詩一般的韻律，易於記誦；法蘭西法漢文哲中心主席逆評博士認為：音大於義，音義反轉。就句式言，結構規則性強，有美感，易於書寫。就義言，博大精深，信息量大，有咀嚼性，有開掘性，可深入，可擴展，可探測。且看書題及章目："一切的底部"；存在一閃爍；返鄉一漂泊；底部一峰巔；破冰一拂曉；沉寂一消亡；永夜一黎明。這一聯起來就是一首詩，頗具匠心，又自然而然，"三性"具備，特色盡顯。

三、赤子之心

不管人們的信仰多麼差異，作為思想家的共同點是懷赤子之心。善良、真誠、悲憫、同情弱者、關懷弱勢群體及苦難民眾，是赤子之心的重要特點。因為只有那種真誠的良知與良心，才能蘊育思想家的實核、偉大與光芒。反之，心地殘忍已極、暴戾恣睢、冷酷無情，是阻礙思想家的思維過程與思維成果的，這是一個顛撲不破、反復證明了的命題。三蘇中的文化大師蘇東坡、"公安派"文學領袖袁中郎他們都是赤子之心很強的人，故他們在思考問題、寫作詩文中，總是高瞻遠矚、高屋建瓴、膽壯氣宏、一語破的。其思想所反射出的光芒是極其耀眼極具靈光的。他們的善良、慈悲、同情之心，超出了人類，即便是小動物的蚌蛤、雀子、螃蟹之類，他們也給予了友愛、關切。

請看蘇與袁的一二首詩：

“我哀籃中蛤，閉口護殘汁。又哀網中魚，開口吐微濕。”（蘇軾）

雀勞利，雨雪至。
大雀悲，小雀悸。
黃鵠舉千里，大鵬摶九萬。
鷓鴣與杜宇，聲聲來相勸。
宇曰不如歸，鴣曰行不得。
小大各有分，何用嘈嘈在我側。
鸚鵡雖有舌，藏巧不如默。（袁中郎）

中郎有《憶蟹》詩，再現了同樣的認知。不妨摘句如下：

“鄂州為客處，紫蟹最堪憐。
朱邸爭相買，青樓不計錢。”（《箋校》第38頁）

不難看出：蘇、袁都是具備赤子之心、深切悲憫與同情心的大文學家與大思想家。

我們的先祖對赤子之心多次強調、反復論述。孔子主張聖賢君子應有大仁之心；孟子直白提出了赤子之心；老子主張三複歸，復舊于嬰兒，復舊于無極，複歸於樸。王陽明主張良心良知，語言外殼有差異，實質是一樣的。

我在閱讀《一切的底部》，注意到了作者所觀察所敘述的一個宰牛的情節及作者的所感所思。血腥的場面慘不忍睹，，弱肉強食的過程殘酷透頂，作者的憤懣不安、悲憫之情表現得淋漓盡致。他冷竣而又熱血湧動地寫道：“牛眼睛瞪得大大的，那巨大的眼球不僅看到頭頂的天空，也看清了這些前來圍觀的人們，它曾.經跟他們在地裡勞動，並協助他們創造了一堆堆金黃的糧食，它也曾跟著他們去一處山麓吃草，到溪邊飲水。同樣是鼻門的一根繩子，他們總是往返重複地牽著它往地裡、山麓和溪邊走。”（上書第10頁）後來便是被繩捆索綁，它雖流淚，雖掙扎、雖不心甘，但無可奈何，一尺來長的的白晃晃尖刀刺向它喉管一尺來深，熱血奔湧，直到喘氣不能再喘了，它的皮被剮，頭被砍，腿、肚分離，肝、腎、心、肺、腸、肋骨被剝離分解，而宰殺它的場所的旁邊就是一座救死扶傷的醫院。血淋淋、淒淒慘慘戚戚的描述，使人昭昭地看到了作者內心深處的不平、不安與悲鳴。這不僅僅是對一頭牛的悲憫，這是對宇宙萬物的現狀的眾苦的關切與思考。一切建築在弱者痛苦、悲催、哀嚎中的幸福與快樂的的享受都是應該被譴責、揭露與反思與返觀的，這是大宇宙觀、大人生價值觀、大哲理的表白。

他與文豪蘇軾、文傑袁中郎是通靈的，赤子之心，一脈相承。

四、辯證之議

我們聰慧至極的祖先與造化之主相通，創立了陰陽這個神秘的詞語。認為一陰一陽之謂道，陰陽莫測謂之神，使萬象紛呈的自然現象、千奇百怪的物質現象、不可思議的精神現象以及千變萬化的人事現象變得一言以蔽之，簡單而明白。故陰陽辯證（或辯證陰陽）是思想家的第一法寶，好比靜坐修真者的第三隻眼，好像明道證道者的千瓣金蓮，又好像修持佛法得以達最高境界得五眼六通。從黑格爾的邏輯到馬克思的哲學，從莎士比亞的悲喜劇到托爾斯泰的《戰爭與和平》，從巴爾紮克的《人間喜劇》到雨果的《悲慘世界》，從分合互轉的《三國演義》到盛極必衰的《紅樓夢》，從拉美作家筆下的人與自然到法國幻想作家的荒唐小說，從聖經故事到佛門講經說法，無論哪一類型的思想家，無一不是將這一法寶用到爐火純青、天衣無縫的程度。

從大自然觀察，當珠穆朗瑪高聳入雲時，必有馬裡亞納海溝的深淵映襯；有山島聳峙，必有水何澹澹；當狂風暴雨肆虐地面時，必有陽光明媚的對比；當火山地震爆發引起海嘯時，則更顯浩瀚海洋的寧靜的可貴。天上人間，既有天堂的樂，則必有地獄的受難。

作為優秀詩人奇異思想家的黑豐，他將陰陽辯證這一法寶運用到了極致，超越了過去現在甚至部分未來。他所以能給讀者開闊、深邃、精警、精闢的感覺，是因為他的思想與語言是獨特的自我的，又是綜合的與獨創的，既具繼承性又具批判性，還具備嶄新性與獨家性。且看他對某幾個對立面的概念的論述：

淚點與恩典：淚點是你的煉獄，它通向地獄。恩典是一切點的點，是通向天堂的點。從淚點到恩典到淚點，互相推動，往復循環。

低谷與峰巔：一切的底部就是一切的高點；一切的底部就是一切的頂部；一切的低谷就是一切的峰巔。

同理，破冰與拂曉；岑寂與消亡；永夜與黎明。推而廣之，性與相，事與理小與大，一與多，延與促，因與果，自與他，遐與邇，靈與肉，身與心，性與命，水與火，明與暗，善與惡，美與醜，煩惱與菩提，苦與樂，淨與穢，純與雜，清與濁，醉與醒，上與下，低與高，男與女，老與少，主與輔，順與逆，幸與不幸等，一切對境、一切語相，一切體用都是互相依存。互相轉換的，沒有絕對的存在。變是絕對的，不變的只是變，變是不變的。以此觀念看世界，則世界放光明；以此理念看文學，則文學放異彩；以此信念看人生，則人生燦燦爛。我想起了毛爺爺的變化觀，他說物質變精神，精神變物質；壞事變好事，好事變壞事。一切大徹大悟者大智大慧者，他們無論在何種領域卓有建樹，他們的陰陽辯證的思維是相通朕的，正所謂身無彩鳳雙飛翼心有靈犀一點通。或許均是不畏浮雲遮望眼，只緣身在最高層。

五、詩神論詩

詩神論詩，如酒神論酒，劍神論劍，教主論教，拳王論拳。

《一切的底部》中的論詩寫得極為精彩，無一處不是非同凡響，無一句不是震撼人心。詩是什麼？是激情的驕子，文學的寵妃，思維的鮮花，人生的仙桃與臍橙。是暗夜的閃電，於無聲處的驚雷，萬籟俱寂中天音。詩最忌恨平庸與繁瑣，詩與枯燥乏味、與無病呻吟、與裝腔作勢無緣。詩用淚水與血液攪和成墨水，才寫出來“語不驚人死不休”，才能筆落驚風雨，詩成泣鬼神，也才能攜卷登山唱，流韻壯東風。詩人是什麼？詩人是神，是仙是真主，是上帝，是觀音大士，是大菩薩，這樣的詩人流淌的詩才是上品、真品、極品，才廣為傳唱，才千年而不衰，懸之日月而不朽。且錄黑豐詩語：

一個詩人作家必須趨光，必須追求思想、真理。萬物都在尖叫，詩人必須諦聽。一首詩必須重新誕生，不是重複過程、事件、表相；而是重新命名、召喚、演義與揭示。詩是直接把心肝掏出，讓你聽到他的心跳，，感覺它放溫度，詩更多的是一種精神。詩是最高的形式，是深刻的、神秘的、不被凡俗所破的。詩是虛構中的虛構，同時也是最大的真實，是真實中的真實，是直逼真理的真實，是直逼神意真實。他主張詩歌寫作一針見血，如同刀鋒上的、針尖上跳舞。他反對閹人寫作與奴役寫作，反對詩作將讀者帶向昏暗、沉淪、渾濁與暗啞，而是應帶向明朗、清澈、玲瓏剔透。他說：所有的詩都是一首詩，這首詩就是人和人本，人本的背後是神本，神本就是上帝。（上書《詩歌雜記》）

他對詩人的人品、思想及詩作過程與詩果的詩魂、詩膽、詩骨、詩髓都有精妙的感悟。但對詩的風格少有所議。這使我想起了“公安派”副帥江盈科的風格品詩。余曾有小作解說，現摘錄如下，以示補充。

江認為：詩的風格特徵由詩人“器識”性情決定。他將詩風分為瀟灑、莊重、飄逸、流麗、枯瘠、半腴、淒怨、悲壯、不羈、峻潔、森整等十一種；分別對應于詩人性情的是豈快、敦厚、風流、疏爽、寒澀、華贍、拂郁、磊落、豪宕、清修、謹嚴等，也是十一種。在餘看來，每一種詩風與性情的對應者，如同影子，似乎都可以找到相應的詩人。現以唐代詩人詩風為例，作一個派對。有人將初唐詩人稱詩骨陳子昂；詩傑王勃；盛唐詩人稱詩仙為李白；詩聖為杜甫；詩佛為王維；中唐詩人詩豪為劉禹錫；詩禪為白居易；詩鬼為李賀；詩奴為賈島；詩囚為孟郊；晚唐詩人詩狂為賀知章；詩隱為孟浩然等。用詞不一定很準確，但從詩風與詩人性情對應上不無道理。比如李白詩風有瀟灑、飄逸、流麗、不羈等傾向，其性情則對應於豈快、風流、疏爽、豪宕。杜甫詩風有莊重、枯瘠、悲壯、峻潔、森整等傾向，其性情則對應于敦厚、寒澀、磊落、清修、謹嚴等。白居易詩風有流麗、豐腴、峻潔等傾向，其性情則對應於疏爽、華贍、清修等。江盈科通過詩風與詩人性情的對應性，所發表的創作詩歌的主張是：詩本性情，求真貴真，反對矯揉造作，裝腔作勢，無病呻吟。是什麼樹，則開什麼花，是什麼動物，則是什麼皮毛。多大的腦袋戴多大的帽子。如剿襲掇拾，如像麋鹿披虎皮。不切於體察物狀人情，貿然入詩，則“真袁中郎所謂八寸三分帽子，人人可戴者也”，離詩之根本不只千里了。這對於當今不少詩人追求詰屈聱牙、晦澀難懂、神魔鬼巧不能不說是一種鞭笞與警醒。

六、信仰之議

信仰是各個民族與精英分子的終極的心理傾向與精神追求，是人類文明進程的取之不盡、用之不竭的動力。它具有知行合一、天人合一、感而遂通、罕測玄妙等特點。談信仰就不能不談宗教，對這個敏感的話題的正確態度不是不負責任的一味的回避，而應是勇敢的面對與擔當。問題的實質不是談與不談，而是怎麼談，是正談還是邪談。如果是正能量之談，沒必要諱莫如深。在我看來，世界上所有宗教只有兩類：正教與邪教。凡正教都是以大愛心為核心的，具有克己、損己、舍己與利人、尊他、貴他等特點。創教者們的初衷是幫助世人安慰靈魂、救贖危亡、解救苦難，除去纏縛，使人們活得明白、快樂與幸福。為此崇高目標的實現，創始者們以身示範，進行了最主要的、最重要的、最恰當的為眾人所能承受的方式，這個過程與內容被記錄下來，以期後人有所遵循，這便是經典。凡是正教都具有理證與實證結合的特點，被稱為解行相應、心口如一、知行合一。我們民族與人民從古至今都是擁戴與維護正教的，多少仁人志士為了實現自己的信仰，犧牲了一切，財產、家庭、乃至生命。且看現代革命史上的一首小詩：

砍頭不要緊，只要主義真，殺了夏明翰，自有後來人。

這是留下了姓名的英雄，還有多少不曾留下姓名的英雄。當我們了知他們的可歌可泣的事蹟時，我們無不熱血沸騰。國內有位學者，十分荒唐地說：中國人從來沒有信仰，這是多麼胡說八道。

還有一種分類，名曰尊他為主型與尊自為主型。比如信仰上帝、真主、真神之類，便是尊他型；而主張追求自性自靈便是尊自型。當然自他不可分割。用袁中郎話說：“當自自時，不妨為一切人之他；當他他時，不妨為一切人之自。”佛法有如來與觀音信仰，更多的是強調密在汝邊，自心即佛。“以音聲見我，以色相求我，是人入邪道，不得見如來。”

一個人的信仰的形成是多少因素的一個結果。他的閱讀範圍，履歷過程、文化氛圍、自身心理傾向、師友影響等。信仰不能強求於人，也不能強制拿掉。信仰一旦形成，便很難改變。

我們應該看到：西方列強們一面主張信仰，念著聖經教言，一面劃著胸前十字，為了建築他們的人間天堂，把多少苦窮百姓、弱勢群體投入地獄。他們發達交通的鐵軌的每根枕木上附著男人弱者的屍首，他們高貴的燕尾服上每一根細紗裡，寄著女奴隸們的冤魂。曾幾何時，列強們建造了堅船利炮，槍支彈藥，殺戳、搶奪、侵犯，踐踏，蹂躪，肆無忌憚，無惡不作，他們冠冕堂皇的信仰口實不過是一種巨大的欺騙，他們的作為與口演不過是一種對老實巴交的窮人們的一場場雙簧演出。至今，在發達國家的博物館裡陳列著他們搶來的我們祖先留下的價值連城的珠寶與文物。作為中華民族的子孫，不管你飛得多麼高遠，多麼有名氣，獲得多麼大的成功，你是不能忘記是你的祖國母親的強大才給予了你的飛機起飛的跑道，你更不能忘記為了祖國的強大而不惜拋頭顱灑熱血的人民英雄。你應永遠牢記記你的根性的良心與良知。

一八六、立足傳統紮根民間

——由王秀琴的《大清鏢師》說開去

一、神秘山西

山西這方寶地十分神秘，土地神秘、歷史神秘、民間神秘、武道神秘。且不說它的地下蘊藏的礦物占了如何重要的地位，僅就地上形貌而言，黃河奔騰以半包圍圈從西至南流過，巍巍雄峙的太行山脈綿延東部邊境，其中之五臺山為全國四大聖山之一，是九法界智慧代表文殊菩薩的道場，與峨嵋（普賢德行）、普陀（觀音慈悲）、九華山（地藏王孝敬）交相輝映中華大地，形成佛光普照。文殊道場尤為殊勝微妙，充滿不可思議的感應道交，世與出世舉足輕重。民間傳說與文獻記載，美麗神奇。歷史之山西實屬物華天寶，人傑地靈，人才輩出，奇異迭生，演繹了一幕幕生動活潑、雄武壯觀的歷史與現實的活劇。春秋時期的晉文公重耳以在外十九年的流浪在謀士們的輔佐下登上國王寶座，以仁德信義治國，雄視天下，成為春秋五霸中時間最長，勢力最實、信威最高的霸主，留下的“退避三舍”一詞，成為一諾千金、誠信恪守的千古佳話。爾後“三家分晉”戰國七雄中占了三雄。必須明白：統一中國的千古一帝秦始皇及輔佐重臣呂不韋是從“三晉”衍生而走出去的。中國封建時代頂盛時期以李淵父子太原起兵為基石，出生于山西文水的武則天成為中國歷史上的唯一女皇帝，將封建社會推向鼎盛。清代歷史中後期，徽商以義遍行天下，晉商以信遍行天下。晉人錢莊控制國家與民族金融命脈達百年以上。三四百年來，晉地出現的豪傑志士以及走出的武林高手，影響全國，留下的武林典籍無一不是珍寶。傅山拳法、戴氏心意六合拳等影響深遠。久負盛名的王宗岳與蔣發太極拳，走向河南，孕育並催化陳氏楊氏兩大主派太極拳的產生。山西拳種無一不是武界巨擘，武道明燈。民間高人中還不知隱姓埋名了多少英雄業績與志士仁人，民間文化的肥土沃壤裡不知蘊藏多少奇珍異寶，有待于作家們去挖掘探尋，去描繪敘寫，去撥開歷史的塵霧，讓其重見天日。

我很高興地讀到了文水籍女作家王秀琴所寫的《大清鏢師》，此著以文水英雄左二把的民間故事為基礎，進行整理加工，擴展弘揚，彰顯了山西四大神秘的一個側影、一個印跡，映襯了清代幾十上百年的歷史風貌與時代精神，證明了民間文化的強大生命力與無可估量的價值。

二、民間金礦

《大清鏢師》的成功在於對民間金礦的挖掘。

民間從古至今，蘊藏金礦，民間含藏大美，民間蓄蘊傳統，民間涵概真靈。民間是宇宙的神秘所照，是人文輝煌所在，是政治的基點，是經濟的基石，是創作的源泉，是文化的積澱。民間處處有寶貝，只要明眼人。見寶不為寶，即是睜眼瞎。

文水女作家王秀琴紮根民間，把民間文化的挖掘當做自己創作的原動力，她不計功名，不怕艱難，不辜負時代使命，成功地創作了文學精品《大清鏢師》，為世人證明了挖掘民間寶藏的緊迫性與必要性。

民間文化元素及其豐富，所涉獵的領域幾乎無所不包。就藝術門類言，曹雪芹的《紅樓夢》所及不為多。就社會生活言，費孝通的社會學調查顯得少。就學問言，大學的民俗專家顯得偏。就神韻言，專題的民間文學刊物顯得窄。民間文化可喻巨海，民歌、民謠、民諺、民間故事、民間教育、民間醫術、民間武行、民間烹飪、民間道術、民間養生，乃至木瓦窰石漆、金銀銅鐵錫十行十技，千巧百藝，經歷先人千秋萬代的探索積累，經過歷來多少高人英才的實踐驗證，的確是聚寶巨盆，無所不有，無奇不存。

但挖掘民間金礦談何容易。一是多數當權者認識糊塗，他們往往被眼前的“發展”所蒙蔽，被邪知偏見所阻滯。二是挖掘整理難度大，必須有人採訪、搜集、整理，乃至全身心投入，如果沒有得到強有力的支持，他們的生存都面臨危機，何況其他？我們應清醒地看到，許多寶貝只存在老人們的傳談中，許多孤本珍本資料難乎為繼，許多至寶只剩下一些可憐的影子。而隨時間推移，人事變遷連影子也將沒有了。

我從《大清鏢師》創作過程中，看到晉地的民間金礦同它的地下寶藏一樣豐富，地下寶物不挖，還在那裡，而民間金礦不挖，將不復存在。回想僅就近幾十年言，山西乃至中華大地所消失的金礦能以數量計算嗎？

三、此著五難

《大清鏢師》之著有五難：以今寫古難，從文寫武難，以不怎麼練功寫功難，以凡人平民寫英雄難，以不親眼目睹寫一消失的行當難。然作家驅遣文辭東入海，駕馭武行歸太行，揣摩世道人心，排布故事情節，掀運波瀾起伏，讚頌五德五品，胸中有起伏丘壑，腕底有英雄沉浮，化難為易，解繁于簡，舉重若輕。寫鏢現真鏢，寫武現武星，寫道現正道，寫佛現真佛，寫正可壓邪，寫清能驅濁，寫昆曲如聆聽仙音，寫繪畫如親睹，寫蘇繡如所繡，寫美女如所見，寫武功如試招，寫平民入底層，寫太監如站後，寫偉人如立前。或現英姿蓬勃，或展萬種風情，或引打鬥鐵血，或依文韜武略，或靠德行懾人，或仗靜心鎮人，世象習俗，風土人情，歷史風貌，時代特色，官民狀態，無不一一活躍於前。讀中激情趣生，讀後愉悅啟智，讀者既可享受語言文字之美妙，又可感受德行之教化。作者一正氣貫穿，一善心相照，一淨念純潔，性德高蹈，心思細密，運筆微妙。非經幾年十幾年蘊蓄，對民間豐富的元素多方挖掘、吸收，揣摩默識，至誠感通，廣學博用，慈智雙運，無以成此書。

四、英雄義舉

在《大清鏢師》中，作家賦予了英雄左二把兩點人格精神：一、匹夫愛國，不發國難財；二、準確地把握了那種愛國的武學精神，國危國難時強身保國，國盛國安時強身興國。“十年磨一劍，鋒刃未曾試，今日把示君，誰為不平事”這首唐詩僅僅是寫劍嗎？主要是寫磨劍之人之俠骨義膽、見義勇為。書中情節，左二把義舉壯行有三：一、以一腔熱血攔驚馬救孤女；二、以一派正氣打殺橫行霸道無惡不作的賈癩頭；三、以一心淨念用所押解鏢銀施粥救千萬難民。三義舉中以施粥難民最為突出，這可是冒鏢行天下大不韙。左二把說：這是平生最痛快淋漓、最滿心滿意最對得起良心的一件事。在和耿知府對話中，左二把說：亂世之秋，既然不願夾著尾巴做喪家犬，就莫如做大丈夫轟轟烈烈而死。這一段話，充分顯示左二把的英雄的靈魂世界。

何為英雄？《三國演義》通過曹操之口說道：“夫英雄者，胸懷大志，腹有良謀，有包藏宇宙之機吞吐天地之志也。”曹操的英雄觀是為天下蒼生觀。隨機應變適時行德，能屈能伸能顯能隱，英雄所具必是至誠之心，至極之心。盡心實際徹到心源，何為誠？一念不生謂之誠（曾國藩語）。左二把的義舉壯行，全憑本尊、本心、真心。後來他身陷囹圄，沒被冤殺，宣示了“善行善果，惡行惡報，因果報應、如影隨形”的天律。

作家寫英雄，一念定乾坤。一念正，則心正、言正、文正、行正。一念邪則心邪、言邪、文邪、行邪。文正則教化民眾，棄惡揚善；文邪則污染精神，毒化心靈。故作家之成功力作不在提筆後，而是一提彤管成敗定，不可不重下筆前。

五、一“鏢”多義

“鏢”字，本是指一種兵器，飛鏢是一種武藝，功夫到家者，飛起鏢來，來無影去無蹤，藏鏢無形跡，飛鏢無虛發，于死於傷，隨心所欲。

“鏢”演變為一個押解行當，設鏢局、鏢旗、鏢規、鏢師、鏢物、鏢銀、鏢禮、鏢首等，其應運而生，可能是清代初期，而盛於中期，衰於絕滅則可能在民國初年。按《大清鏢師》介紹，起先是用“標”，代表十八般武藝與十八般兵器，後用武力保護錢財的安全，才使用“鏢”。而鏢旗用黃底紅字，是因從地言，處黃土坡，滿眼黃色，腳踏實地；從天言，皇帝衣冠主色黃，以示尊嚴不可犯。而紅字象徵紅紅火火，蒸蒸日上，這裡有威嚴有冷峻、有熱烈、有沉穩、有陰陽、有剛柔。至於喊鏢、插鏢、走鏢、起鏢、達鏢，都有很深很廣的內涵。一個“鏢”字裡映襯了一個時代的民情民俗、時尚潮流。我們祖先聰明到極點，他們所創立的方塊字，將音、形、意組合成一處，可引伸可擴展、可悟道、可得竅，是智慧的符號系統，體現了先民無窮的德能。韻律的音、精美的形與含蘊的義三結合為世界任何文字所不能及。一個“鏢”字即略見一斑。

《大清鏢師》所選擇的題材，所創作的故事，所演義的思緒，是從一個“鏢”字為圓心為線索而展開的。我請讀者注意，如果你時間很緊，你選擇甚嚴，你不可不讀第九章，這是寫得最為精彩、最有吸引力、最能展示作家功底與才華的一章，是全書故事的高潮。其中所護送的鏢務是從蘇州運往京城的皇家鏢物“七禽圖”，此物“薄如蟬翼、光滑如絲、透明如鏡，鳳凰、孔雀、大鵬、雄鷹、仙鶴等，禽禽象徵吉祥騰達，個個栩栩如生、神采飛揚，只只活靈活現，呼之欲出”。抖開時，清香撲鼻，光芒萬丈，這一件寶物，巧奪天工，曠世珍品。護送這一至精至美、價值連城的寶物，它展現江南多少繡女的心靈手巧，蘇州寶地的天地精華，江南官民對皇權的威嚴的維護，對國泰民安的渴望，對天地和順日月清明的嚮往，對崇德興仁的祈禱，對天地造化的崇敬。輕輕一繡品，深重百姓願。所獻不是熠熠蘇繡圖，是悠悠萬民心，稱其為國寶中之極品，決無虛言。

護送這一特寶，左二把領鏢，從情言，先有與芷惠姑娘的夢中約會，暗示艱險，激發情志。從力言，中有你死我活的生死決鬥，展現實力後有出人意料之謀畫智慧。與東洋武士日本浪人的拼搏，鐵血劍火，雄武慘烈，和民間絕技高手“神手五”的鬥勇鬥智，所謂跌宕起伏，波瀾壯闊。讀者諸君，既可領略英雄左二把的宅心仁厚加超世武功，又可感知他的見識高遠與聰明智慧。在鏢物“七禽圖”的藏處上，用心良苦，可算是明修棧道，暗度陳倉。對眾言是裝於車箱，對皇家特派言，藏於馬鞍，而最終獻寶時，寶箱一打開什麼也沒有，劉公公戰戰兢兢之時，左二把從劉公公腰帶裡，輕鬆摸出了一個金黃軟緞長條狀的包袱，原來是一件特製龍袍。出人意料，不失其真（195

下）。沒有高超武功實力，難以稱雄，沒有超人的機智，難以成美。本章尾聲左二把展示的左家拳武功與大內高手的演練，再次掀起情節的波瀾。左家拳的餓虎撲食、黑虎掏心，招招兇猛而點到，式式淩厲而含蘊。

皇帝道光給予的“武功上乘、仁慈純厚”的評價，並賞賜黃馬褂一件，禦制鏢旗一面。對於一個民間鏢師，這已是無限殊榮，而眾大臣所言“祖上有德”四字，耐人尋味。

六、武打之“打”

作家文化底蘊與人生哲學的境界，決定了寫作境界與故事境界。人讀武俠看其情節神奇跌宕，我讀武俠觀其心性神魂；人寫武打多渲染功力勇猛，此著作家所寫側重性德仁心，意聚神凝。

本著寫武，特色彰顯，涉獵武術種類，有神槍神手、心意六合、太極綿勁、十路彈腿，內家外家無所不包。練家必須博採眾長，取長補短，而又一門深入，長期熏修，方可練得上乘功力。何為上乘功力？無心無為。按金庸先生意見，武功的境界分為四種，他是以“劍”為標誌的：銳劍境界、鈍劍境界、木劍境界、無劍境界。達無劍境界時，武功超強者不須任何劍器與槍械，落葉飛花，細枝末葉，一落其手，即成強力，此境已不是兵來將擋，水來土掩。飛葉可殺人，無風可擋鋒。這是以對方之武器為武器，以對方之殺而殺對方，名曰借力打力，以無為應付有為。“動急急應，動緩緩隨”，“人不知我，我獨知人”。此種境界令人神往，高難以攀，有沒有人達此境界呢？神功道力，可移山填海，摘星換鬥都曾有過，何嘗小小一武打之拼鬥？儘管曾經有過，或許有過，但現實中，歷史上畢竟可遇不可求。

作家敘寫英雄左二把的武功除自己天賦，家庭傳教，本人奮鬥外，強調了師承集內外家拳法於一身且道心仁厚的白眉道長，幾分神秘，幾分玄真。

展演高徒左二把武功高超的情節有：三腿踢死烈馬、以虎頭鉤勇殺馬猴（124 頁），踢死賈癩頭，滅黑店（125 頁），殺田中，打左騰（181 頁），踢大內高手（208 頁），以及降王虎（126 頁），智敗“神手五”等。技藝寫的惟妙惟肖，沒有對民間武行的多方採訪與腳踏實地的學習，寫不出來。

我常想，武打之打究竟打什麼？年少時，也讀過一些武打的驚險情節，武松打虎之打，魯智深拳打鎮關西之打，武松醉打蔣門神之打，那都打之已極無以復加。從相狀上十分可信。後讀孫悟空打妖魔，儘管打得出神入化，只有五分可信。而讀當代武俠武打，僅一分可信，隔山打牛，千里飛身等如同兒戲。而左二把之打至少有八分可信，但從打之性德能源上，左二把至少占了九分。

當社會混亂發展到以強凌弱、黑白顛倒、惡者橫行、善者受欺時，於是民間就出現了除暴安良、以打制打。打的是仁義道德，打的是慈悲真誠，打的是正氣壓邪氣，正心制邪心。打的是光明驅黑暗。武后必須有文的基石，文上應有武的標立。文武雙全，剛柔相濟才是正道。作家把這個問題搞清楚明白，就不會渲泄暴力色情，殺盜淫妄，就可引導讀者思維清正，行為端正，轉惡為善，破迷開悟。

一部好作品既是作家修養與審美能力的大提高，是民俗文化與現代審美的大融匯、大碰撞，也是作家吸收民眾智慧與才華的極好機會，也是作家繼承傳統、順隨時勢的結合，是一個時代的文化精神境界的集中展現。

七、難得一靜

儘管身手頭拳腿及器法，寫得活靈活現，但我更看重的是白眉道長傳授的“八打八不打”，以聲威品端，德厚仁愛為基礎，強調的是“靜字功夫最要緊”。真正大丈夫能立德、立功、立言者，都在“靜”字上下絕了功夫。只要能靜、能定、能淡、能容，山崩於前面不改色，海嘯於後心地不驚。

作家通過小說中的人物對話反映了作者武學觀念，闡釋了武術原理與武術妙用中的最重要最微妙最深厚的一個要核，一靜難求。你讀相關精美文字，既可享受人生哲理的滋潤，又可領略武道真諦的奧妙。“靜”真的那麼重要嗎？可以這樣說：不從靜入門，永遠不能進武術竅要之大門，你有多深的靜，就有多大的功夫。它是竅中之竅要，秘訣中之秘訣。

讓我們溫習儒家《大學》中一段名言至理：“知止而後有定，定而後能靜，靜而後能安，安而後能慮，慮而後能得。”道家鼻祖老子有教言：清靜為天下正。所謂“真淨明妙，虛徹靈通”。佛家主張禪靜、禪慮，所謂禪，內不動心，外不著境這是靜的高層境界。三家的共同主張，是心正、心清的要求，因為心靈主宰肉身與言語造作，佛家用的是“淨”字，指一塵不染，一念不起，乃至一絲不掛，如此才可練武武成，做事事成，制心一處，無所不成，無論出世與俗世，這是任何有所作為的人入門的一道難關。為什麼呢？因為心靜體才松，松沉、松活、松靈，都以靜為基。還有所謂“內靜外敬”，誠敬一分一分利益，誠敬十分十分利益。敬天敬地敬祖敬賢，你才能竭誠用功，否則，決無所成，從靜到敬到淨，一展開，其意無邊，且不僅僅練武。

世上的人們共同的毛病是心浮氣躁、雜染層層，習氣濃重，障礙了人性本善的智慧與德能。當今時代，社會的大染缸致使人們的心靈煩躁不安，身體病患多多，所求非其所能。貢高我慢，名聞利養，貪嗔癡慢，怨恨煩惱，幾乎成為人們心理清靜的共同纏縛。誰在“靜”上下功夫，從靜而入淨，誰才有可能有所成就。“靜”有層次，有修煉要求，有原理方法，有實施效果。這是作家通過她的左二把所受訓導故事給我們提出的一個重要課題，有無量的借鑒意義。

八、愛與房事

愛與房事，其樂其美不在肉體而在精神，不在所作，而在心性，不在蕩狂，而在節制。愛與房事不是不可寫，問題是寫什麼、怎麼寫。

按理，女作家寫愛與房事應更為細膩與淋漓。我看到此著的愛與房事坦誠與曲蓄結合，真露與委婉相融。作家選擇了英雄左二把與愛妻新婚與久別兩次房事，在愛上選擇了與芷惠姑娘的“三會”。女人原始欲望、快樂巔峰的體驗、銘心刻骨的肌膚之親，深入骨髓的“二五之精妙合而凝”，寫得很慎重很有分寸。寫與芷蕙姑娘的夢中一會，真實一假，獻生“一抹”，有情有義，有意有趣，有美有藝。

芷蕙姑娘集柔與美、才與藝、俠與義于一身。與左二把的夢中會，纏綿繾綣，熱烈甜蜜；與左二把的真實依偎溫柔純情，傾心吐膽。雖所會時間短，次數少，但卻是精神伴侶，靈魂互依。作家寫道：兩個女人，一個溫柔了歲月，一個驚豔了時光。說左二把經過芷蕙姑娘的柔美之貞愛，脫胎換骨，精神倍增。在左二把身陷囹圄、性命難保時，芷蕙姑娘以命贖命，神會之會，抹脖一橫，玉山傾倒，香消玉殞，以此向世人向朝廷吶喊，這是將柔美與壯美凝結一幕，將生命與愛情熔於一爐，可以喚起讀者對堅貞情感的敬羨，對精神愉悅的嚮往。使我們回憶魯迅先生的一句名言：無情未必真豪傑，憐子如何不丈夫。

作家雖寫愛與房事，寫得貞靜明妙，融攝靈通，將距離美、缺陷美、隱覆含蘊美、吉光映照美組合一齊，恰到好處。

九、文水蘇州

文水之名，不在地而在人。蘇州之美，不在人而在靈。文水以文以武顯於山西，以武則天、劉胡蘭耀于中華，彪炳史冊。蘇州以昆曲、蘇繡聞名全國，以園林著稱世界。文水是黃土高原、巍峨太行的代表，蘇州是江南寶土、人間天堂的典型。

文水出女皇，出女傑、出武擘，蘇州出美女、出才子、出賢士。以宋代的范仲淹為例，靠住破廟母親乞討度日，常常一粥三食苦讀。安貧樂道。一日步行至一老槐樹盤根處，見一裸露拱土，一腳踢開，見一木箱金銀，範毫不動心，借來鍬頭，將其掩埋。後博取功名，榮任副宰高官。所住破廟和尚前去求供。範提筆一揮：廟前三百步，一棵老槐樹，樹下三尺深，金銀不知數，裝點金佛堂，豈能不夠數。和尚回去，如願以償。範以"胸中自有雄兵百萬"震懾外敵，以《岳陽樓記》憂樂名言，懸日月而不滅。范居官清正，所得俸祿盡濟族眾，告老後用御賜修大學堂，延聘名師教化族人與蘇州子民。歷代從蘇州走出的仁人志士，難以計數。九百年來，蘇州範家與曲阜孔氏成為南北輝映兩大世家。

作家將文水一淹埋民間英雄左二把放在蘇州鏢行，形成文水、蘇州、京城及人才、金錢、皇權三角聯線，展開故事，排布人物，實屬匠心獨運，其智宏深。

文水側重寫武，蘇州側重寫人，京都側重寫事，文水之武源遠流長，蘇州之文奪目輝煌。昆曲、刺繡、繪畫與文才美女，均寫得惟妙惟肖。其中昆曲唱腔婉轉，曲調柔醇，唱辭精美，令人如醉如癡、神魂顛倒。

作家巧妙構思，佈局精當。將地域三點一脈貫穿，由左二把命運牽線搭橋，起於斯，長於斯，終於斯，人生不過劃了一個圓。左二把回歸故里，將風雨滄桑化作春泥，培養子侄，身強、心強、命強、種強。在文水的左二把的晚年之志向與作為時隔五百年的蘇州范仲淹辦學堂，遙相呼應，“教化”二字，功德無量。

作家在卷尾側重寫樹、寫物質現象、精神現象與自然現象，將複雜三種現象，以樹的外與內、根與花、枝與葉為象徵，寫公平性德，寫堅韌意志，寫天樹合一，天人合一，文武合一，理事合一。名寫樹，實寫人，明寫平民左二把，暗寫天下英才。寫的是“老驥伏櫪，志在千里”，寫的是“烈士暮年，壯心不已”。作家奉獻給讀者的是樂觀向上、積極精進、是信心力量，智慧通達。

十、傳統精髓

《大清鏢師》系精品之作，它展覽了作家的知識底蘊，文筆技藝與精神器識。成功之主因在於立足傳統，紮根民間。

一談民間文化，有人認為那是“下里巴人”，有人認為粗糙、淺薄、蕪雜、價值不大。這是愚子俗見，浮於表層。作家王秀琴以事實說明，探討民間文化是吸收民眾智慧與才華的好機會，搜集資料，閱讀原始材料、走訪、構架、創作是作家寫作修養與審美能力的薰陶過程。她認為，開掘民間文化是開掘金礦，如此才能為文化市場提供精品極品，為後人立一光豔標杆，不辜負時代所賦使命。這一理念，難能可貴。

若談傳統文化，有人認為是《四庫全書》《大藏經》，浩如煙海，畢生不可卒讀，這是莫大的誤會。還有人認為封建迷信，這是天大的曲解。傳統文化之總根總綱只有仁義忠恕慈悲真誠智慧十個字，它是我們先祖留下的最寶貴的財富，是國寶之國寶，人人可學可用，只要真信切願實幹，可以獲得無邊的利益與無窮的智慧。王秀琴的《大清鏢師》已經證明，傳統精髓與紮根民間何等重要。她正在醞釀、構思創作的另一長篇《救贖》還將更有力證明。

當今時代，民間文化忽略太久，傳統文化的神魂丟失太久，儘管有所倡導，收效甚微。眼下治世與混亂並存，清廉與貪腐相雜。經濟界、商界、文化教育界、影視技藝界、多數昂首望天，眼睛不向下。誠信與狡詐摻合，假惡醜愚與真善美慧相混，貪心淫風熾盛，物質垃圾與精神垃圾的生產爭相突飛猛進。

作家作為人類靈魂的工程師，學習傳統文化，淨化自己心靈，應把多寫正品、精品，少寫不寫邪品、廢品作為自己的創作目標。女作家王秀琴以《大清鏢師》的面世，提供了精品創作的嘗試與豐富的經驗。可啟迪你心思，開拓你智慧。以筆者淺識，她的主要經驗是：把民間寶物找出來，把祖先神魄請出來，把念頭一擺正，把良心找回來，把名利看淡又看淡，把教化放第一，就慈智雙運，就必定通靈。天堂地獄只在一念間，一念迷貪嗔癡慢五欲六塵；一念悟，定慧雙至，性命雙修。

當然，以餘讀《大清鏢師》之感覺，似乎文筆還可以更精粹一些，情節還可以更緊湊一些，故事擺佈還可以更合理一些，篇幅還可以更壓縮一些。余之胡言提供作家反思，抑或一笑了之。

2015 年春節草就

附：王秀琴反饋語

我也澎湃洶湧一番！美妙無比！

一八七、古老的話題，嶄新的見解

——讀曾紀鑫著

《撥動歷史的轉盤・玩弄上帝骰子的千古奇商》隨筆

呂不韋，秦始皇，這是一個老掉了牙的話題，我從孩提時代稍有記憶始，族兄給我講的第一個故事是呂不韋與其父的對話：稼穡之利，其利幾何？答：十倍。商賈之利，其利幾何？百倍。以智謀取其國，其利幾何？答：無法計算。於是呂不韋講了作為人質秦公子異人奇貨可居。可見呂不韋將商業資本轉化為政治資本的一系列舉措是得到其父（高人）的指點的。爾後他由一個非常普通的商人一躍而為秦國政權的實際掌控者，開啟了一個秦國的呂不韋時代，沒有這個時代，沒有呂不韋的苦心經營與內外謀劃，秦始皇豈能那樣順利地"秦王掃六合，虎視何雄哉"？

一段被兩千年的文人墨客咀嚼了無數次的甘蔗，還有沒有新的汁液可以榨出？讀曾紀鑫《撥動歷史的轉盤•玩弄上帝骰子的千古奇商》，令人耳目一新，精神一振。他用言簡意賅的筆墨，生動而形象地敘述故事，時不時出語驚心發些精彩紛呈的感歎，掃描千古歷史的議論，獨具卓見，表述精闢，讀來扣人心弦，使人迴腸盪氣，一點兒也不覺得囉嗦、勉強。沒有超越普通學者專家的深厚功底，沒有高於一般作家的佈局謀篇與遣詞造句能耐，沒有對於歷史的透徹了知，沒有對歷史人物心靈的細緻入微的洞察，沒有對古今中外歷史事件發展變化的規律性的思考，沒有博覽群書與強旺的記憶與睿智的思索，是一定流淌不出那麼由驚世駭俗的語言而構建的精美的作品來的。

歷史是值得敬畏的，創造、改變歷史走向的偉人更值得敬畏，那是偉人帶領千萬人付出寶貴的生命來完成的。秦始皇統一天下然後統一文字、道路、貨幣及度量衡，其他什麼功業都不計，僅就"統一"

二字就足以使他堪稱千古一帝，兩千多年以來，中華民族的歷史就一直沐浴在他的陽光雨露之下。談秦始皇就不能不談給他打下堅實的基礎的呂不韋及輔佐他成就偉業的出身于呂不韋門客後來作了丞相的李斯。呂不韋給了他的母親、父親，給了他王位繼承權，幾乎給了他一切應所有，秦始皇永遠與呂不韋糾結在一起，不可分割。

就豐功偉績言，一個位極人臣，一個九五之尊，一個宰輔之極，一個皇帝之最。如果沒有呂不韋，就沒有異人的繼承，也就沒有嬴政的後來的偉烈與風光。此二人難解難分，不分高下與輕重。作家在評述這兩個歷史人物時，注目於他們的建功立業觀與生命價值觀。把他們二人的超常的能力、智慧與堅韌不撥的精神狀態，性格的頑強都描敘得令人信服。他們二人都具備強大的歷史責任感，都是踔厲奮發、追求不朽者，一個足智多謀，一個雄才大略。在同一條波瀾起伏、驚濤駭浪的歷史長河中，廢寢忘食，朝乾夕惕，透支生命。呂不韋在喝下秦王賜予的鴆酒前，想到了《呂氏春秋》中的名句："審知生，聖人之要也：審知死，聖人之極也。"於是安然泰然淡然欣然接受死亡，加倍顯得悲壯、慘烈與不幸。作家在敘述始皇之離世時有一段獨特的心理敘述，說：自己躲不過一死，他不想反抗了，也反抗不了，他明白了人力抗拒不了命運，於是生命中的好些東西，於臨死的一瞬間，似乎全部徹悟了，一旦徹悟，他就在一道難抑的狂喜中，抖落掉人世的最後一道束縛，悄然閉上了雙眼。"他沒有痛苦、眼淚、悲傷、遺憾，這是一曲生命的絕唱，每個無聲的音符都悠遠綿長，活著時是驚天動地的偉大，死去時，同樣是彪炳千秋的偉大。作家文尾感歎道：一位僅僅活了五十歲的個體生命，一個存在只有十五年的短命王朝，卻如此巨大的影響、改變了中國長達兩千年的古代歷史，這不能不說是人類歷史上罕見的奇跡。

呂不韋是一個傳奇，是一個謎，秦始皇更是一個傳奇，更是一個謎，這兩個傳奇兩個謎的組合就成了一個謎團。文人墨客（包括歷史學家）喜愛將傳奇擴大化，將謎謎團化。比如"亡秦者胡"及後來的"唐三代後女主武王代有天下"，以及命相大師袁天罡李淳風預測之類，全是以果推因的把戲，人們全都上當受騙，津津樂道，喋喋不休，不過對君權神授、朝代更替天定的演義而已，是為了吸引人的目光，那是真實的歷史烹調時用的五花八門的佐料，是為了調和與調動美食家的口味。後來的人們不斷重複這種技藝。作家曾紀鑫沒有重複前人的技藝，他以獨特的思維方式與語言藝術，創新性地摻和激燙的情懷，哲學家的思考與運用詩化的語言，詮釋了呂不韋與秦始皇這個謎團，給讀者上了一堂綜合性的歷史課政治課與心理學課，使讀者以較少的時間學習到了較豐富的知識，並開啟了智慧，這樣的美妙佳作，實在少見，難得而可貴。

余讀此著，體會有二：一、如列寧所言，本來是去這個房間，卻走到了另一個房間。這便是歷史，這就是喜歡開玩笑的歷史，這是歷史議論往往再而三的魅力所在。二、寫作歷史題材是須要才華的，而寫作呂不韋與秦始皇這樣的題材，須要的是才華橫溢與對歷史的敬畏的激情的結合。

附　錄

一八八、公心小議

公心，是人類文明長河中熠熠生輝的精神瑰寶，兼具深刻價值與崇高境界，更是社會發展的內在動力。古往今來，聖賢先哲所倡導的各類初心，皆可歸為“公心”這一核心——孟子的赤子之心、孔子的仁心、老子的道心，王陽明的良心、李贄的童心，乃至釋迦牟尼的慈悲之心，本質都是摒棄私欲、胸懷眾生的公心體現。公心的價值，在於它能打破個體局限，凝聚社會共識，讓行為決策貼合大眾利益與長遠發展，是維繫社會秩序、推動文明進步的精神基石。

追求公心，絕非一蹴而就，而是一場持續終身的自我磨練與修養修行。這一過程需不斷摒棄私心雜念，在取捨間堅守道義，在誘惑前保持清醒。面對個人利益與集體福祉的衝突，公心要求我們以大局為重；遭遇偏見與誤解時，公心指引我們堅守正義底線。每一次對自我的約束，每一次為他人的考量，都是對公心的錘煉與昇華。

具有公心之人，在處己、處人、處事上盡顯特質。處己時生活清簡自律，不慕奢華服飾、美食與豪宅，除必要生活開支外無額外消耗，所得財富多用於公益、救助貧困學生或幫扶他人，絕不輕易浪費。處人時始終以他人利益與感受為先，秉持毫不利己、專門利人的準則。處事則立足社會發展、風氣淨化、人類進步與社會和諧，遇困難主動克服，遭波折堅韌耐受，懷犧牲精神與赤子之心，以堅韌毅力踐行公益使命。

偉人毛澤東一生踐行公心。是全世界歷史上最偉大的公心主義者。

公心既是社會發展的動力源泉，也是人們孜孜以求的道德高地。唯有以聖賢之心為鏡，在日常中修煉公心，在實踐中踐行公心，才能讓個體修養不斷提升，讓社會在公心的滋養下愈發和諧有序，綻放文明之光。

一八九、八卦小議

“無極生太極，太極生兩儀，兩儀生四象，四象生八卦”，這句古老的箴言，道出了八卦源于自然、概括萬物的本質。八卦並非玄學家故弄玄虛的算命工具，而是中國古代思想家認知世界的智慧載體，是將複雜事物簡化分析的思維工具。

八卦各有其表像象徵與深層意蘊：乾為天，象徵剛健不息、統領萬物；坤為地，代表厚德載物、包容滋養；震為雷，寓意震動覺醒、生機萌發；巽為風，象徵順勢而為、靈動多變；坎為水，代表險陷多變、周流不息；離為火，寓意光明熾熱、文明普照；艮為山，象徵靜止穩重、守正持固；兌為澤，代表愉悅通達、和諧相處。每一卦的象徵都源于自然物象，既含本來意，又有比喻、引申之意，凝練了事物的核心特質。

八卦的價值，在於其對事物規律的精准概括。以乾卦為例，“元亨利貞”四字揭示萬物始生、成長、亨通、守正的發展脈絡，六爻則對應事物不同階段的生存狀態，提醒人們該動則動、該隱則隱，順應規律行事。它並非迷信占卜的工具，而是通過簡單符號構建的分析框架，幫助人們洞察事物本質，規避風險、把握機遇。

八卦承載著古人的宇宙觀與方法論，是將複雜世界簡化為可認知、可分析的智慧結晶。摒棄對其“裝神弄鬼”的偏見，方能讀懂其中蘊含的辯證思維與生存智慧，感受傳統文化中理性認知世界的獨特魅力。

一九零、科學的盡頭與情感的盡頭

楊振寧先生關於“科學的盡頭是玄學，情感的盡頭是放下”的論斷，恰似一把鑰匙，解鎖了認知世界與觀照內心的雙重智慧。這不僅是對人類探索邊界的思考，更是對生命本質的深刻洞見。

科學與玄學的關聯，在前沿探索中愈發清晰。量子力學中的“鬼魅般的超距作用”——量子糾纏，早已顛覆經典物理認知，兩個粒子無論相隔多遠，狀態始終瞬間關聯。而這與中國傳統玄學中《易經》的陰陽交感、爻象糾纏思想有著驚人契合，“一陰一陽之謂道”的辯證思維，恰如量子疊加態與坍縮的動態平衡。從微觀的粒子關聯到宏觀的宇宙運行，科學不斷觸及的未知邊界，往往與玄學中古老的宇宙觀遙相呼應。中國人的智慧多藏于這些傳統認知中，只是尚待科學發展去詮釋與證實。

情感作為“知情意行”鏈條的核心動力，是人生不可或缺的能量源泉。沒有情感的投入，事業難有突破，生活亦失溫度。但情感如奔騰的江河，若無堤防約束，便會氾濫成災。諸多貪官污吏正是栽于失控的情欲，在聲色犬馬中迷失，最終身敗名裂、葬送前程，印證了“情感越深，失控危害越大”的現實。他們未能懂得，情感的高階境界不是沉溺，而是適度放下。人類控制情感的最優方法，便是放下那些不適度的、邪歪的、不符合社會公共道德的情感；而對真理追求的熱烈、對事業成功的執著熱愛，這類正當情感，理應永遠保持，並非要放下一切情感。

科學向玄學的趨近，是人類對真理的深層求索；情感歸於放下的通透，是生命對欲望的理性駕馭。前者讓我們以謙卑之心探索世界，後者讓我們以從容之態安放自我。讀懂這兩層智慧，便讀懂了認知與心性的平衡之道。末了，餘冒昧加一句：文章的盡頭是不寫之寫，萬言萬妙，不如一默；無字之碑，無字之書，無字之經，無字之典，乃天碑，天書，天經，天典。

一九一、人生感悟

記住這幾句人生箴言：回頭看，輕舟已過萬重山；向前看，其修遠兮路漫漫；抬頭看，豔陽高照金光閃；低頭看，萬物生機亦盎然。

你要熬，熬到苦盡甘來；你要等，等到春暖花開。願你腳下有路，遠方有光，舉步之時，宏圖進展。

這短短數語，道盡了人生的辯證與堅守。回頭看的釋然，是對過往坎坷的接納——那些曾以為跨不過的難關、扛不住的壓力，終究在時光裡沉澱為成長的底氣；向前看的篤定，是對未來的期許，縱使前路仍有未知，卻始終相信光明與燦爛終將抵達。抬頭望見陽光燦爛下的人間煙火，是平凡生活的溫暖底色，讓我們在奔波中不忘初心；低頭瞥見了荊棘過半，萬物生機盎然，是前行路上的清醒認知，提醒我們再堅持一步便會柳暗花明。

“熬”與“等”從來不是消極懈怠，而是無為中的有為，是久伏者必騰躍，是蓄力成長的智慧。人生沒有白走的路，每一次堅持都在靠近美好，每一份堅守都在鋪墊回甘。願我們都能帶著這份通透與堅韌，在歲月中穩步前行，於風雨後遇見屬自己的陽光明媚與春暖花開。

一九二、人生三福

人生在世，對“福”的感知有三重境界，從口舌之歡到臟腑之適，再到靈魂之寧，層層遞進，漸入佳境。

第一重是口福。這是最直接的感官享受，源於唇齒與舌尖的觸碰。清冽的甘泉潤喉，鮮香的佳餚入味，咀嚼之間，味蕾被喚醒，愉悅感油然而生。口福是本能的滿足，是人與食物最樸素的聯結，它來得直接而熱烈，片刻間便能撫平饑腸的空寂，帶來簡單的快樂。

第二重是肚福，這是藏於身體內部的深層滋養。當食物入腹，經胃的腐熟、腸的運化，精微物質被身體汲取，化作筋骨的支撐、血脈的動力。臟腑在規律的蠕動中自在舒展，肌肉因營養的補給而強健，器官在滋養中各司其職。這份舒適不似口福那般張揚，卻更綿長——它是身體無聲的歡悅，是生命得以延續的底氣，是從內而外的安穩與妥帖。

第三重是靈福，這是靈魂深處的終極享受，也是歷代修煉者追尋的至高境界。它比心福更廣闊，囊括了心靈的澄澈，更指向靈魂的安寧。靈福無關物質，只關乎內心的秩序。世俗之人困於財色名食睡的誘惑，囿於貪嗔癡慢疑的糾纏，被怨恨惱怒煩的情緒裹挾，難尋片刻清淨。唯有斷絕虛妄的奢望，消解內心的執念，讓心靈掙脫欲望的枷鎖，方能觸摸到靈福的真諦——那是一種萬慮皆消的寂靜，一種物我兩忘的清淨，一種靈魂歸於本真的安然。

而真正獲得靈福之人，其思維早已超越現實的桎梏，目光高瞻遠矚，足以警示世人如何生活、生存與發展，其思想更具穿越時空的永恆指導意義。為了將這份超脫的體驗傳承後世，聖人經典便由此而生，孔夫子、老子與釋迦牟尼，正是獲得靈福的典範。孔子得靈福後，看淡浮世虛名，直言“富貴於我如浮雲”；他深究生命本質，留下“不知生，焉知死”的哲思，更以“朝聞道，夕死可矣”道盡對真理的赤誠。老子悟得靈福，西出函谷關，留下五千言《道德經》，其“天得一以清，地得一以寧，人得一以安”的箴言，道破萬物歸一的根本；“上善若水”的智慧，以水之七德喻人之至善，皆是靈福滋養下的思想結晶。釋迦牟尼證得靈福，獲五眼六通，入心靈寂靜之境，他指出，靈福的終極境界，是兼具最高的智慧、最大的慈悲與最強的能量，這份通透與覺悟，成為無數人追尋心靈歸宿的明燈。

口福易得，肚福可求，靈福難遇。卻可用心修行。常言道：修道千人，得道一人。讀聖人經典，擺脫世俗的枷鎖，悟到淡泊明志之理，滌蕩心靈的塵埃，便是尋得靈福的捷徑。人生三福，從物質到精神，從外在到內在，步步昇華。願我們既能享口腹之樂，亦能得臟腑之安，更能修靈魂之寧，在三重福氣的滋養中，活出圓滿通透的人生。

一九三、佛法三論

佛法對宇宙萬物與生命本質的闡釋，往往比世俗人文思想更為透徹深邃，卻也因典籍浩瀚、義理精微，給普及帶來了一定難度。其實佛法的核心要義，可濃縮為六個字——性相、理事、因果，再輔以無常、無我、因果的認知維度，便能為普通學人打開一扇入門的窗。

《心經》僅 268 字，卻道盡佛法根本，其核心正是圍繞“性相”二字展開。所謂“性”，是事物看不見的本質，“相”則是肉眼能觸及的表像。就像我們看到的一朵花，嬌豔的形態、繽紛的色彩是“相”，而讓花從種子萌發、綻放又凋零的內在規律與本質屬性，便是“性”。世人往往執著於“相”的美醜，卻忽略了“性”的恒常與流變；佛法則引導我們透過花開花落的表像，去洞察生命生長收藏的本質，這便是“見相明性”的智慧。

“理事”的關係，同樣藏在日常的點滴之中。“事”是看得見的具體行為，“理”是看不見的規律準則。比如晨起掃地，清掃房間塵埃是“事”，而“勤掃塵方淨，心淨則國土淨”的道理，便是“理”。許多人只把掃地當作家務，卻不知這一行為暗含著“去除心塵、修身養性”的哲理；佛法的精妙，就在於將高深的“理”融入瑣碎的“事”中，讓每一個尋常舉動都成為體悟真理的契機。

“因果”二字，是佛法的基石，也是貫穿世間萬物的鐵律。因果的表現形式複雜多樣，並非簡單的“種瓜得瓜”。有一因多果，比如隨手種下一顆桃樹種子，日後既能收穫甜美的桃子，也能享受樹蔭的清涼，還能為蜜蜂提供花蜜，這便是一因生多果；也有多因一果，一棵桃樹要結出碩果，既需要種子的優良，也離不開陽光、水分、土壤的滋養，更少不了人的悉心照料，諸多因緣聚合，才會有果實成熟的結果。因果並非只存在於“前世今生”的輪回之說裡，更體現在當下的生活中：熬夜傷身是因，精神萎靡是果；積德行善是因，心安順遂是果，前因後果，環環相扣。

若要更深入理解佛法，還需把握無常、無我、因果三個核心認知。“無常”是世事的常態，就像春日的繁花會凋零，夏日的蟬鳴會沉寂，世間萬物沒有永恆不變的形態。很多人因執著于“永恆”而痛苦，卻不知接納無常，才能從容面對生活的起落。“無我”則是破除執念的關鍵，這裡的“無我”，破除的是小我、私我與狹隘自我的執念，並非否定生命本真的存在。真正的大無我，是要抵達“我靈”的境界，也就是融入天地的“大我”——這需要做到通靈、守靈、明心見靈。當我們不再執著於自身的得失、榮辱與欲望，不再被“小我”的銅枷鐵鎖所束縛，才能真正超越狹隘，看清萬事萬物的本質。就像那些心懷蒼生的修行者，拋卻一己之私，以慈悲之心渡人渡己，便是“大我”境界的體現。

佛法從不高深莫測，它藏在一花一葉間，隱於一言一行裡。讀懂“性相、理事、因果”，看清“無常、無我、因果”，便是踏入佛法大門的第一步，也是用智慧照亮生活，進入清涼境地、收穫大快活大快樂的開始。

一九四、詩說

詩是什麼呢？
詩，是晴日裡破空而來的霹靂，
是暗夜中撼天動地的雷鳴閃熠；
是長江大河的滔滔波濤翻激，
是滄海之上的浩浩驚瀾迭起。

是黃果樹瀑布傾瀉的磅礴氣勢，
是火山噴發、地震震顫、海嘯奔襲的野力，
是大自然最原始的嘶吼，聲聲不息。

詩，藏在天干的甲乙丙丁裡，
隱在地支的子丑寅卯的間隙，
是歲月刻在人們心底的痕跡。

詩，是獅虎豹豺的長嘯穿雲際，
是鹿羊兔狐的低鳴繞林蹊，
是金雕擒拿的淩厲，蒼鷹掠海的矯疾。

詩，是鯨吞萬象的雄闊意，
是蠶食桑榆的精微趣，
是雪崩摧枯的勢，江河混一的局。

詩，是藝中的藝，是文中的文，是靈中的靈犀，
詩是屈原與假淺的婚姻奇，
是李白與黑豐的融通契，

是杜白蘇黃的豐匯，聚作一脈溪。

詩，是“撕”——
撕開混沌的表像迷離，
撕開沉寂的靈魂蒙翳。

詩，亦如“獅”，
帶著天獅地獅的雄健與蒼茫意氣；
也似“屍”，
沉澱著時光與生命的厚重往昔。

詩，或許什麼也不是，
它沒有固定的模樣身姿，
不過是文字在紙頁上跳躍、舞之，
是心靈奔湧時的超越與呼叱。

詩與思本就同源，不分彼此，
思想的溪流奔湧之處，
是詩生長的土壤，沃野千里。

詩就是思，就是屍，也是死，
詩就是思，思就是詩，
就是詩，就是詩。
詩啊，詩啊，
我說不出個所知。

編後記

歷時數載，幾番打磨，這本收錄了 194 篇文章的小集子終於付梓。翻讀校樣，字裡行間皆是過往歲月的印記，那些親歷的故事、湧動的思緒、沉澱的感悟，如同散落的星辰，此刻被悉心串聯成卷，既是對自我人生軌跡的回望與梳理，也是對所見所聞、所行所思所感的真誠留存。

文集以中華傳統文化中“八卦”（先天）為綱，分為乾、兌、離、震、巽、坎、艮、坤八輯，每一輯對應一段人生側影與思想疆域，各有側重又渾然一體。乾集聚焦名文名人軼事，以袁中郎、袁小修的《廣莊》與《導莊》為核心，於史料鉤沉中探尋文化脈絡，字裡行間藏著對歷史人物與經典文本的深度思考，力求在敘事中見底蘊，於評述中顯灼見。兌輯則聚焦“文苑雜議”，不談深奧理論，只記寫作路上的切身感受，從行文構思到字句錘煉，從靈感迸發至修改打磨，每一則感悟都是筆耕不輟的真實注腳，為同好者提供一份可感可知的寫作參考。

離輯專述養生之道，深知身心強健是立足社會、謀求發展的根基。文中無空洞說教，唯有多年親身體驗的實用心得，從牙齒養護的日常細節，到頭髮滋養的經驗之談，再到大腦保健的科學方法，皆是源於生活的細緻觀察與實踐總結，願以一己之得，為讀者的身心健康提供些許借鑒。震輯題為“假雨村言”，是日常隨想隨感的集合，或因一事觸發思緒，或因一物引發感慨，無拘無束，率性而發，記錄下那些轉瞬即逝卻值得留存的思考片段。

巽輯“虎渡詩文”，系作協虎渡河詩社與散文社的征文稿，曾發表於水杉樹下公眾號上，精選了曾發表於《湖北日報》網絡平臺的部分作品，這些文字曾與更廣闊的讀者見面，如今重新收錄，既是對過往創作的回望，也是對那段寫作歷程的致敬，字裡行間藏著對生活的熱愛與對文字的敬畏。坎輯為“拍案傳談”，是各類故事，有傳說、小說、寓言、民間故事等。艮輯為“往事隨筆”，是個人經歷的忠實記錄，從旅途見聞的新鮮體驗到私立學校工作的點滴感悟，皆是歲月饋贈的珍貴記憶；則是精心創作的短篇故事，以曲折情節傳遞生活思考，為文集增添了更多可讀性。坤輯為“他山之石”收錄《毛詩選講》與書評文章，借他人智慧啟迪自我，以經典文本滋養思想，體現了兼容並蓄、博採眾長的學習態度。

余本年八十有四，頭頂公心，腳踏八卦，胸懷靈脈，手執彤管，彙編這本小雜燴似的書的過程，亦是一段沉澱與成長的旅程，此書平實、真切，樸素，所議話題，你亦感同身受；所寫故事，你似曾相識；所思所想，你亦有所涉獵。這讓我生出三點深切體會。其一，“世上無難事，只怕有心人”。從零散篇章的積累到系統分類的梳理，從字句的反復斟酌到體例的精心設計，其間不乏繁瑣與挑戰，但秉持初心、持之以恆，便終將攻克難關，讓散落的文字凝聚成有溫度、有分量的文集。其二，“只要肯辛勤耕作，總會有收穫”。數十年筆耕不輟，從日常點滴中捕捉靈感，在生活歷練中汲取養分，每一篇文章都是一次耕耘，每一次創作都是一次成長，這份堅持終化作今日案頭的豐碩成果，印證了付出與回報的必然關聯。其三，“向失意、失策、失敗者學習”。人生路上，成敗皆是財富，而挫折是上天的恩賜。那些實踐中的教訓、探索中的磨練，若能悉心總結、化為經驗，便能成為前行路上的鋪路石。唯有以謙卑之心、低調之情吸納過往得失，方能在寫作與人生的道路上不斷精進，行穩致遠。

加入中國作家協會本是平常，於我而言，十分珍惜。這份榮譽更化作寫作的動力，讓我始終保持著對文字的熱忱與勤奮。這本集子不是終點，而是新的起點。書中文字或許不夠完美，卻承載著最真實的自我——對生活的熱愛，對世界的好奇，對教育的思索，對人生的堅守。願這些文字能與讀者產生共鳴，或帶來片刻的愉悅，或引發一絲的思考，便已足夠。

文尾，感謝縣、市作協平臺的召喚與鼓勵，感謝雞冠花文學與麒麟山文藝與水杉樹下湖北日報客戶端等平臺的互動，感謝歲月的饋贈，讓我擁有如此多可記錄、可回味的經歷與感悟；感謝曾紀鑫與李壽和先生的關心與肯定，感謝黑豐先生的辛勞，感謝市文學評論家彭定旺與曹歌及文友袁楓、戴源正、藍冰、王書文等的精評，感謝楊先金先生的鼓勵，感謝侯麗與譚維帖的支持與關照，感謝王福學先生的支持，也感謝寫作的陪伴，讓平凡的日子多了一份詩意與厚重。未來，我將繼續以筆為友，以文字為舟，在生活的海洋中繼續探尋，書寫更多真誠而有力量的篇章。

是為記。

公元 2025 年 11 月 18 日于荊南心誠齋

www.ingramcontent.com/pod-product-compliance
Lightning Source LLC
Chambersburg PA
CBHW021244200726
48288CB00015B/1463

9781949927092